이 책을 인류문명사의 틀을 바꾼 세종대왕과
우리 겨레 암흑기에 인류문명사의 빛을 온몸으로
지켜낸 간송 전형필 선생님께 바칩니다.

— 글 김슬옹 글씨 문관효

≪훈민정음≫ 해례본 입체강독본

-전면 개정증보-

≪훈민정음≫ 해례본 입체강독본 -전면 개정증보-

초판 1쇄 발행 2017년 10월 9일
개정증보 6쇄 발행 2024년 10월 17일

지은이 김슬옹
펴낸이 박찬익
편집장 권효진
책임편집 조은혜

펴낸 곳 ㈜박이정
주소 경기도 하남시 조정대로45 미사센텀비즈 8층 F827호
전화 02) 922 - 1192~3 / 031)792-1193, 1195
팩스 02) 928 - 4683
홈페이지 www.pijbook.com
이메일 pijbook@naver.com
등록 2014년 8월 22일 제2020-000029호

ISBN 979-11-5848-374-6 (93710)

* 책값은 뒤표지에 있습니다.

훈민정음 해례본 366문장 체제 최초 번역

김슬옹 지음

전면 개정증보

훈민정음 해례본 입체강독본

訓民正音 解例本

(주)박이정

증보 5쇄
머리말

≪훈민정음≫ 해례본의 문장 짜임새를 366 문장으로 처음 선보이며

5쇄에서는 크게 두 가지를 바꾸었습니다.

첫째, 해례본 번역문 전체 짜임새를 1940년에 방종현·홍기문에서 최초로 번역한 이래, 처음으로 366문장으로 재정비하였습니다. 해례본의 문장 짜임새를 고대 역학의 표준 1년 길이인 366 숫자에 맞추어 보니 문장별 번역과 전체 짜임새가 더 분명해져 해례본 연구와 교육, 학습이 무척 편리해졌습니다.

해례본에서의 우권점(右圈點)은 오늘날 문장 단위로 찍는 마침표(.) 기능과 거의 같고 중권점(中圈點)은 쉼표(,) 기능과 거의 같습니다. 다만, ㄱ과 같은 설명 대상 낱글자나 '아음(牙音)' 같은 특정 명칭 다음에도 우권점을 찍는 등 다른 점도 나타납니다. 따라서 문장 단위의 우권점을 기준으로 문장을 나누되, 우권점이 적용되어 있지 않은 갈무리시(결시)와 용자례 등은 예외로 일부를 재구성하여 문장 짜임새를 정리했습니다. 갈무리시는 두 행이 하나의 의미 단위이므로 두 행을 한 문장으로 처리했고, 용자례는 문자별 용례를 한 문장으로 처리했습니다.

물론 해례본의 저자들이 366문장으로 의도적으로 처리했다는 객관적 근거는 없지만, 특정 숫자를 통한 의미부여를 좋아했던 것만은 분명합니다. 설령 그런 의도가 없었다 하더라도 해례본에서는 훈민정음의 철학적 설명에 봄·여름·가을·겨울 네 계절의 순환 원리를 강조하고 있으므로 해례본을 배우는 후손으로서 돌고 도는 1년의 완결성의 의미를 부여하는 것도 꽤 가치 있는 일이라 믿습니다.

둘째, 전문가용 번역과 초중등 학생용 번역을 이원화했던 것을 쉬운 번역 쪽으로 일원화하였습니다. 이를테면 '아음(牙音)'은 전문가들한테는 유용한 용어이지만 모든 국민이 읽어야 하는 쉬운 용어 관점에서는 '어금닛소리'가 더 나은 용어가 될 것입니다. 일부 용어는 '첫소리(초성)'와 같이 한자어 용어와 병기했습니다.

훈민정음 연구와 교육에 자문과 조언으로 길잡이가 되어 주신 정우영 교수님, 서상규 교수님, 한글학회 김주원 회장님께 감사드립니다. 훈민정음 연구를 후원해주신 간송미술관 전인건 관장님, 세종대왕기념사업회 최홍식 회장님, 원암문화재단 이기남 이사장님, 훈민정음세계화 재단 이문호 이사장님, 멘토뱅크 (주) 박정환 대표님, 최종섭 교수님, 애니하우스썬 고혜라 대표님께도 감사드립니다.

2023년 3월 28일 지은이 씀

증보 4쇄
머리말

독자 여러분의 사랑 덕에 4쇄를 찍게 되었습니다. 사실 증보 3쇄(2019.10.30.)부터 더 욕심을 부려 봤습니다.

첫째, 초ㆍ중학생용 번역을 새로 늘렸습니다(9장). 그렇다고 이 번역이 초중 학생들만을 위해서만 필요하다는 의미는 아닙니다. 난이도를 최저로 낮추었다는 의미입니다. 그러다 보니 문장을 다듬는 것 외에 다음과 같이 용어를 토박이말로 최대한 바꾸었습니다.

초성/초성자 〉 첫소리/첫소리글자
중성/중성자 〉 가운뎃소리/가운뎃소리글자
종성/종성자 〉 끝소리/끝소리글자

물론 초등학생, 중학생들이 이 책을 읽을 가능성은 적습니다. 그러나 아이들을 지도하는 선생님들께서 활용하실 수 있습니다. 이렇게 해례본 번역을 이원화하는 방안에 대해서는 "김슬옹(2019). ≪훈민정음≫ 해례본의 소리 관련 핵심어(聲/音) 쓰임새와 의미 재론-'번역'과 관련하여. ≪2019년 여름 국어사학회 전국 학술대회 자료집≫. 국어사학회. 191~213쪽."으로 발표한 바 있습니다.

둘째, "첫소리(초성)/첫소리글자(초성자)"와 같이 소리/음운 단위의 용어와 문자 용어를 구별해 왔는데 이를 더 철저히 적용했습니다.

셋째, 이 책의 아쉬운 점은 번역에 따른 주석, 곧 역주가 거의 없다는 것입니다. 물론 이 책은 역주서가 아니고 강독용 자료용으로 만든 책이다 보니 그런 점은 있지만, 사실 번역에는 반드시 역주가 따라야 합니다. 마침 필자의 박사학위 논문으로 "김슬옹(2020). ≪훈민정음≫ 해례본의 역주 방법론 정립에 관한 연구. 연세대학교 대학원 국어국문학과 박사학위 논문. "와 같이 역주 방법론을 최초로 이론화하여 체계적인 역주 저술을 거의 마친 상태입니다. 그렇다고 이 책에 방대한 역주를 덧붙이기는 여러 가지 곤란한 점이 있어 따로 펴내는 점, 독자 여러분의 양해를 바랍니다.

3쇄, 4쇄의 까다로운 교열 작업을 힘써 주신 유동근 편집자, 조경숙 선생님, 육선희 선생님께 감사드립니다.

2020년 8월 15일
지은이 김슬옹

초판
머리말

≪훈민정음≫ 해례본에 담긴 문자 보편주의의 감동

올해는 ≪훈민정음≫ 해례본을 간행한 지 571돌, 유네스코 세계기록유산 등재 20돌이 되는 해다. 1446년에 세종이 펴낸 원본은 일제강점기인 1940년에 발견돼 극적으로 간송 전형필 선생이 소장하여 이를 '간송본'이라 부른다. 2008년도에는 또 다른 원본이 발견되어 발견된 곳의 명칭에 따라 '상주본(배익기 소장)'이라 부른다. 간송본은 2015년에 있는 그대로 복간돼 첫판이 몇 달 만에 거의 매진되었을 정도로 사랑을 받았다.

국보 70호인 간송본은 1997년에 유네스코 세계기록유산으로 등재되어 더 빛나게 되었다. 세종이 직접 저술한 '정음 편'과 정인지 등 8명의 학사가 해설한 '정음해례 편'을 덧붙여 만든 책이다. 이 책은 인류 최고의 문자 해설서답게 지금 시각으로 보아도 매우 수준 높은 언어학, 철학, 문자과학, 음악학을 아우르고 있다. 더욱이 신분과 관계없이 누구나 지식과 정보를 쉽게 나누라는 인류 보편주의의 아름다운 뜻을 담고 있다.

해례본은 모두 66쪽으로, 이 가운데 8쪽(마지막 쪽은 빈 면)까지는 세종대왕이 직접 저술한 '정음 편'이다. 정음 편의 세종 서문에 '유통(流通)'이란 말이 나온다. 15세기 말(우리말)과 글(한문)이 유통이 안 되니 한문을 아는 이와 모르는 이가 유통(소통)하지 못하고 그래서 모두가 유통할 수 있는 훈민정음을 만들었다는 것이다.

그런데 이런 해례본이 우리 학계와 교육계에서 홀대를 받고 있다면 믿을 수 있을까. 현재 해례본만을 전문으로 연구하는 이는 손에 꼽을 정도이다. 대학이나 대학원에서 제대로 가르치는 곳이 많지 않으니 전문가가 많이 나올 리 없다. 해례본은 다양한 학문이 녹아 있는 융복합서이고 한문본이다 보니 학제적 연구와 교육이 필요하다. 그래서 연구와 교육이 쉽지는 않다.

따라서 이 강독본은 누구나 쉽게 《훈민정음》 해례본을 배우고 연구할 수 있게 여러 방식의 교육용 자료를 구성했으므로 이를 바탕으로 다양하게 활용할 수 있다. 그래서 훈민정음에 담겨 있는 누구에게나 보편적이고 객관적인 과학의 합리성, 지식과 생각을 자유롭게 소통하라는 평등성 등을 함께 새겼으면 한다.

이 책의 구성은 다음과 같다.

제1부 입체 강독본: 한문본, 음토달기본, 언해본, 현대어 번역본, 영역본 등을 문장 단위로 함께 모아 놓았다.

제2부 각종 강독본: 강독 교재를 다양한 방식으로 구성해 연구와 교육 맥락에 따라 적절한 방식의 교재를 선택할 수 있게 하였다.

제3부는 이러한 교재 구성의 이론적 근거와 전략을 담았다.

부록은 원본을 다양한 방식으로 볼 수 있는 영인본을 실었다.

이 책은 강독본만 모은 것이기에 일부 주석과 전체 해설만 실었다. 자세한 주석서는 따로 펴낼 예정이다.

이 책은 훈민정음 해례본 읽기 8주 강의 교재로 제작한 것을 바탕으로 삼았다. 2016년 6월부터 시작하여 어느새 7기를 마쳤다. 그간 함께 해례본의 의미와 가치를 나눠 준 분들 덕에 이 책은 태어날 수 있었다. 특히 훈민정음 해례본 강독 교육의 장을 처음으로 열어 준 '문화예술감성단체 여민'을 이끄는 김영옥 대표의 세종과 훈민정음 사랑이 이 책의 씨앗이 되었다.

이 책 표지는 해례본 마지막 한글 표기 낱말인 순우리말 '별'이 있는 '정음해례 26ㄴ'으로 삼았다. 하필 마지막 낱말이 '별'이었을까. 누구나 쉬운 문자로 지식과 정보를 나누고 배우며 '별'같은 사람이 되라고 일부러 그렇게 배치한 것은 아닐까? 구체적인 까닭은 어디에도 나오지 않아 알 수 없지만 단순한 우연은 아니었음은 능히 짐작하고도 남는다.

훈민정음 해례본 정기 교육(날개 참조)을 마친 보람(수료증)에는 해례본에 나오는 순우리말 낱말 124개(조사 두 개 외)를 활용한 문양을 새겨 놓았다.

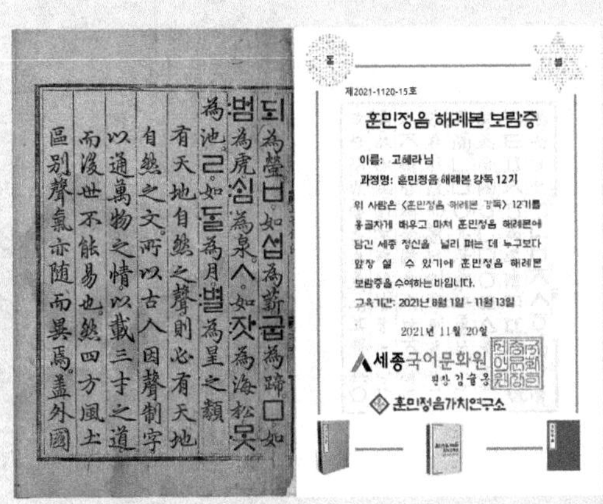

제2021-1120-15호

훈민정음 해례본 보람증

이름: 고혜라 님

과정명: 훈민정음 해례본 강독 12기

위 사람은 〈훈민정음 해례본 강독〉 12기를 옹골차게 배우고 마쳐 훈민정음 해례본에 담긴 세종 정신을 널리 펴는 데 누구보다 앞장 설 수 있기에 훈민정음 해례본 보람증을 수여하는 바입니다.

교육기간: 2021년 8월 1일 - 11월 13일

2021년 11월 20일

세종국어문화원 원장 김슬옹

훈민정음가치연구소

필자가 훈민정음 연구와 교육에 몰입할 수 있었던 것은 간송미술문화재단과 교보문고가 복간본을 펴내며 해제 작업을 필자에게 맡기면서이다. 특별히 감사드립니다. 처음부터 끝까지 살펴주시고 조언을 아끼지 않으신 정우영 교수님, 자료의 소중함을 일깨워주신 서상규 교수님, 훈민정음 연구의 큰길을 보여 주신 강신항 선생님, 세 분의 손길 덕에 책을 책답게 만들 수 있었기에 감사드립니다. 더불어 훈민정음 연구의 지혜를 일러주신 한영균, 유현경, 심경호 교수님들께도 감사드립니다. 가시밭길 인생길에서 훈민정음 연구의 끈을 놓지 않게 해주신 문효근, 김석득, 최기호, 최홍식, 성낙수, 이대로, 남영신, 오동춘, 반재원, 박영규, 최은경 선생님들께도 감사드립니다. 학문의 지혜를 늘 베풀어 주시는 남기심, 홍윤표, 이상규, 백두현, 김주원, 박영규 선생님 그리고 학문의 동반자이기도 한 강현화, 허재영 선생님께도 감사드립니다.

해례본 글꼴을 잘 살려준 강수현, 양효정 한글 맵시꾼(디자이너)과 까다로운 편집을 지혜롭게 마무리해 준 조은혜, 육선희 두 분과 국어학 전문 출판사로서 우리말글을 길이 빛나게 하는 박찬익 대표님께도 고마운 마음을 전합니다.

광화문 한글사랑방에서

김슬옹 적음

차례

일러두기

1. 이 자료 한문 원본은 간송본에 따르되 앞 4쪽(두 장, 정음1ㄱ~정음2ㄴ)은 원본이 아니므로 잘못된 부호는 학계에서 일반적으로 인정하는 견해에 따라 수정하였다. 단 현재 간송본의 실체도 중요하므로 보사 부문만 따로 모아 실었다.

2. 세로쓰기 원본에서 구점(우권점, 오른쪽 동그라미 부호)은 온점으로, 두점(중권점, 가운데 동그라미 부호)은 반점으로 표시하되, 용자례만 글자 단위로 일부 재구성하였다.

3. 핵심 자료는 다음과 같이 366문장으로 구성하였다. 대괄호 [3]은 세번째 문장을 가리킨다. '갈무리시(결시, 결구)'는 두 행이 문장 수준의 하나의 의미 단위이므로 두 행을 한 문장으로 처리하였다.

[3] **予爲此憫然, 新制二十八字, 欲使人人易習便於日用耳** [정음1ㄱ:5-6_어제서문]

♣ 予爲° 此憫然하여 新制二十八字하나니 欲使人人易° 習하여 便於日用耳니라.
여 위 차 민 연 신 제 이 십 팔 자 욕 사 인 인 이 습 편 어 일 용 이

♣ ·내 ·이·ᄅᆞᆯ 爲·윙·ᄒᆞ·야 :어엿·비 너·겨 ·새·로 ·스믈여·듧 字·ᄍᆞᆼ·ᄅᆞᆯ ᄆᆡᇰ·ᄀᆞ노·니 :사ᄅᆞᆷ:마다 :ᄒᆡ·ᅇᅧ :수·ᄫᅵ 니·겨 ·날·로 ·ᄡᅮ·메 便뼌安ᅙᅡᆫ·킈 ᄒᆞ·고·져 ᄒᆞᇙ ᄯᆞᄅᆞ·미니·라. [정음2ㄴ6-3ㄴ:2_언해본]

♣ 내가 이것을 가엾게 여겨 새로 스물여덟 자를 만드니, 사람마다 쉽게 익혀 날마다 씀에 편안케 하고자 할 따름이다.

♣ Finding this pitiful, I have created new twenty-eight letters, no more than to make it convenient for all people to easily learn and use them in their daily life.

출처가 달린 첫 번째 문장은 원문의 판독문이다. 두 번째 토달기본은 15세기 방식대로 한 구결문이다. 한문을 의미 단위로 끊어 읽기 위한 전략과 현대말 번역을 돕기 위해 만든 교육용 자료이지 꼭 이런 식으로 읽으라는 것은 아니다. 세 번째 문장은 언해본으로 현재 언해본이 정음편까지만 있으므로 정음편만 있다. 네 번째는 현대말 번역문이고 다섯 번째는 이를 바탕으로 한 영어 번역문이다.

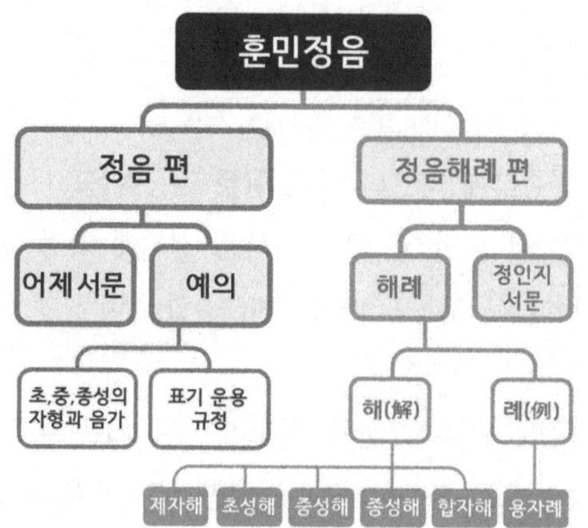

[그림] 〈훈민정음〉 해례본 짜임새('정음편'은 세종이 지었고, '정음해례편'은 8명의 신하들이 지었다.)

[정음1ㄱ:5-6] → **출처 정보이다. "정음편 1장의 앞면(ㄱ) 5-6행에 있다."는 뜻이다. 'ㄱ'은 앞면, 'ㄴ'은 뒷면이다.**

5. 토달기와 현대어 번역에서 자음은 모두 'ㄴ'(니)와 같이 당시 명칭으로 읽었다. 해례본이나 언해가 나올 당시에는 '니'로 읽었을 것이다. 토달기는 원칙적으로 두점, 구점 단위로만 달았지만 '정음편'(세종의 글)은 훈민정음 언해본의 토를 존중하여 일부만 수정하였다.
   終聲復用初聲하니라 [정음3ㄴ:6_어제예의]

6. 한자의 사성 권점(돌림 표시) 목록은 다음 [표]와 같다.

[표] 사성 권점자 책 차례 순(1, 2는 보사 부분 추정 권점)

글자	용례	차례	출처
爲°	子爲° 此憫然,	1	정음1ㄱ:5_1어제서문
易°	欲使人人易° 習,	2	정음1ㄱ:6_4어제서문
復°1	終聲復° 用初聲	3	정음3ㄴ:6_3어제예의
°上1	二則 °上聲	4	정음4ㄱ:4_11어제예의
索。	初非智營而力索。	5	정음해례1ㄱ:8_5제자해
。夫1	。夫人之有聲本於五行	6	정음해례2ㄱ:4_7제자해
°徵1	於音爲 °徵	7	정음해례2ㄴ:4_9제자해
斷°	齒剛而斷°	8	정음해례2ㄴ:4_13제자해
°長	ㅋ木之盛 °長	9	정음해례4ㄱ:6_5제자해
冠°	又爲三字之冠° 也	10	정음해례6ㄴ:4_3제자해
離°	水火未離° 乎	11	정음해례7ㄱ:3_5제자해
論°	固未可以定位成數論° 也	12	정음해례7ㄱ:8_6제자해
和°1	初聲以五音淸濁和° 之於後	13	정음해례8ㄱ:1_4제자해
相°1	而其財成輔相° 則必賴互人也	14	정음해례8ㄴ:5_12제자해
復°2	終聲之復° 用初聲者	15	정음해례8ㄴ:6_9제자해
復°3	故貞而復° 元	16	정음해례9ㄱ:2_7제자해
復°4	冬而復° 春	17	정음해례9ㄱ:2_11제자해
復°5	初聲之復° 爲終	18	정음해례9ㄱ:3_9제자해
復°6	終聲之復° 爲初	19	정음해례9ㄱ:3_10제자해
別。1	唯業似欲取義別。	20	정음해례9ㄴ:8_10제자해_갈무리시
°徵2	°徵音夏火是舌聲	21	정음해례10ㄴ:5_4제자해_갈무리시
要°1	要° 於初發細推尋	22	정음해례11ㄱ:2_4제자해_갈무리시
易°1	精義未可容易° 觀	23	정음해례11ㄴ:8_9제자해_갈무리시
見°	二圓爲形見° 其義	24	정음해례12ㄴ:6_8제자해_갈무리시
和°2	中聲唱之初聲和°	25	정음해례13ㄴ:1_10제자해_갈무리시
先°	天先° 乎地理自然	26	정음해례13ㄴ:2_5제자해_갈무리시
和°3	和° 者爲初亦爲終	27	정음해례13ㄴ:3_4제자해_갈무리시
復°7	初聲復° 有發生義	28	정음해례13ㄴ:7_6제자해_갈무리시
相°2	人能輔相° 天地宜	29	정음해례14ㄱ:4_7제자해_갈무리시
。探	。探賾錯綜窮深幾	30	정음해례14ㄴ:2_4제자해_갈무리시

글자	용례	차례	출처
。幾	探賾錯綜窮深。幾	31	정음해례14ㄴ:2_10제자해_갈무리시
易°2	指遠言近揄民易°	32	정음해례14ㄴ:3_10제자해_갈무리시
°上2	故平°上去其終聲不類入聲之促急	33	정음해례17ㄴ:7_2종성해
°上3	終則宜於平 °上去	34	정음해례18ㄱ:1_6종성해
°上4	°上去聲之終	35	정음해례18ㄱ:4_1종성해
°上5	爲平 °上去不爲入	36	정음해례19ㄱ:7_6종성해_갈무리시
。縱	。縱者在初聲之右,	37	정음해례20ㄴ:7_7합자해
°上6	諺語平 °上去入	38	정음해례21ㄴ:7_10합자해
°上7	돌爲石而其聲 °上	39	정음해례22ㄱ:1_1합자해
°上8	二點爲 °上聲	40	정음해례22ㄱ:3_5합자해
°上9	或似 °上聲	41	정음해례22ㄱ:6_2합자해
°上10	其加點則與平 °上去同	42	정음해례22ㄱ:8_4합자해
塞。	入聲促而塞。	43	정음해례22ㄴ:3_5합자해
°上11	°上聲和而擧	44	정음해례22ㄴ:1_5합자해
。縱1	其先 。縱後橫,與他不同	46	정음해례23ㄱ:3_7합자해
。縱2	圓橫書下右書 。縱	45	정음해례23ㄱ:8_10합자해_갈무리시
着。	初中聲下接着。寫	47	정음해례23ㄴ:2_9합자해_갈무리시
°上12	平聲則弓 °上則石	48	정음해례23ㄴ:6_8합자해_갈무리시
°上13	一去二 °上無點平	49	정음해례24ㄱ:2_7합자해_갈무리시
別。2	然四方風土區別。	50	정음해례26ㄴ:8_3정인지서문
要°2	要° 皆各隨所	51	정음해례27ㄱ:3_11정인지서문
°處	要 °皆各隨所°處而安	52	정음해례27ㄱ:4_4정인지서문
°强	不可 °强之使同也	53	정음해례27ㄱ:4_9정인지서문
。治	。治獄者病其曲折之難通	54	정음해례27ㄱ:7_8정인지서문
趣°	學書者患其旨趣° 之難曉	55	정음해례27ㄱ:7_4정인지서문
讀°	始作吏讀°	56	정음해례27ㄴ:1_2정인지서문
調°	因聲而音叶七調°	57	정음해례27ㄴ:8_2정인지서문
應°	臣與集賢殿應° 敎臣崔恒	58	정음해례28ㄴ:2_6정인지서문
。夫2	。夫東方有國	59	정음해례29ㄱ:5_10정인지서문
°稽	拜手 °稽首謹書	60	정음해례29ㄴ:3_4정인지서문

번역 참고문헌

이 책에 실린 한국어 번역은 다음의 기존 번역을 참고로 고등학생 수준의 번역문으로 재구성한 것임을 밝혀 둔다. 다만 366문장 체제의 번역과 세종 서문 108자 현대말 번역은 이 책에서 처음 시도한 것이다. 영문 번역은 이를 바탕으로 조던 드웨거(Jordan Deweger)가 영어로 옮기고 김슬옹과 토론 과정을 거쳐 최종 완성하였다.

훈민정음 해례본이 1940년에 발견 이후 처음으로 번역한 홍기문·방종현 선생의 최초 번역과 그 이후 선학들의 전문 번역 노력이 아니었다면 필자는 이 길에 들어서지 못했을 것이다. 기존의 번역을 존중하되 좀 더 나은 대안을 찾고자 노력하는 과정에서 이런 책을 엮게 되었다.[1)]

전문 번역(연도순)

* ≪월인석보≫ 권두 언해본(1459): 정음편만 번역

(1) 방종현(1940). 원본 훈민정음의 발견(1-5). ≪조선일보≫ 7월 30일-8월 4일. 조선일보사. 4쪽. *실제: 홍기문·방종현

_ 방종현(1940). 原本 訓民正音의 發見(1). ≪조선일보≫ 7월 30일. 조선일보사. 4쪽.[2)]

_ 방종현(1940). 原本 訓民正音의 發見(2). ≪조선일보≫ 7월 31일. 조선일보사. 4쪽.[3)]

_ 방종현(1940). 原本 訓民正音의 發見(3). ≪조선일보≫ 8월 1일. 조선일보사. 4쪽.[4)]

---

1) 이 책의 번역 방법론에 대해서는 다음 논문에서 밝힌 바 있다. 국립한글박물관(김유범 외)도 필자가 제시한 방식 그대로 새로운 번역안을 도출한 바 있다.

김슬옹(2008). 訓民正音 세종 '서문'의 현대 번역 비교와 공역 시안. ≪한국어 의미학≫ 25. 한국어 의미학회. 1-25쪽.

김슬옹(2013ㄱ). ≪訓民正音≫(1446) '정음 예의'의 표준 공역 시안. ≪겨레어문학≫ 51집. 겨레어문학회. 253-324쪽.

김슬옹(2013ㄴ). ≪訓民正音≫(1446) 제자해의 맥락적 의미와 표준 공역 시안. ≪33차 한국어의미학회 전국학술대회 발표집≫ 자료집. 한국의미학회. 별지.

김슬옹(2015ㄷ). ≪훈민정음≫ '정인지 서문'의 표준 번역을 위한 시안. ≪청람어문교육≫ 53. 청람어문교육학회. 329-374쪽.

2) 1940년에 발견된 훈민정음 해례본에 대한 최초 번역이다. 1회 소개말에서 홍기문과의 공역임을 밝히고 있다(이름은 언급 안 함). 세종 서문과 예의, 정인지 서문은 세종실록에 수록되어 이미 알려져 있어서 이 신문 연재물에서는 다루지 않았다.

3) 훈민정음 해례본 제자해 중간 부분 번역.

_ 방종현(1940). 原本 訓民正音의 發見(4). ≪조선일보≫ 8월 2일. 조선일보사. 4쪽.5)

_ 방종현(1940). 原本 訓民正音의 發見(완). ≪조선일보≫ 8월 4일. 조선일보사. 4쪽.6)

_ 방종현(1946). ≪(원본해석) 훈민정음≫. 진학출판협회.(발행: 1946년 7월 10일)7)

_ 홍기문(1946). ≪정음발달사≫ 상 · 하 합본. 서울신문사 출판국.

_ 홍기문(1947). ≪정음발달사≫ 상 · 하 합본. 서울신문사 출판국.8)

_ 전몽수 · 홍기문(1949). ≪훈민정음 역해≫ 조선어문고 1책. 평양 : 조선어문연구회.

(2) 유열(류렬)(1946). ≪원본 훈민정음 풀이≫(조선어학회 편). 보신각.9)

_유열(류렬)(1947). ≪원본 풀이한 훈민정음≫. 보신각.10)

_임표(1965/1967). ≪훈민정음≫. 사서출판사.

_김동구(1967/1985 : 수정증보판). ≪훈민정음 : [원전적과 그 현대역]≫. 명문당.

(3) 김윤경(1954 : 4판). ≪한국문자급어학사≫. 동국문화사.

(4) 김민수(1957). ≪주해 훈민정음≫. 통문관.

_ 김민수(1959:중판). ≪주해 훈민정음≫. 통문관.

_ 김민수(1972). 훈민정음. ≪한국의 사상대전집≫ 7. 동화출판공사.

(5) 이정호(1972). ≪(해설 역주) 훈민정음≫. 한국도서관학연구회.

---

4) 훈민정음 해례본 제자해 뒷부분과 초성해 번역.

5) 훈민정음 해례본 중성해와 종성해와 합자해 앞부분 번역.

6) 훈민정음 해례본 합자해 뒷부분과 용자례 번역.

7) 방종현의 원본 훈민정음의 발견 5회(≪조선일보≫ 1940.7.30-8.4.) 재수록분이다. 역자의 말에서 "그 발표자의 명의는 비록 내 이름으로 되어 있었으나 이것을 실제로 번역한 이는 홍기문형이다."라고 밝히고 있다. 방종현(1940)에서 '세종 서문과 예의' 와 '정인지서' 번역이 생략되었는데 여기서는 '정인지서' 번역이 해례본처럼 별도의 제목없이 용자례에 붙여 추가되었다.(방종현 1946에는 '정인지서'에 '訓民正音序'라는 제목을 붙였다.) 방종현(1940)과 방종현(1946) 모두 '어제서문'에 대한 역자의 현대어 번역은 없다. 그 대신 월인석보(권1) 권두에 실린 〈훈민정음〉 언해본을 번역 없이 싣고 있다. 서문의 현대어 번역은 그 후 "방종현(1963/재판:1972). 세종서문. ≪일사국어학논집≫. 민중서관. 32쪽"에 실려 있다.

8) 주해서: 홍기문 원저/이상규 외(2016). ≪증보정음발달사≫. 역락

9) 유열은 북으로 넘어간 뒤 '류렬'로 이름을 바꾸었다. 이름 정보의 혼란을 줄이기 위해 원 이름(유열) 옆에 나중 이름(류렬)을 병기한다. '류렬'로 발표한 경우에는 '유열'을 괄호로 병기한다. 그리고 이 책은 필사본 형식으로 조선어학회와 보신각을 왔다갔다 하면서 여러 판본을 찍어내 도서관마다 보관 판본에 따라 펴낸 곳 이름(조선어학회. 보신각)과 연도가 조금씩 차이가 난다. 그래서 '조선어학회/보신각'으로 병기한다. 이 책은 '이극로. 최현배'의 추천 머리말과 유열(류렬) 자신의 해제 꼬리말이 있다.

10) 편이:조선어학회. 박은이:보진재. 파는이:보신각. 1년 앞서 나온 조선어학회판의 수정보완판임. 최범훈(1985. 國語史 論著目錄. ≪韓國語 發達史≫. 통문관. 213쪽) 목록에서는 '한글사'에서 1947년 8월 15일 발행된 것으로 되어 있어 주요 도서관을 확인하였으나 '한글사'본을 찾지 못했다.

_ 이정호(1986 : 개정판). ≪국문 · 영문 해설 역주 훈민정음≫. 보진재.

(6) 강신항(1974/1995 : 증보판). ≪훈민정음≫(역주). 신구문화사.

_ 강신항(1987/1990 : 증보판/2003 : 수정증보). ≪훈민정음연구≫. 성균관대학교출판부.

_ 국립국어원 편(2008). ≪알기 쉽게 풀어 쓴 훈민정음(강신항 개정 번역본[11] 수록)≫. 생각의나무.

_ 강신항 · 신상순(2014). ≪훈민정음 현대역과 영역≫. 국립박물관문화재단(인쇄: 해성사).[12]

(7) 김석환(1973). ≪현토주해 훈민정음≫. 보령 : 활문당.

_ 김석환(1975). ≪수정판 한글문견≫. 한맥.

_ 김석환(1995). ≪수정판 한글문견(재판)≫. 한맥.

_ 김석환(1997). ≪훈민정음 연구≫. 한신문화사.

(8) 서병국(1975). ≪신강 훈민정음≫. 경북대 출판부.

_ 서병국(1980). ≪신강 훈민정음≫. 학문사.

(9) 박병채(1976). ≪역해 훈민정음≫. 박영사.

(10) 박종국(1976). ≪주해 훈민정음≫. 정음사.

_ 박종국(1985: 중판). ≪주해 훈민정음≫. 정음사.

_ 박종국(2007). ≪훈민정음 종합 연구≫. 세종학연구원.

(11) 렴종률 · 김영황(1982). ≪훈민정음에 대하여≫. 김일성종합대학출판사.

(12) 윤덕중 · 반재원(1983). ≪훈민정음 기원론≫. 국문사.

_ 반재원 · 허정윤(2007). ≪한글 창제 원리와 옛글자 살려 쓰기 : 한글 세계 공용화를 위한 선결 과제≫. 역락.

(13) 박지홍(1984). ≪풀이한 훈민정음 : 연구 · 주석≫. 과학사.

_ 박지홍(1988). 신상순 · 이돈주 · 이환묵 편(1988). ≪훈민정음의 이해≫(해례본). 한신문화사.

_ 박지홍 · 박유리(2013). ≪우리나라 글살이의 변천과 훈민정음≫. 새문사.

(14) 이성구(1985). ≪훈민정음 연구≫. 동문사.

---

11) 강신항(1974 · 1995 : 증보판). ≪譯註 訓民正音≫ 문고본. 신구문화사 번역에 대한 수정 번역.

12) 이것은 "국립국어원 편(2008). ≪알기 쉽게 풀어 쓴 훈민정음(강신항 개정 번역본 수록)≫. 생각의나무."에서 현대역과 영역만 추려 박음.

(15) 권재선(1988). ≪훈민정음 해석 연구≫. 우골탑.

_ 권재선(1995 : 깁고 고친판). ≪훈민정음 해석 연구≫. 우골탑.

(16) 강길운(1992). ≪훈민정음과 음운체계≫. 형설출판사.

(17) 유창균(1993). ≪훈민정음 역주≫. 형설출판사.

(18) 이근수(1995). ≪훈민정음 신연구≫. 보고사.

(19) 허웅(1997). ≪訓民正音≫(한글학회 편). 해성사.[13]

(20) 김성대(1999). ≪역해 훈민정음≫. 하나물.[14]

(21) 조규태(2000). ≪번역하고 풀이한 훈민정음≫. 한국문화사.

_ 조규태(2001). ≪번역하고 풀이한 훈민정음≫. 한국문화사.

_ 조규태(2007). ≪번역하고 풀이한 훈민정음≫. 한국문화사.

(22) 강규선(2001). ≪훈민정음 연구≫. 보고사.

_ 강규선 · 황경수(2006). ≪훈민정음 연구≫. 청운.

(23) 박창원(2005). ≪훈민정음≫. 신구문화사.

(24) 이동화(2006). ≪훈민정음과 중세국어≫. 문창사.

(25) 고태규(2007). ≪훈민정음과 작가들≫. 널개.

(26) 나찬연(2012). ≪훈민정음의 이해≫. 월인.

_나찬연(2013: 2판). ≪훈민정음의 이해≫. 월인.

(27) 이현희 등 13인(2014). ≪'훈민정음'의 한 이해≫. 역락.

(28) 김승권(2015). ≪사람이 하늘과 땅을 품는다-훈민정음해례본≫. 도서출판한울벗.

(29) 김승환(2015). ≪과학으로 풀어쓴 훈민정음≫. 이화문화출판사.

(30) 김슬옹(2015). ≪훈민정음 해례본: 한글의 탄생과 역사≫(간송본 복간본 해제). 교보문고.

_ 김슬옹(2018: 개정증보). ≪훈민정음해례본 입체강독본≫. 박이정.

- 김슬옹(2019: 3쇄). ≪훈민정음해례본 입체강독본≫. 박이정.

- 김슬옹(2020: 4쇄). ≪훈민정음해례본 입체강독본≫. 박이정.

(31) 문중진(2015). ≪광음천 훈민정음 통해≫. 아이르네상스어학원.

(32) 서한태(2016). ≪훈민정음 해서본≫. 해드림출판사.

(33) 이상규(2018). ≪직서기언≫. 경진.

13) 번역이 별책으로 구성.

14) 해례본 필사본(김성대)이 부록으로 실려 있다.

_이상규 · 천명희(2022). ≪훈민정음 정독≫. 경진출판.

(34) 김유범 · 곽신환 · 송혁기 · 조운성 · 김부연 · 고경재(2017). ≪훈민정음의 현대어 번역 연구≫.[15] 국립한글박물관.

_ 김유범 · 김무림 · 박형우 · 송혁기 · 김부연 · 고경재(2018). ≪훈민정음의 현대어 번역 연구≫(2)≫. 국립한글박물관.[16][17]

_ 김유범 · 곽신환 · 김무림 · 박형우 · 이준환 · 송혁기 · 조운성 · 김부연 · 고경재(2020). ≪훈민정음 해례본≫. 역락.

_ 국립한글박물관 편(2020). ≪쉽게 읽는 훈민정음≫. 국립한글박물관(pdf).

_ 국립한글박물관 편(2021). ≪쉽게 읽는 훈민정음≫. 휴먼컬처아리랑.

_ 국립한글박물관 편(2021). ≪쉽게 읽는 훈민정음≫. 국립한글박물관(pdf).[18]

_ 국립한글박물관 편(2022). ≪쉽게 읽는 훈민정음≫. 국립한글박물관(pdf).

(35) 박장원(2018). ≪훈민정음, 소리를 그리다≫. 신아출판사.

(36) 백승철(2018). ≪읽고 싶은 훈민정음 해례본–언해본 형식의 한글 옮김과 교정판본≫. 퍼플.

(37) 황건주 엮음(2019). ≪한글로 풀어 쓴 훈민정음 탐구≫. 북매니저.

(38) 이영호(2019). ≪훈민정음 해례본–국민보급형≫. 달아실.

‣ 다른 문자로 번역 – 영문 번역

Gari Keith Ledyard(1966). *Translation of Hunminjeongeum–The correct sounds for the Instruction of the People and Hunminjeongeum haerye Explanation and Examples of The Correct Sounds for the Instruction of the People*. "The Korean language reform of 1446:the origan. background. and early history of the Korean alphabet." Thesis(Ph.D.) Univ. of California. pp.221–260.

* '훈민정음' 현대 로마자표기법으로 바꿈.

Ahn Ho-Sam(안호삼) · J. Daly(정일우). Right Sounds to Educate the People. 이정호

---

15) 제자해까지의 번역. 3차년도 연구의 1차년도 보고서. 발간등록번호 11-1371577-000029-14. 이하 같음.

16) 합자해까지의 번역: 3차년도 연구의 2차년도 보고서.

17) 보고서에는 이 저작물의 저자로 "김유범 · 김무림 · 박형우 · 송혁기 · 김부연 · 고경재"(김부연, 고경재는 보조 연구원)라고 밝히고 있으나, 1차년도 연구 결과를 바탕으로 누적된 연구이므로 1차년도 저자들이 포함되어야 할 것이다. 저자 명기 수정안: 김유범 · 조운성 · 김무림 · 박형우 · 송혁기 · 김부연 · 고경재

18) 국립한글박물관 편의 ≪쉽게 읽는 훈민정음≫은 해례본의 전문 번역은 아니고, 제자해, 초성해, 중성해, 종성해, 합자해의 갈무리시(訣詩)를 제외한 번역이다.

(1972). ≪(해설 역주) 訓民正音≫. 한국도서관학연구회. 쪽수 별도. 이정호(1986:개정판). 이정호(Jung Ho Yi).≪국문 · 영문 해설 역주 훈민정음(The Korean Alphabet Explanation in Korean and English)≫. 보진재(Po Chin Chai Printing Co.Ltd). 30-63쪽(이정호 역주 포함).[19]

Sek Yen Kim-Cho(2001). ANNOTATED TRANSLATION OF Hwunmin Cengum(HC-例義本) and Hwunmin Cengum Haylyey(HCH-解例本). *The Korean Alphabet of 1446:Exposition. OPA. the Visible Speech Sounds. Annotated Translation. Future Applicability Hwun Min Ceng Um*. Humanity Books & AC Press(아세아문화사). 197-254쪽(역주 포함).

Shin Sangsoon(신상순)(2008). Hunmin jeongeum as Read in the Modern Korean Language:Hunmin Jeongum(the correct sounds for educating the people). 국립국어원 편. ≪알기 쉽게 풀어 쓴 훈민정음≫. 생각의 나무. 117-161쪽(강신항 현대말 번역에 대한 영문 번역).

Written by King Sejong et al 8/Translated by: Jordan Deweger[20] · Kim Seul-ong(2015). *Correct Sounds for the Instruction of the People 《Hunminjeongeum》*. 김슬옹(2015). ≪훈민정음 해례본: 한글의 탄생과 역사≫(간송본 복간본 해제). 교보문고. pp.158-182. 재수록: 김슬옹(2017/2020: 증보4쇄). ≪훈민정음 해례본 입체강독본(개정증보판)≫. 박이정. 21-30쪽(첫째 마당), 377-411쪽(12장).

Written by King Sejong et al 8 Translated by: Jordan Deweger · Kim Seul-ong(2022). Correct Sounds for the Instruction of the People(훈민정음). Cultural Planning So Hee-yeon(문화기획 소희연).

---

19) 이정호(1972, 1986:개정판) 서문에서 해례본 영역은 안호삼, 해설 영역은 정일우 신부라고 밝히고 있다.

20) 조던 드웨거는 캐나다에서 학부를 마치고 한국으로 유학을 와서 2017년에 연세대 국제학대학원에서 석사학위를 받았고 현재는 캐나다에 거주하고 있다. *학위 논문: Jordan DeWeger, 2017, *The racialization of US foreign policy in East Asia from 1937-1953*. Yonsei University, Graduate School of International Studies.

* 영어 번역에 적용된 음가 표시는 다음과 같다.

[표] ≪훈민정음≫ 해례본의 초성자(자음) 국제 음운 표시

<table>
<tr><th colspan="4">기본자</th><th colspan="4">확장자</th></tr>
<tr><td colspan="2" rowspan="3">상형기본자</td><td colspan="2">가획자</td><td colspan="3">병서</td><td rowspan="3">연서</td></tr>
<tr><td rowspan="2">일반
가획</td><td rowspan="2">이체자</td><td rowspan="2">각자병서</td><td colspan="2">합용병서</td></tr>
<tr><td>두 자</td><td>세 자</td></tr>
<tr><td>아음</td><td>ㄱ/k/</td><td>ㅋ/k^h/</td><td>ㆁ/ŋ/</td><td>ㄲ/k'/</td><td></td><td></td><td></td></tr>
<tr><td>설음</td><td>ㄴ/n/</td><td>ㄷ/t/
ㅌ/t^h/</td><td>ㄹ/ɾ/</td><td>ㄸ/t'/</td><td></td><td></td><td>(ᄛ)/ɽ/
*이 글자는 언급만 되고 실제 표기로는 나오지 않음</td></tr>
<tr><td>순음</td><td>ㅁ/m/</td><td>ㅂ/p/
ㅍ/p^h/</td><td></td><td>ㅃ/p'/</td><td>ㅶ/pts/</td><td>ㅴ/psk/,
ㅵ/pst/</td><td>ㅸ/ß/</td></tr>
<tr><td>치음</td><td>ㅅ/s/</td><td>ㅈ/ts/
ㅊ/ts^h/</td><td>ㅿ/z/</td><td>ㅆ/s'/
ㅉ/ts'/</td><td>ㅼ/st/</td><td></td><td></td></tr>
<tr><td>후음</td><td>ㅇ/ɦ/</td><td>ㆆ/ʔ/
ㅎ/h/</td><td></td><td>ㆅ/x/
ㆀ/ɦ:/(사용 예로만 나옴)</td><td></td><td></td><td></td></tr>
<tr><td colspan="2">5자</td><td>9자</td><td>3자</td><td>7자</td><td colspan="2">4자</td><td>2자</td></tr>
<tr><td colspan="4" rowspan="2">기본자 17자</td><td colspan="3">병서 11자(ㆀ포함)</td><td>연서 2자(ᄛ 포함)</td></tr>
<tr><td colspan="4">확장자 13자</td></tr>
<tr><td colspan="5">초성 23자(24자, ㆀ포함)</td><td colspan="3">6자</td></tr>
<tr><td colspan="8">모두 30자</td></tr>
</table>

[표] 《훈민정음》 해례본 중성자(모음) 국제 음운 표시

<table>
<tr><th colspan="4" rowspan="2">기본자(기본 중성자)</th><th colspan="3">합용자(합용 중성자)</th></tr>
<tr><th colspan="2">두 자 상합자</th><th>세 자 상합자</th></tr>
<tr><td colspan="2" rowspan="2">상형기본자</td><td colspan="2">합성자</td><td rowspan="2">동출합용자</td><td colspan="2">ㅣ 합용자</td></tr>
<tr><td>초출자</td><td>재출자</td><td>기본 중성자와 ㅣ의 합용자</td><td>동출합용자와 ㅣ의 합용자</td></tr>
<tr><td>양성</td><td>ㆍ/ʌ/</td><td>ㅗ/o/
ㅏ/a/</td><td>ㅛ/jo/
ㅑ/ja/</td><td>ㅘ/wa/
ㆇ/joja/</td><td>ㆎ/ʌj/ ㅚ/oj/ ㅐ/aj/
ㆉ/ yoj/ ㅒ/yaj/</td><td>ㅙ/waj/
ㆈ/jojaj/</td></tr>
<tr><td>음성</td><td>ㅡ/ɨ/</td><td>ㅜ/u/
ㅓ/ə/</td><td>ㅠ/ju/
ㅕ/jə/</td><td>ㅝ/wə/
ㆊ/jujə/</td><td>ㅢ/ɨj/ ㅟ/uj/ ㅔ/əj/
ㆌ/juj/ ㅖ/jəj/</td><td>ㅞ/wəj/
ㆋ/jəj/</td></tr>
<tr><td>양음성</td><td>ㅣ/i/</td><td colspan="2"></td><td colspan="3">* 특이 ㅣ합용자(ᆝ/jʌ/ ᆜ/jɨ/)</td></tr>
<tr><td colspan="2">3자</td><td>4자</td><td>4자</td><td>4자</td><td>10자</td><td>4자</td></tr>
<tr><td colspan="4">기본 중성자 11자</td><td colspan="3">18자</td></tr>
<tr><td colspan="7">29자 / 31자(특이 ㅣ합용자 ᆝ ᆜ 포함)</td></tr>
</table>

첫째 마·당

입체 강·독본

* 영역: Written by King Sejong et al 8 Translated by: Jordan Deweger · Kim Seul-ong.

1부 · 정음(正音)

[영] Correct Sound

1. 어제(세종) 서문[21]

[영] Preface by King Sejong

[1] **國之語音, 異乎中國, 與文字不相流通.** [정음1ㄱ:2-3_어제서문]

♣ 國之語音이 異乎中國하여 與文字不相流通하니라.
국 지 어 음　이 호 중 국　여 문 자 불 상 류 통

♣ 나·랏:말ᄊᆞ·미 中듀ᇰ國·귁·에 달·아 文문字·ᄍᆞᆼ·와로 서르 ᄉᆞᄆᆞᆺ·디 아니ᄒᆞᆯ·ᄊᆡ[22] [정음1ㄱ:5-1ㄴ:6_언해본]

♣ 우리나라말이 중국말과 달라 한자와는 서로 잘 통하지 않는다.

♣ The speech of our country is different from Chinese and as a result does not coordinate well with written Chinese characters.

[2] **故愚民有所欲言, 而終不得伸其情者多矣.** [정음1ㄱ:3-4_어제서문]

♣ 故愚民有所欲言하여도 而終不得伸其情者多矣라.
고 우 민 유 소 욕 언　이 종 부 득 신 기 정 자 다 의

♣ ·이런 젼·ᄎᆞ·로 어·린 百·ᄇᆡᆨ姓·셔ᇰ·이 니르·고·져 ·호ᇙ ·배 이·셔·도 ᄆᆞ·ᄎᆞᆷ:내 제 ·ᄠᅳ·들 시·러 펴·디 :몯ᄒᆞᇙ ·노·미 하·니·라. [정음2ㄱ:3-2ㄴ:3_언해본]

♣ 그러므로 글 모르는 백성이 말하려는 것이 있어도, 끝내 제 뜻을 능히 펼치지 못하는 사람이 많다.

♣ Therefore, even if the ignorant masses have something to say, there are many people who are unable to express it in writing.

[3] **予爲此憫然, 新制二十八字, 欲使人人易習便於日用耳** [정음1ㄱ:5-6_어제서문]

♣ 予爲° 此憫然하여 新制二十八字하나니 欲使人人易° 習하여 便於日用耳니라.
여 위　차 민 연　신 제 이 십 팔 자　욕 사 인 인 이　습　편 어 일 용 이

[정음2ㄴ6-3ㄴ:2_언해본]

♣ ·내 ·이·ᄅᆞᆯ 爲·위ᇰ·ᄒᆞ·야 :어엿·비 너·겨 ·새·로 ·스·믈여·듧 字·ᄍᆞᆼ·ᄅᆞᆯ ᄆᆡᇰ·ᄀᆞ노·니 :사ᄅᆞᆷ:마다 :ᄒᆡ·ᅇᅧ :수ᄫᅵ 니·겨 ·날·로 ·ᄡᅮ·메 便뼌安한·킈 ᄒᆞ·고·져 ᄒᆞᇙ ᄯᆞᄅᆞ·미니·라

21) '어제 서문'의 현대말 번역은 1940년에 홍기문 · 방종현의 현대말 최초 번역 이래 처음으로 시도한 108자 번역이다. *참조: 김슬옹, 훈민정음 해례본 세종 서문 108자 번역의 의미. –오마이뉴스 2022.2.4.(http://omn.kr/1x3j6)

22) 언해본은 서강대본을 저본으로 하되, 현대말 번역에 준해 온점을 찍고 띄어쓰기를 하였다. 언해본의 판심 제목은 '正音'이므로 이에 준해 대괄호로 출처를 밝혔다.

♣ 내가 이것을 가엾게 여겨 새로 스물여덟 자를 만드니, 사람마다 쉽게 익혀 날마다 씀에 편안케 하고자 할 따름이다.

♣ Finding this pitiful, I have created new twenty-eight letters, no more than to make it convenient for all people to easily learn and use them in their daily life.

2. 예의

Definition and Examples of the basic Consonants and Vowels.

[4] **ㄱ**. 牙音. 如君字初發聲. [정음1ㄱ:7_어제예의]

♣ **ㄱ**[기]는 牙音이니 如君[**군**]字初發聲하니라.23)
아음 여군 자초발성

♣ **ㄱ**·ᄂᆞᆫ :엄쏘·리·니 君군ㄷ字·ᄍᆞᆼ ·처ᅀᅥᆷ ·펴·아 ·나ᄂᆞᆫ 소·리 ·ᄀᆞᄐᆞ·니 [정음4ㄱ:1-2_언해본]

♣ **ㄱ**[기]는 어금닛소리(아음)24)이니, '**군**(君)' 자의 처음 나는 소리(초성)와 같다.

♣ **ㄱ**/k/ Molar sound(velar consonant)25), like the first sound of the character '**군**(君)' /kun/.

[5] 並書, 如虯字初發聲. [정음1ㄴ:1_어제예의]

♣ 並書하면 如虯[**뀨**]字初發聲하니라.
병서 여규 자초발성

♣ ᄀᆞᆯ·ᄫᅡ쓰·면 虯끃ᇢ字·ᄍᆞᆼ ·처ᅀᅥᆷ ·펴·아 ·나ᄂᆞᆫ 소·리 ·ᄀᆞ·ᄐᆞ니·라.[정음4ㄱ:2-3_언해본]

♣ 나란히 쓰면 '**뀨**(虯)'자의 처음 나는 소리와 같다.

♣ When written consecutively it is like the first sound of the character '**뀨**(虯)' /k'ju/.

[6] **ㅋ**. 牙音. 如快字初發聲. [정음1ㄴ:2_어제예의]

♣ **ㅋ**[키]는 牙音이니 如快[**쾌**]字初發聲하니라.
아음 여쾌 자초발성

---

23) 자음자는 언해본 방식으로 'ㄱ[기]'와 같이 'ㅣ'를 붙여 읽도록 하였다. '기역, 니은'과 같이 현대 방식으로 읽으면 제대로 강독할 수가 없다. 세종과 언해본 저자들은 가장 약한 모음 'ㅡ'보다는 가장 편한 모음 'ㅣ[이]'를 붙여 읽게 한 것으로 보인다. 모든 자음마다 발음(음가) 표시를 대괄호로 하여 누구나 강독할 수 있게 하였다.

24) 현재 학교 표준 용어는 '연구개음'이다. '여린입천장소리'라고도 한다.

25) 15세기 용어를 영어로 그대로 직역하되, 현대 용어를 괄호 안에 병기하였다.

♣ ㅋ·는 :엄쏘리·니 快·쾡ㆆ字·쭝 ·처섬 ·펴·아 ·나는 소·리 ·ᄀᆞ·ᄐᆞ니·라 [정음4ㄱ:6-7_언해본]

♣ ㅋ[키]는 어금닛소리 글자이니, '쾌(快)'자의 처음 나는 소리와 같다.

♣ ㅋ/kʰ/ Molar sound(velar consonant), like the first sound of the character '쾌(快)' /kʰwaj/.

[7] ㆁ. 牙音. 如業字初發聲. [정음1ㄴ:3_어제예의]

♣ ㆁ[이]는 牙音(아음)이니 如業(여업)[업]字初發聲(자초발성)하니라.

♣ ㆁ·는 :엄쏘리·니 業·업字·쭝 ·처섬 ·펴·아 ·나는 소·리 ·ᄀᆞ·ᄐᆞ니·라. [정음4ㄴ:3-4_언해본]

♣ ㆁ[이]는 어금닛소리이니, '업(業)' 자의 처음 나는 소리와 같다.

♣ ㆁ/ŋ/ Molar sound(velar consonant), like the first sound of the character '업(業)' /ŋəp/.

[8] ㄷ. 舌音. 如斗字初發聲, 並書, 如覃字初發聲. [정음1ㄴ:4_어제예의]

♣ ㄷ[디]는 舌音(설음)이니 如斗(여두)[두]字初發聲(자초발성)하니라.

♣ ㄷ·는 ·혀쏘리·니 斗·둥ㅸ字·쭝 ·처섬 ·펴·아 ·나는 소·리 ·ᄀᆞ·ᄐᆞ·니 [정음5ㄱ:1-2_언해본]

♣ ㄷ[디]는 혓소리(설음)[26] 글자이니, '두(斗)'자의 처음 나는 소리와 같다.

♣ ㄷ/t/ Lingual sound(alveolar consonant), like the first sound of the character '두(斗)' /tu/.

[9] 並書, 如覃字初發聲. [정음1ㄴ:5_어제예의]

♣ 並書(병서)하면 如覃(여담)[땀]字初發聲(자초발성)하니라.

♣ ᄀᆞᆯ·바쓰면 覃땀ㅂ字·쭝 ·처섬 ·펴·아 ·나는 소·리 ·ᄀᆞ·ᄐᆞ니·라. [정음5ㄱ:3-4_언해본]

♣ 나란히 쓰면 '땀(覃)' 자의 처음 나는 소리와 같다.

♣ When written consecutively it is like the first sound of the character '땀(覃)' /t'am/.

[10] ㅌ. 舌音. 如吞字初發聲. [정음1ㄴ:6_어제예의]

♣ ㅌ[티]는 舌音(설음)이니 如吞(여탄)[툰]字初發聲(자초발성)하니라.

♣ ㅌ·는 ·혀쏘리·니 吞튼ㄷ字·쭝 ·처섬 ·펴·아 ·나는 소·리 ·ᄀᆞ·ᄐᆞ니·라. [정음5ㄱ:6-7_언해본]

♣ ㅌ[티]는 혓소리이니, '툰(吞)' 자의 처음 나는 소리와 같다.

---

26) 현재 학교 표준 용어는 '치조음'이다. '혀끝소리'라고도 한다.

♣ ㅌ/th/ Lingual sound(alveolar consonant), like the first sound of the character '**툰**(呑)' /tʰʌn/.

[11] **ㄴ. 舌音. 如那字初發聲.** [정음1ㄴ:7_어제예의]

♣ ㄴ[니]는 舌音(설음)이니 如那(여나)[**나**]字初發聲(자초발성)하니라.

♣ ㄴ·는 ·혀쏘리·니 那낭ㆆ字쫑 ·처섬 ·펴·아 ·나는 소리 ·ᄀ·트니·라

♣ ㄴ[니]는 혓소리이니, '**나**(那)'자의 처음 나는 소리와 같다. [정음5ㄴ:3-4_언해본]

♣ ㄴ/n/ Lingual sound(alveolar consonant), like the first sound of the character '**나**(那)' /na/.

[12] **ㅂ. 脣音. 如彆字初發聲**[정음2ㄱ:1_어제예의]

♣ ㅂ[비]는 脣音(순음)이니 如彆(여별)[**볃**]字初發聲(자초발성)하니라.

♣ ㅂ·는 입시·울쏘리·니 彆볋字·쫑 ·처섬 ·펴·아 ·나는 소리 ·ᄀ·트·니 [정음6ㄱ:1-2_언해본]

♣ ㅂ[비]는 입술소리(순음)[27]이니, '**볃**(彆)' 자의 처음 나는 소리와 같다.

♣ ㅂ/p/ Lip sound(labial consonant), like the first sound of the character '**볃**'(彆) /pjət/. When written consecutively it is like the first sound of the character '**뽀**'(步) /p'o/.

[13] **並書, 如步字初發聲.** [정음2ㄱ:2_어제예의]

♣ 並書(병서)하면 如步(여보)[**뽀**]字初發聲(자초발성)하니라.

♣ ᄀᆞᆯ·바쓰면 步·뽕ㆆ字·쫑 ·처섬 ·펴·아 ·나는 소리 ·ᄀ·트니·라. [정음6ㄱ:3-4_언해본]

♣ 나란히 쓰면 '**뽀**(步)' 자의 처음 나는 소리와 같다.

♣ When written consecutively it is like the first sound of the character '**뽀**'(步) /p'o/.

[14] **ㅍ. 脣音. 如漂字初發聲.** [정음2ㄱ:3_어제예의]

♣ ㅍ[피]는 脣音(순음)이니 如漂(여표)[**표**]字初發聲(자초발성)하니라.

♣ ㅍ·는 입시·울쏘리·니 漂푤ㅸ字·쫑 ·처섬 ·펴·아 ·나는 소리 ·ᄀ·트니·라. [정음6ㄱ:6-7_언해본]

♣ ㅍ[피]는 입술소리이니, '**표**(漂)' 자의 처음 나는 소리와 같다.

♣ ㅍ/pʰ/ Lip sound(labial consonant), like the first sound of the character '**표**(漂)' /pʰjo/.

---

27) 현재 학교 표준 용어는 '양순음'이다. '두입술소리'라고도 한다.

[15] **ㅁ. 脣音. 如彌字初發聲.** [정음2ㄱ:4_어제예의]

♣ **ㅁ**[미]는 脣音이니 如彌[**미**]字初發聲하니라.
순음 여미 자초발성

♣ **ㅁ**·는 입시·울쏘·리·니 彌밍ㆆ字·쫑 ·처ᅀᅥᆷ ·펴·아 ·나ᄂᆞᆫ 소·리· ᄀᆞ·ᄐᆞ니·라. [정음6ㄴ:3–4_언해본]

♣ **ㅁ**[미]는 입술소리이니, '**미**(彌)' 자의 처음 나는 소리와 같다.

♣ **ㅁ**/m/ Lip sound(labial consonant), like the first sound of the character '**미**(彌)' /mi/.

[16] **ㅈ. 齒音. 如即字初發聲.** [정음2ㄱ:5_어제예의]

♣ **ㅈ**[지]는 齒音이니 如即[**즉**]字初發聲하니라.
치음 여즉 자초발성

♣ **ㅈ**·는 ·니쏘·리·니 即즉字·쫑 ·처ᅀᅥᆷ ·펴·아 ·나ᄂᆞᆫ 소·리 ·ᄀᆞ·ᄐᆞ니·라. [정음7ㄱ:1–2_언해본]

♣ **ㅈ**[지]는 잇소리(치음)[28]이니, '**즉**(即)' 자의 처음 나는 소리와 같다.

♣ **ㅈ**/ts/ Teeth sound(alveolar consonant), like the first sound of the character '**즉**(即)' /tsɨk/.

[17] **並書, 如慈字初發聲.** [정음2ㄱ:6_어제예의]

♣ 並書하면 如慈[**ㅉ**]字初發聲하니라.
병서 여자 자초발성

♣ ᄀᆞᆯ·바쓰면 慈ᄍᆞᆼㆆ字·쫑 ·처ᅀᅥᆷ ·펴·아 ·나ᄂᆞᆫ 소·리 ·ᄀᆞ·ᄐᆞ니·라. [정음7ㄱ:3–4_언해본]

♣ 나란히 쓰면 '**ㅉ**(慈)' 자의 처음 나는 소리와 같다.

♣ When written consecutively it is like the first sound of the character '**ㅉ**(慈)'/ts'ʌ/.

[18] **ㅊ. 齒音. 如侵字初發聲.** [정음2ㄱ:7_어제예의]

♣ **ㅊ**[치]는 齒音이니 如侵[**침**]字初發聲하니라.
치음 여침 자초발성

♣ **ㅊ**·는 ·니쏘·리·니 侵침ㅂ字·쫑 ·처ᅀᅥᆷ ·펴·아 ·나ᄂᆞᆫ 소·리 ·ᄀᆞ·ᄐᆞ니·라. [정음7ㄱ:6–7_언해본]

♣ **ㅊ**[치]는 잇소리이니, '**침**(侵)' 자의 처음 나는 소리와 같다.

♣ **ㅊ**/ts^h/ Teeth sound(alveolar consonant), like the first sound of the character '**침**(侵)' /ts^him/.

28) 여기서 분류한 잇소리(치음)가운데 현대에서는 'ㅅ[시]' 계열만 치조음(혀끝소리)이고 'ㅈ[지]' 계열은 파찰음으로 경구개음(센입천장소리)으로 분류한다. 'ㅈ[지]'의 발음나는 곳이 15세기에는 혀끝이었는데 입천장으로 옮겨간 것이다.

[19] **ㅅ**. 齒音. 如戌字初發聲. [정음2ㄴ:1_어제예의]

- ♣ **ㅅ**[시]는 齒音(치음)이니 如戌(여슐)[**슗**]字初發聲(자초발성)하니라.
- ♣ **ㅅ**·ᄂᆞᆫ ·니쏘리·니 戌슗字·ᄍᆞᆼ ·처ᅀᅥᆷ ·펴·아 ·나ᄂᆞᆫ 소리 ·ᄀᆞ·ᄐᆞ니·라. [정음7ㄴ:4–5_언해본]
- ♣ **ㅅ**[시]는 잇소리이니, '**슗**(戌)' 자의 처음 나는 소리와 같다.
- ♣ **ㅅ**/s/ Teeth sound(alveolar consonant), like the first sound of the character '**슗**(戌)' /sjut/.

[20] 並書, 如邪字初發聲. [정음2ㄴ:2_어제예의]

- ♣ 並書(병서)하면 如邪(여사)[**쌰**]字初發聲(자초발성)하니라.
- ♣ ᄀᆞᆯ·바쓰면 邪썅ᅙ字·ᄍᆞᆼ ·처ᅀᅥᆷ ·펴·아 ·나ᄂᆞᆫ 소리 ·ᄀᆞ·ᄐᆞ니·라. [정음7ㄴ:5–6_언해본]
- ♣ 나란히 쓰면 '**쌰**(邪)' 자의 처음 나는 소리와 같다.
- ♣ When written consecutively it is like the first sound of the character '**쌰**(邪)' /s'ja/.

[21] **ㆆ**. 喉音. 如挹字初發聲. [정음2ㄴ:3_어제예의]

- ♣ **ㆆ**[히]는 喉音(후음)이니 如挹(여읍)[**ᅙᅳᆸ**]字初發聲(자초발성)하니라.
- ♣ **ㆆ**·ᄂᆞᆫ 목소·리·니 挹ᅙᅳᆸ字·ᄍᆞᆼ ·처ᅀᅥᆷ ·펴·아 ·나ᄂᆞᆫ 소리 ·ᄀᆞ·ᄐᆞ니·라. [정음8ㄱ:2–3_언해본]
- ♣ **ㆆ**[히]는 목구멍소리이니, '**ᅙᅳᆸ**(挹)' 자의 처음 나는 소리와 같다.
- ♣ **ㆆ**/ʔ/ Guttural sound(laryngeal consonant), like the first sound of the character '**ᅙᅳᆸ**(挹)' /ʔɨp/.

[22] **ㅎ**. 喉音. 如虛字初發聲. [정음2ㄴ:4–5_어제예의]

- ♣ **ㅎ**[히]는 喉音(후음)이니 如虛(여허)[**허**]字初發聲(자초발성)하니라.
- ♣ **ㅎ**·ᄂᆞᆫ 목소·리·니 虛헝ᅙ字·ᄍᆞᆼ ·처ᅀᅥᆷ ·펴·아 ·나ᄂᆞᆫ 소리 ·ᄀᆞ·ᄐᆞ니·라. [정음8ㄱ:7–8ㄴ:1_언해본]
- ♣ **ㅎ**[히]는 목구멍소리(후음)이니, '**허**(虛)' 자의 처음 나는 소리와 같다.
- ♣ **ㅎ**/h/ Guttural sound(laryngeal consonant), like the first sound of the character '**허**(虛)' /hə/.

[23] 並書, 如洪字初發聲. [정음2ㄴ:4–5_어제예의]

- ♣ 並書(병서)하면 如洪(여홍)[**ᅘᅩᆼ**]字初發聲(자초발성)하니라.
- ♣ ᄀᆞᆯ·바쓰면 洪ᅘᅩᆼㄱ字·ᄍᆞᆼ ·처ᅀᅥᆷ ·펴·아 ·나ᄂᆞᆫ 소리 ·ᄀᆞ·ᄐᆞ니·라. [정음8ㄴ:1–2_언해본]
- ♣ 나란히 쓰면 '**ᅘᅩᆼ**(洪)' 자의 처음 나는 소리와 같다.

♣ When written consecutively it is like the first sound in the character 'ᅘᅩᇰ(洪)' /xoŋ/.

[24] **ㅇ**. 喉音. 如欲字初發聲. [정음2ㄴ:6_어제예의]

♣ **ㅇ**[이]는 喉音이니 如欲[**욕**]字初發聲하니라.
후음 여욕 자초발성

♣ **ㅇ**·는 목소·리·니 欲·욕字·쯩 ·처ᅀᅥᆷ ·펴·아 ·나ᄂᆞᆫ 소·리 ·ᄀᆞ·ᄐᆞ니·라. [정음8ㄴ:5-6_언해본]

♣ **ㅇ**[이]는 목구멍소리이니, '**욕**(欲)' 자의 처음 나는 소리와 같다.

♣ **ㅇ**/ɦ/ Guttural sound(laryngeal consonant), like the first sound of the character '**욕**(欲)' /ɦjok/.

[25] **ㄹ**. 半舌音. 如閭字初發聲. [정음2ㄴ:7_어제예의]

♣ **ㄹ**[리]는 半舌音이니 如閭[**려**]字初發聲하니라.
반설음 여려 자초발성

♣ **ㄹ**·는 半·반·혀쏘·리·니 閭령ㆆ字·쯩 ·처ᅀᅥᆷ ·펴·아 ·나ᄂᆞᆫ 소·리 ·ᄀᆞ·ᄐᆞ니·라. [정음9ㄱ:2-3_언해본]

♣ **ㄹ**[리]는 반혓소리(반설음)이니, '**려**(閭)' 자의 처음 나는 소리와 같다.

♣ **ㄹ**/ɾ/ Semi-lingual sound(lateral consonant), like the first sound of the character '**려**(閭)' /ɾjə/.

[26] **ㅿ**. 半齒音. 如穰字初發聲. [정음3ㄱ:1_어제예의]

♣ **ㅿ**[시]는 半齒音이니 如穰[**ᅀᅣᇰ**]字初發聲하니라.
반치음 여양 자초발성

♣ **ㅿ**·는 半·반·니쏘·리·니 穰ᅀᅣᇰㄱ字·쯩 ·처ᅀᅥᆷ ·펴·아 ·나ᄂᆞᆫ 소·리 ·ᄀᆞ·ᄐᆞ니·라. [정음9ㄱ:6-7_언해본]

♣ **ㅿ**[시]는 반잇소리(반치음)이니, '**ᅀᅣᇰ**(穰)' 자의 처음 나는 소리와 같다.

♣ **ㅿ**/z/ Semi-teeth(semi-alveolar consonant), like the first sound of the character '**ᅀᅣᇰ**(穰)' /zjaŋ/.

[27] **ㆍ**. 如呑字中聲. [정음3ㄱ:2_어제예의]

♣ **ㆍ** 는 如呑[**ᄐᆞᆫ**]字中聲하니라.
여탄 자중성

♣ **ㆍ**·는 呑ᄐᆞᆫㄷ字·쯩 가·온·ᄃᆡᆺ소·리 ·ᄀᆞ·ᄐᆞ니·라. [정음9ㄴ:3-4_언해본]

♣ **ㆍ** 는 '**ᄐᆞᆫ**(呑)' 자의 가운뎃소리(중성)와 같다.

♣ **ㆍ** /ʌ/ Like the middle sound of the character '**ᄐᆞᆫ**(呑)' /tʰʌn/.

[28] **ㅡ**. 如即字中聲. [정음3ㄱ:3_어제예의]

♣ **ㅡ**는 如即[**즉**]字中聲하니라.
여즉 자중성

♣ ㅡ·는 卽즉字·ᄍᆞᆼ 가온·딧소·리 ·ᄀᆞ·ᄐᆞ니·라. [정음9ㄴ:6_언해본]

♣ ㅡ는 '즉(卽)' 자의 가운뎃소리와 같다.

♣ ㅡ/ɨ/ Like the middle sound of the character '즉(卽)' /tsɨk/.

[29] ㅣ. 如侵字中聲. [정음3ㄱ:4_어제예의]

♣ ㅣ는 如侵[침]字中聲하니라.
여 침 자 중 성

♣ ㅣ·는 侵침ㅂ字·ᄍᆞᆼ 가온·딧소·리 ·ᄀᆞ·ᄐᆞ니·라. [정음10ㄱ:1–2_언해본]

♣ ㅣ는 '침(侵)' 자의 가운뎃소리와 같다.

♣ ㅣ/i/ Like the middle sound of the character '침(侵)' /tsʰim/.

[30] ㅗ. 如洪字中聲. [정음3ㄱ:5_어제예의]

♣ ㅗ는 如洪[ᅘᅩᆼ]字中聲하니라.
여 홍 자 중 성

♣ ㅗ·는 洪ᅘᅩᆼㄱ字·ᄍᆞᆼ 가온·딧소·리 ·ᄀᆞ·ᄐᆞ니·라. [정음10ㄱ:4–5_언해본]

♣ ㅗ는 'ᅘᅩᆼ(洪)' 자의 가운뎃소리와 같다.

♣ ㅗ/o/ Like the middle sound of the character 'ᅘᅩᆼ(洪)' /xoŋ/.

[31] ㅏ. 如覃字中聲. [정음3ㄱ:6_어제예의]

♣ ㅏ는 如覃[땀]字中聲하니라.
여 담 자 중 성

♣ ㅏ·는 覃땀ㅂ字·ᄍᆞᆼ 가온·딧소·리 ·ᄀᆞ·ᄐᆞ니·라. [정음10ㄱ:7–10ㄴ:1_언해본]

♣ ㅏ는 '땀(覃)' 자의 가운뎃소리와 같다.

♣ ㅏ/a/ Like the middle sound of the character '땀(覃)' /t'am/.

[32] ㅜ. 如君字中聲. [정음3ㄱ:7_어제예의]

♣ ㅜ는 如君[군]字中聲하니라.
여 군 자 중 성

♣ ㅜ·는 君군ㄷ字·ᄍᆞᆼ 가온·딧소·리 ·ᄀᆞ·ᄐᆞ니·라. [정음10ㄴ:3–4_언해본]

♣ ㅜ는 '군(君)' 자의 가운뎃소리와 같다.

♣ ㅜ/u/ Like the middle sound of the character '군(君)' /kun/.

[33] ㅓ. 如業字中聲. [정음3ㄴ:1_어제예의]

♣ ㅓ는 如業[업]字中聲하니라.
여 업 자 중 성

♣ ㅓ·는 業업字·ᄍᆞᆼ 가온·딧소·리 ·ᄀᆞ·ᄐᆞ니·라. [정음10ㄴ:6_언해본]

♣ ㅓ는 '업(業)' 자의 가운뎃소리와 같다.

♣ ㅓ /ə/ Like the middle sound of the character '업(業)' /ŋəp/.

[34] ㆌ. 如欲字中聲. [정음3ㄴ:2_어제예의]

♣ ㆌ는 如欲[욕]字中聲하니라.
여 욕 자 중 성

♣ ㆌ·는 欲·욕字·쫑 가온·딧소·리 ·ᄀᆞ·ᄐᆞ니·라. [정음11ㄱ:1_언해본]

♣ ㆌ는 '욕(欲)' 자의 가운뎃소리와 같다.

♣ ㆌ/jo/ Like the middle sound of the character '욕(欲)' /ɦjok/.

[35] ㅑ. 如穰字中聲. [정음3ㄴ:3_어제예의]

♣ ㅑ는 如穰[샹]字中聲하니라.
여 양 자 중 성

♣ ㅑ·는 穰샹ㄱ字·쫑 가온·딧소·리 ·ᄀᆞ·ᄐᆞ니·라. [정음11ㄱ:3–4_언해본]

♣ ㅑ는 '샹(穰)'자의 가운뎃소리와 같다.

♣ ㅑ/ja/ Like the middle sound of the character '샹(穰)' /zjaŋ/.

[36] ㅠ. 如戌字中聲. [정음3ㄴ:4_어제예의]

♣ ㅠ는 如戌[슏]字中聲하니라.
여 술 자 중 성

♣ ㅠ·는 戌·슗字·쫑 가온·딧소·리 ·ᄀᆞ·ᄐᆞ니·라. [정음11ㄱ:6_언해본]

♣ ㅠ는 '슏(戌)' 자의 가운뎃소리와 같다.

♣ ㅠ/ju/ Like the middle sound of the character '슏(戌)' /sjut/.

[37] ㅕ. 如彆字中聲. [정음3ㄴ:5_어제예의]

♣ ㅕ는 如彆[볃]字中聲하니라.
여 별 자 중 성

♣ ㅕ·는 彆·볋字·쫑 가온·딧소·리 ·ᄀᆞ·ᄐᆞ니·라. [정음11ㄴ:1_언해본]

♣ ㅕ는 '볃(彆)' 자의 가운뎃소리와 같다.

♣ ㅕ/jə/ Like the middle sound of the character '볃(彆)' /pjət/.

[38] 終聲復用初聲. [정음3ㄴ:6_어제예의]

♣ 終聲復° 用初聲하니라.
종 성 부 용 초 성

♣ 乃:냉終즁ㄱ소·리·는 다·시 ·첫소·리·를 ·ᄡᅳᄂᆞ니·라. [정음11ㄴ:4–5_언해본]

♣ 끝소리글자(종성자)는 첫소리글자(초성자)를 다시 쓴다.

♣ The final consonant letters are the same as those used for the initial consonant letters.

[39] ㅇ 連書脣音之下, 則爲脣輕音. [정음3ㄴ:6-7_어제예의]

♣ ㅇ[이]連書脣音之下하면, 則爲脣輕音이니라.
련서순음지하 즉위순경음

♣ ㅇ·ᄅᆞᆯ 입시·울쏘·리 아·래 니·ᅀᅥ ·쓰·면 입시·울가·ᄇᆡ야·ᄫᆞᆫ소·리 ᄃᆞ외ᄂᆞ·니·라. [정음12ㄱ:3-4_언해본]

♣ ㅇ[이]를 입술소리 글자 아래 이어 쓰면 입술가벼운소리(순경음)가 된다.

♣ If ㅇ/o/ is written immediately after a lip sound(**labial consonant**), it becomes a light lip sound(**light labial consonant**).

[40] **初聲合用則並書, 終聲同.** [정음3ㄴ:7-4ㄱ:1_어제예의]

♣ 初聲合用則並書하고, 終聲同하니라.
초성합용즉병서 종성동

♣ ·첫소·리·ᄅᆞᆯ 어·울·워 ·ᄡᅮᇙ·디·면 ᄀᆞᆯ·ᄫᅡ쓰·라 乃:냉終즁ㄱ소·리·도 ᄒᆞᆫ가·지·라. [정음12ㄴ:1-2_언해본]

♣ 첫소리글자(초성자)를 합쳐서 쓰려면 나란히 쓰고. 끝소리글자(종성자)도 첫소리글자(초성자)와 마찬가지다.

♣ If initial consonant letters are combined, they are written side by side, the same goes for final consonant letters.

[41] **ㆍ ㅡ ㅗ ㅜ ㅛ ㅠ, 附書初聲之下.** [정음4ㄱ:1-2_어제예의]

♣ ㆍ ㅡ ㅗ ㅜ ㅛ ㅠ는 附書初聲之下하니라.
부서초성지하

♣ ㆍ·와ㅡ·와ㅗ·와ㅜ·와ㅛ·와ㅠ·와·란 ·첫소·리 아·래 브·텨 ·쓰·고 [정음11ㄴ:5-6_언해본]

♣ ㆍ ㅡ ㅗ ㅜ ㅛ ㅠ는 첫소리글자 아래에 붙여 쓴다.

♣ "ㆍ/ʌ/ ㅡ/ɨ/ ㅗ/o/ ㅜ/u/ ㅛ/jo/ ㅠ/ju/" are attached below initial consonant letters.

[42] **ㅣ ㅏ ㅓ ㅑ ㅕ, 附書於右.** [정음4ㄱ:2-3_어제예의]

♣ ㅣ ㅏ ㅓ ㅑ ㅕ는 附書於右니라.
부서어우

♣ ㅣ·와ㅏ·와ㅓ·와ㅑ·와ㅕ·와·란 ·올ᄒᆞᆫ녀·긔 브·텨 ·쓰·라. [정음13ㄱ:2-3_언해본]

♣ ㅣ ㅏ ㅓ ㅑ ㅕ는 첫소리글자의 오른쪽에 붙여 쓴다.

♣ "ㅣ/i/ ㅏ/a/ ㅓ/ə/ ㅑ/ja/ ㅕ/jə/" are written to the right of initial consonant letters.

[43] **凡字必合而成音.** [정음4ㄱ:3-4_어제예의]

- 凡字必合而成音하니라.
  범 자 필 합 이 성 음
- 믈읫 字ᄍᆞᆼㅣ 모·로·매 어·우러·사 소·리 :이ᄂᆞ·니 [정음13ㄱ:6-7_언해본]
- 무릇 낱글자는 반드시 합하여야만 음절이 이루어진다.
- In general, letters must always be combined to form syllables.

[44] **左加一點則去聲, 二則上聲, 無則平聲.** [정음4ㄱ:4-5_어제예의]

- 左加一點則去聲이요, 二則 °上聲이요, 無則平聲이니라.
  좌 가 일 점 즉 거 성 이 즉 상 성 무 즉 평 성
- :왼녀·긔 ᄒᆞᆫ 點:뎜·을 더으·면 ·뭇 노·ᄑᆞᆫ소·리·오 點:뎜·이 :둘히·면 上:썅聲셩·이·오 點:뎜·이 :업스·면 平뼝聲셩·이·오 [정음13ㄴ:4-14ㄱ:4_언해본]
- 음절자 왼쪽에 한 점을 더하면 거성(높은 소리)이고, 점이 둘이면 상성(낮았다 높아지는 소리)이고, 점이 없으면 평성(낮은 소리)이다.
- One dot on the left of the character indicates a high tone, two dots indicate a rising tone, and no dots indicate an even tone.

[45] **入聲加點同而促急.** [정음4ㄱ:5-6_어제예의]

- 入聲加點同而促急이니라.
  입 성 가 점 동 이 촉 급
- 入·십聲셩·은 點:뎜 더·우·믄 ᄒᆞᆫ가·지로·ᄃᆡ ᄲᆞᄅᆞ·니·라. [정음14ㄱ:8-14ㄴ:1_언해본]
- 입성(빨리 끝나는 소리)은 점을 더하는 것은 평·상·거성과 같으나 빠르다.
- As for the falling tone, the dots have the same meaning, but the pronunciation is faster.

2부 · 정음해례(正音解例)

[영] Explanation and Example of Correct Sound

1. 제자해(制字解)

制字解
제 자 해

제자해(만든 풀이)

Explanation of the Designs of the Letters

[46] **天地之道, 一陰陽五行而已.** [정음해례1ㄱ:3_제자해]

♣ 天地之道는 一陰陽五行而已니라.
천 지 지 도 일 음 양 오 행 이 이

♣ 천지자연의 이치는 오직 음양오행 하나뿐이다.

♣ The Way of Heaven and Earth is only one, that of the interacting principles of Yin(陰, shadow) and Yang(陽, light) and the Five Elements.

[47] **坤復之間爲太極, 而動靜之後爲陰陽.** [정음해례1ㄱ:3-4_제자해]

♣ 坤復之間爲太極이오, 而動靜之後爲陰陽이니라.
곤 복 지 간 위 태 극 이 동 정 지 후 위 음 양

♣ 곤괘(여성다움이 가장 센 상징 ䷁)와 복괘(싹이 트는 상징 ䷗)의 사이가 태극이 되고, 움직임과 멈춤 작용으로 음양이 된다.

♣ In between Gon(䷁, Terra) and Bok(䷗, Return) there is the Great Absolute, and motion and stillness are followed by the formation of Yin and Yang.

[48] **凡有生類在天地之間者, 捨陰陽而何之.** [정음해례1ㄱ:5-6_제자해]

♣ 凡有生類在天地之間者가 捨陰陽而何之리요?
범 유 생 류 재 천 지 지 간 자 사 음 양 이 하 지

♣ 무릇 하늘과 땅 사이에 살아 있는 것들이 음양을 버리고 어디로 가겠는가?

♣ Out of all the living things, what can exist without Yin and Yang?

[49] **故人之聲音, 皆有陰陽之理, 顧人不察耳.** [정음해례1ㄱ:6-7제자해]

♣ 故人之聲音이 皆有陰陽之理이나 顧人不察耳니라.
고 인 지 성 음 개 유 음 양 지 리 고 인 불 찰 이

♣ 그러므로 사람의 말소리(성음) 모두 음양의 이치가 있는 것인데, 생각해 보니 사람들이 살피지 못했을 뿐이다.

♣ Accordingly, the speech sounds of humans are also governed by Yin and Yang, though people do not take careful notice of this.

[50] **今正音之作, 初非智營而力索, 但因其聲音而極其理而已.** [정음해례1ㄱ:7-8_제자해]

- ♣ 今正音之作은 初非智營而力索。이오, 但因其聲音而極其理而已니라.
  금정음지작 초비지영이력색 단인기성음이극기리이이
- ♣ 이제 정음이 만들어지게 된 것도 애초부터 지혜를 굴리고 힘들여 찾은 것이 아니고, 단지 말소리의 이치를 끝까지 파고들었을 뿐이다.
- ♣ The creation of this Jeongeum("Correct Sounds") has not arisen from a difficult task re-quiring wisdom, rather it is simply the result of persistent research of the principle of the speech sounds.

[51] **理旣不二, 則何得不與天地鬼神同其用也.** [정음해례1ㄴ:1-2_제자해]

- ♣ 理旣不二이니 則何得不與天地鬼神同其用也리요
  이기불이 즉하득불여천지귀신동기용야
- ♣ 그 이치가 이미 둘이 아니니, 어찌 천지자연의 혼령과 신령스러운 정령29)과 함께 정음을 쓰지 않겠는가?
- ♣ The principle is not two, but one; thus, it must be used by both spirits of Heaven and of Earth.

[52] **正音二十八字, 各象其形而制之.** [정음해례1ㄴ:2-3_제자해]

- ♣ 正音二十八字는 各象其形而制之니라.
  정음이십팔자 각상기형이제지
- ♣ 정음 스물여덟 자는 각각 그 모양을 본떠서 만들었다.
- ♣ All of the 28 letters are made according to the shape of their respective sound.

[53] **初聲凡十七字.** [정음해례1ㄴ:3_제자해]

- ♣ 初聲凡十七字니라.
  초성범십칠자
- ♣ 첫소리글자는 모두 열일곱 자다.
- ♣ There are 17 initial consonant letters.

---

29) "천지자연의 혼령과 신령스러운 정령"은 원문의 '鬼神(귀신)'을 의역한 것이다. '귀신'으로 직역하면 우리가 흔히 기억하는 귀신으로 오해를 주기 때문이다. '귀'는 아직 승천하지 못한 혼령이고 '신'은 승천한 정령이다.

[54] **牙音ㄱ, 象舌根閉喉之形.** [정음해례1ㄴ:4_제자해]

♣ 牙音ㄱ[기]는 象舌根閉喉之形니라.
아 음 상 설 근 폐 후 지 형

♣ 어금닛소리글자 ㄱ[기]는 혀뿌리가 목을 막는 모양을 본떴다.

♣ The molar sound(**velar consonant**) letter ㄱ/k/ resembles the blocking of the throat with the back of the tongue.

[55] **舌音ㄴ, 象舌附上腭之形.** [정음해례1ㄴ:4-5_제자해]

♣ 舌音ㄴ[니]는 象舌附上腭之形이니라.
설 음 상 설 부 상 악 지 형

♣ 혓소리글자 ㄴ[니]는 혀가 윗잇몸에 닿는 모양을 본떴다.

♣ The lingual sound letter ㄴ/n/ resembles the tongue touching the upper gums(teeth-ridge).

[56] **脣音ㅁ, 象口形.** [정음해례1ㄴ:5-6_제자해]

♣ 脣音ㅁ[미]는 象口形이니라.
순 음 상 구 형

♣ 입술소리글자 ㅁ[미]는 입 모양을 본떴다.

♣ The lip sound(**labial consonant**) letter ㅁ/m/ resembles the shape of the mouth.

[57] **齒音ㅅ, 象齒形.** [정음해례1ㄴ:6_제자해]

♣ 齒音ㅅ[시]는 象齒形이니라.
치 음 상 치 형

♣ 잇소리글자 ㅅ[시]는 이 모양을 본떴다.

♣ The teeth sound(**alveolar consonant**) ㅅ/s/ resembles the shape a tooth.

[58] **喉音ㅇ, 象喉形.** [정음해례1ㄴ:6_제자해]

♣ 喉音ㅇ[이]는 象喉形이니라.
후 음 상 후 형

♣ 목구멍소리글자 ㅇ[이]는 목구멍 모양을 본떴다.

♣ The guttural sound(**laryngeal consonant**) ㅇ/ɦ/ the shape of the throat.

[59] **ㅋ比ㄱ, 聲出稍厲, 故加畫.** [정음해례1ㄴ:6-7_제자해]

♣ ㅋ[키]比ㄱ[기], 聲出稍厲하니 故加畫이니라.
비 성 출 초 려 고 가 획

♣ ㅋ[키]는 ㄱ[기]에 비해서 소리가 조금 세게 나는 까닭으로 획을 더하였다.

♣ The sound of ㅋ/k^h/ is more strongly pronounced than ㄱ/k/ so one more stroke is added to the character.

[60] **ㄴ而ㄷ, ㄷ而ㅌ, ㅁ而ㅂ, ㅂ而ㅍ, ㅅ而ㅈ, ㅈ而ㅊ, ㅇ而ㆆ, ㆆ而ㅎ, 其因聲加畫之義皆同, 而唯ㆁ爲異.** [정음해례1ㄴ:7-2ㄱ:1-2_제자해]

♣ ㄴ[니]而ㄷ[디], ㄷ[디]而ㅌ[티], ㅁ[미]而ㅂ[비], ㅂ[비]而ㅍ[피], ㅅ[시]而ㅈ[지], ㅈ[지]而ㅊ[치], ㅇ[이]而ㆆ[히], ㆆ[히]而ㅎ[히], 其因聲加畫之義皆同이나 而唯ㆁ[이]爲異니라.

♣ ㄴ[니]에서 ㄷ[디], ㄷ[디]에서 ㅌ[티], ㅁ[미]에서 ㅂ[비], ㅂ[비]에서 ㅍ[피], ㅅ[시]에서 ㅈ[지], ㅈ[지]에서 ㅊ[치], ㅇ[이]에서 ㆆ[히], ㆆ[히]에서 ㅎ[히]가 됨도 그 소리로 말미암아 획을 더한 뜻은 같다.다만 ㆁ[이]만은 다르다.

♣ According to this system ㄷ/t/ comes from ㄴ/n/, ㅌ/tʰ/ comes from ㄷ/t/, ㅂ/p/ from ㅁ/m/, ㅍ/pʰ/ from ㅂ/p/, ㅈ/ts/ from ㅅ/s/, ㅊ/tsʰ/, from ㅈ/ts/, ㆆ/ʔ/ from ㅇ/ɦ/ and ㅎ /h/ from ㆆ/ʔ/, as a stroke is added to signify stronger pronunciation, with the exception of ㆁ/ŋ/.

[61] **半舌音ㄹ, 半齒音ㅿ, 亦象舌齒之形而異其體, 無加畫之義焉.** [정음해례2ㄱ:2-4_제자해]

♣ 半舌音ㄹ[리], 半齒音ㅿ[ᅀᅵ], 亦象舌齒之形而異其體이나 無加畫之義焉이니라.

♣ 반혓소리글자 ㄹ[리], 반잇소리글자 ㅿ[ᅀᅵ]도 또한 혀와 이의 모양을 본떴으나, 그 짜임새를 달리해서 만들었기에 획을 더한 뜻은 없다.

♣ The semi-lingual sound(**semi-alveolar consonant**) ㄹ/ɾ/ and the semi-teeth sound(**semi-alveolar consonant**) ㅿ/z/ are made to resemble the shape of the tongue and tooth respectively, so the meaning of adding one stroke does not apply because it follows a different system of forming characters than the above system.

[62] **夫人之有聲, 本於五行.** [정음해례2ㄱ:4-5_제자해]

♣ ◦夫人之有聲은 本於五行이니라.

♣ 무릇 사람의 말소리는 오행에 뿌리를 두고 있다.

♣ Generally speaking the sounds of humans are based on the Five Elements(Water, Fire, Earth, Metal, Wood).

[63] **故合諸四時而不悖, 叶之五音而不戾.** [정음해례2ㄱ:5-6_제자해]

♣ 故合諸四時而不悖하며 叶之五音而不戾니라.

♣ 그러므로 사계절에 합하여도 어그러짐이 없으며, 오음계와 맞추어 봐도 잘 어울리고 틀리지 않는다.

♣ Therefore, they are in accordance with the four seasons and the Eastern pentatonic scale.

[64] **喉邃而潤, 水也.** [정음해례2ㄱ:6_제자해]

♣ 喉邃而潤(후수이윤)이니 水也(수야)라.

♣ 목구멍은 깊숙하고 젖어 있으니 오행으로는 물이다.

♣ The throat is deep and moist, thus as one of the Five Elements it is regarded as Water.

[65] **聲虛而通, 如水虛明而流通也.** [정음해례2ㄴ:6-7_제자해]

♣ 聲虛而通(성허이통)이니 如水之虛明而流通也(여수지허명이류통야)니라.

♣ 말소리가 비어 있는 듯이 통하므로 이는 물이 투명하게 맑아 잘 흐르는 것과 같다.

♣ Just as water is clear and flows freely, the sound that comes from the throat is free and unhindered.

[66] **於時爲冬, 於音爲羽.** [정음해례2ㄱ:7-8_제자해]

♣ 於時爲冬(어시위동)이고 於音爲羽(어음위우)니라.

♣ 계절로는 겨울이고, 음률로는 '우음계'이다.

♣ As one of the seasons it is winter, and is the octave of "U" on the Eastern pentatonic scale.

[67] **牙錯而長, 木也.** [정음해례2ㄱ:8_제자해]

♣ 牙錯而長(아착이장)이니 木也(목야)니라.

♣ '어금니'는 어긋나고 기니 오행으로는 나무이다.

♣ Molar teeth are long and uneven, and are thus recognized as Wood among the Five Elements.

[68] **聲似喉而實, 如木之生於水而有形也.** [정음해례2ㄱ:8-2ㄴ:1_제자해]

♣ 聲似喉而實(성사후이실)이니 如木之生於水而有形也(여목지생어수이유형야)니라.

♣ 어금닛소리는 목구멍소리와 비슷하나 목이 꽉 차므로 나무가 물에서 나되 형체가 있는 것과 같다.

♣ The molar sound is similar to the guttural sound but is fuller and has form, like a tree which arises from water.

[69] **於時爲春, 於音爲角.** [정음해례2ㄴ:2_제자해]

♣ 於時爲春이고 於音爲角이니라.
어 시 위 춘 어 음 위 각

♣ 계절로는 봄이고, 음률로는 '각음계'이다.

♣ As a season it is spring, and is the octave of 'Gak' on the Eastern pentatonic scale.

[70] **舌銳而動, 火也.** [정음해례2ㄴ:2-3_제자해]

♣ 舌銳而動이니 火也라.
설 예 이 동 화 야

♣ 혀는 재빠르게 움직이니 오행으로는 불이다.

♣ The tongue moves quickly and is thus regarded as Fire among the Five Elements.

[71] **聲轉而颺, 如火之轉展而揚揚也.** [정음해례2ㄴ:3-4_제자해]

♣ 聲轉而颺은 如火之轉展而揚揚也니라.
성 전 이 양 여 화 지 전 전 이 양 양 야

♣ 혓소리가 구르고 날리는 것은 불이 타올라 퍼지며 위아래로 오르내림과 같다.

♣ The sound of the tongue rolls and flies like a fire blazes and flares up.

[72] **於時爲夏, 於音爲 °徵.** [정음해례2ㄴ:4_제자해]

♣ 於時爲夏이고 於音爲 °徵니라.
어 시 위 하 어 음 위 치

♣ 계절로는 여름이고, 음률로는 '치음계'이다.

♣ As a season it is summer, and is the octave of "Chi" on the Eastern pentatonic scale.

[73] **齒剛而斷, 金也.** [정음해례2ㄴ:4-5_제자해]

♣ 齒剛而斷°이니 金也라.
치 강 이 단 금 야

♣ 이는 억세고 끊을 듯 날카로우니 오행으로는 쇠이다.

♣ Teeth are strong and edged, and are regarded as Metal as one of the Five Elements.

[74] **聲屑而滯, 如金之屑瑣而鍛成也.** [정음해례2ㄴ:5-6_제자해]

♣ 聲屑而滯하니, 如金之屑瑣而鍛成也니라.
성 설 이 체 여 금 지 설 쇄 이 단 성 야

♣ 잇소리가 가루처럼 부서지고 걸리는 듯하게 나는 것은 쇠가 부스러졌다가 다시 불에 달구어 두드리면 단단해지는 것과 같다.

♣ The teeth sound(alveolar consonant) is high and compressed just as metal is crushed and remade.

[75] **於時爲秋, 於音爲商.** [정음해례2ㄴ:6_제자해]

♣ 於時爲秋이고 於音爲商이니라.
어 시 위 추 어 음 위 상

♣ 계절로는 가을이고, 음률로는 '상음계'이다.

♣ As a season it is fall, and is the octave of "Sang" on the Eastern pentatonic scale.

[76] **脣方而合, 土也.** [정음해례2ㄴ:6-7_제자해]

♣ 脣方而合이니 土也니라.
순 방 이 합 토 야

♣ 입술은 모난 것이 나란히 합해지니, 오행으로는 땅이다.

♣ The lips are square and joined, and are regarded as Earth as one of the Five Elements.

[77] **聲含而廣, 如土之含蓄萬物而廣大也.** [정음해례2ㄴ:7-8_제자해]

♣ 聲含而廣이니 如土之含蓄萬物而廣大也니라.
성 함 이 광 여 토 지 함 축 만 물 이 광 대 야

♣ 입술소리가 머금으며 넓은 것은 땅이 만물을 머금으니 넓고 큰 것과 같다.

♣ The lip sound(labial consonant) is full and broad just as the Earth is, which contains all things.

[78] **於時爲季夏, 於音爲宮.** [정음해례2ㄴ:8-3ㄱ:1_제자해]

♣ 於時爲季夏이고 於音爲宮이니라.
어 시 위 계 하 어 음 위 궁

♣ 계절로는 늦여름이고, 음률로는 '궁음계'이다.

♣ As a season it is late summer, and is the octave of "Gung" on the Eastern pentatonic scale.

[79] **然水乃生物之源, 火乃成物之用, 故五行之中, 水火爲大.** [정음해례3ㄱ:1-2_제자해]

♣ 然水乃生物之源이오, 火乃成物之用이므로, 故五行之中에, 水火爲大니라.
연 수 내 생 물 지 원 화 내 성 물 지 용 고 오 행 지 중 수 화 위 대

♣ 물은 만물을 낳는 근원이요, 불은 만물을 이루어지게 하는 작용이므로 오행 가운데서 물·불이 으뜸이다.

♣ Water is the source of all life and fire is the process by which things are created. As such, they are the most important of the Five Elements.

[80] **喉乃出聲之門, 舌乃辨聲之管, 故五音之中, 喉舌爲主也.** [정음해례3ㄱ:2-4_제자해]

♣ 喉乃出聲之門이오, 舌乃辨聲之管이므로, 故五音之中에, 喉舌爲主也니라.
후 내 출 성 지 문　설 내 변 성 지 관　고 오 음 지 중　후 설 위 주 야

♣ 목구멍은 소리가 나오는 문이요, 혀는 소리를 가려내는 악기이므로 오음 가운데서, 목구멍소리와 혓소리가 으뜸이 된다.

♣ The throat is the gate from which all sounds come and the tongue is the organ which distinguishes sounds, thus making the guttural and lingual sounds(**alveolar consonant**) the most important among the five sounds.

[81] **喉居後而牙次之, 北東之位也.** [정음해례3ㄱ:4-5_제자해]

♣ 喉居後而牙次之이니 北東之位也니라.
후 거 후 이 아 차 지　북 동 지 위 야

♣ 목구멍은 안쪽에 있고 어금니는 그 앞에 있으므로 북쪽과 동쪽의 방위이다.

♣ The throat is the furthest back, followed by the molars; they are the North and East.

[82] **舌齒又次之, 南西之位也.** [정음해례3ㄱ:5-6_제자해]

♣ 舌齒又次之이니, 南西之位也니라.
설 치 우 차 지　남 서 지 위 야

♣ 혀와 이가 또한 그다음에 있으니 남쪽과 서쪽의 방위이다.

♣ The tongue and teeth are next; they are the South and West.

[83] **脣居末, 土無定位而寄旺四季之義也.** [정음해례3ㄱ:6-7_제자해]

♣ 脣居末이니 土無定位而寄旺四季之義也니라.
순 거 말　토 무 정 위 이 기 왕 사 계 지 의 야

♣ 입술은 끝에 있으니, 오행의 흙이 일정한 방위가 없이 네 계절에 기대어 네 계절을 왕성하게함을 뜻한다.

♣ The lips are final; Earth does not have any fixed direction but it contributes to the flourishing of the four seasons.

[84] **是則初聲之中, 自有陰陽五行方位之數也.** [정음해례3ㄱ:7-8_제자해]

♣ 是則初聲之中에 自有陰陽五行方位之數也니라.
시 즉 초 성 지 중　자 유 음 양 오 행 방 위 지 수 야

♣ 이런즉 첫소리 속에도 자체의 음양오행과 방위의 수가 있는 것이다.

♣ Thus, each initial consonant has its own directional number and corresponds to the Five Elements and Yin Yang.

[85] 又以聲音淸濁而言之. [정음해례3ㄱ:8-3ㄴ:1_제자해]

♣ 又以聲音淸濁而言之하니라.
우 이 성 음 청 탁 이 언 지

♣ 또 말소리를 '맑음과 흐림(청탁)'으로 말해 보자.

♣ Also, let's say about sounds as clarity and thickness.

[86] ㄱㄷㅂㅈㅅㆆ, 爲全淸. [정음해례3ㄴ:1]

♣ ㄱㄷㅂㅈㅅㆆ[기디비지시히]는 爲全淸이니라.
위 전 청

♣ ㄱㄷㅂㅈㅅㆆ[기디비지시히]는 아주 맑은소리 '전청'이 된다.

♣ "ㄱ/k/ㄷ/t/ㅂ/p/ㅈ/ts/ㅅ/s/ㆆ/ʔ/" are completely clear.

[87] ㅋㅌㅍㅊㅎ, 爲次淸. [정음해례3ㄴ:2_제자해]

♣ ㅋㅌㅍㅊㅎ[키티피치히]는 爲次淸이니라.
위 차 청

♣ ㅋㅌㅍㅊㅎ[키티피치히]는 덜 맑은소리 '차청'이 된다.

♣ Whereas "ㅋ/k^h/ㅌ/t^h/ㅍ/p^h/ㅊ/ts^h/ㅎ/h/" are partially clear.

[88] ㄲㄸㅃㅉㅆㆅ, 爲全濁. [정음해례3ㄴ:2-3_제자해]

♣ ㄲㄸㅃㅉㅆㆅ[끼띠삐찌씨혀]는 爲全濁이니라.
위 전 탁

♣ ㄲㄸㅃㅉㅆㆅ[끼띠삐찌씨혀]는 아주 흐린소리 '전탁'이 된다.

♣ and "ㄲ/k'/ㄸ/t'/ㅃ/p'/ㅉ/ts'/ㅆ/s'/ㆅ/h'/" are extremely thick.

[89] ㆁㄴㅁㅇㄹㅿ, 爲不淸不濁. [정음해례3ㄴ:3_제자해]

♣ ㆁㄴㅁㅇㄹㅿ[이니미이리ᅀᅵ]는 爲不淸不濁이니라.
위 불 청 불 탁

♣ ㆁㄴㅁㅇㄹㅿ[이니미이리ᅀᅵ]는 맑지도 흐리지도 않은 '불청불탁[울림소리]'이 된다.

♣ "ㆁ/ŋ/ㄴ/n/ㅁ/m/ㅇ/ɦ/ㄹ/ɾ/ㅿ/z/" are neither clear nor thick.

[90] ㄴㅁㅇ, 其聲冣不厲, 故次序雖在於後, 而象形制字則爲之始. [정음해례3ㄴ:4-5_제자해]

♣ ㄴㅁㅇ[니미이]는 其聲冣不厲이니 故次序雖在於後나 而象形制字則爲之始니라.
기 성 최 불 려 고 차 서 수 재 어 후 이 상 형 제 자 즉 위 지 시

♣ ㄴㅁㅇ[니미이]는 소리가 가장 세지 않으므로, 차례로는 비록 뒤에 있으나, 모양을 본떠 글자를 만드는 시초가 된다.

♣ ㄴ/n/ㅁ/m/ㅇ/ɦ/ are the least strong of the sounds and even though they are at the back of the order but they come first when forming letters.

[91] **ㅅㅈ雖皆爲全淸, 而ㅅ比ㅈ, 聲不厲, 故亦爲制字之始.** [정음해례3ㄴ:6-7_제자해]

♣ ㅅ[시]ㅈ[지]雖皆爲全淸(수개위전청)이나 而(이)ㅅ[시]比(비)ㅈ[지] 聲不厲(성불려)이니 故亦爲制字之始(고역위제자지시)니라.

♣ ㅅ[시]와 ㅈ[지]는 비록 다 아주 맑은소리 '전청'이지만 ㅅ[시]는 ㅈ[지]에 비하여 소리가 거세지 않으므로 글자를 만드는 데 시초가 되었다.

♣ ㅅ/s/ and ㅈ/ts/ are completely clear but ㅅ/s/ is less strong compared to ㅈ/ts/ and thus comes first when forming letters.

[92] **唯牙之ㆁ, 雖舌根閉喉聲氣出鼻, 而其聲與ㅇ相似, 故韻書疑與喩多相混用, 今亦取象於喉, 而不爲牙音制字之始.** [정음해례3ㄴ:7-8-4ㄱ:1-3_제자해]

♣ 唯牙之(유아지)ㆁ[이]는 雖舌根閉喉聲氣出鼻(수설근폐후성기출비)나 而其聲與(이기성여)ㅇ[이]相似(상사)이니 故韻書疑(고운서의)[ㆁ]與喩(여유)[ㅇ]多相混用(다상혼용)니라, 今亦取象於喉(금역취상어후)나, 而不爲牙音制字之始(이불위아음제자지시)니라.

♣ 오직 어금닛소리의 ㆁ[이]는 비록 혀뿌리가 목구멍을 막아서 코로 소리 기운이 나가지만 ㆁ[이]의 소리는 ㅇ[이]와 비슷해서 중국 한자음사전(운서)에서도 ㆁ[이]와 ㅇ[이]가 많이 혼용된다. 이제 ㆁ[이]는 목구멍을 본떠 만들었으되, 어금닛소리 글자를 만드는 시초로 삼지 않았다.

♣ In regards to the molar sound(velar consonant) ㆁ/ŋ/, the back of the tongue blocks the throat so sound is produced through the nose, but the ㆁ/ŋ/ sound and the ㅇ/ɦ/ sound are similar so the Rhyming Dictionary often confuse the two sounds. ㆁ/ŋ/ is designed after the shape of the throat so it is not used for the beginning of molar sounds(velar consonant) letters.

[93] **盖喉屬水而牙屬木, ㆁ雖在牙而與ㅇ相似, 猶木之萌芽生於水而柔軟, 尙多水氣也.**
[정음해례4ㄱ:3-5_제자해]

♣ 盖喉屬水而牙屬木(개후속수이아속목)이니 ㆁ[이]雖在牙而與(수재아이여)ㅇ[이]相似(상사)하여 猶木之萌芽生於水而柔軟(유목지맹아생어수이유연)이며 尙多水氣也(상다수기야)니라.

♣ 대개 목구멍은 물에 속하고 어금니는 나무에 속하는 까닭에 ㆁ[이]는 비록 어금니에 속해 있으면서도 ㅇ[이]와 비슷하여 마치 나무의 싹이 물에서 나와 부드러우며 오히려 물기가 많은 것과 같기 때문이다.

♣ The throat correlates to Water and the molar teeth correlate to Tree, ㆁ/ŋ/ is a molar sound(velar consonant) that is similar to ㅇ/ɦ/, just as tree sprouts which grow from water are soft and remain full of water.

[94] **ㄱ木之成質, ㅋ木之盛 °長, ㄲ木之老壯, 故至此乃皆取象於牙也.** [정음해례4ㄱ:5-7_제자해]

♣ ㄱ[기]는 木之成質(목지성질)이오, ㅋ[키]는 木之盛 °長(목지성장)이오, ㄲ[끼]는 木之老壯(목지로장)이니 故至此乃皆取象於牙也(고지차내개취상어아야)니라.

♣ ㄱ[기]는 나무가 바탕을 이룬 것이고, ㅋ[키]는 나무가 무성하게 자란 것이고, ㄲ[끼]는 나무가 오래되어 굳건해진 것이니, 이는 한결같이 모두 어금니를 본뜬 데서 비롯된 것이다.

♣ Since ㄱ/k/ is based on the substance of a Tree, ㅋ/k^h/ is like a tree which has flourished and grown dense, and ㄲ/k′/ is like a Tree that has fully matured and grown strong. All of these letters are formed according to the shape of the molars.

[95] **全淸並書則爲全濁, 以其全淸之聲凝則爲全濁也.** [정음해례4ㄱ:7-4ㄴ:1_제자해]

♣ 全淸並書則爲全濁(전청병서즉위전탁)은 以其全淸之聲凝則爲全濁也(이기전청지성응즉위전탁야)니라.

♣ 아주 맑은소리 '전청' 글자를 나란히 쓰면 아주 흐린소리 '전탁'이 되는 것은 아주 맑은소리가 엉기면 아주 흐린소리가 되기 때문이다.

♣ When completely clear letters are written side by side they become completely thick, meaning that the completely clear sounds become completely thick when coalesced.

[96] **唯喉音次淸爲全濁者, 盖以ㆆ聲深不爲之凝, ㅎ比ㆆ聲淺, 故凝而爲全濁也.** [정음해례4ㄴ:1-3_제자해]

♣ 唯喉音次淸爲全濁者(유후음차청위전탁자)는 盖以(개이)ㆆ[히]聲深不爲之凝(성심불위지응)이오, ㅎ[히]比(비)ㆆ[히]聲淺(성천)이니, 故凝而爲全濁也(고응이위전탁야)니라.

♣ 다만, 목구멍소리만은 덜 맑은소리 '차청'이 아주 흐린소리 '전탁'이 되는데, 그것은 대개 ㆆ[히]는 소리가 깊어서 엉기지 않고, ㅎ[히]는 ㆆ[히]에 비하여 소리가 얕아서 엉기어 아주 흐린소리 '전탁'이 되기 때문이다.

♣ However, for partially clear letters, only the guttural sounds(laryngeal consonants) become completely thick, this is because the sound of ㆆ/ʔ/ is too deep and cannot coalesce, whereas the sound of ㅎ/h/ is lighter and thus coalesces and becomes a completely thick sound.

[97] **ㅇ連書脣音之下, 則爲脣輕音者, 以輕音脣乍合而喉聲多也.** [정음해례4ㄴ:3-5_제자해]

♣ ㅇ[이]連書脣音之下(련서순음지하)하면 則爲脣輕音者(즉위순경음자)는 以輕音脣乍合而喉聲多也(이경음순사합이후성다야)니라.

♣ ㅇ[이]를 입술소리 글자 아래에 이어 쓰면 곧 입술가벼운소리(순경음)가 되는데, 이러한 입술가벼운 소리는 입술이 살짝 다물어지면서 목구멍소리가 많아지기 때문이다.

♣ When ㅇ/ɦ/ is written below a lip sound(**labial consonant**) it becomes softer. This is because the guttural sound(**laryngeal consonant**) is strong so the lips are momentarily closed.

[98] **中聲凡十一字.** [정음해례4ㄴ:5_제자해]

♣ 中聲凡十一字(중성범십일자)니라.

♣ 가운뎃소리글자는 모두 열한 자이다.

♣ As for middle vowel letters, there are eleven letters.

[99] **• 舌縮而聲深, 天開於子也.** [정음해례4ㄴ:5-6_제자해]

♣ • 舌縮而聲深(설축이성심)하여 天開於子也(천개어자야)니라.

♣ •는 혀가 오그라드니 소리가 깊어서, 하늘이 자시(밤 11시~1시)에서 열리는 것과 같다.

♣ As for •/ʌ/, the tongue contracts and the sound is deep, like when Heaven opens at the hour of the Rat(11pm-1am).

[100] **形之圓, 象乎天也.** [정음해례4ㄴ:6-7_제자해]

♣ 形之圓(형지원)은 象乎天也(상호천야)니라.

♣ 둥근 글꼴은 하늘을 본떴다.

♣ The round shape of the character represents heaven.

[101] **ㅡ舌小縮而聲不深不淺, 地闢於丑也.** [정음해례4ㄴ:7-8_제자해]

♣ ㅡ는 舌小縮而聲不深不淺(설소축이성불심불천)이니 地闢於丑也(지벽어축야)니라.

♣ ㅡ는 혀가 조금 오그라드니 소리가 깊지도 얕지도 않으므로 땅이 축시(밤 1시~3시)에서 열리는 것과 같다.

♣ ㅡ/ɨ/ is pronounced by slightly contracting the tongue, thus it is neither deep nor shal-low, like when the earth opens at the hour of the Ox(1am-3am).

[102] **形之平, 象乎地也.** [정음해례4ㄴ:8_제자해]

♣ 形之平(형지평)은 象乎地也(상호지야)니라.

♣ 평평한 글꼴은 땅을 본떴다.

♣ The shape of the flat character is made to resemble the flatness of the earth.

[103] ㅣ舌不縮而聲淺, 人生於寅也. [정음해례4ㄴ:8-5ㄱ:1_제자해]

- ♣ ㅣ는 舌不縮而聲淺하니 人生於寅也니라.
  설 불 축 이 성 천 인 생 어 인 야
- ♣ ㅣ는 혀가 오그라지지 않아 소리는 얕으니, 사람이 인시(새벽 3시~5시)에서 생기는 것과 같다.
- ♣ As for 'ㅣ/i/', the tongue is not contracted so the sound is light, like when humans are born during the hour of the Tiger(3am-5am).

[104] 形之立, 象乎人也. [정음해례5ㄱ:1-2_제자해]

- ♣ 形之立은 象乎人也니라.
  형 지 립 상 호 인 야
- ♣ 바로 선 글꼴은 사람을 본떴다.
- ♣ The vertical shape of the character resembles a human standing upright.

[105] 此下八聲, 一闔一闢. [정음해례5ㄱ:2_제자해]

- ♣ 此下八聲은 一闔一闢이니라.
  차 하 팔 성 일 합 일 벽
- ♣ 다음 여덟 가운뎃소리는 어떤 것은 거의 닫히고 어떤 것은 열린다.
- ♣ The following eight sounds are either nearly closed or wide open.

[106] ㅗ與 ㆍ同而口蹙, 其形則 ㆍ與ㅡ合而成, 取天地初交之義也. [정음해례5ㄱ:2-4_제자해]

- ♣ ㅗ는 與 ㆍ同而口蹙이며 其形則 ㆍ與ㅡ合而成은 取天地初交之義也니라.
  여 동 이 구 축 기 형 즉 여 합 이 성 취 천 지 초 교 지 의 야
- ♣ ㅗ는 ㆍ와 같은 가운뎃소리[양성모음]이나 입을 더 오므리며 그 모양이 ㆍ가 ㅡ와 합해서 이루어진 것은 하늘과 땅이 처음으로 사귄다는 뜻을 담았다.
- ♣ ㅗ/o/ is the same middle vowel[positive vowels] as ㆍ/ʌ/, but pronounced with pursed lips, the reason why the shape of ㆍ and ㅡ/ɨ/ are combined, because the shape re-sembles Heaven and Earth as they first interact.

[107] ㅏ與 ㆍ同而口張, 其形則 ㅣ與 ㆍ合而成, 取天地之用發於事物待人而成也. [정음해례5ㄱ:4-6_제자해]

- ♣ ㅏ는與 ㆍ同而口張이며其形則 ㅣ與 ㆍ合而成이니取天地之用發於事物待人而成也니라.
  여 동 이 구 장 기 형 즉 여 합 이 성 취 천 지 지 용 발 어 사 물 대 인 이 성 야
- ♣ ㅏ는 ㆍ와 같은 가운뎃소리[양성모음]이나 입을 더 벌리며 그 모양은 ㅣ와 ㆍ가 서로 합하여 이루어진 것으로, 하늘과 땅의 쓰임이 일과 사물에서 나타나서 사람을 기다려 이루어진다는 뜻을 담은 것이다.

♣ ㅏ /a/ is the same middle vowel[positive vowels] as • /ʌ/, but pronounced with a wide open mouth, the reason why this shape is formed by joining ㅣ /i/ and • /ʌ/, meaning that all things come from Heaven and Earth, but wait upon humans for their completion.

[108] ㅜ與ㅡ同而口蹙, 其形則ㅡ與 • 合而成, 亦取天地初交之義也. [정음해례5ㄱ:7-8_제자해]

♣ ㅜ는 與(여)ㅡ同而口蹙(동이구축)이며 其形則(기형즉)ㅡ與(여) • 合而成(합이성)이니 亦取天地初交之義也(역취천지초교지의야)니라.

♣ ㅜ는 ㅡ와 같은 가운뎃소리[음성모음]이나 입을 더 오므리며 그 모양이 ㅡ가 • 와 합해서 이루어진 것은 역시 하늘과 땅이 처음으로 사귄다는 뜻을 담았다.

♣ ㅜ/u/ is the same middle vowel[negative vowels] as ㅡ/ɨ/, but pronounced with pursed lips, the reason why the shape is formed by joining ㅡ/ɨ/ and • /ʌ/ which also represents the first interaction of Heaven and Earth.

[109] ㅓ與ㅡ同而口張, 其形則 • 與ㅣ合而成, 亦取天地之用發於事物待人而成也. [정음해례5ㄱ:8-5ㄴ:1-3_제자해]

♣ ㅓ는 與(여)ㅡ同而口張(동이구장)이며 其形則(기형즉) • 與(여)ㅣ合而成(합이성)이니 亦取天地之用發於事物待人而成也(역취천지지용발어사물대인이성야)니라.

♣ ㅓ는 ㅡ와 같은 가운뎃소리[음성모음]이나 입을 더 벌리니 그 모양은 • 와 ㅣ가 합해서 이루어진 것이며, 역시 하늘과 땅의 쓰임이 일과 사물에서 나타나되 사람을 기다려서 이루어진 뜻을 담은 것이다.

♣ ㅓ /ə/ is the same middle vowel[negative vowels] as ㅡ/ɨ/, but pronounced with a wide open mouth, the reason why the shape is formed by joining • /ʌ/ and ㅣ/i/ which again means that all things begin with Heaven and Earth, but wait upon humans for their completion.

[110] ㅛ與ㅗ同而起於ㅣ. [정음해례5ㄴ:3_제자해]

♣ ㅛ는 與(여)ㅗ同而起於(동이기어)ㅣ니라.

♣ ㅛ는 ㅗ와 같은 가운뎃소리[양성모음]이나, 그 소리는 ㅣ에서 비롯된다.

♣ ㅛ/jo/ is the same middle vowel[positive vowels] as ㅗ/o/, but is pronounced by starting with ㅣ/i/.

[111] ㅑ與ㅏ同而起於ㅣ. [정음해례5ㄴ:3-4_제자해]

♣ ㅑ는 與(여)ㅏ同而起於(동이기어)ㅣ니라.

♣ ㅑ는 ㅏ와 같은 가운뎃소리[양성모음]이나, 그 소리는 ㅣ에서 비롯된다.

♣ ㅑ/ja/ is the same middle vowel[positive vowels] as ㅏ/a/, but is pronounced by starting with ㅣ/i/.

[112] **ㅠ與ㅜ同而起於ㅣ.** [정음해례5ㄴ:4-5_제자해]

♣ ㅠ는 與ㅜ同而起於ㅣ니라.
여 동이기어

♣ ㅠ는 ㅜ와 같은 가운뎃소리[음성모음]이나, 그 소리는 ㅣ에서 비롯된다.

♣ ㅠ/ju/ is the same middle vowel[negative vowels] as ㅜ/u/, but is pronounced by starting with ㅣ/i/.

[113] **ㅕ與ㅓ同而起於ㅣ.** [정음해례5ㄴ:5_제자해]

♣ ㅕ는 與ㅓ同而起於ㅣ니라.
여 동이기어

♣ ㅕ는 ㅓ와 같은 가운뎃소리[음성모음]이나, 그 소리는 ㅣ에서 비롯된다.

♣ ㅕ/jə/ is the same middle vowel[negative vowels] as ㅓ/ə/, but is pronounced by starting with ㅣ/i/.

[114] **ㅗㅏㅜㅓ始於天地, 爲初出也.** [정음해례5ㄴ:5-6_제자해]

♣ ㅗㅏㅜㅓ始於天地이니 爲初出也니라.
시어천지 위초출야

♣ ㅗㅏㅜㅓ는 하늘과 땅에서 비롯된 것이라 '처음 나온 것(초출자)'이다.

♣ ㅗ/o/ ㅏ/a/ ㅜ/u/ ㅓ/ə/ originate from Heaven and Earth and are thus primary letters.

[115] **ㅛㅑㅠㅕ起於ㅣ而兼乎人, 爲再出也.** [정음해례5ㄴ:6-7_제자해]

♣ ㅛㅑㅠㅕ起於ㅣ而兼乎人[ㅣ]이니 爲再出也니라.
기어 이겸호인 위재출야

♣ ㅛㅑㅠㅕ는 ㅣ에서 비롯되어 사람(ㅣ)을 겸하였으므로 '거듭 나온 것(재출자)'이다.

♣ ㅛ/jo/ ㅑ/ja/ ㅠ/ju/ ㅕ/jə/ begin with ㅣ/i/, and thus correspond to humans, making them 'secondary'.

[116] **ㅗㅏㅜㅓ之一其圓者, 取其初生之義也.** [정음해례5ㄴ:7-8-6ㄱ:1_제자해]

♣ ㅗㅏㅜㅓ之一其圓者는 取其初生之義也니라.
지일기원자 취기초생지의야

♣ ㅗㅏㅜㅓ에서 둥근 것(•)을 하나로 한 것은 '처음 생긴 것(초생자)'이라는 뜻을 담았다.

♣ ㅗ/o/ ㅏ/a/ ㅜ/u/ ㅓ/ə/ have one dot, meaning 'they were' created first and are the 'primary letters'.

[117] **ㅛ ㅑ ㅠ ㅕ之二其圓者, 取其再生之義也.** [정음해례6ㄱ:1-2_제자해]

♣ ㅛ ㅑ ㅠ ㅕ之二其圓者는 取其再生之義也니라.
지 이 기 원 자 취 기 재 생 지 의 야

♣ ㅛ ㅑ ㅠ ㅕ에서 그 둥근 것(•)을 둘로 한 것은 '다시 생겨난 것(재생자)'이라는 뜻을 담은 것이다.

♣ ㅛ/jo/ ㅑ/ja/ ㅠ/ju/ ㅕ/jə/ have two dots, meaning 'they were created second and are secondary letters'.

[118] **ㅗ ㅏ ㅛ ㅑ之圓居上與外者, 以其出於天而爲陽也.** [정음해례6ㄱ:2-3_제자해]

♣ ㅗ ㅏ ㅛ ㅑ之圓居上與外者는 以其出於天而爲陽也니라.
지 원 거 상 여 외 자 이 기 출 어 천 이 위 양 야

♣ ㅗ ㅏ ㅛ ㅑ의 둥근 것(•)이 위와 밖에 놓인 것은 하늘(•)에서 나와 양성이 되기 때문이다.

♣ The dots of ㅗ/o/ ㅏ/a/ ㅛ/jo/ ㅑ/ja/ are on the upper side or outside, meaning they come from Heaven and are equated with Yang.

[119] **ㅜ ㅓ ㅠ ㅕ之圓居下與內者, 以其出於地而爲陰也.** [정음해례6ㄱ:3-5_제자해]

♣ ㅜ ㅓ ㅠ ㅕ之圓居下與內者는 以其出於地而爲陰也니라.
지 원 거 하 여 내 자 이 기 출 어 지 이 위 음 야

♣ ㅜ ㅓ ㅠ ㅕ의 둥근 것(•)이 아래쪽과 안쪽에 있는 것은 땅(ㅡ)에서 나와 음성이 되기 때문이다.

♣ The dots of ㅜ/u/ ㅓ/ə/ ㅠ/ju/ ㅕ/jə/ are on the bottom or inside, meaning they come from Earth and are equated with Yin.

[120] **• 之貫於八聲者, 猶陽之統陰而周流萬物也.** [정음해례6ㄱ:5-6_제자해]

♣ • 之貫於八聲者는 猶陽之統陰而周流萬物也니라.
지 관 어 팔 성 자 유 양 지 통 음 이 주 류 만 물 야

♣ • 가 여덟 가운뎃소리글자에 두루 다 있는 것은 마치 양성이 음성을 거느리고 만물에 두루 흐름과 같다.

♣ • /ʌ/ is part of all eight letters just like Yang leading Yin and going through all things.

[121] ㆉㆣㆊㆌ之皆兼乎人者, 以人爲萬物之靈而能參兩儀也. [정음해례6ㄱ:6-8_제자해]

♣ ㆉㆣㆊㆌ之皆兼乎人[ㅣ]者는 以人爲萬物之靈而能參兩儀也니라.
지 개 겸 호 인 자 이 인 위 만 물 지 령 이 능 참 량 의 야

♣ ㆉㆣㆊㆌ 가 모두 사람을 뜻하는 ㅣ 소리가 들어 있는 것은 사람이 만물의 영장으로 능히 하늘(양)과 땅(음)이 하는 일에 참여할 수 있기 때문이다.

♣ ㆉ/jo/ ㆣ/ja/ ㆊ/ju/ ㆌ/jə/ are all combined through humans(ㅣ), who being lord over all things are capable of participating with Yin and Yang.

[122] 取象於天地人而三才之道備矣. [정음해례6ㄱ:8-6ㄴ:1_제자해]

♣ 取象於天地人而三才之道備矣니라.
취 상 어 천 지 인 이 삼 재 지 도 비 의

♣ 가운뎃소리글자들은 하늘(•), 땅(ㅡ), 사람(ㅣ)을 본뜬 것을 가졌으니, 삼재(하늘·땅·사람) 이치가 갖추어졌다.

♣ Because these letters '•, ㅡ, ㅣ' are created from the forms of Heaven, Earth and Humans, they contain the principle of the Three Elements.

[123] 然三才爲萬物之先, 而天又爲三才之始, 猶•ㅡㅣ三字爲八聲之首, 而•又爲三字之冠也. [정음해례6ㄴ:1-4_제자해]

♣ 然三才爲萬物之先이요, 而天又爲三才之始하니, 猶•ㅡㅣ三字爲八聲之首하니, 而•
연 삼 재 위 만 물 지 선 이 천 우 위 삼 재 지 시 유 삼 자 위 팔 성 지 수 이
又爲三字之冠° 也니라.
우 위 삼 자 지 관 야

♣ 그러므로 하늘·땅·사람의 삼재가 만물의 우선이 되고, 하늘이 삼재의 시작이 되는 것과 같이 •ㅡㅣ 석 자가 여덟 가운뎃소리글자의 머리가 되고 또한 • 자가 석 자의 으뜸이 됨과 같다.

♣ Therefore, just as the Tree Elements are the source of all things, and Heaven is first among the Three Elements •/ʌ/ ㅡ/ɨ/ ㅣ/i/ are the head of the eight letters, with •/ʌ/ as first among the three.

[124] ㅗ初生於天, 天一生水之位也. [정음해례6ㄴ:4-5_제자해]

♣ ㅗ가 初生於天하니 天一生水之位也니라.
초 생 어 천 천 일 생 수 지 위 야

♣ ㅗ가 처음으로 하늘에서 생겨나니 하늘의 수로는 1이고 물을 낳는 자리다.

♣ ㅗ/o/ was first to come from Heaven, the number of Heaven is 1 from which Water comes.

[125] ㅏ 次之, 天三生木之位也. [정음해례6ㄴ:5_제자해]

♣ ㅏ가 次之하니 天三生木之位也니라.
차 지 천 삼 생 목 지 위 야

♣ ㅏ가 다음으로 생겨나 하늘의 수로는 3이고 나무를 낳는 자리다.

♣ ㅏ /a/ follows, and the number of Heaven is 3 from which Tree comes.

[126] ㅜ 初生於地, 地二生火之位也. [정음해례6ㄴ:6_제자해]

♣ ㅜ가 初生於地하니 地二生火之位也니라.
초 생 어 지 지 이 생 화 지 위 야

♣ ㅜ가 처음으로 땅에서 나니, 땅의 수로는 2이고 불을 낳는 자리다.

♣ Next ㅜ/u/ is which first comes from Earth, and Two is the number of Earth from which Fire comes.

[127] ㅓ 次之, 地四生金之位也. [정음해례6ㄴ:6-7_제자해]

♣ ㅓ 가 次之하니 地四生金之位也니라.
차 지 지 사 생 금 지 위 야

♣ ㅓ 가 다음으로 생겨난 것이니 땅의 수로는 4이고 쇠를 낳는 자리다.

♣ ㅓ /ə/ comes next, and Four is the number of Earth from which Metal comes.

[128] ㆊ 再生於天, 天七成火之數也. [정음해례6ㄴ:7-8]

♣ ㆊ가 再生於天하니 天七成火之數也니라.
재 생 어 천 천 칠 성 화 지 수 야

♣ ㆊ가 두 번째로 하늘에서 생겨나니 하늘의 수로는 7이고 불을 이루는 수이다.

♣ Next ㆊ/jo/ comes a second time from Heaven, and the number of Heaven is 7, at which Fire is made complete.

[129] ㆇ 次之, 天九成金之數也. [정음해례6ㄴ:8-7ㄱ:1_제자해]

♣ ㆇ가 次之하니 天九成金之數也니라.
차 지 천 구 성 금 지 수 야

♣ ㆇ가 다음으로 생겨나니 하늘의 수로는 9이고 쇠를 이루는 수다.

♣ ㆇ /ja/ is next, and 9 is the number of Heaven at which Metal is made complete.

[130] ㆎ 再生於地, 地六成水之數也. [정음해례7ㄱ:1-2_제자해]

♣ ㆎ가 再生於地하니 地六成水之數也니라.
재 생 어 지 지 륙 성 수 지 수 야

♣ ㆎ가 두 번째로 땅에서 생겨나니 땅의 수로는 6이고 물을 이루는 수다.

♣ ㅠ/ju/ comes a second time from Earth, and 6 is the number of Earth at which Water is made complete.

[131] ㅕ次之, 地八成木之數也. [정음해례7ㄱ:2-3_제자해]

♣ ㅕ가 次之(차지)하니 地八成木之數也(지팔성목지수야)니라.

♣ ㅕ가 다음으로 생겨나니 땅의 수로는 8이고 나무를 이루는 수다.

♣ Next is ㅕ/jə/, and 8 is the number of Earth at which Tree is made complete.

[132] 水火未離乎氣, 陰陽交合之初, 故闔. [정음해례7ㄱ:3-4_제자해]

♣ 水(수)[ㅗ ㅠ]火(화)[ㅜ ㅛ]未離(미리)° 乎氣(호기)하여 陰陽交合之初(음양교합지초)하니 故闔(고합)이니라.

♣ 물(ㅗㅠ)과 불(ㅜㅛ)은 아직 기를 벗어나지 못하고 음과 양이 서로 사귀어 어울리는 시초이기 때문에 입을 거의 오므린다.

♣ Because Water(ㅗ/o/ㅠ/ju/) and Fire(ㅜ/u/ㅛ/jo/) cannot be separated from the spirit and are at the interacting origin of Yin and Yang, they are almost closed.

[133] 木金陰陽之定質, 故闢. [정음해례7ㄱ:4_제자해]

♣ 木(목)[ㅏ ㅕ]金(금)[ㅓ ㅑ]은 陰陽之定質(음양지정질)이니 故闢(고벽)이니라.

♣ 나무(ㅏ ㅕ)와 쇠(ㅓ ㅑ)는 음과 양의 바탕을 바로 고정한 것이기 때문에 입을 벌린다.

♣ Because Tree(ㅏ/a/ㅕ/jə/) and Metal(ㅓ /ə/ㅑ/ja/) are firmly fixed on the foundation of Yin and Yang, they are open.

[134] • 天五生土之位也. [정음해례7ㄱ:4-5_제자해]

♣ • 는 天五生土之位也(천오생토지위야)니라.

♣ • 는 하늘의 수로는 5이고 흙을 낳는 자리다.

♣ • /ʌ/ the number of Heaven is 5 and the place from which Earth comes.

[135] ㅡ地十成土之數也. [정음해례7ㄱ:5-6_제자해]

♣ ㅡ는 地十成土之數也(지십성토지수야)니라.

♣ ㅡ는 땅의 수로는 10이고 흙을 이루는 수다.

♣ ㅡ/ɨ/ the number of Earth is 10, at which Earth is made complete.

[136] ㅣ獨無位數者, 盖以人則無極之眞, 二五之精, 妙合而凝, 固未可以定位成數論也. [정음해례7ㄱ:6-8_제자해]

♣ ㅣ獨無位數者는 盖以人則無極之眞이오 二五之精이오 妙合而凝이니 固未可以定位成
독무위수자 개이인즉무극지진 이오지정 묘합이응 고미가이정위성
數論° 也니라.
수론 야

♣ ㅣ만 홀로 자리와 수가 없는 것은 대개 사람은 곧 끝없는 태극의 참과 음양과 오행의 정기가 묘하게 어울리고 엉기어서, 진실로 자리를 정하고 수를 이루는 것을 밝힐 수 없기 때문이다.

♣ Only 'ㅣ/i/' has no place or number because for people in general limitless truth, Yin and Yang, and the vital energy of the Five Elements are coalesced and in marvelous harmony, so their place and number cannot be ascertained.

[137] 是則中聲之中, 亦自有陰陽五行方位之數也. [정음해례7ㄱ:8-7ㄴ:1_제자해]

♣ 是則中聲之中에 亦自有陰陽五行方位之數也니라.
시즉중성지중 역자유음양오행방위지수야

♣ 이런즉 가운뎃소리(중성) 속에도 또한 저절로 음양과 오행, 방위의 수가 있는 것이다.

♣ Accordingly the middle sounds naturally contain Yin and Yang, the Five Elements and directional numbers.

[138] 以初聲對中聲而言之. [정음해례7ㄴ:1-2_제자해]

♣ 以初聲對中聲而言之니라.
이초성대중성이언지

♣ 첫소리와 가운뎃소리를 맞대어 말해 보자.

♣ Let's compare initial consonants and middle vowels.

[139] 陰陽, 天道也. [정음해례7ㄴ:2_제자해]

♣ 陰陽은 天道也니라.
음양 천도야

♣ 가운뎃소리의 음성과 양성은 하늘의 이치다.

♣ The Yin and Yang of the middle vowels are the way of Heaven

[140] 剛柔, 地道也. [정음해례7ㄴ:3_제자해]

♣ 剛柔는 地道也니라.
강유 지도야

♣ 첫소리의 단단함과 부드러움은 땅의 이치이다.

♣ The hardness and softness of the initial consonants are the way of the Earth.

[141] **中聲者，一深一淺一闔一闢，是則陰陽分而五行之氣具焉，天之用也.** [정음해례7ㄴ:3-5_제자해]

♣ 中聲者는 一深一淺一闔一闢하고, 是則陰陽分而五行之氣具焉이니 天之用也니라.
중성자 일심일천일합일벽 시즉음양분이오행지기구언 천지용야

♣ 가운뎃소리는 어떤 것은 깊고 어떤 것은 얕고, 어떤 것은 오므리고 어떤 것은 벌리니, 이런즉 음양이 나뉘고, 오행의 기운이 갖추어지니 하늘의 작용이다.

♣ If one of the middle vowels is deep then the other is shallow, if one is pursed then the other is open, as this follows the division of Yin and Yang and the provision of the force of the Five Elements is the function of Heaven.

[142] **初聲者，或虛或實或颺或滯或重若輕，是則剛柔著而五行之質成焉，地之功也.** [정음해례7ㄴ:5-7_제자해]

♣ 初聲者는 或虛或實或颺或滯或重若輕하고 是則剛柔著而五行之質成焉이니 地之功也니라.
초성자 혹허혹실혹양혹체혹중약경 시즉강유저이오행지질성언 지지공야

♣ 첫소리는 어떤 것은 비고[목구멍소리], 어떤 것은 막히고[어금닛소리], 어떤 것은 날리고[혓소리], 어떤 것은 걸리고[잇소리], 어떤 것은 무겁고[입술무거운소리], 어떤 것은 가벼우니[입술가벼운소리], 이런즉 곧 단단하고 부드러운 것이 드러나서 여기에 오행의 바탕이 이루어진 것이니 땅의 공이다.

♣ As for the initial consonants, some are empty and some are solid, some are blown and some are blocked, and as some are heavy others are light. Thus, exactly like initial con-sonants, hardness and softness is made evident so the completion of the foundation of the Five Elements is the achievement of Earth.

[143] **中聲以深淺闔闢唱之於前，初聲以五音淸濁和之於後，而爲初亦爲終.** [정음해례7ㄴ:7-8ㄱ:1_제자해]

♣ 中聲以深淺闔闢唱之於前하고 初聲以五音淸濁和° 之於後이니 而爲初亦爲終니라.
중성이심천합벽창지어전 초성이오음청탁화 지어후 이위초역위종

♣ 가운뎃소리가 깊고 얕고 오므라지고 벌림으로써 앞서 소리 나고, 첫소리가 오음의 맑고 흐림으로써 뒤따라 화답하여 첫소리가 되고 또한 끝소리가 된다.

♣ As middle vowels are deep or shallow and pursed or expressed they come out first, and as the Five Sounds of initial consonants are clear or unclear they follow as both initial and again as end consonants.

[144] **亦可見萬物初生於地，復歸於地也.** [정음해례8ㄱ:2-3_제자해]

♣ 亦可見萬物初生於地하여 復歸於地也니라.
역가견만물초생어지 복귀어지야

♣ 또한 이는 만물이 땅에서 처음 생겨나서, 다시 땅으로 돌아가는 것을 볼 수 있다.

♣ This is indicated from how all things are born from the Earth and all things return to the Earth.

[145] **以初中終合成之字言之, 亦有動靜互根陰陽交變之義焉.** [정음해례8ㄱ:3-4_제자해]

♣ 以初中終合成之字言之니 亦有動靜互根陰陽交變之義焉이니라.
이초중종합성지자언지 역유동정호근음양교변지의언

♣ 첫소리, 가운뎃소리, 끝소리가 합하여 이루어진 글자를 말할 것 같으면, 또한 움직임과 고요함이 서로 뿌리가 되어 음과 양이 서로 바뀌는 뜻이 있다.

♣ Like the combination of initial, middle and final letters to make characters, motion and stillness become mutual roots with the meaning of Yin and Yang which are mutually transforming.

[146] **動者, 天也. 靜者, 地也.** [정음해례8ㄱ:4-5_제자해]

♣ 動者는 天也요 靜者는 地也니라.
동자 천야 정자 지야

♣ 움직이는 것은 하늘이요, 고요한 것은 땅이다.

♣ Movement is Heaven, stillness is Earth.

[147] **兼乎動靜者, 人也.** [정음해례8ㄱ:5_제자해]

♣ 兼乎動靜者는 人也니라.
겸호동정자 인야

♣ 움직임과 고요함을 겸한 것은 사람이다.

♣ Movement and stillness together are humans.

[148] **蓋五行在天則神之運也, 在地則質之成也, 在人則仁禮信義智神之運也, 肝心脾肺腎質之成也.** [정음해례8ㄱ:6-8_제자해]

♣ 蓋五行在天則神之運也요 在地則質之成也요 在人則仁禮信義智神之運也요 肝心脾肺腎質之成也니라.
개오행재천즉신지운야 재지즉질지성야 재인즉인례신의지신지운야 간심비폐신질지성야

♣ 대개 오행이 하늘에서는 신(우주)의 운행이며, 땅에서는 바탕을 이루는 것이요, 사람에서는 어짊·예의·믿음·정의·슬기가 신(작은 우주)의 운행이요, 간장·염통(심장)·지라(비장)·허파(폐장)·콩팥(신장)이 바탕을 이루는 것이다.

♣ Generally, the Five Elements are the movement of the cosmos in Heaven, the fulfillment of substance on Earth, and for humans they are benevolence, courtesy, sincerity, righteousness, and wisdom as the movement of the cosmos and the liver, heart, spleen, lung and kidney as the fulfillment of substances.

[149] **初聲有發動之義, 天之事也.** [정음해례8ㄱ:8-8ㄴ:1_제자해]

♣ 初聲有發動之義하니 天之事也니라.
초 성 유 발 동 지 의 천 지 사 야

♣ 첫소리는 움직여 피어나는 뜻이 있으니, 하늘의 일이다.

♣ The initial consonants hold the meanings of movement and prospering, thus they are the work of Heaven.

[150] **終聲有止定之義, 地之事也.** [정음해례8ㄴ:1-2_제자해]

♣ 終聲有止定之義하니 地之事也니라.
종 성 유 지 정 지 의 지 지 사 야

♣ 끝소리는 정해져 멈추는 뜻이 있으니, 땅의 일이다.

♣ The final consonants hold the meaning of fixation and stillness and thus they are the work of Earth.

[151] **中聲承初之生, 接終之成, 人之事也.** [정음해례8ㄴ:2-3_제자해]

♣ 中聲承初之生하고 接終之成하니 人之事也니라.
중 성 승 초 지 생 접 종 지 성 인 지 사 야

♣ 가운뎃소리는 첫소리가 생겨난 것을 이어서, 끝소리가 이루어지게 이어 주니 사람의 일이다.

♣ As for the middle vowels, they follow the emergence of the initial consonants and the completion of the final consonants, thus combined, they are the work of humans.

[152] **盖字韻之要, 在於中聲, 初終合而成音.** [정음해례8ㄴ:3-6_제자해]

♣ 盖字韻之要요 在於中聲요 初終合而成音이니라.
개 자 운 지 요 재 어 중 성 초 종 합 이 성 음

♣ 대개 글자 소리의 핵심은 가운뎃소리에 있으니, 첫소리·끝소리와 합하여 음절을 이룬다.

♣ The middle vowels are the most important since they join the initial consonants and final consonants to form syllables.

[153] **亦猶天地生成萬物, 而其財成輔相則必賴乎人也.** [정음해례8ㄴ:4-6_제자해]

♣ 亦猶天地生成萬物이니 而其財成輔相° 則必賴乎人也니라.
역 유 천 지 생 성 만 물 이 기 재 성 보 상 즉 필 뢰 호 인 야

♣ 또 오히려 하늘과 땅이 만물을 생겨나게 해도, 그것이 쓸모 있게 돕는 것은 반드시 사람한테 힘입음과 같다.

♣ Likewise, all things are born of and built upon Heaven and Earth but making them useful and mutually beneficial depends entirely on humans.

[154] **終聲之復用初聲者, 以其動而陽者乾也, 靜而陰者亦乾也, 乾實分陰陽而無不君宰也.** [정음해례8ㄴ:6-8_제자해]

♣ 終聲之復° 用初聲者는 以其動而陽者乾也요, 靜而陰者亦乾也요, 乾實分陰陽而無不君
종성지부 용초성자 이기동이양자건야 정이음자역건야 건실분음양이무불군
宰也니라.
재야

♣ 끝소리글자에 첫소리글자를 다시 쓰는 것은 움직여서 양인 것도 하늘이요, 고요해서 음인 것도 하늘이니, 하늘은 실제로는 음과 양을 구분한다 하더라도 임금(하늘)이 주관하고 다스리지 않음이 없기 때문이다.

♣ As for the use of initial letters again as final consonants, Yang is dynamic so it is Heaven, Yin is static so it is also Heaven, and Heaven, though in reality is actually div-ided between Yin and Yang because it is the sovereign which presides and rules over all things.

[155] **一元之氣, 周流不窮, 四時之運, 循環無端, 故貞而復元, 冬而復春.** [정음해례9ㄱ:1-2_제자해]

♣ 一元之氣, 周流不窮하고, 四時之運이, 循環無端이니, 故貞而復° 元하고, 冬而復° 春이
일원지기 주류불궁 사시지운 순환무단 고정이부 원 동이부 춘
니라.

♣ 하나의 바탕 기운이 두루 흘러 다하지 않고, 사계절 바뀜이 돌고 돌아 끝이 없으니 만물의 거둠에서 다시 만물의 시초가 되듯 겨울은 다시 봄이 되는 것이다.

♣ The spirit flows universally and endlessly; the four seasons are in an endless cycle, the end of all things are again the start of all things, just as spring comes again from winter.

[156] **初聲之復爲終, 終聲之復爲初, 亦此義也.** [정음해례9ㄱ:2-4_제자해]

♣ 初聲之復° 爲終하고, 終聲之復° 爲初요, 亦此義也니라.
초성지부 위종 종성지부 위초 역차의야

♣ 첫소리글자가 다시 끝소리글자가 되고 끝소리글자가 다시 첫소리글자가 되는 것도 역시 이와 같은 뜻이다.

♣ In the same way, initial consonants again become final consonants and final consonants again become first consonants.

[157] 吁.[30] 正音作而天地萬物之理咸備, 其神矣哉. [정음해례9ㄱ:4-5_제자해]

- ♣ 吁라. 正音作而天地萬物之理咸備하니 其神矣哉니라.
  우 정음작이천지만물지리함비 기신의재
- ♣ 아! 정음이 만들어져 천지 만물의 이치가 모두 갖추어졌으니, 그 정음이 신묘하다.
- ♣ Ah, the creation of Jeongeum contains the principles of all the things of Heaven and Earth; Jeongeum is so mysterious.

[158] 是殆天啓聖心而假手焉者乎. [정음해례9ㄱ:5-6_제자해]

- ♣ 是殆天啓聖心而假手焉者乎로구나.
  시태천계성심이가수언자호
- ♣ 이는 틀림없이 하늘이 성왕(세종)의 마음을 일깨워, 세종의 손을 빌려 정음을 만들게 한 것이로구나!
- ♣ It is certainly as if the mind of King Sejong the Great was opened by Heaven; it is clear that Heaven has lent a helping hand.

訣曰 [정음해례9ㄱ:6_제자해_갈무리시]

訣曰
결왈

- ♣ 갈무리시[31]
- ♣ Summarizing verse

[159] 天地之化本一氣

陰陽五行相始終 [정음해례9ㄱ:7-8_제자해_갈무리시]

- ♣ 天地之化本一氣이니
  천지지화본일기

  陰陽五行相始終이네.[32]
  음양오행상시종
- ♣ 하늘과 땅의 조화는 본디 하나의 기운이니
  음양과 오행이 서로 처음이 되며 끝이 되네.

---

30) 원문에서 온점(구점)으로 되어 있으나 다음 문장과 통합하였다.

31) '갈무리시'는 '결시(訣詩)'라고도 하며, 칠언시(일곱 자 한 행 시)로 의미로는 두 행이 한 쌍을 이룬다. 따라서 원문은 두 행을 한 묶음으로 배열하고 우리말 번역과 영어 번역도 시적 형식 유지를 위해 두 행을 한 묶음으로 번역하되 배열은 원 시 형식대로 분리했다.

32) 시 형식이므로 토는 '-이니/하니/이고 -이네'식으로 달았다.

♣ The harmony of Heaven and Earth is originally the spirit of one
Yin-Yang and the Five Elements mutually become the beginning and the end.

[160] **物於兩間有形聲**
元本無二理數通 [정음해례9ㄴ:1-2_제자해_갈무리시]

♣ 物於兩間有形聲이니
물 어 량 간 유 형 성
元本無二理數通이네.
원 본 무 이 리 수 통

♣ 만물이 하늘과 땅 사이에서 꼴과 소리 있으나
근본은 둘이 아니니 이치와 수로 통하네.

♣ All things between Heaven and Earth have form and sound
As for the origin, it is not both but through principle and number.

[161] **正音制字尙其象**
因聲之厲每加畫 [정음해례9ㄴ:3-4_제자해_갈무리시]

♣ 正音制字尙其象이니
정 음 제 자 상 기 상
因聲之厲每加畫이네.
인 성 지 려 매 가 획

♣ 정음 글자 만들 때 주로 그 꼴을 본뜨니
소리 세기에 따라 획을 더하였네.

♣ When the characters for Jeongeum were made, they were made according to their form
Following the intensity of the sound one more stroke is added.

[162] **音出牙舌脣齒喉**
是爲初聲字十七 [정음해례9ㄴ:5-6_제자해_갈무리시]

♣ 音出牙舌脣齒喉이니
음 출 아 설 순 치 후
是爲初聲字十七이네.
시 위 초 성 자 십 칠

♣ 소리는 어금니·혀·입술·이·목구멍에서 나니
여기에서 첫소리글자 열일곱이 나왔네.

♣ The sounds come from the molars, tongue, mouth, teeth, and throat
From here seventeen initial sound letters come.

[163] 牙取舌根閉喉形
唯業似欲取義別 [정음해례9ㄴ:7-8_제자해_갈무리시]

♣ 牙取舌根閉喉形이니
아 취 설 근 폐 후 형

唯業[ㆁ]似欲[ㅇ]取義別。이네.
유 업 사 욕 취 의 별

♣ 어금닛소리 글자는 혀뿌리가 목구멍을 막는 모양을 취하였는데
오직 ㆁ[이]만은 ㅇ[이]와 비슷하나 담은 뜻이 다르네.

♣ The molar sound character follows the appearance of the back of the tongue blocking the throat
Only ㆁ/ŋ/ and ㅇ/ɦ/ are similar but assume different meanings.

[164] 舌迺象舌附上腭
脣則實是取口形 [정음해례10ㄱ:1-2_제자해_갈무리시]

♣ 舌迺象舌附上腭이고
설 내 상 설 부 상 악

脣則實是取口形이네.
순 즉 실 시 취 구 형

♣ 혓소리글자는 혀가 윗잇몸에 닿는 모양을 본뜨고
입술소리 글자는 바로 입 꼴을 취하였네.

♣ The lingual sound character follows the shape of the tongue touching the upper teeth ridge
The labial sound character assumed the shape of the mouth.

[165] 齒喉直取齒喉象
知斯五義聲自明 [정음해례10ㄱ:3-4_제자해_갈무리시]

♣ 齒喉直取齒喉象하니
치 후 직 취 치 후 상

知斯五義聲自明이네.
지 사 오 의 성 자 명

♣ 잇소리글자와 목구멍소리글자는 바로 이와 목구멍의 모양을 본떴으니
이 다섯 자 뜻을 알면 소리 이치는 절로 밝혀지네.

♣ The teeth sound(alveolar consonant) character and the guttural sound follows the shape of the teeth and throat
If one knows the meaning of these five letters the principle behind these sounds are revealed.

[166] **又有半舌半齒音**

取象同而體則異 [정음해례10ㄱ:5-6_제자해_갈무리시]

♣ 又有半舌半齒音이니
우 유 반 설 반 치 음

取象同而體則異이네.
취 상 동 이 체 즉 이

♣ 또한 반혓소리글자(ㄹ), 반잇소리글자(ㅿ)가 있는데
본뜬 것은 같은데 짜임새가 다르네.

♣ There are also semi-lingual(semi-alveolar) sound(ㄹ) and the semi-teeth(semi-alveolar) sound(ㅿ) letters
The imitations are similar but their structure is seemingly different.

[167] **那彌戌欲聲不厲**

次序雖後象形始 [정음해례10ㄱ:7-8_제자해_갈무리시]

♣ 那[ㄴ]彌[ㅁ]戌[ㅅ]欲[ㅇ]聲不厲이니
나 미 술 욕 성 불 려

次序雖後象形始이네.
차 서 수 후 상 형 시

♣ "ㄴ[니], ㅁ[미], ㅅ[시], ㅇ[이]" 소리는 세지 않으므로
차례는 비록 뒤이나 꼴을 본뜨는 처음이 되네.

♣ The sounds of "ㄴ/n/ㅁ/m/ㅅ/s/ㅇ/ɦ/" are not strong
Even though final in order, they are first when forming characters.

[168] **配諸四時與冲氣**

五行五音無不協 [정음해례10ㄴ:1-2_제자해_갈무리시]

♣ 配諸四時與冲氣하니
배 저 사 시 여 충 기

五行五音無不協이네.
오 행 오 음 무 불 협

♣ 이것을 네 계절과 천지 기운에 맞추어 보니
오행과 오음계에 어울리지 않음이 없네.

♣ Matching these letters with the four seasons and the force of Heaven and Earth
There is nothing that does not harmonize with the Five Elements and Five Sounds.

[169] **維喉爲水冬與羽**

牙迺春木其音角 [정음해례10ㄴ:3-4_제자해_갈무리시]

♣ 維喉爲水冬與羽이오
유 후 위 수 동 여 우

牙迺春木其音角이네.
아 내 춘 목 기 음 각

♣ 목구멍소리는 '물'이 되니 '겨울'과 '우음계'요
어금닛소리는 '봄'이며 '나무'이니 그 소리는 '각음계'이네.

♣ The guttural sound is Water as one of the Five Elements, winter as a season, and "U" as one of the sounds on the Eastern pentatonic scale
The molar sound is Tree as one of the Five Elements, spring as a season, and "Gak" as one of the sounds on the Eastern pentatonic scale.

[170] **°徵音夏火是舌聲**
齒則商秋又是金 **[정음해례10ㄴ:5-6_제자해_갈무리시]**

♣ °徵音夏火是舌聲이오
치 음 하 화 시 설 성

齒則商秋又是金이네.
치 즉 상 추 우 시 금

♣ '치음계'에 '여름'이며 '불'인 것은 혓소리요
잇소리는 곧 '상음계'이며 '가을'이니 또한 '쇠'이네.

♣ The lingual sound is "Chi" as one of the sounds on the Eastern pentatonic scale, summer as a season and Fire as one of the Five Elements
The teeth sound(alveolar consonant) is "Sang" on the Eastern pentatonic scale, winter as a season and Metal as one of the Five Elements.

[171] **脣於位數本無定**
土而季夏爲宮音 **[정음해례10ㄴ:7-8_제자해_갈무리시]**

♣ 脣於位數本無定이니
순 어 위 수 본 무 정

土而季夏爲宮音이네.
토 이 계 하 위 궁 음

♣ 입술소리[33]는 방위와 수가 본디 정해진 것이 없으니
'흙'이며 '늦여름'이니 '궁음계'가 되네.

♣ While the labial sound originally does not have a determined direction or number

33) '脣'을 '입술'로만 번역한 경우는 잘못된 것이다. 입술소리가 궁음이 되는 것이지 입술이 궁음이 되는 것은 아니기 때문이다.

It is Earth as one of the Five Elements, late summer as one of the seasons and "Gung" as one of the sounds on the Eastern pentatonic scale.

[172] 聲音又自有淸濁
要於初發細推尋 [정음해례11ㄱ:1-2_제자해_갈무리시]

♣ 聲音又自有淸濁이니
성 음 우 자 유 청 탁
要° 於初發細推尋하네.
요 어 초 발 세 추 심

♣ 말소리는 또한 스스로 맑고 흐림이 있으니
중요한 것은 첫소리 날 때에 자세히 헤아려 살펴야 하네.

♣ The sounds of speech are naturally both clear and thick
The important thing is when the first sound comes out they must be carefully observed and considered.

[173] 全淸聲是君斗彆
即戌挹亦全淸聲 [정음해례11ㄱ:3-4_제자해_갈무리시]

♣ 全淸聲是君[ㄱ]斗[ㄷ]彆[ㅂ]이며
전 청 성 시 군 두 별
即[ㅈ]戌[ㅅ]挹[ㆆ]亦全淸聲이네.
즉 술 읍 역 전 청 성

♣ 아주 맑은소리 '전청'은 "ㄱ[기], ㄷ[디], ㅂ[비]"이며
"ㅈ[지], ㅅ[시], ㆆ[히]"도 또한 아주 맑은소리 '전청'이라네.

♣ As "ㄱ/k/ㄷ/t/ㅂ/p/" are completely clear sounds
So too the sounds of "ㅈ/ts/ㅅ/s/ㆆ/ʔ/" are completely clear sounds.

[174] 若迺快呑漂侵虛
五音各一爲次淸 [정음해례11ㄱ:5-6_제자해_갈무리시]

♣ 若迺快[ㅋ]呑[ㅌ]漂[ㅍ]侵[ㅊ]虛[ㅎ]는
약 내 쾌 탄 표 침 허
五音各一爲次淸이네.
오 음 각 일 위 차 청

♣ "ㅋ[키], ㅌ[티], ㅍ[피], ㅊ[치], ㅎ[히]"와 같은 것은
오음 각 하나씩의 덜 맑은소리 '차청'이 되네.

♣ The similar thing for "ㅋ/k^h/ㅌ/t^h/ㅍ/p^h/ㅊ/ts^h/ㅎ/h/" is that
Of the five sounds each one is a slightly less clear sound.

[175] 全濁之聲虯覃步
又有慈邪亦有洪 [정음해례11ㄱ:7-8_제자해_갈무리시]

♣ 全濁之聲虯[ㄲ]覃[ㄸ]步[ㅃ]와
전 탁 지 성 규 담 보

又有慈[ㅉ]邪[ㅆ]亦有洪[ㆅ]이네.
우 유 자 사 역 유 홍

♣ 아주 흐린소리 '전탁'은 "ㄲ[끼], ㄸ[띠], ㅃ[삐]"에다
"ㅉ[찌], ㅆ[씨]"가 있고 또한 "ㆅ[혀]"가 있네.

♣ As "ㄲ/k'/ㄸ/t'/ㅃ/p'/" are completely thick sounds
So too are "ㅉ/ts'/ㅆ/s'/" and "ㆅ/x/".

[176] 全淸並書爲全濁
唯洪自虛是不同 [정음해례11ㄴ:1-2_제자해_갈무리시]

♣ 全淸並書爲全濁이니
전 청 병 서 위 전 탁

唯洪[ㆅ]自虛[ㅎ]是不同이네.
유 홍 자 허 시 불 동

♣ 아주 맑은소리 '전청' 글자를 나란히 쓰면 아주 흐린소리 '전탁' 글자가 되는데
다만 'ㆅ'[혀]만은 'ㅎ[히]'에서 나와 이것만 같지 않네.

♣ If completely clear letters are written side by side they become completely thick letters
But 'ㆅ/x/' which comes from 'ㅎ/h/' is different.

[177] 業那彌欲及閭穰
其聲不淸又不濁 [정음해례11ㄴ:3-4_제자해_갈무리시]

♣ 業[ㆁ]那[ㄴ]彌[ㅁ]欲[ㅇ]及閭[ㄹ]穰[ㅿ]은
업 나 미 욕 급 려 양

其聲不淸又不濁이네.
기 성 불 청 우 불 탁

♣ "ㆁ[이], ㄴ[니], ㅁ[미], ㅇ[이]"와 "ㄹ[리], ㅿ[싀]"는
그 소리 맑지도 또 흐리지도 않네.

♣ As for "ㆁ/ŋ/ㄴ/n/ㅁ/m/ㅇ/ɦ/"and "ㄹ/ɾ/ ㅿ/z/"
Their sound is neither clear nor thick.

[178] 欲[ㅇ]之連書爲脣輕
喉聲多而脣乍合 [정음해례11ㄴ:5-6_제자해_갈무리시]

♣ 欲[ㅇ]之連書爲脣輕이니
욕 지 연 서 위 순 경

喉聲多而脣乍合이네.
후 성 다 이 순 사 합

♣ ㅇ[이]를 입술소리 글자에 이어 쓰면 입술가벼운소리가 되는데
목구멍소리가 많아지면서 입술을 살짝 다물어 주네.

♣ If ㅇ/ɦ/ is written underneath a labial sound letter, it becomes a light labial sound
The guttural sound becomes stronger and the lips come together lightly.

[179] **中聲十一亦取象**
精義未可容易觀 [정음해례11ㄴ:7-8_제자해_갈무리시]

♣ 中聲十一亦取象하니
중 성 십 일 역 취 상

精義未可容易° 觀이네.
정 의 미 가 용 이 관

♣ 가운뎃소리글자 열한 자 또한 꼴을 본떴는데
섬세한 뜻은 아직 쉽게 볼 수 없네.

♣ There are 11 middle vowels and they are also modeled after their form
Their deep meaning cannot be inferred easily yet.

[180] **呑擬於天聲最深**
所以圓形如彈丸 [정음해례12ㄱ:1-2_제자해_갈무리시]

♣ 呑[•]擬於天聲最深하니
탄 의 어 천 성 최 심

所以圓形如彈丸이네.
소 이 원 형 여 탄 환

♣ • 는 하늘을 본뜬 것으로 소리가 가장 깊으니
둥근 꼴이 총알 같네.

♣ • /ʌ/ is modeled after heaven and the sound is the deepest
Its round form is like a bullet.

[181] **即聲不深又不淺**
其形之平象乎地 [정음해례12ㄱ:3-4_제자해_갈무리시]

♣ 即[ㅡ]聲은 不深又不淺이니
즉 성 불 심 우 불 천

其形之平象乎地이네.
기 형 지 평 상 호 지

♣ ㅡ 소리는 깊지도 않고 얕지도 않아
그 평평한 꼴은 땅을 본떴네.

♣ ㅡ/ɨ/ is not deep nor light
Its flat shape is modeled after the earth.

[182] **侵象人立厥聲淺**

三才之道斯爲備 [정음해례12ㄱ:5-6_제자해_갈무리시]

♣ 侵[ㅣ]象人立厥聲淺이니
침 상 인 립 궐 성 천

三才之道斯爲備이네.
삼 재 지 도 사 위 비

♣ ㅣ는 사람이 선 모습을 본뜬 것으로 그 소리 얕으니
하늘·땅·사람의 세 바탕 이치가 이에 갖추어졌네.

♣ ㅣ/i/ is modeled after a standing person so its sound is light
Herein the principle of the Three Elements is present.

[183] **洪出於天尙爲闔**

象取天圓合地平 [정음해례12ㄱ:7-8_제자해_갈무리시]

♣ 洪[ㅗ]出於天[ㆍ]尙爲闔이네.
홍 출 어 천 상 위 합

象取天圓合地平이오.
상 취 천 원 합 지 평

♣ ㅗ는 하늘(ㆍ)에서 나와 입을 거의 닫으니
하늘의 둥긂과 땅의 평평함을 아울러 담은 것을 본떴네.

♣ ㅗ/o/ comes from Heaven(ㆍ/ʌ/) so it is almost closed
Its shape follows the roundness of Heaven's harmony with the flatness of Earth.

[184] **覃亦出天爲已闢**

發於事物就人成 [정음해례12ㄴ:1-2_제자해_갈무리시]

♣ 覃[ㅏ]亦出天[ㆍ]爲已闢이니.
담 역 출 천 위 이 벽

發於事物就人成이네.
발 어 사 물 취 인 성

♣ ㅏ도 하늘에서 나와 입이 많이 열려 있으니
일과 사물에서 피어나 사람에서 이루어짐이네.

♣ ㅏ/a/ again comes from Heaven so it is opened wide
As all things come to life, they are made complete by humans.

[185] 用初生義一其圓

出天爲陽在上外 [정음해례12ㄴ:3-4_제자해_갈무리시]

♣ 用初生義一其圓이니
용 초 생 의 일 기 원

出天爲陽在上外이네.
출 천 위 양 재 상 외

♣ 처음 생겨나는 뜻을 사용하여 둥근 점을 하나로 하였으니
하늘에서 나와 '양'이 되어 위와 밖에 놓이네.

♣ The single round dot means original birth
Coming from Heaven it is Yang, so it is placed on the topside and the outside.

[186] 欲穰兼人爲再出

二圓爲形見其義 [정음해례12ㄴ:5-6_제자해_갈무리시]

♣ 欲[ㅛ]穰[ㅑ]는 兼人[ㅣ]爲再出이니
욕 양 겸 인 위 재 출

二圓爲形見° 其義이네.
이 원 위 형 현 기 의

♣ ㅛ, ㅑ는 사람을 겸하여 '거듭 나온 것'이 되니
두 개의 둥근 꼴로 그 뜻을 보이네.

♣ As ㅛ/jo/ ㅑ/ja/ unites humans they become another again
One can see this meaning in the shape of the two round dots.

[187] 君業戌彆出於地

據例自知何須評 [정음해례12ㄴ:7-8_제자해_갈무리시]

♣ 君[ㅜ]業[ㅓ]戌[ㅠ]彆[ㅕ]出於地하니
군 업 술 별 출 어 지

據例自知何須評하랴?
거 례 자 지 하 수 평

♣ ㅜ와 ㅓ와 ㅠ와 ㅕ는 땅에서 나니
보기를 들면 저절로 알 것을 어찌 꼭 풀이를 해야 하랴.

♣ As ㅜ/u/ and ㅓ/ə/ and ㅠ/ju/ and ㅕ/jə/ come from Earth
As can be understood from the examples, why then explain something that is naturally understood.

[188] 呑之爲字貫八聲

維天之用徧流行 [정음해례13ㄱ:1-2_제자해_갈무리시]

♣ 呑[•]之爲字貫八聲은
탄 지 위 자 관 팔 성

維天之用徧流行이네.
유 천 지 용 편 류 행

♣ • 글자가 여덟 가운뎃소리글자에 두루 있음은
오직 하늘의 작용이 두루 흘러 다님이네.

♣ As • /ʌ/ is found in all 8 letters
Only the action of Heaven universally flows to all places.

[189] **四聲兼人亦有由**
人參天地爲最靈 [정음해례13ㄱ:3-4_제자해_갈무리시]

♣ 四聲兼人[ㅣ]亦有由이니
사 성 겸 인 역 유 유

人[ㅣ]參天[•]地[ㅡ]爲最靈이네.
인 참 천 지 위 최 령

♣ 네 소리(ᆢ ㅑ ᆢ ㅕ)가 사람[ㅣ]을 겸함도 또한 까닭이 있으니
사람(ㅣ)이 하늘과 땅에 참여하는데 가장 신령하기 때문이네.

♣ The four sounds(ㆉ/jo ㅑ/ja/ㆌ/ju/ ㅕ/jə/) contain humans and there is reason
Humans(ㅣ /i/) take part in Heaven and Earth as they are supreme.

[190] **且就三聲究至理**
自有剛柔與陰陽 [정음해례13ㄱ:5-6_제자해_갈무리시]

♣ 且就三聲究至理하면
차 취 삼 성 구 지 리

自有剛柔與陰陽이네.
자 유 강 유 여 음 양

♣ 또 첫·가운데·끝 세 소리의 깊은 이치를 살피면
단단함과 부드러움, 음과 양이 저절로 있네.

♣ Also, if one observes the profound principle of the three sounds(initial, middle and final)
Hard and soft, Yin and Yang are naturally present.

[191] **中是天用陰陽分**
初迺地功剛柔彰 [정음해례13ㄱ:7-8_제자해_갈무리시]

♣ 中是天用陰陽分하고
중 시 천 용 음 양 분

初迺地功剛柔彰이네.
초 내 지 공 강 유 창

♣ 가운뎃소리는 하늘의 작용으로서 음양으로 나뉘고

첫소리는 땅의 공로로 단단함과 부드러움을 나타내네.

♣ The middle vowels according to the action of Heaven are divided into Yin and Yang The initial sounds represent hardness and softness which are the merits of Earth.

[192] **中聲唱之初聲和**
天先乎地理自然 [정음해례13ㄴ:1-2_제자해_갈무리시]

♣ 中聲唱之初聲和°하니
중 성 창 지 초 성 화

天先° 乎地理自然이네.
천 선 호 지 리 자 연

♣ 가운뎃소리가 부르면 첫소리가 응하니
하늘이 땅보다 앞섬은 자연의 이치이네.

♣ If a middle sound is called an initial sound answers in kind
The existence of Heaven before Earth is the principle of nature.

[193] **和者爲初亦爲終**
物生復歸皆於坤 [정음해례13ㄴ:3-4_제자해_갈무리시]

♣ 和° 者爲初亦爲終하니
화 자 위 초 역 위 종

物生復歸皆於坤이네.
물 생 복 귀 개 어 곤

♣ 응하는 것이 첫소리도 되고 또 끝소리도 되니
만물이 땅에서 나와 다시 모두 땅으로 되돌아감이네.

♣ The thing that answers may be an initial sound or a final sound
All things come from Earth and again return to the Earth.

[194] **陰變爲陽陽變陰**
一動一靜互爲根 [정음해례13ㄴ:5-6_제자해_갈무리시]

♣ 陰變爲陽陽變陰이니
음 변 위 양 양 변 음

一動一靜互爲根이네.
일 동 일 정 호 위 근

♣ 음이 바뀌어 양이 되고 양이 바뀌어 음이 되니
한 번 움직이고 한 번 고요함이 서로 뿌리가 되네.

♣ If Yin changes it becomes Yang and if Yang changes it becomes Yin
Movement and stillness become the root of each other.

[195] **初聲復有發生義**

爲陽之動主於天 [정음해례13ㄴ:7-8_제자해_갈무리시]

♣ 初聲復° 有發生義이니
초 성 부 유 발 생 의

爲陽之動主於天이네.
위 양 지 동 주 어 천

♣ 첫소리는 다시 피어나는 뜻이 있으니
양의 움직임으로 하늘의 임자 되네.

♣ As initial sounds have the meaning of coming back to life
They become the movement of Yang and so become the governor of Heaven.

[196] **終聲比地陰之靜**

字音於此止定焉 [정음해례14ㄱ:1-2_제자해_갈무리시]

♣ 終聲比地陰之靜이니
종 성 비 지 음 지 정

字音於此止定焉이네.
자 음 어 차 지 정 언

♣ 끝소리는 땅에 비유되어 음의 고요함이니
글자 소리가 여기서 그쳐 정해지네.

♣ As the final sound is compared with Earth, it means the motionlessness of Yin
The sound of the letter ceases here and so is fixed.

[197] **韻成要在中聲用**

人能輔相天地宜 [정음해례14ㄱ:3-4_제자해_갈무리시]

♣ 韻成要在中聲用이니
운 성 요 재 중 성 용

人能輔相° 天地宜이네.
인 능 보 상 천 지 의

♣ 음절을 이루는 핵심은 가운뎃소리의 쓰임새에 있으니
사람이 능히 하늘과 땅의 마땅함을 도울 수 있기 때문이네.

♣ The making of rhyme is the essence of the function of the middle sound
Because humans' capability can aid the justification of Heaven and Earth.

[198] **陽之爲用通於陰**

至而伸則反而歸 [정음해례14ㄱ:5-6_제자해_갈무리시]

♣ 陽之爲用通於陰이니
양 지 위 용 통 어 음

至而伸則反而歸이네.
지 이 신 즉 반 이 귀

♣ 양의 쓰임은 음에 통하니
이르러 펴면 도로 돌아오네.

♣ The operation of Yang is through Yin
When it is fully complete and unfolds it returns again.

[199] 初終雖云分兩儀
終用初聲義可知 [정음해례14ㄱ:7-8_제자해_갈무리시]

♣ 初終雖云分兩儀이나
초 종 수 운 분 량 의
終用初聲義可知이네.
종 용 초 성 의 가 지

♣ 첫소리글자와 끝소리글자가 비록 하늘과 땅으로 나뉜다고 하나
끝소리글자에 첫소리글자를 쓰는 뜻을 알 수 있네.

♣ Even as the initial sound and final sound are divided into Heaven and Earth
One can know the meaning of using the initial sound as a final sound.

[200] 正音之字只卄八
探賾錯綜窮深幾 [정음해례14ㄴ:1-2_제자해_갈무리시]

♣ 正音之字只卄八이니
정 음 지 자 지 입 팔
。探賾錯綜窮深 。幾이네.
탐 색 착 종 궁 심 기

♣ 정음 글자는 스물여덟뿐이로되
심오하고 복잡한 걸 탐구하여 근본 깊이가 어떠한가를 밝혀낼 수 있네.

♣ Jeongeum only has 28 letters
Yet as one studies their deepness and complexity they can uncover the key point.

[201] 指遠言近牖民易
天授何曾智巧爲 [정음해례14ㄴ:3-4_제자해_갈무리시]

♣ 指遠言近牖民易°이니
지 원 언 근 유 민 이
天授何曾智巧爲이네.
천 수 하 증 지 교 위

♣ 뜻은 멀되 말은 가까워 백성을 깨우치기 쉬우니
하늘이 주신 것이지 어찌 일찍이 슬기와 기교로 되었으리오?

♣ The meaning is profound yet the language is accessible so the common people can be taught easily
As a gift from Heaven by what wisdom and skill has this been done?

2. 초성해(初聲解)

初聲解
초 성 해
초성해(초성풀이)
Explanation of Initial Sounds

[202] **正音初聲, 即韻書之字母也.** [정음해례14ㄴ:6_초성해]

♣ 正音初聲은 即韻書之字母也니라.
정 음 초 성 　 즉 운 서 지 자 모 야

♣ 정음의 첫소리는 곧 한자음 사전(운서)에서 한 음절의 첫소리(성모)이다.

♣ The initial consonants of Jeongeum are namely the mother-sounds of the Rhyming Dictionary.

[203] **聲音由此而生, 故曰母.** [정음해례14ㄴ:7_초성해]

♣ 聲音由此而生이니 故曰母니라.
성 음 유 차 이 생 　 고 왈 모

♣ 말소리가 이에서 비롯되므로 이르기를 '어미(모)'라 한 것이다.

♣ As a result of this the voice became the base, thus being referred to as the mother.

[204] **如牙音君字初聲是ㄱ, ㄱ與ᅟᅮᆫ而爲군.** [정음해례14ㄴ:7-8_초성해]

♣ 如牙音君[군]字初聲是ㄱ[기]니 ㄱ[기]與ᅟᅮᆫ而爲군이니라.
여 아 음 군 　 자 초 성 시 　 여 　 이 위

♣ 어금닛소리글자는 '군' 자의 첫소리글자인 ㄱ[기]인데, ㄱ[기]가 ᅟᅮᆫ과 어울려 '군'이 된다.

♣ In regards to the molar sound, ㄱ/k/ is the initial sound of the letter '군' /kun/, so 'ㄱ' /k/ and ᅟᅮᆫ/un/ join to become '군' /kun/.

[205] **快字初聲是ㅋ, ㅋ與ᅫ而爲쾌.** [정음해례15ㄱ:1_초성해]

♣ 快[쾌]字初聲是ㅋ[키]니 ㅋ[키]與ᅫ而爲쾌니라.
쾌 　 자 초 성 시 　 여 　 이 위

♣ '쾌' 자의 첫소리글자는 ㅋ[키]인데, ㅋ[키]가 ᅫ와 합하여 '쾌'가 된다.

♣ The initial sound of '쾌' /k^hwaj/ is ㅋ/k^h/, so ㅋ/k^h/ and ㅙ/waj/ join to become 쾌 /k^hwaj/.

[206] 虯字初聲是ㄲ, ㄲ與ㅠ而爲뀨ᇹ. [정음해례15ㄱ:1-2_초성해]

♣ 虯[뀨ᇹ]字初聲是ㄲ[끼]니 ㄲ[끼]與ㅠ而爲뀨ᇹ니라.
규 자초성시 여 이위

♣ '뀨ᇹ' 자의 첫소리글자는 ㄲ[끼]인데, ㄲ[끼]가 ㅠ와 합하여 '뀨ᇹ'가 된다.

♣ The initial sound of '뀨ᇹ' /k'yu/ is ㄲ/k'/, so ㄲ/k'/ and ㅠ/ju/ are joined, becoming 뀨ᇹ/k'ju/.

[207] 業字初聲是ㆁ, ㆁ與ᅥᆸ而爲ᅌᅥᆸ之類. [정음해례15ㄱ:2-3_초성해]

♣ 業[ᅌᅥᆸ]字初聲是ㆁ[이]니 ㆁ[이]與ᅥᆸ而爲ᅌᅥᆸ之類니라.
업 자초성시 여 이위 지류

♣ ᅌᅥᆸ의 첫소리글자는 ㆁ[이]인데, ㆁ[이]가 ᅥᆸ과 합하여 'ᅌᅥᆸ'이 되는 따위와 같다.

♣ ㆁ/ŋ/ is the initial sound of ᅌᅥᆸ/ŋəp/, which is the same as ㆁ/ŋ/ and ᅥᆸ/əp/ are joined, becoming ᅌᅥᆸ/ŋəp/.

[208] 舌之斗呑覃那, 脣之彆漂步彌, 齒之即侵慈戌邪, 喉之挹虛洪欲, 半舌半齒之閭穰, 皆倣此. [정음해례15ㄱ:3-6_초성해]

♣ 舌之斗[ㄷ]呑[ㅌ]覃[ㄸ]那[ㄴ],脣之彆[ㅂ]漂[ㅍ]步[ㅃ]彌[ㅁ],齒之即[ㅈ]侵[ㅊ]慈
설지두 탄 담 나 순지별 표 보 미 치지즉 침 자
[ㅉ]戌[ㅅ]邪[ㅆ], 喉之挹[ㆆ]虛[ㅎ]洪[ㆅ]欲[ㅇ], 半舌半齒之閭[ㄹ]穰[ㅿ], 皆倣此니라.
술 사 후지읍 허 홍 욕 반설반치지려 양 개방차

♣ 혓소리글자의 "ㄷ ㅌ ㄸ ㄴ[디티띠니]", 입술소리글자의 "ㅂ ㅍ ㅃ ㅁ[비피삐미]", 잇소리글자의 "ㅈ ㅊ ㅉ ㅅ ㅆ[지치찌시씨]", 목구멍소리글자의 "ㆆ ㅎ ㆅ ㅇ[ᅙᅵ히ᅘᅵ이]", 반혓소리 · 반잇소리글자의 "ㄹ ㅿ[리ᅀᅵ]"도 모두 이와 같다.

♣ The lingual sounds "ㄷ/t/ㅌ/t^h/ㄸ/t'/ㄴ/n/", the labial sounds "ㅂ/p/ㅍ/p^h/ㅃ/p'/ㅁ/m/", the teeth(alveolar) sounds "ㅈ/ts/ㅊ/ts^h/ㅉ/ts'/ㅅ/s/ㅆ/s'/" and the guttural sounds "ㆆ/ʔ/ㅎ/h/ㆅ/x/ㅇ/ɦ/" as well as the semi-lingual and the semi teeth(alveolar) sounds "ㄹ/ɾ/ㅿ/z/" all have the same principle.

訣曰 [정음해례15ㄱ:6_초성해_갈무리시]

訣曰
결 왈

♣ 갈무리시

Summarizing verse

[209] 君快虯業其聲牙

舌聲斗呑及覃那 [정음해례15ㄱ:7-8_초성해_갈무리시]

♣ 君[ㄱ]快[ㅋ]虯[ㄲ]業[ㆁ]其聲牙이고
군 쾌 규 업 기 성 아

舌聲斗[ㄷ]呑[ㅌ]及覃[ㄸ]那[ㄴ]이네.
설 성 두 탄 급 담 나

♣ "ㄱ ㅋ ㄲ ㆁ[기키끼이]"는 어금닛소리글자이고
혓소리글자로는 "ㄷ ㅌ[디티]"와 "ㄸ ㄴ[띠니]"가 있네.

♣ The sounds of "ㄱ/k/ㅋ/k^h/ㄲ/k'/ㆁ/ŋ/" are the molar sounds
The lingual sounds are "ㄷ/t/ㅌ/t^h/" and "ㄸ/t'/ㄴ/n/".

[210] 彆漂步彌則是脣

齒有即侵慈戌邪 [정음해례15ㄴ:1-2_초성해_갈무리시]

♣ 彆[ㅂ]漂[ㅍ]步[ㅃ]彌[ㅁ]則是脣이고
별 표 보 미 즉 시 순

齒有即[ㅈ]侵[ㅊ]慈[ㅉ]戌[ㅅ]邪[ㅆ]이네.
치 유 즉 침 자 술 사

♣ "ㅂ ㅍ ㅃ ㅁ[비피삐미]"는 곧 입술소리글자이고
잇소리글자로는 "ㅈ ㅊ ㅉ ㅅ ㅆ[지치찌시씨]"가 있네.

♣ "ㅂ/p/ㅍ/p^h/ㅃ/p'/ㅁ/m/" are namely the labial sounds
Of the teeth(alveolar) sounds there are "ㅈ/ts/ㅊ/ts^h/ㅉ/ts'/ㅅ/s/ㅆ/s'/".

[211] 挹虛洪欲迺喉聲

閭爲半舌穰半齒 [정음해례15ㄴ:3-4_초성해_갈무리시]

♣ 挹[ㆆ]虛[ㅎ]洪[ㆅ]欲[ㅇ]迺喉聲이고
읍 허 홍 욕 내 후 성

閭[ㄹ]爲半舌穰[ㅿ]半齒이네.
려 위 반 설 양 반 치

♣ "ㆆ ㅎ ㆅ ㅇ[ᅙᅵ히ᅘᅵ이]"는 곧 목구멍소리글자이고
ㄹ[리]는 반혓소리글자이고, ㅿ[ᅀᅵ]는 반잇소리글자이네.

♣ "ㆆ/ʔ/ㅎ/h/ㆅ/x/ㅇ/ɦ/" are namely the guttural sounds
ㄹ/ɾ/ is a semi-lingual, ㅿ/z/ is semi-teeth(alveolar).

[212] 二十三字是爲母

萬聲生生皆自此 [정음해례15ㄴ:5-6_초성해_갈무리시]

♣ 二十三字是爲母이니
이 십 삼 자 시 위 모
萬聲生生皆自此이네.
만 성 생 생 개 자 차

♣ 스물세 자가 첫소리글자가 되니
온갖 소리가 모두 다 여기에서 생겨나네.

♣ Twenty three letters become the initial sound
The existence of every sound is based on them.

3. 중성해(中聲解)

中聲解
중 성 해

중성해(중성풀이)

Explanation of Middle Sounds

[213] **中聲者, 居字韻之中, 合初終而成音.** [정음해례15ㄴ:8-16ㄱ:1_중성해]

♣ 中聲者는 居字韻之中하여, 合初終而成音이니라.
중 성 자 거 자 운 지 중 합 초 종 이 성 음

♣ 가운뎃소리는 한 음절소리(자운)의 가운데에 있으니 첫소리, 끝소리와 합하여 음절을 이룬다.

♣ The middle sounds are the sounds in the middle of a character so the initial sound and final sound are joined to form syllables.

[214] **如呑字中聲是 •, • 居ㅌㄴ之間而爲ᄐᆞᆫ.** [정음해례16ㄱ:1-2_중성해]

♣ 如呑[ᄐᆞᆫ]字中聲是 • 니, • 居ㅌㄴ[티/은]之間而爲ᄐᆞᆫ이오.
여 탄 자 중 성 시 거 지 간 이 위

♣ 'ᄐᆞᆫ' 자의 가운뎃소리글자는 • 인데, • 가 ㅌ[티]와 ㄴ[은] 사이에 놓여 'ᄐᆞᆫ'이 된다.

♣ The middle sound of 'ᄐᆞᆫ'/t^hʌn/ is • /ʌ/, so • /ʌ/ between ㅌ/t^h/ and ㄴ/n/ becomes 'ᄐᆞᆫ/t^hʌn/'.

[215] **即字中聲是ㅡ, ㅡ, 居ㅈㄱ之間而爲즉.** [정음해례16ㄱ:2-3_중성해]

♣ 即[즉]字中聲是ㅡ니 ㅡ居ㅈㄱ[지/윽]之間而爲즉이오.
즉 자 중 성 시 거 지 간 이 위

♣ '즉' 자의 가운뎃소리글자는 ㅡ인데, ㅡ는 ㅈ[지]와 ㄱ[윽] 사이에 놓여 '즉'이 된다.

♣ The middle sound of '즉/tsɨk/' is ㅡ/ɨ/, so when ㅡ/ɨ/ is placed between ㅈ/ts/ and ㄱ/k/

it becomes '즉/tsɨk/'.

[216] 侵字中聲是 ㅣ, ㅣ居ㅊ ㅁ之間而爲침之類. [정음해례16ㄱ:3-4_중성해]

♣ 侵[침]字中聲是 ㅣ니 ㅣ居ㅊ ㅁ[치/음]之間而爲침之類요.
침 자중성시 거 지간이위 지류

♣ '침' 자의 가운뎃소리글자는 ㅣ인데, ㅣ가 ㅊ[치]와 ㅁ[음] 사이에 놓여 '침'이 되는 것과 같다.

♣ The middle sound of '침'/tsʰim/ is ㅣ/i/, which is the same as ㅣ/i/ between ㅊ/tsʰ/ and ㅁ/m/ becomes '침/tsʰim/'.

[217] 洪覃君業欲穰戌彆, 皆倣此. [정음해례16ㄱ:4-5_중성해]

♣ 洪[ㅗ]覃[ㅏ]君[ㅜ]業[ㅓ]欲[ㅛ]穰[ㅑ]戌[ㅠ]彆[ㅕ]도 皆倣此니라.
홍 담 군 업 욕 양 술 별 개방차

♣ "홍·땀·군·업·욕·샹·숟·볃"에서의 "ㅗ ㅏ ㅜ ㅓ ㅛ ㅑ ㅠ ㅕ"도 모두 이와 같다.

♣ "ㅗ/o/ ㅏ/a/ ㅜ/u/ ㅓ/ə/ ㅛ/jo/ ㅑ/ja/ ㅠ/ju/ ㅕ/jə/" of "홍/xoŋ/ · 땀/t'am/ · 군/kun/ · 업/ŋəp/ · 욕/jok/ · 샹/zjaŋ/ · 숟/sjut/ · 볃/pjət/" all follow this same principle.

[218] 二字合用者, ㅗ與ㅏ同出於 ·, 故合而爲ㅘ. [정음해례16ㄱ:5-6_중성해]

♣ 二字合用者는 ㅗ與ㅏ同出於 · 니 故合而爲ㅘ니라.
이자합용자 여 동출어 고합이위

♣ 두 글자를 합쳐 쓴 것으로, ㅗ와 ㅏ가 똑같이 · 에서 나왔으니[양성모음] 합하여 ㅘ가 된다.

♣ When two letters are combined and written, ㅗ/o/ and ㅏ/a/ equally come out of · /ʌ/[positive vowels], so they are joined to become ㅘ/wa/.

[219] ㅛ與ㅑ又同出於 ㅣ, 故合而爲ᆙ. [정음해례16ㄱ:6-7_중성해]

♣ ㅛ與ㅑ又同出於 ㅣ니 故合而爲ᆙ니라.
여 우동출어 고합이위

♣ ㅛ와 ㅑ는 ㅣ에서 비롯되므로 합하여 ᆙ가 된다.

♣ ㅛ/jo/ and ㅑ/ja/ come from ㅣ/i/, so they combine to form ᆙ/joja/.

[220] ㅜ與ㅓ同出於ㅡ, 故合而爲ㅝ. [정음해례16ㄱ:7-8_중성해]

♣ ㅜ與ㅓ同出於ㅡ니 故合而爲ㅝ니라.
여 동출어 고합이위

♣ ㅜ와 ㅓ가 똑같이 ㅡ에서 나왔으니[음성모음] 합하여 ㅝ가 된다.

♣ ㅜ/u/ and ㅓ/ə/ equally come from ㅡ/ɨ/ [negative vowels], so they are joined to form ㅝ/wə/.

[221] ㅠ與ㅕ又同出於ㅣ, 故合而爲ㆊ. [정음해례16ㄱ:8-16ㄴ:1_중성해]

♠ ㅠ與ㅕ又同出於ㅣ니, 故合而爲ㆊ니라.
여 우동출어 고합이위

♠ ㅠ와 ㅕ가 또한 똑같이 ㅣ에서 비롯되므로 합하여 ㆊ가 된다.

♠ ㅠ/ju/ and ㅕ/jə/ also equally come from ㅣ/i/, so they combine to form ㆊ/jujə/.

[222] 以其同出而爲類, 故相合而不悖也. [정음해례16ㄴ:1-2_중성해]

♠ 以其同出而爲類이니, 故相合而不悖也니라.
이기동출이위류 고상합이불패야

♠ 이런 합용자들은 같은 것에서 나와 같은 부류가 되므로, 서로 합해도 어그러지지 않는다.

♠ Since these letters are of the same kind from the same thing, they go well together without discord.

[223] 一字中聲之與ㅣ相合者十, ㆎ ㅢ ㅚ ㅐ ㅟ ㅔ ㆉ ㅒ ㆌ ㅖ 是也. [정음해례16ㄴ:2-4_중성해]

♠ 一字中聲之與ㅣ相合者十이니, ㆎ ㅢ ㅚ ㅐ ㅟ ㅔ ㆉ ㅒ ㆌ ㅖ 是也니라.
일자중성지여 상합자십 시야

♠ 한 낱글자로 된 가운뎃소리글자가 ㅣ와 서로 합한 것이 열이니 "ㆎ ㅢ ㅚ ㅐ ㅟ ㅔ ㆉ ㅒ ㆌ ㅖ"가 그것이다.

♠ "ㆎ/ʌj/ㅢ/ɨj/ㅚ/oj/ㅐ/aj/ㅟ/uj/ㅔ/əj/ㆉ/joj/ㅒ/jaj/ㆌ/juj/ㅖ/jəj/" are the ten single middle sounds that are formed into one character by combining with ㅣ/i/.

[224] 二字中聲之與ㅣ相合者四, ㅙ ㅞ ㆈ ㆋ是也. [정음해례16ㄴ:4-5_중성해]

♠ 二字中聲之與ㅣ相合者四니, ㅙ ㅞ ㆈ ㆋ 是也니라.
이자중성지여 상합자사 시야

♠ 두 낱글자로 된 가운뎃소리글자가 ㅣ와 서로 합한 것은 넷이니 "ㅙ ㅞ ㆈ ㆋ"가 그것이다.

♠ "ㅙ/waj/ㅞ/wəj/ㆈ/jojaj/ㆋ/jujəj/" are the four which are formed by combining with ㅣ/i/.

[225] ㅣ於深淺闔闢之聲, 並能相隨者, 以其舌展聲淺而便於開口也. [정음해례16ㄴ:6-7_중성해]

♠ ㅣ於深淺闔闢之聲에 並能相隨者는 以其舌展聲淺而便於開口也니라.
어심천합벽지성 병능상수자 이기설전성천이편어개구야

♠ ㅣ가 깊고, 얕고, 닫히고, 열리는 소리에 두루 능히 서로 따를 수 있는 것은 'ㅣ'소리가 혀가 펴지고 소리가 얕아서 입을 열기 편하기 때문이다.

♠ ㅣ/i/ is able to differentiate deep, shallow, closed, and open sounds as the tongue flat-tens out and the sound is shallow so the mouth is opened easily.

[226] 亦可見人之參贊開物而無所不通也. [정음해례16ㄴ:7-8-17ㄱ:1_중성해]

♣ 亦可見人[ㅣ]之參贊開物而無所不通也니라.
역 가 견 인 지 참 찬 개 물 이 무 소 불 통 야

♣ 또한 사람(ㅣ)이 만물을 여는 데에 참여하고 도와서 통하지 않는 것이 없음을 볼 수 있다.

♣ Likewise humans(ㅣ/i/) participate and contribute in all things so there is nothing that cannot be understood.

訣曰 [정음해례17ㄱ:1_중성해_갈무리시]

訣曰
결 왈

♣ 갈무리시
Summarizing verse

[227] 母字之音各有中
須就中聲尋闢闔 [정음해례17ㄱ:2-3_중성해_갈무리시]

♣ 母字之音各有中이니
모 자 지 음 각 유 중
須就中聲尋闢闔하네.
수 취 중 성 심 벽 합

♣ 음절 소리마다 제각기 가운뎃소리가 있으니
모름지기 가운뎃소리에서 벌림과 오므림을 찾아야 하네.

♣ For every syllabic sound there is a middle sound
Openness and closedness must be found in the middle sounds.

[228] 洪覃自呑可合用
君業出即亦可合 [정음해례17ㄱ:4-5_중성해_갈무리시]

♣ 洪[ㅗ]覃[ㅏ]自呑[ㆍ]可合用하고
홍 담 자 탄 가 합 용
君[ㅜ]業[ㅓ]出即[ㅡ]亦可合이네.
군 업 출 즉 역 가 합

♣ ㅗ와 ㅏ는 ㆍ에서 나왔으니[양성모음] 합하여 쓸 수 있고
ㅜ ㅓ는 ㅡ 에서 나왔으니[음성모음] 또한 합하여 쓸 수 있네.

♣ ㅗ/o/ and ㅏ/a/ come from ㆍ/ʌ/, so they can be joined together
ㅜ/u/ and ㅓ/ə/ come from ㅡ/ɨ/, so they may be joined as well.

[229] **欲之與穰戌與彆**

各有所從義可推 [정음해례17ㄱ:6-7_중성해_갈무리시]

- 欲[ㅛ]之與穰[ㅑ]戌[ㅠ]與彆[ㅕ]는
욕 지 여 양 술 여 별

各有所從義可推이네.
각 유 소 종 의 가 추

- ㅛ와 ㅑ, ㅠ와 ㅕ의 관계는

각각 따르는 곳이 있으니 그 뜻을 이루어 알 수 있네.

- ㅛ/jo/ and ㅑ/ja/, ㅠ/ju/ and ㅕ/jə/

Each one follows a way so one can infer and understand the meaning.

[230] **侵之爲用最居多**

於十四聲徧相隨 [정음해례17ㄱ:8-17ㄴ:1_중성해_갈무리시]

- 侵[ㅣ]之爲用最居多이니
침 지 위 용 최 거 다

於十四聲徧相隨이네.
어 십 사 성 편 상 수

- ㅣ자의 쓰임새가 가장 많아서

열넷의 소리에 두루 서로 따르네.

- The letter ㅣ/i/ is used the most so

14 sounds are modelled after it.

4. 종성해(終聲解)

終聲解
종 성 해

- 종성해(종성풀이)
- Explanation of Final Sounds

[231] **終聲者, 承初中而成字韻.** [정음해례17ㄴ:3_종성해]

- 終聲者는 承初中而成字韻이니라.
종 성 자 승 초 중 이 성 자 운

- 끝소리는 첫소리·가운뎃소리를 이어서 음절을 이룬다.
- The final sounds along with the initial and middle sounds form syllabic characters.

[232] 如即字終聲是ㄱ, ㄱ居즈終而爲즉. [정음해례17ㄴ:3-4_종성해]

♣ 如即[즉]字終聲是ㄱ[윽]하니, ㄱ[윽]居즈終而爲즉니라.
여 즉 자 종 성 시 거 종 이 위

♣ 이를테면 '즉' 자의 끝소리글자는 ㄱ[윽]인데, ㄱ[윽]은 '즈'의 끝에 놓여 '즉'이 되는 것과 같다.

♣ For example, the final sound of the character 즉/tsɨk/ is ㄱ/k/, which is the same as ㄱ/k/ is placed at the end of 즈/tsɨ/, becoming 즉/tsɨk/.

[233] 洪字終聲是ㆁ, ㆁ居ᅘᅩ終而爲ᅘᅩᆼ之類. [정음해례17ㄴ:4-5_종성해]

♣ 洪[ᅘᅩᆼ]字終聲是ㆁ[웅]는 ㆁ[웅]居ᅘᅩ終而爲ᅘᅩᆼ之類니라.
홍 자 종 성 시 거 종 이 위 지 류

♣ 'ᅘᅩᆼ' 자의 끝소리는 ㆁ[웅]인데, ㆁ[웅]은 ᅘᅩ의 끝에 놓여 ᅘᅩᆼ이 되는 것과 같다.

♣ The final sound of the character 'ᅘᅩᆼ'/xoŋ/ is ㆁ/ŋ/, which is the same as ㆁ/ŋ/ is placed at the end of ᅘᅩ/xo/, becoming ᅘᅩᆼ/xoŋ/.

[234] 舌脣齒喉皆同. [정음해례17ㄴ:6_종성해]

♣ 舌脣齒喉皆同이니라.
설 순 치 후 개 동

♣ 혓소리글자, 입술소리글자, 잇소리글자, 목구멍소리글자도 모두 같다.

♣ The same goes with the lingual sound, labial sound, teeth(alveolar) sound and guttural sound.

[235] 聲有緩急之殊, 故平上去其終聲不類入聲之促急. [정음해례17ㄴ:6-7_종성해]

♣ 聲有緩急之殊하니, 故平 °上去其終聲不類入聲之促急이오.
성 유 완 급 지 수 고 평 상 거 기 종 성 불 류 입 성 지 촉 급

♣ 소리에는 느리고 빠른 차이가 있으니, 평성·상성·거성 음절의 끝소리는 입성 음절 끝소리가 매우 빠른 것과 같은 부류가 아니다.

♣ Because there is a difference between fast and slow sounds, the even, rising and high tones' final sound is different than the extremely fast falling tone.

[236] 不淸不濁之字, 其聲不厲, 故用於終則宜於平上去. [정음해례17ㄴ:8-18ㄱ:1_종성해]

♣ 不淸不濁之字는 其聲不厲하니, 故用於終則宜於平 °上去니라.
불 청 불 탁 지 자 기 성 불 려 고 용 어 종 즉 의 어 평 상 거

♣ 울림소리 '불청불탁' 글자는 그 소리가 세지 않으므로 끝소리로 쓰면 평성·상성·거성에 마땅하다.

♣ Sounds which are neither clear nor thick are not strong so when used as a final sound they rightly become the even, rising, and high tones.

[237] 全淸次淸全濁之字, 其聲爲厲, 故用於終則宜於入. [정음해례18ㄱ:1-3_종성해]

- 全淸次淸全濁之字는 其聲爲厲하니, 故用於終則宜於入니라.
  전 청 차 청 전 탁 지 자 　 기 성 위 려 　 고 용 어 종 즉 의 어 입
- 아주 맑은소리 전청, 덜 맑은소리 차청, 아주 흐린소리 전탁 글자는 그 소리가 세므로 끝소리로 쓰면 입성에 마땅하다.
- The letters with extremely clear, slightly less clear, and extremely thick sounds have a strong sound so when used as a final sound they rightly become falling tones.

[238] 所以ㆁㄴㅁㅇㄹㅿ六字爲平上去聲之終, 而餘皆爲入聲之終也. 음해례18ㄱ:3-6_종성해]

- 所以ㆁㄴㅁㅇㄹㅿ[이니미이리ᅀᅵ]六字爲平 °上去聲之終이오, 而餘皆爲入聲之終也니라.
  소 이 　 육 자 위 평 　 상 거 성 지 종 　 이 여 개 위 입 성 지 종 야
- 그래서 ㆁㄴㅁㅇㄹㅿ[이니미이리ᅀᅵ]의 여섯 글자가 끝소리로 쓰이는 음절은 평성과 상성과 거성이 되고, 나머지 글자가 끝소리로 쓰이는 음절은 모두 입성이 된다.
- Accordingly, the six letters of ㆁ/ŋ/ㄴ/n/ㅁ/m/ㅇ/ɦ/ㄹ/l/ㅿ/z/ become the final sound for the even, rising, and high tones and the rest all become the final sound for the falling tone.

[239] 然ㄱㆁㄷㄴㅂㅁㅅㄹ八字可足用也. [정음해례18ㄱ:5-6_종성해]

- 然ㄱㆁㄷㄴㅂㅁㅅㄹ[기이디니비미시리]八字可足用也니라.
  연 　 팔 자 가 족 용 야
- ㄱㆁㄷㄴㅂㅁㅅㄹ[기이디니비미시리]의 여덟 글자만으로도 끝소리글자를 적기에 충분하다.
- The eight letters of ㄱ/k/ㆁ/ŋ/ㄷ/t/ㄴ/n/ㅂ/p/ㅁ/m/ㅅ/s/ㄹ/l/ are sufficient to use.

[240] 如**ᄇᆡᆺ곶**爲梨花, **엸·의갗**爲狐皮, 而ㅅ字可以通用, 故只用ㅅ字. [정음해례18ㄱ:6-8_종성해]

- 如**ᄇᆡᆺ곶**爲梨花요, **엸·의갗**爲狐皮이니, 而ㅅ[읏]字可以通用하니, 故只用ㅅ[읏]字니라.
  여 　 위 리 화 　 위 호 피 　 이 　 자 가 이 통 용 　 고 지 용 　 자
- "**ᄇᆡᆺ곶**(배꽃)"이나 "**엸·의갗**(여우 가죽)"에서처럼 ㅅ[읏] 자로 두루 쓸 수 있어서 오직 ㅅ[읏] 자를 쓰는 것과 같다.
- As an example, like in "**ᄇᆡᆺ곶**(Pear blossom, /pʌjskots/)" or "**엸·의갗**(Fox pelt, /ɦjəzɦɨkatsʰ/)"ㅅ/s/ can be used without exception so it is simply like using ㅅ/s/ on its own.

[241] 且ㅇ聲淡而虛, 不必用於終, 而中聲可得成音也. [정음해례18ㄱ:8-18ㄴ:1_종성해]

- 且ㅇ[이]聲淡而虛하니, 不必用於終이오, 而中聲可得成音也니라.
  차 　 성 담 이 허 　 불 필 용 어 종 　 이 중 성 가 득 성 음 야
- 또 ㅇ[이]는 소리가 맑고 비어서 반드시 끝소리로 쓰지 않더라도 가운뎃소리만으로 음절을

이룰 수 있다.

♣ The sound of **ㅇ**/ɦ/ is clear and empty so even if it is not used as a final sound the middle sound itself can still produce a syllable.

[242] **ㄷ如볃爲彆, ㄴ如군爲君, ㅂ如업爲業, ㅁ如땀爲覃, ㅅ如諺語·옷爲衣, ㄹ如諺語:실爲絲之類.** [정음해례18ㄴ:1-4_종성해]

♣ **ㄷ**[디]如**볃**爲彆[**볃**]이오, **ㄴ**[니]如**군**爲君[**군**]이오, **ㅂ**[비]如**업**爲業[**업**]이오, **ㅁ**[미]如**땀**爲覃[**땀**]이오, **ㅅ**[시]如諺語·**옷**爲衣이오, **ㄹ**[리]如諺語**실**爲絲之類니라.

♣ **ㄷ**[디]는 '**볃**'의 끝소리 **ㄷ**[읃]이 되고, **ㄴ**[니]는 '**군**'의 끝소리 **ㄴ**[은]이 되고, **ㅂ**[비]는 '**업**'의 끝소리 **ㅂ**[읍]이 되며, **ㅁ**[미]는 '**땀**'의 끝소리 **ㅁ**[음]이 되고, **ㅅ**[시]는 토박이말인 '·**옷**'의 끝소리 **ㅅ**[읏]이 되며, **ㄹ**[리]는 토박이말인 '**실**'의 끝소리 **ㄹ**[을]이 된다.

♣ The final sound of '**볃**/pjət/' is **ㄷ**/t/, the final sound of '**군**/kun/' is **ㄴ**/n/, the final sound of '**업**/ŋəp/' is **ㅂ**/p/, the final sound of '**땀**/t'am/' is **ㅁ**/m/, **ㅅ**/s/ is the final sound of the native Korean '·**옷**/ot/', and **ㄹ**/l/ is the final sound of the native Korean '**실**/sil/'

[243] **五音之緩急, 亦各自爲對.** [정음해례18ㄴ:4-5_종성해]

♣ 五音之緩急이 亦各自爲對니라.

♣ 오음의 느리고 빠름이 또한 각각 스스로 짝이 된다.

♣ The slow and fast of the Five Sounds have their complementary partners.

[244] **如牙之ㆁ與ㄱ爲對, 而ㆁ促呼則變爲ㄱ而急, ㄱ舒出則變爲ㆁ而緩.** [정음해례18ㄴ:5-7_종성해]

♣ 如牙之**ㆁ**[옹]與**ㄱ**[윽]爲對하니, 而**ㆁ**[옹]促呼則變爲**ㄱ**[윽]而急이오, **ㄱ**[윽]舒出則變爲**ㆁ**[옹]而緩이니라.

♣ 이를테면 어금닛소리의 **ㆁ**[옹]은 **ㄱ**[윽]과 짝이 되어 **ㆁ**[옹]을 빨리 발음하면 **ㄱ**[윽]음으로 바뀌어 빠르고, **ㄱ**[윽]음을 느리게 내면 **ㆁ**[옹]음으로 바뀌어 느린 것과 같다.34)

♣ For example, the molar sound **ㆁ**/ŋ/ with **ㄱ**/k/ becomes a complement so when **ㆁ**/ŋ/ is pronounced quickly it changes to **ㄱ**/k/ which is pronounced forcefully, and when **ㄱ**/k/

34) 어금닛소리(연구개음) ㆁ/ŋ/을 빨리 발음한다고 해서 ㄱ/k/발음으로 바뀌지 않는다. 여기서의 의미는 같은 발음 위치(어금닛소리)에서 나는 울림소리(d)와 안울림소리(ㄱ)의 완급의 차이를 나타낸 것이다.

is pronounced slowly it changes to ㆁ/ŋ/ and becomes more relaxed.

[245] 舌之ㄴㄷ, 脣之ㅁㅂ, 齒之ㅿㅅ, 喉之ㅇㆆ, 其緩急相對, 亦猶是也. [정음해례18ㄴ:7-8-19ㄱ:1_종성해]

♣ 舌之ㄴㄷ[은/읃], 脣之ㅁㅂ[음/읍], 齒之ㅿㅅ[으ᇫ/읏], 喉之ㅇㆆ[응/으ᇹ], 其緩急相對하니, 亦猶是也니라.

♣ 혓소리의 ㄴ[은]음과 ㄷ[읃]음, 입술소리의 ㅁ[음]음과 ㅂ[읍]음, 잇소리의 ㅿ[으ᇫ]음과 ㅅ[읏]음, 목구멍소리의 ㅇ[응]음과 ㆆ[으ᇹ]음도 그 느리고 빠름이 서로 짝이 되니 이와 같다.

♣ The lingual sounds of ㄴ/n/ and ㄷ/t/, the labial sounds of ㅁ/m/ and ㅂ/p/, the teeth(alveolar) sounds of ㅿ/z/ and ㅅ/s/, and the speed and slowness of the guttural sounds of ㅇ/ɦ/ and ㆆ/ʔ/ are complementary partners.

[246] 且半舌之ㄹ, 當用於諺, 而不可用於文. [정음해례19ㄱ:1-2_종성해]

♣ 且半舌之ㄹ[을]는 當用於諺이오, 而不可用於文이니라.

♣ 또 반혓소리글자인 ㄹ[을]은 마땅히 토박이말에나 쓸 것이며 한자어에는 쓸 수 없다.

♣ Semi-lingual (lateral consonant) sound ㄹ/l/ is appropriately used for native Korean words but not for Chinese words.

[247] 如入聲之彆字, 終聲當用ㄷ, 而俗習讀爲ㄹ, 盖ㄷ變而爲輕也. [정음해례19ㄱ:2-4_종성해]

♣ 如入聲之彆[볃]字도, 終聲當用ㄷ[읃]이나, 而俗習讀爲ㄹ[을], 盖ㄷ[읃]變而爲輕也니라.

♣ 입성의 '彆(볃)' 자와 같은 것도 끝소리글자로 마땅히 ㄷ[읃]를 써야 할 것인데 세속 관습으로는 한자어 종성을 ㄹ[을] 음으로 읽으니 대개 ㄷ[읃] 음이 바뀌어 가볍게 된 것이다.

♣ For the character '彆(볃, /pjət/)' of the falling tone, ㄷ/t/ should be used as the final letter but through common use it has come to be pronounced as ㄹ/l/ which then be-comes a lighter sound.

[248] 若用ㄹ爲彆之終, 則其聲舒緩, 不爲入也. [정음해례19ㄱ:4-5_종성해]

♣ 若用ㄹ[을]爲彆[:별]之終하면, 則其聲舒緩하여, 不爲入也니라.

♣ 만일 ㄹ[을]을 '彆[:별]' 자의 끝소리글자로 쓴다면 그 소리가 펴지고 늘어져 입성이 되지 못한다.

♣ If ㄹ/l/ is used as the final sound of the character ':별[彆, /pjət/]' then the sound is smoother and extended so it can no longer be a falling tone.

訣曰

訣曰
결 왈

♣ 갈무리시

Summarizing verse

[249] **不淸不濁用於終**
爲平上去不爲入 [정음해례19ㄱ:6-7_종성해_갈무리시]

♣ 不淸不濁用於終이니
불 청 불 탁 용 어 종
爲平 °上去不爲入이네.
위 평 상 거 불 위 입

♣ 맑지도 흐리지도 않은 울림소리를 끝소리에 쓰니
평성, 상성, 거성이 되고 입성은 되지 않네.

♣ If sounds that are neither clear nor thick are used as final sounds
They can be even, rising, and high tones but not falling tones.

[250] **全淸次淸及全濁**
是皆爲入聲促急 [정음해례19ㄱ:8-19ㄴ:1_종성해_갈무리시]

♣ 全淸次淸及全濁은
전 청 차 청 급 전 탁
是皆爲入聲促急이네.
시 개 위 입 성 촉 급

♣ 아주 맑은소리, 덜 맑은소리, 그리고 아주 흐린소리는
모두 입성이 되어 소리가 매우 빠르네.

♣ Completely clear, slightly less clear, and completely thick sounds
Are all falling tones, so the pronunciation is extremely quick.

[251] **初作終聲理固然**
只將八字用不窮 [정음해례19ㄴ:2-3_종성해_갈무리시]

♣ 初作終聲理固然이나
초 작 종 성 리 고 연
只將八字用不窮이네.
지 장 팔 자 용 불 궁

♣ 첫소리글자를 끝소리글자로 쓰는 이치가 본래 그러한데
다만 여덟 자만 가지고도 쓰임에 막힘은 없네.

♣ When the initial letter is used as a final letter the principle is naturally the same
All eight letters can be used without any problem.

[252] **唯有欲聲所當處**
中聲成音亦可通 [정음해례19ㄴ:4-5_종성해_갈무리시]

♣ 唯有欲[ㅇ][이]聲所當處라도
中聲成音亦可通이네.

♣ 오직 ㅇ[이] 자가 있어야 마땅한 자리라도
가운뎃소리만으로도 음절을 이루어 또한 통할 수 있네.

♣ ㅇ/ɦ/ is the only one that can be omitted
Only using middle sounds one can form syllables without final sounds.

[253] **若書即字終用君 洪彆亦以業斗終** [정음해례19ㄴ:6-7_종성해_갈무리시]

♣ 若書即[ᄌᆞᆨ]字終用君[ㄱ][윽]하고
洪[ᅘᅩᆼ]彆[볃]亦以業[ㆁ][웅]斗[ㄷ][읃]終이네.

♣ 만일 'ᄌᆞᆨ' 자를 쓰려면 'ㄱ[윽]'을 끝소리로 하고
"ᅘᅩᆼ, 볃"은 'ㆁ[웅]'과 'ㄷ[읃]'을 끝소리로 하네.

♣ If one writes the character 'ᄌᆞᆨ/tsɨk/' then ㄱ/k/ is used as the final sound
ㆁ/ŋ/ and ㄷ/t/ are used as the final sounds for "ᅘᅩᆼ/xoŋ/, 볃/pjət/".

[254] **君業覃終又何如**
以那彆彌次第[35]推 [정음해례19ㄴ:8-20ㄱ:1_종성해_갈무리시]

♣ 君[군]業[ᅌᅥᆸ]覃[땀]終又何如하니
以那[ㄴ][은]彆[ㅂ][읍]彌[ㅁ][음]次第推이네.

35) 지금은 "第(차례 제), 弟(싹 제)"와 같이 구별하나 여기서의 "第"는 '차례 제'로 쓰였다. 해례본 한자의 이체자 문제는 "김슬옹(2017), ≪훈민정음≫해례본의 현대 활자 정본 구성론-한자를 중심으로, 2017년 한국언어학회 가을학술대회 별지 발표(서울대학교 인문대학 14동, 2017.11.25.)."에서 발표한 바 있다. 이 글자에 대해서는 백승철(2018)의 ≪읽고 싶은 훈민정음 해례본≫ 124쪽에서도 지적한 바 있다.

♣ "**군**, **업**, **땀**" 끝소리는 또한 어떨까 하니
"ㄴ[은], ㅂ[읍], ㅁ[음]"을 차례대로 헤아려 보네.

♣ What are the final sounds of "군/kun/, 업/ŋəp/, 땀/t'am/"
They are "ㄴ/n/, ㅂ/p/, ㅁ/m/" respectively.

[255] 六聲通乎文與諺
戌閭用於諺衣絲 [정음해례20ㄱ:2-3_종성해_갈무리시]

♣ 六聲[ㄱ ㆁ ㄷ ㄴ ㅂ ㅁ/윽읭읃은읍음]通乎文與諺이되
육 성 통 호 문 여 언

戌[ㅅ][읏]閭[ㄹ][을]用於諺衣[옷]絲[실]이네.
술 려 용 어 언 의 사

♣ 여섯 소리(ㄱ ㆁ ㄷ ㄴ ㅂ ㅁ/윽읭읃은읍음)는 한자말과 토박이말에 함께 쓰이되
ㅅ[읏]과 ㄹ[을]은 토박이말의 '옷'과 '실'의 끝소리로만 쓰이네.

♣ The six sounds(ㄱ/k/ ㆁ/ŋ/ ㄷ/t/ ㄴ/n/ ㅂ/p/ ㅁ/m/) can be used for both Chinese characters and native Korean
ㅅ/s/ and ㄹ/l/ are used as the final sounds for only '옷/ot/' and '실/sil/' in native Korean.

[256] 五音緩急各自對
君聲迺是業之促 [정음해례20ㄱ:4-5_종성해_갈무리시]

♣ 五音緩急各自對하니
오 음 완 급 각 자 대

君[ㄱ][윽]聲迺是業[ㆁ][읭]之促이네.
군 성 내 시 업 지 촉

♣ 오음은 각각 느림과 빠름의 짝을 저절로 이루니
ㄱ[윽] 소리는 ㆁ[읭] 소리를 빠르게 낸 것이네.

♣ The Five Sounds are each naturally from the counterparts of slow and fast
The sound of ㄱ/k/ is the quicker pronunciation of ㆁ/ŋ/.

[257] 斗彆聲緩爲那彌
穰欲亦對戌與挹 [정음해례20ㄱ:6-7_종성해_갈무리시]

♣ 斗[ㄷ]彆[ㅂ][읃/읍]聲緩爲那[ㄴ]彌[ㅁ][은/음]이니
두 별 성 완 위 나 미

穰[ㅿ]欲[ㅇ][읋/응]亦對戌[ㅅ]與挹[ㆆ][읏/읗]이네.
양 욕 역 대 술 여 읍

♣ ㄷ ㅂ[읃/읍] 소리가 느려지면 ㄴ ㅁ[은/음]가 되며
ㅿ[읋]과 ㅇ[응]은 그것 또한 ㅅ ㆆ[읏/읗]의 짝이 되네.

♣ The sounds of ㄷ/t/ ㅂ/p/ become ㄴ/n/ ㅁ/m/ when pronounced slowly
ㅿ/z/ and ㅇ/ɦ/, as well as ㅅ/s/ and ㆆ/ʔ/ are counterparts.

[258] 閭宜於諺不宜文
斗輕爲閭是俗習 [정음해례20ㄱ:8-20ㄴ:1_종성해_갈무리시]

♣ 閭[ㄹ][을]宜於諺不宜文이니
려 의 어 언 불 의 문

斗[ㄷ][읃]輕爲閭[ㄹ][을]是俗習이네.
두 경 위 려 시 속 습

♣ ㄹ[을]은 토박이말 끝소리 표기에는 마땅하나 한자말 표기에는 마땅하지 않으니
ㄷ[읃] 소리가 가벼워져서 ㄹ[을] 소리가 된 것은 곧 일반 관습이네.

♣ As for ㄹ/l/, it is the appropriate mark for a final sound of native Korean but not for Chinese characters
ㄷ/t/ is pronounced lightly to become ㄹ/l/, which has become colloquial.

5. 합자해(合字解)

合字解
합 자 해

♣ 합자해(글자합치기풀이)

Explanation of Combinng Letters

[259] 初中終三聲, 合而成字. [정음해례20ㄴ:3_합자해]

♣ 初中終三聲은 合而成字이니라.
초 중 종 삼 성 합 이 성 자

♣ 첫소리·가운뎃소리·끝소리 세 낱글자가 합하여 글자를 이룬다.

♣ The initial, middle, and final letters are combined to make syllables.

[260] 初聲或在中聲之上, 或在中聲之左. [정음해례20ㄴ:3-4_합자해]

♣ 初聲或在中聲之上하고, 或在中聲之左니라.
초 성 혹 재 중 성 지 상 혹 재 중 성 지 좌

♣ 첫소리글자는 가운뎃소리글자 위에 쓰기도 하고, 가운뎃소리글자의 왼쪽에 쓰기도 한다.

♣ The initial consonants are written above and to the left of the middle vowels.

[261] 如君字ㄱ在ㅜ上, 業字ㆁ在ㅓ左之類. [정음해례20ㄴ:4-5_합자해]

- ♣ 如君[군]字ㄱ[기]在ㅜ上하고 業[ᅌᅥᆸ]字ㆁ[이]在ㅓ左之類니라.
  (여군 자 재 상 업 자 재 좌지류)
- ♣ 이를테면 '**군**' 자의 ㄱ[기]는 ㅜ의 위에 쓰고, '**ᅌᅥᆸ**' 자의 ㆁ[이]는 ㅓ의 왼쪽에 쓰는 것과 같다.
- ♣ For example, in the character '**군**/kun/,' ㄱ/k/ is written above ㅜ/u/ and for the character '**ᅌᅥᆸ**/ŋəp/,' ㆁ/ŋ/ is written to the left of ㅓ/ə/.

[262] 中聲則圓者橫者在初聲之下, · ㅡ ㅗ ㅛ ㅜ ㅠ是也. [정음해례20ㄴ:5-7_합자해]

- ♣ 中聲則圓者橫者在初聲之下하나니, · ㅡ ㅗ ㅛ ㅜ ㅠ是也요.
  (중성즉원자횡자재초성지하 시야)
- ♣ 가운뎃소리글자는 둥근 것(·)과 가로로 된 것(ㅡ)은 첫소리글자 아래에 쓰니 "· ㅡ ㅗ ㅛ ㅜ ㅠ"가 이것이다.
- ♣ For middle letters which are round and horizontal ·/ʌ/ㅡ/ɨ/ㅗ/o/ㅛ/jo/ㅜ/u/ㅠ/ju/, they are written below the initial consonant.

[263] 縱者在初聲之右, ㅣ ㅏ ㅑ ㅓ ㅕ 是也. [정음해례20ㄴ:7-8_합자해]

- ♣ 。縱者在初聲之右하니, ㅣ ㅏ ㅑ ㅓ ㅕ 是也니라.
  (종자재초성지우 시야)
- ♣ 세로로 된 것은 첫소리글자의 오른쪽에 쓰니 "ㅣ ㅏ ㅑ ㅓ ㅕ"가 이것이다.
- ♣ The vertical initial consonants, ㅣ/i/ ㅏ/a/ ㅑ/ja/ ㅓ/ə/ ㅕ/jə/ are written to the right of the initial consonants.

[264] 如呑字 · 在ㅌ下, 即字ㅡ在ㅈ下, 侵字ㅣ在ㅊ右之類. [정음해례20ㄴ:8-21ㄱ:2_합자해]

- ♣ 如呑[ᄐᆞᆫ]字 · 在ㅌ[티]下하고, 即[즉]字ㅡ在ㅈ[지]下하고, 侵[침]字ㅣ在ㅊ[치]右之類니라.
  (여탄 자 재 하 즉 자 재 하 침 자 재 우지류)
- ♣ 이를테면 '**ᄐᆞᆫ**' 자의 ·는 ㅌ[티] 아래에 쓰고, '**즉**' 자의 ㅡ는 ㅈ[지] 아래에 쓰며, '**침**' 자의 ㅣ는 ㅊ[치] 오른쪽에 쓰는 것과 같다.
- ♣ For example, in the character '**ᄐᆞᆫ**/t^hʌn/,' ·/ʌ/ is written below ㅌ/t^h/, ㅡ/ɨ/ of the character '**즉**/tsɨk/' is also written below 'ㅈ/ts/', and 'ㅣ/i/' of the character '**침**/ts^him/' is written to the right of ㅊ/ts^h/.

[265] 終聲在初中之下. [정음해례21ㄱ:2_합자해]

- ♣ 終聲在初中之下니라.
  (종성재초중지하)

♣ 끝소리글자는 첫소리글자·가운뎃소리글자 아래에 쓴다.

♣ Final consonants are written below the initial and middle sounds.

[266] **如君字ㄴ在구下, 業字ㅂ在어下之類.** [정음해례21ㄱ:2-3_합자해]

♣ 如君[군]字ㄴ[은]在구下하고, 業[업]字ㅂ[읍]在어下之類니라.
여 군 자 재 하 업 자 재 하 지 류

♣ 이를테면 '군' 자의 ㄴ[은]은 구 아래에 쓰고, '업' 자의 ㅂ[읍]은 어 아래에 쓰는 것과 같다.

♣ For example, in the character of '군/kun/, 'ㄴ/n/ is written below 구/ku/, and for the character '업/ŋəp/', ㅂ/p/ is written below 어/ŋə/.

[267] **初聲二字三字合用並書, 如諺語ᄯᅡ爲地, ᄣᅡᆨ爲隻, ᄢᅳᆷ爲隙之類.** [정음해례21ㄱ:3-5_합자해]

♣ 初聲二字三字合用並書는 如諺語ᄯᅡ(땅)爲地요, ᄣᅡᆨ(외짝)爲隻이오, ᄢᅳᆷ(틈)爲隙之類니라.
초 성 이 자 삼 자 합 용 병 서 여 언 어 위 지 위 척 위 극 지 류

♣ 첫소리글자에서 서로 다른 두 개의 낱글자 또는 세 개의 낱글자를 나란히 쓰는 '병서'는 이를테면 토박이말의 "ᄯᅡ(땅), ᄣᅡᆨ(외짝), ᄢᅳᆷ(틈)" 따위와 같은 것이다.

♣ In the initial letters two or three different initial letters can be combined and written side by side, as in the examples of the native Korean words "ᄯᅡ(the earth /sta/), ᄣᅡᆨ(an odd member of a pair /ptsak/), and ᄢᅳᆷ(gap /pskɨm/)."

[268] **各自並書, 如諺語혀爲舌而ᅘᅧ爲引, 괴·여爲我愛人而괴ᅇᅧ爲人愛我, 소·다爲覆物而 쏘·다爲射之之類.** [정음해례21ㄱ:5-8_합자해]

♣ 各自並書는 如諺語혀爲舌而ᅘᅧ爲引이오, 괴·여爲 我愛人而괴ᅇᅧ爲人愛我요, 소·다爲覆物而쏘·다爲射之之類니라.
각 자 병 서 여 언 어 위 설 이 위 인 위 아 애 인 이 위 인 애 아 위 복 물 이 위 사 지 지 류

♣ 같은 낱글자를 나란히 쓰는 각자병서는 이를테면 토박이말에서 "혀"는 입속의 혀[舌]이지만 "ᅘᅧ"는 '당겨[引]'를 나타내며, "괴·여"는 '내가 남을 사랑한다[我愛人]'는 뜻이지만 "괴ᅇᅧ"는 '남에게서 내가 사랑받는다[人愛我]'는 뜻이 되고, "소·다[覆物]"는 '무엇을 뒤집어 쏟아' 라는 뜻이지만 "쏘·다"는 '무엇을 쏘다[射]'라는 뜻이 되는 따위와 같은 것이다.

♣ The same letters can be combined and written side by side. For example, in native Korean "혀/hjə/" means tongue while "ᅘᅧ/xjə/" means pull, "괴·여/koj−ɦjə/" means 'I love another' but "괴ᅇᅧ/koj−ɦ'jə/" means 'I am loved by another,' and "소·다/so−da/" means to pour something but also "쏘·다/s'o−da/" means to shoot something, and so on.

[269] 中聲二字三字合用, 如諺語·과爲琴柱, ·홰爲炬之類. [정음해례21ㄱ:8-21ㄴ:1-2_합자해]

♣ 中聲二字三字合用, 如諺語·과爲琴柱요, ·홰爲炬之類니라.
종 성 이 자 삼 자 합 용 여 언 어 위 금 주 위 거 지 류

♣ 가운뎃소리글자를 두 개의 낱글자, 세 개의 낱글자를 합쳐 쓰는 것은 이를테면 토박이말의 "·과[거문고 줄을 받치는 기둥(琴柱)]", "·홰[횃불(炬)]" 따위와 같이 쓰는 것과 같다.

♣ The combination and use of two or three middle vowels can be seen in the example of the native Korean word "·과/kwa/" which means the bridge of a Korean harp, and "·홰 /hwaj/" which means torch.

[270] 終聲二字三字合用, 如諺語ᄒᆞᆰ爲土, 낛爲釣, ᄃᆞᇌ빼 爲酉時之類. [정음해례21ㄴ:2-4_합자해]

♣ 終聲二字三字合用은 如諺語ᄒᆞᆰ爲土요, 낛爲釣요, ᄃᆞᇌ빼爲酉時之類니라.
종 성 이 자 삼 자 합 용 여 언 어 위 토 위 조 위 유 시 지 류

♣ 끝소리글자를 두 개의 낱글자, 세 개의 낱글자를 합쳐 쓰는 것은 이를테면 토박이말의 "ᄒᆞᆰ[흙(土)]", "낛[낚시(釣)], ᄃᆞᇌ빼[닭때, 유시(酉時)]" 따위와 같이 쓰는 것과 같다.

♣ The combination and use of two or three final consonants in one character can be seen in the examples of native Korean words such as "ᄒᆞᆰ(흙, ea rth/dirt, /hʌlk/)", "낛(fishing, /naks/)", and "ᄃᆞᇌ빼(the hour of the Chicken, 5−7pm, /tʌrks−pstaj/)".

[271] 其合用並書, 自左而右, 初中終三聲皆同. [정음해례21ㄴ:4-5_합자해]

♣ 其合用並書는 自左而右하나니, 初中終三聲皆同이니라.
기 합 용 병 서 자 좌 이 우 초 중 종 삼 성 개 동

♣ 이들 합용병서는 왼쪽에서 오른쪽으로 쓰며 첫소리글자, 가운뎃소리글자, 끝소리글자 모두 같다.

♣ These combined letters are written from left to right, as are all initial, middle, and final letters.

[272] 文與諺雜用則有因字音而補以中終聲者, 如孔子ㅣ魯ㅅ:사ᄅᆞᆷ之類. [정음해례21ㄴ:5-7_합자해]

♣ 文與諺雜用則有因字音而補以中終聲者하니, 如孔子ㅣ魯ㅅ:사ᄅᆞᆷ之類니라.
문 여 언 잡 용 즉 유 인 자 음 이 보 이 중 종 성 자 여 공 자 로 지 류

♣ 한자와 한글을 섞어 쓸 때는 한자음에 따라서 한글의 가운뎃소리글자나 끝소리글자를 보충하는 일이 있으니, 이를테면 '孔子ㅣ魯ㅅ:사ᄅᆞᆷ(공자가 노나라 사람)' 따위와 같이 쓰는 것과 같다.

♣ When Chinese characters and Hangeul(native Korean script) are mixed the sounds of the Chinese characters are followed by the addition of the middle or final sounds of Hangeul, for example '孔子ㅣ/i/ 魯ㅅ/s/ :사ᄅᆞᆷ(Confucius is a person of "Lu", /sarʌm/)' and so on.

[273] **諺語平上去入, 如활爲弓而其聲平, 돌爲石而其聲上, 갈爲刀而其聲去, 붇爲筆而其聲入之類.** [정음해례21ㄴ:7-8_22ㄱ:1-2_합자해]

♣ 諺語平 °上去入, 如활爲弓而其聲平이오, 돌爲石而其聲°上이오, 갈爲刀而其聲去이오, 붇爲筆而其聲入之類니라.
(언어평 상거입 여 위궁이기성평 위석이기성상 위도이기성거 위필이기성입지류)

♣ 토박이말의 평성·상성·거성·입성의 예를 들면, "활[활(弓)]"은 평성이고, "돌[돌(石)]"은 상성이며, "갈[칼(刀,)]"은 거성이요, "붇[붓(筆)]"은 입성이 되는 따위와 같다.

♣ The four tones of native Korean(even, rising, high, and falling) can be seen through the examples of "활(arrow, /hwal/)" as the even tone, "돌(stone, /tol/)" as the rising tone, "갈(knife, /kal/)" as the high tone, and "붇(brush, /put/)" as the falling tone.

[274] **凡字之左, 加一點爲去聲, 二點爲上聲, 無點爲平聲.** [정음해례22ㄱ:2-3_합자해]

♣ 凡字之左에 加一點爲去聲이오, 二點爲 °上聲이오, 無點爲平聲이니라.
(범자지좌 가일점위거성 이점위 상성 무점위평성)

♣ 무릇 글자의 왼쪽에 한 점을 찍은 것은 거성이고, 두 점을 찍은 것은 상성이며, 점이 없는 것은 평성이다.

♣ As a general rule, one dot placed to the left of a letter indicates a high tone, two dots indicate a rising tone, and no dots indicate an even tone.

[275] **而文之入聲, 與去聲相似.** [정음해례22ㄱ:3-4_합자해]

♣ 而文之入聲은 與去聲相似니라.
(이문지입성 여거성상사)

♣ 한자어의 입성은 거성과 서로 비슷하다.

♣ The falling tone of Chinese characters is similar to the high tone.

[276] **諺之入聲無定, 或似平聲, 如긷爲柱, 녑爲脅.** [정음해례22ㄱ:4-5_합자해]

♣ 諺之入聲無定하여 或似平聲하니 如긷爲柱요 녑爲脅이니라.
(언지입성무정 혹사평성 여 위주 위협)

♣ 토박이말 입성은 한결같지 않아서, 또는 평성과 비슷한 "긷[기둥(柱)], 녑[옆구리(脅)]"과 같은 경우도 있다.

♣ The falling tone of native Korean is not fixed so it can become similar to the even tone as in "긷(pillar, /kit/), 녑(flank, /njəp/)".

[277] **或似上聲, 如:낟爲穀, :깁爲繒.** [정음해례22ㄱ:5-6_합자해]

♣ 或似 °上聲하니 如:낟爲穀이오 :깁爲繒이니라.
(혹사 상성 여 위곡 위증)

♣ 또는 상성과 비슷한 "낟[곡식(穀)], :깁[비단(繒)]"과 같은 경우도 있다.

♣ Or similar to the rising tone as in "낟(grain, /nat/), :깁(silk /kip/)".

[278] **或似去聲, 如·몯爲釘, ·입爲口之類.** [정음해례22ㄱ:6-7_합자해]

♣ 或似去聲하니 如·몯爲釘이오 ·입爲口之類니라.
혹사거성 여 위정 위구지류

♣ 또는 거성과 비슷한 "·몯[못(釘)], ·입[입(口)]"과 같은 경우도 있다.

♣ Or similar to the high tone as in "·몯(nailn /mot/), ·입(mouth, /ɦip/)".

[279] **其加點則與平上去同.** [정음해례22ㄱ:7-8_합자해]

♣ 其加點則與平 ◦上去同이니라.
기가점즉여평 상거동

♣ 입성에서 점을 찍는 것은 평성·상성·거성의 경우와 같다.36)

♣ The use of dots in the falling tone is the same as in the case of even tone, rising tone, and high tone.

[280] **平聲安而和, 春也, 萬物舒泰.** [정음해례22ㄱ:8-22ㄴ:1_합자해]

♣ 平聲安而和하니 春也요, 萬物舒泰니라.
평성안이화 춘야 만물서태

♣ 평성은 편안하고 부드러우니 봄에 해당되어 만물이 편안한 것과 같다.

♣ The even tone is easy and soft so it corresponds to Spring as everything spreads and prospers.

[281] **上聲和而擧, 夏也, 萬物漸盛.** [정음해례22ㄴ:1-2_합자해]

♣ ·上聲和而擧하니 夏也요, 萬物漸盛이니라.
상성화이거 하야 만물점성

♣ 상성은 부드러움에서 거세져 여름이니, 이는 만물이 점점 무성해지는 것과 같다.

♣ The rising tone is soft and rises so it corresponds to Summer as all things gradually become thick and dense.

[282] **去聲擧而壯, 秋也, 萬物成熟.** [정음해례22ㄴ:2_합자해]

♣ 去聲擧而壯하니 秋也요, 萬物成熟이니라.
거성거이장 추야 만물성숙

---

36) 평상, 상성, 거성은 서로 겹칠 수 없지만, 입성과는 겹칠 수 있다는 뜻이다. 평성, 상성, 거성 음절이 각각 끝소리가 안울림소리로 끝나 입성이 될 경우 각각 평성적 입성, 상성적 입성 거성적 입성이 된다.

♣ 거성은 거세면서도 굳세어 가을이니 만물이 무르익는 것과 같다.

♣ The high tone is raised and robust so it corresponds to Autumn as all things become ripen and mature.

[283] **入聲促而塞, 冬也, 萬物閉藏.** [정음해례22ㄴ:3_합자해]

♣ 入聲促而塞。하니 冬也요, 萬物閉藏니라.
입 성 촉 이 색 동 야 만 물 폐 장

♣ 입성은 말소리가 빠르고 막히어 겨울이니 만물이 닫히고 갈무리되는 것과 같다.

♣ The falling tone is fast and constricted so it corresponds to Winter as all things are closed and come to completion.

[284] **初聲之ㆆ與ㅇ相似, 於諺可以通用也.** [정음해례22ㄴ:3-4_합자해]

♣ 初聲之ㆆ[히]與ㅇ[이]相似하니 於諺可以通用也니라.
초 성 지 여 상 사 어 언 가 이 통 용 야

♣ 첫소리의 ㆆ[히]와 ㅇ[이]는 서로 비슷해서 토박이말에서는 두루 쓰일 수 있다.

♣ The initial sounds ㆆ/ʔ/ and ㅇ/ɦ/ are similar so they can be used interchangeably in native Korean.

[285] **半舌有輕重二音.** [정음해례22ㄴ:5_합자해]

♣ 半舌有輕重二音이니라.
반 설 유 경 중 이 음

♣ 반혓소리에는 가볍고 무거운 두 소리가 있다.

♣ The semi-lingual sound (lateral consonant) contains both light and heavy sounds.

[286] **然韻書字母唯一, 且國語雖不分輕重, 皆得成音.** [정음해례22ㄴ:5-6_합자해]

♣ 然韻書字母唯一이오 且國語雖不分輕重이라도 皆得成音이니라
연 운 서 자 모 유 일 차 국 어 수 불 분 경 중 개 득 성 음

♣ 중국 한자음 사전(운서)의 음절 첫소리에서는 오직 하나뿐이며, 또 우리나라 말에서는 비록 가볍고 무거운 것을 구별하지 않더라도 모두 소리를 낼 수 있다.

♣ In the Rhyming Dictionary there is only one sound. While in native Korean light and heavy sounds are not distinguished, both sounds can be made.

[287] **若欲備用, 則依脣輕例, ㅇ連書ㄹ下, 爲半舌輕音, 舌乍附上腭.** [정음해례22ㄴ:7-8_합자해]

♣ 若欲備用이면 則依脣輕例 ㅇ[이]連書ㄹ[리]下하면 爲半舌輕音이니, 舌乍附上腭이니라.
약 욕 비 용 즉 의 순 경 례 련 서 하 위 반 설 경 음 설 사 부 상 악

♣ 그러나 만약 갖추어 쓰고자 한다면 입술가벼운소리 글자[순경음자 ㅸ]의 예에 따라 'ㅇ[이]'

를 'ㄹ[리]' 아래 이어 쓰면 반혀가벼운소리글자[반설경음자 ᄛ]가 되니, 혀를 윗잇몸에 살짝 댄다.

♣ However, if one wants to distinguish between them, following the example of a light labial sound, if 'ㅇ/ɦ/' is written consecutively under 'ㄹ/ɾ/'' then it becomes a light semi-lingual sound[ᄛ], as the tongue lightly touches the upper teeth ridge.

[288] **• ㅡ起ㅣ聲, 於國語無用.** [정음해례22ㄴ:8-23ㄱ:1_합자해]

♣• ㅡ起ㅣ聲은 於國語無用이니라.
기 성 어국어무용

♣• ㅡ가 ㅣ에서 시작되는 소리는 중앙말에 쓰이지 않는다.

♣• /ʌ/ ㅡ/ɨ/ emerging from ㅣ/i/ are not used in native Korean.

[289] **兒童之言, 邊野之語, 或有之, 當合二字而用, 如ᆝᆜ之類.** [정음해례23ㄱ:1-3_합자해]

♣ 兒童之言이나 邊野之語에 或有之하니, 當合二字而用에는 如ᆝᆜ之類이니라.
아동지언 변야지어 혹유지 당합이자이용 여 지류

♣ 아이들 말이나 변두리 시골말에는 드물게 있으니, 마땅히 두 글자를 합하여 나타내려 할 때에는 "ᆝᆜ" 따위와 같이 쓴다.

♣ However, they do occur rarely in children's language and the dialects of outlying villages, and when they are properly combined and expressed they are written together as "ᆝ/kjʌ/, ᆜ/kjɨ/"

[290] **其先縱後橫, 與他不同.** [정음해례23ㄱ:3_합자해]

♣ 其先 。縱하고 後橫하니 與他不同이니라.
기선 종 후횡 여타부동

♣ 이것은 세로로 먼저 긋고 가로로 나중에 쓰는 것으로 다른 글자와 같지 않다.

♣ This is different from other letters since vertical strokes must be written first and horizontal strokes are written second.

訣曰 [정음해례23ㄱ:4]

訣曰
결왈

♣ 갈무리시

Summarizing verse

[291] 初聲在中聲左上

挹欲於諺用相同 [정음해례23ㄱ:5-6_합자해_갈무리시]

♣ 初聲在中聲左上이니
초 성 재 중 성 좌 상

挹[ㆆ]欲[ㅇ]於諺用相同이네.
읍 욕 어 언 용 상 동

♣ 첫소리글자는 가운뎃소리글자의 왼쪽과 위쪽에 쓰는데
'ㆆ[히]'와 'ㅇ[이]'는 토박이말에서는 서로 같이 쓰이네.

♣ Initial consonant letters are written above and to the left of middle vowel letters
'ㆆ/ʔ/' and 'ㅇ/ɦ/' are used interchangeably in native Korean.

[292] 中聲十一附初聲

圓橫書下右書縱 [정음해례23ㄱ:7-8_합자해_갈무리시]

♣ 中聲十一附初聲이니
중 성 십 일 부 초 성

圓橫書下右書 。縱이네.
원 횡 서 하 우 서 종

♣ 가운뎃소리글자 열하나는 첫소리글자에 붙이는데
둥근 것과 가로로 된 것은 첫소리글자 아래에 쓰고 세로로 된 것만 오른쪽에 쓰네.

♣ The eleven middle vowel letters are attached to the initial consonant letters
The round and horizontal strokes are written below and the vertical strokes are written on the right.

[293] 欲書終聲在何處 初中聲下接着寫 [정음해례23ㄴ:1-2_합자해_갈무리시]

♣ 欲書終聲在何處하니
욕 서 종 성 재 하 처

初中聲下接着。寫이네.
초 중 성 하 접 착 사

♣ 끝소리글자를 쓰자면 어디에 쓰는가 하니
첫・가운뎃소리글자의 아래에 이어서 붙여 쓰네.

♣ Where does one write the final consonant letters?
They are attached below the initial consonant letters and middle vowel letters.

[294] 初終合用各並書

中亦有合悉自左 [정음해례23ㄴ:3-4_합자해_갈무리시]

♣ 初終合用各並書이고
초 종 합 용 각 병 서

中亦有合悉自左이네.
중 역 유 합 실 자 좌

♣ 첫·끝소리글자를 각각 합쳐 쓰려면 나란히 쓰고
가운뎃소리글자도 나란히 쓰되 다 왼쪽부터 쓰네.

♣ If the initial and final consonant letters are respectively combined and written then they are written side by side
The middle vowel letters are also all written side by side from the left.

[295] 諺之四聲何以辨
平聲則弓上則石 [정음해례23ㄴ:5-6_합자해_갈무리시]

♣ 諺之四聲何以辨하니
언 지 사 성 하 이 변

平聲則弓[활] °上則石[돌]이네.
평 성 즉 궁 상 즉 석

♣ 토박이말에선 사성을 어떻게 구별하는가 하니
평성은 '활(활)'이요 상성은 '돌(돌)'이네.

♣ How are the four tones distinguished in native Korean?
The even tone is '활/hwal/'(arrow) and the rising tone is '돌/tol/(stone)'.

[296] 刀爲去而筆爲入
觀此四物他可識 [정음해례23ㄴ:7-8_합자해_갈무리시]

♣ 刀[갈]爲去而筆[붇]爲入이니
도 위 거 이 필 위 입

觀此四物他可識이네.
관 차 사 물 타 가 식

♣ '갈(칼)'은 거성이 되고 '붇(붓)'은 입성이 되니
이 네 갈래를 보아서 다른 것도 알 수 있네.

♣ '갈/kal/(knife)' becomes the high tone and '붇/put/(brush)' becomes the falling tone
Looking at these four types one can understand other things as well.

[297] 音因左點四聲分
一去二上無點平 [정음해례24ㄱ:1-2_합자해_갈무리시]

♣ 音因左點四聲分하니
음 인 좌 점 사 성 분

一去二 °上 無點平이네.
일 거 이 상 무 점 평

♣ 소리에 따라 왼쪽의 점으로 사성을 나누니

하나면 거성, 둘은 상성, 없으면 평성이네.

♣ To distinguish between sounds, dots on the left divide the four tones
One means the high tone, two means the rising tone, and none means the even tone.

[298] **語入無定亦加點**
文之入則似去聲 [정음해례24ㄱ:3-4_합자해_갈무리시]

♣ 語入無定亦加點이니
어 입 무 정 역 가 점
文之入則似去聲이네.
문 지 입 즉 사 거 성

♣ 토박이말 입성은 정함이 없으나 평·상·거성처럼 점 찍고
한자말의 입성은 거성과 비슷하네.

♣ The falling tone of native Korean is not determined so like the even, rising, and high tones dots are added
The falling tone of Chinese characters is similar to the high tone.

[299] **方言俚語萬不同**
有聲無字書難通 [정음해례24ㄱ:5-6_합자해_갈무리시]

♣ 方言俚語萬不同이니
방 언 리 어 만 부 동
有聲無字書難通이네.
유 성 무 자 서 난 통

♣ 지역말과 토속말은 다 다르니
말소리 있고 글자는 없어 글로 통하기 어려웠네.

♣ Regional dialects and native Korean are all different
If there are sounds but no letters for them, it is difficult to communicate in writing.

[300] **一朝/制作侔神工**
大東千古開矇朧 [정음해례24ㄱ:7-8_합자해_갈무리시] * / : 줄 바꿈 표시

♣ 一朝制作侔神工이니
일 조 제 작 모 신 공
大東千古開矇朧이네.
대 동 천 고 개 몽 롱

♣ 하루아침에 신과 같은 솜씨로 정음을 지어 내시니
우리 겨레 오랜 역사의 어둠을 비로소 밝혀 주셨네.

♣ One morning, with divine-like ability the King created Jeongeum
Our great nation has been enlightened from the long darkness of our history.

6. 용자례(用字例)

用字例
용 자 례

- ♣ 용자례(글자쓰기 예)
- ♣ Explanation of Use of Letters

[301] **初聲ㄱ, 如:감爲柿, ·ᄀᆞᆯ爲蘆.** [정음해례24ㄴ:3]

♣ 初聲**ㄱ**[기]는 如**:감**爲柿요, **·ᄀᆞᆯ**爲蘆니라.
초 성 여 위 시 위 로

♣ 첫소리글자 **ㄱ**[기]는 "**:감**(감), **·ᄀᆞᆯ**(갈대)"과 같이 쓴다.

♣ The initial letter **ㄱ**/k/ is used with "**:감**(persimmon, /kam/), **·ᄀᆞᆯ**(reed, /kʌl/)".

[302] **ㅋ, 如우·케爲未舂稻, 콩爲大豆.** [정음해례24ㄴ:3-4]

♣ **ㅋ**[키]는 如**우·케**爲未舂稻요 **콩**爲大豆니라.
여 위 미 용 도 위 대 두

♣ **ㅋ**[키]는 "**우·케**(우케/찧지 않은 벼), **콩**(콩)"과 같이 쓴다.

♣ **ㅋ**/kʰ/ is used with "**우·케**(unhusked rice, /ɦukʰəi/), **콩**(bean, /kʰoŋ/)".

[303] **ㆁ, 如러·울爲獺, 서·에爲流凘.** [정음해례24ㄴ:4-5]

♣ **ㆁ**[이]는 如**러·울**爲獺이오 **서·에**爲流凘니라.
여 위 달 위 류 시

♣ **ㆁ**[이]는 "**러·울**(너구리), **서·에**(성엣장)"와 같이 쓴다.

♣ **ㆁ**/ŋ/ is used with "**러·울**(raccoon, /rə ŋ ul), **서·에**(floating ice, /səŋəj/)".

[304] **ㄷ, 如·뒤爲茅, 담爲墻.** [정음해례24ㄴ:5-6]

♣ **ㄷ**[디]는 如**·뒤**爲茅요, **담**爲墻이니라.
여 위 모 위 장

♣ **ㄷ**[디]는 "**·뒤**(띠), **담**(담)"과 같이 쓴다.

♣ **ㄷ**/t/ is used with "**·뒤**(cogon grass, /tuj/), **담**(wall, /tam/)".

[305] **ㅌ, 如고·티爲繭, 두텁爲蟾蜍.** [정음해례24ㄴ:6]

♣ **ㅌ**[티]는 如**고·티**爲繭이오, **두텁**爲蟾蜍니라.
여 위 견 위 섬 여

♣ **ㅌ**[티]는 "**고·티**(고치), **두텁**(두꺼비)"과 같이 쓴다.

♣ **ㅌ**/tʰ/ is used with "**고·티**(cocoon, /kotʰi/), **두텁**(toad, /tutʰəp/)".

[306] **ㄴ, 如노로爲獐, 납爲猿.** [정음해례24ㄴ:7]

♣ ㄴ[니]는 如노로爲獐이오, 납爲猿이니라.
여 위 장 위 원

♣ ㄴ[니]는 "노로(노루), 납(원숭이)"과 같이 쓴다.

♣ ㄴ/n/ is used with "노로(roe deer, /noro/), 납(monkey, /nap/)".

[307] **ㅂ, 如·볼爲臂, ·벌爲蜂.** [정음해례24ㄴ:7–8]

♣ ㅂ[비]는 如·볼爲臂이오, ·벌爲蜂이니라.
여 위 비 위 봉

♣ ㅂ[비]는 "·볼(팔), ·벌(벌)"과 같이 쓴다.

♣ ㅂ/p/ is used with "·볼(arm, /pʌl/), ·벌(bee, /pəl/)".

[308] **ㅍ, 如·파爲葱, ·풀爲蠅.** [정음해례24ㄴ:8]

♣ ㅍ[피]는 如·파爲葱이오 ·풀爲蠅이니라.
여 위 총 위 승

♣ ㅍ[피]는 "·파(파), ·풀(파리)"과 같이 쓴다.

♣ ㅍ/pʰ/ is used with "·파(spring onion, /pʰa/), ·풀(fly, /pʰʌl/)".

[309] **ㅁ, 如:뫼爲山, ·마爲薯萸.** [정음해례24ㄴ:8–25ㄱ:1]

♣ ㅁ[미]는 如:뫼爲山이오, ·마爲薯萸니라.
여 위 산 위 서 여

♣ ㅁ[미]는 ":뫼(산), ·마(마)"와 같이 쓴다.

♣ ㅁ/m/ is used with":뫼(mountain, /moj/), ·마(yam, /ma/).

[310] **ㅸ, 如사·ᄫᅵ爲蝦, 드·ᄫᅴ爲瓠.** [정음해례25ㄱ:1–2]

♣ ㅸ[ᄫᅵ]는 如사·ᄫᅵ爲蝦요 드·ᄫᅴ爲瓠니라.
여 위 하 위 호

♣ ㅸ[ᄫᅵ]는 "사·ᄫᅵ(새우), 드·ᄫᅴ(뒤웅박)"와 같이 쓴다.

♣ ㅸ/ß/ is used with "사·ᄫᅵ(shrimp, /saßi/), 드·ᄫᅴ(calabash, /tɨßɨj/)".

[311] **ㅈ, 如·자爲尺, 죠·ᄒᆡ爲紙.** [정음해례25ㄱ:2–3]

♣ ㅈ[지]는 如·자爲尺이오 죠·ᄒᆡ爲紙니라.
여 위 척 위 지

♣ ㅈ[지]는 "·자(자), 죠·ᄒᆡ(종이)"와 같이 쓴다.

♣ ㅈ/ts/ is used with "·자(measuring ruler, /tsa/), 죠·ᄒᆡ(paper, /tsjohʌj/)".

[312] **ㅊ**, 如**·체**爲籭, **·채**爲鞭. [정음해례25ㄱ:3-4]

- ♣ **ㅊ**[치]는 如**·체**爲籭요, **·채**爲鞭이오
  여 위사 위편
- ♣ **ㅊ**[치]는 "**·체**(체), **·채**(채찍)"와 같이 쓴다.
- ♣ **ㅊ**/tsʰ/ is used with "**·체**(sieve, /tsʰəj/), **·채**(whip, /tsʰaj/)".

[313] **ㅅ**, 如**·손**爲手, **:셤**爲島. [정음해례25ㄱ:3-4]

- ♣ **ㅅ**[시]는 如**·손**爲手요, **:셤**爲島니라.
  여 위수 위도
- ♣ **ㅅ**[시]는 "**·손**(손), **:셤**(섬)"과 같이 쓴다.
- ♣ **ㅅ**/s/ is used with "**·손**(hand, /son/), **:셤**(island, /sjəm/)".

[314] **ㅎ**, 如**·부헝**爲鵂鶹, **·힘**爲筋. [정음해례25ㄱ:4-5]

- ♣ **ㅎ**[히]는 如**·부헝**爲鵂鶹요, **·힘**爲筋이니라.
  여 위휴류 위근
- ♣ **ㅎ**[히]는 "**·부헝**(부엉이), **·힘**(힘줄)"과 같이 쓴다.
- ♣ **ㅎ**/h/ is used with "**·부헝**(owl, /puhəŋ/), **·힘**(sinew, /him/)".

[315] **ㅇ**, 如**·비육**爲鷄雛, **·ᄇᆞ얌**爲蛇. [정음해례25ㄱ:5]

- ♣ **ㅇ**[이]는 如**·비육**爲鷄雛요 **·ᄇᆞ얌**爲蛇니라.
  여 위계추 위사
- ♣ **ㅇ**[이]는 "**·비육**(병아리), **·ᄇᆞ얌**(뱀)"과 같이 쓴다.
- ♣ **ㅇ**/ɦ/ is used with "**·비육**(chick, /piɦjuk/), **·ᄇᆞ얌**(snake, /pʌɦjam/)".

[316] **ㄹ**, 如**·무뤼**爲雹, **어·름**爲氷. [정음해례25ㄱ:5-6]

- ♣ **ㄹ**[리]는 如**·무뤼**爲雹이오, **어·름**爲氷이니라.
  여 위박 위빙
- ♣ **ㄹ**[리]는 "**·무뤼**(우박), **어·름**(얼음)"과 같이 쓴다.
- ♣ **ㄹ**/ɾ, l/ is used with "**·무뤼**(hail, /muɾuj/), **어·름**(ice, /ɦəɾɨm/)".

[317] **ㅿ**, 如**아ᅀᆞ**爲弟, **:너ᅀᅵ**爲鴇. [정음해례25ㄱ:6-7]

- ♣ **ㅿ**[ᅀᅵ]는 如**아ᅀᆞ**爲弟요, **:너ᅀᅵ**爲鴇니라.
  여 위제 위보
- ♣ **ㅿ**[ᅀᅵ]는 "**아ᅀᆞ**(아우), **:너ᅀᅵ**(느시)"와 같이 쓴다.
- ♣ **ㅿ**/z/ is used with "**아ᅀᆞ**(younger brother, /ɦazʌ/), **:너ᅀᅵ**(bustard bird, /nəzi/)."

[318] 中聲 ㆍ, 如·ᄐᆞᆨ爲頤, ᄑᆞᆺ爲小豆, ᄃᆞ리爲橋, ·ᄀᆞ래爲楸. [정음해례25ㄱ:7–8]

- ♣ 中聲(중성) ㆍ는 如(여)·ᄐᆞᆨ爲頤(위이)이오, ᄑᆞᆺ爲小豆(위소두)이오, ᄃᆞ리爲橋(위교)요, ·ᄀᆞ래爲楸(위추)니라.
- ♣ 가운뎃소리글자 ㆍ는 "·ᄐᆞᆨ(턱), ᄑᆞᆺ(팥), ᄃᆞ리(다리), ·ᄀᆞ래(가래)"와 같이 쓴다.
- ♣ The middle vowel ㆍ is used in characters like "·ᄐᆞᆨ(chin, /tʰʌk/), ᄑᆞᆺ(red bean, /pʰʌs/), ᄃᆞ리(bridge, /tʌɾi/), ·ᄀᆞ래(walnut tree, /kʌɾai/)".

[319] ㅡ, 如·믈爲水, ·발·측爲跟, 그력爲鴈, 드·레, 爲汲器. [정음해례25ㄱ:8–25ㄴ:1–2]

- ♣ ㅡ는 如(여)·믈爲水(위수)요, ·발·측爲跟(위근)이오, 그력爲鴈(위안)이오, 드·레爲汲器(위급기)니라.
- ♣ ㅡ는 "·믈(물), ·발·측(발꿈치, 발의 뒤축), 그력(기러기), 드·레(두레박)"와 같이 쓴다.
- ♣ ㅡ/ɨ/ is used in characters like "·믈(water, /mɨl/), ·발·측(heel, /paltsʰɨk/), 그력(wild goose, /kɨɾjək/), 드·레(well bucket, /tɨɾʌj/)".

[320] ㅣ, 如·깃爲巢, :밀爲蠟, ·피爲稷, 키爲箕. [정음해례25ㄴ:2–3]

- ♣ ㅣ는 如(여)·깃爲巢(위소)요, :밀爲蠟(위랍)이오, ·피爲稷(위직)이오, 키爲箕(위기)니라.
- ♣ ㅣ는 "·깃(둥지), :밀(밀랍), ·피(피), 키(키)"와 같이 쓴다.
- ♣ ㅣ/i/ with "·깃(nest, /kis/), :밀(beeswax, /mil/), ·피(millet, /pʰi/), 키(winnow, /kʰi/)".

[321] ㅗ, 如논爲水田, 톱爲鉅, 호·미爲鉏, 벼로爲硯. [정음해례25ㄴ:3–4]

- ♣ ㅗ는 如(여)논爲水田(위수전)이오, 톱爲鉅(위거)요, 호·미爲鉏(위서)요, 벼로爲硯(위연)이니라.
- ♣ ㅗ는 "논(논), 톱(톱), 호·미(호미), 벼로(벼루)"와 같이 쓴다.
- ♣ ㅗ/o/ with "논(rice paddy, /non/), 톱(saw, /tʰop/), 호·미(hoe, /homʌj/), 벼로(inkstone, /pjəɾo/)".

[322] ㅏ, 如밥爲飯, 낟爲鎌, 이·아爲綜, 사·ᄉᆞᆷ爲鹿. [정음해례25ㄴ:4–5]

- ♣ ㅏ는 如(여)밥爲飯(위반)이오, 낟爲鎌(위겸)이오, 이·아爲綜(위종)이오, 사·ᄉᆞᆷ爲鹿(위록)이니라.
- ♣ ㅏ는 "밥(밥), 낟(낫), 이·아(잉아), 사·ᄉᆞᆷ(사슴)"과 같이 쓴다.
- ♣ ㅏ/a/ is used with "밥(cooked rice, /pap/), 낟(sickle, /nat/), 이·아(heddle(loom part), /ɦiŋa/), 사·ᄉᆞᆷ(deer, /sasʌm/)".

[323] **ㅜ**, 如**숫**爲炭, **울**爲籬, **누에**爲蚕, **구·리**爲銅. [정음해례25ㄴ:5-7]

- ♣ **ㅜ**는 如**숫**爲炭이오, **울**爲籬이오, **누에**爲蚕이오, **구·리**爲銅이니라.
- ♣ **ㅜ**는 "**숫**(숯), **울**(울타리), **누에**(누에), **구·리**(구리)"와 같이 쓴다.
- ♣ **ㅜ**/u/ is used with "**숫**(charcoal, /sus/), **울**(fence, /ɦul/), **누에**(silkworm, /nuɦəj/), **구·리**(copper, /kuɾi/)".

[324] **ㅓ**, 如**브ᅀᅥᆸ**爲竈, **:널**爲板, **서·리**爲霜, **버들**爲柳. [정음해례25ㄴ:7-8]

- ♣ **ㅓ**는 如**브ᅀᅥᆸ**爲竈요, **:널**爲板이요, **서·리**爲霜이요, **버들**爲柳니라.
- ♣ **ㅓ**는 "**브ᅀᅥᆸ**(부엌), **:널**(널판), **서·리**(서리), **버들**(버들)"과 같이 쓴다.
- ♣ **ㅓ** /ə/ is used with "**브ᅀᅥᆸ**(kitchen, /pɨzəp/), **:널**(plank, /nəl/), **서·리**(frost, /səɾi/), **버들**(willow, /pətɨl/)".

[325] **ㅛ**, 如**죵**爲奴, **·고욤**爲梬, **·쇼**爲牛, **삽됴**爲蒼朮菜. [정음해례25ㄴ:8]-26ㄱ:1]

- ♣ **ㅛ**는 如**죵**爲奴요, **·고욤**爲梬이오, **·쇼**爲牛요, **삽됴**爲蒼朮菜니라.
- ♣ **ㅛ**는 "**죵**(종, 노비), **·고욤**(고욤), **·쇼**(소), **삽됴**(삽주)"와 같이 쓴다.
- ♣ **ㅛ**/jo/ is used with "**죵**(servant, /tsjoŋ/), **·고욤**(lotus persimmon, /koɦjom/), **·쇼**(cow, /sjo/), **삽됴**(Ovate-leaf atractylodes, /saptjo/)".

[326] **ㅑ**, 如**남샹**爲龜, **약**爲鼅鼊, **다·야**爲匜, **쟈감**爲蕎麥皮. [정음해례26ㄱ:1-3]

- ♣ **ㅑ**는 如**남샹**爲龜요, **약**爲鼅鼊이오, **다·야**爲匜요, **쟈감**爲蕎麥皮니라.
- ♣ **ㅑ**는 "**남샹**(남생이), **약**(바다거북), **다·야**(손대야), **쟈감**(메밀껍질)"과 같이 쓴다.
- ♣ **ㅑ** /ja/ is used with "**남샹**(terrapin, /namsjaŋ/)", **약**(turtle, /ɦjak/), **다·야**(washbowl, /taja/), **쟈감**(buckwheat husks, /tsjakam/)".

[327] **ㅠ**, 如**율믜**爲薏苡, **쥭**爲飯㯶, **슈룹**爲雨繖, **쥬련**爲帨. [정음해례26ㄱ:3-4]

- ♣ **ㅠ**는 如**율믜**爲薏苡요, **쥭**爲飯㯶요, **슈룹**爲雨繖이오, **쥬련**爲帨니라.
- ♣ **ㅠ**는 "**율믜**(율무), **쥭**(밥주걱), **슈룹**(우산), **쥬련**(수건)"과 같이 쓴다.
- ♣ **ㅠ**/ju/ is used with "**율믜**(adlay, /ɦjulmɨi/), **쥭**(rice spatula, /tsjuk/), **슈룹**(umbrella, /sjuɾup/), **쥬련**(towel, /tsjuɾjən/)".

[328] ㅕ, 如·엿爲飴餹, ·뎔爲佛寺, 벼爲稻, :져비爲燕. [정음해례26ㄱ:4-6]

- ㅕ 는 如(여)·엿爲飴餹(위이당)이오, ·뎔爲佛寺(위불사)요, 벼爲稻(위도)요, :져비爲燕(위연)니라.
- ㅕ 는 "·엿(엿), ·뎔(절), 벼(벼), :져비(제비)"와 같이 쓴다.
- ㅕ /jə/ is used with "·엿(taffy, /ɦjəs/), ·뎔(temple, /tjəl/), 벼(rice, /pjə/), :져비(barn swallow, /tsjəpi/)."

[329] 終聲ㄱ, 如닥爲楮, 독爲甕. [정음해례26ㄱ:6]

- 終聲(종성)ㄱ[윽]은 如(여)닥爲楮(위저)요, 독爲甕(위옹)이니라.
- 끝소리글자 ㄱ[윽]은 "닥(닥나무), 독(독)"과 같이 쓴다.
- The final consonant ㄱ/k/ is used with characters like "닥(paper mulberry, /tak/), 독(pot, /tok/)".

[330] ㆁ, 如굼벙爲蠐螬, ·올창爲蝌蚪. [정음해례26ㄱ:7]

- ㆁ[읭]은 如(여)굼벙爲蠐螬(위제조)요, ·올창爲蝌蚪(위과두)니라.
- 끝소리글자 ㆁ[읭]은 "굼벙(굼벵이), ·올창(올챙이)"과 같이 쓴다.
- The final consonant ㆁ/ŋ/ is used with "굼벙(maggot, /kumpəŋ/), ·올창(tadpole, /ɦoltsʰaŋ/)".

[331] ㄷ, 如·갇爲笠, 싣爲楓. [정음해례26ㄱ:7-8]

- ㄷ[읃]은 如(여)·갇爲笠(위립)이오, 싣爲楓(위풍)이니라.
- 끝소리글자 ㄷ[읃]은 "·갇(갓), 싣(신나무)"과 같이 쓴다.
- The final consonant ㄷ/t/ is used with "·갇(gat, Korean traditional hat, /kat/), 싣(Amur maple tree, /sit/)".

[332] ㄴ, 如·신爲屨, ·반되爲螢. [정음해례26ㄱ:8-26ㄴ:1]

- ㄴ[은]은 如(여)·신爲屨(위구)요, ·반되爲螢(위형)이니라.
- 끝소리글자 ㄴ[은]은 "·신(신), ·반되(반디)"와 같이 쓴다.
- The final consonant ㄴ/n/ is used with "·신(shoes, /sin/), ·반되(firefly, /pantoj/).

[333] ㅂ, 如섭爲薪, ·굽爲蹄. [정음해례26ㄴ:1]

- ㅂ[읍]은 如(여)섭爲薪(위신)이오, ·굽爲蹄(위제)니라.

♣ 끝소리글자 ㅂ[읍]은 "섭(섶나무), ·굽(발굽)"과 같이 쓴다.

♣ The final consonant ㅂ/p/ is used with "섭(fire wood, /səp/), ·굽(hoof, /kup/)".

[334] ㅁ, 如:범爲虎, :쇰爲泉. [정음해례26ㄴ:1-2]

♣ ㅁ[음]은 如:범爲虎요, :쇰爲泉이니라.
여 위호 위천

♣ 끝소리글자 ㅁ[음]은 ":범(범), :쇰(샘)"과 같이 쓴다.

♣ The final consonant ㅁ/m/ is used with ":범(tiger, /pəm/), :쇰(spring of water, /sʌjm/)".

[335] ㅅ, 如·잣爲海松, ·못爲池. [정음해례26ㄴ:2-3]

♣ ㅅ[읏]은 如·잣爲海松이오, ·못爲池니라.
여 위해송 위지

♣ 끝소리글자 ㅅ[읏]은 "·잣(잣), ·못(연못)"과 같이 쓴다.

♣ The final consonant ㅅ/s/ is used with "·잣(pine nut, /tsas/), ·못(pond, /mos/)".

[336] ㄹ, 如·돌爲月, :별爲星之類. [정음해례26ㄴ:3]

♣ ㄹ[을]는 如·돌爲月이오, :별爲星之類니라.
여 위월 위성지류

♣ 끝소리글자 ㄹ[을]은 "·돌(달), :별(별)" 따위와 같이 쓴다.

♣ The final consonant ㄹ/l/ is used with characters like "·돌(moon, /tʌl/), :별(star, /pjəl/)" and so on.

7. 정인지서

* '정인지서'라는 제목은 '해례본'에서는 없음. 이 부분을 ≪세종실록≫ 1446년 9월 29일자 기록에서 '정인지서'라 일컬음.

정인지 서문

♣ Perface by Jeong InJi

[337] 有天地自然之聲, 則必有天地自然之文. [정음해례26ㄴ:4-5_정인지서]

♣ 有天地自然之聲이면, 則必有天地自然之文이니라.
유천지자연지성 즉필유천지자연지문

♣ 천지자연의 소리가 있으면 반드시 천지자연의 문자가 있다.

♣ If there are sounds natural to Heaven and Earth there must be letters natural to Heaven and Earth.

[338] **所以古人因聲制字, 以通萬物之情以載三才之道, 而後世不能易也.** [정음해례26ㄴ:5-7_정인지서]

♣ 所以古人因聲制字하여 以通萬物之情하고 以載三才之道하니 而後世不能易也니라.
소 이 고 인 인 성 제 자 이 통 만 물 지 정 이 재 삼 재 지 도 이 후 세 불 능 역 야

♣ 그러므로 옛사람이 소리를 바탕으로 글자를 만들어서 만물의 뜻을 통하고, 하늘·땅·사람의 세 바탕 이치를 실었으니 후세 사람들이 능히 글자를 바꿀 수가 없었다.

♣ Therefore, people long ago created characters based on sounds so that the meaning of all things was expressed and the purpose of the Three Elements was found. Thus, thereafter people were unable to change these letters.

[339] **然四方風土區別, 聲氣亦隨而異焉.** [정음해례26ㄴ:7-8_정인지서]

♣ 然四方風土區別。하고 聲氣亦隨而異焉이니라.
연 사 방 풍 토 구 별 성 기 역 수 이 이 언

♣ 그러나 사방의 풍토가 구별되고 말소리의 기운 또한 다르다.

♣ However, the natural features of all places are all different so the spirit of speech sounds are also different.

[340] **盖外國之語, 有其聲而無其字.** [정음해례26ㄴ:8-27ㄱ:1_정인지서]

♣ 盖外國之語는 有其聲而無其字니라.
개 외 국 지 어 유 기 성 이 무 기 자

♣ 대개 중국 이외의 다른 나라 말은 그 말소리에 맞는 글자가 없다.

♣ Besides China, other countries do not have letters(writing) that correctly represent their sounds(language).

[341] **假中國之字以通其用, 是猶枘鑿之鉏鋙也, 豈能達而無礙乎.** [정음해례27ㄱ:1-3_정인지서]

♣ 假中國之字以通其用하니 是猶枘鑿之鉏鋙也니 豈能達而無礙乎아?
가 중 국 지 자 이 통 기 용 시 유 예 조 지 서 어 야 기 능 달 이 무 애 호

♣ 그래서 중국 글자를 빌려 소통하도록 쓰고 있는데, 이것은 마치 모난 자루를 둥근 구멍에 끼우는 것과 같으니, 어찌 제대로 소통할 때 막힘이 없겠는가?

♣ Therefore, these countries borrow Chinese characters in order to communicate through writing, this is like trying to put a square handle into a round hole; how can one communicate properly without any problems?

[342] 要皆各隨所處而安, 不可强之使同也. [정음해례27ㄱ:3-4_정인지서]

♣ 要° 皆各隨所 °處而安이오, 不可 °强之使同也니라.
요 개 각 수 소 처 이 안 불 가 강 지 사 동 야

♣ 중요한 것은 모두 각각 놓인 곳에 따라 자연스럽게 할 것이지, 억지로 같게 하여서는 안 될 것이다.

♣ The important thing is that all things get along well in their proper place and cannot be forced to be uniform.

[343] 吾東方禮樂文章, 侔擬華夏. [정음해례27ㄱ:5_정인지서]

♣ 吾東方禮樂文章이니, 侔擬華夏니라.
오 동 방 례 락 문 장 모 의 화 하

♣ 우리 동방의 예악과 문장이 중화[중국]와 같아 견줄 만하다.

♣ The arts, music, and writing of Korea is similar to those of China,

[344] 但方言俚語, 不與之同. [정음해례27ㄱ:5-6_정인지서]

♣ 但方言俚語가 不與之同이니라.
단 방 언 리 어 불 여 지 동

♣ 다만 우리말은 중국말과 같지 않다.

♣ only our language is different.

[345] 學書者患其旨趣之難曉, 治獄者病其曲折之難通. [정음해례27ㄱ:6-8_정인지서]

♣ 學書者患其旨趣° 之難曉요. 。治獄者病其曲折之難通이니라.
학 서 자 환 기 지 취 지 난 효 치 옥 자 병 기 곡 절 지 난 통

♣ 그래서 한문으로 된 글을 배우는 이는 그 뜻을 깨닫기가 어려움을 걱정하고, 범죄 사건을 다루는 관리는 자세한 사정을 파악하기가 어려운 것을 근심했다.

♣ Therefore, it is difficult to understand the meaning of Chinese classics and the officials who deal with criminal cases have anxiety due to the difficulty of understanding the de-tails of the situation.

[346] 昔新羅薛聰, 始作吏讀, 官府民間,至今行之. [정음해례27ㄱ:8-27ㄴ:1_정인지서]

♣ 昔新羅薛聰이 始作吏讀°하여 官府民間에 至今行之니라
석 신 라 설 총 시 작 이 두 관 부 민 간 지 금 행 지

♣ 옛날 신라의 설총이 이두를 처음 만들어서 관청과 민간에서 지금도 쓰고 있다.

♣ Ancient Silla Seol-Chong first made 'Idu'(method to write Korean through Chinese characters) during the ancient Silla period, which the government and people still use today.

[347] **然皆假字而用, 或澁或窒.** [정음해례27ㄴ:1-2_정인지서]

♣ 然皆假字而用이니 或澁或窒이니라.
연 개 가 자 이 용　혹 삽 혹 질

♣ 그러나 모두 한자를 빌려 쓰는 것이어서 매끄럽지도 아니하고 막혀서 답답하다.

♣ but these borrowed Chinese characters are often awkward, obstructive, and frustrating to use.

[348] **非但鄙陋無稽而已, 至於言語之間, 則不能達其萬一焉.** [정음해례27ㄴ:2-4_정인지서]

♣ 非但鄙陋無稽而已라 至於言語之間하여도 則不能達其萬一焉이라.
비 단 비 루 무 계 이 이　지 어 언 어 지 간　즉 불 능 달 기 만 일 언

♣ 이두 사용은 오로지 몹시 속되고 일정한 규범이 없을 뿐이니, 실제 언어 사용에서는 그 만분의 일도 소통하지 못한다.

♣ The use of Idu is extremely coarse and has no systematic method, it is impossible to communicate even one ten thousandth of the characters when using language.

[349] **癸亥冬. 我殿下創制正音二十八字, 略揭例義以示之, 名曰訓民正音.** [정음해례27ㄴ:4-6_정인지서]

♣ 癸亥冬에 我殿下創制正音二十八字하여 略揭例義以示之하시니 名曰訓民正音이니라.
계 해 동　아 전 하 창 제 정 음 이 십 팔 자　약 게 예 의 이 시 지　명 왈 훈 민 정 음

♣ 계해년 겨울(1443년 12월)에 우리 임금께서 정음 스물여덟 자를 창제하여, 간략하게 설명한 '예의'를 들어 보여 주시며 그 이름을 '훈민정음'이라 하셨다.

♣ In the winter of the Year of the Swine(December 1443), our King created the 28 letters of Jeongeum and provided simple and concise examples and explanations. He named them "Hunminjeongeum(the Correct Sounds for the Instruction of the People)."

[350] **象形而字倣古篆, 因聲而音叶七調.** [정음해례27ㄴ:6-8_정인지서]

♣ 象形而字倣古篆하되 因聲而音叶七調°니라.
상 형 이 자 방 고 전　인 성 이 음 협 칠 조

♣ 훈민정음은 꼴을 본떠 만들어 글꼴은 옛 '전서체'와 비슷하지만, 말소리에 따라 만들어 그 소리는 음률의 일곱 가락에도 들어맞는다.[37]

♣ Hunminjeongeum, like the ancient seal characters, are modelled after the shape of

---

37) 이 내용은 "훈민정음이 글꼴 모양으로는 중국의 상형문자처럼 상형 원리로 만들었으니 옛 전서체(초기 상형문자)와 비슷해 보이지만, 그러나 말소리 이치를 적용하였으니 한자 상형문자와는 달리 음률의 일곱 가락을 그대로 드러내는 소리문자라는 의미다. 상형문자라고 다 비슷해 보일지 모르지만, 훈민정음은 소리 이치에 따른 상형문자라서 단지 겉으로 보이는 꼴을 본뜬 기존의 상형문자와는 질적으로 다르다는 의미다.

things, but it is made according to the sound, so it fits the seven pitches of Eastern music.

[351] **三極之義, 二氣之妙, 莫不該括.** [정음해례27ㄴ:8-28ㄱ:1_정인지서]

♣ 三極之義와 二氣之妙가 莫不該括이니라.
삼 극 지 의 　 이 기 지 묘 　 막 불 해 괄

♣ 하늘·땅·사람의 세 바탕 뜻과 음양 기운의 신묘함을 두루 갖추지 않은 것이 없다.

♣ There is nothing that does not possess the principle of harmony of the Three Elements and Yin and Yang.

[352] **以二十八字而轉換無窮, 簡而要, 精而通.** [정음해례28ㄱ:1-2_정인지서]

♣ 以二十八字而轉換無窮하고, 簡而要하며, 精而通이라.
이 이 십 팔 자 이 전 환 무 궁 　 간 이 요 　 정 이 통

♣ 스물여덟 자로 끝없이 바꿀 수 있어, 간결하면서도 요점을 잘 드러내고, 정밀한 뜻을 담으면서도 두루 통할 수 있다.

♣ The 28 letters are used in infinite combinations, while simple they express what is vital, while precise they can be easily communicated.

[353] **故智者不終朝而會, 愚者可浹旬而學.** [정음해례28ㄱ:2-3_정인지서]

♣ 故智者不終朝而會요, 愚者可浹旬而學이니라.
고 지 자 부 종 조 이 회 　 우 자 가 협 순 이 학

♣ 그러므로 슬기로운 사람은 하루아침이 다 가기도 전에, 슬기롭지 못한 이라도 열흘 안에 배울 수 있다.

♣ Therefore, wise people can learn them within one morning and even those who are not wise can learn them within ten days.

[354] **以是解書, 可以知其義.** [정음해례28ㄱ:3-4_정인지서]

♣ 以是解書면, 可以知其義요.
이 시 해 서 　 가 이 지 기 의

♣ 훈민정음으로 한문을 풀이하면 그 뜻을 알 수 있다.

♣ When written in these characters one can understand the meaning of the Chinese classics.

[355] **以是聽訟, 可以得其情.** [정음해례28ㄱ:4-5_정인지서]

♣ 以是聽訟이면 可以得其情이니라.
이 시 청 송 　 가 이 득 기 정

♣ 훈민정음으로 소송 사건을 기록하면, 그 속사정을 이해할 수 있다.

♣ Moreover, using these characters when dealing with lawsuit cases allows one to understand the real situation.

[356] 字韻則淸濁之能辨, 樂歌則律呂之克諧. [정음해례28ㄱ:5-6_정인지서]

♣ 字韻則淸濁之能辨하고 樂歌則律呂之克諧니라.
자운즉청탁지능변 락가즉률려지극해

♣ 글자 소리로는 맑고 흐린 소리를 구별할 수 있고, 음악 노래로는 노랫가락을 어울리게 할 수 있다.

♣ The rhyme of the letters can distinguish between clear and thick sounds and in music, melody are filled with them.

[357] 無所用而不備, 無所往而不達. [정음해례28ㄱ:6-7_정인지서]

♣ 無所用而不備하고, 無所往而不達이니라.
무소용이불비 무소왕이부달

♣ 글을 쓸 때에 글자가 갖추어지지 않은 바가 없으며, 어디서든 뜻을 두루 통하지 못하는 바가 없다.

♣ The use of letters provides for all conditions; in any situation there is nothing where the meaning cannot be expressed.

[358] 雖風聲鶴唳, 鷄鳴狗吠, 皆可得而書矣. [정음해례28ㄱ:7-8_정인지서]

♣ 雖風聲鶴唳와 雞鳴狗吠라도 皆可得而書矣니라.
수풍성학려 계명구폐 개가득이서의

♣ 비록 바람소리, 두루미 울음소리, 닭소리, 개 짖는 소리라도 모두 적을 수 있다.

♣ Whether the sound of wind, the cry of the crane, the cluck of the chicken, or the bark of the dog, all sounds can be written down.

[359] 遂命詳加解釋, 以喩諸人. [정음해례28ㄱ:8-28ㄴ:1_정인지서]

♣ 遂命詳加解釋하여 以喩諸人하시니라.
수명상가해석 이유저인

♣ 드디어 임금께서 상세한 풀이를 더하여 모든 사람을 깨우치도록 명하시었다.

♣ Finally, the King ordered the addition of detailed explanations in order to instruct the people.

[360] **於是, 臣與集賢殿應敎臣崔恒, 副校理臣朴彭年, 臣申叔舟, 修撰臣成三問, 敦寧府注簿臣姜希顔, 行集賢殿副修撰臣李塏, 臣李善老等, 謹作諸解及例, 以敍其梗槩.** [정음해례28ㄴ:1-7]

♣ 於是에 臣與集賢殿應° 敎臣崔恒, 副校理臣朴彭年, 臣申叔舟, 修撰臣成三問, 敦寧府注
어시 신여집현전응 교신최항 부교리신박팽년 신신숙주 수찬신성삼문 돈녕부주
簿臣姜希顔, 行集賢殿副修撰臣李塏, 臣李善老等, 謹作諸解及例, 以叙其梗槩하니라.
부신강희안 행집현전부수찬신이개 신이선로등 근작제해급례 이서기경개

♣ 이에 신이 집현전 응교 최항과 부교리 박팽년과 신숙주, 수찬 성삼문과 돈녕부 주부 강희안, 행 집현전 부수찬 이개와 이선로 등과 더불어 삼가 여러 가지 풀이와 보기를 지어서, 그것을 간략하게 서술하였다.

♣ Thereupon, I, along with the Eunggyo of Jiphyeonjeon(Hall of Worthies) Choe Hang, Bugyori Bak(Park) Paeng-nyeon and Shin Suk-ju, Suchan Seong Sam-mun and Gang Hui-an, Jubu of Donnyeongbu, and acting Busuchan of Jiphyeonjeon Lee Gae and Lee Seon-ro together prudently drafted several different explanations and examples and described them in a simple manner.

[361] **庶使觀者不師而自悟.** [정음해례28ㄴ:7_정인지서]

♣ 庶使觀者로 不師而自悟니라.
서사관자 불사이자오

♣ 바라건대 이 책을 보는 사람은 스승 없이도 스스로 깨치도록 하였다.

♣ They were written in such a way that the average person could learn them on their own without an instructor.

[362] **若其淵源精義之妙, 則非臣等之所能發揮也.** [정음해례28ㄴ:7-8-29ㄱ:1_정인지서]

♣ 若其淵源精義之妙는 則非臣等之所能發揮也니라.
약기연원정의지묘 즉비신등지소능발휘야

♣ 그 근원과 정밀한 뜻은 신묘하여 신하 된 자들로서는 감히 밝혀 보일 수 없다.

♣ The deep origin and precise meaning is mysterious and the subjects cannot presume to reveal it clearly.

[363] **恭惟我殿下, 天縱之聖, 制度施爲超越百王.** [정음해례29ㄱ:1-3_정인지서]

♣ 恭惟我殿下, 天縱之聖으로 制度施爲超越百王이시니라.
공유아전하 천종지성 제도시위초월백왕

♣ 공손히 생각하옵건대 우리 전하는 하늘이 내리신 성인으로서 지으신 법도와 베푸신 업적이 모든 임금들을 뛰어넘으셨다.

♣ The courteous consideration of His Royal Highness comes from Heaven so the institutions he created and the contributions he has bestowed have surpassed all other kings.

[364] **音之作, 無所祖述, 而成於自然.** [정음해례29ㄱ:3-4_정인지서]

♣ 正音之作이 無所祖述이오 而成於自然이니라.
정 음 지 작 무 소 조 술 이 성 어 자 연

♣ 정음 창제는 앞선 사람이 이룩한 것에 따른 것이 아니요, 자연의 이치를 따른 것이다.

♣ The creation of Jeongeum is not the achievement of anyone who came before, rather it is the principle of nature.

[365] **豈以其至理之無所不在, 而非人爲之私也.** [정음해례29ㄱ:4-5_정인지서]

♣ 豈以其至理之無所不在요, 而非人爲之私也니라.
기 이 기 지 리 지 무 소 부 재 이 비 인 위 지 사 야

♣ 참으로 그 지극한 이치가 없는 곳이 없으니, 사람의 힘으로 사사로이 한 것이 아니다.

♣ In truth, this profound principle is everywhere, it is not the result of a person's private efforts.

[366] **夫東方有國, 不爲不久, 而開物成務之大智, 盖有待於今日也欤.** [정음해례29ㄱ:5-7_정인지서]

♣ ◦夫東方有國이 不爲不久호대 而開物成務之大智는 盖有待於今日也欤니라.
부 동 방 유 국 불 위 불 구 이 개 물 성 무 지 대 지 개 유 대 어 금 일 야 여

♣ 무릇 동방에 나라가 있은 지가 오래지 않음이 아니로되, 만물의 뜻을 깨달아 모든 일을 온전하게 이루게 하는 큰 지혜는 오늘을 기다리고 있었던 것이다.

♣ This country of the East is ancient, however the meaning of all things is generally comprehensible so the great wisdom that keeps all things intact and completes them has led to the long-awaited day for the proclamation of the Jeongeum.

▪ **正統十一年九月上澣.** [정음해례29ㄱ:7-8_정인지서]

♣ 正統十一年九月上澣
정 통 십 일 년 구 월 상 한

♣ 정통 11년(세종 28년, 1446년) 9월 상순.

♣ In the beginning of Sejong's 28th year, 1446 AD.

▪ **資憲大夫禮曹判書集賢殿大提學知春秋館事 世子右賓客臣鄭麟趾拜手稽首謹書**

[정음해례29ㄱ:8-29ㄴ:1-3_정인지서]

♣ 資憲大夫禮曹判書集賢殿大提學知春秋館事 世子右賓客臣鄭麟趾拜手 °稽首謹書
자 헌 대 부 예 조 판 서 집 현 전 대 제 학 지 춘 추 관 사 세 자 우 빈 객 신 정 인 지 배 수 계 수 근 서

♣ 자헌대부 예조판서 집현전 대제학 지춘추관사 세자우빈객 정인지는 두 손 모아 머리 숙여 삼

가 쓰옵니다.

♣ Jaheondaebu, Yejopanseo, Daejaehak of Jiphyeonjeon, Jichunchu gwansa, Ubingaek of the crown prince, his subject Jeong Inji with both hands held out and head bowed humbly submits this preface.

[붙임] 훈민정음 언해활자본(월인석보 권두 수록 주석 제외본)

나·랏:말ᄊᆞ·미 中듀ᇰ國·귁·에 달·아 文문字·ᄍᆞᆼ·와·로 서르 ᄉᆞᄆᆞᆺ·디 아·니ᄒᆞᆯ·ᄊᆡ ·이런 젼·ᄎᆞ·로 어·린 百·ᄇᆡᆨ姓·셔ᇰ·이 니르·고·져 ·호ᇙ ·배 이·셔·도 ᄆᆞᄎᆞᆷ:내 제 ·ᄠᅳ·들 시·러 펴·디 :몯ᄒᆞᇙ ·노·미 하·니·라 ·내 ·이·ᄅᆞᆯ 爲·윙·ᄒᆞ·야 :어엿·비 너·겨 ·새·로 ·스·믈여·듧 字·ᄍᆞᆼ·ᄅᆞᆯ ᄆᆡᇰ·ᄀᆞ노·니 :사ᄅᆞᆷ:마·다 :ᄒᆡ·ᅇᅧ :수·ᄫᅵ 니·겨 ·날·로 ·ᄡᅮ·메 便뼌安한·킈 ᄒᆞ·고·져 ᄒᆞᇙ ᄯᆞᄅᆞ·미니·라

ㄱ·ᄂᆞᆫ :엄쏘·리·니 君군ㄷ字·ᄍᆞᆼ ·처ᅀᅥᆷ ·펴·아 ·나ᄂᆞᆫ 소·리 ·ᄀᆞᄐᆞ·니 ᄀᆞᆯ·ᄫᅡ·ᄡᅳ·면 虯ᄁᆩㅸ字·ᄍᆞᆼ ·처ᅀᅥᆷ ·펴·아 ·나ᄂᆞᆫ 소·리 ·ᄀᆞ·ᄐᆞ니·라

ㅋ·ᄂᆞᆫ :엄쏘·리·니 快·쾡ㆆ字·ᄍᆞᆼ ·처ᅀᅥᆷ ·펴·아 ·나ᄂᆞᆫ 소·리 ·ᄀᆞ·ᄐᆞ니·라

ㆁ·ᄂᆞᆫ :엄쏘·리·니 業·ᅌᅥᆸ字·ᄍᆞᆼ ·처ᅀᅥᆷ ·펴·아 ·나ᄂᆞᆫ 소·리 ·ᄀᆞ·ᄐᆞ니·라

ㄷ·ᄂᆞᆫ ·혀쏘·리·니 斗:ᄃᆖㅸ字·ᄍᆞᆼ ·처ᅀᅥᆷ ·펴·아 ·나ᄂᆞᆫ 소·리 ·ᄀᆞᄐᆞ·니 ᄀᆞᆯ·ᄫᅡ·ᄡᅳ·면 覃땀ㅂ字·ᄍᆞᆼ ·처ᅀᅥᆷ ·펴·아 ·나ᄂᆞᆫ 소·리 ·ᄀᆞ·ᄐᆞ니·라

ㅌ·ᄂᆞᆫ ·혀쏘·리·니 呑ᄐᆞᆫㄷ字·ᄍᆞᆼ ·처ᅀᅥᆷ ·펴·아 ·나ᄂᆞᆫ 소·리 ·ᄀᆞ·ᄐᆞ니·라

ㄴ·ᄂᆞᆫ ·혀쏘·리·니 那낭ㆆ字·ᄍᆞᆼ ·처ᅀᅥᆷ ·펴·아 ·나ᄂᆞᆫ 소·리 ·ᄀᆞ·ᄐᆞ니·라

ㅂ·ᄂᆞᆫ 입시·울쏘·리·니 彆·볋字·ᄍᆞᆼ ·처ᅀᅥᆷ ·펴·아 ·나ᄂᆞᆫ 소·리 ·ᄀᆞᄐᆞ·니 ᄀᆞᆯ·ᄫᅡ·ᄡᅳ·면 步·뽕ㆆ字·ᄍᆞᆼ ·처ᅀᅥᆷ ·펴·아 ·나ᄂᆞᆫ 소·리 ·ᄀᆞ·ᄐᆞ니·라

ㅍ·ᄂᆞᆫ 입시·울쏘·리·니 漂ᄑᆓㅸ字·ᄍᆞᆼ ·처ᅀᅥᆷ ·펴·아 ·나ᄂᆞᆫ 소·리 ·ᄀᆞ·ᄐᆞ니·라

ㅁ·ᄂᆞᆫ 입시·울쏘·리·니 彌밍ㆆ字·ᄍᆞᆼ ·처ᅀᅥᆷ ·펴·아 ·나ᄂᆞᆫ 소·리· ᄀᆞ·ᄐᆞ니·라

ㅈ·ᄂᆞᆫ ·니쏘·리·니 卽·즉字·ᄍᆞᆼ ·처ᅀᅥᆷ ·펴·아 ·나ᄂᆞᆫ 소·리 ·ᄀᆞᄐᆞ·니 ᄀᆞᆯ·ᄫᅡ·ᄡᅳ·면 慈ᄍᆞᆼㆆ字·ᄍᆞᆼ ·처ᅀᅥᆷ ·펴·아 ·나ᄂᆞᆫ 소·리 ·ᄀᆞ·ᄐᆞ니·라

ㅊ·ᄂᆞᆫ ·니쏘·리·니 侵침ㅂ字·ᄍᆞᆼ ·처ᅀᅥᆷ ·펴·아 ·나ᄂᆞᆫ 소·리 ·ᄀᆞ·ᄐᆞ니·라

ㅅ·ᄂᆞᆫ ·니쏘·리·니 戌·ᅀᅲᇙ字·ᄍᆞᆼ ·처ᅀᅥᆷ ·펴·아 ·나ᄂᆞᆫ 소·리 ·ᄀᆞᄐᆞ·니 ᄀᆞᆯ·ᄫᅡ·ᄡᅳ·면 邪썅ㆆ字·ᄍᆞᆼ ·처ᅀᅥᆷ ·펴·아 ·나ᄂᆞᆫ 소·리 ·ᄀᆞ·ᄐᆞ니·라

ㆆ·ᄂᆞᆫ 목소·리·니 挹·ᅙᅳᆸ字·ᄍᆞᆼ ·처ᅀᅥᆷ ·펴·아 ·나ᄂᆞᆫ 소·리 ·ᄀᆞ·ᄐᆞ니·라

ㅎ·ᄂᆞᆫ 목소·리·니 虛헝ㆆ字·ᄍᆞᆼ ·처ᅀᅥᆷ ·펴·아 ·나ᄂᆞᆫ 소·리 ·ᄀᆞᄐᆞ·니 ᄀᆞᆯ·ᄫᅡ·ᄡᅳ·면 洪ᅘᅩᆼㄱ字·ᄍᆞᆼ ·처ᅀᅥᆷ ·펴·아 ·나ᄂᆞᆫ 소·리 ·ᄀᆞ·ᄐᆞ니·라

ㅇ·ᄂᆞᆫ 목소·리·니 欲·욕字·ᄍᆞᆼ ·처ᅀᅥᆷ ·펴·아 ·나ᄂᆞᆫ 소·리 ·ᄀᆞ·ᄐᆞ니·라

ㄹ·ᄂᆞᆫ 半·반혀쏘·리·니 閭령ㆆ字·ᄍᆞᆼ ·처ᅀᅥᆷ ·펴·아 ·나ᄂᆞᆫ 소·리 ·ᄀᆞ·ᄐᆞ니·라

ㅿ·ᄂᆞᆫ 半·반니쏘·리·니 穰ᅀᅣᇰㄱ字·ᄍᆼ ·처ᅀᅥᆷ ·펴·아 ·나ᄂᆞᆫ 소·리 ·ᄀᆞ·ᄐᆞ니·라

ᆞ ·ᄂᆞᆫ 呑ᄐᆞᆫㄷ字·ᄍᆼ 가·온·ᄃᆡᆺ소·리 ·ᄀᆞ·ᄐᆞ니·라

ㅡ·는 卽·즉字·ᄍᆼ 가·온·ᄃᆡᆺ소·리 ·ᄀᆞ·ᄐᆞ니·라

ㅣ·ᄂᆞᆫ 侵침ㅂ字·ᄍᆼ 가·온·ᄃᆡᆺ소·리 ·ᄀᆞ·ᄐᆞ니·라

ㅗ·ᄂᆞᆫ 洪ᅘᅩᆼㄱ字·ᄍᆼ 가·온·ᄃᆡᆺ소·리 ·ᄀᆞ·ᄐᆞ니·라

ㅏ·ᄂᆞᆫ 覃땀ㅂ字·ᄍᆼ 가·온·ᄃᆡᆺ소·리 ·ᄀᆞ·ᄐᆞ니·라

ㅜ·는 君군ㄷ字·ᄍᆼ 가·온·ᄃᆡᆺ소·리 ·ᄀᆞ·ᄐᆞ니·라

ㅓ·는 業·업字·ᄍᆼ 가·온·ᄃᆡᆺ소·리 ·ᄀᆞ·ᄐᆞ니·라

ㅛ·ᄂᆞᆫ 欲·욕字·ᄍᆼ 가·온·ᄃᆡᆺ소·리 ·ᄀᆞ·ᄐᆞ니·라

ㅑ·ᄂᆞᆫ 穰ᅀᅣᇰㄱ字·ᄍᆼ 가·온·ᄃᆡᆺ소·리 ·ᄀᆞ·ᄐᆞ니·라

ㅠ·는 戌·슗字·ᄍᆼ 가·온·ᄃᆡᆺ소·리 ·ᄀᆞ·ᄐᆞ니·라

ㅕ·는 彆·볋字·ᄍᆼ 가·온·ᄃᆡᆺ소·리 ·ᄀᆞ·ᄐᆞ니·라

乃:냉終즁ㄱ소·리·ᄂᆞᆫ 다시 ·첫소·리·ᄅᆞᆯ ·쓰·ᄂᆞ니·라

ㅇ·ᄅᆞᆯ 입시·울쏘·리 아래 니·ᅀᅥ ·쓰·면 입시·울가·ᄇᆡ야·ᄫᆞᆫ소·리 ᄃᆞ외ᄂᆞ·니·라

·첫소·리·ᄅᆞᆯ 어·울·워 ·ᄡᅳᆯ·디·면 ᄀᆞᆯ·바쓰·라 乃:냉終즁ㄱ소·리·도 ᄒᆞᆫ가·지·라

ᆞ·와ㅡ·와ㅗ·와ㅜ·와ㅛ·와ㅠ·와·란 ·첫소·리 아·래 브·텨 ·쓰·고

ㅣ·와ㅏ·와ㅓ·와ㅑ·와ㅕ·와·란 ·올ᄒᆞᆫ녀·긔 브·텨 ·쓰·라

믈읫 字·ᄍᆼ ㅣ 모·로·매 어·우러·ᅀᅡ 소·리 :이ᄂᆞ·니

:왼녀·긔 ᄒᆞᆫ 點:뎜·을 더으·면 ·뭇 노·ᄑᆞᆫ소·리·오 點:뎜·이 :둘히·면 上:썅聲셩·이·오 點:뎜·이 :업스·면 平뼝聲셩·이·오 入·십聲셩·은 點:뎜 더·우·믄 ᄒᆞᆫ가·지로·ᄃᆡ ᄲᆞᄅᆞ·니·라

中듕國·귁 소·리·옛 ·니쏘·리·ᄂᆞᆫ 齒:칭頭뚷·와 正·졍齒:칭·왜 ᄀᆞᆯ·ᄒᆡ요·미 잇ᄂᆞ·니

ᅎ ᅔ ᅏ ᄼ ᄽ 字·ᄍᆼ·ᄂᆞᆫ 齒:칭頭뚷ㅅ소·리·예 ·쓰·고

ᅐ ᅕ ᅑ ᄾ ᄿ 字·ᄍᆼ·ᄂᆞᆫ 正·졍齒:칭ㅅ소·리·예 ·쓰ᄂᆞ·니

:엄·과 ·혀·와 입시·울·와 목소·리·옛 字·ᄍᆼ·ᄂᆞᆫ 中듕國·귁 소·리·예 通통·히 ·쓰·ᄂᆞ니·라

– ‘훈민정음(訓民正音)’, 세조(世祖) 5년(1459년)

둘째 마당

다양한 교육용 강독본

1장

≪훈민정음≫ 해례본 쪽별 활자 재현본

*보사 부분(정음1ㄱ-정음2ㄴ)은 한글학회 다듬본(1998)을 수정한 부록2 영인본을 따르되, 간송본 원본은 맨 뒤에 따로 싣는다.

[1] 정음1ㄱ

訓民正音 [정음1ㄱ:1_권수제]
國之語音, 異乎中國, 與文字 [정음1ㄱ:2_어제서문]
不相流通. 故愚民有所欲言, [정음1ㄱ:3_어제서문]
而終不得伸其情者多矣.予 [정음1ㄱ:4_어제서문]
爲° 此憫然, 新制二十八字, 欲 [정음1ㄱ:5_어제서문]
使人人易° 習便於日用耳 [정음1ㄱ:6_어제서문]
ㄱ. 牙音. 如君字初發聲 [정음1ㄱ:7_어제예의]

[2] 정음1ㄴ

並書, 如虯字初發聲 [정음1ㄴ:1_어제예의]
ㅋ. 牙音. 如快字初發聲 [정음1ㄴ:2_어제예의]
ㆁ. 牙音. 如業字初發聲 [정음1ㄴ:3_어제예의]
ㄷ. 舌音. 如斗字初發聲 [정음1ㄴ:4_어제예의]
並書, 如覃字初發聲 [정음1ㄴ:5_어제예의]
ㅌ. 舌音. 如呑字初發聲 [정음1ㄴ:6_어제예의]
ㄴ. 舌音. 如那字初發聲 [정음1ㄴ:7_어제예의]

[3] 정음2ㄱ

ㅂ. 脣音. 如彆字初發聲 [정음2ㄱ:1_어제예의]

並書, 如步字初發聲 [정음2ㄱ:2_어제예의]

ㅍ. 脣音. 如漂字初發聲 [정음2ㄱ:3_어제예의]

ㅁ. 脣音. 如彌字初發聲 [정음2ㄱ:4_어제예의]

ㅈ. 齒音. 如即字初發聲 [정음2ㄱ:5_어제예의]

並書, 如慈字初發聲 [정음2ㄱ:6_어제예의]

ㅊ. 齒音. 如侵字初發聲 [정음2ㄱ:7_어제예의]

[4] 정음2ㄴ

ㅅ. 齒音. 如戌字初發聲 [정음2ㄴ:1_어제예의]

並書, 如邪字初發聲 [정음2ㄴ:2_어제예의]

ㆆ. 喉音. 如挹字初發聲 [정음2ㄴ:3_어제예의]

ㅎ. 喉音. 如虛字初發聲 [정음2ㄴ:4_어제예의]

並書, 如洪字初發聲 [정음2ㄴ:5_어제예의]

ㅇ. 喉音. 如欲字初發聲 [정음2ㄴ:6_어제예의]

ㄹ. 半舌音. 如閭字初發聲 [정음2ㄴ:7_어제예의]

[5] 정음3ㄱ

ㅿ. 半齒音. 如穰字初發聲 [정음3ㄱ:1_어제예의]

ㆍ. 如呑字中聲 [정음3ㄱ:2_어제예의]

ㅡ. 如即字中聲 [정음3ㄱ:3_어제예의]

ㅣ. 如侵字中聲 [정음3ㄱ:4_어제예의]

ㅗ. 如洪字中聲 [정음3ㄱ:5_어제예의]

ㅏ. 如覃字中聲 [정음3ㄱ:6_어제예의]

ㅜ. 如君字中聲 [정음3ㄱ:7_어제예의]

[6] 정음3ㄴ

ㅓ. 如業字中聲 [정음3ㄴ:1_어제예의]

ㅛ. 如欲字中聲 [정음3ㄴ:2_어제예의]

ㅑ. 如穰字中聲 [정음3ㄴ:3_어제예의]

ㅠ. 如戌字中聲 [정음3ㄴ:4_어제예의]

ㅕ. 如彆字中聲 [정음3ㄴ:5_어제예의]

終聲復° 用初聲. ㅇ連書脣音 [정음3ㄴ:6_어제예의]

之下, 則爲脣輕音. 初聲合用 [정음3ㄴ:7_어제예의]

[7] 정음4ㄱ

則並書, 終聲同. ㆍ ㅡ ㅗ ㅜ ㅛ [정음4ㄱ:1_어제예의]

ㅠ, 附書初聲之下. ㅣ ㅏ ㅓ ㅑ [정음4ㄱ:2_어제예의]

ㅕ, 附書於右. 凡字必合而成 [정음4ㄱ:3_어제예의]

音. 左加一點則去聲, 二則 °上 [정음4ㄱ:4_어제예의]

聲, 無則平聲. 入聲加點同而 [정음4ㄱ:5_어제예의]

促急 [정음4ㄱ:6_어제예의]

빈 줄 [정음4ㄱ:7_어제예의]

[8] => 빈 면 정음4ㄴ

[9] 정음해례1ㄱ

訓民正音解例 [정음해례1ㄱ:1_해례제목]

制字解 [정음해례1ㄱ:2_제자해제목]

天地之道, 一陰陽五行而已. 坤復 [정음해례1ㄱ:3_제자해]

之間爲太極, 而動靜之後爲陰陽. [정음해례1ㄱ:4_제자해]

凡有生類在天地之間者, 捨陰陽 [정음해례1ㄱ:5_제자해]

而何之. 故人之聲音, 皆有陰陽之 [정음해례1ㄱ:6_제자해]

理, 顧人不察耳. 今正音之作, 初非 [정음해례1ㄱ:7_제자해]

智營而力索。, 但因其聲音而極其 [정음해례1ㄱ:8_제자해]

[10] 정음해례1ㄴ

理而已. 理旣不二, 則何得不與天 [정음해례1ㄴ:1_제자해]
地鬼神同其用也. 正音二十八字, [정음해례1ㄴ:2_제자해]
各象其形而制之. 初聲凡十七字. [정음해례1ㄴ:3_제자해]
牙音ㄱ, 象舌根閉喉之形. 舌音ㄴ, [정음해례1ㄴ:4_제자해]
象舌附上腭之形. 脣音ㅁ, 象口形. [정음해례1ㄴ:5_제자해]
齒音ㅅ, 象齒形. 喉音ㅇ, 象喉形.ㅋ [정음해례1ㄴ:6_제자해]
比ㄱ, 聲出稍厲, 故加畫. ㄴ而ㄷ, ㄷ [정음해례1ㄴ:7_제자해]
而ㅌ, ㅁ而ㅂ, ㅂ而ㅍ, ㅅ而ㅈ, ㅈ而 [정음해례1ㄴ:8_제자해]

[11] 정음해례2ㄱ

ㅊ,ㅇ而ㆆ, ㆆ而ㅎ, 其因聲加畫之 [정음해례2ㄱ:1_제자해]
義皆同, 而唯ㆁ爲異. 半舌音ㄹ, 半 [정음해례2ㄱ:2_제자해]
齒音ㅿ, 亦象舌齒之形而異其體, [정음해례2ㄱ:3_제자해]
無加畫之義焉. 。夫人之有聲, 本於 [정음해례2ㄱ:4_제자해]
五行. 故合諸四時而不悖, 叶之五 [정음해례2ㄱ:5_제자해]
音而不戾. 喉邃而潤, 水也. 聲虛而 [정음해례2ㄱ:6_제자해]
通, 如水之虛明而流通也. 於時爲 [정음해례2ㄱ:7_제자해]
冬, 於音爲羽. 牙錯而長, 木也. 聲似 [정음해례2ㄱ:8_제자해]

[12] 정음해례2ㄴ

喉而實, 如木之生於水而有形也. [정음해례2ㄴ:1_제자해]
於時爲春, 於音爲角. 舌銳而動, 火 [정음해례2ㄴ:2_제자해]
也. 聲轉而颺, 如火之轉展而揚揚 [정음해례2ㄴ:3_제자해]
也. 於時爲夏, 於音爲 °徵. 齒剛而斷°, [정음해례2ㄴ:4_제자해]
金也. 聲屑而滯, 如金之屑瑣而鍛 [정음해례2ㄴ:5_제자해]
成也. 於時爲秋, 於音爲商. 脣方而 [정음해례2ㄴ:6_제자해]
合, 土也. 聲含而廣, 如土之含蓄萬 [정음해례2ㄴ:7_제자해]
物而廣大也. 於時爲季夏, 於音爲 [정음해례2ㄴ:8_제자해]

[13] 정음해례3ㄱ

宮. 然水乃生物之源, 火乃成物之 [정음해례3ㄱ:1_제자해]
用, 故五行之中, 水火爲大. 喉乃出 [정음해례3ㄱ:2_제자해]
聲之門, 舌乃辨聲之管, 故五音之 [정음해례3ㄱ:3_제자해]
中, 喉舌爲主也. 喉居後而牙次之, [정음해례3ㄱ:4_제자해]
北東之位也. 舌齒又次之, 南西之 [정음해례3ㄱ:5_제자해]
位也. 脣居末, 土無定位而寄旺四 [정음해례3ㄱ:6_제자해]
季之義也. 是則初聲之中, 自有陰 [정음해례3ㄱ:7_제자해]
陽五行方位之數也. 又以聲音淸 [정음해례3ㄱ:8_제자해]

[14] 정음해례3ㄴ

濁而言之. ㄱㄷㅂㅈㅅㆆ, 爲全淸. [정음해례3ㄴ:1_제자해]
ㅋㅌㅍㅊㅎ, 爲次淸. ㄲㄸㅃㅉㅆ [정음해례3ㄴ:2_제자해]
ㆅ, 爲全濁. ㆁㄴㅁㅇㄹㅿ, 爲不淸 [정음해례3ㄴ:3_제자해]
不濁. ㄴㅁㅇ, 其聲取不厲, 故次序 [정음해례3ㄴ:4_제자해]
雖在於後, 而象形制字則爲之始. [정음해례3ㄴ:5_제자해]
ㅅㅈ雖皆爲全淸, 而ㅅ比ㅈ, 聲不 [정음해례3ㄴ:6_제자해]
厲, 故亦爲制字之始. 唯牙之ㆁ, 雖 [정음해례3ㄴ:7_제자해]
舌根閉喉聲氣出鼻, 而其聲與ㅇ [정음해례3ㄴ:8_제자해]

[15] 정음해례4ㄱ

相似, 故韻書疑與喩多相混用, 今 [정음해례4ㄱ:1_제자해]
亦取象於喉, 而不爲牙音制字之 [정음해례4ㄱ:2_제자해]
始. 盖喉屬水而牙屬木, ㆁ雖在牙 [정음해례4ㄱ:3_제자해]
而與ㅇ相似, 猶木之萌芽生於水 [정음해례4ㄱ:4_제자해]
而柔軟, 尙多水氣也. ㄱ木之成質, [정음해례4ㄱ:5_제자해]
ㅋ木之盛 °長, ㄲ木之老壯, 故至此 [정음해례4ㄱ:6_제자해]
乃皆取象於牙也. 全淸並書則爲 [정음해례4ㄱ:7_제자해]
全濁, 以其全淸之聲凝則爲全濁 [정음해례4ㄱ:8_제자해]

[16] 정음해례4ㄴ

也. 唯喉音次淸爲全濁者, 盖以ㆆ [정음해례4ㄴ:1_제자해]
聲深不爲之凝, ㅎ比ㆆ聲淺, 故凝 [정음해례4ㄴ:2_제자해]
而爲全濁也. ㅇ連書脣音之下, 則 [정음해례4ㄴ:3_제자해]
爲脣輕音者, 以輕音脣乍合而喉 [정음해례4ㄴ:4_제자해]
聲多也. 中聲凡十一字. ㆍ舌縮而 [정음해례4ㄴ:5_제자해]
聲深, 天開於子也. 形之圓, 象乎天 [정음해례4ㄴ:6_제자해]
也. ㅡ舌小縮而聲不深不淺, 地闢 [정음해례4ㄴ:7_제자해]
於丑也. 形之平, 象乎地也. ㅣ舌不 [정음해례4ㄴ:8_제자해]

[17] 정음해례5ㄱ

縮而聲淺, 人生於寅也. 形之立, 象 [정음해례5ㄱ:1_제자해]
乎人也. 此下八聲, 一闔一闢. ㅗ與 [정음해례5ㄱ:2_제자해]
ㆍ同而口蹙, 其形則ㆍ與ㅡ合而 [정음해례5ㄱ:3_제자해]
成, 取天地初交之義也. ㅏ與ㆍ同 [정음해례5ㄱ:4_제자해]
而口張, 其形則ㅣ與ㆍ合而成, 取 [정음해례5ㄱ:5_제자해]
天地之用發於事物待人而成也. [정음해례5ㄱ:6_제자해]
ㅜ與ㅡ同而口蹙, 其形則ㅡ與ㆍ [정음해례5ㄱ:7_제자해]
合而成, 亦取天地初交之義也. ㅓ [정음해례5ㄱ:8_제자해]

[18] 정음해례5ㄴ

與ㅡ同而口張, 其形則ㆍ與ㅣ合 [정음해례5ㄴ:1_제자해]
而成, 亦取天地之用發於事物待 [정음해례5ㄴ:2_제자해]
人而成也. ㅛ與ㅗ同而起於ㅣ. ㅑ [정음해례5ㄴ:3_제자해]
與ㅏ同而起於ㅣ. ㅠ與ㅜ同而起 [정음해례5ㄴ:4_제자해]
於ㅣ. ㅕ與ㅓ同而起於ㅣ. ㅗ ㅏ ㅜ [정음해례5ㄴ:5_제자해]
ㅓ始於天地, 爲初出也. ㅛ ㅑ ㅠ ㅕ [정음해례5ㄴ:6_제자해]
起於ㅣ而兼乎人, 爲再出也. ㅗ ㅏ [정음해례5ㄴ:7_제자해]
ㅜ ㅓ之一其圓者, 取其初生之義 [정음해례5ㄴ:8_제자해]

[19] 정음해례6ㄱ

也. ㅛ ㅑ ㅠ ㅕ 之二其圓者, 取其再 [정음해례6ㄱ:1_제자해]

生之義也. ㅗ ㅏ ㅛ ㅑ 之圓居上與 [정음해례6ㄱ:2_제자해]

外者, 以其出於天而爲陽也. ㅜ ㅓ [정음해례6ㄱ:3_제자해]

ㅠ ㅕ 之圓居下與內者, 以其出於 [정음해례6ㄱ:4_제자해]

地而爲陰也. ㆍ之貫於八聲者, 猶 [정음해례6ㄱ:5_제자해]

陽之統陰而周流萬物也. ㅛ ㅑ ㅠ [정음해례6ㄱ:6_제자해]

ㅕ 之皆兼乎人者, 以人爲萬物之 [정음해례6ㄱ:7_제자해]

靈而能參兩儀也. 取象於天地人 [정음해례6ㄱ:8_제자해]

[20] 정음해례6ㄴ

而三才之道備矣. 然三才爲萬物 [정음해례6ㄴ:1_제자해]

之先, 而天又爲三才之始, 猶ㆍㅡ [정음해례6ㄴ:2_제자해]

ㅣ 三字爲八聲之首, 而ㆍ又爲三 [정음해례6ㄴ:3_제자해]

字之冠° 也. ㅗ初生於天, 天一生水 [정음해례6ㄴ:4_제자해]

之位也. ㅏ次之, 天三生木之位也. [정음해례6ㄴ:5_제자해]

ㅜ初生於地, 地二生火之位也. ㅓ [정음해례6ㄴ:6_제자해]

次之, 地四生金之位也. ㅛ再生於 [정음해례6ㄴ:7_제자해]

天, 天七成火之數也. ㅑ次之, 天九 [정음해례6ㄴ:8_제자해]

[21] 정음해례7ㄱ

成金之數也. ㅠ再生於地, 地六成 [정음해례7ㄱ:1_제자해]

水之數也. ㅕ次之, 地八成木之數 [정음해례7ㄱ:2_제자해]

也. 水火未離° 乎氣, 陰陽交合之初, [정음해례7ㄱ:3_제자해]

故闔. 木金陰陽之定質, 故闢. ㆍ天 [정음해례7ㄱ:4_제자해]

五生土之位也. ㅡ地十成土之數 [정음해례7ㄱ:5_제자해]

也. ㅣ獨無位數者, 盖以人則無極 [정음해례7ㄱ:6_제자해]

之眞, 二五之精, 妙合而凝, 固未可 [정음해례7ㄱ:7_제자해]

以定位成數論° 也. 是則中聲之中, [정음해례7ㄱ:8_제자해]

[22] 정음해례7ㄴ

亦自有陰陽五行方位之數也. 以 [정음해례7ㄴ:1_제자해]
初聲對中聲而言之. 陰陽, 天道也. [정음해례7ㄴ:2_제자해]
剛柔, 地道ㅓ也. 中聲者, 一深一淺一 [정음해례7ㄴ:3_제자해]
闔一闢, 是則陰陽分而五行之氣 [정음해례7ㄴ:4_제자해]
具焉, 天之用也. 初聲者, 或虛或實 [정음해례7ㄴ:5_제자해]
或颺或滯或重若輕, 是則剛柔著 [정음해례7ㄴ:6_제자해]
而五行之質成焉, 地之功也. 中聲 [정음해례7ㄴ:7_제자해]
以深淺闔闢唱之於前, 初聲以五 [정음해례7ㄴ:8_제자해]

[23] 정음해례8ㄱ

音淸濁和° 之於後, 而爲初亦爲終. [정음해례8ㄱ:1_제자해]
亦可見萬物初生於地, 復歸於地 [정음해례8ㄱ:2_제자해]
也. 以初中終合成之字言之, 亦有 [정음해례8ㄱ:3_제자해]
動靜互根陰陽交變之義焉. 動者, [정음해례8ㄱ:4_제자해]
天也. 靜者, 地也. 兼乎動靜者, 人也. [정음해례8ㄱ:5_제자해]
盖五行在天則神之運也, 在地則 [정음해례8ㄱ:6_제자해]
質之成也, 在人則仁禮信義智神 [정음해례8ㄱ:7_제자해]
之運也, 肝心脾肺腎質之成也. 初 [정음해례8ㄱ:8_제자해]

[24] 정음해례8ㄴ

聲有發動之義, 天之事也. 終聲有 [정음해례8ㄴ:1_제자해]
止定之義, 地之事也. 中聲承初之 [정음해례8ㄴ:2_제자해]
生, 接終之成, 人之事也. 盖字韻之 [정음해례8ㄴ:3_제자해]
要, 在於中聲, 初終合而成音. 亦猶 [정음해례8ㄴ:4_제자해]
天地生成萬物, 而其財成輔相° 則 [정음해례8ㄴ:5_제자해]
必頼乎人也. 終聲之復° 用初聲者, [정음해례8ㄴ:6_제자해]
以其動而陽者乾也, 靜而陰者亦 [정음해례8ㄴ:7_제자해]
乾也, 乾實分陰陽而無不君宰也. [정음해례8ㄴ:8_제자해]

[25] 정음해례9ㄱ

一元之氣, 周流不窮, 四時之運, 循 [정음해례9ㄱ:1_제자해]
環無端, 故貞而復° 元, 冬而復° 春. 初 [정음해례9ㄱ:2_제자해]
聲之復° 爲終, 終聲之復° 爲初, 亦此 [정음해례9ㄱ:3_제자해]
義也. 吁. 正音作而天地萬物之理 [정음해례9ㄱ:4_제자해]
咸備, 其神矣哉. 是殆天啓 [정음해례9ㄱ:5_제자해]
聖心而假手焉者乎. 訣曰 [정음해례9ㄱ:6_제자해]
天地之化本一氣 [정음해례9ㄱ:7_제자해갈무리시]
陰陽五行相始終 [정음해례9ㄱ:8_제자해갈무리시]

[26] 정음해례9ㄴ

物於兩間有形聲 [정음해례9ㄴ:1_제자해갈무리시]
元本無二理數通 [정음해례9ㄴ:2_제자해갈무리시]
正音制字尙其象 [정음해례9ㄴ:3_제자해갈무리시]
因聲之厲每加畫 [정음해례9ㄴ:4_제자해갈무리시]
音出牙舌脣齒喉 [정음해례9ㄴ:5_제자해갈무리시]
是爲初聲字十七 [정음해례9ㄴ:6_제자해갈무리시]
牙取舌根閉喉形 [정음해례9ㄴ:7_제자해갈무리시]
唯業似欲取義別。 [정음해례9ㄴ:8_제자해갈무리시]

[27] 정음해례10ㄱ

舌迺象舌附上腭 [정음해례10ㄱ:1_제자해갈무리시]
脣則實是取口形 [정음해례10ㄱ:2_제자해갈무리시]
齒喉直取齒喉象 [정음해례10ㄱ:3_제자해갈무리시]
知斯五義聲自明 [정음해례10ㄱ:4_제자해갈무리시]
又有半舌半齒音 [정음해례10ㄱ:5_제자해갈무리시]
取象同而體則異 [정음해례10ㄱ:6_제자해갈무리시]
那彌戌欲聲不厲 [정음해례10ㄱ:7_제자해갈무리시]
次序雖後象形始 [정음해례10ㄱ:8_제자해갈무리시]

[28] 정음해례10ㄴ

配諸四時與冲氣 [정음해례10ㄴ:1_제자해갈무리시]
五行五音無不協 [정음해례10ㄴ:2_제자해갈무리시]
維喉爲水冬與羽 [정음해례10ㄴ:3_제자해갈무리시]
牙迺春木其音角 [정음해례10ㄴ:4_제자해갈무리시]
°徵音夏火是舌聲 [정음해례10ㄴ:5_제자해갈무리시]
齒則商秋又是金 [정음해례10ㄴ:6_제자해갈무리시]
脣於位數本無定 [정음해례10ㄴ:7_제자해갈무리시]
土而季夏爲宮音 [정음해례10ㄴ:8_제자해갈무리시]

[29] 정음해례11ㄱ

聲音又自有淸濁 [정음해례11ㄱ:1_제자해갈무리시]
要° 於初發細推尋 [정음해례11ㄱ:2_제자해갈무리시]
全淸聲是君斗彆 [정음해례11ㄱ:3_제자해갈무리시]
即戌挹亦全淸聲 [정음해례11ㄱ:4_제자해갈무리시]
若迺快呑漂侵虛 [정음해례11ㄱ:5_제자해갈무리시]
五音各一爲次淸 [정음해례11ㄱ:6_제자해갈무리시]
全濁之聲虯覃步 [정음해례11ㄱ:7_제자해갈무리시]
又有慈邪亦有洪 [정음해례11ㄱ:8_제자해갈무리시]

[30] 정음해례11ㄴ

全淸並書爲全濁 [정음해례11ㄴ:1_제자해갈무리시]
唯洪自虛是不同 [정음해례11ㄴ:2_제자해갈무리시]
業那彌欲及閭穰 [정음해례11ㄴ:3_제자해갈무리시]
其聲不淸又不濁 [정음해례11ㄴ:4_제자해갈무리시]
欲之連書爲脣輕 [정음해례11ㄴ:5_제자해갈무리시]
喉聲多而脣乍合 [정음해례11ㄴ:6_제자해갈무리시]
中聲十一亦取象 [정음해례11ㄴ:7_제자해갈무리시]
精義未可容易° 觀 [정음해례11ㄴ:8_제자해갈무리시]

[31] 정음해례12ㄱ

吞擬於天聲最深 [정음해례12ㄱ:1_제자해갈무리시]
所以圓形如彈丸 [정음해례12ㄱ:2_제자해갈무리시]
即聲不深又不淺 [정음해례12ㄱ:3_제자해갈무리시]
其形之平象乎地 [정음해례12ㄱ:4_제자해갈무리시]
侵象人立厥聲淺 [정음해례12ㄱ:5_제자해갈무리시]
三才之道斯爲備 [정음해례12ㄱ:6_제자해갈무리시]
洪出於天尙爲闔 [정음해례12ㄱ:7_제자해갈무리시]
象取天圓合地平 [정음해례12ㄱ:8_제자해갈무리시]

[32] 정음해례12ㄴ

覃亦出天爲已闢 [정음해례12ㄴ:1_제자해갈무리시]
發於事物就人成 [정음해례12ㄴ:2_제자해갈무리시]
用初生義一其圓 [정음해례12ㄴ:3_제자해갈무리시]
出天爲陽在上外 [정음해례12ㄴ:4_제자해갈무리시]
欲穰兼人爲再出 [정음해례12ㄴ:5_제자해갈무리시]
二圓爲形見° 其義 [정음해례12ㄴ:6_제자해갈무리시]
君業戌彆出於地 [정음해례12ㄴ:7_제자해갈무리시]
據例自知何須評 [정음해례12ㄴ:8_제자해갈무리시]

[33] 정음해례13ㄱ

吞之爲字貫八聲 [정음해례13ㄱ:1_제자해갈무리시]
維天之用徧流行 [정음해례13ㄱ:2_제자해갈무리시]
四聲兼人亦有由 [정음해례13ㄱ:3_제자해갈무리시]
人參天地爲最靈 [정음해례13ㄱ:4_제자해갈무리시]
且就三聲究至理 [정음해례13ㄱ:5_제자해갈무리시]
自有剛柔與陰陽 [정음해례13ㄱ:6_제자해갈무리시]
中是天用陰陽分 [정음해례13ㄱ:7_제자해갈무리시]
初迺地功剛柔彰 [정음해례13ㄱ:8_제자해갈무리시]

[34] 정음해례13ㄴ

中聲唱之初聲和° [정음해례13ㄴ:1_제자해갈무리시]
天先° 乎地理自然 [정음해례13ㄴ:2_제자해갈무리시]
和° 者爲初亦爲終 [정음해례13ㄴ:3_제자해갈무리시]
物生復歸皆於坤 [정음해례13ㄴ:4_제자해갈무리시]
陰變爲陽陽變陰 [정음해례13ㄴ:5_제자해갈무리시]
一動一靜互爲根 [정음해례13ㄴ:6_제자해갈무리시]
初聲復° 有發生義 [정음해례13ㄴ:7_제자해갈무리시]
爲陽之動主於天 [정음해례13ㄴ:8_제자해갈무리시]

[35] 정음해례14ㄱ

終聲比地陰之靜 [정음해례14ㄱ:1_제자해갈무리시]
字音於此止定焉 [정음해례14ㄱ:2_제자해갈무리시]
韻成要在中聲用 [정음해례14ㄱ:3_제자해갈무리시]
人能輔相° 天地宜 [정음해례14ㄱ:4_제자해갈무리시]
陽之爲用通於陰 [정음해례14ㄱ:5_제자해갈무리시]
至而伸則反而歸 [정음해례14ㄱ:6_제자해갈무리시]
初終雖云分兩儀 [정음해례14ㄱ:7_제자해갈무리시]
終用初聲義可知 [정음해례14ㄱ:8_제자해갈무리시]

[36] 정음해례14ㄴ

正音之字只廿八 [정음해례14ㄴ:1_제자해갈무리시]
。探賾錯綜窮深 。幾 [정음해례14ㄴ:2_제자해갈무리시]
指遠言近牖民易° [정음해례14ㄴ:3_제자해갈무리시]
天授何曾智巧爲 [정음해례14ㄴ:4_제자해갈무리시]

初聲解 [정음해례14ㄴ:5_초성해제목]
正音初聲, 卽韻書之字母也. 聲音 [정음해례14ㄴ:6_초성해]
由此而生, 故曰母. 如牙音君字初 [정음해례14ㄴ:7_초성해]
聲是ㄱ, ㄱ與ᅟᅮᆫ而爲군. 快字初聲 [정음해례14ㄴ:8_초성해]

[37] 정음해례15ㄱ

是ㅋ, ㅋ與ㅙ而爲쾌. 虯字初聲是	[정음해례15ㄱ:1_초성해]
ㄲ,ㄲ與ㅠ而爲뀨. 業字初聲是ㆁ,	[정음해례15ㄱ:2_초성해]
ㆁ與ㅓㅂ而爲업之類. 舌之斗呑覃	[정음해례15ㄱ:3_초성해]
那, 脣之彆漂步彌, 齒之即侵慈戌	[정음해례15ㄱ:4_초성해]
邪, 喉之挹虛洪欲, 半舌半齒之閭	[정음해례15ㄱ:5_초성해]
穰, 皆倣此. 訣曰	[정음해례15ㄱ:6_초성해]
君快虯業其聲牙	[정음해례15ㄱ:7_초성해갈무리시]
舌聲斗呑及覃那	[정음해례15ㄱ:8_초성해갈무리시]

[38] 정음해례15ㄴ

彆漂步彌則是脣	[정음해례15ㄴ:1_초성해갈무리시]
齒有即侵慈戌邪	[정음해례15ㄴ:2_초성해갈무리시]
挹虛洪欲迺喉聲	[정음해례15ㄴ:3_초성해갈무리시]
閭爲半舌穰半齒	[정음해례15ㄴ:4_초성해갈무리시]
二十三字是爲母	[정음해례15ㄴ:5_초성해갈무리시]
萬聲生生皆自此	[정음해례15ㄴ:6_초성해갈무리시]
中聲解	[정음해례15ㄴ:7_중성해제목]
中聲者, 居字韻之中, 合初終而成	[정음해례15ㄴ:8_중성해]

[39] 정음해례16ㄱ

音. 如呑字中聲是ㆍ, ㆍ居ㅌㄴ之	[정음해례16ㄱ:1_중성해]
間而爲ᄐᆞᆫ. 即字中聲是ㅡ, ㅡ居ㅈ	[정음해례16ㄱ:2_중성해]
ㄱ之間而爲즉. 侵字中聲是ㅣ, ㅣ	[정음해례16ㄱ:3_중성해]
居ㅊㅁ之間而爲침之類. 洪覃君	[정음해례16ㄱ:4_중성해]
業欲穰戌彆, 皆倣此. 二字合用者,	[정음해례16ㄱ:5_중성해]
ㅗ與ㅏ同出於ㆍ, 故合而爲ㅘ. ㅛ	[정음해례16ㄱ:6_중성해]
與ㅑ又同出於ㅣ, 故合而爲ㆇ. ㅜ	[정음해례16ㄱ:7_중성해]
與ㅓ同出於ㅡ, 故合而爲ㅝ. ㅠ與	[정음해례16ㄱ:8_중성해]

[40] 정음해례16ㄴ

ㅕ 又同出於 ㅣ, 故合而爲ㆊ. 以其 [정음해례16ㄴ:1_중성해]
同出而爲類, 故相合而不悖也. 一 [정음해례16ㄴ:2_중성해]
字中聲之與 ㅣ 相合者十, ㆎ ㅢ ㅚ [정음해례16ㄴ:3_중성해]
ㅐ ㅟ ㅔ ㆉ ㅒ ㆌ ㅖ 是也. 二字中聲 [정음해례16ㄴ:4_중성해]
之與 ㅣ 相合者四, ㅙ ㅞ ㆇ ㆋ 是也. [정음해례16ㄴ:5_중성해]
ㅣ 於深淺闔闢之聲, 並能相隨者, [정음해례16ㄴ:6_중성해]
以其舌展聲淺而便於開口也. 亦 [정음해례16ㄴ:7_중성해]
可見人之參贊開物而無所不通 [정음해례16ㄴ:8_중성해]

[41] 정음해례17ㄱ

也. 訣曰 [정음해례17ㄱ:1_중성해]
母子之音各有中 [정음해례17ㄱ:2_중성해갈무리시]
須就中聲尋闢闔 [정음해례17ㄱ:3_중성해갈무리시]
洪覃自呑可合用 [정음해례17ㄱ:4_중성해갈무리시]
君業出即亦可合 [정음해례17ㄱ:5_중성해갈무리시]
欲之與穰戌與彆 [정음해례17ㄱ:6_중성해갈무리시]
各有所從義可推 [정음해례17ㄱ:7_중성해갈무리시]
侵之爲用最居多 [정음해례17ㄱ:8_중성해갈무리시]

[42] 정음해례17ㄴ

於十四聲徧相隨 [정음해례17ㄴ:1_중성해갈무리시]

終聲解 [정음해례17ㄴ:2_종성해제목]
終聲者, 承初中而成字韻. 如即字 [정음해례17ㄴ:3_종성해]
終聲是ㄱ, ㄱ居ㅈㅡ終而爲즉. 洪字 [정음해례17ㄴ:4_종성해]
終聲是ㆁ, ㆁ居ㅎㅗ終而爲홍之類. [정음해례17ㄴ:5_종성해]
舌脣齒喉皆同. 聲有緩急之殊, 故 [정음해례17ㄴ:6_종성해]
平 °上去其終聲不類入聲之促急. [정음해례17ㄴ:7_종성해]
不淸不濁之字, 其聲不厲, 故用於 [정음해례17ㄴ:8_종성해]

[43] 정음해례18ㄱ

終則宜於平 °上去. 全淸次淸全濁 [정음해례18ㄱ:1_종성해]
之字, 其聲爲厲, 故用於終則宜於 [정음해례18ㄱ:2_종성해]
入. 所以ㆁㄴㅁㅇㄹㅿ六字爲平 [정음해례18ㄱ:3_종성해]
°上去聲之終, 而餘皆爲入聲之終 [정음해례18ㄱ:4_종성해]
也. 然ㄱㆁㄷㄴㅂㅁㅅㄹ八字可 [정음해례18ㄱ:5_종성해]
足用也. 如빗곶爲梨花, 엿의갗爲 [정음해례18ㄱ:6_종성해]
狐皮, 而ㅅ字可以通用, 故只用 ㅅ [정음해례18ㄱ:7_종성해]
字. 且ㅇ聲淡而虛, 不必用於終, 而 [정음해례18ㄱ:8_종성해]

[44] 정음해례18ㄴ

中聲可得成音也. ㄷ如볃爲彆, ㄴ [정음해례18ㄴ:1_종성해]
如군爲君, ㅂ如업爲業, ㅁ如땀爲 [정음해례18ㄴ:2_종성해]
覃, ㅅ如諺語·옷爲衣, ㄹ如諺語:실 [정음해례18ㄴ:3_종성해]
爲絲之類. 五音之緩急, 亦各自爲 [정음해례18ㄴ:4_종성해]
對. 如牙之ㆁ與ㄱ爲對, 而ㆁ促呼 [정음해례18ㄴ:5_종성해]
則變爲ㄱ而急, ㄱ舒出則變爲ㆁ [정음해례18ㄴ:6_종성해]
而緩. 舌之ㄴㄷ, 脣之ㅁㅂ, 齒之ㅿ [정음해례18ㄴ:7_종성해]
ㅅ, 喉之ㅇㆆ, 其緩急相對, 亦猶是 [정음해례18ㄴ:8_종성해]

[45] 정음해례19ㄱ

也. 且半舌之ㄹ, 當用於諺, 而不可 [정음해례19ㄱ:1_종성해]
用於文. 如入聲之彆字, 終聲當用 [정음해례19ㄱ:2_종성해]
ㄷ, 而俗習讀爲ㄹ, 盖ㄷ變而爲輕 [정음해례19ㄱ:3_종성해]
也. 若用ㄹ爲彆之終, 則其聲舒緩, [정음해례19ㄱ:4_종성해]
不爲入也. 訣曰 [정음해례19ㄱ:5_종성해]
不淸不濁用於終 [정음해례19ㄱ:6_종성해갈무리시]
爲平 °上去不爲入 [정음해례19ㄱ:7_종성해갈무리시]
全淸次淸及全濁 [정음해례19ㄱ:8_종성해갈무리시]

[46] 정음해례19ㄴ

是皆爲入聲促急 [정음해례19ㄴ:1_종성해갈무리시]
初作終聲理固然 [정음해례19ㄴ:2_종성해갈무리시]
只將八字用不窮 [정음해례19ㄴ:3_종성해갈무리시]
唯有欲聲所當處 [정음해례19ㄴ:4_종성해갈무리시]
中聲成音亦可通 [정음해례19ㄴ:5_종성해갈무리시]
若書即字終用君 [정음해례19ㄴ:6_종성해갈무리시]
洪彆亦以業斗終 [정음해례19ㄴ:7_종성해갈무리시]
君業覃終又何如 [정음해례19ㄴ:8_종성해갈무리시]

[47] 정음해례20ㄱ

以那彆彌次苐推 [정음해례20ㄱ:1_종성해갈무리시]
六聲通乎文與諺 [정음해례20ㄱ:2_종성해갈무리시]
戌閭用於諺衣絲 [정음해례20ㄱ:3_종성해갈무리시]
五音緩急各自對 [정음해례20ㄱ:4_종성해갈무리시]
君聲迺是業之促 [정음해례20ㄱ:5_종성해갈무리시]
斗彆聲緩爲那彌 [정음해례20ㄱ:6_종성해갈무리시]
穰欲亦對戌與挹 [정음해례20ㄱ:7_종성해갈무리시]
閭宜於諺不宜文 [정음해례20ㄱ:8_종성해갈무리시]

[48] 정음해례20ㄴ

斗輕爲閭是俗習 [정음해례20ㄴ:1_종성해갈무리시]
合字解 [정음해례20ㄴ:2_합자해제목]
初中終三聲, 合而成字. 初聲或在 [정음해례20ㄴ:3_합자해]
中聲之上, 或在中聲之左. 如君字 [정음해례20ㄴ:4_합자해]
ㄱ在ᅮ上, 業字ᅌ在ᅥ左之類. 中 [정음해례20ㄴ:5_합자해]
聲則圓者橫者在初聲之下, ᆞᅳ [정음해례20ㄴ:6_합자해]
ᅩᅭᅮᅲ是也. 。縱者在初聲之右, [정음해례20ㄴ:7_합자해]
ᅵᅡᅣᅥᅧ是也. 如呑字ᆞ在ㅌ [정음해례20ㄴ:8_합자해]

[49] 정음해례21ㄱ

下, 即字ㅡ在ㅈ下, 侵字ㅣ在ㅊ右 [정음해례21ㄱ:1_합자해]
之類. 終聲在初中之下. 如君字ㄴ [정음해례21ㄱ:2_합자해]
在구下, 業字ㅂ在어下之類. 初聲 [정음해례21ㄱ:3_합자해]
二字三字合用並書, 如諺語ᄯᅡ爲 [정음해례21ㄱ:4_합자해]
地, ᄧᅡᆨ爲隻, ᄢᅳᆷ爲隙之類. 各自並書, [정음해례21ㄱ:5_합자해]
如諺語혀爲舌而ᅘᅧ爲引, 괴·여爲 [정음해례21ㄱ:6_합자해]
我愛人而괴·ᅇᅧ爲人愛我, 소·다爲 [정음해례21ㄱ:7_합자해]
覆物而쏘·다爲射之之類. 中聲二 [정음해례21ㄱ:8_합자해]

[50] 정음해례21ㄴ

字三字合用, 如諺語·과爲琴柱, ·ᅘᅫ [정음해례21ㄴ:1_합자해]
爲炬之類. 終聲二字三字合用, 如 [정음해례21ㄴ:2_합자해]
諺語ᄒᆞᆰ爲土, ·낛爲釣, ᄃᆞᇌ·ᄣᅢ爲酉時 [정음해례21ㄴ:3_합자해]
之類. 其合用並書, 自左而右, 初中 [정음해례21ㄴ:4_합자해]
終三聲皆同. 文與諺雜用則有因 [정음해례21ㄴ:5_합자해]
字音而補以中終聲者, 如孔子ㅣ [정음해례21ㄴ:6_합자해]
魯ㅅ:사ᄅᆞᆷ之類. 諺語平 °上去入, 如 [정음해례21ㄴ:7_합자해]
활爲弓而其聲平, :돌爲石而其聲 [정음해례21ㄴ:8_합자해]

[51] 정음해례22ㄱ

°上, ·갈爲刀而其聲去, ·붇爲筆而其 [정음해례22ㄱ:1_합자해]
聲入之類. 凡字之左, 加一點爲去 [정음해례22ㄱ:2_합자해]
聲, 二點爲 °上聲, 無點爲平聲. 而文 [정음해례22ㄱ:3_합자해]
之入聲, 與去聲相似. 諺之入聲無 [정음해례22ㄱ:4_합자해]
定, 或似平聲, 如긷爲柱, 녑爲脅.或 [정음해례22ㄱ:5_합자해]
似 °上聲, 如:낟爲穀, :깁爲繒. 或似去 [정음해례22ㄱ:6_합자해]
聲, 如·몯爲釘, ·입爲口之類. 其加點 [정음해례22ㄱ:7_합자해]
則與平 °上去同. 平聲安而和, 春也, [정음해례22ㄱ:8_합자해]

[52] 정음해례22ㄴ

萬物舒泰. °上聲和而擧, 夏也, 萬物 [정음해례22ㄴ:1_합자해]
漸盛. 去聲擧而壯, 秋也, 萬物成熟. [정음해례22ㄴ:2_합자해]
入聲促而塞。, 冬也, 萬物閉藏. 初聲 [정음해례22ㄴ:3_합자해]
之ㆆ與ㅇ相似, 於諺可以通用也. [정음해례22ㄴ:4_합자해]
半舌有輕重二音. 然韻書字母唯 [정음해례22ㄴ:5_합자해]
一, 且國語雖不分輕重, 皆得成音. [정음해례22ㄴ:6_합자해]
若欲備用, 則依脣輕例, ㅇ連書ㄹ [정음해례22ㄴ:7_합자해]
下, 爲半舌輕音, 舌乍附上腭. ㆍㅡ [정음해례22ㄴ:8_합자해]

[53] 정음해례23ㄱ

起ㅣ聲, 於國語無用. 兒童之言, 邊 [정음해례23ㄱ:1_합자해]
野之語, 或有之, 當合二字而用, 如 [정음해례23ㄱ:2_합자해]
ᄼᆝᄀᆜ之類. 其先 。縱後橫, 與他不同. [정음해례23ㄱ:3_합자해]
訣曰 [정음해례23ㄱ:4_합자해]
初聲在中聲左上 [정음해례23ㄱ:5_합자해갈무리시]
挹欲於諺用相同 [정음해례23ㄱ:6_합자해갈무리시]
中聲十一附初聲 [정음해례23ㄱ:7_합자해갈무리시]
圓橫書下右書 。縱 [정음해례23ㄱ:8_합자해갈무리시]

[54] 정음해례23ㄴ

欲書終聲在何處 [정음해례23ㄴ:1_합자해갈무리시]
初中聲下接着。寫 [정음해례23ㄴ:2_합자해갈무리시]
初終合用各並書 [정음해례23ㄴ:3_합자해갈무리시]
中亦有合悉自左 [정음해례23ㄴ:4_합자해갈무리시]
諺之四聲何以辨 [정음해례23ㄴ:5_합자해갈무리시]
平聲則弓 °上則石 [정음해례23ㄴ:6_합자해갈무리시]
刀爲去而筆爲入 [정음해례23ㄴ:7_합자해갈무리시]
觀此四物他可識 [정음해례23ㄴ:8_합자해갈무리시]

[55] 정음해례24ㄱ

音因左點四聲分 [정음해례24ㄱ:1_합자해갈무리시]

一去二 °上 無點平 [정음해례24ㄱ:2_합자해갈무리시]

語入無定亦加點 [정음해례24ㄱ:3_합자해갈무리시]

文之入則似去聲 [정음해례24ㄱ:4_합자해갈무리시]

方言俚語萬不同 [정음해례24ㄱ:5_합자해갈무리시]

有聲無字書難通 [정음해례24ㄱ:6_합자해갈무리시]

一朝 [정음해례24ㄱ:7_합자해갈무리시]

制作侔神工 [정음해례24ㄱ:8_합자해갈무리시]

[56] 정음해례24ㄴ

大東千古開矇矓 [정음해례24ㄴ:1_합자해갈무리시]

用字例 [정음해례24ㄴ:2_용자례제목]

初聲ㄱ, 如:감爲柹, ·골爲蘆. ㅋ, 如우 [정음해례24ㄴ:3_용자례]

·케爲未舂稻, 콩爲大豆. ㆁ, 如러ᅌᅮᆯ [정음해례24ㄴ:4_용자례]

爲獺, 서ᅌᅦ爲流凘. ㄷ, 如·뒤爲茅, ·담 [정음해례24ㄴ:5_용자례]

爲墻. ㅌ, 如고·티爲繭, 두텁爲蟾蜍. [정음해례24ㄴ:6_용자례]

ㄴ, 如노로爲獐, 납爲猿. ㅂ, 如볼爲 [정음해례24ㄴ:7_용자례]

臂, :벌爲蜂. ㅍ, 如·파爲葱, ·풀爲蠅. ㅁ, [정음해례24ㄴ:8_용자례]

[57] 정음해례25ㄱ

如:뫼爲山, ·마爲薯藇. ㅸ, 如사·ᄫᅵ爲 [정음해례25ㄱ:1_용자례]

蝦, 드·ᄫᅴ爲瓠. ㅈ, 如·자爲尺, 죠·히爲 [정음해례25ㄱ:2_용자례]

紙. ㅊ, 如·체爲籭, ·채爲鞭. ㅅ, 如·손爲 [정음해례25ㄱ:3_용자례]

手, :셤爲島. ㅎ, 如·부헝爲鵂鶹, ·힘爲 [정음해례25ㄱ:4_용자례]

筋. ㅇ, 如·비육爲鷄雛, ·ᄇᆞ얌爲蛇. ㄹ, [정음해례25ㄱ:5_용자례]

如·무뤼爲雹, 어·름爲氷. ㅿ, 如아ᅀᅮ [정음해례25ㄱ:6_용자례]

爲弟, :너ᅀᅵ爲鴇. 中聲ㆍ, 如·ᄐᆞᆨ爲頤, [정음해례25ㄱ:7_용자례]

·ᄑᆞᆺ爲小豆, ᄃᆞ리爲橋, ·ᄀᆞ래爲楸. ㅡ, [정음해례25ㄱ:8_용자례]

[58] 정음해례25ㄴ

如·믈爲水, ·발·측爲跟, 그력爲鴈, 드 [정음해례25ㄴ:1_용자례]
·레, 爲汲器. ㅣ, 如·깃爲巢, :밀爲蠟, ·피 [정음해례25ㄴ:2_용자례]
爲稷, ·키爲箕. ㅗ, 如·논爲水田, ·톱爲 [정음해례25ㄴ:3_용자례]
鉅, 호·ᄆᆡ爲鉏, 벼·로爲硯. ㅏ, 如·밥爲 [정음해례25ㄴ:4_용자례]
飯, ·낟爲鎌, 이·아爲綜, 사·ᄉᆞᆷ爲鹿. ㅜ, [정음해례25ㄴ:5_용자례]
如숫爲炭, ·울爲籬, 누·에爲蚕, 구·리 [정음해례25ㄴ:6_용자례]
爲銅. ㅓ, 如브ᅀᅥᆸ爲竈, :널爲板, 서·리 [정음해례25ㄴ:7_용자례]
爲霜, 버·들爲柳. ㅛ, 如:죵爲奴, ·고ᄋᆞᆷ [정음해례25ㄴ:8_용자례]

[59] 정음해례26ㄱ

爲梬, ·쇼爲牛, 삽됴爲蒼朮菜. ㅑ, 如 [정음해례26ㄱ:1_용자례]
남샹爲龜, 약爲鼅鼊, 다·야爲匜, 쟈 [정음해례26ㄱ:2_용자례]
감爲蕎麥皮. ㅠ, 如율믜爲薏苡, 쥭 [정음해례26ㄱ:3_용자례]
爲飯棗, 슈·룹爲雨繖, 쥬련爲帨. ㅕ, [정음해례26ㄱ:4_용자례]
如·엿爲飴餹, ·뎔爲佛寺, ·벼爲稻, :져 [정음해례26ㄱ:5_용자례]
비爲燕. 終聲ㄱ, 如닥爲楮, 독爲甕. [정음해례26ㄱ:6_용자례]
ㆁ, 如:굼벙爲蠐螬, ·올창爲蝌蚪. ㄷ, [정음해례26ㄱ:7_용자례]
如·갇爲笠, 싣爲楓. ㄴ, 如·신爲屨, ·반 [정음해례26ㄱ:8_용자례]

[60] 정음해례26ㄴ

되爲螢. ㅂ, 如섭爲薪, ·굽爲蹄. ㅁ如 [정음해례26ㄴ:1_용자례]
:범爲虎, :ᄉᆡᆷ爲泉. ㅅ, 如:잣爲海松, ·못 [정음해례26ㄴ:2_용자례]
爲池. ㄹ, 如·ᄃᆞᆯ爲月, :별爲星之類 [정음해례26ㄴ:3_용자례]
有天地自然之聲, 則必有天地 [정음해례26ㄴ:4_정인지서문]
自然之文. 所以古人因聲制字, [정음해례26ㄴ:5_정인지서문]
以通萬物之情, 以載三才之道, [정음해례26ㄴ:6_정인지서문]
而後世不能易也. 然四方風土 [정음해례26ㄴ:7_정인지서문]
區別。, 聲氣亦隨而異焉. 蓋外國 [정음해례26ㄴ:8_정인지서문]

[61] 정음해례27ㄱ

之語, 有其聲而無其字. 假中國 [정음해례27ㄱ:1_정인지서문]
之字以通其用, 是猶枘鑿之鉏 [정음해례27ㄱ:2_정인지서문]
鋙也, 豈能達而無礙乎. 要° 皆各 [정음해례27ㄱ:3_정인지서문]
隨所 °處而安, 不可 °强之使同也. [정음해례27ㄱ:4_정인지서문]
吾東方禮樂文章, 侔擬華夏. 但 [정음해례27ㄱ:5_정인지서문]
方言俚語, 不與之同. 學書者患 [정음해례27ㄱ:6_정인지서문]
其旨趣° 之難曉, ｡治獄者病其曲 [정음해례27ㄱ:7_정인지서문]
折之難通. 昔新羅薛聰, 始作吏 [정음해례27ㄱ:8_정인지서문]

[62] 정음해례27ㄴ

讀°, 官府民間, 至今行之. 然皆假 [정음해례27ㄴ:1_정인지서문]
字而用, 或澁或窒. 非但鄙陋無 [정음해례27ㄴ:2_정인지서문]
稽而已, 至於言語之間, 則不能 [정음해례27ㄴ:3_정인지서문]
達其萬一焉. 癸亥冬. 我 [정음해례27ㄴ:4_정인지서문]
殿下創制正音二十八字, 略揭 [정음해례27ㄴ:5_정인지서문]
例義以示之, 名曰訓民正音. 象 [정음해례27ㄴ:6_정인지서문]
形而字倣古篆, 因聲而音叶七 [정음해례27ㄴ:7_정인지서문]
調°. 三極之義, 二氣之妙, 莫不該 [정음해례27ㄴ:8_정인지서문]

[63] 정음해례28ㄱ

括. 以二十八字而轉換無窮, 簡 [정음해례28ㄱ:1_정인지서문]
而要, 精而通. 故智者不終朝而 [정음해례28ㄱ:2_정인지서문]
會, 愚者可浹旬而學. 以是解書, [정음해례28ㄱ:3_정인지서문]
可以知其義. 以是聽訟, 可以得 [정음해례28ㄱ:4_정인지서문]
其情. 字韻則淸濁之能辨, 樂歌 [정음해례28ㄱ:5_정인지서문]
則律呂之克諧. 無所用而不備, [정음해례28ㄱ:6_정인지서문]
無所往而不達. 雖風聲鶴唳, 雞 [정음해례28ㄱ:7_정인지서문]
鳴狗吠, 皆可得而書矣. 遂 [정음해례28ㄱ:8_정인지서문]

[64] 정음해례28ㄴ

命詳加解釋, 以喩諸人. 於是, 臣 [정음해례28ㄴ:1_정인지서문]
與集賢殿應° 敎臣崔恒, 副校理 [정음해례28ㄴ:2_정인지서문]
臣朴彭年, 臣申叔舟, 修撰臣成 [정음해례28ㄴ:3_정인지서문]
三問, 敦寧府注簿臣姜希顔, 行 [정음해례28ㄴ:4_정인지서문]
集賢殿副修撰臣李塏, 臣李善 [정음해례28ㄴ:5_정인지서문]
老等, 謹作諸解及例, 以敍其梗 [정음해례28ㄴ:6_정인지서문]
槩. 庶使觀者不師而自悟. 若其 [정음해례28ㄴ:7_정인지서문]
淵源精義之妙, 則非臣等之所 [정음해례28ㄴ:8_정인지서문]

[65] 정음해례29ㄱ

能發揮也. 恭惟我 [정음해례29ㄱ:1_정인지서문]
殿下, 天縱之聖, 制度施爲超越 [정음해례29ㄱ:2_정인지서문]
百王. 正音之作, 無所祖述, 而成 [정음해례29ㄱ:3_정인지서문]
於自然. 豈以其至理之無所不 [정음해례29ㄱ:4_정인지서문]
在, 而非人爲之私也. 。夫東方有 [정음해례29ㄱ:5_정인지서문]
國, 不爲不久, 而開物成務之 [정음해례29ㄱ:6_정인지서문]
大智, 盖有待於今日也欤. 正統 [정음해례29ㄱ:7_정인지서문]
十一年九月上澣. 資憲大夫禮 [정음해례29ㄱ:8_정인지서문]

[66] 정음해례29ㄴ

曹判書集賢殿大提學知春秋 [정음해례29ㄴ:1_정인지서문]
館事　世子右賓客臣鄭麟趾 [정음해례29ㄴ:2_정인지서문]
拜手 °稽首謹書 [정음해례29ㄴ:3_정인지서문]

訓民正音 [정음해례29ㄴ:8_권미제]

[붙임] 현재 간송본의 낙장 보사 부분(1,2장 앞뒷면)을 복원한 간송본 자료

이 자료는 간송본의 낙장된 1,2장 앞·뒷면을 복원한 간송본을 활자로 재현한 것이다. 해례본은 구점(句點)과 두점(讀點)을 구별하여 썼으나, 낙장을 복원할 때 그것을 구별하지 않고 모두 오른쪽 아래에 구점(.)으로 표시하였다.

[1] 정음1ㄱ

訓民正音 [정음1ㄱ:1_권수제]
國之語音. 異乎中國。與文字 [정음1ㄱ:2_어제서문]
不相流通. 故愚民. 有所欲言 [정음1ㄱ:3_어제서문]
而終不得伸其情者. 多矣. 予 [정음1ㄱ:4_어제서문]
爲此憫然. 新制二十八字. 欲 [정음1ㄱ:5_어제서문]
使人人易習. 便於日用矣 [정음1ㄱ:6_어제서문]
ㄱ. 牙音. 如君字初發聲 [정음1ㄱ:7_어제예의]

[2] 정음1ㄴ

並書. 如虯字初發聲 [정음1ㄴ:1_어제예의]
ㅋ. 牙音. 如快字初發聲 [정음1ㄴ:2_어제예의]
ㆁ. 牙音. 如業字初發聲 [정음1ㄴ:3_어제예의]
ㄷ. 舌音. 如斗字初發聲 [정음1ㄴ:4_어제예의]
並書. 如覃字初發聲 [정음1ㄴ:5_어제예의]
ㅌ. 舌音. 如呑字初發聲 [정음1ㄴ:6_어제예의]
ㄴ. 舌音. 如那字初發聲 [정음1ㄴ:7_어제예의]

[3] 정음2ㄱ

ㅂ. 脣音. 如彆字初發聲 [정음2ㄱ:1_어제예의]
並書. 如步字初發聲 [정음2ㄱ:2_어제예의]
ㅍ. 脣音 .如漂字初發聲 [정음2ㄱ:3_어제예의]
ㅁ. 脣音. 如彌字初發聲 [정음2ㄱ:4_어제예의]

ㅈ. 齒音. 如即字初發聲 [정음2ㄱ:5_어제예의]

並書. 如慈字初發聲 [정음2ㄱ:6_어제예의]

ㅊ. 齒音. 如侵字初發聲 [정음2ㄱ:7_어제예의]

[4] 정음2ㄴ

ㅅ. 齒音. 如戌字初發聲 [정음2ㄴ:1_어제예의]

並書. 如邪字初發聲 [정음2ㄴ:2_어제예의]

ㆆ. 喉音. 如挹字初發聲 [정음2ㄴ:3_어제예의]

ㅎ. 喉音. 如虛字初發聲 [정음2ㄴ:4_어제예의]

並書. 如洪字初發聲 [정음2ㄴ:5_어제예의]

ㅇ. 喉音. 如欲字初發聲 [정음2ㄴ:6_어제예의]

ㄹ. 半舌. 音如閭字初發聲 [정음2ㄴ:7_어제예의]

2장

≪훈민정음≫ 해례본 한문본 문장 단위 구성본

1부 · 정음(正音)

1. 어제(세종) 서문

[1] **國之語音, 異乎中國, 與文字不相流通.** [정음1ㄱ:2-3_어제서문]

[2] 故愚民有所欲言, 而終不得伸其情者多矣. [정음1ㄱ:3-4_어제서문]

[3] 予爲° 此憫然, 新制二十八字, 欲使人人易° 習, 便於日用耳 [정음1ㄱ:5-6_어제서문]

2. 예의

[4] **ㄱ**. 牙音. 如君字初發聲 [정음1ㄱ:7_어제예의]

[5] 並書, 如虯字初發聲 [정음1ㄴ:1_어제예의]

[6] **ㅋ**. 牙音. 如快字初發聲 [정음1ㄴ:2_어제예의]

[7] **ㆁ**. 牙音. 如業字初發聲 [정음1ㄴ:3_어제예의]

[8] **ㄷ**. 舌音. 如斗字初發聲 [정음1ㄴ:4_어제예의]

[9] 並書, 如覃字初發聲 [정음1ㄴ:5_어제예의]

[10] **ㅌ**. 舌音. 如呑字初發聲 [정음1ㄴ:6_어제예의]

[11] **ㄴ**. 舌音. 如那字初發聲 [정음1ㄴ:7_어제예의]

[12] **ㅂ**. 脣音. 如彆字初發聲 [정음2ㄱ:1_어제예의]

[13] 並書, 如步字初發聲 [정음2ㄱ:2_어제예의]

[14] **ㅍ**. 脣音. 如漂字初發聲 [정음2ㄱ:3_어제예의]

[15] **ㅁ**. 脣音. 如彌字初發聲 [정음2ㄱ:4_어제예의]

[16] **ㅈ**. 齒音. 如即字初發聲 [정음2ㄱ:5_어제예의]

[17] 並書, 如慈字初發聲 [정음2ㄱ:6_어제예의]

[18] ㅊ. 齒音. 如侵字初發聲 [정음2ㄱ:7_어제예의]

[19] ㅅ. 齒音. 如戌字初發聲 [정음2ㄴ:1_어제예의]

[20] 並書, 如邪字初發聲 [정음2ㄴ:2_어제예의]

[21] ㆆ. 喉音. 如挹字初發聲 [정음2ㄴ:3_어제예의]

[22] ㅎ. 喉音. 如虛字初發聲 [정음2ㄴ:4_어제예의]

[23] 並書, 如洪字初發聲 [정음2ㄴ:5_어제예의]

[24] ㅇ. 喉音. 如欲字初發聲 [정음2ㄴ:6_어제예의]

[25] ㄹ. 半舌音. 如閭字初發聲 [정음2ㄴ:7_어제예의]

[26] ㅿ. 半齒音. 如穰字初發聲 [정음3ㄱ:1_어제예의]

[27] ㆍ. 如呑字中聲 [정음3ㄱ:2_어제예의]

[28] ㅡ. 如即字中聲 [정음3ㄱ:3_어제예의]

[29] ㅣ. 如侵字中聲 [정음3ㄱ:4_어제예의]

[30] ㅗ. 如洪字中聲 [정음3ㄱ:5_어제예의]

[31] ㅏ. 如覃字中聲 [정음3ㄱ:6_어제예의]

[32] ㅜ. 如君字中聲 [정음3ㄱ:7_어제예의]

[33] ㅓ. 如業字中聲 [정음3ㄴ:1_어제예의]

[34] ㅛ. 如欲字中聲 [정음3ㄴ:2_어제예의]

[35] ㅑ. 如穰字中聲 [정음3ㄴ:3_어제예의]

[36] ㅠ. 如戌字中聲 [정음3ㄴ:4_어제예의]

[37] ㅕ. 如彆字中聲 [정음3ㄴ:5_어제예의]

[38] 終聲復° 用初聲. [정음3ㄴ:6_어제예의]

[39] ㅇ連書脣音之下, 則爲脣輕音. [정음3ㄴ:6-7_어제예의]

[40] 初聲合用則並書, 終聲同. [정음3ㄴ:7] [정음4ㄱ:1_어제예의]

[41] ㆍㅡㅗㅜㅛㅠ, 附書初聲之下. [정음4ㄱ:1-2_어제예의]

[42] ㅣㅏㅓㅑㅕ, 附書於右. [정음4ㄱ:2-3_어제예의]

[43] 凡字必合而成音. [정음4ㄱ:3-4_어제예의]

[44] 左加一點則去聲, 二則 °上聲, 無則平聲. [정음4ㄱ:4-5_어제예의]

[45] 入聲加點同而促急 [정음4ㄱ:5-6_어제예의]

2부 · 정음해례(正音解例)

1. 제자해(制字解)

[46] 天地之道, 一陰陽五行而已. [정음해례1ㄱ:3_제자해]

[47] 坤復之間爲太極, 而動靜之後爲陰陽. [정음해례1ㄱ:3-4_제자해]

[48] 凡有生類在天地之間者, 捨陰陽而何之. [정음해례1ㄱ:5-6_제자해]

[49] 故人之聲音, 皆有陰陽之理, 顧人不察耳. [정음해례1ㄱ:6-7제자해]

[50] 今正音之作, 初非智營而力索。, 但因其聲音而極其理而已. [정음해례1ㄱ:7-8_제자해]

[51] 理旣不二, 則何得不與天地鬼神同其用也. [정음해례1ㄴ:1-2_제자해]

[52] 正音二十八字, 各象其形而制之. [정음해례1ㄴ:2-3_제자해]

[53] 初聲凡十七字. [정음해례1ㄴ:3_제자해]

[54] 牙音ㄱ, 象舌根閉喉之形. [정음해례1ㄴ:4_제자해]

[55] 舌音ㄴ, 象舌附上腭之形. [정음해례1ㄴ:4-5_제자해]

[56] 脣音ㅁ, 象口形. [정음해례1ㄴ:5-6_제자해]

[57] 齒音ㅅ, 象齒形. [정음해례1ㄴ:6_제자해]

[58] 喉音ㅇ, 象喉形. [정음해례1ㄴ:6_제자해]

[59] ㅋ比ㄱ, 聲出稍厲, 故加畫. [정음해례1ㄴ:6-7_제자해]

[60] ㄴ而ㄷ, ㄷ而ㅌ, ㅁ而ㅂ, ㅂ而ㅍ, ㅅ而ㅈ, ㅈ而ㅊ, ㅇ而ㆆ, ㆆ而ㅎ, 其因聲加畫之義皆同, 而唯ㆁ爲異. [정음해례1ㄴ:7-2ㄱ:1-2_제자해]

[61] 半舌音ㄹ, 半齒音ㅿ, 亦象舌齒之形而異其體, 無加畫之義焉. [정음해례2ㄱ:2-4_제자해]

[62] 。夫人之有聲, 本於五行. [정음해례2ㄱ:4-5_제자해]

[63] 故合諸四時而不悖, 叶之五音而不戾. [정음해례2ㄱ:5-6_제자해]

[64] 喉邃而潤, 水也. [정음해례2ㄱ:6_제자해]

[65] 聲虛而通, 如水之虛明而流通也. [정음해례2ㄴ:6-7_제자해]

[66] 於時爲冬, 於音爲羽. [정음해례2ㄱ:7-8_제자해]

[67] 牙錯而長, 木也. [정음해례2ㄱ:8_제자해]

[68] 聲似喉而實, 如木之生於水而有形也. [정음해례2ㄱ:8-2ㄴ:1_제자해]

[69] 於時爲春, 於音爲角. [정음해례2ㄴ:2_제자해]

[70] 舌銳而動, 火也. [정음해례2ㄴ:2-3_제자해]

[71] 聲轉而颺, 如火之轉展而揚揚也. [정음해례2ㄴ:3-4_제자해]

[72] 於時爲夏, 於音爲 °徵. [정음해례2ㄴ:4_제자해]

[73] 齒剛而斷°, 金也. [정음해례2ㄴ:4-5_제자해]

[74] 聲屑而滯, 如金之屑瑣而鍛成也. [정음해례2ㄴ:5-6_제자해]

[75] 於時爲秋, 於音爲商. [정음해례2ㄴ:6_제자해]

[76] 脣方而合, 土也. [정음해례2ㄴ:6-7_제자해]

[77] 聲含而廣, 如土之含蓄萬物而廣大也. [정음해례2ㄴ:7-8_제자해]

[78] 於時爲季夏, 於音爲宮. [정음해례2ㄴ:8-3ㄱ:1_제자해]

[79] 然水乃生物之源, 火乃成物之用, 故五行之中, 水火爲大. [정음해례3ㄱ:1-2_제자해]

[80] 喉乃出聲之門, 舌乃辨聲之管, 故五音之中, 喉舌爲主也. [정음해례3ㄱ:2-4_제자해]

[81] 喉居後而牙次之, 北東之位也. [정음해례3ㄱ:4-5_제자해]

[82] 舌齒又次之, 南西之位也. [정음해례3ㄱ:5-6_제자해]

[83] 脣居末, 土無定位而寄旺四季之義也. [정음해례3ㄱ:6-7_제자해]

[84] 是則初聲之中, 自有陰陽五行方位之數也. [정음해례3ㄱ:7-8_제자해]

[85] 又以聲音淸濁而言之. [정음해례3ㄱ:8-3ㄴ:1_제자해]

[86] ㄱㄷㅂㅈㅅㆆ, 爲全淸. [정음해례3ㄴ:1]

[87] ㅋㅌㅍㅊㅎ, 爲次淸. [정음해례3ㄴ:2_제자해]

[88] ㄲㄸㅃㅉㅆㆅ, 爲全濁. [정음해례3ㄴ:2-3_제자해]

[89] ㆁㄴㅁㅇㄹㅿ, 爲不淸不濁. [정음해례3ㄴ:3_제자해]

[90] ㄴㅁㅇ, 其聲㝡不厲, 故次序雖在於後, 而象形制字則爲之始. [정음해례3ㄴ:4-5_제자해]

[91] ㅅㅈ雖皆爲全淸, 而ㅅ比ㅈ, 聲不厲, 故亦爲制字之始. [정음해례3ㄴ:6-7_제자해]

[92] 唯牙之ㆁ, 雖舌根閉喉聲氣出鼻, 而其聲與ㅇ相似, 故韻書疑與喩多相混用, 今亦取象於喉, 而不爲牙音制字之始. [정음해례3ㄴ:7-8-4ㄱ:1-3_제자해]

[93] 盖喉屬水而牙屬木, ㆁ雖在牙而與ㅇ相似, 猶木之萌芽生於水而柔軟, 尙多水氣也. [정음해례4ㄱ:3-5_제자해]

[94] ㄱ木之成質, ㅋ木之盛°長, ㄲ木之老壯, 故至此乃皆取象於牙也. [정음해례4ㄱ:5-7_제자해]

[95] 全淸並書則爲全濁, 以其全淸之聲凝則爲全濁也. [정음해례4ㄱ:7-4ㄴ:1_제자해]

[96] 唯喉音次淸爲全濁者, 盖以ㆆ聲深不爲之凝, ㅎ比ㆆ聲淺, 故凝而爲全濁也. [정음해례4ㄴ:1-3_제자해]

[97] ㅇ連書脣音之下, 則爲脣輕音者, 以輕音脣乍合而喉聲多也. [정음해례4ㄴ:3-5_제자해]

[98] 中聲凡十一字. [정음해례4ㄴ:5_제자해]

[99] ㆍ舌縮而聲深, 天開於子也. [정음해례4ㄴ:5-6_제자해]

[100] 形之圓, 象乎天也. [정음해례4ㄴ:6-7_제자해]

[101] ㅡ舌小縮而聲不深不淺, 地闢於丑也. [정음해례4ㄴ:7-8_제자해]

[102] 形之平, 象乎地也. [정음해례4ㄴ:8_제자해]

[103] ㅣ舌不縮而聲淺, 人生於寅也. [정음해례4ㄴ:8-5ㄱ:1_제자해]

[104] 形之立, 象乎人也. [정음해례5ㄱ:1–2_제자해]

[105] 此下八聲, 一闔一闢. [정음해례5ㄱ:2_제자해]

[106] ㅗ與ㆍ同而口蹙, 其形則ㆍ與ㅡ合而成, 取天地初交之義也. [정음해례5ㄱ:2–4_제자해]

[107] ㅏ與ㆍ同而口張, 其形則ㅣ與ㆍ合而成, 取天地之用發於事物待人而成也. [정음해례5ㄱ:4–6_제자해]

[108] ㅜ與ㅡ同而口蹙, 其形則ㅡ與ㆍ合而成, 亦取天地初交之義也. [정음해례5ㄱ:7–8_제자해]

[109] ㅓ與ㅡ同而口張, 其形則ㆍ與ㅣ合而成, 亦取天地之用發於事物待人而成也. [정음해례5ㄱ:8–5ㄴ:1–3_제자해]

[110] ㅛ與ㅗ同而起於ㅣ. [정음해례5ㄴ:3_제자해]

[111] ㅑ與ㅏ同而起於ㅣ. [정음해례5ㄴ:3–4_제자해]

[112] ㅠ與ㅜ同而起於ㅣ. [정음해례5ㄴ:4–5_제자해]

[113] ㅕ與ㅓ同而起於ㅣ. [정음해례5ㄴ:5_제자해]

[114] ㅗ ㅏ ㅜ ㅓ 始於天地, 爲初出也. [정음해례5ㄴ:5–6_제자해]

[115] ㅛ ㅑ ㅠ ㅕ起於ㅣ而兼乎人, 爲再出也. [정음해례5ㄴ:6–7_제자해]

[116] ㅗ ㅏ ㅜ ㅓ 之一其圓者, 取其初生之義也. [정음해례5ㄴ:7–8–6ㄱ:1_제자해]

[117] ㅛ ㅑ ㅠ ㅕ之二其圓者, 取其再生之義也. [정음해례6ㄱ:1–2_제자해]

[118] ㅗ ㅏ ㅛ ㅑ之圓居上與外者, 以其出於天而爲陽也. [정음해례6ㄱ:2–3_제자해]

[119] ㅜ ㅓ ㅠ ㅕ之圓居下與內者, 以其出於地而爲陰也. [정음해례6ㄱ:3–5_제자해]

[120] ㆍ之貫於八聲者, 猶陽之統陰而周流萬物也. [정음해례6ㄱ:5–6_제자해]

[121] ㅛ ㅑ ㅠ ㅕ之皆兼乎人者, 以人爲萬物之靈而能參兩儀也. [정음해례6ㄱ:6–8_제자해]

[122] 取象於天地人而三才之道備矣. [정음해례6ㄱ:8–6ㄴ:1_제자해]

[123] 然三才爲萬物之先, 而天又爲三才之始, 猶ㆍ ㅡ ㅣ三字爲八聲之首, 而ㆍ又爲三字之冠°也. [정음해례6ㄴ:1–4_제자해]

[124] ㅗ初生於天, 天一生水之位也. [정음해례6ㄴ:4–5_제자해]

[125] ㅏ次之, 天三生木之位也. [정음해례6ㄴ:5_제자해]

[126] ㅜ初生於地, 地二生火之位也. [정음해례6ㄴ:6_제자해]

[127] ㅓ 次之, 地四生金之位也. [정음해례6ㄴ:6–7_제자해]

[128] ㅛ再生於天, 天七成火之數也. [정음해례6ㄴ:7–8]

[129] ㅑ次之, 天九成金之數也. [정음해례6ㄴ:8–7ㄱ:1_제자해]

[130] ㅠ再生於地, 地六成水之數也. [정음해례7ㄱ:1–2_제자해]

[131] ㅕ次之, 地八成木之數也. [정음해례7ㄱ:2–3_제자해]

[132] 水火未離° 乎氣, 陰陽交合之初, 故闔. [정음해례7ㄱ:3-4_제자해]

[133] 木金陰陽之定質, 故闢. [정음해례7ㄱ:4_제자해]

[134] • 天五生土之位也. [정음해례7ㄱ:4-5_제자해]

[135] ━ 地十成土之數也. [정음해례7ㄱ:5-6_제자해]

[136] ┃ 獨無位數者, 盖以人則無極之眞, 二五之精, 妙合而凝, 固未可以定位成數論° 也. [정음해례7ㄱ:6-8_제자해]

[137] 是則中聲之中, 亦自有陰陽五行方位之數也. [정음해례7ㄱ:8-7ㄴ:1_제자해]

[138] 以初聲對中聲而言之. [정음해례7ㄴ:1-2_제자해]

[139] 陰陽, 天道也. [정음해례7ㄴ:2_제자해]

[140] 剛柔, 地道也. [정음해례7ㄴ:3_제자해]

[141] 中聲者, 一深一淺一闔一闢, 是則陰陽分而五行之氣具焉, 天之用也. [정음해례7ㄴ:3-5_제자해]

[142] 初聲者, 或虛或實或颺或滯或重若輕, 是則剛柔著而五行之質成焉, 地之功也. [정음해례7ㄴ:5-7_제자해]

[143] 中聲以深淺闔闢唱之於前, 初聲以五音淸濁和° 之於後, 而爲初亦爲終.[정음해례7ㄴ:7-8ㄱ:1_제자해]

[144] 亦可見萬物初生於地, 復歸於地也. [정음해례8ㄱ:2-3_제자해]

[145] 以初中終合成之字言之, 亦有動靜互根陰陽交變之義焉. [정음해례8ㄱ:3-4_제자해]

[146] 動者, 天也. 靜者, 地也. [정음해례8ㄱ:4-5_제자해]

[147] 兼乎動靜者, 人也. [정음해례8ㄱ:5_제자해]

[148] 盖五行在天則神之運也, 在地則質之成也, 在人則仁禮信義智神之運也, 肝心脾肺腎質之成也. [정음해례8ㄱ:6-8_제자해]

[149] 初聲有發動之義, 天之事也. [정음해례8ㄱ:8-8ㄴ:1_제자해]

[150] 終聲有止定之義, 地之事也. [정음해례8ㄴ:1-2_제자해]

[151] 中聲承初之生, 接終之成, 人之事也. [정음해례8ㄴ:2-3_제자해]

[152] 盖字韻之要, 在於中聲, 初終合而成音. [정음해례8ㄴ:3-6_제자해]

[153] 亦猶天地生成萬物, 而其財成輔相° 則必賴乎人也. [정음해례8ㄴ:4-6_제자해]

[154] 終聲之復° 用初聲者, 以其動而陽者乾也, 靜而陰者亦乾也, 乾實分陰陽而無不君宰也. [정음해례8ㄴ:6-8_제자해]

[155] 一元之氣, 周流不窮, 四時之運, 循環無端, 故貞而復° 元, 冬而復° 春. [정음해례9ㄱ:1-2_제자해]

[156] 初聲之復° 爲終, 終聲之復° 爲初, 亦此義也. [정음해례9ㄱ:2-4_제자해]

[157] 吁. 正音作而天地萬物之理咸備, 其神矣哉. [정음해례9ㄱ:4-5_제자해]

[158] 是殆天啓聖心而假手焉者乎. [정음해례9ㄱ:5-6_제자해]

訣曰 [정음해례9ㄱ:6_제자해_갈무리시]

[159] 天地之化本一氣 陰陽五行相始終 [정음해례9ㄱ:7-8_제자해_갈무리시]

[160] 物於兩間有形聲 元本無二理數通 [정음해례9ㄴ:1-2_제자해_갈무리시]

[161] 正音制字尙其象 因聲之厲每加畫 [정음해례9ㄴ:3-4_제자해_갈무리시]

[162] 音出牙舌脣齒喉 是爲初聲字十七 [정음해례9ㄴ:5-6_제자해_갈무리시]

[163] 牙取舌根閉喉形 唯業似欲取義別。[정음해례9ㄴ:7-8_제자해_갈무리시]

[164] 舌迺象舌附上腭 脣則實是取口形 [정음해례10ㄱ:1-2_제자해_갈무리시]

[165] 齒喉直取齒喉象 知斯五義聲自明 [정음해례10ㄱ:3-4_제자해_갈무리시]

[166] 又有半舌半齒音 取象同而體則異 [정음해례10ㄱ:5-6_제자해_갈무리시]

[167] 那彌戌欲聲不厲 次序雖後象形始 [정음해례10ㄱ:7-8_제자해_갈무리시]

[168] 配諸四時與冲氣 五行五音無不協 [정음해례10ㄴ:1-2_제자해_갈무리시]

[169] 維喉爲水冬與羽 牙迺春木其音角 [정음해례10ㄴ:3-4_제자해_갈무리시]

[170] °徵音夏火是舌聲 齒則商秋又是金 [정음해례10ㄴ:5-6_제자해_갈무리시]

[171] 脣於位數本無定 土而季夏爲宮音 [정음해례10ㄴ:7-8_제자해_갈무리시]

[172] 聲音又自有淸濁 要° 於初發細推尋 [정음해례11ㄱ:1-2_제자해_갈무리시]

[173] 全淸聲是君斗彆 即戌挹亦全淸聲 [정음해례11ㄱ:3-4_제자해_갈무리시]

[174] 若迺快呑漂侵虛 五音各一爲次淸 [정음해례11ㄱ:5-6_제자해_갈무리시]

[175] 濁之聲虯覃步 又有慈邪亦有洪 [정음해례11ㄱ:7-8_제자해_갈무리시]

[176] 全淸並書爲全濁 唯洪自虛是不同 [정음해례11ㄴ:1-2_제자해_갈무리시]

[177] 業那彌欲及閭穰 其聲不淸又不濁 [정음해례11ㄴ:3-4_제자해_갈무리시]

[178] 欲之連書爲脣輕 喉聲多而脣乍合 [정음해례11ㄴ:5-6_제자해_갈무리시]

[179] 中聲十一亦取象 精義未可容易° 觀 [정음해례11ㄴ:7-8_제자해_갈무리시]

[180] 呑擬於天聲最深 所以圓形如彈丸 [정음해례12ㄱ:1-2_제자해_갈무리시]

[181] 即聲不深又不淺 其形之平象乎地 [정음해례12ㄱ:3-4_제자해_갈무리시]

[182] 侵象人立厥聲淺 三才之道斯爲備 [정음해례12ㄱ:5-6_제자해_갈무리시]

[183] 洪出於天尙爲闔 象取天圓合地平 [정음해례12ㄱ:7-8_제자해_갈무리시]

[184] 覃亦出天爲已闢 發於事物就人成 [정음해례12ㄴ:1-2_제자해_갈무리시]

[185] 用初生義一其圓 出天爲陽在上外 [정음해례12ㄴ:3-4_제자해_갈무리시]

[186] 欲穰兼人爲再出 二圓爲形見°其義 [정음해례12ㄴ:5-6_제자해_갈무리시]

[187] 君業戌彆出於地 據例自知何須評 [정음해례12ㄴ:7-8_제자해_갈무리시]

[188] 呑之爲字貫八聲 維天之用徧流行 [정음해례13ㄱ:1-2_제자해_갈무리시]

[189] 四聲兼人亦有由 人參天地爲最靈 [정음해례13ㄱ:3-4_제자해_갈무리시]

[190] 且就三聲究至理 自有剛柔與陰陽 [정음해례13ㄱ:5-6_제자해_갈무리시]

[191] 中是天用陰陽分 初迺地功剛柔彰 [정음해례13ㄱ:7-8_제자해_갈무리시]

[192] 中聲唱之初聲和° 天先° 乎地理自然 [정음해례13ㄴ:1-2_제자해_갈무리시]

[193] 和° 者爲初亦爲終 物生復歸皆於坤 [정음해례13ㄴ:3-4_제자해_갈무리시]

[194] 陰變爲陽陽變陰 一動一靜互爲根 [정음해례13ㄴ:5-6_제자해_갈무리시]

[195] 初聲復° 有發生義 爲陽之動主於天 [정음해례13ㄴ:7-8_제자해_갈무리시]

[196] 終聲比地陰之靜 字音於此止定焉 [정음해례14ㄱ:1-2_제자해_갈무리시]

[197] 韻成要在中聲用 人能輔相° 天地宜 [정음해례14ㄱ:3-4_제자해_갈무리시]

[198] 陽之爲用通於陰 至而伸則反而歸 [정음해례14ㄱ:5-6_제자해_갈무리시]

[199] 終雖云分兩儀 終用初聲義可知 [정음해례14ㄱ:7-8_제자해_갈무리시]

[200] 正音之字只廿八 。探賾錯綜窮深 。幾 [정음해례14ㄴ:1-2_제자해_갈무리시]

[201] 指遠言近牖民易° 天授何曾智巧爲 [정음해례14ㄴ:3-4_제자해_갈무리시]

2. 초성해(初聲解)

[202] 正音初聲, 即韻書之字母也. [정음해례14ㄴ:6_초성해]

[203] 聲音由此而生, 故曰母. [정음해례14ㄴ:7_초성해]

[204] 如牙音君字初聲是ㄱ, ㄱ與ᅟᅮᆫ而爲군. [정음해례14ㄴ:7-8_초성해]

[205] 快字初聲是ㅋ, ㅋ與ᅟᅫ而爲쾌. [정음해례15ㄱ:1_초성해]

[206] 字初聲是ㄲ, ㄲ與ᅟᅲ而爲뀨. [정음해례15ㄱ:1-2_초성해]

[207] 業字初聲是ㆁ, ㆁ與ᅟᅥᆸ而爲ᅌᅥᆸ之類. [정음해례15ㄱ:2-3_초성해]

[208] 舌之斗呑覃那, 脣之彆漂步彌, 齒之即侵慈戌邪, 喉之挹虛洪欲, 半舌半齒之閭穰, 皆倣此. [정음해례15ㄱ:3-6_초성해]

訣曰 [정음해례15ㄱ:6_초성해_갈무리시]

[209] 君快虯業其聲牙 舌聲斗呑及覃那 [정음해례15ㄱ:7-8_초성해_갈무리시]

[210] 彆漂步彌則是脣 齒有即侵慈戌邪 [정음해례15ㄴ:1-2_초성해_갈무리시]

[211] 挹虛洪欲迺喉聲 閭爲半舌穰半齒 [정음해례15ㄴ:3-4_초성해_갈무리시]

[212] 二十三字是爲母 萬聲生生皆自此 [정음해례15ㄴ:5-6_초성해_갈무리시]

3. 중성해(中聲解)

[213] 中聲者, 居字韻之中, 合初終而成音. [정음해례15ㄴ:8-16ㄱ:1_중성해]

[214] 如呑字中聲是ㆍ, ㆍ居ㅌㄴ之間而爲ᄐᆞᆫ. [정음해례16ㄱ:1-2_중성해]

[215] 即字中聲是ㅡ, ㅡ, 居ㅈㄱ之間而爲즉. [정음해례16ㄱ:2-3_중성해]

[216] 侵字中聲是ㅣ, ㅣ居ㅊㅁ之間而爲침之類. [정음해례16ㄱ:3-4_중성해]

[217] 洪覃君業欲穰戌彆, 皆倣此. [정음해례16ㄱ:4-5_중성해]

[218] 二字合用者, ㅗ與ㅏ同出於ㆍ, 故合而爲ㅘ. [정음해례16ㄱ:5-6_중성해]

[219] ㅛ與ㅑ又同出於ㅣ, 故合而爲ㆇ. [정음해례16ㄱ:6-7_중성해]

[220] ㅜ與ㅓ同出於ㅡ, 故合而爲ㅝ. [정음해례16ㄱ:7-8_중성해]

[221] ㅠ與ㅕ又同出於ㅣ, 故合而爲ㆊ. [정음해례16ㄱ:8-16ㄴ:1_중성해]

[222] 以其同出而爲類, 故相合而不悖也. [정음해례16ㄴ:1-2_중성해]

[223] 一字中聲之與ㅣ相合者十, ㆎ ㅢ ㅚ ㅐ ㅟ ㅔ ㆉ ㅒ ㆌ ㅖ 是也. [정음해례16ㄴ:2-4_중성해]

[224] 二字中聲之與ㅣ相合者四, ㅙ ㅞ ㆈ ㆋ 是也. [정음해례16ㄴ:4-5_중성해]

[225] ㅣ於深淺闔闢之聲, 並能相隨者, 以其舌展聲淺而便於開口也. [정음해례16ㄴ:6-7_중성해]

[226] 亦可見人之參贊開物而無所不通也. [정음해례16ㄴ:7-8-17ㄱ:1_중성해]

訣曰 [정음해례17ㄱ:1_중성해_갈무리시]

[227] 母字之音各有中 須就中聲尋闢闔 [정음해례17ㄱ:2-3_중성해_갈무리시]

[228] 洪覃自呑可合用 君業出即亦可合 [정음해례17ㄱ:4-5_중성해_갈무리시]

[229] 欲之與穰戌與彆 各有所從義可推 [정음해례17ㄱ:6-7_중성해_갈무리시]

[230] 侵之爲用最居多 於十四聲徧相隨 [정음해례17ㄱ:8-17ㄴ:1_중성해_갈무리시]

4. 종성해(終聲解)

[231] 終聲者, 承初中而成字韻. [정음해례17ㄴ:3_종성해]

[232] 如即字終聲是ㄱ, ㄱ居즈終而爲즉. [정음해례17ㄴ:3-4_종성해]

[233] 洪字終聲是ㆁ, ㆁ居ᅘᅩ終而爲ᅘᅩᆼ之類. [정음해례17ㄴ:4-5_종성해]

[234] 舌脣齒喉皆同. [정음해례17ㄴ:6_종성해]

[235] 聲有緩急之殊, 故平 °上去其終聲不類入聲之促急. [정음해례17ㄴ:6-7_종성해]

[236] 不淸不濁之字, 其聲不厲, 故用於終則宜於平上去. [정음해례17ㄴ:8-18ㄱ:1_종성해]

[237] 全淸次淸全濁之字, 其聲爲厲, 故用於終則宜於入. [정음해례18ㄱ:1-3_종성해]

[238] 所以ㆁㄴㅁㅇㄹㅿ六字爲平 ˚上去聲之終, 而餘皆爲入聲之終也. [정음해례18ㄱ:3-5_종성해]

[239] 然ㄱㆁㄷㄴㅂㅁㅅㄹ八字可足用也. [정음해례18ㄱ:5-6_종성해]

[240] 如빗곶爲梨花, 엿의갗爲狐皮, 而ㅅ字可以通用, 故只用ㅅ字. [정음해례18ㄱ:6-8_종성해]

[241] 且ㅇ聲淡而虛, 不必用於終, 而中聲可得成音也. [정음해례18ㄱ:8-18ㄴ:1_종성해]

[242] ㄷ如볃爲彆, ㄴ如군爲君, ㅂ如업爲業, ㅁ如땀爲覃, ㅅ如諺語·옷爲衣, ㄹ如諺語:실爲絲之類. [정음해례18ㄴ:1-4_종성해]

[243] 五音之緩急, 亦各自爲對. [정음해례18ㄴ:4-5_종성해]

[244] 如牙之ㆁ與ㄱ爲對, 而ㆁ促呼則變爲ㄱ而急, ㄱ舒出則變爲ㆁ而緩. [정음해례18ㄴ:5-7_종성해]

[245] 舌之ㄴㄷ, 脣之ㅁㅂ, 齒之ㅿㅅ, 喉之ㅇㆆ, 其緩急相對, 亦猶是也. [정음해례18ㄴ:7-8-19ㄱ:1_종성해]

[246] 且半舌之ㄹ, 當用於諺, 而不可用於文. [정음해례19ㄱ:1-2_종성해]

[247] 如入聲之彆字, 終聲當用ㄷ, 而俗習讀爲ㄹ, 盖ㄷ變而爲輕也. [정음해례19ㄱ:2-4_종성해]

[248] 若用ㄹ爲彆之終, 則其聲舒緩, 不爲入也. [정음해례19ㄱ:4-5_종성해]

訣曰

[249] 不淸不濁用於終 爲平 ˚上去不爲入 [정음해례19ㄱ:6-7_종성해_갈무리시]

[250] 全淸次淸及全濁 是皆爲入聲促急 [정음해례19ㄱ:8-19ㄴ:1_종성해_갈무리시]

[251] 初作終聲理固然 只將八字用不窮 [정음해례19ㄴ:2-3_종성해_갈무리시]

[252] 唯有欲聲所當處 中聲成音亦可通 [정음해례19ㄴ:4-5_종성해_갈무리시]

[253] 若書即字終用君 洪彆亦以業斗終 [정음해례19ㄴ:6-7_종성해_갈무리시]

[254] 君業覃終又何如 以那彆彌次第推 [정음해례19ㄴ:8-20ㄱ:1_종성해_갈무리시]

[255] 六聲通乎文與諺 戌閭用於諺衣絲 [정음해례20ㄱ:2-3_종성해_갈무리시]

[256] 五音緩急各自對 君聲迺是業之促 [정음해례20ㄱ:4-5_종성해_갈무리시]

[257] 斗彆聲緩爲那彌 穰欲亦對戌與挹 [정음해례20ㄱ:6-7_종성해_갈무리시]

[258] 閭宜於諺不宜文 斗輕爲閭是俗習 [정음해례20ㄱ:8-20ㄴ:1_종성해_갈무리시]

5. 합자해(合字解)

[259] 初中終三聲, 合而成字. [정음해례20ㄴ:3_합자해]

[260] 初聲或在中聲之上, 或在中聲之左. [정음해례20ㄴ:3-4_합자해]

[261] 如君字ㄱ在ㅜ上, 業字ㆁ在ㅓ左之類. [정음해례20ㄴ:4-5_합자해]

[262] 中聲則圓者橫者在初聲之下, ㆍ ㅡ ㅗ ㅛ ㅜ ㅠ是也. [정음해례20ㄴ:5-7_합자해]

[263] ｡縱者在初聲之右, ㅣ ㅏ ㅑ ㅓ ㅕ 是也. [정음해례20ㄴ:7-8_합자해]

[264] 如呑字ㆍ在ㅌ下, 即字ㅡ在ㅈ下, 侵字ㅣ在ㅊ右之類. [정음해례20ㄴ:8-21ㄱ:2_합자해]

[265] 終聲在初中之下. [정음해례21ㄱ:2_합자해]

[266] 如君字ㄴ在구下, 業字ㅂ在ᅌᅥ下之類. [정음해례21ㄱ:2-3_합자해]

[267] 初聲二字三字合用並書, 如諺語·ᄯᅡ爲地, ᄧᆞᆨ爲隻, ᄢᅳᆷ爲隙之類. [정음해례21ㄱ:3-5_합자해]

[268] 各自並書, 如諺語·혀爲舌而·ᅘᅧ爲引, 괴·여爲我愛人而괴·ᅇᅧ爲人愛我, 소·다爲覆物而쏘·다
爲射之之類. [정음해례21ㄱ:5-8_합자해]

[269] 中聲二字三字合用, 如諺語·과爲琴柱, ·홰爲炬之類. [정음해례21ㄱ:8-21ㄴ:1-2_합자해]

[270] 終聲二字三字合用, 如諺語홁爲土, ·낛爲釣, ᄃᆞᆰᄣᅢ 爲酉時之類. [정음해례21ㄴ:2-4_합자해]

[271] 其合用並書, 自左而右, 初中終三聲皆同. [정음해례21ㄴ:4-5_합자해]

[272] 文與諺雜用則有因字音而補以中終聲者, 如孔子ㅣ 魯ㅅ:사ᄅᆞᆷ之類. [정음해례21ㄴ:5-7_합자해]

[273] 諺語平 °上去入, 如활爲弓而其聲平, :돌爲石而其聲 °上, ·갈爲刀而其聲去, 붇爲筆而其聲
入之類. [정음해례21ㄴ:7-8_22ㄱ:1-2_합자해]

[274] 凡字之左, 加一點爲去聲, 二點爲 °上聲, 無點爲平聲. [정음해례22ㄱ:2-3_합자해]

[275] 而文之入聲, 與去聲相似. [정음해례22ㄱ:3-4_합자해]

[276] 諺之入聲無定, 或似平聲, 如긷爲柱, 녑爲脅. [정음해례22ㄱ:4-5_합자해]

[277] 或似 °上聲, 如:낟爲穀, :깁爲繒. [정음해례22ㄱ:5-6_합자해]

[278] 或似去聲, 如·몯爲釘, ·입爲口之類. [정음해례22ㄱ:6-7_합자해]

[279] 其加點則與平 °上去同. [정음해례22ㄱ:7-8_합자해]

[280] 平聲安而和, 春也, 萬物舒泰. [정음해례22ㄱ:8-22ㄴ:1_합자해]

[281] °上聲和而擧, 夏也, 萬物漸盛. [정음해례22ㄴ:1-2_합자해]

[282] 聲擧而壯, 秋也, 萬物成熟. [정음해례22ㄴ:2_합자해]

[283] 入聲促而塞, 冬也, 萬物閉藏. [정음해례22ㄴ:3_합자해]

[284] 初聲之ㆆ與ㅇ相似, 於諺可以通用也. [정음해례22ㄴ:3-4_합자해]

[285] 半舌有輕重二音. [정음해례22ㄴ:5_합자해]

[286] 然韻書字母唯一, 且國語雖不分輕重, 皆得成音. [정음해례22ㄴ:5-6_합자해]

[287] 若欲備用, 則依脣輕例, ㅇ連書ㄹ下, 爲半舌輕音, 舌乍附上腭. [정음해례22ㄴ:7-8_합자해]

[288] ㆍㅡ起ㅣ聲, 於國語無用. [정음해례22ㄴ:8-23ㄱ:1_합자해]

[289] 兒童之言, 邊野之語, 或有之, 當合二字而用, 如ᄀᆝᄀᆜ之類. [정음해례23ㄱ:1-3_합자해]

[290] 其先 。縱後橫, 與他不同. [정음해례23ㄱ:3]

訣曰 [정음해례23ㄱ:4]

[291] 初聲在中聲左上 挹欲於諺用相同 [정음해례23ㄱ:5-6_합자해_갈무리시]

[292] 中聲十一附初聲 圓橫書下右書 。縱 [정음해례23ㄱ:7-8_합자해_갈무리시]

[293] 欲書終聲在何處 初中聲下接着。寫 [정음해례23ㄴ:1-2_합자해_갈무리시]

[294] 初終合用各並書 中亦有合悉自左 [정음해례23ㄴ:3-4_합자해_갈무리시]

[295] 諺之四聲何以辨 平聲則弓 °上則石 [정음해례23ㄴ:5-6_합자해_갈무리시]

[296] 刀爲去而筆爲入 觀此四物他可識 [정음해례23ㄴ:7-8_합자해_갈무리시]

[297] 音因左點四聲分 一去二 °上無點平 [정음해례24ㄱ:1-2_합자해_갈무리시]

[298] 語入無定亦加點 文之入則似去聲 [정음해례24ㄱ:3-4_합자해_갈무리시]

[299] 方言俚語萬不同 有聲無字書難通 [정음해례24ㄱ:5-6_합자해_갈무리시]

[300] 一朝/制作侔神工 大東千古開矇矓 [정음해례24ㄱ:7-8_합자해_갈무리시] * / : 줄 바꿈 표시

6. 용자례(用字例)

[301] 初聲ㄱ, 如:감爲柿, ·ᄀᆞᆯ爲蘆. [정음해례24ㄴ:3]

[302] ㅋ, 如우·케爲未舂稻, 콩爲大豆. [정음해례24ㄴ:3-4]

[303] ㆁ, 如러·울爲獺, 서·에爲流澌. [정음해례24ㄴ:4-5]

[304] ㄷ, 如·뒤爲茅, ·담爲墻. [정음해례24ㄴ:5-6]

[305] ㅌ, 如고·티爲繭, 두텁爲蟾蜍. [정음해례24ㄴ:6]

[306] ㄴ, 如노로爲獐, 납爲猿. [정음해례24ㄴ:7]

[307] ㅂ, 如ᄇᆞᆯ爲臂, :벌爲蜂. [정음해례24ㄴ:7-8]

[308] ㅍ, 如·파爲葱, ·ᄑᆞᆯ爲蠅. [정음해례24ㄴ:8]

[309] ㅁ, 如:뫼爲山, ·마爲薯薁. [정음해례24ㄴ:8-25ㄱ:1]

[310] ㅸ, 如사·ᄫᅵ爲蝦, 드·ᄫᅴ爲瓠. [정음해례25ㄱ:1-2]

[311] ㅈ, 如·자爲尺, 죠·ᄒᆡ爲紙. [정음해례25ㄱ:2-3]

[312] ㅊ, 如·체爲簏, ·채爲鞭. [정음해례25ㄱ:3-4]

[313] ㅅ, 如·손爲手, :셤爲島. [정음해례25ㄱ:3-4]

[314] ㅎ, 如·부헝爲鵂鶹, ·힘爲筋. [정음해례25ㄱ:4-5]

[315] ㅇ, 如·비육爲鷄雛, ·ᄇᆞ얌爲蛇. [정음해례25ㄱ:5]

[316] ㄹ, 如·무뤼爲雹, 어·름爲氷. [정음해례25ㄱ:5-6]

[317] ㅿ, 如아ᅀᆞ爲弟, :너ᅀᅵ爲鴇. [정음해례25ㄱ:6-7]

[318] 中聲ㆍ, 如·ᄐᆞᆨ爲頤, ·ᄑᆞᆺ爲小豆, ᄃᆞ리爲橋, ·ᄀᆞ래爲楸. [정음해례25ㄱ:7-8]

[319] ㅡ, 如·믈爲水, ·발·측爲跟, 그력爲鴈, 드·레, 爲汲器. [정음해례25ㄱ:8-25ㄴ:1-2]

[320] ㅣ, 如·깃爲巢, :밀爲蠟, ·피爲稷, ·키爲箕. [정음해례25ㄴ:2-3]

[321] ㅗ, 如·논爲水田, ·톱爲鉅, 호·ᄆᆡ爲鉏, 벼·로爲硯. [정음해례25ㄴ:3-4]

[322] ㅏ, 如밥爲飯, ·낟爲鎌, 이·아爲綜, 사·ᄉᆞᆷ爲鹿. [정음해례25ㄴ:4-5]

[323] ㅜ, 如숫爲炭, ·울爲籬, 누·에爲蠶, 구·리爲銅. [정음해례25ㄴ:5-7]

[324] ㅓ, 如브ᅀᅥᆸ爲竈, :널爲板, 서·리爲霜, 버·들爲柳. [정음해례25ㄴ:7-8]

[325] ㅛ, 如·죵爲奴, ·고욤爲梬, ·쇼爲牛, 삽됴爲蒼朮菜. [정음해례25ㄴ:8]-26ㄱ:1]

[326] ㅑ, 如남샹爲龜, 약爲鼅鼊, 다·야爲匜, 쟈감爲蕎麥皮. [정음해례26ㄱ:1-3]

[327] ㅠ, 如율믜爲薏苡, 쥭爲飯熏, 슈·룹爲雨繖, 쥬련爲帨. [정음해례26ㄱ:3-4]

[328] ㅕ, 如·엿爲飴餹, ·뎔爲佛寺, ·벼爲稻, :져비爲燕. [정음해례26ㄱ:4-6]

[329] 終聲ㄱ, 如닥爲楮, 독爲甕. [정음해례26ㄱ:6]

[330] ㆁ, 如:굼벙爲蠐螬, ·올창爲蝌蚪. [정음해례26ㄱ:7]

[331] ㄷ, 如·갇爲笠, 싣爲楓. [정음해례26ㄱ:7-8]

[332] ㄴ, 如·신爲屨, ·반되爲螢. [정음해례26ㄱ:8-26ㄴ:1]

[333] ㅂ, 如섭爲薪, ·굽爲蹄. [정음해례26ㄴ:1]

[334] ㅁ, 如:범爲虎, :ᄉᆡᆷ爲泉. [정음해례26ㄴ:1-2]

[335] ㅅ, 如:잣爲海松, ·못爲池. [정음해례26ㄴ:2-3]

[336] ㄹ, 如·ᄃᆞᆯ爲月, :별爲星之類. [정음해례26ㄴ:3]

7. 정인지서

*원래 제목은 없음

[337] 有天地自然之聲, 則必有天地自然之文. [정음해례26ㄴ:4-5_정인지서]

[338] 所以古人因聲制字, 以通萬物之情, 以載三才之道, 而後世不能易也. [정음해례26ㄴ:5-7_정인지서]

[339] 然四方風土區別。, 聲氣亦隨而異焉. [정음해례26ㄴ:7-8_정인지서]

[340] 盖外國之語, 有其聲而無其字. [정음해례26ㄴ:8-27ㄱ:1_정인지서]

[341] 假中國之字以通其用, 是猶枘鑿之鉏鋙也, 豈能達而無礙乎. [정음해례27ㄱ:1-3_정인지서]

[342] 要° 皆各隨所 °處而安, 不可 °强之使同也. [정음해례27ㄱ:3-4_정인지서]

[343] 吾東方禮樂文章, 侔擬華夏. [정음해례27ㄱ:5_정인지서]

[344] 但方言俚語, 不與之同. [정음해례27ㄱ:5-6_정인지서]

[345] 學書者患其旨趣° 之難曉, 。治獄者病其曲折之難通. [정음해례27ㄱ:6-8_정인지서]

[346] 昔新羅薛聰, 始作吏讀°, 官府民間,至今行之. [정음해례27ㄱ:8-27ㄴ:1_정인지서]

[347] 然皆假字而用, 或澁或窒. [정음해례27ㄴ:1-2_정인지서]

[348] 非但鄙陋無稽而已, 至於言語之間, 則不能達其萬一焉. [정음해례27ㄴ:2-4_정인지서]

[349] 癸亥冬. 我殿下創制正音二十八字, 略揭例義以示之, 名曰訓民正音. [정음해례27ㄴ:4-6_정인지서]

[350] 象形而字倣古篆, 因聲而音叶七調°. [정음해례27ㄴ:6-8_정인지서]

[351] 三極之義, 二氣之妙, 莫不該括. [정음해례27ㄴ:8-28ㄱ:1_정인지서]

[352] 以二十八字而轉換無窮, 簡而要, 精而通. [정음해례28ㄱ:1-2_정인지서]

[353] 故智者不終朝而會, 愚者可浹旬而學. [정음해례28ㄱ:2-3_정인지서]

[354] 以是解書, 可以知其義. [정음해례28ㄱ:3-4_정인지서]

[355] 以是聽訟, 可以得其情. [정음해례28ㄱ:4-5_정인지서]

[356] 字韻則淸濁之能辨, 樂歌則律呂之克諧. [정음해례28ㄱ:5-6_정인지서]

[357] 無所用而不備, 無所往而不達. [정음해례28ㄱ:6-7_정인지서]

[358] 雖風聲鶴唳, 雞鳴狗吠, 皆可得而書矣. [정음해례28ㄱ:7-8_정인지서]

[359] 遂命詳加解釋, 以喩諸人. [정음해례28ㄱ:8-28ㄴ:1_정인지서]

[360] 於是, 臣與集賢殿應° 教臣崔恒, 副校理臣朴彭年, 臣申叔舟, 修撰臣成三問, 敦寧府注簿臣姜希顔, 行集賢殿副修撰臣李塏, 臣李善老等, 謹作諸解及例, 以敍其梗槩. [정음해례28ㄴ:1-7]

[361] 庶使觀者不師而自悟. [정음해례28ㄴ:7_정인지서]

[362] 若其淵源精義之妙, 則非臣等之所能發揮也. [정음해례28ㄴ:7-8-29ㄱ:1_정인지서]

[363] 恭惟我殿下, 天縱之聖, 制度施爲超越百王. [정음해례29ㄱ:1-3_정인지서]

[364] 正音之作, 無所祖述, 而成於自然. [정음해례29ㄱ:3-4_정인지서]

[365] 豈以其至理之無所不在, 而非人爲之私也. [정음해례29ㄱ:4-5_정인지서]

[366] 夫東方有國, 不爲不久, 而開物成務之大智, 盖有待於今日也欤. [정음해례29ㄱ:5-7_정인지서]

正統十一年九月上澣. [정음해례29ㄱ:7-8_정인지서]

資憲大夫禮曹判書集賢殿大提學知春秋館事 世子右賓客臣鄭麟趾拜手°稽首謹書 [정음해례29ㄱ:8-29ㄴ:1-3_정인지서]

3장

≪훈민정음≫ 해례본 한문본과 번역: 문장 단위 견줌본[38)]

1부 · 정음(正音)

1. 세종 서문

[1] 國之語音, 異乎中國, 與文字不相流通. [정음1ㄱ:2-3_어제서문]

♣ 우리나라 말이 중국말과 달라 한자와는 서로 잘 통하지 아니한다.

[2] 故愚民有所欲言, 而終不得伸其情者多矣. [정음1ㄱ:3-4_어제서문]119

♣ 그러므로 글 모르는 백성이 말하려는 것이 있어도, 끝내 제 뜻을 능히 펼치지 못하는 사람이 많다.

[3] 予爲此憫然, 新制二十八字, 欲使人人易習便於日用耳 [정음1ㄱ:5-6_어제서문]

♣ 내가 이것을 가엾게 여겨 새로 스물여덟 자를 만드니, 사람마다 쉽게 익혀 날마다 씀에 편안케 하고자 할 따름이다.

2. 예의

[4] **ㄱ**. 牙音. 如君字初發聲. [정음1ㄱ:7_어제예의]

♣ **ㄱ**[기]는 어금닛소리이니 '**군**(君)'자의 처음 나는 소리(초성)와 같다.

---

38) 자음자는 해례본 방식으로 'ㄱ(기)'와같이 'ㅣ'를 붙여 읽음.

[5] 並書, 如虯字初發聲. [정음1ㄴ:1_어제예의]

♣ 나란히 쓰면 'ᄁᆛ(虯)'자의 처음 나는 소리와 같다.

[6] ㅋ. 牙音. 如快字初發聲 [정음1ㄴ:2_어제예의]

♣ ㅋ[키]는 어금닛소리이니, '쾡(快)'자의 처음 나는 소리와 같다.

[7] ㆁ. 牙音. 如業字初發聲 [정음1ㄴ:3_어제예의]

♣ ㆁ[이]는 어금닛소리이니, 그 소리는 '업(業)'자의 처음 나는 소리와 같다.

[8] ㄷ. 舌音. 如斗字初發聲. [정음1ㄴ:4_어제예의]

♣ ㄷ[디]는 혓소리이니, '둫(斗)'자의 처음 나는 소리와 같다.

[9] 並書, 如覃字初發聲. [정음1ㄴ:5_어제예의]

♣ 나란히 쓰면 '땀(覃)'자의 처음 나는 소리와 같다.

[10] ㅌ. 舌音. 如呑字初發聲 [정음1ㄴ:6_어제예의]

♣ ㅌ[티]는 혓소리이니, 그 소리는 'ᄐᆞᆫ(呑)'자의 처음 나는 소리와 같다.

[11] ㄴ. 舌音. 如那字初發聲 [정음1ㄴ:7_어제예의]

♣ ㄴ[니]는 혓소리이니, '낭(那)'자의 처음 나는 소리와 같다.

[12] ㅂ. 脣音. 如彆字初發聲.[정음2ㄱ:1_어제예의]

♣ ㅂ[비]는 입술소리이니, '볋(彆)'자의 처음 나는 소리와 같다.

[13] 並書, 如步字初發聲. [정음2ㄱ:2_어제예의]

♣ 나란히 쓰면 '뽕(步)'자의 처음 나는 소리와 같다.

[14] ㅍ. 脣音. 如漂字初發聲 [정음2ㄱ:3_어제예의]

♣ ㅍ[피]는 입술소리이니, 그 소리는 '푷(漂)'자의 처음 나는 소리와 같다.

[15] ㅁ. 脣音. 如彌字初發聲 [정음2ㄱ:4_어제예의]

♣ ㅁ[미]는 입술소리이니, '밍(彌)'자의 처음 나는 소리와 같다.

[16] **ㅈ**. 齒音. 如即字初發聲. [정음2ㄱ:5_어제예의]

♣ **ㅈ**[지]는 잇소리이니, '**즉**(即)'자의 처음 나는 소리와 같다.

[17] 並書, 如慈字初發聲. [정음2ㄱ:6_어제예의]

♣ 나란히 쓰면 '**ᅏᆞ**(慈)'자의 처음 나는 소리와 같다.

[18] **ㅊ**. 齒音. 如侵字初發聲 [정음2ㄱ:7_어제예의]

♣ **ㅊ**[치]는 잇소리이니, '**침**(侵)'자의 처음 나는 소리와 같다.

[19] **ㅅ**. 齒音. 如戌字初發聲. [정음2ㄴ:1_어제예의]

♣ **ㅅ**[시]는 잇소리이니 '**숧**(戌)'자의 처음 나는 소리와 같다.

[20] 並書, 如邪字初發聲. [정음2ㄴ:2_어제예의]

♣ 나란히 쓰면 '**쌰**(邪)'자의 처음 나는 소리와 같다.

[21] **ㆆ**. 喉音. 如挹字初發聲 [정음2ㄴ:3_어제예의]

♣ **ㆆ**[히]는 목구멍소리이니, 그 소리는 '**ᅙᅳᆸ**(挹)'자의 처음 나는 소리와 같다.

[22] **ㅎ**. 喉音. 如虛字初發聲. [정음2ㄴ:4_어제예의]

♣ **ㅎ**[히]는 목구멍소리이니, 그 소리는 '**허**(虛)'자의 처음 나는 소리와 같다.

[23] 並書, 如洪字初發聲. [정음2ㄴ:5_어제예의]

♣ 나란히 쓰면 그 소리는 '**ᅘᅩᆼ**(洪)'자의 처음 나는 소리와 같다.

[24] **ㅇ**. 喉音. 如欲字初發聲 [정음2ㄴ:6_어제예의]

♣ **ㅇ**[이]는 목구멍소리이니, 그 소리는 '**욕**(欲)'자의 처음 나는 소리와 같다.

[25] **ㄹ**. 半舌音. 如閭字初發聲 [정음2ㄴ:7_어제예의]

♣ **ㄹ**[리]는 반혓소리이니, '**려**(閭)' 자의 처음 나는 소리와 같다.

[26] **ㅿ**. 半齒音. 如穰字初發聲 [정음3ㄱ:1_어제예의]

♣ **ㅿ**[ᅀᅵ]는 반잇소리이니, 그 소리는 '**ᅀᅣᆼ**(穰)'자의 처음 나는 소리와 같다.

[27] • . 如呑字中聲 [정음3ㄱ:2_어제예의]

♣ • 는 'ᄐᆞᆫ(呑)'자의 가운뎃소리(중성)와 같다.

[28] ㅡ. 如即字中聲 [정음3ㄱ:3_어제예의]

♣ ㅡ 는 '즉(即)'자의 가운뎃소리와 같다.

[29] ㅣ. 如侵字中聲 [정음3ㄱ:4_어제예의]

♣ ㅣ 는 '침(侵)'자의 가운뎃소리와 같다.

[30] ㅗ. 如洪字中聲 [정음3ㄱ:5_어제예의]

♣ ㅗ 는 'ᅘᅩᆼ(洪)'자의 가운뎃소리와 같다.

[31] ㅏ. 如覃字中聲 [정음3ㄱ:6_어제예의]

♣ ㅏ 는 '땀(覃)'자의 가운뎃소리와 같다.

[32] ㅜ. 如君字中聲 [정음3ㄱ:7_어제예의]

♣ ㅜ 는 '군(君)'자의 가운뎃소리와 같다.

[33] ㅓ. 如業字中聲 [정음3ㄴ:1_어제예의]

♣ ㅓ 는 '업(業)'자의 가운뎃소리와 같다.

[34] ㅛ. 如欲字中聲 [정음3ㄴ:2_어제예의]

♣ ㅛ 는 '욕(欲)'자의 가운뎃소리와 같다.

[35] ㅑ. 如穰字中聲 [정음3ㄴ:3_어제예의]

♣ ㅑ 는 'ᅀᅣᇰ(穰)'자의 가운뎃소리와 같다.

[36] ㅠ. 如戌字中聲 [정음3ㄴ:4_어제예의]

♣ ㅠ 는 '슏(戌)'자의 가운뎃소리와 같다.

[37] ㅕ. 如彆字中聲 [정음3ㄴ:5_어제예의]

♣ ㅕ 는 '볃(彆)'자의 가운뎃소리와 같다.

[38] 終聲復用初聲. [정음3ㄴ:6_어제예의]

♣ 끝소리글자(종성자)는 첫소리글자(초성자)를 다시 쓴다.

[39] ㅇ連書脣音之下, 則爲脣輕音. [정음3ㄴ:6-7_어제예의]

♣ ㅇ[이]를 입술소리 글자 아래 이어 쓰면 입술가벼운소리(순경음)가 된다.

[40] 初聲合用則並書, 終聲同. [정음3ㄴ:7][정음4ㄱ:1_어제예의]

♣ 첫소리글자(초성자)를 합쳐서 쓰려면 나란히 쓰고, 끝소리글자(종성자)도 첫소리글자(초성자) 마찬가지다.

[41] ㆍ ㅡ ㅗ ㅜ ㅛ ㅠ, 附書初聲之下. [정음4ㄱ:1-2_어제예의]

♣ ㆍ ㅡ ㅗ ㅜ ㅛ ㅠ는 첫소리글자 아래에 붙여 쓴다.

[42] ㅣ ㅏ ㅓ ㅑ ㅕ, 附書於右. [정음4ㄱ:2-3_어제예의]

♣ ㅣ ㅏ ㅓ ㅑ ㅕ는 첫소리글자의 오른쪽에 붙여 쓴다.

[43] 凡字必合而成音. [정음4ㄱ:3-4_어제예의]

♣ 무릇 낱글자는 반드시 합하여야만 음절이 이루어진다.

[44] 左加一點則去聲, 二則上聲, 無則平聲. [정음4ㄱ:4-5_어제예의]

♣ 음절자 왼쪽에 한 점을 더하면 거성(높은 소리)이고, 점이 둘이면 상성(낮았다 높아지는 소리)이고, 점이 없으면 평성(낮은 소리)이다.

[45] 入聲加點同而促急 [정음4ㄱ:5-6_어제예의]

♣ 입성(빨리 끝나는 소리)은 점을 더하는 것은 평·상·거성과 같으나 빠르다.

2부 · 정음해례(正音解例)

1. 제자해(制字解)

[46] 天地之道, 一陰陽五行而已. [정음해례1ㄱ:3_제자해]

♣ 천지자연의 이치는 오직 음양오행 하나뿐이다.

[47] 坤復之間爲太極, 而動靜之後爲陰陽. [정음해례1ㄱ:3-4_제자해]

♣ 곤괘(여성다움이 가장 센 상징 ䷁)와 복괘(싹이 트는 상징 ䷗)의 사이가 태극이 되고, 움직임과 멈춤 작용으로 음양이 된다.

[48] 凡有生類在天地之間者, 捨陰陽而何之. [정음해례1ㄱ:5-6_제자해]

♣ 무릇 하늘과 땅 사이에 살아 있는 것들이 음양을 버리고 어디로 가겠는가?

[49] 故人之聲音, 皆有陰陽之理, 顧人不察耳. [정음해례1ㄱ:6-7제자해]

♣ 그러므로 사람의 말소리(성음) 모두 음양의 이치가 있는 것인데, 생각해 보니 사람들이 살피지 못했을 뿐이다.

[50] 今正音之作, 初非智營而力索, 但因其聲音而極其理而已. [정음해례1ㄱ:7-8_제자해]

♣ 이제 정음이 만들어지게 된 것도 애초부터 지혜를 굴리고 힘들여 찾은 것이 아니고, 단지 말소리의 이치를 끝까지 파고들었을 뿐이다.

[51] 理旣不二, 則何得不與天地鬼神同其用也. [정음해례1ㄴ:1-2_제자해]

♣ 그 이치가 이미 둘이 아니니, 어찌 천지자연의 혼령과 신령스러운 정령과 함께 정음을 쓰지 않겠는가?

[52] 正音二十八字, 各象其形而制之. [정음해례1ㄴ:2-3_제자해]

♣ 정음 스물여덟 자는 각각 그 모양을 본떠서 만들었다.

[53] 初聲凡十七字. [정음해례1ㄴ:3_제자해]

♣ 첫소리글자는 모두 열일곱 자다.

[54] 牙音ㄱ, 象舌根閉喉之形. [정음해례1ㄴ:4_제자해]

♣ 어금닛소리글자 ㄱ[기]는 혀뿌리가 목을 막는 모양을 본떴다.

[55] 舌音ㄴ, 象舌附上腭之形. [정음해례1ㄴ:4-5_제자해]

♣ 혓소리글자 ㄴ[니]는 혀가 윗잇몸에 닿는 모양을 본떴다.

[56] 脣音ㅁ, 象口形. [정음해례1ㄴ:5-6_제자해]

♣ 입술소리글자 ㅁ[미]는 입 모양을 본떴다.

[57] 齒音ㅅ, 象齒形. [정음해례1ㄴ:6_제자해]

♣ 잇소리글자 ㅅ[시]는 이 모양을 본떴다.

[58] 喉音ㅇ, 象喉形. [정음해례1ㄴ:6_제자해]

♣ 목구멍소리글자 ㅇ[이]는 목구멍 모양을 본떴다.

[59] ㅋ比ㄱ, 聲出稍厲, 故加畫. [정음해례1ㄴ:6-7_제자해]

♣ ㅋ[키]는 ㄱ[기]에 비해서 소리가 조금 세게 나는 까닭으로 획을 더하였다.

[60] ㄴ而ㄷ, ㄷ而ㅌ, ㅁ而ㅂ, ㅂ而ㅍ, ㅅ而ㅈ, ㅈ而ㅊ, ㅇ而ㆆ, ㆆ而ㅎ, 其因聲加畫之義皆同, 而唯ㆁ爲異. [정음해례1ㄴ:7-2ㄱ:1-2_제자해]

♣ ㄴ[니]에서 ㄷ[디], ㄷ[디]에서 ㅌ[티], ㅁ[미]에서 ㅂ[비], ㅂ[비]에서 ㅍ[피], ㅅ[시]에서 ㅈ[지], ㅈ[지]에서 ㅊ[치], ㅇ[이]에서 ㆆ[히], ㆆ[히]에서 ㅎ[히]가 됨도 그 소리로 말미암아 획을 더한 뜻은 같다. 다만 ㆁ[이]만은 다르다.

[61] 半舌音ㄹ, 半齒音ㅿ, 亦象舌齒之形而異其體, 無加畫之義焉. [정음해례2ㄱ:2-4_제자해]

♣ 반혓소리글자 ㄹ[리], 반잇소리글자 ㅿ[ㅿㅣ]도 또한 혀와 이의 모양을 본떴으나, 그 짜임새를 달리해서 만들었기에 획을 더한 뜻은 없다.

[62] 夫人之有聲, 本於五行. [정음해례2ㄱ:4-5_제자해]

♣ 무릇 사람의 말소리는 오행에 뿌리를 두고 있다.

[63] 故合諸四時而不悖, 叶之五音而不戾. [정음해례2ㄱ:5-6_제자해]

♣ 그러므로 사계절에 합하여도 어그러짐이 없으며, 오음계와 맞추어 봐도 잘 어울리고 틀리지

않는다.

[64] 喉邃而潤, 水也. [정음해례2ㄱ:6_제자해]

♣ 목구멍은 깊숙하고 젖어 있으니 오행으로는 물이다.

[65] 聲虛而通, 如水之虛明而流通也. [정음해례2ㄴ:6-7_제자해]

♣ 말소리가 비어 있는 듯이 통하므로 이는 물이 투명하게 맑아 잘 흐르는 것과 같다.

[66] 於時爲冬, 於音爲羽. [정음해례2ㄱ:7-8_제자해]

♣ 계절로는 겨울이고, 음률로는 '우음계'이다.

[67] 牙錯而長, 木也. [정음해례2ㄱ:8_제자해]

♣ '어금니'는 어긋나고 기니 오행으로는 나무이다.

[68] 聲似喉而實, 如木之生於水而有形也. [정음해례2ㄱ:8-2ㄴ:1_제자해]

♣ 어금닛소리는 목구멍소리와 비슷하나 목이 꽉 차므로 나무가 물에서 나되 형체가 있는 것과 같다.

[69] 於時爲春, 於音爲角. [정음해례2ㄴ:2_제자해]

♣ 계절로는 봄이고, 음률로는 '각음계'이다.

[70] 舌銳而動, 火也. [정음해례2ㄴ:2-3_제자해]

♣ 혀는 재빠르게 움직이니 오행으로는 불이다.

[71] 聲轉而颺, 如火之轉展而揚揚也. [정음해례2ㄴ:3-4_제자해]

♣ 혓소리가 구르고 날리는 것은 불이 타올라 퍼지며 위아래로 오르내림과 같다.

[72] 於時爲夏, 於音爲 °徵. [정음해례2ㄴ:4_제자해]

♣ 계절로는 여름이고, 음률로는 '치음계'이다.

[73] 齒剛而斷, 金也. [정음해례2ㄴ:4-5_제자해]

♣ 이는 억세고 끊을 듯 날카로우니 오행으로는 쇠이다.

[74] 聲屑而滯, 如金之屑瑣而鍛成也. [정음해례2ㄴ:5-6_제자해]

♣ 잇소리가 가루처럼 부서지고 걸리는 듯하게 나는 것은 쇠가 부스러졌다가 다시 불에 달구어 두드리면 단단해지는 것과 같다.

[75] 於時爲秋, 於音爲商. [정음해례2ㄴ:6_제자해]

♣ 계절로는 가을이고, 음률로는 '상음계'이다.

[76] 脣方而合, 土也. [정음해례2ㄴ:6-7_제자해]

♣ 입술은 모난 것이 나란히 합해지니, 오행으로는 땅이다.

[77] 聲含而廣, 如土之含蓄萬物而廣大也. [정음해례2ㄴ:7-8_제자해]

♣ 입술소리가 머금으며 넓은 것은 땅이 만물을 머금으니 넓고 큰 것과 같다.

[78] 於時爲季夏, 於音爲宮. [정음해례2ㄴ:8-3ㄱ:1_제자해]

♣ 계절로는 늦여름이고, 음률로는 '궁음계'이다.

[79] 然水乃生物之源, 火乃成物之用, 故五行之中, 水火爲大. [정음해례3ㄱ:1-2_제자해]

♣ 물은 만물을 낳는 근원이요, 불은 만물을 이루어지게 하는 작용이므로 오행 가운데서 물·불이 으뜸이다.

[80] 喉乃出聲之門, 舌乃辨聲之管, 故五音之中, 喉舌爲主也. [정음해례3ㄱ:2-4_제자해]

♣ 목구멍은 소리가 나오는 문이요, 혀는 소리를 가려내는 악기이므로 오음 가운데서, 목구멍소리와 혓소리가 으뜸이 된다.

[81] 喉居後而牙次之, 北東之位也. [정음해례3ㄱ:4-5_제자해]

♣ 목구멍은 안쪽에 있고 어금니는 그 앞에 있으므로 북쪽과 동쪽의 방위이다.

[82] 舌齒又次之, 南西之位也. [정음해례3ㄱ:5-6_제자해]

♣ 혀와 이가 또한 그다음에 있으니 남쪽과 서쪽의 방위이다.

[83] 脣居末, 土無定位而寄旺四季之義也. [정음해례3ㄱ:6-7_제자해]

♣ 입술은 끝에 있으니, 오행의 흙이 일정한 방위가 없이 네 계절에 기대어 네 계절을 왕성하게 함을 뜻한다.

[84] 是則初聲之中, 自有陰陽五行方位之數也. [정음해례3ㄱ:7-8_제자해]

♣ 이런즉 첫소리 속에도 자체의 음양오행과 방위의 수가 있는 것이다.

[85] 又以聲音淸濁而言之. [정음해례3ㄱ:8-3ㄴ:1_제자해]

♣ 또 말소리를 '맑음과 흐림(청탁)'으로 말해 보자.

[86] ㄱㄷㅂㅈㅅㆆ, 爲全淸. [정음해례3ㄴ:1]

♣ ㄱㄷㅂㅈㅅㆆ[기디비지시히]는 아주 맑은소리 '전청'이 된다.

[87] ㅋㅌㅍㅊㅎ, 爲次淸. [정음해례3ㄴ:2_제자해]

♣ ㅋㅌㅍㅊㅎ[키티피치히]는 덜 맑은소리 '차청'이 된다.

[88] ㄲㄸㅃㅉㅆㆅ, 爲全濁. [정음해례3ㄴ:2-3_제자해]

♣ ㄲㄸㅃㅉㅆㆅ[끼띠삐찌씨혀]는 아주 흐린소리 '전탁'이 된다.

[89] ㆁㄴㅁㅇㄹㅿ, 爲不淸不濁. [정음해례3ㄴ:3_제자해]

♣ ㆁㄴㅁㅇㄹㅿ[이니미이리시]는 맑지도 흐리지도 않은 '불청불탁[울림소리]'이 된다.

[90] ㄴㅁㅇ, 其聲取不厲, 故次序雖在於後, 而象形制字則爲之始. [정음해례3ㄴ:4-5_제자해]

♣ ㄴㅁㅇ[니미이]는 소리가 가장 세지 않으므로, 차례로는 비록 뒤에 있으나, 모양을 본떠 글자를 만드는 시초가 된다.

[91] ㅅㅈ雖皆爲全淸, 而ㅅ比ㅈ, 聲不厲, 故亦爲制字之始. [정음해례3ㄴ:6-7_제자해]

♣ ㅅ[시]와 ㅈ[지]는 비록 다 아주 맑은소리 '전청'이지만 ㅅ[시]는 ㅈ[지]에 비하여 소리가 거세지 않으므로 글자를 만드는 데 시초가 되었다.

[92] 唯牙之ㆁ, 雖舌根閉喉聲氣出鼻, 而其聲與ㅇ相似, 故韻書疑與喩多相混用, 今亦取象於喉, 而不爲牙音制字之始. [정음해례3ㄴ:7-8-4ㄱ:1-3_제자해]

♣ 오직 어금닛소리의 ㆁ[이]는 비록 혀뿌리가 목구멍을 막아서 코로 소리 기운이 나가지만 ㆁ[이]의 소리는 ㅇ[이]와 비슷해서 중국 한자음사전(운서)에서도 ㆁ[이]와 ㅇ[이]가 많이 혼용된다. 이제 ㆁ[이]는 목구멍을 본떠 만들었으되, 어금닛소리 글자를 만드는 시초로 삼지 않았다.

[93] 盖喉屬水而牙屬木, ㆁ雖在牙而與ㅇ相似, 猶木之萌芽生於水而柔軟, 尙多水氣也.
[정음해례4ㄱ:3-5_제자해]

♣ 대개 목구멍은 물에 속하고 어금니는 나무에 속하는 까닭에 ㆁ[이]는 비록 어금니에 속해 있으면서도 ㅇ[이]와 비슷하여 마치 나무의 싹이 물에서 나와 부드러우며 오히려 물기가 많은 것과 같기 때문이다.

[94] ㄱ木之成質, ㅋ木之盛゜長, ㄲ木之老壯, 故至此乃皆取象於牙也. [정음해례4ㄱ:5-7_제자해]

♣ ㄱ[기]는 나무가 바탕을 이룬 것이고, ㅋ[키]는 나무가 무성하게 자란 것이고, ㄲ[끼]는 나무가 오래되어 굳건해진 것이니, 이는 한결같이 모두 어금니를 본뜬 데서 비롯된 것이다.

[95] 全淸並書則爲全濁, 以其全淸之聲凝則爲全濁也. [정음해례4ㄱ:7-4ㄴ:1_제자해]

♣ 아주 맑은소리 '전청' 글자를 나란히 쓰면 아주 흐린소리 '전탁'이 되는 것은 아주 맑은 소리가 엉기면 아주 흐린소리가 되기 때문이다.

[96] 唯喉音次淸爲全濁者, 盖以ㆆ聲深不爲之凝, ㅎ比ㆆ聲淺, 故凝而爲全濁也. [정음해례4ㄴ:1-3_제자해]

♣ 다만, 목구멍소리만은 덜 맑은소리 '차청'이 아주 흐린소리 '전탁'이 되는데, 그것은 대개 ㆆ[히]는 소리가 깊어서 엉기지 않고, ㅎ[히]는 ㆆ[히]에 비하여 소리가 얕아서 엉기어 아주 흐린소리 '전탁'이 되기 때문이다.

[97] ㅇ連書脣音之下, 則爲脣輕音者, 以輕音脣乍合而喉聲多也. [정음해례4ㄴ:3-5_제자해]

♣ ㅇ[이]를 입술소리 글자 아래에 이어 쓰면 곧 입술가벼운소리(순경음)가 되는데, 이러한 입술가벼운 소리는 입술이 살짝 다물어지면서 목구멍소리가 많아지기 때문이다.

[98] 中聲凡十一字. [정음해례4ㄴ:5_제자해]

♣ 가운뎃소리글자는 모두 열한 자이다.

[99] ㆍ舌縮而聲深, 天開於子也. [정음해례4ㄴ:5-6_제자해]

♣ ㆍ는 혀가 오그라드니 소리가 깊어서, 하늘이 자시(밤 11시~1시)에서 열리는 것과 같다.

[100] 形之圓, 象乎天也. [정음해례4ㄴ:6-7_제자해]

♣ 둥근 글꼴은 하늘을 본떴다.

[101] ㅡ舌小縮而聲不深不淺, 地闢於丑也. [정음해례4ㄴ:7-8_제자해]

♣ ㅡ는 혀가 조금 오그라드니 그 소리가 깊지도 얕지도 않으므로 땅이 축시(밤 1시-3시)에 열리는 것과 같다.

[102] 形之平, 象乎地也. [정음해례4ㄴ:8_제자해]

♣ 평평한 글꼴은 땅을 본떴다.

[103] ㅣ舌不縮而聲淺, 人生於寅也. [정음해례4ㄴ:8-5ㄱ:1_제자해]

♣ ㅣ는 혀가 오그라지지 않아 소리는 얕으니, 사람이 인시(새벽 3시~5시)에서 생기는 것과 같다.

[104] 形之立, 象乎人也. [정음해례5ㄱ:1-2_제자해]

♣ 바로 선 글꼴은 사람을 본떴다.

[105] 此下八聲, 一闔一闢. [정음해례5ㄱ:2_제자해]

♣ 다음 여덟 가운뎃소리는 어떤 것은 거의 닫히고 어떤 것은 열린다.

[106] ㅗ與 • 同而口蹙, 其形則 • 與ㅡ合而成, 取天地初交之義也. [정음해례5ㄱ:2-4_제자해]

♣ ㅗ는 •와 같은 가운뎃소리[양성모음]이나 입을 더 오므리며 그 모양이 •가 ㅡ와 합해서 이루어진 것은 하늘과 땅이 처음으로 사귄다는 뜻을 담았다.

[107] ㅏ與 • 同而口張, 其形則 ㅣ與 • 合而成, 取天地之用發於事物待人而成也. [정음해례5ㄱ:4-6_제자해]

♣ ㅏ는 •와 같은 가운뎃소리[양성모음]이나 입을 더 벌리며 그 모양은 ㅣ와 •가 서로 합하여 이루어진 것으로, 하늘과 땅의 쓰임이 일과 사물에서 나타나서 사람을 기다려 이루어진다는 뜻을 담은 것이다.

[108] ㅜ與ㅡ同而口蹙, 其形則ㅡ與 • 合而成, 亦取天地初交之義也. [정음해례5ㄱ:7-8_제자해]

♣ ㅜ는 ㅡ와 같은 가운뎃소리[음성모음]이나 입을 더 오므리며 그 모양이 ㅡ가 •와 합해서 이루어진 것은 역시 하늘과 땅이 처음으로 사귄다는 뜻을 담았다.

[109] ㅓ與ㅡ同而口張, 其形則 • 與ㅣ合而成, 亦取天地之用發於事物待人而成也. [정음해례5ㄱ:8-5ㄴ:1-3_제자해]

♣ ㅓ는 ㅡ와 같은 가운뎃소리[음성모음]이나 입을 더 벌리니 그 모양은 •와 ㅣ가 합해서 이루어진 것이며, 역시 하늘과 땅의 쓰임이 일과 사물에서 나타나되 사람을 기다려서 이루어진 뜻을 담은 것이다.

[110] ㅛ與ㅗ同而起於ㅣ. [정음해례5ㄴ:3_제자해]

♣ ㅛ는 ㅗ와 같은 가운뎃소리[양성모음]이나 그 소리는 ㅣ에서 비롯된다.

[111] ㅑ與ㅏ同而起於ㅣ. [정음해례5ㄴ:3-4_제자해]

♣ ㅑ는 ㅏ와 같은 가운뎃소리[양성모음]이나 그 소리는 ㅣ에서 비롯된다.

[112] ㅠ與ㅜ同而起於ㅣ. [정음해례5ㄴ:4-5_제자해]

♣ ㅠ는 ㅜ와 같은 가운뎃소리[음성모음]이나 그 소리는 ㅣ에서 비롯된다.

[113] ㅕ與ㅓ同而起於ㅣ. [정음해례5ㄴ:5_제자해]

♣ ㅕ는 ㅓ와 같은 가운뎃소리[음성모음]이나 그 소리는 ㅣ에서 비롯된다.

[114] ㅗ ㅏ ㅜ ㅓ 始於天地, 爲初出也. [정음해례5ㄴ:5-6_제자해]

♣ ㅗ ㅏ ㅜ ㅓ는 하늘과 땅에서 비롯된 것이므로 '처음 나온 것(초출자)'이다.

[115] ㅛ ㅑ ㅠ ㅕ起於ㅣ而兼乎人, 爲再出也. [정음해례5ㄴ:6-7_제자해]

♣ ㅛ ㅑ ㅠ ㅕ는 그 소리가 ㅣ에서 비롯되어 사람(ㅣ)을 겸하였으므로 '거듭 나온 것(재출자)' 이다.

[116] ㅗ ㅏ ㅜ ㅓ之一其圓者, 取其初生之義也. [정음해례5ㄴ:7-8-6ㄱ:1_제자해]

♣ ㅗ ㅏ ㅜ ㅓ에서 둥근 것(•)을 하나로 한 것은 '처음 생긴 것(초생자)'이라는 뜻을 담았다.

[117] ㅛ ㅑ ㅠ ㅕ之二其圓者, 取其再生之義也. [정음해례6ㄱ:1-2_제자해]

♣ ㅛ ㅑ ㅠ ㅕ에서 그 둥근 것(•)을 둘로 한 것은 '다시 생겨난 것(재생자)'이라는 뜻을 담은 것이다.

[118] ㅗ ㅏ ㅛ ㅑ之圓居上與外者, 以其出於天而爲陽也. [정음해례6ㄱ:2-3_제자해]

♣ ㅗ ㅏ ㅛ ㅑ의 둥근 것(•)이 위와 밖에 놓인 것은 하늘(•)에서 나와 양성이 되기 때문이다.

[119] ᅮᅥᅲᅧ之圓居下與內者, 以其出於地而爲陰也. [정음해례6ㄱ:3-5_제자해]

♣ ᅮᅥᅲᅧ의 둥근 것(•)이 아래쪽과 안쪽에 있는 것은 땅(ㅡ)에서 나와 음성이 되기 때문이다.

[120] •之貫於八聲者, 猶陽之統陰而周流萬物也. [정음해례6ㄱ:5-6_제자해]

♣ •가 여덟 가운뎃소리글자에 두루 다 있는 것은 마치 양성이 음성을 거느리고 만물에 두루 흐름과 같다.

[121] ᅭᅣᅲᅧ之皆兼乎人者, 以人爲萬物之靈而能參兩儀也. [정음해례6ㄱ:6-8_제자해]

♣ ᅭᅣᅲᅧ가 모두 사람을 뜻하는 ㅣ소리가 들어 있는 것은 사람이 만물의 영장으로 능히 하늘(양)과 땅(음)이 하는 일에 참여할 수 있기 때문이다.

[122] 取象於天地人而三才之道備矣. [정음해례6ㄱ:8-6ㄴ:1_제자해]

♣ 가운뎃소리글자들은 하늘(•), 땅(ㅡ), 사람(ㅣ)을 본뜬 것을 가졌으니, 삼재(하늘·땅·사람) 이치가 갖추어졌다.

[123] 然三才爲萬物之先, 而天又爲三才之始, 猶•ㅡㅣ三字爲八聲之首, 而•又爲三字之冠也. [정음해례6ㄴ:1-4_제자해]

♣ 그러므로 하늘·땅·사람의 삼재가 만물의 우선이 되고, 하늘이 삼재의 시작이 되는 것과 같이 •ㅡㅣ 석 자가 여덟 가운뎃소리글자의 머리가 되고 또한 • 자가 석 자의 으뜸이 됨과 같다.

[124] ᅩ初生於天, 天一生水之位也. [정음해례6ㄴ:4-5_제자해]

♣ ᅩ가 처음으로 하늘에서 생겨나니 하늘의 수로는 1이고 물을 낳는 자리다.

[125] ᅡ次之, 天三生木之位也. [정음해례6ㄴ:5_제자해]

♣ ᅡ가 다음으로 생겨나 하늘의 수로는 3이고 나무를 낳는 자리다.

[126] ᅮ初生於地, 地二生火之位也. [정음해례6ㄴ:6_제자해]

♣ ᅮ가 처음으로 땅에서 나니, 땅의 수로는 2이고 불을 낳는 자리다.

[127] ᅥ次之, 地四生金之位也. [정음해례6ㄴ:6-7_제자해]

♣ ᅥ가 다음으로 생겨난 것이니 땅의 수로는 4이고 쇠를 낳는 자리다.

[128] ᆢ再生於天, 天七成火之數也. [정음해례6ㄴ:7-8]

♣ ᆢ가 두 번째로 하늘에서 생겨나니 하늘의 수로는 7이고 불을 이루는 수이다.

[129] ㅑ次之, 天九成金之數也. [정음해례6ㄴ:8-7ㄱ:1_제자해]

♣ ㅑ가 다음으로 생겨나니 하늘의 수로는 9이고 쇠를 이루는 수다.

[130] ㆌ再生於地, 地六成水之數也. [정음해례7ㄱ:1-2_제자해]

♣ ㆌ가 두 번째로 땅에서 생겨나니 땅의 수로는 6이고 물을 이루는 수다.

[131] ㅕ次之, 地八成木之數也. [정음해례7ㄱ:2-3_제자해]

♣ ㅕ가 다음으로 생겨나니 땅의 수로는 8이고 나무를 이루는 수다.

[132] 水火未離乎氣, 陰陽交合之初, 故闔. [정음해례7ㄱ:3-4_제자해]

♣ 물(ㅗ ㆌ)과 불(ㅜ ᆢ)은 아직 기를 벗어나지 못하고 음과 양이 서로 사귀어 어울리는 시초이기 때문에 입을 거의 오므린다.

[133] 木金陰陽之定質, 故闢. [정음해례7ㄱ:4_제자해]

♣ 나무(ㅏ ㅕ)와 쇠(ㅓ ㅑ)는 음과 양의 바탕을 바로 고정한 것이기 때문에 입을 벌린다.

[134] ・天五生土之位也. [정음해례7ㄱ:4-5_제자해]

♣ ・는 하늘의 수로는 5이고 흙을 낳는 자리다.

[135] ㅡ地十成土之數也. [정음해례7ㄱ:5-6_제자해]

♣ ㅡ는 땅의 수로는 10이고 흙을 이루는 수다.

[136] ㅣ獨無位數者, 盖以人則無極之眞, 二五之精, 妙合而凝, 固未可以定位成數論也. [정음해례7ㄱ:6-8_제자해]

♣ ㅣ만 홀로 자리와 수가 없는 것은 대개 사람은 곧 끝없는 태극의 참과 음양과 오행의 정기가 묘하게 어울리고 엉기어서, 진실로 자리를 정하고 수를 이루는 것을 밝힐 수 없기 때문이다.

[137] 是則中聲之中, 亦自有陰陽五行方位之數也. [정음해례7ㄱ:8-7ㄴ:1_제자해]

♣ 이런즉 가운뎃소리(중성) 속에도 또한 저절로 음양과 오행, 방위의 수가 있는 것이다.

[138] 以初聲對中聲而言之. [정음해례7ㄴ:1-2_제자해]

♣ 첫소리와 가운뎃소리를 맞대어 말해 보자.

[139] 陰陽, 天道也. [정음해례7ㄴ:2_제자해]

♣ 가운뎃소리의 음성과 양성은 하늘의 이치다.

[140] 剛柔, 地道也. [정음해례7ㄴ:3_제자해]

♣ 첫소리의 단단함과 부드러움은 땅의 이치이다.

[141] 中聲者, 一深一淺一闔一闢, 是則陰陽分而五行之氣具焉, 天之用也. [정음해례7ㄴ:3-5_제자해]

♣ 가운뎃소리는 어떤 것은 깊고 어떤 것은 얕고, 어떤 것은 오므리고 어떤 것은 벌리니, 이런즉 음양이 나뉘고, 오행의 기운이 갖추어지니 하늘의 작용이다.

[142] 初聲者, 或虛或實或颺或滯或重若輕, 是則剛柔著而五行之質成焉, 地之功也. [정음해례7ㄴ:5-7_제자해]

♣ 첫소리는 어떤 것은 비고[목구멍소리], 어떤 것은 막히고[어금닛소리], 어떤 것은 날리고[혓소리], 어떤 것은 걸리고[잇소리], 어떤 것은 무겁고[입술무거운소리], 어떤 것은 가벼우니[입술가벼운소리], 이런즉 곧 단단하고 부드러운 것이 드러나서 여기에 오행의 바탕이 이루어진 것이니 땅의 공이다.

[143] 中聲以深淺闔闢唱之於前, 初聲以五音淸濁和之於後, 而爲初亦爲終. [정음해례7ㄴ:7-8ㄱ:1_제자해]

♣ 가운뎃소리가 깊고 얕고 오므라지고 벌림으로써 앞서 소리 나고, 첫소리가 오음의 맑고 흐림으로써 뒤따라 화답하여 첫소리가 되고 또한 끝소리가 된다.

[144] 亦可見萬物初生於地, 復歸於地也. [정음해례8ㄱ:2-3_제자해]

♣ 또한 이는 만물이 땅에서 처음 생겨나서, 다시 땅으로 돌아가는 것으로 볼 수 있다.

[145] 以初中終合成之字言之, 亦有動靜互根陰陽交變之義焉. [정음해례8ㄱ:3-4_제자해]

♣ 첫소리, 가운뎃소리, 끝소리가 합하여 이루어진 글자를 말할 것 같으면, 또한 움직임과 고요함이 서로 뿌리가 되어 음과 양이 서로 바뀌는 뜻이 있다.

[146] 動者, 天也. 靜者, 地也. [정음해례8ㄱ:4-5_제자해]

♠ 움직이는 것은 하늘이요, 고요한 것은 땅이다.

[147] 兼乎動靜者, 人也. [정음해례8ㄱ:5_제자해]

♠ 움직임과 고요함을 겸한 것은 사람이다.

[148] 盖五行在天則神之運也, 在地則質之成也, 在人則仁禮信義智神之運也, 肝心脾肺腎質之成也. [정음해례8ㄱ:6-8_제자해]

♠ 대개 오행이 하늘에서는 신(우주)의 운행이며, 땅에서는 바탕을 이루는 것이요, 사람에서는 어짊·예의·믿음·정의·슬기가 신(작은 우주)의 운행이요, 간장·염통(심장)·지라(비장)·허파(폐장)·콩팥(신장)이 바탕을 이루는 것이다.

[149] 初聲有發動之義, 天之事也. [정음해례8ㄱ:8-8ㄴ:1_제자해]

♠ 첫소리는 움직여 피어나는 뜻이 있으니, 하늘의 일이다.

[150] 終聲有止定之義, 地之事也. [정음해례8ㄴ:1-2_제자해]

♠ 끝소리는 정해져 멈추는 뜻이 있으니, 땅의 일이다.

[151] 中聲承初之生, 接終之成, 人之事也. [정음해례8ㄴ:2-3_제자해]

♠ 가운뎃소리는 첫소리가 생겨난 것을 이어서, 끝소리가 이루어지게 이어주니 사람의 일이다.

[152] 盖字韻之要, 在於中聲, 初終合而成音. [정음해례8ㄴ:3-6_제자해]

♠ 대개 글자 소리의 핵심은 가운뎃소리에 있으니, 첫소리·끝소리와 합하여 음절을 이룬다.

[153] 亦猶天地生成萬物, 而其財成輔相則必賴乎人也. [정음해례8ㄴ:4-6_제자해]

♠ 또 오히려 하늘과 땅이 만물을 생겨나게 해도, 그것이 쓸모 있게 돕는 것은 반드시 사람한테 힘입음과 같다.

[154] 終聲之復用初聲者, 以其動而陽者乾也, 靜而陰者亦乾也, 乾實分陰陽而無不君宰 也. [정음해례8ㄴ:6-8_제자해]

♠ 끝소리글자에 첫소리글자를 다시 쓰는 것은 움직여서 양인 것도 하늘이요, 고요해서 음인 것도 하늘이니, 하늘은 실제로는 음과 양을 구분한다 하더라도 임금(하늘)이 주관하고 다스리지 않음이 없기 때문이다.

[155] 一元之氣, 周流不窮, 四時之運, 循環無端, 故貞而復元, 冬而復春. [정음해례9ㄱ:1-2_제자해]

♣ 하나의 바탕 기운이 두루 흘러 다하지 않고, 사계절 바뀜이 돌고 돌아 끝이 없으니 만물의 거둠에서 다시 만물의 시초가 되듯 겨울은 다시 봄이 되는 것이다.

[156] 初聲之復爲終, 終聲之復爲初, 亦此義也. [정음해례9ㄱ:2-4_제자해]

♣ 첫소리글자가 다시 끝소리글자가 되고 끝소리글자가 다시 첫소리글자가 되는 것도 역시 이와 같은 뜻이다.

[157] 吁. 正音作而天地萬物之理咸備, 其神矣哉. [정음해례9ㄱ:4-5_제자해]

♣ 아! 정음이 만들어져 천지 만물의 이치가 모두 갖추어졌으니, 참으로 신묘하구나!

[158] 是殆天啓聖心而假手焉者乎. [정음해례9ㄱ:5-6_제자해]

♣ 이는 틀림없이 하늘이 성왕(세종)의 마음을 일깨워, 세종의 손을 빌려 정음을 만들게 한 것이로구나!

訣曰 [정음해례9ㄱ:6_제자해_갈무리시]

♣ 갈무리시

[159] 天地之化本一氣
陰陽五行相始終 [정음해례9ㄱ:7-8_제자해_갈무리시]

♣ 하늘과 땅의 조화는 본디 하나의 기운이니
음양과 오행이 서로 처음이 되며 끝이 되네.

[160] 物於兩間有形聲
元本無二理數通 [정음해례9ㄴ:1-2_제자해_갈무리시]

♣ 만물이 하늘과 땅 사이에서 꼴과 소리 있으되
근본은 둘이 아니니 이치와 수로 통하네.

[161] 正音制字尙其象
因聲之厲每加畫 [정음해례9ㄴ:3-4_제자해_갈무리시]

♣ 정음 글자 만들 때 주로 그 꼴을 본뜨니
소리 세기에 따라 획을 더하였네.

[162] 音出牙舌脣齒喉
是爲初聲字十七 [정음해례9ㄴ:5-6_제자해_갈무리시]
♣ 소리는 어금니·혀·입술·이·목구멍에서 나니
여기에서 첫소리글자 열일곱이 나왔네.

[163] 牙取舌根閉喉形
唯業似欲取義別 [정음해례9ㄴ:7-8_제자해_갈무리시]
♣ 어금닛소리 글자는 혀뿌리가 목구멍을 막는 모양을 취하였는데
오직 ㆁ[이]만은 ㅇ[이]와 비슷하나 담은 뜻이 다르네.

[164] 舌迺象舌附上腭
脣則實是取口形 [정음해례10ㄱ:1-2_제자해_갈무리시]
♣ 혓소리글자는 혀가 윗잇몸에 닿는 모양을 본뜨고
입술소리 글자는 바로 입 꼴을 취하였네.

[165] 齒喉直取齒喉象
知斯五義聲自明 [정음해례10ㄱ:3-4_제자해_갈무리시]
♣ 잇소리글자와 목구멍소리글자는 바로 이와 목구멍의 모양을 본떴으니
이 다섯 자 뜻을 알면 소리 이치는 절로 밝혀지네.

[166] 又有半舌半齒音
取象同而體則異 [정음해례10ㄱ:5-6_제자해_갈무리시]
♣ 또한 반혓소리글자(ㄹ), 반잇소리글자(ㅿ)가 있는데
본뜬 것은 같은데 짜임새가 다르네.

[167] 那彌戌欲聲不厲
次序雖後象形始 [정음해례10ㄱ:7-8_제자해_갈무리시]
♣ "ㄴ[니], ㅁ[미], ㅅ[시], ㅇ[이]" 소리는 세지 않으므로
차례는 비록 뒤이나 꼴을 본뜨는 처음이 되네.

[168] 配諸四時與冲氣
五行五音無不協 [정음해례10ㄴ:1-2_제자해_갈무리시]
♣ 이것을 네 계절과 천지 기운에 맞추어 보니

오행과 오음계에 어울리지 않음이 없네.

[169] 維喉爲水冬與羽
牙迺春木其音角 [정음해례10ㄴ:3-4_제자해_갈무리시]
♣ 목구멍소리는 '물'이 되니 '겨울'과 '우음계'요
어금닛소리는 '봄'이며 '나무'이니 그 소리는 '각음계'이네.

[170] °徵音夏火是舌聲
齒則商秋又是金 [정음해례10ㄴ:5-6_제자해_갈무리시]
♣ '치음계'에 '여름'이며 '불'인 것은 혓소리요, 잇소리는 곧 '상음계'이며 '가을'이니 또한 '쇠'이네.

[171] 脣於位數本無定
土而季夏爲宮音 [정음해례10ㄴ:7-8_제자해_갈무리시]
♣ 입술소리는 방위와 수가 본디 정해진 것이 없으니
'흙'이며 '늦여름'이니 '궁음계'가 되네.

[172] 聲音又自有淸濁
要於初發細推尋 [정음해례11ㄱ:1-2_제자해_갈무리시]
♣ 말소리는 또한 스스로 맑고 흐림이 있으니
중요한 것은 첫소리 날 때에 자세히 헤아려 살펴야 하네.

[173] 全淸聲是君斗彆
即戌挹亦全淸聲 [정음해례11ㄱ:3-4_제자해_갈무리시]
♣ 아주 맑은소리 '전청'은 "ㄱ[기], ㄷ[디], ㅂ[비]"이며
"ㅈ[지], ㅅ[시], ㆆ[히]"도 또한 아주 맑은소리 '전청'이라네.

[174] 若迺快呑漂侵虛
五音各一爲次淸 [정음해례11ㄱ:5-6_제자해_갈무리시]
♣ ㅋ[키], ㅌ[티], ㅍ[피], ㅊ[치], ㅎ[히]"와 같은 것은
오음 각 하나씩의 덜 맑은소리 '차청'이 되네.

[175] 全濁之聲虯覃步
又有慈邪亦有洪 [정음해례11ㄱ:7-8_제자해_갈무리시]

♣ 아주 흐린소리 '전탁'은 "ㄲ[끼], ㄸ[띠], ㅃ[삐]"에다
"ㅉ[찌], ㅆ[씨]"가 있고 또한 "ㆅ[혜]"가 있네.

[176] 全淸並書爲全濁
唯洪自虛是不同 [정음해례11ㄴ:1-2_제자해_갈무리시]

♣ 아주 맑은소리 '전청' 글자를 나란히 쓰면 아주 흐린소리 '전탁' 글자가 되는데
다만 'ㆅ'[혜]만은 'ㅎ[히]'에서 나와 이것만 같지 않네.

[177] 業那彌欲及閭穰
其聲不淸又不濁 [정음해례11ㄴ:3-4_제자해_갈무리시]

♣ "ㆁ[이], ㄴ[니], ㅁ[미], ㅇ[이]"와 "ㄹ[리], ㅿ[시]"는
그 소리 맑지도 또 흐리지도 않네.

[178] 欲之連書爲脣輕
喉聲多而脣乍合 [정음해례11ㄴ:5-6_제자해_갈무리시]

♣ ㅇ[이]를 입술소리에 이어 쓰면 입술가벼운소리가 되는데
목구멍소리가 많아지면서 입술을 살짝 다물어 주네.

[179] 中聲十一亦取象
精義未可容易觀 [정음해례11ㄴ:7-8_제자해_갈무리시]

♣ 가운뎃소리글자 열한 자 또한 꼴을 본떴는데
섬세한 뜻은 아직 쉽게 볼 수 없네.

[180] 呑擬於天聲最深
所以圓形如彈丸 [정음해례12ㄱ:1-2_제자해_갈무리시]

♣ •는 하늘을 본뜬 것으로 소리가 가장 깊으니
둥근 꼴이 총알 같네.

[181] 即聲不深又不淺
其形之平象乎地 [정음해례12ㄱ:3-4_제자해_갈무리시]

♣ ㅡ 소리는 깊지도 않고 얕지도 않아
그 평평한 꼴은 땅을 본떴네.

[182] 侵象人立厥聲淺

三才之道斯爲備 [정음해례12ㄱ:5-6_제자해_갈무리시]

♣ ㅣ는 사람이 선 모습을 본뜬 것으로 그 소리 얕으니
하늘·땅·사람의 세 바탕 이치가 이에 갖추어졌네.

[183] 洪出於天尙爲闔

象取天圓合地平 [정음해례12ㄱ:7-8_제자해_갈무리시]

♣ ㅗ는 하늘(•)에서 나와 입을 거의 닫으니
하늘의 둥긂과 땅의 평평함을 아울러 담은 것을 본떴네.

[184] 覃亦出天爲已闢

發於事物就人成 [정음해례12ㄴ:1-2_제자해_갈무리시]

♣ ㅏ도 하늘에서 나와 입이 많이 열려 있으니
일과 사물에서 피어나 사람에서 이루어짐이네.

[185] 用初生義一其圓

出天爲陽在上外 [정음해례12ㄴ:3-4_제자해_갈무리시]

♣ 처음 생겨나는 뜻을 사용하여 둥근 점을 하나로 하였으니
하늘에서 나와 '양'이 되어 위와 밖에 놓이네.

[186] 欲穰兼人爲再出

二圓爲形見°其義 [정음해례12ㄴ:5-6_제자해_갈무리시]

♣ ㅛ, ㅑ는 사람을 겸하여 '거듭 나온 것'이 되니
두 개의 둥근 꼴로 그 뜻을 보이네.

[187] 君業戌彆出於地

據例自知何須評 [정음해례12ㄴ:7-8_제자해_갈무리시]

♣ ㅜ와 ㅓ와 ㅠ와 ㅕ는 땅에서 나니
보기를 들면 저절로 알 것을 어찌 꼭 풀이를 해야 하랴.

[188] 呑之爲字貫八聲

維天之用徧流行 [정음해례13ㄱ:1-2_제자해_갈무리시]

♣ • 글자가 여덟 가운뎃소리글자에 두루 있음은

오직 하늘의 작용이 두루 흘러 다님이네.

[189] 四聲兼人亦有由

人參天地爲最靈 [정음해례13ㄱ:3-4_제자해_갈무리시]

♣ 네 소리(ㅛ ㅑ ㅠ ㅕ)가 사람[ㅣ]을 겸함도 또한 까닭이 있으니
사람(ㅣ)이 하늘과 땅에 참여하는데 가장 신령하기 때문이네.

[190] 且就三聲究至理

自有剛柔與陰陽 [정음해례13ㄱ:5-6_제자해_갈무리시]

♣ 또 첫·가운데·끝 세 소리의 깊은 이치를 살피면
단단함과 부드러움, 음과 양이 저절로 있네.

[191] 中是天用陰陽分

初迺地功剛柔彰 [정음해례13ㄱ:7-8_제자해_갈무리시]

♣ 가운뎃소리는 하늘의 작용으로서 음양으로 나뉘고
첫소리는 땅의 공로로 단단함과 부드러움을 나타내네.

[192] 中聲唱之初聲和

天先乎地理自然 [정음해례13ㄴ:1-2_제자해_갈무리시]

♣ 가운뎃소리가 부르면 첫소리가 응하니
하늘이 땅보다 앞섬은 자연의 이치이네.

[193] 和者爲初亦爲終

物生復歸皆於坤 [정음해례13ㄴ:3-4_제자해_갈무리시]

♣ 응하는 것이 첫소리도 되고 또 끝소리도 되니
만물이 땅에서 나와 다시 모두 땅으로 되돌아감이네.

[194] 陰變爲陽陽變陰

一動一靜互爲根 [정음해례13ㄴ:5-6_제자해_갈무리시]

♣ 음이 바뀌어 양이 되고 양이 바뀌어 음이 되니
한 번 움직이고 한 번 고요함이 서로 뿌리가 되네.

[195] 初聲復有發生義
爲陽之動主於天 [정음해례13ㄴ:7-8_제자해_갈무리시]
♣ 첫소리는 다시 피어나는 뜻이 있으니
양의 움직임으로 하늘의 임자 되네.

[196] 終聲比地陰之靜
字音於此止定焉 [정음해례14ㄱ:1-2_제자해_갈무리시]
♣ 끝소리는 땅에 비유되어 음의 고요함이니
글자 소리가 여기서 그쳐 정해지네.

[197] 韻成要在中聲用
人能輔相天地宜 [정음해례14ㄱ:3-4_제자해_갈무리시]
♣ 음절을 이루는 핵심은 가운뎃소리의 쓰임새에 있으니
사람이 능히 하늘과 땅의 마땅함을 도울 수 있기 때문이네.

[198] 陽之爲用通於陰
至而伸則反而歸 [정음해례14ㄱ:5-6_제자해_갈무리시]
♣ 양의 쓰임은 음에 통하니
이르러 펴면 도로 돌아오네.

[199] 初終雖云分兩儀
終用初聲義可知 [정음해례14ㄱ:7-8_제자해_갈무리시]
♣ 첫소리글자와 끝소리글자가 비록 하늘과 땅으로 나뉜다고 하나
끝소리글자에 첫소리글자를 쓰는 뜻을 알 수 있네.

[200] 正音之字只廿八
探賾錯綜窮深幾 [정음해례14ㄴ:1-2_제자해_갈무리시]
♣ 정음 글자는 스물여덟뿐이로되
심오하고 복잡한 걸 탐구하여 근본 깊이가 어떠한가를 밝혀낼 수 있네.

[201] 指遠言近牖民易
天授何曾智巧爲 [정음해례14ㄴ:3-4_제자해_갈무리시]
♣ 뜻은 멀되 말은 가까워 백성을 깨우치기 쉬우니

하늘이 주신 것이지 어찌 일찍이 슬기와 기교로 되었으리오.

2. 초성해(初聲解)

[202] 正音初聲, 即韻書之字母也. [정음해례14ㄴ:6_초성해]

♣ 정음의 첫소리는 곧 한자음 사전(운서)에서 한 음절의 첫소리(성모)이다.

[203] 聲音由此而生, 故曰母. [정음해례14ㄴ:7_초성해]

♣ 말소리가 이에서 비롯되므로 이르기를 '어미(모)'라 한 것이다.

[204] 如牙音君字初聲是ㄱ, ㄱ與ᅟᅮᆫ而爲군. [정음해례14ㄴ:7-8_초성해]

♣ 어금닛소리글자는 '군' 자의 첫소리글자인 ㄱ[기]인데, ㄱ[기]가 ᅟᅮᆫ과 어울려 '군'이 된다.

[205] 快字初聲是ㅋ, ㅋ與ᅟᅫ而爲쾌. [정음해례15ㄱ:1_초성해]

♣ '쾌' 자의 첫소리글자는 ㅋ[키]인데, ㅋ[키]가 ᅟᅫ와 합하여 '쾌'가 된다.

[206] 虯字初聲是ㄲ, ㄲ與ᅟᅲ而爲뀨. [정음해례15ㄱ:1-2_초성해]

♣ '뀨' 자의 첫소리글자는 ㄲ[끼]인데, ㄲ[끼]가 ᅟᅲ와 합하여 '뀨'가 된다.

[207] 業字初聲是ㆁ, ㆁ與ᅟᅥᆸ而爲ᅌᅥᆸ之類. [정음해례15ㄱ:2-3_초성해]

♣ ᅌᅥᆸ의 첫소리글자는 ㆁ[이]인데, ㆁ[이]가 ᅟᅥᆸ과 합하여 'ᅌᅥᆸ'이 되는 따위와 같다.

[208] 舌之斗呑覃那, 脣之彆漂步彌, 齒之即侵慈戌邪, 喉之挹虛洪欲, 半舌半齒之閭穰, 皆倣此. [정음해례15ㄱ:3-6_초성해]

♣ 혓소리글자의 "ㄷ ㅌ ㄸ ㄴ[디티띠니]", 입술소리글자의 "ㅂ ㅍ ㅃ ㅁ[비피삐미]", 잇소리글자의 "ㅈ ㅊ ㅉ ㅅ ㅆ[지치찌시씨]", 목구멍소리글자의 "ㆆ ㅎ ㆅ ㅇ[히히혜이]", 반혓소리・반잇소리글자의 "ㄹ ㅿ[리ᅀᅵ]"도 모두 이와 같다.

訣曰 [정음해례15ㄱ:6_초성해_갈무리시]

♣ 갈무리시

[209] 君快虯業其聲牙

舌聲斗呑及覃那 [정음해례15ㄱ:7–8_초성해_갈무리시]

♣ "ㄱ ㅋ ㄲ ㆁ[기키끼이]"는 어금닛소리글자이고

혓소리글자로는 "ㄷ ㅌ[디티]"와 "ㄸ ㄴ[띠니]"가 있네.

[210] 彆漂步彌則是脣

齒有即侵慈戌邪 [정음해례15ㄴ:1–2_초성해_갈무리시]

♣ "ㅂ ㅍ ㅃ ㅁ[비피삐미]"는 곧 입술소리글자이고

잇소리글자로는 "ㅈ ㅊ ㅉ ㅅ ㅆ[지치찌시씨]"가 있네.

[211] 挹虛洪欲迺喉聲

閭爲半舌穰半齒 [정음해례15ㄴ:3–4_초성해_갈무리시]

♣ "ㆆ ㅎ ㆅ ㅇ[ᅙᅵ히ᅘᅵ이]"는 곧 목구멍소리글자이고

ㄹ[리]는 반혓소리글자이고, ㅿ[ᅀᅵ]는 반잇소리글자이네.

[212] 二十三字是爲母

萬聲生生皆自此 [정음해례15ㄴ:5–6_초성해_갈무리시]

♣ 스물세 자가 첫소리글자가 되니

온갖 소리가 모두 다 여기에서 생겨나네.

3. 중성해(中聲解)

[213] 中聲者, 居字韻之中, 合初終而成音. [정음해례15ㄴ:8–16ㄱ:1_중성해]

♣ 가운뎃소리는 한 음절소리(자운)의 가운데에 있으니 첫소리, 끝소리와 합하여 음절을 이룬다.

[214] 如呑字中聲是 ㆍ, ㆍ居ㅌㄴ之間而爲톤. [정음해례16ㄱ:1–2_중성해]

♣ '톤' 자의 가운뎃소리글자는 ㆍ인데, ㆍ가 ㅌ[티]와 ㄴ[은] 사이에 있어 '톤'이 된다.

[215] 即字中聲是ㅡ, ㅡ, 居ㅈㄱ之間而爲즉. [정음해례16ㄱ:2-3_중성해]

♣ '즉' 자의 가운뎃소리는 ㅡ인데, ㅡ는 ㅈ[지]와 ㄱ[윽] 사이에 놓여 '즉'이 된다.

[216] 侵字中聲是ㅣ, ㅣ居ㅊㅁ之間而爲침之類. [정음해례16ㄱ:3-4_중성해]

♣ '침' 자의 가운뎃소리글자는 ㅣ 인데, ㅣ 가 ㅊ[치]와 ㅁ[음] 사이에 있어 '침'이 되는 것과 같다.

[217] 洪覃君業欲穰戌彆, 皆倣此. [정음해례16ㄱ:4-5_중성해]

♣ "ᅘᅩᆼ·땀·군·업·욕·샹·슏·볃"에서의 "ㅗ ㅏ ㅜ ㅓ ㅛ ㅑ ㅠ ㅕ"도 모두 이와 같다.

[218] 二字合用者, ㅗ與ㅏ同出於ㆍ, 故合而爲ㅘ. [정음해례16ㄱ:5-6_중성해]

♣ 두 글자를 합쳐 쓴 것으로 ㅗ와 ㅏ가 똑같이 ㆍ와 같은 양성 가운뎃소리이므로 합하여 ㅘ가 된다.

[219] ㅛ與ㅑ又同出於ㅣ, 故合而爲ᆜ. [정음해례16ㄱ:6-7_중성해]

♣ ㅛ와 ㅑ는 ㅣ에서 비롯되므로 합하면 ᆜ가 된다.

[220] ㅜ與ㅓ同出於ㅡ, 故合而爲ㅝ. [정음해례16ㄱ:7-8_중성해]

♣ ㅜ와 ㅓ가 똑같이 ㅡ와 같은 음성 가운뎃소리이므로[39] 합하여 ㅝ가 된다.

[221] ㅠ與ㅕ又同出於ㅣ, 故合而爲ᆢ. [정음해례16ㄱ:8-16ㄴ:1_중성해]

♣ ㅠ와 ㅕ가 또한 똑같이 ㅣ에서 비롯되므로 합하여 ᆢ가 된다.

[222] 以其同出而爲類, 故相合而不悖也. [정음해례16ㄴ:1-2_중성해]

♣ 이런 합용자들은 같은 것으로부터 나와 같은 부류가 되므로, 서로 합해도 어그러지지 않는다.

[223] 一字中聲之與ㅣ相合者十, ㆎ ㅢ ㅚ ㅐ ㅟ ㅔ ㆉ ㅒ ㆌ ㅖ是也. [정음해례16ㄴ:2-4_중성해]

♣ 한 낱글자로 된 가운뎃소리글자가 ㅣ와 서로 합한 것이 열이니 "ㆎ ㅢ ㅚ ㅐ ㅟ ㅔ ㆉ ㅒ ㆌ ㅖ"가 그것이다.

[224] 二字中聲之與ㅣ相合者四, ㅙ ㅞ ᆝ ᆢ是也. [정음해례16ㄴ:4-5_중성해]

---

39) 'ㅜ, ㅓ'가 음성모음(ㅡ)이라는 뜻.

♣ 두 낱글자로 된 가운뎃소리글자가 ㅣ와 서로 합한 것은 넷이니 "**ㅙ ㅞ ㆇ ㆈ**"가 그것이다

[225] ㅣ於深淺闔闢之聲, 並能相隨者, 以其舌展聲淺而便於開口也. [정음해례16ㄴ:6-7_중성해]

♣ ㅣ가 깊고, 얕고, 닫히고, 열리는 소리에 두루 능히 서로 따를 수 있는 것은 'ㅣ'소리가 혀가 펴지고 소리가 얕아서 입을 열기 편하기 때문이다.

[226] 亦可見人之參贊開物而無所不通也. [정음해례16ㄴ:7-8-17ㄱ:1_중성해]

♣ 또한 사람(ㅣ)이 만물을 여는 데에 참여하고 도와서 통하지 않는 것이 없음을 볼 수 있다.

訣曰 [정음해례17ㄱ:1_중성해_갈무리시]

♣ 갈무리시

[227] 母字之音各有中
須就中聲尋闢闔 [정음해례17ㄱ:2-3_중성해_갈무리시]

♣ 음절 소리마다 제각기 가운뎃소리가 있으니
모름지기 가운뎃소리에서 벌림과 오므림을 찾아야 하네.

[228] 洪覃自呑可合用
君業出即亦可合 [정음해례17ㄱ:4-5_중성해_갈무리시]

♣ ㅗ와 ㅏ는 ㆍ에서 나왔으니[양성모음] 합하여 쓸 수 있고
ㅜ ㅓ는 ㅡ에서 나왔으니[음성모음] 또한 합하여 쓸 수 있네.

[229] 欲之與穰戌與彆
各有所從義可推 [정음해례17ㄱ:6-7_중성해_갈무리시]

♣ ㅛ와 ㅑ, ㅠ와 ㅕ의 관계는
각각 따르는 곳이 있으니 그 뜻을 이루어 알 수 있네.

[230] 侵之爲用最居多
於十四聲徧相隨 [정음해례17ㄱ:8-17ㄴ:1_중성해_갈무리시]

♣ ㅣ자의 쓰임새가 가장 많아서
열넷의 소리에 두루 서로 따르네.

4. 종성해(終聲解)

[231] 承初中而成字韻. [정음해례17ㄴ:3_종성해]

♣ 끝소리는 첫소리·가운뎃소리를 이어서 음절을 이룬다.

[232] 如即字終聲是ㄱ, ㄱ居ᄌᆞ終而爲즉. [정음해례17ㄴ:3-4_종성해]

♣ 이를테면 '즉' 자의 끝소리글자는 ㄱ[윽]인데, ㄱ[윽]은 'ᄌᆞ'의 끝에 놓여 '즉'이 되는 것과 같다.

[233] 洪字終聲是ㆁ, ㆁ居ᅘᅩ終而爲ᅘᅩᆼ之類. [정음해례17ㄴ:4-5_종성해]

♣ 'ᅘᅩᆼ' 자의 끝소리는 ㆁ[웅]인데, ㆁ[웅]은 ᅘᅩ의 끝에 놓여 ᅘᅩᆼ이 되는 것과 같다.

[234] 舌脣齒喉皆同. [정음해례17ㄴ:6_종성해]

♣ 혓소리글자, 입술소리글자, 잇소리글자, 목구멍소리글자도 모두 같다.

[235] 聲有緩急之殊, 故平上去其終聲不類入聲之促急. [정음해례17ㄴ:6-7_종성해]

♣ 소리에는 느리고 빠른 차이가 있으니, 평성·상성·거성 음절의 끝소리는 입성 음절 끝소리가 매우 빠른 것과 같은 부류가 아니다.

[236] 不淸不濁之字, 其聲不厲, 故用於終則宜於平上去. [정음해례17ㄴ:8-18ㄱ:1_종성해]

♣ 울림소리 '불청불탁' 글자는 그 소리가 세지 않으므로 끝소리로 쓰면 평성·상성·거성에 마땅하다.

[237] 全淸次淸全濁之字, 其聲爲厲, 故用於終則宜於入. [정음해례18ㄱ:1-3_종성해]

♣ 이주 맑은소리 전청, 덜 맑은소리 차청, 아주 흐린소리 전탁 글자는 그 소리가 세므로 끝소리로 쓰면 입성에 마땅하다.

[238] 所以ㆁㄴㅁㅇㄹㅿ六字爲平上去聲之終, 而餘皆爲入聲之終也. [정음해례18ㄱ:3-5_종성해]

♣ 그래서 ㆁㄴㅁㅇㄹㅿ[이니미이리ᅀᅵ]의 여섯 글자가 끝소리로 쓰이는 음절은 평성과 상성과 거성이 되고, 나머지 글자가 끝소리로 쓰이는 음절은 모두 입성이 된다.

[239] 然ㄱㆁㄷㄴㅂㅁㅅㄹ八字可足用也. [정음해례18ㄱ:5-6_종성해]

♣ ㄱㆁㄷㄴㅂㅁㅅㄹ[기이디니비미시리]의 여덟 글자만으로도 끝소리글자를 적기에 충

분 하다.

[240] 如**빗곶**爲梨花, **엸의갗**爲狐皮, 而**ㅅ**字可以通用, 故只用**ㅅ**字. [정음해례18ㄱ:6-8_종성해]

♣ "**빗곶**(배꽃)"이나 "**엸의갗**(여우 가죽)"에서처럼 **ㅅ**[읏] 자로 두루 쓸 수 있어서 오직 **ㅅ**[읏] 자를 쓰는 것과 같다.

[241] 且**ㅇ**聲淡而虛, 不必用於終, 而中聲可得成音也. [정음해례18ㄱ:8-18ㄴ:1_종성해]

♣ 또 **ㅇ**[이]는 소리가 맑고 비어서 반드시 끝소리로 쓰지 않더라도 가운뎃소리만으로 음절을 이룰 수 있다.

[242] **ㄷ**如**볃**爲彆, **ㄴ**如**군**爲君, **ㅂ**如**업**爲業, **ㅁ**如**땀**爲覃, **ㅅ**如諺語·**옷**爲衣, **ㄹ**如諺語:**실**爲絲之類. [정음해례18ㄴ:1-4_종성해]

♣ **ㄷ**[디]는 '**볃**'의 끝소리 **ㄷ**[읃]이 되고, **ㄴ**[니]는 '**군**'의 끝소리 **ㄴ**[은]이 되고, **ㅂ**[비]는 '**업**'의 끝소리 **ㅂ**[읍]이 되며, **ㅁ**[미]는 '**땀**'의 끝소리 **ㅁ**[음]이 되고, **ㅅ**[시]는 토박이말인 '**·옷**'의 끝소리 **ㅅ**[읏]이 되며, **ㄹ**[리]는 토박이말인 '**:실**'의 끝소리 **ㄹ**[을]이 된다.

[243] 五音之緩急, 亦各自爲對. [정음해례18ㄴ:4-5_종성해]

♣ 오음의 느리고 빠름이 또한 각각 스스로 짝이 된다.

[244] 如牙之**ㆁ**與**ㄱ**爲對, 而**ㆁ**促呼則變爲**ㄱ**而急, **ㄱ**舒出則變爲**ㆁ**而緩. [정음해례18ㄴ:5-7_종성해]

♣ 이를테면 어금닛소리의 **ㆁ**[웅]은 **ㄱ**[윽]과 짝이 되어 **ㆁ**[웅]을 빨리 발음하면 **ㄱ**[윽]음으로 바뀌어 빠르고, **ㄱ**[윽]음을 느리게 내면 **ㆁ**[웅]음으로 바뀌어 느린 것과 같다.

[245] 舌之**ㄴㄷ**, 脣之**ㅁㅂ**, 齒之**ㅿㅅ**, 喉之**ㅇㆆ**, 其緩急相對, 亦猶是也. [정음해례18ㄴ:7-8-19ㄱ:1_종성해]

♣ 혓소리의 **ㄴ**[은]음과 **ㄷ**[읃]음, 입술소리의 **ㅁ**[음]음과 **ㅂ**[읍]음, 잇소리의 **ㅿ**[읈]음과 **ㅅ**[읏]음, 목구멍소리의 **ㅇ**[응]음과 **ㆆ**[읗]음도 그 느리고 빠름이 서로 짝이 되니 이와 같다.

[246] 且半舌之**ㄹ**, 當用於諺, 而不可用於文. [정음해례19ㄱ:1-2_종성해]

♣ 또 반혓소리글자인 **ㄹ**[을]은 마땅히 토박이말에나 쓸 것이며 한자어에는 쓸 수 없다.

[247] 如入聲之彆字, 終聲當用**ㄷ**, 而俗習讀爲**ㄹ**, 盖**ㄷ**變而爲輕也. [정음해례19ㄱ:2-4_종성해]

♣ 입성의 '彆(**볃**)' 자와 같은 것도 끝소리글자로 마땅히 **ㄷ**[읃]를 써야 할 것인데 세속 관습으로는 한자어 종성을 **ㄹ**[을] 음으로 읽으니 대개 **ㄷ**[읃] 음이 바뀌어 가볍게 된 것이다.

[248] 若用ㄹ爲彆之終, 則其聲舒緩, 不爲入也. [정음해례19ㄱ:4-5_종성해]

♣ 만일 ㄹ[을]을 '彆[:볋]' 자의 끝소리글자로 쓴다면 그 소리가 펴지고 늘어져 입성이 되지 못한다.

訣曰

♣ 갈무리시

[249] 不淸不濁用於終
爲平上去不爲入 [정음해례19ㄱ:6-7_종성해_갈무리시]

♣ 맑지도 흐리지도 않은 울림소리를 끝소리에 쓰니
평성, 상성, 거성이 되고 입성은 되지 않네.

[250] 全淸次淸及全濁
是皆爲入聲促急 [정음해례19ㄱ:8-19ㄴ:1_종성해_갈무리시]

♣ 아주 맑은소리, 덜 맑은소리, 그리고 아주 흐린소리는
모두 입성이 되어 소리가 매우 빠르네.

[251] 初作終聲理固然
只將八字用不窮 [정음해례19ㄴ:2-3_종성해_갈무리시]

♣ 첫소리글자를 끝소리글자로 쓰는 이치가 본래 그러한데
다만 여덟 자만 가지고도 쓰임에 막힘은 없네.

[252] 唯有欲聲所當處
中聲成音亦可通 [정음해례19ㄴ:4-5_종성해_갈무리시]

♣ 오직 ㅇ[이] 자가 있어야 마땅한 자리라도
가운뎃소리만으로도 음절을 이루어 또한 통할 수 있네.

[253] 若書即字終用君
洪彆亦以業斗終 [정음해례19ㄴ:6-7_종성해_갈무리시]

♣ 만일 '즉' 자를 쓰려면 'ㄱ[윽]'을 끝소리로 하고
"뽕, 볃"은 'ㆁ[응]'과 'ㄷ[읃]'을 끝소리로 하네.

[254] 君業覃終又何如

以那彆彌次苐推 [정음해례19ㄴ:8-20ㄱ:1_종성해_갈무리시]

♣ "군, 업, 땀" 끝소리는 또한 어떨까 하니

"ㄴ[은], ㅂ[읍], ㅁ[음]"을 차례대로 헤아려 보네.

[255] 六聲通乎文與諺

戌閭用於諺衣絲 [정음해례20ㄱ:2-3_종성해_갈무리시]

♣ 여섯 소리(ㄱㆁㄷㄴㅂㅁ/윽읭읃은읍음)는 한자말과 토박이말에 함께 쓰이되

ㅅ[읏]과 ㄹ[을]은 토박이말의 '옷'과 '실'의 끝소리로만 쓰이네.

[256] 五音緩急各自對

君聲迺是業之促 [정음해례20ㄱ:4-5_종성해_갈무리시]

♣ 오음은 각각 느림과 빠름의 짝을 저절로 이루니

ㄱ[윽] 소리는 ㆁ[읭] 소리를 빠르게 낸 것이네.

[257] 斗彆聲緩爲那彌

穰欲亦對戌與挹 [정음해례20ㄱ:6-7_종성해_갈무리시]

♣ ㄷㅂ[읃/읍] 소리가 느려지면 ㄴㅁ[은/음]가 되며

ㅿ[읈]과 ㅇ[응]은 그것 또한 ㅅㆆ[읏읗]의 짝이 되네.

[258] 閭宜於諺不宜文

斗輕爲閭是俗習 [정음해례20ㄱ:8-20ㄴ:1_종성해_갈무리시]

♣ ㄹ[을]은 토박이말 끝소리 표기에는 마땅하나 한자말 표기에는 마땅하지 않으니

ㄷ[읃] 소리가 가벼워져서 ㄹ[을] 소리가 된 것은 곧 일반 관습이네.

5. 합자해(合字解)

[259] 初中終三聲, 合而成字. [정음해례20ㄴ:3_합자해]

♣ 첫소리·가운뎃소리·끝소리 세 낱글자가 합하여 글자를 이룬다.

[260] 初聲或在中聲之上, 或在中聲之左. [정음해례20ㄴ:3-4_합자해]

♣ 첫소리글자는 가운뎃소리글자 위에 쓰기도 하고, 가운뎃소리글자의 왼쪽에 쓰기도 한다.

[261] 如君字ㄱ在ᅮ上, 業字ᅌ在ᅥ左之類. [정음해례20ㄴ:4-5_합자해]

♣ 이를테면 '군' 자의 ㄱ[기]는 ᅮ의 위에 쓰고, '업' 자의 ᅌ[이]는 ᅥ 의 왼쪽에 쓰는 것과 같다.

[262] 中聲則圓者橫者在初聲之下, ᆞ ᅳ ᅩ ᅭ ᅮ ᅲ是也. [정음해례20ㄴ:5-7_합자해]

♣ 가운뎃소리글자는 둥근 것(·)과 가로로 된 것(ᅳ)은 첫소리글자 아래에 쓰니 "ᆞ ᅳ ᅩ ᅭ ᅮ ᅲ"가 이것이다.

[263] 縱者在初聲之右, ᅵ ᅡ ᅣ ᅥ ᅧ 是也. [정음해례20ㄴ:7-8_합자해]

♣ 세로로 된 것은 첫소리글자의 오른쪽에 쓰니 "ᅵ ᅡ ᅣ ᅥ ᅧ"가 이것이다.

[264] 如呑字ᆞ在ㅌ下, 即字ᅳ在ㅈ下, 侵字ᅵ在ㅊ右之類. [정음해례20ㄴ:8-21ㄱ:2_합자해]

♣ 이를테면 '툰' 자의 ᆞ는 ㅌ[티]아래에 쓰고, '즉' 자의 ᅳ는 ㅈ[지]아래에 쓰며, '침' 자의 ᅵ는 ㅊ[치]오른쪽에 쓰는 것과 같다.

[265] 終聲在初中之下. [정음해례21ㄱ:2_합자해]

♣ 끝소리글자는 첫소리글자·가운뎃소리글자 아래에 쓴다.

[266] 如君字ㄴ在구下, 業字ㅂ在어下之類. [정음해례21ㄱ:2-3_합자해]

♣ 이를테면 '군' 자의 ㄴ[은]은 구 아래에 쓰고, '업' 자의 ㅂ[읍]은 어 아래에 쓰는 것과 같다.

[267] 初聲二字三字合用並書, 如諺語ᄯᅡ爲地, ᄧᅡᆨ爲隻, ᄢᅳᆷ爲隙之類. [정음해례21ㄱ:3-5_합자해]

♣ 첫소리글자에서 서로 다른 두 개의 낱글자 또는 세 개의 낱글자를 나란히 쓰는 '병서'는 이를테면 토박이말의 "ᄯᅡ(땅), ᄧᅡᆨ(외짝), ᄢᅳᆷ(틈)" 따위와 같은 것이다.

[268] 各自並書, 如諺語혀爲舌而ᅘᅧ爲引, 괴ᅇᅧ爲我愛人而괴ᅇᅧ爲人愛我, 소다爲覆物而쏘다爲射之之類. [정음해례21ㄱ:5-8_합자해]

♣ 같은 낱글자를 나란히 쓰는 각자병서는 이를테면 토박이말에서 "혀"는 입속의 혀[舌]이지만 "ᅘᅧ"는 '당겨[引]'를 나타내며, "괴·여"는 '내가 남을 사랑한다[我愛人]'는 뜻이지만 "괴ᅇᅧ"는 '남에게서 내가 사랑받는다[人愛我]'는 뜻이 되고, "소·다[覆物]"는 '무엇을 뒤집어 쏟아'라는 뜻이지만 "쏘·다"는 '무엇을 쏘다[射]'라는 뜻이 되는 따위와 같은 것이다.

[269] 中聲二字三字合用, 如諺語과爲琴柱, 홰爲炬之類. [정음해례21ㄱ:8-21ㄴ:1-2_합자해]

♣ 가운뎃소리글자를 두 개의 낱글자, 세 개의 낱글자를 합쳐 쓰는 것은 이를테면 토박이말의

“·과[거문고 줄을 받치는 기둥(琴柱)]”, “·홰[횃불(炬)]” 따위와 같이 쓰는 것과 같다.

[270] 終聲二字三字合用, 如諺語ᄒᆞᆰ爲土, ·낛爲釣, ᄃᆞᇌᄣᅢ 爲酉時之類. [정음해례21ㄴ:2-4_합자해]

♣ 끝소리글자를 두 개의 낱글자, 세 개의 낱글자를 합쳐 쓰는 것은 이를테면 토박이말의 “ᄒᆞᆰ[흙(土)]”, “·낛[낚시(釣)], ᄃᆞᇌᄣᅢ[닭때, 유시(酉時)]” 따위와 같이 쓰는 것과 같다.

[271] 其合用並書, 自左而右, 初中終三聲皆同. [정음해례21ㄴ:4-5_합자해]

♣ 이들 합용병서는 왼쪽에서 오른쪽으로 쓰며 첫소리글자, 가운뎃소리글자, 끝소리글자 모두 같다.

[272] 文與諺雜用則有因字音而補以中終聲者, 如孔子ㅣ 魯ㅅ:사ᄅᆞᆷ之類.

[정음해례21ㄴ:5-7_합자해]

♣ 한자와 한글을 섞어 쓸 때는 한자음에 따라서 한글의 가운뎃소리글자나 끝소리글자를 보충하는 일이 있으니, 이를테면 ‘孔子ㅣ 魯ㅅ:사ᄅᆞᆷ(공자가 노나라 사람)’ 따위와 같이 쓰는 것과 같다.

[273] 諺語平上去入, 如활爲弓而其聲平, :돌爲石而其聲上, ·갈爲刀而其聲去, 붇爲筆而其聲入之類. [정음해례21ㄴ:7-8_22ㄱ:1-2_합자해]

♣ 토박이말의 평성·상성·거성·입성의 예를 들면, “활[활(弓)]”은 평성이고, “:돌[돌(石)]”은 상성이며, “·갈[칼(刀,)]”은 거성이요, “붇[붓(筆)]”은 입성이 되는 따위와 같다.

[274] 凡字之左, 加一點爲去聲, 二點爲上聲, 無點爲平聲. [정음해례22ㄱ:2-3_합자해]

♣ 무릇 글자의 왼쪽에 한 점을 찍은 것은 거성이고, 두 점을 찍은 것은 상성이며, 점이 없는 것은 평성이다.

[275] 而文之入聲, 與去聲相似. [정음해례22ㄱ:3-4_합자해]

♣ 한자말의 입성은 거성과 서로 비슷하다.

[276] 諺之入聲無定, 或似平聲, 如긷爲柱, 녑爲脅. [정음해례22ㄱ:4-5_합자해]

♣ 토박이말 입성은 한결같지 않아서, 때로는 평성과 비슷한 “긷[기둥(柱)], 녑[옆구리(脅)]”과 같은 경우도 있다.

[277] 或似上聲, 如:낟爲穀, :깁爲繒. [정음해례22ㄱ:5-6_합자해]

♣ 또는 상성과 비슷한 “:낟[곡식(穀)], :깁[비단(繒)]”과 같은 경우도 있다.

[278] 或似去聲, 如·몯爲釘, ·입爲口之類. [정음해례22ㄱ:6-7_합자해]

♣ 또는 거성과 비슷한 "·몯[못(釘)], ·입[입(口)]"과 같은 경우도 있다.

[279] 其加點則與平上去同. [정음해례22ㄱ:7-8_합자해]

♣ 입성에서 점을 찍는 것은 평성·상성·거성의 경우와 같다.

[280] 平聲安而和, 春也, 萬物舒泰. [정음해례22ㄱ:8-22ㄴ:1_합자해]

♣ 평성은 편안하면서도 부드러워 봄에 해당되니 이는 만물이 편안한 것과 같다.

[281] 上聲和而擧, 夏也, 萬物漸盛. [정음해례22ㄴ:1-2_합자해]

♣ 상성은 부드러움에서 거세져 여름이니, 이는 만물이 점점 무성해지는 것과 같다.

[282] 去聲擧而壯, 秋也, 萬物成熟. [정음해례22ㄴ:2_합자해]

♣ 거성은 거세면서도 굳세어 가을이니 만물이 무르익는 것과 같다.

[283] 入聲促而塞, 冬也, 萬物閉藏. [정음해례22ㄴ:3_합자해]

♣ 입성은 말소리가 빠르고 막히어 겨울이니 만물이 닫히고 갈무리되는 것과 같다.

[284] 初聲之ㆆ與ㅇ相似, 於諺可以通用也. [정음해례22ㄴ:3-4_합자해]

♣ 첫소리의 ㆆ[히]와 ㅇ[이]는 서로 비슷해서 토박이말에서는 두루 쓰일 수 있다.

[285] 半舌有輕重二音. [정음해례22ㄴ:5_합자해]

♣ 반혓소리에는 가볍고 무거운 두 소리가 있다.

[286] 然韻書字母唯一, 且國語雖不分輕重, 皆得成音. [정음해례22ㄴ:5-6_합자해]

♣ 중국 한자음 사전(운서)의 음절 첫소리에서는 오직 하나뿐이며, 또 우리나라 말에서는 비록 가볍고 무거운 것을 구별하지 않더라도 모두 소리를 낼 수 있다.

[287] 若欲備用, 則依脣輕例, ㅇ連書ㄹ下, 爲半舌輕音, 舌乍附上腭. [정음해례22ㄴ:7-8_합자해]

♣ 그러나 만약 갖추어 쓰고자 한다면 입술가벼운소리 글자[순경음자 ㅸ]의 예에 따라 'ㅇ[이]'를 'ㄹ[리]' 아래 이어 쓰면 반혀가벼운소리글자[반설경음자 ᄛ]가 되니, 혀를 윗잇몸에 살짝 댄다.

[288] ᆞ ㅡ起 ㅣ聲, 於國語無用. [정음해례22ㄴ:8-23ㄱ:1_합자해]

♣ ᆞ ㅡ가 ㅣ에서 시작되는 소리는 중앙말에 쓰이지 않는다.

[289] 兒童之言, 邊野之語, 或有之, 當合二字而用, 如ᄀᆝᄀᆜ之類. [정음해례23ㄱ:1-3_합자해]

♣ 아이들 말이나 변두리 시골말에는 드물게 있으니, 마땅히 두 글자를 합하여 나타내려 할 때에는 "ᄀᆝᄀᆜ" 따위와 같이 쓴다.

[290] 其先縱後橫, 與他不同. [정음해례23ㄱ:3_합자해]

♣ 이것은 세로로 먼저 긋고 가로로 나중에 쓰는 것으로 다른 글자와 같지 않다.

訣曰 [정음해례23ㄱ:4]

♣ 갈무리시

[291] 初聲在中聲左上
挹欲於諺用相同 [정음해례23ㄱ:5-6_합자해_갈무리시]

♣ 첫소리글자는 가운뎃소리글자의 왼쪽과 위쪽에 쓰는데
'ㆆ[히]'와 'ㅇ[이]'는 토박이말에서는 서로 같이 쓰이네.

[292] 中聲十一附初聲
圓橫書下右書縱 [정음해례23ㄱ:7-8_합자해_갈무리시]

♣ 가운뎃소리글자 열하나는 첫소리글자에 붙이는데
둥근 것과 가로로 된 것은 첫소리글자 아래에 쓰고 세로로 된 것만 오른쪽에 쓰네.

[293] 欲書終聲在何處
初中聲下接着寫 [정음해례23ㄴ:1-2_합자해_갈무리시]

♣ 끝소리글자를 쓰자면 어디에 쓰는가 하니
첫·가운뎃소리글자의 아래에 이어서 붙여 쓰네.

[294] 初終合用各並書
中亦有合悉自左 [정음해례23ㄴ:3-4_합자해_갈무리시]

♣ 첫·끝소리글자를 각각 합쳐 쓰려면 나란히 쓰고
가운뎃소리글자도 나란히 쓰되 다 왼쪽부터 쓰네.

[295] 諺之四聲何以辨

平聲則弓上則石 [정음해례23ㄴ:5-6_합자해_갈무리시]

♣ 토박이말에선 사성을 어떻게 구별하는고 하니

평성은 '활(활)'이요 상성은 '돌(돌)'이네.

[296] 刀爲去而筆爲入

觀此四物他可識 [정음해례23ㄴ:7-8_합자해_갈무리시]

이 네 갈래를 보아서 다른 것도 알 수 있네.

[297] 音因左點四聲分

一去二上無點平 [정음해례24ㄱ:1-2_합자해_갈무리시]

♣ 소리에 따라 왼쪽의 점으로 사성을 나누니

하나면 거성, 둘은 상성, 없으면 평성이네.

[298] 語入無定亦加點

文之入則似去聲 [정음해례24ㄱ:3-4_합자해_갈무리시]

♣ 토박이말 입성은 정함이 없으나 평·상·거성처럼 점 찍고

한자말의 입성은 거성과 비슷하네.

[299] 方言俚語萬不同

有聲無字書難通 [정음해례24ㄱ:5-6_합자해_갈무리시]

♣ 지역말과 토속말은 다 다르니 말소리 있고

글자는 없어 글로 통하기 어렵더니

[300] 一朝/制作侔神工

大東千古開矇朧 [정음해례24ㄱ:7-8_합자해_갈무리시] * / : 줄 바꿈 표시

♣ 하루아침에 신과 같은 솜씨로 정음을 지어 내시니

우리 겨레 오랜 역사의 어둠을 비로소 밝혀 주셨네.

6. 용자례(用字例)

[301] 初聲ㄱ, 如:감爲柿, ·골爲蘆. [정음해례24ㄴ:3]

♣ 첫소리글자 ㄱ[기]는 ":감(감), ·골(갈대)"과 같이 쓰며,

[302] ㅋ, 如우·케爲未舂稻, 콩爲大豆. [정음해례24ㄴ:3-4]

♣ ㅋ[키]는 "우·케(우케/찧지 않은 벼), 콩(콩)"과 같이 쓴다.

[303] ㆁ, 如러·울爲獺, 서·에爲流凘. [정음해례24ㄴ:4-5]

♣ ㆁ[이]는 "러·울(너구리), 서·에(성엣장)"와 같이 쓴다.

[304] ㄷ, 如·뒤爲茅, 담爲墻. [정음해례24ㄴ:5-6]

♣ ㄷ[디]는 "·뒤(띠), 담(담)"과 같이 쓰며,

[305] ㅌ, 如고·티爲繭, 두텁爲蟾蜍. [정음해례24ㄴ:6]

♣ ㅌ[티]는 "고·티(고치), 두텁(두꺼비)"과 같이 쓴다.

[306] ㄴ, 如노로爲獐, 납爲猿. [정음해례24ㄴ:7]

♣ ㄴ[니]는 "노로(노루), 납(원숭이)"과 같이 쓴다.

[307] ㅂ, 如볼爲臂, :벌爲蜂. [정음해례24ㄴ:7-8]

♣ ㅂ[비]는 "볼(팔), :벌(벌)"과 같이 쓰며,

[308] ㅍ, 如·파爲葱, ·풀爲蠅. [정음해례24ㄴ:8]

♣ ㅍ[피]는 "·파(파), ·풀(파리)"과 같이 쓴다.

[309] ㅁ, 如:뫼爲山, ·마爲薯藇. [정음해례24ㄴ:8-25ㄱ:1]

♣ ㅁ[미]는 ":뫼(산), ·마(마)"와 같이 쓴다.

[310] ㅸ, 如사·ᄫᅵ爲蝦, 드·ᄫᅴ爲瓠. [정음해례25ㄱ:1-2]

♣ ㅸ[비]는 "사·ᄫᅵ(새우), 드·ᄫᅴ(뒤웅박)"와 같이 쓴다.

[311] ㅈ, 如·자爲尺, 조·ㅎㅣ爲紙. [정음해례25ㄱ:2-3]

♣ ㅈ[지]는 "·자(자), 조·ㅎㅣ(종이)"와 같이 쓴다.

[312] ㅊ, 如·체爲籭, ·채爲鞭. [정음해례25ㄱ:3-4]

♣ ㅊ[치]는 "·체(체), ·채(채찍)"와 같이 쓴다.

[313] ㅅ, 如·손爲手, :셤爲島. [정음해례25ㄱ:3-4]

♣ ㅅ[시]는 "·손(손), :셤(섬)"과 같이 쓴다.

[314] ㅎ, 如·부헝爲鵂鶹, ·힘爲筋. [정음해례25ㄱ:4-5]

♣ ㅎ[히]는 "·부헝(부엉이), ·힘(힘줄)"과 같이 쓴다.

[315] ㅇ, 如·비육爲鷄雛, ·ᄇᆞ얌爲蛇. [정음해례25ㄱ:5]

♣ ㅇ[이]는 "·비육(병아리), ·ᄇᆞ얌(뱀)"과 같이 쓴다.

[316] ㄹ, 如·무뤼爲雹, 어·름爲氷. [정음해례25ㄱ:5-6]

♣ ㄹ[리]는 "·무뤼(우박), 어·름(얼음)"과 같이 쓴다.

[317] ㅿ, 如아ᅀᆞ爲弟, :너ᅀᅵ爲鴇. [정음해례25ㄱ:6-7]

♣ ㅿ[ᅀᅵ]는 "아ᅀᆞ(아우), :너ᅀᅵ(느시)"와 같이 쓴다.

[318] 中聲 ·, 如·ᄐᆞᆨ爲頤, ·ᄑᆞᆺ爲小豆, ᄃᆞ리爲橋, ·ᄀᆞ래爲楸. [정음해례25ㄱ:7-8]

♣ 가운뎃소리글자 ·는 "·ᄐᆞᆨ(턱), ·ᄑᆞᆺ(팥), ᄃᆞ리(다리), ·ᄀᆞ래(가래)"와 같이 쓴다.

[319] ㅡ, 如·믈爲水, ·발·측爲跟, 그력爲鴈, 드·레, 爲汲器. [정음해례25ㄱ:8-25ㄴ:1-2]

♣ ㅡ는 "·믈(물), ·발·측(발꿈치, 발의 뒤축), 그력(기러기), 드·레(두레박)"와 같이 쓴다.

[320] ㅣ, 如·깃爲巢, :밀爲蠟, ·피爲稷, ·키爲箕. [정음해례25ㄴ:2-3]

♣ ㅣ는 "·깃(둥지), :밀(밀랍), ·피(피), ·키(키)"와 같이 쓴다.

[321] ㅗ, 如·논爲水田, ·톱爲鉅, 호·ᄆᆡ爲鉏, 벼·로爲硯. [정음해례25ㄴ:3-4]

♣ ㅗ는 "·논(논), ·톱(톱), 호·ᄆᆡ(호미), 벼·로(벼루)"와 같이 쓴다.

[322] ㅏ, 如밥爲飯, ·낟爲鎌, 이·아爲綜, 사·ᄉᆞᆷ爲鹿. [정음해례25ㄴ:4–5]

♣ ㅏ는 "밥(밥), ·낟(낫), 이·아(잉아), 사·ᄉᆞᆷ(사슴)"과 같이 쓴다.

[323] ㅜ, 如숫爲炭, ·울爲籬, 누·에爲蚕, 구·리爲銅. [정음해례25ㄴ:5–7]

♣ ㅜ는 "숫(숯), ·울(울타리), 누·에(누에), 구·리[구리)"와 같이 쓴다.

[324] ㅓ, 如브ᅀᅥᆸ爲竈, :널爲板, 서·리爲霜, 버·들爲柳. [정음해례25ㄴ:7–8]

♣ ㅓ는 "브ᅀᅥᆸ(부엌), :널(널판), 서·리(서리), 버·들(버들)"과 같이 쓴다.

[325] ㅛ, 如죵爲奴, ·고욤爲梬, ·쇼爲牛, 삽됴爲蒼朮菜. [정음해례25ㄴ:8]–26ㄱ:1]

♣ ㅛ는 "죵(종, 노비), ·고욤(고욤), ·쇼(소), 삽됴(삽주)"와 같이 쓴다.

[326] ㅑ, 如남샹爲龜, 약爲鼅鼊, 다·야爲匜, 쟈감爲蕎麥皮. [정음해례26ㄱ:1–3]

♣ ㅑ는 "남샹(남생이), 약(바다거북), 다·야(손대야), 쟈감(메밀껍질)"과 같이 쓴다.

[327] ㅠ, 如율믜爲薏苡, 쥭爲飯熏, 슈·룹爲雨繖, 쥬련爲帨. [정음해례26ㄱ:3–4]

♣ ㅠ는 "율믜(율무), 쥭(밥주걱), 슈·룹(우산), 쥬련(수건)"과 같이 쓴다.

[328] ㅕ, 如·엿爲飴餹, ·뎔爲佛寺, ·벼爲稻, :져비爲燕. [정음해례26ㄱ:4–6]

♣ ㅕ는 "·엿(엿), ·뎔(절), ·벼(벼), :져비(제비)"와 같이 쓴다.

[329] 終聲ㄱ, 如닥爲楮, 독爲甕. [정음해례26ㄱ:6]

♣ 끝소리글자 ㄱ[윽]은 "닥(닥나무), 독(독)"과 같이 쓴다.

[330] ㆁ, 如:굼버ᇰ爲蠐螬, ·올차ᇰ爲蝌蚪. [정음해례26ㄱ:7]

♣ 끝소리글자 ㆁ[옹]은 ":굼버ᇰ(굼벵이), ·올차ᇰ(올챙이)"과 같이 쓴다.

[331] ㄷ, 如·갇爲笠, 싣爲楓. [정음해례26ㄱ:7–8]

♣ 끝소리글자 ㄷ[읃]은 "·갇(갓), 싣(신나무)"과 같이 쓴다.

[332] ㄴ, 如·신爲屨, ·반되爲螢. [정음해례26ㄱ:8–26ㄴ:1]

♣ 끝소리글자 ㄴ[은]은 "·신(신), ·반되(반디)"와 같이 쓴다.

[333] ㅂ, 如섭爲薪, ·굽爲蹄. [정음해례26ㄴ:1]

♣ 끝소리글자 ㅂ[읍]은 "섭(섶나무), ·굽(발굽)"과 같이 쓴다.

[334] ㅁ, 如:범爲虎, :심爲泉. [정음해례26ㄴ:1-2]

♣ 끝소리글자 ㅁ[음]은 ":범(범), :심(샘)"과 같이 쓴다.

[335] ㅅ, 如:잣爲海松, ·못爲池. [정음해례26ㄴ:2-3]

♣ 끝소리글자 ㅅ[읏]은 ":잣(잣), ·못(연못)"과 같이 쓴다.

[336] ㄹ, 如·돌爲月, :별爲星之類. [정음해례26ㄴ:3]

♣ 끝소리글자 ㄹ[을]은 "·돌(달), :별(별)" 따위와 같이 쓴다.

7. 정인지서

[337] 有天地自然之聲, 則必有天地自然之文. [정음해례26ㄴ:4-5_정인지서]

♣ 천지자연의 소리가 있으면 반드시 천지자연의 문자가 있다.

[338] 所以古人因聲制字, 以通萬物之情以載三才之道, 而後世不能易也. [정음해례26ㄴ:5-7_정인지서]

♣ 그러므로 옛사람이 소리를 바탕으로 글자를 만들어서 만물의 뜻을 통하고, 하늘·땅·사람의 세 바탕 이치를 실었으니 후세 사람들이 능히 글자를 바꿀 수가 없었다.

[339] 然四方風土區別。, 聲氣亦隨而異焉. [정음해례26ㄴ:7-8_정인지서]

♣ 그러나 사방의 풍토가 구별되고 말소리의 기운 또한 다르다.

[340] 蓋外國之語, 有其聲而無其字. [정음해례26ㄴ:8-27ㄱ:1_정인지서]

♣ 대개 중국 이외의 다른 나라 말은 그 말소리에 맞는 글자가 없다.

[341] 假中國之字以通其用, 是猶枘鑿之鉏鋙也, 豈能達而無礙乎. [정음해례27ㄱ:1-3_정인지서]

♣ 그래서 중국 글자를 빌려 소통하도록 쓰고 있는데, 이것은 마치 모난 자루를 둥근 구멍에 끼우는 것과 같으니, 어찌 제대로 소통할 때 막힘이 없겠는가?

[342] 要皆各隨所處而安, 不可强之使同也. [정음해례27ㄱ:3-4_정인지서]

♣ 중요한 것은 모두 각각 놓인 곳에 따라 자연스럽게 할 것이지, 억지로 같게 하여서는 안 될 것이다.

[343] 吾東方禮樂文章, 侔擬華夏. [정음해례27ㄱ:5_정인지서]

♣ 우리 동방의 예악과 문장이 중화[중국]와 같아 견줄 만하다.

[344] 但方言俚語, 不與之同. [정음해례27ㄱ:5-6_정인지서]

♣ 다만 우리말은 중국말과 같지 않다.

[345] 學書者患其旨趣之難曉, 治獄者病其曲折之難通. [정음해례27ㄱ:6-8_정인지서]

♣ 그래서 한문으로 된 글을 배우는 이는 그 뜻을 깨닫기가 어려움을 걱정하고, 범죄 사건을 다루는 관리는 자세한 사정을 파악하기가 어려운 것을 근심했다.

[346] 昔新羅薛聰, 始作吏讀, 官府民間,至今行之. [정음해례27ㄱ:8-27ㄴ:1_정인지서]

♣ 옛날 신라의 설총이 이두를 처음 만들어서 관청과 민간에서 지금도 쓰고 있다.

[347] 然皆假字而用, 或澁或窒. [정음해례27ㄴ:1-2_정인지서]

♣ 그러나 모두 한자를 빌려 쓰는 것이어서 매끄럽지도 아니하고 막혀서 답답하다.

[348] 非但鄙陋無稽而已, 至於言語之間, 則不能達其萬一焉. [정음해례27ㄴ:2-4_정인지서]

♣ 이두 사용은 오로지 몹시 속되고 일정한 규범이 없을 뿐이니, 실제 언어 사용에서는 그 만분의 일도 소통하지 못한다.

[349] 癸亥冬. 我殿下創制正音二十八字, 略揭例義以示之, 名曰訓民正音. [정음해례27ㄴ:4-6_정인지서]

♣ 계해년 겨울(1443년 12월)에 우리 임금께서 정음 스물여덟 자를 창제하여, 간략하게 설명한 '예의'를 들어 보여 주시며 그 이름을 '훈민정음'이라 하셨다.

[350] 象形而字倣古篆, 因聲而音叶七調. [정음해례27ㄴ:6-8_정인지서]

♣ 훈민정음은 꼴을 본떠 만들어 글꼴은 옛 '전서체'와 비슷하지만, 말소리에 따라 만들어 그 소리는 음률의 일곱 가락에도 들어맞는다.

[351] 三極之義, 二氣之妙, 莫不該括. [정음해례27ㄴ:8-28ㄱ:1_정인지서]

♣ 하늘·땅·사람의 세 바탕 뜻과 음양 기운의 신묘함을 두루 갖추지 않은 것이 없다.

[352] 以二十八字而轉換無窮, 簡而要, 精而通. [정음해례28ㄱ:1-2_정인지서]

♣ 스물여덟 자로 끝없이 바꿀 수 있어, 간결하면서도 요점을 잘 드러내고, 정밀한 뜻을 담으면서도 두루 통할 수 있다.

[353] 故智者不終朝而會, 愚者可浹旬而學. [정음해례28ㄱ:2-3_정인지서]

♣ 그러므로 슬기로운 사람은 하루아침이 다 가기도 전에, 슬기롭지 못한 이라도 열흘 안에 배울 수 있다.

[354] 以是解書, 可以知其義. [정음해례28ㄱ:3-4_정인지서]

♣ 훈민정음으로 한문을 풀이하면 그 뜻을 알 수 있다.

[355] 以是聽訟, 可以得其情. [정음해례28ㄱ:4-5_정인지서]

♣ 훈민정음으로 소송 사건을 기록하면, 그 속사정을 이해할 수 있다.

[356] 字韻則淸濁之能辨, 樂歌則律呂之克諧. [정음해례28ㄱ:5-6_정인지서]

♣ 글자 소리로는 맑고 흐린 소리를 구별할 수 있고, 음악 노래로는 노랫가락을 어울리게 할 수 있다.

[357] 無所用而不備, 無所往而不達. [정음해례28ㄱ:6-7_정인지서]

♣ 글을 쓸 때에 글자가 갖추어지지 않은 바가 없으며, 어디서든 뜻을 두루 통하지 못하는 바가 없다.

[358] 雖風聲鶴唳, 雞鳴狗吠, 皆可得而書矣. [정음해례28ㄱ:7-8_정인지서]

♣ 비록 바람소리, 두루미 울음소리, 닭소리, 개 짖는 소리라도 모두 적을 수 있다.

[359] 遂命詳加解釋, 以喩諸人. [정음해례28ㄱ:8-28ㄴ:1_정인지서]

♣ 드디어 임금께서 상세한 풀이를 더하여 모든 사람을 깨우치도록 명하시었다.

[360] 於是, 臣與集賢殿應敎臣崔恒, 副校理臣朴彭年, 臣申叔舟, 修撰臣成三問, 敦寧府注簿臣姜希顔, 行集賢殿副修撰臣李塏, 臣李善老等, 謹作諸解及例, 以敍其梗槩.

♣ 이에 신이 집현전 응교 최항과 부교리 박팽년과 신숙주, 수찬 성삼문과 돈녕부 주부 강희안, 행 집현전 부수찬 이개와 이선로 등과 더불어 삼가 여러 가지 풀이와 보기를 지어서, 그것을 간략하게 서술하였다.

[361] 庶使觀者不師而自悟. [정음해례28ㄴ:7_정인지서]

♣ 바라건대 이 책을 보는 사람은 스승 없이도 스스로 깨치도록 하였다.

[362] 若其淵源精義之妙, 則非臣等之所能發揮也. [정음해례28ㄴ:7-8-29ㄱ:1_정인지서]

♣ 그 근원과 정밀한 뜻은 신묘하여 신하 된 자들로서는 감히 밝혀 보일 수 없다.

[363] 恭惟我殿下, 天縱之聖, 制度施爲超越百王. [정음해례29ㄱ:1-3_정인지서]

♣ 공손히 생각하옵건대 우리 전하는 하늘이 내리신 성인으로서 지으신 법도와 베푸신 업적이 모든 임금들을 뛰어넘으셨다.

[364] 正音之作, 無所祖述, 而成於自然. [정음해례29ㄱ:3-4_정인지서]

♣ 정음 창제는 앞선 사람이 이룩한 것에 따른 것이 아니요, 자연의 이치를 따른 것이다.

[365] 豈以其至理之無所不在, 而非人爲之私也. [정음해례29ㄱ:4-5_정인지서]

♣ 참으로 그 지극한 이치가 없는 곳이 없으니, 사람의 힘으로 사사로이 한 것이 아니다.

[366] 夫東方有國, 不爲不久, 而開物成務之大智, 盖有待於今日也歟.

[정음해례29ㄱ:5-7_정인지서]

♣ 무릇 동방에 나라가 있은 지가 오래지 않음이 아니로되, 만물의 뜻을 깨달아 모든 일을 온전하게 이루게 하는 큰 지혜는 오늘을 기다리고 있었던 것이다.

正統十一年九月上澣 [정음해례29ㄱ:7-8_정인지서]

♣ 정통 11년(세종 28년, 1446년) 9월 상순.

資憲大夫禮曹判書集賢殿大提學知春秋館事 世子右賓客臣鄭麟趾拜手稽首謹書

[정음해례29ㄱ:8-29ㄴ:1-3_정인지서]

♣ 자헌대부 예조판서 집현전 대제학 지춘추관사 세자우빈객 정인지는 두 손 모아 머리 숙여 삼가 쓰옵니다.

4장

≪훈민정음≫ 해례본 음달기본과 번역: 문장 단위 견줌본[40]

1부 · 정음(正音)

1. 세종 서문

[1] 國之語音, 異乎中國, 與文字不相流通. [정음1ㄱ:2-3_어제서문]
국지어음 이호중국 여문자불상류통

♣ 우리나라 말이 중국말과 달라 한자와는 서로 잘 통하지 아니한다.

[2] 故愚民有所欲言, 而終不得伸其情者多矣. [정음1ㄱ:3-4_어제서문]
고우민유소욕언 이종부득신기정자다의

♣ 그러므로 글 모르는 백성이 말하려는 것이 있어도, 끝내 제 뜻을 능히 펼치지 못하는 사람이 많다.

[3] 予爲° 此憫然 新制二十八字, 欲使人人易° 習 便於日用耳. [정음1ㄱ:5-6_어제서문]
여위 차민연 신제이십팔자 욕사인인이 습 편어일용이

♣ 내가 이것을 가엾게 여겨 새로 스물여덟 자를 만드니, 사람마다 쉽게 익혀 날마다 씀에 편안케 하고자 할 따름이다.

40) 자음자는 해례본 방식으로 'ㄱ(기)'와 같이 'ㅣ'를 붙여 읽음.

2. 예의

[4] ㄱ[기]. 牙音. 如君[군]字初發聲. [정음1ㄱ:7_어제예의]
아음 여군 자초발성

♣ ㄱ[기]는 어금닛소리이니 '군(君)'자의 처음 나는 소리(초성)와 같다.

[5] 並書, 如虯[뀨]字初發聲. [정음1ㄴ:1_어제예의]
병서 여규 자초발성

♣ 나란히 쓰면 '뀨(虯)'자의 처음 나는 소리와 같다.

[6] ㅋ[키]. 牙音. 如快[쾌]字初發聲. [정음1ㄴ:2_어제예의]
아음 여쾌 자초발성

♣ ㄱ[기]는 어금닛소리이니 '군(君)'자의 처음 나는 소리(초성)와 같다. 나란히 쓰면 '뀨(虯)' 자의 처음 나는 소리와 같다.

[7] ㆁ[이]. 牙音. 如業[ᅌᅥᆸ]字初發聲. [정음1ㄴ:3_어제예의]
아음 여업 자초발성

♣ ㆁ[이]는 어금닛소리이니, 그 소리는 'ᅌᅥᆸ(業)'자의 처음 나는 소리와 같다.

[8] ㄷ[디]. 舌音. 如斗[두]字初發聲. [정음1ㄴ:4_어제예의]
설음 여두 자초발성

♣ ㄷ[디]는 혓소리이니, '두(斗)'자의 처음 나는 소리와 같다.

[9] 並書, 如覃[땀]字初發聲. [정음1ㄴ:5_어제예의]
병서 여담 자초발성

♣ 나란히 쓰면 '땀(覃)'자의 처음 나는 소리와 같다.

[10] ㅌ[티]. 舌音. 如呑[ᄐᆞᆫ]字初發聲. [정음1ㄴ:6_어제예의]
설음 여탄 자초발성

♣ ㅌ[티]는 혓소리이니, 그 소리는 'ᄐᆞᆫ(呑)'자의 처음 나는 소리와 같다.

[11] ㄴ[니]. 舌音. 如那[나]字初發聲. [정음1ㄴ:7_어제예의]
설음 여나 자초발성

♣ ㄴ[니]는 혓소리이니, '나(那)'자의 처음 나는 소리와 같다.

[12] ㅂ[비]. 脣音. 如彆[별]字初發聲. [정음2ㄱ:1_어제예의]
순음 여별 자초발성

♣ ㅂ[비]는 입술소리이니, '별(彆)'자의 처음 나는 소리와 같다.

[13] 並書, 如步[뽀]字初發聲. [정음2ㄱ:2_어제예의]
병서 여보 자초발성

♣ 나란히 쓰면 '뽀(步)'자의 처음 나는 소리와 같다.

[14] ㅍ[피]. 脣音. 如漂[푷]字初發聲. [정음2ㄱ:3_어제예의]
순음 여표 자초발성

♣ ㅍ[피]는 입술소리이니, 그 소리는 '푷(漂)'자의 처음 나는 소리와 같다.

[15] ㅁ[미]. 脣音. 如彌[미]字初發聲. [정음2ㄱ:4_어제예의]
순음 여미 자초발성

♣ ㅁ[미]는 입술소리이니, '미(彌)'자의 처음 나는 소리와 같다.

[16] ㅈ[지]. 齒音. 如即[즉]字初發聲.[정음2ㄱ:5_어제예의]
치음 여즉 자초발성

♣ ㅈ[지]는 잇소리이니, '즉(即)'자의 처음 나는 소리와 같다.

[17] 並書, 如慈[쪼]字初發聲. [정음2ㄱ:6_어제예의]
병서 여자 자초발성

♣ 나란히 쓰면 '쪼(慈)'자의 처음 나는 소리와 같다.

[18] ㅊ[치]. 齒音. 如侵[침]字初發聲. [정음2ㄱ:7_어제예의]
치음 여침 자초발성

♣ ㅊ[치]는 잇소리이니, '침(侵)'자의 처음 나는 소리와 같다.

[19] ㅅ[시]. 齒音. 如戌[숟]字初發聲. [정음2ㄴ:1_어제예의]
치음 여술 자초발성

♣ ㅅ[시]는 잇소리이니 '숟(戌)'자의 처음 나는 소리와 같다.

[20] 並書, 如邪[쌰]字初發聲. [정음2ㄴ:2_어제예의]
병서 여사 자초발성

♣ 나란히 쓰면 '쌰(邪)'자의 처음 나는 소리와 같다.

[21] ㆆ[히]. 喉音. 如挹[ᅙᅳᆸ]字初發聲. [정음2ㄴ:3_어제예의]
후음 여읍 자초발성

♣ ㆆ[히]는 목구멍소리이니, 그 소리는 'ᅙᅳᆸ(挹)'자의 처음 나는 소리와 같다.

[22] ㅎ[히] 喉音 如虛[허]字初發聲.[정음2ㄴ:4_어제예의]
후음 여허 자초발성

♣ ㅎ[히]는 목구멍소리이니, 그 소리는 '허(虛)'자의 처음 나는 소리와 같다.

[23] 並書, 如洪[ᅘᅩᇰ]字初發聲. [정음2ㄴ:5_어제예의]
병서 여홍 자초발성

♣ 나란히 쓰면 그 소리는 'ᅘᅩᇰ(洪)'자의 처음 나는 소리와 같다.

[24] ㅇ[이]. 喉音. 如欲[욕]字初發聲. [정음2ㄴ:6_어제예의]
후음 여욕 자초발성

♣ ㅇ[이]는 목구멍소리이니, 그 소리는 '욕(欲)'자의 처음 나는 소리와 같다.

[25] ㄹ[리]. 半舌音. 如閭[ᄅᆑ]字初發聲. [정음2ㄴ:7_어제예의]
반설음 여려 자초발성

♣ ㄹ[리]는 반혓소리이니, 'ᄅᆑ(閭)' 자의 처음 나는 소리와 같다.

[26] ㅿ[ᅀᅵ]. 半齒音. 如穰[ᅀᅣᇰ]字初發聲. [정음3ㄱ:1_어제예의]
반치음 여양 자초발성

♣ ㅿ[ᅀᅵ]는 반잇소리이니, 그 소리는 'ᅀᅣᇰ(穰)'자의 처음 나는 소리와 같다.

[27] ᆞ. 如呑[ᄐᆞᆫ]字中聲. [정음3ㄱ:2_어제예의]
여탄 자중성

♣ ᆞ 는 'ᄐᆞᆫ(呑)'자의 가운뎃소리(중성)와 같다.

[28] ㅡ. 如即[즉]字中聲. [정음3ㄱ:3_어제예의]
여즉 자중성

♣ ㅡ 는 '즉(即)'자의 가운뎃소리와 같다.

[29] ㅣ. 如侵[침]字中聲. [정음3ㄱ:4_어제예의]
여침 자중성

♣ ㅣ는 '침(侵)'자의 가운뎃소리와 같다.

[30] ㅗ. 如洪[ᅘᅩᇰ]字中聲. [정음3ㄱ:5_어제예의]
여홍 자중성

♣ ㅗ는 'ᅘᅩᇰ(洪)'자의 가운뎃소리와 같다.

[31] ㅏ. 如覃[땀]字中聲. [정음3ㄱ:6_어제예의]
여담 자중성

♣ ㅏ는 '땀(覃)'자의 가운뎃소리와 같다.

[32] ㅜ. 如君[군]字中聲. [정음3ㄱ:7_어제예의]
여군 자중성

♣ ㅜ는 '군(君)'자의 가운뎃소리와 같다.

[33] ㅓ. 如業[**업**]字中聲. [정음3ㄴ:1_어제예의]
여 업 자 중 성

♣ ㅓ는 '**업**(業)'자의 가운뎃소리와 같다.

[34] ㅛ. 如欲[**욕**]字中聲. [정음3ㄴ:2_어제예의]
여 욕 자 중 성

♣ ㅛ는 '**욕**(欲)'자의 가운뎃소리와 같다.

[35] ㅑ. 如穰[**ᅀᅣᆼ**]字中聲. [정음3ㄴ:3_어제예의]
여 양 자 중 성

♣ ㅑ는 '**ᅀᅣᆼ**(穰)'자의 가운뎃소리와 같다.

[36] ㅠ. 如戌[**ᄉᆔᇙ**]字中聲. [정음3ㄴ:4_어제예의]
여 술 자 중 성

♣ ㅠ는 '**ᄉᆔᇙ**(戌)'자의 가운뎃소리와 같다.

[37] ㅕ. 如鷩[**ᄇᆑᇙ**]字中聲. [정음3ㄴ:5_어제예의]
여 별 자 중 성

♣ ㅕ는 '**ᄇᆑᇙ**(鷩)'자의 가운뎃소리와 같다.

[38] 終聲復° 用初聲. [정음3ㄴ:6_어제예의]
종 성 부 용 초 성

♣ 끝소리글자(종성자)는 첫소리글자(초성자)를 다시 쓴다.

[39] ㅇ[이]連書脣音之下, 則爲脣輕音. [정음3ㄴ:6-7_어제예의]
련 서 순 음 지 하 즉 위 순 경 음

♣ ㅇ[이]를 입술소리 글자 아래 이어 쓰면 입술가벼운소리(순경음)가 된다.

[40] 初聲合用則並書, 終聲同. [정음3ㄴ:7][정음4ㄱ:1_어제예의]
초 성 합 용 즉 병 서 종 성 동

♣ 첫소리글자(초성자)를 합쳐서 쓰려면 나란히 쓰고, 끝소리글자(종성자)도 첫소리글자(초성자) 마찬가지다.

[41] ㆍ ㅡ ㅗ ㅜ ㅛ ㅠ, 附書初聲之下. [정음4ㄱ:1-2_어제예의]
부 서 초 성 지 하

♣ ㆍ ㅡ ㅗ ㅜ ㅛ ㅠ는 첫소리글자 아래에 붙여 쓴다.

[42] ㅣ ㅏ ㅓ ㅑ ㅕ, 附書於右. [정음4ㄱ:2-3_어제예의]
부서어우

♣ ㅣ ㅏ ㅓ ㅑ ㅕ는 첫소리글자의 오른쪽에 붙여 쓴다.

[43] 凡字必合而成音. [정음4ㄱ:3-4_어제예의]
범자필합이성음

♣ 무릇 낱글자는 반드시 합하여야만 음절이 이루어진다.

[44] 左加一點則去聲, 二則 °上聲, 無則平聲. [정음4ㄱ:4-5_어제예의]
좌가일점즉거성 이즉 상성 무즉평성

♣ 음절자 왼쪽에 한 점을 더하면 거성(높은 소리)이고, 점이 둘이면 상성(낮았다 높아지는 소리)이고, 점이 없으면 평성(낮은 소리)이다.

[45] 入聲加點同而促急. [정음4ㄱ:5-6_어제예의]
입성가점동이촉급

♣ 입성(빨리 끝나는 소리)은 점을 더하는 것은 평·상·거성과 같으나 빠르다.

2부 · 정음해례(正音解例)

1. 제자해(制字解)

制字解
제자해

제자해

[46] 天地之道, 一陰陽五行而已. [정음해례1ㄱ:3_제자해]
천지지도 일음양오행이이

♣ 천지자연의 이치는 오직 음양오행 하나뿐이다.

[47] 坤復之間爲太極, 而動靜之後爲陰陽. [정음해례1ㄱ:3-4_제자해]
곤복지간위태극 이동정지후위음양

♣ 곤괘(여성다움이 가장 센 상징 ䷁)와 복괘(싹이 트는 상징 ䷗)의 사이가 태극이 되고, 움직임과 멈춤 작용으로 음양이 된다.

[48] 凡有生類在天地之間者, 捨陰陽而何之. [정음해례1ㄱ:5-6_제자해]
범 유 생 류 재 천 지 지 간 자 사 음 양 이 하 지

♣ 무릇 하늘과 땅 사이에 살아 있는 것들이 음양을 버리고 어디로 가겠는가?

[49] 故人之聲音, 皆有陰陽之理, 顧人不察耳. [정음해례1ㄱ:6-7제자해]
고 인 지 성 음 개 유 음 양 지 리 고 인 불 찰 이

♣ 그러므로 사람의 말소리(성음) 모두 음양의 이치가 있는 것인데, 생각해 보니 사람들이 살피지 못했을 뿐이다.

[50] 今正音之作, 初非智營而力索, 但因其聲音而極其理而已. [정음해례1ㄱ:7-8_제자해]
금 정 음 지 작 초 비 지 영 이 력 색 단 인 기 성 음 이 극 기 리 이 이

♣ 이제 정음이 만들어지게 된 것도 애초부터 지혜를 굴리고 힘들여 찾은 것이 아니고, 단지 말소리의 이치를 끝까지 파고들었을 뿐이다.

[51] 理旣不二, 則何得不與天地鬼神同其用也. [정음해례1ㄴ:1-2_제자해]
이 기 불 이 즉 하 득 불 여 천 지 귀 신 동 기 용 야

♣ 그 이치가 이미 둘이 아니니, 어찌 천지자연의 혼령과 신령스러운 정령과 함께 정음을 쓰지 않겠는가?

[52] 正音二十八字, 各象其形而制之. [정음해례1ㄴ:2-3_제자해]
정 음 이 십 팔 자 각 상 기 형 이 제 지

♣ 정음 스물여덟 자는 각각 그 모양을 본떠서 만들었다.

[53] 初聲凡十七字. [정음해례1ㄴ:3_제자해]
초 성 범 십 칠 자

♣ 첫소리글자는 모두 열일곱 자다.

[54] 牙音ㄱ[기], 象舌根閉喉之形. [정음해례1ㄴ:4_제자해]
아 음 상 설 근 폐 후 지 형

♣ 어금닛소리글자 ㄱ[기]는 혀뿌리가 목을 막는 모양을 본떴다.

[55] 舌音ㄴ[니], 象舌附上腭之形. [정음해례1ㄴ:4-5_제자해]
설 음 상 설 부 상 악 지 형

♣ 혓소리글자 ㄴ[니]는 혀가 윗잇몸에 닿는 모양을 본떴다.

[56] 脣音ㅁ[미], 象口形. [정음해례1ㄴ:5-6_제자해]
순 음 상 구 형

♣ 입술소리글자 ㅁ[미]는 입 모양을 본떴다.

[57] 齒音ㅅ[시], 象齒形. [정음해례1ㄴ:6_제자해]
치 음 상 치 형

♣ 잇소리글자 ㅅ[시]는 이 모양을 본떴다.

[58] 喉音ㅇ[이], 象喉形. [정음해례1ㄴ:6_제자해]
후 음 상 후 형

♣ 목구멍소리글자 ㅇ[이]는 목구멍 모양을 본떴다.

[59] ㅋ[키]比ㄱ[기], 聲出稍厲 故加畫. [정음해례1ㄴ:6–7_제자해]
비 성 출 초 려 고 가 획

♣ ㅋ[키]는 ㄱ[기]에 비해서 소리가 조금 세게 나는 까닭으로 획을 더하였다.

[60] ㄴ[니]而ㄷ[디], ㄷ[디]而ㅌ[티], ㅁ[미]而ㅂ[비], ㅂ[비]而ㅍ[피], ㅅ[시]而ㅈ[지], ㅈ[지]
이 이 이 이 이
而ㅊ[치], ㅇ[이]而ㆆ[히], ㆆ[히]而ㅎ[히], 其因聲加畫之義皆同 而唯ㆁ[이]爲異.
이 이 이 기 인 성 가 획 지 의 개 동 이 유 위 이

[정음해례1ㄴ:7–2ㄱ:1–2_제자해]

♣ ㄴ[니]에서 ㄷ[디], ㄷ[디]에서 ㅌ[티], ㅁ[미]에서 ㅂ[비], ㅂ[비]에서 ㅍ[피], ㅅ[시]에서 ㅈ[지], ㅈ[지]에서 ㅊ[치], ㅇ[이]에서 ㆆ[히], ㆆ[히]에서 ㅎ[히]가 됨도 그 소리로 말미암아 획을 더한 뜻은 같다. 다만 ㆁ[이]만은 다르다.

[61] 半舌音ㄹ[리], 半齒音ㅿ[ᅀᅵ], 亦象舌齒之形而異其體 無加畫之義焉. [정음해례2ㄱ:2–4_제자해]
반 설 음 반 치 음 역 상 설 치 지 형 이 이 기 체 무 가 획 지 의 언

♣ 반혓소리글자 ㄹ[리], 반잇소리글자 ㅿ[ᅀᅵ]도 또한 혀와 이의 모양을 본떴으나, 그 짜임새를 달리해 만들었기에 획을 더한 뜻은 없다.

[62] 。夫人之有聲本於五行. [정음해례2ㄱ:4–5_제자해]
부 인 지 유 성 본 어 오 행

♣ 무릇 사람의 말소리는 오행에 뿌리를 두고 있다.

[63] 故合諸四時而不悖, 叶之五音而不戾. [정음해례2ㄱ:5–6_제자해]
고 합 저 사 시 이 불 패 협 지 오 음 이 불 려

♣ 그러므로 사계절에 합하여도 어그러짐이 없으며, 오음계와 맞추어 봐도 잘 어울리고 틀리지 않는다.

[64] 喉邃而潤, 水也. [정음해례2ㄱ:6_제자해]
후 수 이 윤 수 야

♣ 목구멍은 깊숙하고 젖어 있으니 오행으로는 물이다.

[65] 聲虛而通, 如水之虛明而流通也. [정음해례2ㄴ:6-7_제자해]
성허이통 여수지허명이류통야

♣ 말소리가 비어 있는 듯이 통하므로 이는 물이 투명하게 맑아 잘 흐르는 것과 같다.

[66] 於時爲冬, 於音爲羽. [정음해례2ㄱ:7-8_제자해]
어시위동 어음위우

♣ 계절로는 겨울이고, 음률로는 '우음계'이다.

[67] 牙錯而長, 木也. [정음해례2ㄱ:8_제자해]
아착이장 목야

♣ '어금니'는 어긋나고 기니 오행으로는 나무이다.

[68] 聲似喉而實, 如木之生於水而有形也. [정음해례2ㄱ:8-2ㄴ:1_제자해]
성사후이실 여목지생어수이유형야

♣ 어금닛소리는 목구멍소리와 비슷하나 목이 꽉 차므로 나무가 물에서 나되 형체가 있는 것과 같다.

[69] 於時爲春, 於音爲角. [정음해례2ㄴ:2_제자해]
어시위춘 어음위각

♣ 계절로는 봄이고, 음률로는 '각음계'이다.

[70] 舌銳而動, 火也. [정음해례2ㄴ:2-3_제자해]
설예이동 화야

♣ 혀는 재빠르게 움직이니 오행으로는 불이다.

[71] 聲轉而颺, 如火之轉展而揚揚也. [정음해례2ㄴ:3-4_제자해]
성전이양 여화지전전이양양야

♣ 혓소리가 구르고 날리는 것은 불이 타올라 퍼지며 위아래로 오르내림과 같다.

[72] 於時爲夏, 於音爲 °徵. [정음해례2ㄴ:4_제자해]
어시위하 어음위 치

♣ 계절로는 여름이고, 음률로는 '치음계'이다.

[73] 齒剛而斷° 金也. [정음해례2ㄴ:4-5_제자해]
치강이단 금야

♣ 이는 억세고 끊을 듯 날카로우니 오행으로는 쇠이다.

[74] 聲屑而滯, 如金之屑瑣而鍛成也. [정음해례2ㄴ:5-6_제자해]
성설이체 여금지설쇄이단성야

♣ 잇소리가 가루처럼 부서지고 걸리는 듯하게 나는 것은 쇠가 부스러졌다가 다시 불에 달구어 두드리면 단단해지는 것과 같다.

[75] 於時爲秋, 於音爲商. [정음해례2ㄴ:6_제자해]
어시위추 어음위상

♣ 계절로는 가을이고, 음률로는 '상음계'이다.

[76] 脣方而合, 土也. [정음해례2ㄴ:6-7_제자해]
순방이합 토야

♣ 입술은 모난 것이 나란히 합해지니, 오행으로는 땅이다.

[77] 聲含而廣, 如土之含蓄萬物而廣大也. [정음해례2ㄴ:7-8_제자해]
성함이광 여토지함축만물이광대야

♣ 입술소리가 머금으며 넓은 것은 땅이 만물을 머금으니 넓고 큰 것과 같다.

[78] 於時爲季夏, 於音爲宮. [정음해례2ㄴ:8-3ㄱ:1_제자해]
어시위계하 어음위궁

♣ 계절로는 늦여름이고, 음률로는 '궁음계'이다.

[79] 然水乃生物之源, 火乃成物之用, 故五行之中, 水火爲大. [정음해례3ㄱ:1-2_제자해]
연수내생물지원 화내성물지용 고오행지중 수화위대

♣ 물은 만물을 낳는 근원이요, 불은 만물을 이루어지게 하는 작용이므로 오행 가운데서 물·불이 으뜸이다.

[80] 喉乃出聲之門, 舌乃辨聲之管, 故五音之中, 喉舌爲主也. [정음해례3ㄱ:2-4_제자해]
후내출성지문 설내변성지관 고오음지중 후설위주야

♣ 목구멍은 소리가 나오는 문이요, 혀는 소리를 가려내는 악기이므로 오음 가운데서, 목구멍소리와 혓소리가 으뜸이 된다.

[81] 喉居後而牙次之, 北東之位也. [정음해례3ㄱ:4-5_제자해]
후거후이아차지 북동지위야

♣ 목구멍은 안쪽에 있고 어금니는 그 앞에 있으므로 북쪽과 동쪽의 방위이다.

[82] 舌齒又次之, 南西之位也. [정음해례3ㄱ:5-6_제자해]
설치우차지 남서지위야

♣ 혀와 이가 또한 그다음에 있으니 남쪽과 서쪽의 방위이다.

[83] 脣居末, 土無定位而寄旺四季之義也. [정음해례3ㄱ:6-7_제자해]
순거말 토무정위이기왕사계지의야

♣ 입술은 끝에 있으니, 오행의 흙이 일정한 방위가 없이 네 계절에 기대어 네 계절을 왕성하게 함을 뜻한다.

[84] 是則初聲之中, 自有陰陽五行方位之數也. [정음해례3ㄱ:7-8_제자해]
시즉초성지중 자유음양오행방위지수야

♣ 이런즉 첫소리 속에도 자체의 음양오행과 방위의 수가 있는 것이다.

[85] 又以聲音淸濁而言之. [정음해례3ㄱ:8-3ㄴ:1_제자해]
우이성음청탁이언지

♣ 또 말소리를 '맑음과 흐림(청탁)'으로 말해 보자.

[86] ㄱㄷㅂㅈㅅㆆ[기디비지시히], 爲全淸. [정음해례3ㄴ:1]
위전청

♣ ㄱㄷㅂㅈㅅㆆ[기디비지시히]는 아주 맑은소리 '전청'이 된다.

[87] ㅋㅌㅍㅊㅎ[키티피치히], 爲次淸. [정음해례3ㄴ:2_제자해]
위차청

♣ ㅋㅌㅍㅊㅎ[키티피치히]는 덜 맑은소리 '차청'이 된다.

[88] ㄲㄸㅃㅉㅆㆅ[끼띠삐찌씨ᅘᅵ], 爲全濁. [정음해례3ㄴ:2-3_제자해]
위전탁

♣ ㄲㄸㅃㅉㅆㆅ[끼띠삐찌씨ᅘᅵ]는 아주 흐린소리 '전탁'이 된다.

[89] ㆁㄴㅁㅇㄹㅿ[이니미이리ᅀᅵ], 爲不淸不濁. [정음해례3ㄴ:3_제자해]
위불청불탁

♣ ㆁㄴㅁㅇㄹㅿ[이니미이리ᅀᅵ]는 맑지도 흐리지도 않은 '불청불탁[울림소리]'이 된다.

[90] ㄴㅁㅇ[니미이], 其聲㝡不厲 故次序雖在於後 而象形制字則爲之始. [정음해례3ㄴ:4-5_제자해]
기성최불려 고차서수재어후 이상형제자즉위지시

♣ ㄴㅁㅇ[니미이]는 소리가 가장 세지 않으므로, 차례로는 비록 뒤에 있으나, 모양을 본떠 글자를 만드는 시초가 된다.

[91] ㅅ[시]ㅈ[지]雖皆爲全淸, 而ㅅ[시]比ㅈ[지], 聲不厲, 故亦爲制字之始. [정음해례3ㄴ:6-7_제자해]
수개위전청 이 비 성불려 고역위제자지시

♣ ㅅ[시]와 ㅈ[지]는 비록 다 아주 맑은소리 '전청'이지만 ㅅ[시]는 ㅈ[지]에 비하여 소리가 거세지 않으므로 글자를 만드는 데 시초가 되었다.

[92] 唯牙之ㆁ[이], 雖舌根閉喉聲氣出鼻, 而其聲與ㅇ[이]相似, 故韻書疑[ㆁ]與喩[ㅇ]多相混用, 今亦取象於喉, 而不爲牙音制字之始. [정음해례3ㄴ:7-8-4ㄱ:1-3_제자해]

♣ 오직 어금닛소리의 ㆁ[이]는 비록 혀뿌리가 목구멍을 막아서 코로 소리 기운이 나가지만 ㆁ[이]의 소리는 ㅇ[이]와 비슷해서 중국 한자음사전(운서)에서도 ㆁ[이]와 ㅇ[이]가 많이 혼용된다. 이제 ㆁ[이]는 목구멍을 본떠 만들었으되, 어금닛소리 글자를 만드는 시초로 삼지 않았다.

[93] 盖喉屬水而牙屬木, ㆁ[이]雖在牙而與ㅇ[이]相似, 猶木之萌芽生於水而柔軟, 尙多水氣也. [정음해례4ㄱ:3-5_제자해]

♣ 대개 목구멍은 물에 속하고 어금니는 나무에 속하는 까닭에 ㆁ[이]는 비록 어금니에 속해 있으면서도 ㅇ[이]와 비슷하여 마치 나무의 싹이 물에서 나와 부드러우며 오히려 물기가 많은 것과 같기 때문이다.

[94] ㄱ[기] 木之成質, ㅋ[키] 木之盛°長, ㄲ[끼] 木之老壯 故至此乃皆取象於牙也. [정음해례4ㄱ:5-7_제자해]

♣ ㄱ[기]는 나무가 바탕을 이룬 것이고, ㅋ[키]는 나무가 무성하게 자란 것이고, ㄲ[끼]는 나무가 오래되어 굳건해진 것이니, 이는 한결같이 모두 어금니를 본뜬 데서 비롯된 것이다.

[95] 全淸並書則爲全濁, 以其全淸之聲凝則爲全濁也. [정음해례4ㄱ:7-4ㄴ:1_제자해]

♣ 아주 맑은소리 '전청' 글자를 나란히 쓰면 아주 흐린소리 '전탁'이 되는 것은 아주 맑은 소리가 엉기면 아주 흐린소리가 되기 때문이다.

[96] 唯喉音次淸爲全濁者, 盖以ㆆ[히]聲深不爲之凝, ㅎ[히]比ㆆ[히]聲淺, 故凝而爲全濁也. [정음해례4ㄴ:1-3_제자해]

♣ 다만, 목구멍소리만은 덜 맑은소리 '차청'이 아주 흐린소리 '전탁'이 되는데, 그것은 대개 ㆆ[히]는 소리가 깊어서 엉기지 않고, ㅎ[히]는 ㆆ[히]에 비하여 소리가 얕아서 엉기어 아주 흐린소리 '전탁'이 되기 때문이다.

[97] ㅇ[이]連書脣音之下, 則爲脣輕音者, 以輕音脣乍合而喉聲多也. [정음해례4ㄴ:3-5_제자해]

♣ ㅇ[이]를 입술소리 글자 아래에 이어 쓰면 곧 입술가벼운소리(순경음)가 되는데, 이러한 입

술가벼운 소리는 입술이 살짝 다물어지면서 목구멍소리가 많아지기 때문이다.

[98] 中聲凡十一字. [정음해례4ㄴ:5_제자해]
중 성 범 십 일 자

♣ 가운뎃소리글자는 모두 열한 자이다.

[99] • 舌縮而聲深, 天開於子也. [정음해례4ㄴ:5-6_제자해]
설 축 이 성 심 천 개 어 자 야

♣ •는 혀가 오그라드니 소리가 깊어서, 하늘이 자시(밤 11시~1시)에서 열리는 것과 같다.

[100] 形之圓, 象乎天也. [정음해례4ㄴ:6-7_제자해]
형 지 원 상 호 천 야

♣ 둥근 글꼴은 하늘을 본떴다.

[101] ㅡ舌小縮而聲不深不淺, 地闢於丑也. [정음해례4ㄴ:7-8_제자해]
설 소 축 이 성 불 심 불 천 지 벽 어 축 야

♣ ㅡ는 혀가 조금 오그라드니 그 소리가 깊지도 얕지도 않으므로 땅이 축시(밤 1시-3시)에 열리는 것과 같다.

[102] 形之平, 象乎地也. [정음해례4ㄴ:8_제자해]
형 지 평 상 호 지 야

♣ 평평한 글꼴은 땅을 본떴다.

[103] ㅣ舌不縮而聲淺, 人生於寅也. [정음해례4ㄴ:8-5ㄱ:1_제자해]
설 불 축 이 성 천 인 생 어 인 야

♣ ㅣ는 혀가 오그라지지 않아 소리는 얕으니, 사람이 인시(새벽 3시~5시)에서 생기는 것과 같다.

[104] 形之立, 象乎人也. [정음해례5ㄱ:1-2_제자해]
형 지 립 상 호 인 야

♣ 바로 선 글꼴은 사람을 본떴다.

[105] 此下八聲 一闔一闢. [정음해례5ㄱ:2_제자해]
차 하 팔 성 일 합 일 벽

♣ 다음 여덟 가운뎃소리는 어떤 것은 거의 닫히고 어떤 것은 열린다.

[106] ㅗ 與 • 同而口蹙, 其形則 • 與ㅡ合而成, 取天地初交之義也. [정음해례5ㄱ:2-4_제자해]
여 동 이 구 축 기 형 즉 여 합 이 성 취 천 지 초 교 지 의 야

♣ ㅗ는 •와 같은 가운뎃소리[양성모음]이나 입을 더 오므리며 그 모양이 •가 ㅡ와 합해서

이루어진 것은 하늘과 땅이 처음으로 사귄다는 뜻을 담았다.

[107] ㅏ與ㆍ同而口張, 其形則ㅣ與ㆍ合而成, 取天地之用發於事物待人而成也.
여 동이구장 기형즉 여 합이성 취천지지용발어사물대인이성야

[정음해례5ㄱ:4-6_제자해]

♣ ㅏ는 ㆍ와 같은 가운뎃소리[양성모음]이나 입을 더 벌리며 그 모양은 ㅣ와 ㆍ가 서로 합하여 이루어진 것으로, 하늘과 땅의 쓰임이 일과 사물에서 나타나서 사람을 기다려 이루어진다는 뜻을 담은 것이다.

[108] ㅜ與ㅡ同而口蹙, 其形則ㅡ與ㆍ合而成, 亦取天地初交之義也. [정음해례5ㄱ:7-8_제자해]
여 동이구축 기형즉 여 합이성 역취천지초교지의야

♣ ㅜ는 ㅡ와 같은 가운뎃소리[음성모음]이나 입을 더 오므리며 그 모양이 ㅡ가 ㆍ와 합해서 이루어진 것은 역시 하늘과 땅이 처음으로 사귄다는 뜻을 담았다.

[109] ㅓ與ㅡ同而口張, 其形則ㆍ與ㅣ合而成, 亦取天地之用發於事物待人而成也.
여 동이구장 기형즉 여 합이성 역취천지지용발어사물대인이성야

[정음해례5ㄱ:8-5ㄴ:1-3_제자해]

♣ ㅓ는 ㅡ와 같은 가운뎃소리[음성모음]이나 입을 더 벌리니 그 모양은 ㆍ와 ㅣ가 합해서 이루어진 것이며, 역시 하늘과 땅의 쓰임이 일과 사물에서 나타나되 사람을 기다려서 이루어진 뜻을 담은 것이다.

[110] ㅛ與ㅗ同而起於ㅣ. [정음해례5ㄴ:3_제자해]
여 동이기어

♣ ㅛ는 ㅗ와 같은 가운뎃소리[양성모음]이나 그 소리는 ㅣ에서 비롯된다.

[111] ㅑ與ㅏ同而起於ㅣ. [정음해례5ㄴ:3-4_제자해]
여 동이기어

♣ ㅑ는 ㅏ와 같은 가운뎃소리[양성모음]이나 그 소리는 ㅣ에서 비롯된다.

[112] ㅠ與ㅜ同而起於ㅣ. [정음해례5ㄴ:4-5_제자해]
여 동이기어

♣ ㅠ는 ㅜ와 같은 가운뎃소리[음성모음]이나 그 소리는 ㅣ에서 비롯된다.

[113] ㅕ與ㅓ同而起於ㅣ. [정음해례5ㄴ:5_제자해]
여 동이기어

♣ ㅕ는 ㅓ와 같은 가운뎃소리[음성모음]이나 그 소리는 ㅣ에서 비롯된다.

[114] ㅗ ㅏ ㅜ ㅓ 始於天地, 爲初出也. [정음해례5ㄴ:5-6_제자해]
시 어 천 지 위 초 출 야

♣ ㅗㅏㅜㅓ는 하늘과 땅에서 비롯된 것이므로 '처음 나온 것(초출자)'이다.

[115] ㅛ ㅑ ㅠ ㅕ 起於ㅣ而兼乎人[ㅣ], 爲再出也. [정음해례5ㄴ:6-7_제자해]
기 어 이 겸 호 인 위 재 출 야

♣ ㅛㅑㅠㅕ는 그 소리가 ㅣ에서 비롯되어 사람(ㅣ)을 겸하였으므로 '거듭 나온 것(재출자)' 이다.

[116] ㅗ ㅏ ㅜ ㅓ 之一其圓者, 取其初生之義也. [정음해례5ㄴ:7-8-6ㄱ:1_제자해]
지 일 기 원 자 취 기 초 생 지 의 야

♣ ㅗㅏㅜㅓ에서 둥근 것(•)을 하나로 한 것은 '처음 생긴 것(초생자)'이라는 뜻을 담았다.

[117] ㅛ ㅑ ㅠ ㅕ 之二其圓者, 取其再生之義也. [정음해례6ㄱ:1-2_제자해]
지 이 기 원 자 취 기 재 생 지 의 야

♣ ㅛㅑㅠㅕ에서 그 둥근 것(•)을 둘로 한 것은 '다시 생겨난 것(재생자)'이라는 뜻을 담은 것이다.

[118] ㅗ ㅏ ㅛ ㅑ 之圓居上與外者, 以其出於天而爲陽也. [정음해례6ㄱ:2-3_제자해]
지 원 거 상 여 외 자 이 기 출 어 천 이 위 양 야

♣ ㅗㅏㅛㅑ의 둥근 것(•)이 위와 밖에 놓인 것은 하늘(•)에서 나와 양성이 되기 때문이다.

[119] ㅜ ㅓ ㅠ ㅕ 之圓居下與內者, 以其出於地而爲陰也. [정음해례6ㄱ:3-5_제자해]
지 원 거 하 여 내 자 이 기 출 어 지 이 위 음 야

♣ ㅜㅓㅠㅕ의 둥근 것(•)이 아래쪽과 안쪽에 있는 것은 땅(ㅡ)에서 나와 음성이 되기 때문이다.

[120] • 之貫於八聲者, 猶陽之統陰而周流萬物也. [정음해례6ㄱ:5-6_제자해]
지 관 어 팔 성 자 유 양 지 통 음 이 주 류 만 물 야

♣ •가 여덟 가운뎃소리글자에 두루 다 있는 것은 마치 양성이 음성을 거느리고 만물에 두루 흐름과 같다.

[121] ㅛ ㅑ ㅠ ㅕ 之皆兼乎人[ㅣ]者, 以人爲萬物之靈而能參兩儀也. [정음해례6ㄱ:6-8_제자해]
지 개 겸 호 인 자 이 인 위 만 물 지 령 이 능 참 량 의 야

♣ ㅛㅑㅠㅕ가 모두 사람을 뜻하는 ㅣ소리가 들어 있는 것은 사람이 만물의 영장으로 능히 하늘(양)과 땅(음)이 하는 일에 참여할 수 있기 때문이다.

[122] 取象於天地人而三才之道備矣. [정음해례6ㄱ:8-6ㄴ:1_제자해]
취 상 어 천 지 인 이 삼 재 지 도 비 의

♣ 가운뎃소리글자들은 하늘(ㆍ), 땅(ㅡ), 사람(ㅣ)을 본뜬 것을 가졌으니, 삼재(하늘·땅·사람) 이치가 갖추어졌다.

[123] 然三才爲萬物之先, 而天又爲三才之始, 猶ㆍㅡㅣ三字爲八聲之首, 而ㆍ又爲三字之冠° 也. [정음해례6ㄴ:1-4_제자해]
연 삼 재 위 만 물 지 선 이 천 우 위 삼 재 지 시 유 삼 자 위 팔 성 지 수 이 우 위 삼 자 지 관 야

♣ 그러므로 하늘·땅·사람의 삼재가 만물의 우선이 되고, 하늘이 삼재의 시작이 되는 것과 같이 ㆍㅡㅣ 석 자가 여덟 가운뎃소리글자의 머리가 되고 또한 ㆍ 자가 석 자의 으뜸이 됨과 같다.

[124] ㅗ初生於天, 天一生水之位也. [정음해례6ㄴ:4-5_제자해]
초 생 어 천 천 일 생 수 지 위 야

♣ ㅗ가 처음으로 하늘에서 생겨나니 하늘의 수로는 1이고 물을 낳는 자리다.

[125] ㅏ次之, 天三生木之位也. [정음해례6ㄴ:5_제자해]
차 지 천 삼 생 목 지 위 야

♣ ㅏ가 다음으로 생겨나 하늘의 수로는 3이고 나무를 낳는 자리다.

[126] ㅜ初生於地, 地二生火之位也. [정음해례6ㄴ:6_제자해]
초 생 어 지 지 이 생 화 지 위 야

♣ ㅜ가 처음으로 땅에서 나니, 땅의 수로는 2이고 불을 낳는 자리다.

[127] ㅓ次之, 地四生金之位也. [정음해례6ㄴ:6-7_제자해]
차 지 지 사 생 금 지 위 야

♣ ㅓ가 다음으로 생겨난 것이니 땅의 수로는 4이고 쇠를 낳는 자리다.

[128] ㅛ再生於天, 天七成火之數也. [정음해례6ㄴ:7-8]
재 생 어 천 천 칠 성 화 지 수 야

♣ ㅛ가 두 번째로 하늘에서 생겨나니 하늘의 수로는 7이고 불을 이루는 수이다.

[129] ㅑ次之, 天九成金之數也. [정음해례6ㄴ:8-7ㄱ:1_제자해]
차 지 천 구 성 금 지 수 야

♣ ㅑ가 다음으로 생겨나니 하늘의 수로는 9이고 쇠를 이루는 수다.

[130] ᅲ再生於地, 地六成水之數也. [정음해례7ㄱ:1-2_제자해]
재생어지 지륙성수지수야

♣ ᅲ가 두 번째로 땅에서 생겨나니 땅의 수로는 6이고 물을 이루는 수다.

[131] ᅧ次之, 地八成木之數也. [정음해례7ㄱ:2-3_제자해]
차지 지팔성목지수야

♣ ᅧ가 다음으로 생겨나니 땅의 수로는 8이고 나무를 이루는 수다.

[132] 水[ᅩ ᅲ]火[ᅮ ᅭ]未離° 乎氣, 陰陽交合之初, 故闔. [정음해례7ㄱ:3-4_제자해]
수 화 미리 호기 음양교합지초 고합

♣ 물(ᅩᅲ)과 불(ᅮᅭ)은 아직 기를 벗어나지 못하고 음과 양이 서로 사귀어 어울리는 시초이기 때문에 입을 거의 오므린다.

[133] 木[ᅡ ᅧ]金[ᅥ ᅣ]陰陽之定質, 故闢. [정음해례7ㄱ:4_제자해]
목 금 음양지정질 고벽

♣ 나무(ᅡ ᅧ)와 쇠(ᅥ ᅣ)는 음과 양의 바탕을 바로 고정한 것이기 때문에 입을 벌린다.

[134] ᆞ天五生土之位也. [정음해례7ㄱ:4-5_제자해]
천오생토지위야

♣ ᆞ는 하늘의 수로는 5이고 흙을 낳는 자리다.

[135] ᅳ地十成土之數也. [정음해례7ㄱ:5-6_제자해]
지십성토지수야

♣ ᅳ는 땅의 수로는 10이고 흙을 이루는 수다.

[136] ᅵ獨無位數者, 盖以人則無極之眞, 二五之精, 妙合而凝, 固未可以定位成數論° 也.[정음해례7ㄱ:6-8_제자해]
독무위수자 개이인즉무극지진 이오지정 묘합이응 고미가이정위성수론 야

♣ ᅵ만 홀로 자리와 수가 없는 것은 대개 사람은 곧 끝없는 태극의 참과 음양과 오행의 정기가 묘하게 어울리고 엉기어서, 진실로 자리를 정하고 수를 이루는 것을 밝힐 수 없기 때문이다.

[137] 是則中聲之中, 亦自有陰陽五行方位之數也. [정음해례7ㄱ:8-7ㄴ:1_제자해]
시즉중성지중 역자유음양오행방위지수야

♣ 이런즉 가운뎃소리(중성) 속에도 또한 저절로 음양과 오행, 방위의 수가 있는 것이다.

[138] 以初聲對中聲而言之. [정음해례7ㄴ:1-2_제자해]
이초성대중성이언지

♣ 첫소리와 가운뎃소리를 맞대어 말해 보자.

[139] 陰陽, 天道也. [정음해례7ㄴ:2_제자해]
음 양 천 도 야

♣ 가운뎃소리의 음성과 양성은 하늘의 이치다.

[140] 剛柔, 地道也. [정음해례7ㄴ:3_제자해]
강 유 지 도 야

♣ 첫소리의 단단함과 부드러움은 땅의 이치이다.

[141] 中聲者, 一深一淺一闔一闢, 是則陰陽分而五行之氣具焉, 天之用也.
중 성 자 일 심 일 천 일 합 일 벽 시 즉 음 양 분 이 오 행 지 기 구 언 천 지 용 야

[정음해례7ㄴ:3–5_제자해]

♣ 가운뎃소리는 어떤 것은 깊고 어떤 것은 얕고, 어떤 것은 오므리고 어떤 것은 벌리니, 이런즉 음양이 나뉘고, 오행의 기운이 갖추어지니 하늘의 작용이다.

[142] 初聲者, 或虛或實或颺或滯或重若輕, 是則剛柔著而五行之質成焉, 地之功也.
초 성 자 혹 허 혹 실 혹 양 혹 체 혹 중 약 경 시 즉 강 유 저 이 오 행 지 질 성 언 지 지 공 야

[정음해례7ㄴ:5–7_제자해]

♣ 첫소리는 어떤 것은 비고[목구멍소리], 어떤 것은 막히고[어금닛소리], 어떤 것은 날리고[혓소리], 어떤 것은 걸리고[잇소리], 어떤 것은 무겁고[입술무거운소리], 어떤 것은 가벼우니[입술가벼운소리], 이런즉 곧 단단하고 부드러운 것이 드러나서 여기에 오행의 바탕이 이루어진 것이니 땅의 공이다.

[143] 中聲以深淺闔闢唱之於前, 初聲以五音淸濁和° 之於後, 而爲初亦爲終.
중 성 이 심 천 합 벽 창 지 어 전 초 성 이 오 음 청 탁 화 지 어 후 이 위 초 역 위 종

[정음해례7ㄴ:7–8ㄱ:1_제자해]

♣ 가운뎃소리가 깊고 얕고 오므라지고 벌림으로써 앞서 소리 나고, 첫소리가 오음의 맑고 흐림으로써 뒤따라 화답하여 첫소리가 되고 또한 끝소리가 된다.

[144] 亦可見萬物初生於地, 復歸於地也. [정음해례8ㄱ:2–3_제자해]
역 가 견 만 물 초 생 어 지 복 귀 어 지 야

♣ 또한 이는 만물이 땅에서 처음 생겨나서, 다시 땅으로 돌아가는 것으로 볼 수 있다.

[145] 以初中終合成之字言之, 亦有動靜互根陰陽交變之義焉. [정음해례8ㄱ:3–4_제자해]
이 초 중 종 합 성 지 자 언 지 역 유 동 정 호 근 음 양 교 변 지 의 언

♣ 첫소리, 가운뎃소리, 끝소리가 합하여 이루어진 글자를 말할 것 같으면, 또한 움직임과 고요함이 서로 뿌리가 되어 음과 양이 서로 바뀌는 뜻이 있다.

[146] 動者, 天也. 靜者, 地也. [정음해례8ㄱ:4-5_제자해]
동 자 천 야 정 자 지 야

♣ 움직이는 것은 하늘이요, 고요한 것은 땅이다.

[147] 兼乎動靜者, 人也. [정음해례8ㄱ:5_제자해]
겸 호 동 정 자 인 야

♣ 움직임과 고요함을 겸한 것은 사람이다.

[148] 盖五行在天則神之運也, 在地則質之成也, 在人則仁禮信義智神之運也, 肝心脾肺腎質之成也. [정음해례8ㄱ:6-8_제자해]
개 오 행 재 천 즉 신 지 운 야 재 지 즉 질 지 성 야 재 인 즉 인 례 신 의 지 신 지 운 야 간 심 비 폐 신 질 지 성 야

♣ 대개 오행이 하늘에서는 신(우주)의 운행이며, 땅에서는 바탕을 이루는 것이요, 사람에서는 어짊·예의·믿음·정의·슬기가 신(작은 우주)의 운행이요, 간장·염통(심장)·지라(비장)·허파(폐장)·콩팥(신장)이 바탕을 이루는 것이다.

[149] 初聲有發動之義, 天之事也. [정음해례8ㄱ:8-8ㄴ:1_제자해]
초 성 유 발 동 지 의 천 지 사 야

♣ 첫소리는 움직여 피어나는 뜻이 있으니, 하늘의 일이다.

[150] 終聲有止定之義, 地之事也. [정음해례8ㄴ:1-2_제자해]
종 성 유 지 정 지 의 지 지 사 야

♣ 끝소리는 정해져 멈추는 뜻이 있으니, 땅의 일이다.

[151] 中聲承初之生, 接終之成, 人之事也. [정음해례8ㄴ:2-3_제자해]
중 성 승 초 지 생 접 종 지 성 인 지 사 야

♣ 가운뎃소리는 첫소리가 생겨난 것을 이어서, 끝소리가 이루어지게 이어주니 사람의 일이다.

[152] 盖字韻之要, 在於中聲, 初終合而成音. [정음해례8ㄴ:3-6_제자해]
개 자 운 지 요 재 어 중 성 초 종 합 이 성 음

♣ 대개 글자 소리의 핵심은 가운뎃소리에 있으니, 첫소리·끝소리와 합하여 음절을 이룬다

[153] 亦猶天地生成萬物, 而其財成輔相° 則必賴乎人也. [정음해례8ㄴ:4-6_제자해]
역 유 천 지 생 성 만 물 이 기 재 성 보 상 즉 필 뢰 호 인 야

♣ 또 오히려 하늘과 땅이 만물을 생겨나게 해도, 그것이 쓸모 있게 돕는 것은 반드시 사람한테 힘입음과 같다.

[154] 終聲之復° 用初聲者, 以其動而陽者乾也, 靜而陰者亦乾也, 乾實分陰陽而無不君宰也.
종성지부 용초성자 이기동이양자건야 정이음자역건야 건실분음양이무불군재야

[정음해례8ㄴ:6-8_제자해]

♠ 끝소리글자에 첫소리글자를 다시 쓰는 것은 움직여서 양인 것도 하늘이요, 고요해서 음인 것도 하늘이니, 하늘은 실제로는 음과 양을 구분한다 하더라도 임금(하늘)이 주관하고 다스리지 않음이 없기 때문이다.

[155] 一元之氣, 周流不窮, 四時之運, 循環無端, 故貞而復° 元, 冬而復° 春.
일원지기 주류불궁 사시지운 순환무단 고정이부 원 동이부 춘

[정음해례9ㄱ:1-2_제자해]

♠ 하나의 바탕 기운이 두루 흘러 다하지 않고, 사계절 바뀜이 돌고 돌아 끝이 없으니 만물의 거둠에서 다시 만물의 시초가 되듯 겨울은 다시 봄이 되는 것이다.

[156] 初聲之復° 爲終, 終聲之復° 爲初, 亦此義也. [정음해례9ㄱ:2-4_제자해]
초성지부 위종 종성지부 위초 역차의야

♠ 첫소리글자가 다시 끝소리글자가 되고 끝소리글자가 다시 첫소리글자가 되는 것도 역시 이와 같은 뜻이다.

[157] 吁. 正音作而天地萬物之理咸備, 其神矣哉. [정음해례9ㄱ:4-5_제자해]
우 정음작이천지만물지리함비 기신의재

♠ 아! 정음이 만들어져 천지 만물의 이치가 모두 갖추어졌으니, 참으로 신묘하구나!

[158] 是殆天啓聖心而假手焉者乎. [정음해례9ㄱ:5-6_제자해]
시태천계성심이가수언자호

♠ 이는 틀림없이 하늘이 성왕(세종)의 마음을 일깨워, 세종의 손을 빌려 정음을 만들게 한 것이로구나!

訣曰 [정음해례9ㄱ:6_제자해_갈무리시]
결왈

♠ 갈무리시

[159] 天地之化本一氣 陰陽五行相始終. [정음해례9ㄱ:7-8_제자해_갈무리시]
천지지화본일기 음양오행상시종

♠ 하늘과 땅의 조화는 본디 하나의 기운이니 음양과 오행이 서로 처음이 되며 끝이 되네.

[160] 物於兩間有形聲 元本無二理數通. [정음해례9ㄴ:1-2_제자해_갈무리시]
물 어 량 간 유 형 성 원 본 무 이 리 수 통

♣ 만물이 하늘과 땅 사이에서 꼴과 소리 있으되, 근본은 둘이 아니니 이치와 수로 통하네.

[161] 正音制字尙其象 因聲之厲每加畫. [정음해례9ㄴ:3-4_제자해_갈무리시]
정 음 제 자 상 기 상 인 성 지 려 매 가 획

♣ 정음 글자 만들 때 주로 그 꼴을 본뜨니 소리 세기에 따라 획을 더하였네.

[162] 音出牙舌脣齒喉 是爲初聲字十七. [정음해례9ㄴ:5-6_제자해_갈무리시]
음 출 아 설 순 치 후 시 위 초 성 자 십 칠

♣ 소리는 어금니·혀·입술·이·목구멍에서 나니 여기에서 첫소리글자 열일곱이 나왔네.

[163] 牙取舌根閉喉形 唯業[ㆁ]似欲[ㅇ]取義別。[41]. [정음해례9ㄴ:7-8_제자해_갈무리시]
아 취 설 근 폐 후 형 유 업 사 욕 취 의 별

♣ 어금닛소리 글자는 혀뿌리가 목구멍을 막는 모양을 취하였는데 오직 ㆁ[이]만은 ㅇ[이]와 비슷하나 담은 뜻이 다르네.

[164] 舌迺象舌附上腭 脣則實是取口形. [정음해례10ㄱ:1-2_제자해_갈무리시]
설 내 상 설 부 상 악 순 즉 실 시 취 구 형

♣ 혓소리글자는 혀가 윗잇몸에 닿는 모양을 본뜨고 입술소리 글자는 바로 입 꼴을 취하였네.

[165] 齒喉直取齒喉象 知斯五義聲自明. [정음해례10ㄱ:3-4_제자해_갈무리시]
치 후 직 취 치 후 상 지 사 오 의 성 자 명

♣ 잇소리글자와 목구멍소리글자는 바로 이와 목구멍의 모양을 본떴으니 이 다섯 자 뜻을 알면 소리 이치는 절로 밝혀지네.

[166] 又有半舌半齒音 取象同而體則異. [정음해례10ㄱ:5-6_제자해_갈무리시]
우 유 반 설 반 치 음 취 상 동 이 체 즉 이

♣ 또한 반혓소리글자(ㄹ), 반잇소리글자(△)가 있는데 본뜬 것은 같은데 짜임새가 다르네.

[167] 那[ㄴ]彌[ㅁ]戌[ㅅ]欲[ㅇ]聲不厲 次序雖後象形始. [정음해례10ㄱ:7-8_제자해_갈무리시]
나 미 술 욕 성 불 려 차 서 수 후 상 형 시

♣ "ㄴ[니], ㅁ[미], ㅅ[시], ㅇ[이]" 소리는 세지 않으므로 차례는 비록 뒤이나 꼴을 본뜨는 처음이 되네.

41) '別。'에서의 아래 권점은 음을 빨리 끝내라는 입성 표시 권점이다.

[168] 配諸四時與冲氣 五行五音無不協. [정음해례10ㄴ:1-2_제자해_갈무리시]
배 저 사 시 여 충 기 오 행 오 음 무 불 협

♣ 이것을 네 계절과 천지 기운에 맞추어 보니 오행과 오음계에 어울리지 않음이 없네.

[169] 維喉爲水冬與羽 牙迺春木其音角. [정음해례10ㄴ:3-4_제자해_갈무리시]
유 후 위 수 동 여 우 아 내 춘 목 기 음 각

♣ 목구멍소리는 '물'이 되니 '겨울'과 '우음계'요, 어금닛소리는 '봄'이며 '나무'이니 그 소리는 '각음계'이네.

[170] °徵音夏火是舌聲 齒則商秋又是金. [정음해례10ㄴ:5-6_제자해_갈무리시]
치 음 하 화 시 설 성 치 즉 상 추 우 시 금

♣ '치음계'에 '여름'이며 '불'인 것은 혓소리요, 잇소리는 곧 '상음계'이며 '가을'이니 또한 '쇠'이네.

[171] 脣於位數本無定 土而季夏爲宮音. [정음해례10ㄴ:7-8_제자해_갈무리시]
순 어 위 수 본 무 정 토 이 계 하 위 궁 음

♣ 입술소리는 방위와 수가 본디 정해진 것이 없으니, '흙'이며 '늦여름'이니 '궁음계'가 되네.

[172] 聲音又自有淸濁 要° 於初發細推尋. [정음해례11ㄱ:1-2_제자해_갈무리시]
성 음 우 자 유 청 탁 요 어 초 발 세 추 심

♣ 말소리는 또한 스스로 맑고 흐림이 있으니 중요한 것은 첫소리 날 때에 자세히 헤아려 살펴야 하네.

[173] 全淸聲是君[ㄱ]斗[ㄷ]彆[ㅂ] 即[ㅈ]戌[ㅅ]挹[ㆆ]亦全淸聲. [정음해례11ㄱ:3-4_제자해_갈무리시]
전 청 성 시 군 두 볃 즉 술 읍 역 전 청 성

♣ 아주 맑은소리 '전청'은 "ㄱ[기], ㄷ[디], ㅂ[비]"이며 "ㅈ[지], ㅅ[시], ㆆ[히]"도 또한 아주 맑은소리 '전청'이라네.

[174] 若迺快[ㅋ]呑[ㅌ]漂[ㅍ]侵[ㅊ]虛[ㅎ] 五音各一爲次淸.[정음해례11ㄱ:5-6_제자해_갈무리시]
약 내 쾌 탄 표 침 허 오 음 각 일 위 차 청

♣ ㅋ[키], ㅌ[티], ㅍ[피], ㅊ[치], ㅎ[히]"와 같은 것은 오음 각 하나씩의 덜 맑은소리 '차청'이 되네.

[175] 全濁之聲虯[ㄲ]覃[ㄸ]步[ㅃ] 又有慈[ㅉ]邪[ㅆ]亦有洪[ㆅ].
전 탁 지 성 규 담 보 우 유 자 사 역 유 홍

[정음해례11ㄱ:7-8_제자해_갈무리시]

♣ 아주 흐린소리 '전탁'은 "ㄲ[끼], ㄸ[띠], ㅃ[삐]"에다 "ㅉ[찌], ㅆ[씨]"가 있고 또한 "ㆅ[ᅘᅵ]"가 있네.

[176] 全淸並書爲全濁 唯洪[ㆅ]自虛[ㅎ]是不同. [정음해례11ㄴ:1-2_제자해_갈무리시]
전청병서위전탁 유홍 자허 시불동

♣ 아주 맑은소리 ‘전청’ 글자를 나란히 쓰면 아주 흐린소리 ‘전탁’ 글자가 되는데, 다만 ‘ㆅ’ [ᅘᅵ]만은 ‘ㅎ[히]’에서 나와 이것만 같지 않네.

[177] 業[ㆁ]那[ㄴ]彌[ㅁ]欲[ㅇ]及閭[ㄹ]穰[ㅿ] 其聲不淸又不濁. [정음해례11ㄴ:3-4_제자해_갈무리시]
업 나 미 욕 급려 양 기성불청우불탁

♣ “ㆁ[이], ㄴ[니], ㅁ[미], ㅇ[이]”와 “ㄹ[리], ㅿ[ᅀᅵ]”는 그 소리 맑지도 또 흐리지도 않네.

[178] 欲[ㅇ]之連書爲脣輕 喉聲多而脣乍合. [정음해례11ㄴ:5-6_제자해_갈무리시]
욕 지연서위순경 후성다이순사합

♣ ㅇ[이]를 입술소리에 이어 쓰면 입술가벼운소리가 되는데, 목구멍소리가 많아지면서 입술을 살짝 다물어 주네.

[179] 中聲十一亦取象 精義未可容易° 觀 [정음해례11ㄴ:7-8_제자해_갈무리시]
중성십일역취상 정의미가용이 관

♣ 가운뎃소리글자 열한 자 또한 꼴을 본떴는데, 섬세한 뜻은 아직 쉽게 볼 수 없네.

[180] 呑[ㆍ]擬於天聲最深 所以圓形如彈丸 [정음해례12ㄱ:1-2_제자해_갈무리시]
탄 의어천성최심 소이원형여탄환

♣ ㆍ는 하늘을 본뜬 것으로 소리가 가장 깊으니 둥근 꼴이 총알 같네.

[181] 即[ㅡ]聲不深又不淺 其形之平象乎地 [정음해례12ㄱ:3-4_제자해_갈무리시]
즉 성불심우불천 기형지평상호지

♣ ㅡ 소리는 깊지도 않고 얕지도 않아 그 평평한 꼴은 땅을 본떴네.

[182] 侵[ㅣ]象人立厥聲淺 三才之道斯爲備. [정음해례12ㄱ:5-6_제자해_갈무리시]
침 상인립궐성천 삼재지도사위비

♣ ㅣ는 사람이 선 모습을 본뜬 것으로 그 소리 얕으니 하늘·땅·사람의 세 바탕 이치가 이에 갖추어졌네.

[183] 洪[ㅗ]出於天[ㆍ]尙爲闔 象取天圓合地平 [정음해례12ㄱ:7-8_제자해_갈무리시]
홍 출어천 상위합 상취천원합지평

♣ ㅗ는 하늘(ㆍ)에서 나와 입을 거의 닫으니 하늘의 둥긂과 땅의 평평함을 아울러 담은 것을 본떴네.

[184] 覃[ㅏ]亦出天[ㆍ]爲已闢 發於事物就人成. [정음해례12ㄴ:1-2_제자해_갈무리시]
담 역출천 위이벽 발어사물취인성

♣ ㅏ도 하늘에서 나와 입이 많이 열려 있으니 일과 사물에서 피어나 사람에서 이루어짐이네.

[185] 用初生義一其圓 出天爲陽在上外. [정음해례12ㄴ:3-4_제자해_갈무리시]
용초생의일기원 출천위양재상외

♣ 처음 생겨나는 뜻을 사용하여 둥근 점을 하나로 하였으니 하늘에서 나와 '양'이 되어 위와 밖에 놓이네.

[186] 欲[ㆉ]穰[ㆇ]兼人[ㅣ]爲再出 二圓爲形見° 其義. [정음해례12ㄴ:5-6_제자해_갈무리시]
욕 양 겸인 위재출 이원위형견 기의

♣ ㆉ, ㆇ는 사람을 겸하여 '거듭 나온 것'이 되니 두 개의 둥근 꼴로 그 뜻을 보이네.

[187] 君[ㅜ]業[ㅓ]戌[ㆌ]彆[ㆊ]出於地 據例自知何須評하랴? [정음해례12ㄴ:7-8_제자해_갈무리시]
군 업 술 별 출어지 거례자지하수평

♣ ㅜ와 ㅓ와 ㆌ와 ㆊ는 땅에서 나니 보기를 들면 저절로 알 것을 어찌 꼭 풀이를 해야 하랴.

[188] 呑[ㆍ]之爲字貫八聲 維天之用徧流行. [정음해례13ㄱ:1-2_제자해_갈무리시]
탄 지위자관팔성 유천지용편류행

♣ ㆍ글자가 여덟 가운뎃소리글자에 두루 있음은 오직 하늘의 작용이 두루 흘러 다님이네.

[189] 四聲兼人[ㅣ]亦有由 人[ㅣ]參天[ㆍ]地[ㅡ]爲最靈. [정음해례13ㄱ:3-4_제자해_갈무리시]
사성겸인 역유유 인 참천 지 위최령

♣ 네 소리(ㆉ ㆇ ㆌ ㆊ)가 사람[ㅣ]을 겸함도 또한 까닭이 있으니, 사람(ㅣ)이 하늘과 땅에 참여하는데 가장 신령하기 때문이네.

[190] 且就三聲究至理 自有剛柔與陰陽. [정음해례13ㄱ:5-6_제자해_갈무리시]
차취삼성구지리 자유강유여음양

♣ 또 첫·가운데·끝 세 소리의 깊은 이치를 살피면, 단단함과 부드러움, 음과 양이 저절로 있네.

[191] 中是天用陰陽分 初迺地功剛柔彰. [정음해례13ㄱ:7-8_제자해_갈무리시]
중시천용음양분 초내지공강유창

♣ 가운뎃소리는 하늘의 작용으로서 음양으로 나뉘고, 첫소리는 땅의 공로로 단단함과 부드러움을 나타내네.

[192] 中聲唱之初聲和° 天先° 乎地理自然. [정음해례13ㄴ:1-2_제자해_갈무리시]
중성창지초성화 천선 호지리자연

♣ 가운뎃소리가 부르면 첫소리가 응하니 하늘이 땅보다 앞섬은 자연의 이치이네.

[193] 和° 者爲初亦爲終 物生復歸皆於坤. [정음해례13ㄴ:3-4_제자해_갈무리시]
화 자위초역위종 물생복귀개어곤

♣ 응하는 것이 첫소리도 되고 또 끝소리도 되니 만물이 땅에서 나와 다시 모두 땅으로 되돌아감이네.

[194] 陰變爲陽陽變陰 一動一靜互爲根. [정음해례13ㄴ:5-6_제자해_갈무리시]
음변위양양변음 일동일정호위근

♣ 음이 바뀌어 양이 되고 양이 바뀌어 음이 되니 한 번 움직이고 한 번 고요함이 서로 뿌리가 되네.

[195] 初聲復° 有發生義 爲陽之動主於天. [정음해례13ㄴ:7-8_제자해_갈무리시]
초성부 유발생의 위양지동주어천

♣ 첫소리는 다시 피어나는 뜻이 있으니 양의 움직임으로 하늘의 임자 되네.

[196] 終聲比地陰之靜 字音於此止定焉. [정음해례14ㄱ:1-2_제자해_갈무리시]
종성비지음지정 자음어차지정언

♣ 끝소리는 땅에 비유되어 음의 고요함이니 글자 소리가 여기서 그쳐 정해지네.

[197] 韻成要在中聲用 人能輔相° 天地宜. [정음해례14ㄱ:3-4_제자해_갈무리시]
운성요재중성용 인능보상 천지의

♣ 음절을 이루는 핵심은 가운뎃소리의 쓰임새에 있으니 사람이 능히 하늘과 땅의 마땅함을 도울 수 있기 때문이네.

[198] 陽之爲用通於陰 至而伸則反而歸. [정음해례14ㄱ:5-6_제자해_갈무리시]
양지위용통어음 지이신즉반이귀

♣ 양의 쓰임은 음에 통하니 이르러 펴면 도로 돌아오네.

[199] 初終雖云分兩儀 終用初聲義可知. [정음해례14ㄱ:7-8_제자해_갈무리시]
초종수운분량의 종용초성의가지

♣ 첫소리글자와 끝소리글자가 비록 하늘과 땅으로 나뉜다고 하나 끝소리글자에 첫소리글자를 쓰는 뜻을 알 수 있네.

[200] 正音之字只卄八 。探賾錯綜窮深 。幾. [정음해례14ㄴ:1-2_제자해_갈무리시]
정음지자지입팔 탐색착종궁심 기

♣ 정음 글자는 스물여덟뿐이로되 심오하고 복잡한 걸 탐구하여 근본 깊이가 어떠한가를 밝혀낼 수 있네.

[201] 指遠言近牖民易° 天授何曾智巧爲. [정음해례14ㄴ:3-4_제자해_갈무리시]
지 원 언 근 유 민 이 천 수 하 증 지 교 위

♣ 뜻은 멀되 말은 가까워 백성을 깨우치기 쉬우니 하늘이 주신 것이지 어찌 일찍이 슬기와 기교로 되었으리오.

2. 초성해(初聲解)

初聲解
초 성 해

초성해(초성풀이)

[202] 正音初聲, 即韻書之字母也. [정음해례14ㄴ:6_초성해]
정 음 초 성 즉 운 서 지 자 모 야

♣ 정음의 첫소리는 곧 한자음 사전(운서)에서 한 음절의 첫소리(성모)이다.

[203] 聲音由此而生, 故曰母. [정음해례14ㄴ:7_초성해]
성 음 유 차 이 생 고 왈 모

♣ 말소리가 이에서 비롯되므로 이르기를 '어미(모)'라 한 것이다.

[204] 如牙音君[군]字初聲是ㄱ[기], ㄱ[기]與ᅟᅮᆫ而爲군. [정음해례14ㄴ:7-8_초성해]
여 아 음 군 자 초 성 시 여 이 위

♣ 어금닛소리글자는 '군' 자의 첫소리글자인 ㄱ[기]인데, ㄱ[기]가 ᅟᅮᆫ과 어울려 '군'이 된다.

[205] 快[쾌]字初聲是ㅋ[키] ㅋ[키]與ᅟᅫ而爲쾌. [정음해례15ㄱ:1_초성해]
쾌 자 초 성 시 여 이 위

♣ '쾌' 자의 첫소리글자는 ㅋ[키]인데, ㅋ[키]가 ᅟᅫ와 합하여 '쾌'가 된다.

[206] 虯[뀨]字初聲是ㄲ[끼], ㄲ[끼]與ᅟᅲ而爲뀨. [정음해례15ㄱ:1-2_초성해]
규 자 초 성 시 여 이 위

♣ '뀨' 자의 첫소리글자는 ㄲ[끼]인데, ㄲ[끼]가 ᅟᅲ와 합하여 '뀨'가 된다.

[207] 業[ᅌᅥᆸ]字初聲是ㆁ[이], ㆁ[이]與ᅟᅥᆸ而爲ᅌᅥᆸ之類. [정음해례15ㄱ:2-3_초성해]
업 자 초 성 시 여 이 위 지 류

♣ ᅌᅥᆸ의 첫소리글자는 ㆁ[이]인데, ㆁ[이]가 ᅟᅥᆸ과 합하여 'ᅌᅥᆸ'이 되는 따위와 같다.

[208] 舌之斗[ㄷ]呑[ㅌ]覃[ㄸ]那[ㄴ],脣之彆[ㅂ]漂[ㅍ]步[ㅃ]彌[ㅁ],齒之即[ㅈ]侵[ㅊ]慈[ㅉ]戌[ㅅ]邪[ㅆ], 喉之挹[ㆆ]虛[ㅎ]洪[ㆅ]欲[ㅇ], 半舌半齒之閭[ㄹ]穰[ㅿ], 皆倣此. [정음해례15ㄱ:3-6_초성해]

♣ 혓소리글자의 "ㄷ ㅌ ㄸ ㄴ[디티띠니]", 입술소리글자의 "ㅂ ㅍ ㅃ ㅁ[비피삐미]", 잇소리글자의 "ㅈ ㅊ ㅉ ㅅ ㅆ[지치찌시씨]", 목구멍소리글자의 "ㆆ ㅎ ㆅ ㅇ[히히햬이]", 반혓소리 · 반잇소리글자의 "ㄹ ㅿ[리ᅀᅵ]"도 모두 이와 같다.

訣曰 [정음해례15ㄱ:6_초성해_갈무리시]

♣ 갈무리시

[209] 君[ㄱ]快[ㅋ]虯[ㄲ]業[ㆁ]其聲牙 舌聲斗[ㄷ]呑[ㅌ]及覃[ㄸ]那[ㄴ].

[정음해례15ㄱ:7-8_초성해_갈무리시]

♣ "ㄱ ㅋ ㄲ ㆁ[기키끼이]"는 어금닛소리글자이고 혓소리글자로는 "ㄷ ㅌ[디티]"와 "ㄸ ㄴ[띠니]"가 있네.

[210] 彆[ㅂ]漂[ㅍ]步[ㅃ]彌[ㅁ]則是脣 齒有即[ㅈ]侵[ㅊ]慈[ㅉ]戌[ㅅ]邪[ㅆ]

[정음해례15ㄴ:1-2_초성해_갈무리시]

♣ "ㅂ ㅍ ㅃ ㅁ[비피삐미]"는 곧 입술소리글자이고 잇소리글자로는 "ㅈ ㅊ ㅉ ㅅ ㅆ[지치찌시씨]"가 있네.

[211] 挹[ㆆ]虛[ㅎ]洪[ㆅ]欲[ㅇ]迺喉聲 閭[ㄹ]爲半舌穰[ㅿ]半齒

[정음해례15ㄴ:3-4_초성해_갈무리시]

♣ "ㆆ ㅎ ㆅ ㅇ[히히햬이]"는 곧 목구멍소리글자이고 ㄹ[리]는 반혓소리글자이고, ㅿ[ᅀᅵ]는 반잇소리글자이네.

[212] 二十三字是爲母 萬聲生生皆自此 [정음해례15ㄴ:5-6_초성해_갈무리시]

♣ 스물세 자가 첫소리글자가 되니 온갖 소리가 모두 다 여기에서 생겨나네.

3. 중성해(中聲解)

中聲解
중 성 해

중성해(중성풀이)

[213] 中聲者는 居字韻之中 合初終而成音. [정음해례15ㄴ:8-16ㄱ:1_중성해]
중 성 자 거 자 운 지 중 합 초 종 이 성 음

♣ 가운뎃소리는 한 음절소리(자운)의 가운데에 있으니 첫소리, 끝소리와 합하여 음절을 이룬다.

[214] 如呑[ᄐᆞᆫ]字中聲是 ㆍ, ㆍ居ㅌㄴ[티/은]之間而爲ᄐᆞᆫ. [정음해례16ㄱ:1-2_중성해]
여 탄 자 중 성 시 거 지 간 이 위

♣ 'ᄐᆞᆫ' 자의 가운뎃소리글자는 ㆍ인데, ㆍ가 ㅌ[티]와 ㄴ[은] 사이에 있어 'ᄐᆞᆫ'이 된다.

[215] 即[즉]字中聲是ㅡ, ㅡ居ㅈㄱ[지/윽]之間而爲즉. [정음해례16ㄱ:2-3_중성해]
즉 자 중 성 시 거 지 간 이 위

♣ '즉' 자의 가운뎃소리는 ㅡ인데, ㅡ는 ㅈ[지]와 ㄱ[윽] 사이에 놓여 '즉'이 된다.

[216] 侵[침]字中聲是 ㅣ, ㅣ居ㅊㅁ[치/음]之間而爲침之類. [정음해례16ㄱ:3-4_중성해]
침 자 중 성 시 거 지 간 이 위 지 류

♣ '침' 자의 가운뎃소리글자는 ㅣ인데, ㅣ가 ㅊ[치]와 ㅁ[음] 사이에 있어 '침'이 되는 것과 같다.

[217] 洪[ㅗ]覃[ㅏ]君[ㅜ]業[ㅓ]欲[ㅛ]穰[ㅑ]戌[ㅠ]彆[ㅕ] 皆倣此. [정음해례16ㄱ:4-5_중성해]
홍 담 군 업 욕 양 술 별 개 방 차

♣ "ᅘᅩᇰ·땀·군·업·욕·샤ᇰ·슏·볃"에서의 "ㅗ ㅏ ㅜ ㅓ ㅛ ㅑ ㅠ ㅕ"도 모두 이와 같다.

[218] 二字合用者, ㅗ與ㅏ同出於ㆍ, 故合而爲ㅘ. [정음해례16ㄱ:5-6_중성해]
이 자 합 용 자 여 동 출 어 고 합 이 위

♣ 두 글자를 합쳐 쓴 것으로, ㅗ와 ㅏ가 똑같이 ㆍ와 같은 양성 가운뎃소리이므로 합하여 ㅘ가 된다.

[219] ㅛ與ㅑ又同出於ㅣ, 故合而爲ㆇ. [정음해례16ㄱ:5-6_중성해]
여 우 동 출 어 고 합 이 위

♣ ㅛ와 ㅑ는 ㅣ에서 비롯되므로 합하면 ㆇ가 된다.

[220] ㅜ與ㅓ同出於ㅡ, 故合而爲ㅝ. [정음해례16ㄱ:7-8_중성해]
여 동출어 고합이위

♣ ㅜ와 ㅓ가 똑같이 ㅡ와 같은 음성 가운뎃소리이므로[42] 합하여 ㅝ가 된다.

[221] ㅠ與ㅕ又同出於ㅣ, 故合而爲ㆊ. [정음해례16ㄱ:8-16ㄴ:1_중성해]
여 우동출어 고합이위

♣ ㅠ와 ㅕ가 또한 똑같이 ㅣ에서 비롯되므로 합하여 ㆊ가 된다.

[222] 以其同出而爲類, 故相合而不悖也. [정음해례16ㄴ:1-2_중성해]
이기동출이위류 고상합이불패야

♣ 이런 합용자들은 같은 것으로부터 나와 같은 부류가 되므로, 서로 합해도 어그러지지 않는다.

[223] 一字中聲之與ㅣ相合者十, ㆎ ㅢ ㅚ ㅐ ㅟ ㅔ ㆉ ㅒ ㆌ ㅖ 是也.
일자중성지여 상합자십 시야

[정음해례16ㄴ:2-4_중성해]

♣ 한 낱글자로 된 가운뎃소리글자가 ㅣ와 서로 합한 것이 열이니 "ㆎ ㅢ ㅚ ㅐ ㅟ ㅔ ㆉ ㅒ ㆌ ㅖ"가 그것이다.

[224] 二字中聲之與ㅣ相合者四, ㅙ ㅞ ㆈ ㆋ 是也. [정음해례16ㄴ:4-5_중성해]
이자중성지여 상합자사 시야

♣ 두 낱글자로 된 가운뎃소리글자가 ㅣ와 서로 합한 것은 넷이니, "ㅙ ㅞ ㆈ ㆋ"가 그것이다

[225] ㅣ於深淺闔闢之聲, 並能相隨者, 以其舌展聲淺而便於開口也. [정음해례16ㄴ:6-7_중성해]
어심천합벽지성 병능상수자 이기설전성천이편어개구야

♣ ㅣ가 깊고, 얕고, 닫히고, 열리는 소리에 두루 능히 서로 따를 수 있는 것은 'ㅣ'소리가 혀가 펴지고 소리가 얕아서 입을 열기 편하기 때문이다.

[226] 亦可見人[ㅣ]之參贊開物而無所不通也. [정음해례16ㄴ:7-8-17ㄱ:1_중성해]
역가견인 지참찬개물이무소불통야

♣ 또한 사람(ㅣ)이 만물을 여는 데에 참여하고 도와서 통하지 않는 것이 없음을 볼 수 있다.

---

42) 'ㅜ, ㅓ'가 음성모음(ㅡ)이라는 뜻.

訣曰 [정음해례17ㄱ:1_중성해_갈무리시]
결 왈

♣ 갈무리시

[227] 母字之音各有中 須就中聲尋闢闔. [정음해례17ㄱ:2-3_중성해_갈무리시]
모 자 지 음 각 유 중 수 취 중 성 심 벽 합

♣ 음절 소리마다 제각기 가운뎃소리가 있으니, 모름지기 가운뎃소리에서 벌림과 오므림을 찾아야 하네.

[228] 洪[ㅗ]覃[ㅏ]自呑[ㆍ]可合用 君[ㅜ]業[ㅓ]出即[ㅡ]亦可合.
홍 담 자 탄 가 합 용 군 업 출 즉 역 가 합

[정음해례17ㄱ:4-5_중성해_갈무리시]

♣ ㅗ와 ㅏ는 ㆍ에서 나왔으니 [양성모음] 합하여 쓸 수 있고 ㅜ ㅓ는 ㅡ 에서 나왔으니 [음성모음] 또한 합하여 쓸 수 있네.

[229] 欲[ㅛ]之與穰[ㅑ]戌[ㅠ]與彆[ㅕ] 各有所從義可推. [정음해례17ㄱ:6-7_중성해_갈무리시]
욕 지 여 양 술 여 별 각 유 소 종 의 가 추

♣ ㅛ와 ㅑ, ㅠ와 ㅕ의 관계는 각각 따르는 곳이 있으니 그 뜻을 이루어 알 수 있네.

[230] 侵[ㅣ]之爲用最居多 於十四聲徧相隨. [정음해례17ㄱ:8-17ㄴ:1_중성해_갈무리시]
침 지 위 용 최 거 다 어 십 사 성 편 상 수

♣ ㅣ자의 쓰임새가 가장 많아서 열넷의 소리에 두루 서로 따르네.

4. 종성해(終聲解)

終聲解
종 성 해

종성해(종성풀이)

[231] 終聲者 承初中而成字韻. [정음해례17ㄴ:3_종성해]
종 성 자 승 초 중 이 성 자 운

♣ 끝소리는 첫소리·가운뎃소리를 이어서 음절을 이룬다.

[232] 如即[즉]字終聲是ㄱ[윽], ㄱ[윽]居즈終而爲즉. [정음해례17ㄴ:3-4_종성해]
여 즉 자 종 성 시 거 종 이 위

♣ 이를테면 '즉' 자의 끝소리글자는 ㄱ[윽]인데, ㄱ[윽]은 '즈'의 끝에 놓여 '즉'이 되는 것과 같다.

[233] 洪[ᅘᅩᇰ]字終聲是ㆁ[응] ㆁ[응]居ᅘᅩ終而爲ᅘᅩᇰ之類. [정음해례17ㄴ:4-5_종성해]
홍 자종성시 거 종이위 지류

♣ 'ᅘᅩᇰ' 자의 끝소리는 ㆁ[응]인데, ㆁ[응]은 ᅘᅩ의 끝에 놓여 ᅘᅩᇰ이 되는 것과 같다.

[234] 舌脣齒喉皆同. [정음해례17ㄴ:6_종성해]
설순치후개동

♣ 혓소리글자, 입술소리글자, 잇소리글자, 목구멍소리글자도 모두 같다.

[235] 聲有緩急之殊, 故平 ˚上去其終聲不類入聲之促急. [정음해례17ㄴ:6-7_종성해]
성유완급지수 고평 상거기종성불류입성지촉급

♣ 소리에는 느리고 빠른 차이가 있으니, 평성·상성·거성 음절의 끝소리는 입성 음절 끝소리가 매우 빠른 것과 같은 부류가 아니다.

[236] 不淸不濁之字, 其聲不厲, 故用於終則宜於平 ˚上去. [정음해례17ㄴ:8-18ㄱ:1_종성해]
불청불탁지자 기성불려 고용어종즉의어평 상거

♣ 울림소리 '불청불탁' 글자는 그 소리가 세지 않으므로 끝소리로 쓰면 평성·상성·거성에 마땅하다.

[237] 全淸次淸全濁之字, 其聲爲厲, 故用於終則宜於入. [정음해례18ㄱ:1-3_종성해]
전청차청전탁지자 기성위려 고용어종즉의어입

♣ 아주 맑은소리 전청, 덜 맑은소리 차청, 아주 흐린소리 전탁 글자는 그 소리가 세므로 끝소리로 쓰면 입성에 마땅하다.

[238] 所以ㆁㄴㅁㅇㄹㅿ六字爲平 ˚上去聲之終, 而餘皆爲入聲之終也.
소이 육자위평 상거성지종 이여개위입성지종야

♣ 그래서 ㆁㄴㅁㅇㄹㅿ[이니미이리시]의 여섯 글자가 끝소리로 쓰이는 음절은 평성과 상성과 거성이 되고, 나머지 글자가 끝소리로 쓰이는 음절은 모두 입성이 된다.

[239] 然ㄱㆁㄷㄴㅂㅁㅅㄹ八字可足用也. [정음해례18ㄱ:5-6_종성해]
연 팔자가족용야

♣ ㄱㆁㄷㄴㅂㅁㅅㄹ[기이디니비미시리]의 여덟 글자만으로도 끝소리글자를 적기에 충분하다.

[240] 如ᄇᆡᆺ곶爲梨花, 여ᇫ의갗爲狐皮, 而ㅅ[읏]字可以通用, 故只用ㅅ[읏]字.
여 위리화 위호피 이 자가이통용 고지용 자

[정음해례18ㄱ:6-8_종성해]

♣ "ᄇᆡᆺ곶(배꽃)"이나 "여ᇫ의갗(여우 가죽)"에서처럼 ㅅ[읏] 자로 두루 쓸 수 있어서 오직 ㅅ[읏] 자를 쓰는 것과 같다.

[241] 且ㅇ[이]聲淡而虛, 不必用於終, 而中聲可得成音也. [정음해례18ㄱ:8-18ㄴ:1_종성해]

♣ 또 ㅇ[이]는 소리가 맑고 비어서 반드시 끝소리로 쓰지 않더라도 가운뎃소리만으로 음절을 이룰 수 있다.

[242] ㄷ[디]如볃爲彆[볃], ㄴ[니]如군爲君[군], ㅂ[비]如업爲業[업], ㅁ[미]如땀爲覃[땀], ㅅ[시]如諺語·옷爲衣, ㄹ[리]如諺語실爲絲之類. [정음해례18ㄴ:1-4_종성해]

♣ ㄷ[디]는 '볃'의 끝소리 ㄷ[읃]이 되고, ㄴ[니]는 '군'의 끝소리 ㄴ[은]이 되고, ㅂ[비]는 '업'의 끝소리 ㅂ[읍]이 되며, ㅁ[미]는 '땀'의 끝소리 ㅁ[음]이 되고, ㅅ[시]는 토박이말인 '·옷'의 끝소리 ㅅ[읏]이 되며, ㄹ[리]는 토박이말인 '실'의 끝소리 ㄹ[을]이 된다.

[243] 五音之緩急 亦各自爲對. [정음해례18ㄴ:4-5_종성해]

♣ 오음의 느리고 빠름이 또한 각각 스스로 짝이 된다.

[244] 如牙之ㆁ[응]與ㄱ[윽]爲對, 而ㆁ[응]促呼則變爲ㄱ[윽]而急, ㄱ[윽]舒出則變爲ㆁ[응]而緩.[정음해례18ㄴ:5-7_종성해]

♣ 이를테면 어금닛소리의 ㆁ[응]은 ㄱ[윽]과 짝이 되어 ㆁ[응]을 빨리 발음하면 ㄱ[윽]음으로 바뀌어 빠르고, ㄱ[윽]음을 느리게 내면 ㆁ[응]음으로 바뀌어 느린 것과 같다.

[245] 舌之ㄴㄷ[은/읃], 脣之ㅁㅂ[음/읍], 齒之ㅿㅅ[읈/읏], 喉之ㅇㆆ[응/읗], 其緩急相對, 亦猶是也. [정음해례18ㄴ:7-8-19ㄱ:1_종성해]

♣ 혓소리의 ㄴ[은]음과 ㄷ[읃]음, 입술소리의 ㅁ[음]음과 ㅂ[읍]음, 잇소리의 ㅿ[읈]음과 ㅅ[읏]음, 목구멍소리의 ㅇ[응]음과 ㆆ[읗]음도 그 느리고 빠름이 서로 짝이 되니 이와 같다.

[246] 且半舌之ㄹ[을] 當用於諺, 而不可用於文. [정음해례19ㄱ:1-2_종성해]

♣ 또 반혓소리글자인 ㄹ[을]은 마땅히 토박이말에나 쓸 것이며 한자어에는 쓸 수 없다.

[247] 如入聲之彆[볃]字, 終聲當用ㄷ[읃], 而俗習讀爲ㄹ[을], 蓋ㄷ[읃]變而爲輕也.

[정음해례19ㄱ:2-4_종성해]

♣ 입성의 '彆(볃)' 자와 같은 것도 끝소리글자로 마땅히 ㄷ[읃]를 써야 할 것인데 세속 관습으

로는 한자어 종성을 ㄹ[을] 음으로 읽으니 대개 ㄷ[은] 음이 바뀌어 가볍게 된 것이다.

[248] 若用ㄹ[을]爲彆[:볋]之終, 則其聲舒緩, 不爲入也. [정음해례19ㄱ:4-5_종성해]
약 용 위 별 지 종 즉 기 성 서 완 불 위 입 야

♣ 만일 ㄹ[을]을 '彆[:볋]' 자의 끝소리글자로 쓴다면 그 소리가 펴지고 늘어져 입성이 되지 못한다.

訣曰
결 왈

♣ 갈무리시

[249] 不淸不濁用於終 爲平 °上去不爲入. [정음해례19ㄱ:6-7_종성해_갈무리시]
불 청 불 탁 용 어 종 위 평 상 거 불 위 입

♣ 맑지도 흐리지도 않은 울림소리를 끝소리에 쓰니 평성, 상성, 거성이 되고 입성은 되지 않네.

[250] 全淸次淸及全濁 是皆爲入聲促急. [정음해례19ㄱ:8-19ㄴ:1_종성해_갈무리시]
전 청 차 청 급 전 탁 시 개 위 입 성 촉 급

♣ 아주 맑은소리, 덜 맑은소리, 그리고 아주 흐린소리는 모두 입성이 되어 소리가 매우 빠르네.

[251] 初作終聲理固然 只將八字用不窮. [정음해례19ㄴ:2-3_종성해_갈무리시]
초 작 종 성 리 고 연 지 장 팔 자 용 불 궁

♣ 첫소리글자를 끝소리글자로 쓰는 이치가 본래 그러한데 다만 여덟 자만 가지고도 쓰임에 막힘은 없네.

[252] 唯有欲[ㅇ]聲所當處 中聲成音亦可通. [정음해례19ㄴ:4-5_종성해_갈무리시]
유 유 욕 성 소 당 처 중 성 성 음 역 가 통

♣ 오직 ㅇ[이] 자가 있어야 마땅한 자리라도 가운뎃소리만으로도 음절을 이루어 또한 통할 수 있네.

[253] 若書即[즉]字終用君[ㄱ] 洪[홍]彆[볃]亦以業[ㆁ]斗[ㄷ]終. [정음해례19ㄴ:6-7_종성해_갈무리시]
약 서 즉 자 종 용 군 홍 별 역 이 업 두 종

♣ 만일 '즉' 자를 쓰려면 'ㄱ[윽]'을 끝소리로 하고 "홍, 볃"은 'ㆁ[웅]'과 'ㄷ[읃]'을 끝소리로 하네.

[254] 君[군]業[업]覃[땀]終又何如 以那[ㄴ]彆[ㅂ]彌[ㅁ]次第推. [정음해례19ㄴ:8-20ㄱ:1_종성해_갈무리시]
군 업 담 종 우 하 여 이 나 별 미 차 제 추

♣ "군, 업, 땀" 끝소리는 또한 어떨까 하니 "ㄴ[은], ㅂ[읍], ㅁ[음]"을 차례대로 헤아려 보네.

[255] 六聲[ㄱㆁㄷㄴㅂㅁ]通乎文與諺 戌[ㅅ]閭[ㄹ]用於諺衣[옷]絲[실]. [정음해례20ㄱ:2-3_종성해_갈무리시]
육 성 통 호 문 여 언 술 려 용 어 언 의 사

♣ 여섯 소리(ㄱㆁㄷㄴㅂㅁ/윽응읃은읍음)는 한자말과 토박이말에 함께 쓰이되 ㅅ[읏]과 ㄹ[을]은 토박이말의 '옷'과 '실'의 끝소리로만 쓰이네.

[256] 五音緩急各自對 君[ㄱ]聲迺是業[ㆁ]之促. [정음해례20ㄱ:4-5_종성해_갈무리시]
오 음 완 급 각 자 대 군 성 내 시 업 지 촉

♣ 오음은 각각 느림과 빠름의 짝을 저절로 이루니 ㄱ[윽] 소리는 ㆁ[응] 소리를 빠르게 낸 것이네.

[257] 斗[ㄷ]彆[ㅂ]聲緩爲那[ㄴ]彌[ㅁ] 穰[ㅿ]欲[ㅇ]亦對戌[ㅅ]與挹[ㆆ].
두 별 성 완 위 나 미 양 욕 역 대 술 여 읍

[정음해례20ㄱ:6-7_종성해_갈무리시]

♣ ㄷ ㅂ[읃/읍] 소리가 느려지면 ㄴ ㅁ[은/음]가 되며, ㅿ[으ᇫ]과 ㅇ[응]은 그것 또한 ㅅ ㆆ[읏/읗]의 짝이 되네.

[258] 閭[ㄹ]宜於諺不宜文 斗[ㄷ]輕爲閭[ㄹ]是俗習. [정음해례20ㄱ:8-20ㄴ:1_종성해_갈무리시]
려 의 어 언 불 의 문 두 경 위 려 시 속 습

♣ ㄹ[을]은 토박이말 끝소리 표기에는 마땅하나 한자말 표기에는 마땅하지 않으니 ㄷ[읃] 소리가 가벼워져서 ㄹ[을] 소리가 된 것은 곧 일반 관습이네.

5. 합자해(合字解)

合字解
합 자 해

합자해(글자합치기풀이)

[259] 初中終三聲, 合而成字. [정음해례20ㄴ:3_합자해]
초 중 종 삼 성 합 이 성 자

♣ 첫소리·가운뎃소리·끝소리 세 낱글자가 합하여 글자를 이룬다.

[260] 初聲或在中聲之上, 或在中聲之左. [정음해례20ㄴ:3-4_합자해]
초 성 혹 재 중 성 지 상 혹 재 중 성 지 좌

♣ 첫소리글자는 가운뎃소리글자 위에 쓰기도 하고, 가운뎃소리글자의 왼쪽에 쓰기도 한다.

[261] 如君[군]字ㄱ[기]在ㅜ上 業[업]字ㆁ[이]在ㅓ左之類. [정음해례20ㄴ:4-5_합자해]
여 군 자 재 상 업 자 재 좌 지 류

♣ 이를테면 '군' 자의 ㄱ[기]는 ㅜ의 위에 쓰고, '업' 자의 ㆁ[이]는 ㅓ의 왼쪽에 쓰는 것과 같다.

[262] 中聲則圓者橫者在初聲之下, ㆍ ㅡ ㅗ ㅛ ㅜ ㅠ是也. [정음해례20ㄴ:5-7_합자해]
중 성 즉 원 자 횡 자 재 초 성 지 하 시 야

♣ 가운뎃소리글자는 둥근 것(·)과 가로로 된 것(ㅡ)은 첫소리글자 아래에 쓰니 "ㆍ ㅡ ㅗ ㅛ ㅜ ㅠ"가 이것이다.

[263] 。縱者在初聲之右, ㅣ ㅏ ㅑ ㅓ ㅕ是也. [정음해례20ㄴ:7-8_합자해]
종 자 재 초 성 지 우 시 야

♣ 세로로 된 것은 첫소리글자의 오른쪽에 쓰니 "ㅣ ㅏ ㅑ ㅓ ㅕ"가 이것이다.

[264] 如呑[ᄐᆞᆫ]字ㆍ在ㅌ[티]下, 即[즉]字ㅡ在ㅈ[지]下, 侵[침]字ㅣ在ㅊ[치]右之類. [정음해례20ㄴ:8-21ㄱ:2_합자해]
여 탄 자 재 하 즉 자 재 하 침 자 재 우 지 류

♣ 이를테면 'ᄐᆞᆫ' 자의 ㆍ는 ㅌ[티]아래에 쓰고, '즉' 자의 ㅡ는 ㅈ[지]아래에 쓰며, '침' 자의 ㅣ는 ㅊ[치]오른쪽에 쓰는 것과 같다.

[265] 終聲在初中之下. [정음해례21ㄱ:2_합자해]
종 성 재 초 중 지 하

♣ 끝소리글자는 첫소리글자·가운뎃소리글자 아래에 쓴다.

[266] 如君[군]字ㄴ[은]在구下, 業[업]字ㅂ[읍]在어下之類. [정음해례21ㄱ:2-3_합자해]
여 군 자 재 하 업 자 재 하 지 류

♣ 이를테면 '군' 자의 ㄴ[은]은 구 아래에 쓰고, '업' 자의 ㅂ[읍]은 어 아래에 쓰는 것과 같다.

[267] 初聲二字三字合用並書, 如諺語ᄯᅡ爲地, ᄧᅡᆨ爲隻, ᄢᅳᆷ爲隙之類. [정음해례21ㄱ:3-5_합자해]
초 성 이 자 삼 자 합 용 병 서 여 언 어 위 지 위 척 위 극 지 류

♣ 첫소리글자에서 서로 다른 두 개의 낱글자 또는 세 개의 낱글자를 나란히 쓰는 '병서'는 이를테면 토박이말의 "ᄯᅡ(땅), ᄧᅡᆨ(외짝), ᄢᅳᆷ(틈)" 따위와 같은 것이다.

[268] 各自並書, 如諺語혀爲舌而ᅘᅧ爲引, 괴ᅇᅧ爲 我愛人而괴ᅇᅧ爲人愛我, 소ᄃᆞ爲覆物而 쏘ᄃᆞ爲射之之類. [정음해례21ㄱ:5-8_합자해]
각 자 병 서 여 언 어 위 설 이 위 인 위 아 애 인 이 위 인 애 아 위 복 물 이 위 사 지 지 류

♣ 같은 낱글자를 나란히 쓰는 각자병서는 이를테면 토박이말에서 "혀"는 입속의 혀[舌]이지만 "ᅘᅧ"는 '당겨[引]'를 나타내며, "괴ᅇᅧ"는 '내가 남을 사랑한다[我愛人]'는 뜻이지만 "괴ᅇᅧ"는

'남에게서 내가 사랑받는다[人愛我]'는 뜻이 되고, "**·소·다**[覆物]"는 '무엇을 뒤집어 쏟아'라는 뜻이지만 "**·쏘·다**"는 '무엇을 쏘다[射]'라는 뜻이 되는 따위와 같은 것이다.

[269] 中聲二字三字合用, 如諺語**·과**爲琴柱, **·홰**爲炬之類. [정음해례21ㄱ:8-21ㄴ:1-2_합자해]
중 성 이 자 삼 자 합 용 여 언 어 위 금 주 위 거 지 류

♣ 가운뎃소리글자를 두 개의 낱글자, 세 개의 낱글자를 합쳐 쓰는 것은 이를테면 토박이말의 "**·과**[거문고 줄을 받치는 기둥(琴柱)]", "**·홰**[횃불(炬)]" 따위와 같이 쓰는 것과 같다.

[270] 終聲二字三字合用, 如諺語**흙**爲土, **낛**爲釣, **ᄃᆞᇌᄣᅢ**爲酉時之類. [정음해례21ㄴ:2-4_합자해]
종 성 이 자 삼 자 합 용 여 언 어 위 토 위 조 위 유 시 지 류

♣ 끝소리글자를 두 개의 낱글자, 세 개의 낱글자를 합쳐 쓰는 것은 이를테면 토박이말의 "**흙**[흙(土)]", "**낛**[낚시(釣)], **ᄃᆞᇌᄣᅢ**[닭때, 유시(酉時)]" 따위와 같이 쓰는 것과 같다.

[271] 其合用並書, 自左而右, 初中終三聲皆同. [정음해례21ㄴ:4-5_합자해]
기 합 용 병 서 자 좌 이 우 초 중 종 삼 성 개 동

♣ 이들 합용병서는 왼쪽에서 오른쪽으로 쓰며 첫소리글자, 가운뎃소리글자, 끝소리글자 모두 같다.

[272] 文與諺雜用則有因字音而補以中終聲者, 如孔子 **ㅣ** 魯**ㅅ:사ᄅᆞᆷ**之類. [정음해례21ㄴ:5-7_합자해]
문 여 언 잡 용 즉 유 인 자 음 이 보 이 중 종 성 자 여 공 자 로 지 류

♣ 한자와 한글을 섞어 쓸 때는 한자음에 따라서 한글의 가운뎃소리글자나 끝소리글자를 보충하는 일이 있으니, 이를테면 '孔子 **ㅣ** 魯**ㅅ:사ᄅᆞᆷ**(공자가 노나라 사람)' 따위와 같이 쓰는 것과 같다.

[273] 諺語平 °上去入, 如**활**爲弓而其聲平, **:돌**爲石而其聲°上, **·갈**爲刀而其聲去, **붇**爲筆而其聲入之類. [정음해례21ㄴ:7-8_22ㄱ:1-2_합자해]
언 어 평 상 거 입 여 위 궁 이 기 성 평 위 석 이 기 성 상 위 도 이 기 성 거 위 필 이 기 성 입 지 류

♣ 토박이말의 평성·상성·거성·입성의 예를 들면, "**활**[활(弓)]"은 평성이고, "**:돌**[돌(石)]"은 상성이며, "**·갈**[칼(刀,)]"은 거성이요, "**붇**[붓(筆)]"은 입성이 되는 따위와 같다.

[274] 凡字之左 加一點爲去聲, 二點爲 °上聲, 無點爲平聲. [정음해례22ㄱ:2-3_합자해]
범 자 지 좌 가 일 점 위 거 성 이 점 위 상 성 무 점 위 평 성

♣ 무릇 글자의 왼쪽에 한 점을 찍은 것은 거성이고, 두 점을 찍은 것은 상성이며, 점이 없는 것은 평성이다.

[275] 而文之入聲, 與去聲相似. [정음해례22ㄱ:3-4_합자해]
이 문 지 입 성 여 거 성 상 사

♣ 한자말의 입성은 거성과 서로 비슷하다.

[276] 諺之入聲無定, 或似平聲, 如긷爲柱, 녑爲脅. [정음해례22ㄱ:4-5_합자해]
언 지 입 성 무 정 혹 사 평 성 여 위 주 위 협

♣ 토박이말 입성은 한결같지 않아서, 또는 평성과 비슷한 "긷[기둥(柱)], 녑[옆구리(脅)]"과 같은 경우도 있다.

[277] 或似 °上聲, 如:낟爲穀, :깁爲繒. [정음해례22ㄱ:5-6_합자해]
혹 사 상 성 여 위 곡 위 증

♣ 상성과 비슷한 ":낟[곡식(穀)], :깁[비단(繒)]"과 같은 경우도 있다.

[278] 或似去聲, 如·몯爲釘, ·입爲口之類. [정음해례22ㄱ:6-7_합자해]
혹 사 거 성 여 위 정 위 구 지 류

♣ 거성과 비슷한 "·몯[못(釘)], ·입[입(口)]"과 같은 경우도 있다.

[279] 其加點則與平 °上去同. [정음해례22ㄱ:7-8_합자해]
기 가 점 즉 여 평 상 거 동

♣ 입성에서 점을 찍는 것은 평성·상성·거성의 경우와 같다.

[280] 平聲安而和, 春也, 萬物舒泰. [정음해례22ㄱ:8-22ㄴ:1_합자해]
평 성 안 이 화 춘 야 만 물 서 태

♣ 평성은 편안하면서도 부드러워 봄에 해당되니 이는 만물이 편안한 것과 같다.

[281] °上聲和而擧, 夏也, 萬物漸盛. [정음해례22ㄴ:1-2_합자해]
상 성 화 이 거 하 야 만 물 점 성

♣ 상성은 부드러움에서 거세져 여름이니, 이는 만물이 점점 무성해지는 것과 같다.

[282] 去聲擧而壯, 秋也, 萬物成熟. [정음해례22ㄴ:2_합자해]
거 성 거 이 장 추 야 만 물 성 숙

♣ 거성은 거세면서도 굳세어 가을이니 만물이 무르익는 것과 같다.

[283] 入聲促而塞。, 冬也, 萬物閉藏. [정음해례22ㄴ:3_합자해]
입 성 촉 이 색 동 야 만 물 폐 장

♣ 입성은 말소리가 빠르고 막히어 겨울이니 만물이 닫히고 갈무리되는 것과 같다.

[284] 初聲之ㆆ[히]與ㅇ[이]相似, 於諺可以通用也. [정음해례22ㄴ:3-4_합자해]
초성지 여 상사 어언가이통용야

♣ 첫소리의 ㆆ[히]와 ㅇ[이]는 서로 비슷해서 토박이말에서는 두루 쓰일 수 있다.

[285] 半舌有輕重二音. [정음해례22ㄴ:3-4_합자해]
반설유경중이음

♣ 반혓소리에는 가볍고 무거운 두 소리가 있다.

[286] 然韻書字母唯一, 且國語雖不分輕重, 皆得成音. [정음해례22ㄴ:5-6_합자해]
연운서자모유일 차국어수불분경중 개득성음

♣ 중국 한자음 사전(운서)의 음절 첫소리에서는 오직 하나뿐이며, 또 우리나라 말에서는 비록 가볍고 무거운 것을 구별하지 않더라도 모두 소리를 낼 수 있다.

[287] 若欲備用, 則依脣輕例, ㅇ[이]連書ㄹ[리]下, 爲半舌輕音, 舌乍附上腭.
약욕비용 즉의순경례 련서 하 위반설경음 설사부상악

[정음해례22ㄴ:7-8_합자해]

♣ 그러나 만약 갖추어 쓰고자 한다면 입술가벼운소리 글자[순경음자 ㅸ]의 예에 따라 'ㅇ[이]'를 'ㄹ[리]' 아래 이어 쓰면 반혀가벼운소리글자[반설경음자 ㅇ+ㄹ]가 되니, 혀를 윗잇몸에 살짝 댄다.

[288] ·ㅡ起ㅣ聲 於國語無用. [정음해례22ㄴ:8-23ㄱ:1_합자해]
기 성 어국어무용

♣ ·ㅡ가 ㅣ에서 시작되는 소리는 중앙말에 쓰이지 않는다.

[289] 兒童之言邊野之語或有之, 當合二字而用, 如ᄼᆝ ᄀᆜ之類. [정음해례23ㄱ:1-3_합자해]
아동지언변야지어혹유지 당합이자이용 여 지류

♣ 아이들 말이나 변두리 시골말에는 드물게 있으니, 마땅히 두 글자를 합하여 나타내려 할 때에는 "ᄀᆝ ᄀᆜ" 따위와 같이 쓴다.

[290] 其先 。縱後橫 與他不同. [정음해례23ㄱ:3_합자해]
기선 종후횡 여타부동

♣ 이것은 세로로 먼저 긋고 가로로 나중에 쓰는 것으로 다른 글자와 같지 않다.

訣曰 [정음해례23ㄱ:4]
결왈

♣ 갈무리시

[291] 初聲在中聲左上 挹[ㆆ]欲[ㅇ]於諺用相同. [정음해례23ㄱ:5-6_합자해_갈무리시]
초성재중성좌상 읍 욕 어언용상동

♣ 첫소리글자는 가운뎃소리글자의 왼쪽과 위쪽에 쓰는데 'ㆆ[히]'와 'ㅇ[이]'는 토박이말에서는 서로 같이 쓰이네.

[292] 中聲十一附初聲 圓橫書下右書 。縱. [정음해례23ㄱ:7-8_합자해_갈무리시]
중성십일부초성 원횡서하우서 종

♣ 가운뎃소리글자 열하나는 첫소리글자에 붙이는데 둥근 것과 가로로 된 것은 첫소리글자 아래에 쓰고 세로로 된 것만 오른쪽에 쓰네.

[293] 欲書終聲在何處 初中聲下接着。寫. [정음해례23ㄴ:1-2_합자해_갈무리시]
욕서종성재하처 초중성하접착 사

♣ 끝소리글자를 쓰자면 어디에 쓰는가 하니 첫・가운뎃소리글자의 아래에 이어서 붙여 쓰네.

[294] 初終合用各並書 中亦有合悉自左. [정음해례23ㄴ:3-4_합자해_갈무리시]
초종합용각병서 중역유합실자좌

♣ 첫·끝소리글자를 각각 합쳐 쓰려면 나란히 쓰고 가운뎃소리글자도 나란히 쓰되 다 왼쪽부터 쓰네.

[295] 諺之四聲何以辨 平聲則弓[활] °上則石[돌]. [정음해례23ㄴ:5-6_합자해_갈무리시]
언지사성하이변 평성즉궁 상즉석

♣ 토박이말에선 사성을 어떻게 구별하는고 하니 평성은 '활(활)'이요 상성은 '돌(돌)'이네.

[296] 刀[갈]爲去而筆[붇]爲入 觀此四物他可識. [정음해례23ㄴ:7-8_합자해_갈무리시]
도 위거이필 위입 관차사물타가식

♣ '갈(칼)'은 거성이 되고 '붇(붓)'은 입성이 되니 이 네 갈래를 보아서 다른 것도 알 수 있네.

[297] 音因左點四聲分 一去二 °上 無點平. [정음해례24ㄱ:1-2_합자해_갈무리시]
음인좌점사성분 일거이 상 무점평

♣ 소리에 따라 왼쪽의 점으로 사성을 나누니 하나면 거성, 둘은 상성, 없으면 평성이네.

[298] 語入無定亦加點 文之入則似去聲. [정음해례24ㄱ:3-4_합자해_갈무리시]
어입무정역가점 문지입즉사거성

♣ 토박이말 입성은 정함이 없으나 평·상·거성처럼 점 찍고 한자말의 입성은 거성과 비슷하네.

[299] 方言俚語萬不同 有聲無字書難通. [정음해례24ㄱ:5-6_합자해_갈무리시]
방언리어만부동 유성무자서난통

♣ 지역말과 토속말은 다 다르니 말소리 있고 글자는 없어 글로 통하기 어렵더니

[300] 一朝制作侔神工 大東千古開矇朧. [정음해례24ㄱ:7-8_합자해_갈무리시] * / : 줄 바꿈 표시
일 조 제 작 모 신 공 대 동 천 고 개 몽 롱

♣ 하루아침에 신과 같은 솜씨로 정음을 지어 내시니 우리 겨레 오랜 역사의 어둠을 비로소 밝혀 주셨네.

6. 용자례(用字例)

用字例
용 자 례

용자례(글자쓰기 예)

[301] 初聲**ㄱ**[기], 如**:감**爲柿, **·ᄀᆞᆯ**爲蘆. [정음해례24ㄴ:3]
초 성 여 위 시 위 로

♣ 첫소리글자 **ㄱ**[기]는 "**:감**(감), **·ᄀᆞᆯ**(갈대)"과 같이 쓴다.

[302] **ㅋ**[키], 如**우·케**爲未舂稻, **콩**爲大豆.[정음해례24ㄴ:3-4]
여 위 미 용 도 위 대 두

♣ **ㅋ**[키]는 "**우·케**(우케/찧지 않은 벼), **콩**(콩)"과 같이 쓴다.

[303] **ㆁ**[이], 如**러·울**爲獺, **서·에**爲流凘. [정음해례24ㄴ:4-5]
여 위 달 위 류 시

♣ **ㆁ**[이]는 "**러·울**(너구리), **서·에**(성엣장)"와 같이 쓴다.

[304] **ㄷ**[디], 如**뒤**爲茅, **·담**爲墻. [정음해례24ㄴ:5-6]
여 위 모 위 장

♣ **ㄷ**[디]는 "**뒤**(띠), **·담**(담)"과 같이 쓰며,

[305] **ㅌ**[티], 如**고·티**爲繭, **두텁**爲蟾蜍. [정음해례24ㄴ:6]
여 위 견 위 섬 여

♣ **ㅌ**[티]는 "**고·티**(고치), **두텁**(두꺼비)"과 같이 쓴다.

[306] **ㄴ**[니], 如**노·로**爲獐, **납**爲猿. [정음해례24ㄴ:7]
여 위 장 위 원

♣ **ㄴ**[니]는 "**노·로**(노루), **납**(원숭이)"과 같이 쓴다.

[307] ㅂ[비], 如ᄇᆞᆯ爲臂, :벌爲蜂. [정음해례24ㄴ:7-8]
여 위비 위봉

♣ ㅂ[비]는 "ᄇᆞᆯ(팔), :벌(벌)"과 같이 쓰며,

[308] ㅍ[피], 如·파爲葱 ·ᄑᆞᆯ爲蠅. [정음해례24ㄴ:8]
여 위총 위승

♣ ㅍ[피]는 "·파(파), ·ᄑᆞᆯ(파리)"과 같이 쓴다.

[309] ㅁ[미], 如:뫼爲山, ·마爲薯藇. [정음해례24ㄴ:8-25ㄱ:1]
여 위산 위서여

♣ ㅁ[미]는 ":뫼(산), ·마(마)"와 같이 쓴다.

[310] ㅸ[ᄫᅵ], 如사·ᄫᅵ爲蝦, 드ᄫᅴ爲瓠. [정음해례25ㄱ:1-2]
여 위하 위호

♣ ㅸ[ᄫᅵ]는 "사·ᄫᅵ(새우), 드ᄫᅴ(뒤웅박)"와 같이 쓴다.

[311] ㅈ[지], 如·자爲尺, 죠·ᄒᆡ爲紙. [정음해례25ㄱ:2-3]
여 위척 위지

♣ ㅈ[지]는 "·자(자), 죠·ᄒᆡ(종이)"와 같이 쓴다.

[312] ㅊ[치], 如·체爲籭, ·채爲鞭. [정음해례25ㄱ:3-4]
여 위사 위편

♣ ㅊ[치]는 "·체(체), ·채(채찍)"와 같이 쓴다.

[313] ㅅ[시], 如·손爲手, :셤爲島. [정음해례25ㄱ:3-4]
여 위수 위도

♣ ㅅ[시]는 "·손(손), :셤(섬)"과 같이 쓴다.

[314] ㅎ[히], 如·부헝爲鵂鶹, ·힘爲筋.[정음해례25ㄱ:4-5]
여 위휴류 위근

♣ ㅎ[히]는 "·부헝(부엉이), ·힘(힘줄)"과 같이 쓴다.

[315] ㅇ[이], 如·비육爲鷄雛, ·ᄇᆞ얌爲蛇. [정음해례25ㄱ:5]
여 위계추 위사

♣ ㅇ[이]는 "·비육(병아리), ·ᄇᆞ얌(뱀)"과 같이 쓴다.

[316] ㄹ[리], 如·무뤼爲雹, 어·름爲氷.[정음해례25ㄱ:5-6]
여 위박 위빙

♣ ㄹ[리]는 "·무뤼(우박), 어·름(얼음)"과 같이 쓴다.

[317] ㅿ[ᅀ], 如아ᅀᆞ爲弟, :너ᅀᅵ爲鴇. [정음해례25ㄱ:6-7]

♣ ㅿ[ᅀ]는 "아ᅀᆞ(아우), :너ᅀᅵ(느시)"와 같이 쓴다.

[318] 中聲 ㆍ, 如·ᄐᆞᆨ爲頤, ᄑᆞᆺ爲小豆, ᄃᆞ리爲橋, ·ᄀᆞ래爲楸. [정음해례25ㄱ:7-8]

♣ 가운뎃소리글자 ㆍ는 "ᄐᆞᆨ(턱), ᄑᆞᆺ(팥), ᄃᆞ리(다리), ·ᄀᆞ래(가래)"와 같이 쓴다.

[319] ㅡ, 如·믈爲水, ·발·측爲跟, 그력爲鴈, 드·레爲汲器. [정음해례25ㄱ:8-25ㄴ:1-2]

♣ ㅡ는 "·믈(물), ·발·측(발꿈치, 발의 뒤축), 그력(기러기), 드·레(두레박)"와 같이 쓴다.

[320] ㅣ, 如·깃爲巢, :밀爲蠟, ·피爲稷, ·키爲箕. [정음해례25ㄴ:2-3]

♣ ㅣ는 "·깃(둥지), :밀(밀랍), ·피(피), ·키(키)"와 같이 쓴다.

[321] ㅗ, 如논爲水田, ·톱爲鉅, 호·미爲鉏, 벼·로爲硯. [정음해례25ㄴ:3-4]

♣ ㅗ는 "논(논), ·톱(톱), 호·미(호미), 벼·로(벼루)"와 같이 쓴다.

[322] ㅏ, 如·밥爲飯, ·낟爲鎌, 이·아爲綜, 사·ᄉᆞᆷ爲鹿. [정음해례25ㄴ:4-5]

♣ ㅏ는 "·밥(밥), ·낟(낫), 이·아(잉아), 사·ᄉᆞᆷ(사슴)"과 같이 쓴다.

[323] ㅜ, 如숫爲炭, ·울爲籬, 누·에爲蚕, 구·리爲銅. [정음해례25ㄴ:5-7]

♣ ㅜ는 "숫(숯), ·울(울타리), 누·에(누에), 구·리(구리)"와 같이 쓴다.

[324] ㅓ, 如브ᅀᅥᆸ爲竈, :널爲板, 서·리爲霜, 버·들爲柳. [정음해례25ㄴ:7-8]

♣ ㅓ는 "브ᅀᅥᆸ(부엌), :널(널판), 서·리(서리), 버·들(버들)"과 같이 쓴다.

[325] ㅛ, 如·죵爲奴, ·고욤爲梬, ·쇼爲牛, 삽됴爲蒼朮菜. [정음해례25ㄴ:8]-26ㄱ:1]

♣ ㅛ는 "·죵(종, 노비), ·고욤(고욤), ·쇼(소), 삽됴(삽주)"와 같이 쓴다.

[326] ㅑ, 如남샹爲龜, ·약爲鼅鼊, 다·야爲匜, 쟈감爲蕎麥皮. [정음해례26ㄱ:1-3]

♣ ㅑ는 "남샹(남생이), ·약(바다거북), 다·야(손대야), 쟈감(메밀껍질)"과 같이 쓴다.

[327] ㅠ, 如율믜爲薏苡, 쥭爲飯𣛹, 슈룹爲雨繖, 쥬련爲帨. [정음해례26ㄱ:3-4]
여 위의이 위반 초위우산 위세

♣ ㅠ는 "율믜(율무), 쥭(밥주걱), 슈룹(우산), 쥬련(수건)"과 같이 쓴다.

[328] ㅕ 如·엿爲飴餹, ·뎔爲佛寺, ·벼爲稻, :져비爲燕. [정음해례26ㄱ:4-6]
여 위이당 위불사 위도 위연

♣ ㅕ 는 "·엿(엿), ·뎔(절), ·벼(벼), :져비(제비)"와 같이 쓴다.

[329] 終聲ㄱ, 如닥爲楮, 독爲甕. [정음해례26ㄱ:6]
종성 여 위저 위옹

♣ 끝소리글자 ㄱ[윽]은 "닥(닥나무), 독(독)"과 같이 쓴다.

[330] ㆁ[응], 如:굼벙爲蠐螬, ·올창爲蝌蚪. [정음해례26ㄱ:7]
여 위제조 위과두

♣ 끝소리글자 ㆁ[응]은 ":굼벙(굼벵이), ·올창(올챙이)"과 같이 쓴다.

[331] ㄷ[읃], 如·갇爲笠, 싣爲楓. [정음해례26ㄱ:7-8]
여 위립 위풍

♣ 끝소리글자 ㄷ[읃]은 "·갇(갓), 싣(신나무)"과 같이 쓴다.

[332] ㄴ[은], 如·신爲屨, ·반되爲螢. [정음해례26ㄱ:8-26ㄴ:1]
여 위구 위형

♣ 끝소리글자 ㄴ[은]은 "·신(신), ·반되(반디)"와 같이 쓴다.

[333] ㅂ如섭爲薪, ·굽爲蹄. [정음해례26ㄴ:1]
여 위신 위제

♣ 끝소리글자 ㅂ[읍]은 "섭(섶나무), ·굽(발굽)"과 같이 쓴다.

[334] ㅁ[음], 如:범爲虎, :ᄉᆡᆷ爲泉. [정음해례26ㄴ:1-2]
여 위호 위천

♣ 끝소리글자 ㅁ[음]은 ":범(범), :ᄉᆡᆷ(샘)"과 같이 쓴다.

[335] ㅅ[읏], 如:잣爲海松, ·못爲池. [정음해례26ㄴ:2-3]
여 위해송 위지

♣ 끝소리글자 ㅅ[읏]은 ":잣(잣), ·못(연못)"과 같이 쓴다.

[336] ㄹ[을], 如·ᄃᆞᆯ爲月, :별爲星之類. [정음해례26ㄴ:3-5]
여 위월 위성지류

♣ 끝소리글자 ㄹ[을]은 "·ᄃᆞᆯ(달), :별(별)" 따위와 같이 쓴다.

7. 정인지서

* '정인지서'라는 제목은 '해례본'에서는 없음. 이 부분을 ≪세종실록≫ 1446년 9월 29일자 기록에서 '정인지서'라 일컬음.

정인지 서문

[337] 有天地自然之聲, 則必有天地自然之文. [정음해례26ㄴ:4-5_정인지서]
유천지자연지성 즉필유천지자연지문

♣ 천지자연의 소리가 있으면 반드시 천지자연의 문자가 있다.

[338] 所以古人因聲制字, 以通萬物之情, 以載三才之道, 而後世不能易也.
소이고인인성제자 이통만물지정 이재삼재지도 이후세불능역야

[정음해례26ㄴ:5-7_정인지서]

♣ 그러므로 옛사람이 소리를 바탕으로 글자를 만들어서 만물의 뜻을 통하고, 하늘·땅·사람의 세 바탕 이치를 실었으니 후세 사람들이 능히 글자를 바꿀 수가 없었다.

[339] 然四方風土區別。, 聲氣亦隨而異焉. [정음해례26ㄴ:7-8_정인지서]
연사방풍토구별 성기역수이이언

♣ 그러나 사방의 풍토가 구별되고 말소리의 기운 또한 다르다.

[340] 盖外國之語, 有其聲而無其字. [정음해례26ㄴ:8-27ㄱ:1_정인지서]
개외국지어 유기성이무기자

♣ 대개 중국 이외의 다른 나라 말은 그 말소리에 맞는 글자가 없다.

[341] 假中國之字以通其用, 是猶枘鑿之鉏鋙也, 豈能達而無礙乎? [정음해례27ㄱ:1-3_정인지서]
가중국지자이통기용 시유예조지서어야 기능달이무애호

♣ 그래서 중국 글자를 빌려 소통하도록 쓰고 있는데, 이것은 마치 모난 자루를 둥근 구멍에 끼우는 것과 같으니, 어찌 제대로 소통할 때 막힘이 없겠는가?

[342] 要° 皆各隨所 °處而安, 不可 °强之使同也. [정음해례27ㄱ:3-4_정인지서]
요 개각수소 처이안 불가 강지사동야

♣ 중요한 것은 모두 각각 놓인 곳에 따라 자연스럽게 할 것이지, 억지로 같게 하여서는 안 될 것이다.

[343] 吾東方禮樂文章, 侔擬華夏. [정음해례27ㄱ:5_정인지서]
오 동 방 례 락 문 장 모 의 화 하

♣ 우리 동방의 예악과 문장이 중화[중국]와 같아 견줄 만하다.

[344] 但方言俚語, 不與之同. [정음해례27ㄱ:5-6_정인지서]
단 방 언 리 어 불 여 지 동

♣ 다만 우리말은 중국말과 같지 않다.

[345] 學書者患其旨趣° 之難曉, 。治獄者病其曲折之難通. [정음해례27ㄱ:6-8_정인지서]
학 서 자 환 기 지 취 지 난 효 치 옥 자 병 기 곡 절 지 난 통

♣ 그래서 한문으로 된 글을 배우는 이는 그 뜻을 깨닫기가 어려움을 걱정하고, 범죄 사건을 다루는 관리는 자세한 사정을 파악하기가 어려운 것을 근심했다.

[346] 昔新羅薛聰, 始作吏讀°, 官府民間, 至今行之. [정음해례27ㄱ:8-27ㄴ:1_정인지서]
석 신 라 설 총 시 작 이 두 관 부 민 간 지 금 행 지

♣ 옛날 신라의 설총이 이두를 처음 만들어서 관청과 민간에서 지금도 쓰고 있다.

[347] 然皆假字而用, 或澁或窒. [정음해례27ㄴ:1-2_정인지서]
연 개 가 자 이 용 혹 삽 혹 질

♣ 그러나 모두 한자를 빌려 쓰는 것이어서 매끄럽지도 아니하고 막혀서 답답하다.

[348] 非但鄙陋無稽而已, 至於言語之間, 則不能達其萬一焉. [정음해례27ㄴ:2-4_정인지서]
비 단 비 루 무 계 이 이 지 어 언 어 지 간 즉 불 능 달 기 만 일 언

♣ 이두 사용은 오로지 몹시 속되고 일정한 규범이 없을 뿐이니, 실제 언어 사용에서는 그 만분의 일도 소통하지 못한다.

[349] 癸亥冬, 我殿下創制正音二十八字, 略揭例義以示之, 名曰訓民正音. [정음해례27ㄴ:4-6_정인지서]
계 해 동 아 전 하 창 제 정 음 이 십 팔 자 약 게 예 의 이 시 지 명 왈 훈 민 정 음

♣ 계해년 겨울(1443년 12월)에 우리 임금께서 정음 스물여덟 자를 창제하여, 간략하게 설명한 '예의'를 들어 보여 주시며 그 이름을 '훈민정음'이라 하셨다.

[350] 象形而字倣古篆, 因聲而音叶七調°. [정음해례27ㄴ:6-8_정인지서]
상 형 이 자 방 고 전 인 성 이 음 협 칠 조

♣ 훈민정음은 꼴을 본떠 만들어 글꼴은 옛 '전서체'와 비슷하지만, 말소리에 따라 만들어 그 소

리는 음률의 일곱 가락에도 들어맞는다.

[351] 三極之義, 二氣之妙, 莫不該括. [정음해례27ㄴ:8-28ㄱ:1_정인지서]
삼 극 지 의   이 기 지 묘   막 불 해 괄

♣ 하늘·땅·사람의 세 바탕 뜻과 음양 기운의 신묘함을 두루 갖추지 않은 것이 없다.

[352] 以二十八字而轉換無窮, 簡而要, 精而通. [정음해례28ㄱ:1-2_정인지서]
이 이 십 팔 자 이 전 환 무 궁   간 이 요   정 이 통

♣ 스물여덟 자로 끝없이 바꿀 수 있어, 간결하면서도 요점을 잘 드러내고, 정밀한 뜻을 담으면서도 두루 통할 수 있다.

[353] 故智者不終朝而會, 愚者可浹旬而學. [정음해례28ㄱ:2-3_정인지서]
고 지 자 부 종 조 이 회   우 자 가 협 순 이 학

♣ 그러므로 슬기로운 사람은 하루아침이 다 가기도 전에, 슬기롭지 못한 이라도 열흘 안에 배울 수 있다.

[354] 以是解書, 可以知其義. [정음해례28ㄱ:3-4_정인지서]
이 시 해 서   가 이 지 기 의

♣ 훈민정음으로 한문을 풀이하면 그 뜻을 알 수 있다.

[355] 以是聽訟, 可以得其情. [정음해례28ㄱ:4-5_정인지서]
이 시 청 송   가 이 득 기 정

♣ 훈민정음으로 소송 사건을 기록하면, 그 속사정을 이해할 수 있다.

[356] 字韻則淸濁之能辨, 樂歌則律呂之克諧. [정음해례28ㄱ:5-6_정인지서]
자 운 즉 청 탁 지 능 변   락 가 즉 률 려 지 극 해

♣ 글자 소리로는 맑고 흐린 소리를 구별할 수 있고, 음악 노래로는 노랫가락을 어울리게 할 수 있다.

[357] 無所用而不備, 無所往而不達. [정음해례28ㄱ:6-7_정인지서]
무 소 용 이 불 비   무 소 왕 이 부 달

♣ 글을 쓸 때에 글자가 갖추어지지 않은 바가 없으며, 어디서든 뜻을 두루 통하지 못하는 바가 없다.

[358] 雖風聲鶴唳, 雞鳴狗吠, 皆可得而書矣. [정음해례28ㄱ:7-8_정인지서]
수 풍 성 학 려   계 명 구 폐   개 가 득 이 서 의

♣ 비록 바람소리, 두루미 울음소리, 닭소리, 개 짖는 소리라도 모두 적을 수 있다.

[359] 遂命詳加解釋以喩諸人. [정음해례28ㄱ:8-28ㄴ:1_정인지서]
수 명 상 가 해 석 이 유 저 인

♣ 드디어 임금께서 상세한 풀이를 더하여 모든 사람을 깨우치도록 명하시었다.

[360] 於是, 臣與集賢殿應° 教臣崔恒, 副校理臣朴彭年, 臣申叔舟, 修撰臣成三問, 敦寧府注
어 시 신 여 집 현 전 응 교 신 최 항 부 교 리 신 박 팽 년 신 신 숙 주 수 찬 신 성 삼 문 돈 녕 부 주

簿臣姜希顔, 行集賢殿副修撰臣李塏, 臣李善老等, 謹作諸解及例, 以叙其梗槩. [정음해례28
부 신 강 희 안 행 집 현 전 부 수 찬 신 이 개 신 이 선 로 등 근 작 제 해 급 례 이 서 기 경 개

ㄴ:1-7]

♣ 이에 신이 집현전 응교 최항과 부교리 박팽년과 신숙주, 수찬 성삼문과 돈녕부 주부 강희안, 행 집현전 부수찬 이개와 이선로 등과 더불어 삼가 여러 가지 풀이와 보기를 지어서, 그것을 간략하게 서술하였다.

[361] 庶使觀者不師而自悟. [정음해례28ㄴ:7_정인지서]
서 사 관 자 불 사 이 자 오

♣ 바라건대 이 책을 보는 사람은 스승 없이도 스스로 깨치도록 하였다.

[362] 若其淵源精義之妙, 則非臣等之所能發揮也. [정음해례28ㄴ:7-8-29ㄱ:1_정인지서]
약 기 연 원 정 의 지 묘 즉 비 신 등 지 소 능 발 휘 야

♣ 그 근원과 정밀한 뜻은 신묘하여 신하 된 자들로서는 감히 밝혀 보일 수 없다.

[363] 恭惟我殿下, 天縱之聖, 制度施爲超越百王. [정음해례29ㄱ:1-3_정인지서]
공 유 아 전 하 천 종 지 성 제 도 시 위 초 월 백 왕

♣ 공손히 생각하옵건대 우리 전하는 하늘이 내리신 성인으로서 지으신 법도와 베푸신 업적이 모든 왕들을 뛰어 넘으셨다.

[364] 正音之作, 無所祖述, 而成於自然. [정음해례29ㄱ:3-4_정인지서]
정 음 지 작 무 소 조 술 이 성 어 자 연

♣ 정음 창제는 앞선 사람이 이룩한 것에 따른 것이 아니요, 자연의 이치를 따른 것이다.

[365] 豈以其至理之無所不在, 而非人爲之私也. [정음해례29ㄱ:4-5_정인지서]
기 이 기 지 리 지 무 소 부 재 이 비 인 위 지 사 야

♣ 참으로 그 지극한 이치가 없는 곳이 없으니, 사람의 힘으로 사사로이 한 것이 아니다.

[366] ◦夫東方有國, 不爲不久, 而開物成務之大智, 盖有待於今日也欤. [정음해례29ㄱ:5-7_정인지서]
부 동 방 유 국 불 위 불 구 이 개 물 성 무 지 대 지 개 유 대 어 금 일 야 여

♣ 무릇 동방에 나라가 있은 지가 오래지 않음이 아니로되, 만물의 뜻을 깨달아 모든 일을 온전하게 이루게 하는 큰 지혜는 오늘을 기다리고 있었던 것이다.

正統十一年九月上澣 [정음해례29ㄱ:7-8_정인지서]
정 통 십 일 년 구 월 상 한

♣ 정통 11년(세종 28년, 1446년) 9월 상순.

資憲大夫禮曹判書集賢殿大提學知春秋館事 世子右賓客臣鄭麟趾拜手 °稽首謹書 [정음해례29ㄱ:8-29ㄴ:1-3_정인지서]
자 헌 대 부 예 조 판 서 집 현 전 대 제 학 지 춘 추 관 사 세 자 우 빈 객 신 정 인 지 배 수 계 수 근 서

♣ 자헌대부 예조판서 집현전 대제학 지춘추관사 세자우빈객 정인지는 두 손 모아 머리 숙여 삼가 쓰옵니다.

5장

≪훈민정음≫ 해례본 음달기본 쪽별 재현본

[1] 정음해례1ㄱ

訓民正音 [정음1ㄱ:1_권수제]
훈 민 정 음

國之語音, 異乎中國, 與文字 [정음1ㄱ:2_어제서문]
국 지 어 음 이 호 중 국 여 문 자

不相流通. 故愚民有所欲言, [정음1ㄱ:3_어제서문]
불 상 류 통 고 우 민 유 소 욕 언

而終不得伸其情者多矣.予 [정음1ㄱ:4_어제서문]
이 종 부 득 신 기 정 자 다 의 여

爲° 此憫然, 新制二十八字, 欲 [정음1ㄱ:5_어제서문]
위 차 민 연 신 제 이 십 팔 자 욕

使人人易° 習便於日用耳 [정음1ㄱ:6_어제서문]
사 인 인 이 습 편 어 일 용 이

ㄱ. 牙音. 如君[군]字初發聲 [정음1ㄱ:7_어제예의]
아 음 여 군 자 초 발 성

[2] 정음1ㄴ

並書, 如虯[뀨]字初發聲 [정음1ㄴ:1_어제예의]
병 서 여 규 자 초 발 성

ㅋ. 牙音. 如快[쾌]字初發聲 [정음1ㄴ:2_어제예의]
아 음 여 쾌 자 초 발 성

ㆁ. 牙音. 如業[업]字初發聲 [정음1ㄴ:3_어제예의]
아 음 여 업 자 초 발 성

ㄷ. 舌音. 如斗[두]字初發聲 [정음1ㄴ:4_어제예의]
설 음 여 두 자 초 발 성

並書, 如覃[땀]字初發聲 [정음1ㄴ:5_어제예의]
병 서 여 담 자 초 발 성

ㅌ. 舌音. 如呑[툰]字初發聲 [정음1ㄴ:6_어제예의]
설 음 여 탄 자 초 발 성

ㄴ. 舌音. 如那[나]字初發聲 [정음1ㄴ:7_어제예의]
설 음 여 나 자 초 발 성

[3] 정음2ㄱ

ㅂ. 脣音. 如彆[볃]字初發聲 [정음2ㄱ:1_어제예의]
순음 여별 자초발성

並書, 如步[뽀]字初發聲 [정음2ㄱ:2_어제예의]
병서 여보 자초발성

ㅍ. 脣音. 如漂[표]字初發聲 [정음2ㄱ:3_어제예의]
순음 여표 자초발성

ㅁ. 脣音. 如彌[미]字初發聲 [정음2ㄱ:4_어제예의]
순음 여미 자초발성

ㅈ. 齒音. 如即[즉]字初發聲 [정음2ㄱ:5_어제예의]
치음 여즉 자초발성

並書, 如慈[ᄍᆞ]字初發聲 [정음2ㄱ:6_어제예의]
병서 여자 자초발성

ㅊ. 齒音. 如侵[침]字初發聲 [정음2ㄱ:7_어제예의]
치음 여침 자초발성

[4] 정음2ㄴ

ㅅ. 齒音. 如戌[숟]字初發聲 [정음2ㄴ:1_어제예의]
치음 여술 자초발성

並書, 如邪[쌰]字初發聲 [정음2ㄴ:2_어제예의]
병서 여사 자초발성

ㆆ. 喉音. 如挹[ᅙᅳᆸ]字初發聲 [정음2ㄴ:3_어제예의]
후음 여읍 자초발성

ㅎ. 喉音. 如虛[허]字初發聲 [정음2ㄴ:4_어제예의]
후음 여허 자초발성

並書, 如洪[ᅘᅩᇰ]字初發聲 [정음2ㄴ:5_어제예의]
병서 여홍 자초발성

ㅇ. 喉音. 如欲[욕]字初發聲 [정음2ㄴ:6_어제예의]
후음 여욕 자초발성

ㄹ. 半舌音. 如閭[려]字初發聲 [정음2ㄴ:7_어제예의]
반설음 여려 자초발성

[5] 정음3ㄱ

ㅿ. 半齒音. 如穰[ᅀᅣᇰ]字初發聲 [정음3ㄱ:1_어제예의]
반치음 여양 자초발성

ㆍ. 如呑[ᄐᆞᆫ]字中聲 [정음3ㄱ:2_어제예의]
여탄 자중성

ㅡ. 如即[즉]字中聲 [정음3ㄱ:3_어제예의]
여즉 자중성

ㅣ. 如侵[침]字中聲 [정음3ㄱ:4_어제예의]
여침 자중성

ᅩ. 如洪[홍]字中聲
여홍 자중성 [정음3ㄱ:5_어제예의]

ᅡ. 如覃[땀]字中聲
여담 자중성 [정음3ㄱ:6_어제예의]

ᅮ. 如君[군]字中聲
여군 자중성 [정음3ㄱ:7_어제예의]

[6] 정음3ㄴ

ᅥ. 如業[업]字中聲
여업 자중성 [정음3ㄴ:1_어제예의]

ᅭ. 如欲[욕]字中聲
여욕 자중성 [정음3ㄴ:2_어제예의]

ᅣ. 如穰[ᅀᅣᇰ]字中聲
여양 자중성 [정음3ㄴ:3_어제예의]

ᅲ. 如戌[슏]字中聲
여술 자중성 [정음3ㄴ:4_어제예의]

ᅧ. 如彆[볋]字中聲
여별 자중성 [정음3ㄴ:5_어제예의]

終聲復° 用初聲. ㅇ連書脣音
종성부 용초성 련서순음 [정음3ㄴ:6_어제예의]

之下, 則爲脣輕音. 初聲合用
지하 즉위순경음 초성합용 [정음3ㄴ:7_어제예의]

[7] 정음4ㄱ

則並書, 終聲同. ㆍ ㅡ ㅗ ㅜ ㅛ
즉병서 종성동 [정음4ㄱ:1_어제예의]

ㅠ, 附書初聲之下. ㅣ ㅏ ㅓ ㅑ
부서초성지하 [정음4ㄱ:2_어제예의]

ㅕ, 附書於右. 凡字必合而成
부서어우 범자필합이성 [정음4ㄱ:3_어제예의]

音. 左加一點則去聲, 二則 °上
음 좌가일점즉거성 이즉 상 [정음4ㄱ4_어제예의]

聲, 無則平聲. 入聲加點同而
성 무즉평성 입성가점동이 [정음4ㄱ:5_어제예의]

促急
촉급 [정음4ㄱ:6_어제예의]

빈 줄 [정음4ㄱ:7_어제예의]

[8] => 빈 면 정음4ㄴ

[9] 정음해례1ㄱ

訓民正音解例 [정음해례1ㄱ:1_해례제목]
훈 민 정 음 해 례

制字解 [정음해례1ㄱ:2_제자해제목]
제 자 해

天地之道, 一陰陽五行而已. 坤復 [정음해례1ㄱ:3_제자해]
천 지 지 도 일 음 양 오 행 이 이 곤 복

之間爲太極, 而動靜之後爲陰陽. [정음해례1ㄱ:4_제자해]
지 간 위 태 극 이 동 정 지 후 위 음 양

凡有生類在天地之間者, 捨陰陽 [정음해례1ㄱ:5_제자해]
범 유 생 류 재 천 지 지 간 자 사 음 양

而何之. 故人之聲音, 皆有陰陽之 [정음해례1ㄱ:6_제자해]
이 하 지 고 인 지 성 음 개 유 음 양 지

理, 顧人不察耳. 今正音之作, 初非 [정음해례1ㄱ:7_제자해]
리 고 인 불 찰 이 금 정 음 지 작 초 비

智營而力索。, 但因其聲音而極其 [정음해례1ㄱ:8_제자해]
지 영 이 력 색 단 인 기 성 음 이 극 기

[10] 정음해례1ㄴ

理而已. 理旣不二, 則何得不與天 [정음해례1ㄴ:1_제자해]
리 이 이 이 기 불 이 즉 하 득 불 여 천

地鬼神同其用也. 正音二十八字, [정음해례1ㄴ:2_제자해]
지 귀 신 동 기 용 야 정 음 이 십 팔 자

各象其形而制之. 初聲凡十七字. [정음해례1ㄴ:3_제자해]
각 상 기 형 이 제 지 초 성 범 십 칠 자

牙音ㄱ, 象舌根閉喉之形. 舌音ㄴ, [정음해례1ㄴ:4_제자해]
아 음 상 설 근 폐 후 지 형 설 음

象舌附上腭之形. 脣音ㅁ, 象口形. [정음해례1ㄴ:5_제자해]
상 설 부 상 악 지 형 순 음 상 구 형

齒音ㅅ, 象齒形. 喉音ㅇ, 象喉形.ㅋ [정음해례1ㄴ:6_제자해]
치 음 상 치 형 후 음 상 후 형

比ㄱ, 聲出稍厲, 故加畫. ㄴ而ㄷ, ㄷ [정음해례1ㄴ:7_제자해]
비 성 출 초 려 고 가 획 이

而ㅌ, ㅁ而ㅂ, ㅂ而ㅍ ,ㅅ而ㅈ, ㅈ而 [정음해례1ㄴ:8_제자해]
이 이 이 이 이

[11] 정음해례2ㄱ

ㅊ,ㅇ而ㆆ, ㆆ而ㅎ, 其因聲加畫之 [정음해례2ㄱ:1_제자해]
이 이 기 인 성 가 획 지

義皆同, 而唯ㆁ爲異. 半舌音ㄹ, 半 [정음해례2ㄱ:2_제자해]
의 개 동 이 유 위 이 반 설 음 반

齒音△, 亦象舌齒之形而異其體, [정음해례2ㄱ:3_제자해]
치음 역상설치지형이이기체

無加畫之義焉. ◦夫人之有聲, 本於 [정음해례2ㄱ:4_제자해]
무가획지의언 부인지유성 본어

五行. 故合諸四時而不悖, 叶之五 [정음해례2ㄱ:5_제자해]
오행 고합저사시이불패 협지오

音而不戾. 喉邃而潤, 水也. 聲虛而 [정음해례2ㄱ:6_제자해]
음이불려 후수이윤 수야 성허이

通, 如水之虛明而流通也. 於時爲 [정음해례2ㄱ:7_제자해]
통 여수지허명이류통야 어시위

冬, 於音爲羽. 牙錯而長, 木也. 聲似 [정음해례2ㄱ:8_제자해]
동 어음위우 아착이장 목야 성사

[12] 정음해례2ㄴ

喉而實, 如木之生於水而有形也. [정음해례2ㄴ:1_제자해]
후이실 여목지생어수이유형야

於時爲春, 於音爲角. 舌銳而動, 火 [정음해례2ㄴ:2_제자해]
어시위춘 어음위각 설예이동 화

也. 聲轉而颺, 如火之轉展而揚揚 [정음해례2ㄴ:3_제자해]
야 성전이양 여화지전전이양양

也. 於時爲夏, 於音爲 °徵. 齒剛而斷°, [정음해례2ㄴ:4_제자해]
야 어시위하 어음위 치 치강이단

金也. 聲屑而滯, 如金之屑瑣而鍛 [정음해례2ㄴ:5_제자해]
금야 성설이체 여금지설쇄이단

成也. 於時爲秋, 於音爲商. 脣方而 [정음해례2ㄴ:6_제자해]
성야 어시위추 어음위상 순방이

合, 土也. 聲含而廣, 如土之含蓄萬 [정음해례2ㄴ:7_제자해]
합 토야 성함이광 여토지함축만

物而廣大也. 於時爲季夏, 於音爲 [정음해례2ㄴ:8_제자해]
물이광대야 어시위계하 어음위

[13] 정음해례3ㄱ

宮. 然水乃生物之源, 火乃成物之 [정음해례3ㄱ:1_제자해]
궁 연수내생물지원 화내성물지

用, 故五行之中, 水火爲大. 喉乃出 [정음해례3ㄱ:2_제자해]
용 고오행지중 수화위대 후내출

聲之門, 舌乃辨聲之管, 故五音之 [정음해례3ㄱ:3_제자해]
성지문 설내변성지관 고오음지

中, 喉舌爲主也. 喉居後而牙次之, [정음해례3ㄱ:4_제자해]
중 후설위주야 후거후이아차지

北東之位也. 舌齒又次之, 南西之 [정음해례3ㄱ:5_제자해]
북동지위야 설치우차지 남서지

位也. 脣居末, 土無定位而寄旺四
위야 순거말 토무정위이기왕사
[정음해례3ㄱ:6_제자해]

季之義也. 是則初聲之中, 自有陰
계지의야 시즉초성지중 자유음
[정음해례3ㄱ:7_제자해]

陽五行方位之數也. 又以聲音淸
양오행방위지수야 우이성음청
[정음해례3ㄱ:8_제자해]

[14] 정음해례3ㄴ

濁而言之. ㄱㄷㅂㅈㅅㆆ, 爲全淸.
탁이언지 위전청
[정음해례3ㄴ:1_제자해]

ㅋㅌㅍㅊㅎ, 爲次淸. ㄲㄸㅃㅉㅆ
위차청
[정음해례3ㄴ:2_제자해]

ㆅ, 爲全濁. ㆁㄴㅁㅇㄹㅿ, 爲不淸
위전탁 위불청
[정음해례3ㄴ:3_제자해]

不濁. ㄴㅁㅇ, 其聲取不厲, 故次序
불탁 기성취불려 고차서
[정음해례3ㄴ:4_제자해]

雖在於後, 而象形制字則爲之始.
수재어후 이상형제자즉위지시
[정음해례3ㄴ:5_제자해]

ㅅㅈ雖皆爲全淸, 而ㅅ比ㅈ, 聲不
수개위전청 이 비 성불
[정음해례3ㄴ:6_제자해]

厲, 故亦爲制字之始. 唯牙之ㆁ, 雖
려 고역위제자지시 유아지 수
[정음해례3ㄴ:7_제자해]

舌根閉喉聲氣出鼻, 而其聲與ㅇ
설근폐후성기출비 이기성여
[정음해례3ㄴ:8_제자해]

[15] 정음해례4ㄱ

相似, 故韻書疑[ㆁ]與喩[ㅇ]多相混用, 今
상사 고운서의 여유 다상혼용 금
[정음해례4ㄱ:1_제자해]

亦取象於喉, 而不爲牙音制字之
역취상어후 이불위아음제자지
[정음해례4ㄱ:2_제자해]

始. 盖喉屬水而牙屬木, ㆁ雖在牙
시 개후속수이아속목 수재아
[정음해례4ㄱ:3_제자해]

而與ㅇ相似, 猶木之萌芽生於水
이여 상사 유목지맹아생어수
[정음해례4ㄱ:4_제자해]

而柔軟, 尙多水氣也. ㄱ木之成質,
이유연 상다수기야 목지성질
[정음해례4ㄱ:5_제자해]

ㅋ木之盛 °長, ㄲ木之老壯, 故至此
목지성 장 목지로장 고지차
[정음해례4ㄱ:6_제자해]

乃皆取象於牙也. 全淸並書則爲
내개취상어아야 전청병서즉위
[정음해례4ㄱ:7_제자해]

全濁, 以其全淸之聲凝則爲全濁
전탁 이기전청지성응즉위전탁
[정음해례4ㄱ:8_제자해]

[16] 정음해례4ㄴ

也. 唯喉音次清爲全濁者, 蓋以ㆆ [정음해례4ㄴ:1_제자해]
야 유 후 음 차 청 위 전 탁 자 개 이

聲深不爲之凝, ㆅ比ㆆ聲淺, 故凝 [정음해례4ㄴ:2_제자해]
성 심 불 위 지 응 비 성 천 고 응

而爲全濁也. ㅇ連書脣音之下, 則 [정음해례4ㄴ:3_제자해]
이 위 전 탁 야 련 서 순 음 지 하 즉

爲脣輕音者, 以輕音脣乍合而喉 [정음해례4ㄴ:4_제자해]
위 순 경 음 자 이 경 음 순 사 합 이 후

聲多也. 中聲凡十一字. · 舌縮而 [정음해례4ㄴ:5_제자해]
성 다 야 중 성 범 십 일 자 설 축 이

聲深, 天開於子也. 形之圓, 象乎天 [정음해례4ㄴ:6_제자해]
성 심 천 개 어 자 야 형 지 원 상 호 천

也. ㅡ舌小縮而聲不深不淺, 地闢 [정음해례4ㄴ:7_제자해]
야 설 소 축 이 성 불 심 불 천 지 벽

於丑也. 形之平, 象乎地也. ㅣ舌不 [정음해례4ㄴ:8_제자해]
어 축 야 형 지 평 상 호 지 야 설 불

[17] 정음해례5ㄱ

縮而聲淺, 人生於寅也. 形之立, 象 [정음해례5ㄱ:1_제자해]
축 이 성 천 인 생 어 인 야 형 지 립 상

乎人也. 此下八聲, 一闔一闢. ㅗ與 [정음해례5ㄱ:2_제자해]
호 인 야 차 하 팔 성 일 합 일 벽 여

·同而口蹙, 其形則·與ㅡ合而 [정음해례5ㄱ:3_제자해]
동 이 구 축 기 형 즉 여 합 이

成, 取天地初交之義也. ㅏ與·同 [정음해례5ㄱ:4_제자해]
성 취 천 지 초 교 지 의 야 여 동

而口張, 其形則ㅣ與·合而成, 取 [정음해례5ㄱ:5_제자해]
이 구 장 기 형 즉 여 합 이 성 취

天地之用發於事物待人而成也. [정음해례5ㄱ:6_제자해]
천 지 지 용 발 어 사 물 대 인 이 성 야

ㅜ與ㅡ同而口蹙, 其形則ㅡ與· [정음해례5ㄱ:7_제자해]
여 동 이 구 축 기 형 즉 여

合而成, 亦取天地初交之義也. ㅓ [정음해례5ㄱ:8_제자해]
합 이 성 역 취 천 지 초 교 지 의 야

[18] 정음해례5ㄴ

與ㅡ同而口張, 其形則·與ㅣ合 [정음해례5ㄴ:1_제자해]
여 동 이 구 장 기 형 즉 여 합

而成, 亦取天地之用發於事物待 [정음해례5ㄴ:2_제자해]
이 성 역 취 천 지 지 용 발 어 사 물 대

人而成也. ㅛ與ㅗ同而起於ㅣ. ㅑ [정음해례5ㄴ:3_제자해]
인 이 성 야 여 동 이 기 어

與ㅏ同而起於ㅣ. ㅠ與ㅜ同而起 [정음해례5ㄴ:4_제자해]
여 동 이 기 어 여 동 이 기

於ㅣ. ㅕ與ㅓ同而起於ㅣ. ㅗㅏㅜ [정음해례5ㄴ:5_제자해]
어 여 동 이 기 어

ㅓ始於天地, 爲初出也. ㅛㅑㅠㅕ [정음해례5ㄴ:6_제자해]
시 어 천 지 위 초 출 야

起於ㅣ而兼乎人, 爲再出也. ㅗㅏ [정음해례5ㄴ:7_제자해]
기 어 이 겸 호 인 위 재 출 야

ㅜㅓ之一其圓者, 取其初生之義 [정음해례5ㄴ:8_제자해]
지 일 기 원 자 취 기 초 생 지 의

[19] 정음해례6ㄱ

也. ㅛㅑㅠㅕ之二其圓者, 取其再 [정음해례6ㄱ:1_제자해]
야 지 이 기 원 자 취 기 재

生之義也. ㅗㅏㅛㅑ之圓居上與 [정음해례6ㄱ:2_제자해]
생 지 의 야 지 원 거 상 여

外者, 以其出於天而爲陽也. ㅜㅓ [정음해례6ㄱ:3_제자해]
외 자 이 기 출 어 천 이 위 양 야

ㅠㅕ之圓居下與內者, 以其出於 [정음해례6ㄱ:4_제자해]
지 원 거 하 여 내 자 이 기 출 어

地而爲陰也. ㆍ之貫於八聲者, 猶 [정음해례6ㄱ:5_제자해]
지 이 위 음 야 지 관 어 팔 성 자 유

陽之統陰而周流萬物也. ㅛㅑㅠ [정음해례6ㄱ:6_제자해]
양 지 통 음 이 주 류 만 물 야

ㅕ之皆兼乎人者, 以人爲萬物之 [정음해례6ㄱ:7_제자해]
지 개 겸 호 인 자 이 인 위 만 물 지

靈而能參兩儀也. 取象於天地人 [정음해례6ㄱ:8_제자해]
령 이 능 참 량 의 야 취 상 어 천 지 인

[20] 정음해례6ㄴ

而三才之道備矣. 然三才爲萬物 [정음해례6ㄴ:1_제자해]
이 삼 재 지 도 비 의 연 삼 재 위 만 물

之先, 而天又爲三才之始, 猶ㆍㅡ [정음해례6ㄴ:2_제자해]
지 선 이 천 우 위 삼 재 지 시 유

ㅣ三字爲八聲之首, 而ㆍ又爲三 [정음해례6ㄴ:3_제자해]
삼 자 위 팔 성 지 수 이 우 위 삼

字之冠° 也. ㅗ初生於天, 天一生水 [정음해례6ㄴ:4_제자해]
자 지 관 야 초 생 어 천 천 일 생 수

之位也. ㅏ次之, 天三生木之位也. [정음해례6ㄴ:5_제자해]
지 위 야 차 지 천 삼 생 목 지 위 야

ㅜ初生於地, 地二生火之位也. ㅓ [정음해례6ㄴ:6_제자해]
초 생 어 지 지 이 생 화 지 위 야

次之, 地四生金之位也. ㅛ再生於 [정음해례6ㄴ:7_제자해]
차 지 지 사 생 금 지 위 야 재 생 어

天, 天七成火之數也. ㅑ次之, 天九 [정음해례6ㄴ:8_제자해]
천 천 칠 성 화 지 수 야 차 지 천 구

[21] 정음해례7ㄱ

成金之數也. ㅠ再生於地, 地六成 [정음해례7ㄱ:1_제자해]
성 금 지 수 야 재 생 어 지 지 륙 성

水之數也. ㅕ次之, 地八成木之數 [정음해례7ㄱ:2_제자해]
수 지 수 야 차 지 지 팔 성 목 지 수

也. 水火未離° 乎氣, 陰陽交合之初, [정음해례7ㄱ:3_제자해]
야 수 화 미 리 호 기 음 양 교 합 지 초

故闔. 木金陰陽之定質, 故闢. ㆍ天 [정음해례7ㄱ:4_제자해]
고 합 목 금 음 양 지 정 질 고 벽 천

五生土之位也. ㅡ地十成土之數 [정음해례7ㄱ:5_제자해]
오 생 토 지 위 야 지 십 성 토 지 수

也. ㅣ獨無位數者, 盖以人則無極 [정음해례7ㄱ:6_제자해]
야 독 무 위 수 자 개 이 인 즉 무 극

之眞, 二五之精, 妙合而凝, 固未可 [정음해례7ㄱ:7_제자해]
지 진 이 오 지 정 묘 합 이 응 고 미 가

以定位成數論° 也. 是則中聲之中, [정음해례7ㄱ:8_제자해]
이 정 위 성 수 론 야 시 즉 중 성 지 중

[22] 정음해례7ㄴ

亦自有陰陽五行方位之數也. 以 [정음해례7ㄴ:1_제자해]
역 자 유 음 양 오 행 방 위 지 수 야 이

初聲對中聲而言之. 陰陽, 天道也. [정음해례7ㄴ:2_제자해]
초 성 대 중 성 이 언 지 음 양 천 도 야

剛柔, 地道也. 中聲者, 一深一淺一 [정음해례7ㄴ:3_제자해]
강 유 지 도 야 중 성 자 일 심 일 천 일

闔一闢, 是則陰陽分而五行之氣 [정음해례7ㄴ:4_제자해]
합 일 벽 시 즉 음 양 분 이 오 행 지 기

具焉, 天之用也. 初聲者, 或虛或實 [정음해례7ㄴ:5_제자해]
구 언 천 지 용 야 초 성 자 혹 허 혹 실

或颺或滯或重若輕, 是則剛柔著 [정음해례7ㄴ:6_제자해]
혹 양 혹 체 혹 중 약 경 시 즉 강 유 저

而五行之質成焉, 地之功也. 中聲 [정음해례7ㄴ:7_제자해]
이 오 행 지 질 성 언 지 지 공 야 중 성

以深淺闔闢唱之於前, 初聲以五 [정음해례7ㄴ:8_제자해]
이 심 천 합 벽 창 지 어 전 초 성 이 오

[23] 정음해례8ㄱ

音淸濁和° 之於後, 而爲初亦爲終.
음 청 탁 화 지 어 후 이 위 초 역 위 종
[정음해례8ㄱ:1_제자해]

亦可見萬物初生於地, 復歸於地
역 가 견 만 물 초 생 어 지 복 귀 어 지
[정음해례8ㄱ:2_제자해]

也. 以初中終合成之字言之, 亦有
야 이 초 중 종 합 성 지 자 언 지 역 유
[정음해례8ㄱ:3_제자해]

動靜互根陰陽交變之義焉. 動者,
동 정 호 근 음 양 교 변 지 의 언 동 자
[정음해례8ㄱ:4_제자해]

天也. 靜者, 地也. 兼乎動靜者, 人也.
천 야 정 자 지 야 겸 호 동 정 자 인 야
[정음해례8ㄱ:5_제자해]

盖五行在天則神之運也, 在地則
개 오 행 재 천 즉 신 지 운 야 재 지 즉
[정음해례8ㄱ:6_제자해]

質之成也, 在人則仁禮信義智神
질 지 성 야 재 인 즉 인 례 신 의 지 신
[정음해례8ㄱ:7_제자해]

之運也, 肝心脾肺腎質之成也. 初
지 운 야 간 심 비 폐 신 질 지 성 야 초
[정음해례8ㄱ:8_제자해]

[24] 정음해례8ㄴ

聲有發動之義, 天之事也. 終聲有
성 유 발 동 지 의 천 지 사 야 종 성 유
[정음해례8ㄴ:1_제자해]

止定之義, 地之事也. 中聲承初之
지 정 지 의 지 지 사 야 중 성 승 초 지
[정음해례8ㄴ:2_제자해]

生, 接終之成, 人之事也. 盖字韻之
생 접 종 지 성 인 지 사 야 개 자 운 지
[정음해례8ㄴ:3_제자해]

要, 在於中聲, 初終合而成音. 亦猶
요 재 어 중 성 초 종 합 이 성 음 역 유
[정음해례8ㄴ:4_제자해]

天地生成萬物, 而其財成輔相° 則
천 지 생 성 만 물 이 기 재 성 보 상 즉
[정음해례8ㄴ:5_제자해]

必賴乎人也. 終聲之復° 用初聲者,
필 뢰 호 인 야 종 성 지 부 용 초 성 자
[정음해례8ㄴ:6_제자해]

以其動而陽者乾也, 靜而陰者亦
이 기 동 이 양 자 건 야 정 이 음 자 역
[정음해례8ㄴ:7_제자해]

乾也, 乾實分陰陽而無不君宰也.
건 야 건 실 분 음 양 이 무 불 군 재 야
[정음해례8ㄴ:8_제자해]

[25] 정음해례9ㄱ

一元之氣, 周流不窮, 四時之運, 循
일 원 지 기 주 류 불 궁 사 시 지 운 순
[정음해례9ㄱ:1_제자해]

環無端, 故貞而復° 元, 冬而復° 春. 初
환 무 단 고 정 이 부 원 동 이 부 춘 초
[정음해례9ㄱ:2_제자해]

聲之復° 爲終, 終聲之復° 爲初, 亦此 [정음해례9ㄱ:3_제자해]
성 지 부 위 종 종 성 지 부 위 초 역 차

義也. 吁. 正音作而天地萬物之理 [정음해례9ㄱ:4_제자해]
의 야 우 정 음 작 이 천 지 만 물 지 리

咸備, 其神矣哉. 是殆天啓 [정음해례9ㄱ:5_제자해]
함 비 기 신 의 재 시 태 천 계

聖心而假手焉者乎. 訣曰 [정음해례9ㄱ:6_제자해]
성 심 이 가 수 언 자 호 결 왈

天地之化本一氣 [정음해례9ㄱ:7_제자해갈무리시]
천 지 지 화 본 일 기

陰陽五行相始終 [정음해례9ㄱ:8_제자해갈무리시]
음 양 오 행 상 시 종

[26] 정음해례9ㄴ

物於兩間有形聲 [정음해례9ㄴ:1_제자해갈무리시]
물 어 량 간 유 형 성

元本無二理數通 [정음해례9ㄴ:2_제자해갈무리시]
원 본 무 이 리 수 통

正音制字尙其象 [정음해례9ㄴ:3_제자해갈무리시]
정 음 제 자 상 기 상

因聲之厲每加畫 [정음해례9ㄴ:4_제자해갈무리시]
인 성 지 려 매 가 획

音出牙舌脣齒喉 [정음해례9ㄴ:5_제자해갈무리시]
음 출 아 설 순 치 후

是爲初聲字十七 [정음해례9ㄴ:6_제자해갈무리시]
시 위 초 성 자 십 칠

牙取舌根閉喉形 [정음해례9ㄴ:7_제자해갈무리시]
아 취 설 근 폐 후 형

唯業[ㆁ]似欲[ㅇ]取義別。 [정음해례9ㄴ:8_제자해갈무리시]
유 업 사 욕 취 의 별

[27] 정음해례10ㄱ

舌迺象舌附上腭 [정음해례10ㄱ:1_제자해갈무리시]
설 내 상 설 부 상 악

脣則實是取口形 [정음해례10ㄱ:2_제자해갈무리시]
순 즉 실 시 취 구 형

齒喉直取齒喉象 [정음해례10ㄱ:3_제자해갈무리시]
치 후 직 취 치 후 상

知斯五義聲自明 [정음해례10ㄱ:4_제자해갈무리시]
지 사 오 의 성 자 명

又有半舌半齒音 [정음해례10ㄱ:5_제자해갈무리시]
우 유 반 설 반 치 음

取象同而體則異
취 상 동 이 체 즉 이 [정음해례10ㄱ:6_제자해갈무리시]

那[ㄴ]彌[ㅁ]戌[ㅅ]欲[ㅇ]聲不厲
나 미 술 욕 성 불 려 [정음해례10ㄱ:7_제자해갈무리시]

次序雖後象形始
차 서 수 후 상 형 시 [정음해례10ㄱ:8_제자해갈무리시]

[28] 정음해례10ㄴ

配諸四時與冲氣
배 저 사 시 여 충 기 [정음해례10ㄴ:1_제자해갈무리시]

五行五音無不協
오 행 오 음 무 불 협 [정음해례10ㄴ:2_제자해갈무리시]

維喉爲水冬與羽
유 후 위 수 동 여 우 [정음해례10ㄴ:3_제자해갈무리시]

牙迺春木其音角
아 내 춘 목 기 음 각 [정음해례10ㄴ:4_제자해갈무리시]

°徵音夏火是舌聲
치 음 하 화 시 설 성 [정음해례10ㄴ:5_제자해갈무리시]

齒則商秋又是金
치 즉 상 추 우 시 금 [정음해례10ㄴ:6_제자해갈무리시]

脣於位數本無定
순 어 위 수 본 무 정 [정음해례10ㄴ:7_제자해갈무리시]

土而季夏爲宮音
토 이 계 하 위 궁 음 [정음해례10ㄴ:8_제자해갈무리시]

[29] 정음해례11ㄱ

聲音又自有淸濁
성 음 우 자 유 청 탁 [정음해례11ㄱ:1_제자해갈무리시]

要° 於初發細推尋
요 어 초 발 세 추 심 [정음해례11ㄱ:2_제자해갈무리시]

全淸聲是君[ㄱ]斗[ㄷ]彆[ㅂ]
전 청 성 시 군 두 별 [정음해례11ㄱ:3_제자해갈무리시]

即[ㅈ]戌[ㅅ]挹[[ㆆ]亦全淸聲
즉 술 읍 역 전 청 성 [정음해례11ㄱ:4_제자해갈무리시]

若迺快[ㅋ]呑[ㅌ]漂[ㅍ]侵[ㅊ]虛[ㅎ]
약 내 쾌 탄 표 침 허 [정음해례11ㄱ:5_제자해갈무리시]

五音各一爲次淸
오 음 각 일 위 차 청 [정음해례11ㄱ:6_제자해갈무리시]

全濁之聲虯[ㄲ]覃[ㄸ]步[ㅃ]
전 탁 지 성 규 담 보 [정음해례11ㄱ:7_제자해갈무리시]

又有慈[ㅉ]邪[ㅆ]亦有洪[ㆅ]
우 유 자 사 역 유 홍 [정음해례11ㄱ:8_제자해갈무리시]

[30] 정음해례11ㄴ

全淸並書爲全濁 [정음해례11ㄴ:1_제자해갈무리시]
전 청 병 서 위 전 탁

唯洪[ㆅ]自虛[ㆆ]是不同 [정음해례11ㄴ:2_제자해갈무리시]
유 홍 자 허 시 불 동

業[ㆁ]那[ㄴ]彌[ㅁ]欲[ㅇ]及閭[ㄹ]穰[ㅿ] [정음해례11ㄴ:3_제자해갈무리시]
업 나 미 욕 급 려 양

其聲不淸又不濁 [정음해례11ㄴ:4_제자해갈무리시]
기 성 불 청 우 불 탁

欲[ㅇ]之連書爲脣輕 [정음해례11ㄴ:5_제자해갈무리시]
욕 지 연 서 위 순 경

喉聲多而脣乍合 [정음해례11ㄴ:6_제자해갈무리시]
후 성 다 이 순 사 합

中聲十一亦取象 [정음해례11ㄴ:7_제자해갈무리시]
중 성 십 일 역 취 상

精義未可容易° 觀 [정음해례11ㄴ:8_제자해갈무리시]
정 의 미 가 용 이 관

[31] 정음해례12ㄱ

呑[ㆍ]擬於天聲最深 [정음해례12ㄱ:1_제자해갈무리시]
탄 의 어 천 성 최 심

所以圓形如彈丸 [정음해례12ㄱ:2_제자해갈무리시]
소 이 원 형 여 탄 환

即[ㅡ]聲不深又不淺 [정음해례12ㄱ:3_제자해갈무리시]
즉 성 불 심 우 불 천

其形之平象乎地 [정음해례12ㄱ:4_제자해갈무리시]
기 형 지 평 상 호 지

侵[ㅣ]象人立厥聲淺 [정음해례12ㄱ:5_제자해갈무리시]
침 상 인 립 궐 성 천

三才之道斯爲備 [정음해례12ㄱ:6_제자해갈무리시]
삼 재 지 도 사 위 비

洪[ㅗ]出於天尙爲闔 [정음해례12ㄱ:7_제자해갈무리시]
홍 출 어 천 상 위 합

象取天圓合地平 [정음해례12ㄱ:8_제자해갈무리시]
상 취 천 원 합 지 평

[32] 정음해례12ㄴ

覃[ㅏ]亦出天爲已闢 [정음해례12ㄴ:1_제자해갈무리시]
담 역 출 천 위 이 벽

發於事物就人成 [정음해례12ㄴ:2_제자해갈무리시]
발 어 사 물 취 인 성

用初生義一其圓
용 초 생 의 일 기 원
[정음해례12ㄴ:3_제자해갈무리시]

出天爲陽在上外
출 천 위 양 재 상 외
[정음해례12ㄴ:4_제자해갈무리시]

欲[ㅛ]穰[ㅑ]兼人爲再出
욕 양 겸 인 위 재 출
[정음해례12ㄴ:5_제자해갈무리시]

二圓爲形見° 其義
이 원 위 형 현 기 의
[정음해례12ㄴ:6_제자해갈무리시]

君[ㅜ]業[ㅓ]戌[ㅠ]彆[ㅕ]出於地
군 업 술 별 출 어 지
[정음해례12ㄴ:7_제자해갈무리시]

據例自知何須評
거 례 자 지 하 수 평
[정음해례12ㄴ:8_제자해갈무리시]

[33] 정음해례13ㄱ

呑[ㆍ]之爲字貫八聲
탄 지 위 자 관 팔 성
[정음해례13ㄱ:1_제자해갈무리시]

維天之用徧流行
유 천 지 용 편 류 행
[정음해례13ㄱ:2_제자해갈무리시]

四聲兼人亦有由
사 성 겸 인 역 유 유
[정음해례13ㄱ:3_제자해갈무리시]

人參天地爲最靈
인 참 천 지 위 최 령
[정음해례13ㄱ:4_제자해갈무리시]

且就三聲究至理
차 취 삼 성 구 지 리
[정음해례13ㄱ:5_제자해갈무리시]

自有剛柔與陰陽
자 유 강 유 여 음 양
[정음해례13ㄱ:6_제자해갈무리시]

中是天用陰陽分
중 시 천 용 음 양 분
[정음해례13ㄱ:7_제자해갈무리시]

初迺地功剛柔彰
초 내 지 공 강 유 창
[정음해례13ㄱ:8_제자해갈무리시]

[34] 정음해례13ㄴ

中聲唱之初聲和°
중 성 창 지 초 성 화
[정음해례13ㄴ:1_제자해갈무리시]

天先° 乎地理自然
천 선 호 지 리 자 연
[정음해례13ㄴ:2_제자해갈무리시]

和° 者爲初亦爲終
화 자 위 초 역 위 종
[정음해례13ㄴ:3_제자해갈무리시]

物生復歸皆於坤
물 생 복 귀 개 어 곤
[정음해례13ㄴ:4_제자해갈무리시]

陰變爲陽陽變陰
음 변 위 양 양 변 음
[정음해례13ㄴ:5_제자해갈무리시]

一動一靜互爲根
일 동 일 정 호 위 근 [정음해례13ㄴ:6_제자해갈무리시]

初聲復° 有發生義
초 성 부 유 발 생 의 [정음해례13ㄴ:7_제자해갈무리시]

爲陽之動主於天
위 양 지 동 주 어 천 [정음해례13ㄴ:8_제자해갈무리시]

[35] 정음해례14ㄱ

終聲比地陰之靜
종 성 비 지 음 지 정 [정음해례14ㄱ:1_제자해갈무리시]

字音於此止定焉
자 음 어 차 지 정 언 [정음해례14ㄱ:2_제자해갈무리시]

韻成要在中聲用
운 성 요 재 중 성 용 [정음해례14ㄱ:3_제자해갈무리시]

人能輔相° 天地宜
인 능 보 상 천 지 의 [정음해례14ㄱ:4_제자해갈무리시]

陽之爲用通於陰
양 지 위 용 통 어 음 [정음해례14ㄱ:5_제자해갈무리시]

至而伸則反而歸
지 이 신 즉 반 이 귀 [정음해례14ㄱ:6_제자해갈무리시]

初終雖云分兩儀
초 종 수 운 분 량 의 [정음해례14ㄱ:7_제자해갈무리시]

終用初聲義可知
종 용 초 성 의 가 지 [정음해례14ㄱ:8_제자해갈무리시]

[36] 정음해례14ㄴ

正音之字只廿八
정 음 지 자 지 입 팔 [정음해례14ㄴ:1_제자해갈무리시]

°探賾錯綜窮深 °幾
탐 색 착 종 궁 심 기 [정음해례14ㄴ:2_제자해갈무리시]

指遠言近牖民易°
지 원 언 근 유 민 이 [정음해례14ㄴ:3_제자해갈무리시]

天授何曾智巧爲
천 수 하 증 지 교 위 [정음해례14ㄴ:4_제자해갈무리시]

初聲解
초 성 해 [정음해례14ㄴ:5_초성해제목]

正音初聲, 即韻書之字母也. 聲音
정 음 초 성 즉 운 서 지 자 모 야 성 음 [정음해례14ㄴ:6_초성해]

由此而生, 故曰母. 如牙音君[**군**]字初
유 차 이 생 고 왈 모 여 아 음 군 자 초 [정음해례14ㄴ:7_초성해]

聲是**ㄱ**, **ㄱ**與**ᅟᅮᆫ**而爲**군**. 快[**쾌**]字初聲
성 시 여 이 위 쾌 자 초 성 [정음해례14ㄴ:8_초성해]

[37] 정음해례15ㄱ

是ㅋ, ㅋ與ㅙ而爲쾌. 虯[뀨]字初聲是 [정음해례15ㄱ:1_초성해]
시 여 이위 규 자초성시

ㄲ,ㄲ與ㅠ而爲뀨. 業[업]字初聲是ㆁ, [정음해례15ㄱ:2_초성해]
여 이위 업 자초성시

ㆁ與ㅓㅂ而爲업之類. 舌之斗[ㄷ]呑[ㅌ]覃[ㄸ] [정음해례15ㄱ:3_초성해]
여 이위 지류 설지두 탄 담

那[ㄴ], 脣之彆[ㅂ]漂[ㅍ]步[ㅃ]彌[ㅁ], 齒之即[ㅈ]侵[ㅊ]慈[ㅉ]戌[ㅅ]
나 순지별 표 보 미 치지즉 침 자 술

[정음해례15ㄱ:4_초성해]

邪[ㅆ], 喉之挹[ㆆ]虛[ㅎ]洪[ㆅ]欲[ㅇ], 半舌半齒之閭[ㄹ] [정음해례15ㄱ:5_초성해]
사 후지읍 허 홍 욕 반설반치지려

穰[ㅿ], 皆倣此. 訣曰 [정음해례15ㄱ:6_초성해]
양 개방차 결왈

君[ㄱ]快[ㅋ]虯[ㄲ]業[ㆁ]其聲牙 [정음해례15ㄱ:7_초성해갈무리시]
군 쾌 규 업 기성아

舌聲斗[ㄷ]呑[ㅌ]及覃[ㄸ]那[ㄴ] [정음해례15ㄱ:8_초성해갈무리시]
설성두 탄 급담 나

[38] 정음해례15ㄴ

彆[ㅂ]漂[ㅍ]步[ㅃ]彌[ㅁ]則是脣 [정음해례15ㄴ:1_초성해갈무리시]
별 표 보 미 즉시순

齒有即[ㅈ]侵[ㅊ]慈[ㅉ]戌[ㅅ]邪[ㅆ] [정음해례15ㄴ:2_초성해갈무리시]
치유즉 침 자 술 사

挹[ㆆ]虛[ㅎ]洪[ㆅ]欲[ㅇ]迺喉聲 [정음해례15ㄴ:3_초성해갈무리시]
읍 허 홍 욕 내후성

閭[ㄹ]爲半舌穰[ㅿ]半齒 [정음해례15ㄴ:4_초성해갈무리시]
려 위반설양 반치

二十三字是爲母 [정음해례15ㄴ:5_초성해갈무리시]
이십삼자시위모

萬聲生生皆自此 [정음해례15ㄴ:6_초성해갈무리시]
만성생생개자차

中聲解 [정음해례15ㄴ:7_중성해제목]
중성해

中聲者, 居字韻之中, 合初終而成 [정음해례15ㄴ:8_중성해]
중성자 거자운지중 합초종이성

[39] 정음해례16ㄱ

音. 如呑[튼]字中聲是ㆍ, ㆍ居ㅌㄴ之 [정음해례16ㄱ:1_중성해]
음 여탄 자중성시 거 지

間而爲ᄐᆖ. 卽[즉]字中聲是ㅡ, ㅡ居ㅈ
간이위 즉 자중성시 거 [정음해례16ㄱ:2_중성해]

ㄱ之間而爲즉. 侵[침]字中聲是ㅣ, ㅣ
지간이위 침 자중성시 [정음해례16ㄱ:3_중성해]

居ㅊㅁ之間而爲침之類. 洪[ㅗ]覃[ㅏ]君[ㅜ]
거 지간이위 지류 홍 담 군 [정음해례16ㄱ:4_중성해]

業[ㅓ]欲[ㅛ]穰[ㅑ]戌[ㅠ]彆[ㅕ], 皆倣此. 二字合用者,
업 욕 양 술 별 개방차 이자합용자 [정음해례16ㄱ:5_중성해]

ㅗ與ㅏ同出於ㆍ, 故合而爲ㅘ. ㅛ
여 동출어 고합이위 [정음해례16ㄱ:6_중성해]

與ㅑ又同出於ㅣ, 故合而爲ㆇ. ㅜ
여 우동출어 고합이위 [정음해례16ㄱ:7_중성해]

與ㅓ同出於ㅡ, 故合而爲ㅝ. ㅠ與
여 동출어 고합이위 여 [정음해례16ㄱ:8_중성해]

[40] 정음해례16ㄴ

ㅕ又同出於ㅣ, 故合而爲ㆊ. 以其
우동출어 고합이위 이기 [정음해례16ㄴ:1_중성해]

同出而爲類, 故相合而不悖也. 一
동출이위류 고상합이불패야 일 [정음해례16ㄴ:2_중성해]

字中聲之與ㅣ相合者十, ㆎ ㅢ ㅚ
자중성지여 상합자십 [정음해례16ㄴ:3_중성해]

ㅐ ㅟ ㅔ ㆉ ㅒ ㆌ ㅖ 是也. 二字中聲
시야 이자중성 [정음해례16ㄴ:4_중성해]

之與ㅣ相合者四, ㅙ ㅞ ㆈ ㆋ 是也.
지여 상합자사 시야 [정음해례16ㄴ:5_중성해]

ㅣ於深淺闔闢之聲, 並能相隨者,
어심천합벽지성 병능상수자 [정음해례16ㄴ:6_중성해]

以其舌展聲淺而便於開口也. 亦
이기설전성천이편어개구야 역 [정음해례16ㄴ:7_중성해]

可見人[ㅣ]之參贊開物而無所不通
가견인 지참찬개물이무소불통 [정음해례16ㄴ:8_중성해]

[41] 정음해례17ㄱ

也. 訣曰
야 결왈 [정음해례17ㄱ:1_중성해]

母字之音各有中
모자지음각유중 [정음해례17ㄱ:2_중성해갈무리시]

須就中聲尋闢闔
수취중성심벽합 [정음해례17ㄱ:3_중성해갈무리시]

洪[ㅗ]覃[ㅏ]自呑[ㆍ]可合用
홍 담 자탄 가합용 [정음해례17ㄱ:4_중성해갈무리시]

君[ㅜ]業[ㅓ]出即[ㅡ]亦可合 [정음해례17ㄱ:5_중성해갈무리시]
군 업 출즉 역가합

欲[ㅛ]之與穰[ㅑ]戌[ㅠ]與彆[ㅕ] [정음해례17ㄱ:6_중성해갈무리시]
욕 지여양 술 여별

各有所從義可推 [정음해례17ㄱ:7_중성해갈무리시]
각유소종의가추

侵[ㅣ]之爲用最居多 [정음해례17ㄱ:8_중성해갈무리시]
침 지위용최거다

[42] 정음해례17ㄴ

於十四聲徧相隨 [정음해례17ㄴ:1_중성해갈무리시]
어십사성편상수

終聲解 [정음해례17ㄴ:2_종성해제목]
종성해

終聲者, 承初中而成字韻. 如即[즉]字 [정음해례17ㄴ:3_종성해]
종성자 승초중이성자운 여즉 자

終聲是ㄱ, ㄱ居즈終而爲즉. 洪[ᅘᅩᇰ]字 [정음해례17ㄴ:4_종성해]
종성시 거 종이위 홍 자

終聲是ㆁ, ㆁ居ᅘᅩ終而爲ᅘᅩᇰ之類. [정음해례17ㄴ:5_종성해]
종성시 거 종이위 지류

舌脣齒喉皆同. 聲有緩急之殊, 故 [정음해례17ㄴ:6_종성해]
설순치후개동 성유완급지수 고

平 °上去其終聲不類入聲之促急. [정음해례17ㄴ:7_종성해]
평 상거기종성불류입성지촉급

不淸不濁之字, 其聲不厲, 故用於 [정음해례17ㄴ:8_종성해]
불청불탁지자 기성불려 고용어

[43] 정음해례18ㄱ

終則宜於平 °上去. 全淸次淸全濁 [정음해례18ㄱ:1_종성해]
종즉의어평 상거 전청차청전탁

之字, 其聲爲厲, 故用於終則宜於 [정음해례18ㄱ:2_종성해]
지자 기성위려 고용어종즉의어

入. 所以ㆁㄴㅁㅇㄹㅿ六字爲平 [정음해례18ㄱ:3_종성해]
입 소이 육자위평

°上去聲之終, 而餘皆爲入聲之終 [정음해례18ㄱ:4_종성해]
상거성지종 이여개위입성지종

也. 然ㄱㆁㄷㄴㅂㅁㅅㄹ八字可 [정음해례18ㄱ:5_종성해]
야 연 팔자가

足用也. 如ᄇᆡᆺ곶爲梨花, ᅇᅧᇫᄋᆡ갗爲 [정음해례18ㄱ:6_종성해]
족용야 여 위리화 위

狐皮, 而ㅅ字可以通用, 故只用ㅅ [정음해례18ㄱ:7_종성해]
호피 이 자가이통용 고지용

字. 且ㅇ聲淡而虛, 不必用於終, 而 [정음해례18ㄱ:8_종성해]
자 차 성담이허 불필용어종 이

[44] 정음해례18ㄴ

中聲可得成音也. ㄷ如볃爲彆[볃], ㄴ [정음해례18ㄴ:1_종성해]
중성가득성음야 여 위별

如군爲君[군], ㅂ如업爲業[업], ㅁ如땀爲 [정음해례18ㄴ:2_종성해]
여 위군 여 위업 여 위

覃[땀], ㅅ如諺語·옷爲衣, ㄹ如諺語실 [정음해례18ㄴ:3_종성해]
담 여언어 위의 여언어

爲絲之類. 五音之緩急, 亦各自爲 [정음해례18ㄴ:4_종성해]
위사지류 오음지완급 역각자위

對. 如牙之ㆁ與ㄱ爲對, 而ㆁ促呼 [정음해례18ㄴ:5_종성해]
대 여아지 여 위대 이 촉호

則變爲ㄱ而急, ㄱ舒出則變爲ㆁ [정음해례18ㄴ:6_종성해]
즉변위 이급 서출즉변위

而緩. 舌之ㄴㄷ, 脣之ㅁㅂ, 齒之ㅿ [정음해례18ㄴ:7_종성해]
이완 설지 순지 치지

ㅅ, 喉之ㅇㆆ, 其緩急相對, 亦猶是 [정음해례18ㄴ:8_종성해]
후지 기완급상대 역유시

[45] 정음해례19ㄱ

也. 且半舌之ㄹ, 當用於諺, 而不可 [정음해례19ㄱ:1_종성해]
야 차반설지 당용어언 이불가

用於文. 如入聲之彆[볃]字, 終聲當用 [정음해례19ㄱ:2_종성해]
용어문 여입성지별 자 종성당용

ㄷ, 而俗習讀爲ㄹ, 盖ㄷ變而爲輕 [정음해례19ㄱ:3_종성해]
이속습독위 개 변이위경

也. 若用ㄹ爲彆[볋]之終, 則其聲舒緩, [정음해례19ㄱ:4_종성해]
야 약용 위별 지종 즉기성서완

不爲入也. 訣曰 [정음해례19ㄱ:5_종성해]
불위입야 결왈

不清不濁用於終 [정음해례19ㄱ:6_종성해갈무리시]
불청불탁용어종

爲平 °上去不爲入 [정음해례19ㄱ:7_종성해갈무리시]
위평 상거불위입

全淸次淸及全濁 [정음해례19ㄱ:8_종성해갈무리시]
전청차청급전탁

[46] 정음해례19ㄴ

是皆爲入聲促急
시 개 위 입 성 촉 급
[정음해례19ㄴ:1_종성해갈무리시]

初作終聲理固然
초 작 종 성 리 고 연
[정음해례19ㄴ:2_종성해갈무리시]

只將八字用不窮
지 장 팔 자 용 불 궁
[정음해례19ㄴ:3_종성해갈무리시]

唯有欲[ㅇ]聲所當處
유 유 욕 성 소 당 처
[정음해례19ㄴ:4_종성해갈무리시]

中聲成音亦可通
중 성 성 음 역 가 통
[정음해례19ㄴ:5_종성해갈무리시]

若書即[ᄌᆞᆨ]字終用君[ㄱ]
약 서 즉 자 종 용 군
[정음해례19ㄴ:6_종성해갈무리시]

洪[ᅘᅩᇰ]彆[볋]亦以業[ㆁ]斗[ㄷ]終
홍 별 역 이 업 두 종
[정음해례19ㄴ:7_종성해갈무리시]

君[군]業[ᅌᅥᆸ]覃[ᄄᆞᆷ]終又何如
군 업 담 종 우 하 여
[정음해례19ㄴ:8_종성해갈무리시]

[47] 정음해례20ㄱ

以那[ㄴ]彆[ㅂ]彌[ㅁ]次第推
이 나 별 미 차 제 추
[정음해례20ㄱ:1_종성해갈무리시]

六聲[ㄱㆁㄷㄴㅂㅁ]通乎文與諺
육 성 통 호 문 여 언
[정음해례20ㄱ:2_종성해갈무리시]

戌[ㅅ]閭[ㄹ]用於諺[·옷]衣絲[실]
술 려 용 어 언 의 사
[정음해례20ㄱ:3_종성해갈무리시]

五音緩急各自對
오 음 완 급 각 자 대
[정음해례20ㄱ:4_종성해갈무리시]

君[ㄱ]聲迺是業[ㆁ]之促
군 성 내 시 업 지 촉
[정음해례20ㄱ:5_종성해갈무리시]

斗[ㄷ]彆[ㅂ]聲緩爲那[ㄴ]彌[ㅁ]
두 별 성 완 위 나 미
[정음해례20ㄱ:6_종성해갈무리시]

穰[ㅿ]欲[ㅇ]亦對戌[ㅅ]與挹[ㆆ]
양 욕 역 대 술 여 읍
[정음해례20ㄱ:7_종성해갈무리시]

閭[ㄹ]宜於諺不宜文
려 의 어 언 불 의 문
[정음해례20ㄱ:8_종성해갈무리시]

[48] 정음해례20ㄴ

斗[ㄷ]輕爲閭[ㄹ]是俗習
두 경 위 려 시 속 습
[정음해례20ㄴ:1_종성해갈무리시]

合字解 [정음해례20ㄴ:2_합자해제목]
합 자 해

初中終三聲, 合而成字. 初聲或在 [정음해례20ㄴ:3_합자해]
초 중 종 삼 성 합 이 성 자 초 성 혹 재

中聲之上, 或在中聲之左. 如君[군]字 [정음해례20ㄴ:4_합자해]
중 성 지 상 혹 재 중 성 지 좌 여 군 자

ㄱ在ㅜ上, 業[업]字ㆁ在ㅓ左之類. 中 [정음해례20ㄴ:5_합자해]
재 상 업 자 재 좌 지 류 중

聲則圓者橫者在初聲之下, ㆍㅡ [정음해례20ㄴ:6_합자해]
성 즉 원 자 횡 자 재 초 성 지 하

ㅗㅛㅜㅠ是也. 。縱者在初聲之右, [정음해례20ㄴ:7_합자해]
시 야 종 자 재 초 성 지 우

ㅣㅏㅑㅓㅕ是也. 如呑[ᄐᆞᆫ]字ㆍ在ㅌ [정음해례20ㄴ:8_합자해]
시 야 여 탄 자 재

[49] 정음해례21ㄱ

下, 卽[즉]字ㅡ在ㅈ下, 侵[침]字ㅣ在ㅊ右 [정음해례21ㄱ:1_합자해]
하 즉 자 재 하 침 자 재 우

之類. 終聲在初中之下. 如君[군]字ㄴ [정음해례21ㄱ:2_합자해]
지 류 종 성 재 초 중 지 하 여 군 자

在구下, 業[업]字ㅂ在어下之類. 初聲 [정음해례21ㄱ:3_합자해]
재 하 업 자 재 하 지 류 초 성

二字三字合用並書, 如諺語ᄯᅡ爲 [정음해례21ㄱ:4_합자해]
이 자 삼 자 합 용 병 서 여 언 어 위

地, ᄧᅡᆨ爲隻, ᄢᅳᆷ爲隙之類. 各自並書, [정음해례21ㄱ:5_합자해]
지 위 척 위 극 지 류 각 자 병 서

如諺語혀爲舌而ᅘᅧ爲引, 괴·여爲 [정음해례21ㄱ:6_합자해]
여 언 어 위 설 이 위 인 위

我愛人而괴·ᅇᅧ爲人愛我, 소·다爲 [정음해례21ㄱ:7_합자해]
아 애 인 이 위 인 애 아 위

覆物而쏘·다爲射之之類. 中聲二 [정음해례21ㄱ:8_합자해]
복 물 이 위 사 지 지 류 중성 이

[50] 정음해례21ㄴ

字三字合用, 如諺語·과爲琴柱, ·홰 [정음해례21ㄴ:1_합자해]
자 삼 자 합 용 여 언 어 위 금 주

爲炬之類. 終聲二字三字合用, 如 [정음해례21ㄴ:2_합자해]
위 거 지 류 종 성 이 자 삼 자 합 용 여

諺語흙爲土, 낛爲釣, ᄃᆞᇌᄣᅢ爲酉時 [정음해례21ㄴ:3_합자해]
언 어 위 토 위 조 위 유 시

之類. 其合用並書, 自左而右, 初中 [정음해례21ㄴ:4_합자해]
지 류 기 합 용 병 서 자 좌 이 우 초 중

終三聲皆同. 文與諺雜用則有因 [정음해례21ㄴ:5_합자해]
종 삼 성 개 동 문 여 언 잡 용 즉 유 인

字音而補以中終聲者, 如孔子ㅣ [정음해례21ㄴ:6_합자해]
자 음 이 보 이 중 종 성 자 여 공 자

魯ㅅ:사ᄅᆞᆷ之類. 諺語平 ˚上去入, 如 [정음해례21ㄴ:7_합자해]
로 지 류 언 어 평 상 거 입 여

ᄒᆞᆯ爲弓而其聲平, :돌爲石而其聲 [정음해례21ㄴ:8_합자해]
위 궁 이 기 성 평 위 석 이 기 성

[51] 정음해례22ㄱ

˚上, ·갈爲刀而其聲去, 붇爲筆而其 [정음해례22ㄱ:1_합자해]
상 위 도 이 기 성 거 위 필 이 기

聲入之類. 凡字之左, 加一點爲去 [정음해례22ㄱ:2_합자해]
성 입 지 류 범 자 지 좌 가 일 점 위 거

聲, 二點爲 ˚上聲, 無點爲平聲. 而文 [정음해례22ㄱ:3_합자해]
성 이 점 위 상 성 무 점 위 평 성 이 문

之入聲, 與去聲相似. 諺之入聲無 [정음해례22ㄱ:4_합자해]
지 입 성 여 거 성 상 사 언 지 입 성 무

定, 或似平聲, 如긷爲柱, 녑爲脅.或 [정음해례22ㄱ:5_합자해]
정 혹 사 평 성 여 위 주 위 협 혹

似 ˚上聲, 如:낟爲穀, :깁爲繒. 或似去 [정음해례22ㄱ:6_합자해]
사 상 성 여 위 곡 위 증 혹 사 거

聲, 如·몯爲釘, ·입爲口之類. 其加點 [정음해례22ㄱ:7_합자해]
성 여 위 정 위 구 지 류 기 가 점

則與平 ˚上去同. 平聲安而和, 春也, [정음해례22ㄱ:8_합자해]
즉 여 평 상 거 동 평 성 안 이 화 춘 야

[52] 정음해례22ㄴ

萬物舒泰. ˚上聲和而擧, 夏也, 萬物 [정음해례22ㄴ:1_합자해]
만 물 서 태 상 성 화 이 거 하 야 만 물

漸盛. 去聲擧而壯, 秋也, 萬物成熟. [정음해례22ㄴ:2_합자해]
점 성 거 성 거 이 장 추 야 만 물 성 숙

入聲促而塞。, 冬也, 萬物閉藏. 初聲 [정음해례22ㄴ:3_합자해]
입 성 촉 이 색 동 야 만 물 폐 장 초 성

之ㆆ與ㅇ相似, 於諺可以通用也. [정음해례22ㄴ:4_합자해]
지 여 상 사 어 언 가 이 통 용 야

半舌有輕重二音. 然韻書字母唯 [정음해례22ㄴ:5_합자해]
반 설 유 경 중 이 음 연 운 서 자 모 유

一, 且國語雖不分輕重, 皆得成音. [정음해례22ㄴ:6_합자해]
일 차 국 어 수 불 분 경 중 개 득 성 음

若欲備用, 則依脣輕例, ㅇ連書ㄹ [정음해례22ㄴ:7_합자해]
약 욕 비 용 즉 의 순 경 례 련 서

下, 爲半舌輕音, 舌乍附上腭. • ㅡ
하 위반설경음 설사부상악 [정음해례22ㄴ:8_합자해]

[53] 정음해례23ㄱ

起 ㅣ 聲, 於國語無用. 兒童之言, 邊
기 성 어국어무용 아동지언 변 [정음해례23ㄱ:1_합자해]

野之語, 或有之, 當合二字而用, 如
야지어 혹유지 당합이자이용 여 [정음해례23ㄱ:2_합자해]

ᄼ기ᅟ의類. 其先 。縱後橫, 與他不同.
지류 기선 종후횡 여타부동 [정음해례23ㄱ:3_합자해]

訣曰
결왈 [정음해례23ㄱ:4_합자해]

初聲在中聲左上
초성재중성좌상 [정음해례23ㄱ:5_합자해갈무리시]

挹[ㆆ]欲[ㅇ]於諺用相同
읍 욕 어언용상동 [정음해례23ㄱ:6_합자해갈무리시]

中聲十一附初聲
중성십일부초성 [정음해례23ㄱ:7_합자해갈무리시]

圓橫書下右書 。縱
원횡서하우서 종 [정음해례23ㄱ:8_합자해갈무리시]

[54] 정음해례23ㄴ

欲書終聲在何處
욕서종성재하처 [정음해례23ㄴ:1_합자해갈무리시]

初中聲下接着。寫
초중성하접착 사 [정음해례23ㄴ:2_합자해갈무리시]

初終合用各並書
초종합용각병서 [정음해례23ㄴ:3_합자해갈무리시]

中亦有合悉自左
중역유합실자좌 [정음해례23ㄴ:4_합자해갈무리시]

諺之四聲何以辨
언지사성하이변 [정음해례23ㄴ:5_합자해갈무리시]

平聲則弓[활] °上則石[돌]
평성즉궁 상즉석 [정음해례23ㄴ:6_합자해갈무리시]

刀[갈]爲去而筆[붇]爲入
도 위거이필 위입 [정음해례23ㄴ:7_합자해갈무리시]

觀此四物他可識
관차사물타가식 [정음해례23ㄴ:8_합자해갈무리시]

[55] 정음해례24ㄱ

音因左點四聲分 [정음해례24ㄱ:1_합자해갈무리시]
음 인 좌 점 사 성 분

一去二 °上 無點平 [정음해례24ㄱ:2_합자해갈무리시]
일 거 이 상 무 점 평

語入無定亦加點 [정음해례24ㄱ:3_합자해갈무리시]
어 입 무 정 역 가 점

文之入則似去聲 [정음해례24ㄱ:4_합자해갈무리시]
문 지 입 즉 사 거 성

方言俚語萬不同 [정음해례24ㄱ:5_합자해갈무리시]
방 언 리 어 만 부 동

有聲無字書難通 [정음해례24ㄱ:6_합자해갈무리시]
유 성 무 자 서 난 통

一朝 [정음해례24ㄱ:7_합자해갈무리시]
일 조

制作侔神工 [정음해례24ㄱ:8_합자해갈무리시]
제 작 모 신 공

[56] 정음해례24ㄴ

大東千古開矇矓 [정음해례24ㄴ:1_합자해갈무리시]
대 동 천 고 개 몽 롱

用字例 [정음해례24ㄴ:2_용자례제목]
용 자 례

初聲ㄱ, 如:감爲柿, ·골爲蘆. ㅋ, 如우 [정음해례24ㄴ:3_용자례]
초 성 여 위 시 위 로 여

·케爲未舂稻, 콩爲大豆. ㆁ, 如러ᅌᅮᆯ [정음해례24ㄴ:4_용자례]
위 미 용 도 위 대 두 여

爲獺, 서ᅌᅦ爲流凘. ㄷ, 如·뒤爲茅, ·담 [정음해례24ㄴ:5_용자례]
위 달 위 류 시 여 위 모

爲墻. ㅌ, 如고·티爲繭, 두텁爲蟾蜍. [정음해례24ㄴ:6_용자례]
위 장 여 위 견 위 섬 여

ㄴ, 如노로爲獐, 납爲猿. ㅂ, 如볼爲 [정음해례24ㄴ:7_용자례]
여 위 장 위 원 여 위

臂, :벌爲蜂. ㅍ, 如·파爲葱, ·ᄑᆞᆯ爲蠅. ㅁ, [정음해례24ㄴ:8_용자례]
비 위 봉 여 위 총 위 승

[57] 정음해례25ㄱ

如:뫼爲山, ·마爲薯萸. ㅸ, 如사·ᄫᅵ爲 [정음해례25ㄱ:1_용자례]
여 위 산 위 서 여 여 위

蝦, 드븨爲瓠. ㅈ, 如자爲尺, 죠ᄒᆡ爲
하　　위호　여　위척　　위
[정음해례25ㄱ:2_용자례]

紙. ㅊ, 如체爲籭, 채爲鞭. ㅅ, 如손爲
지　　여　위사　위편　　여　위
[정음해례25ㄱ:3_용자례]

手, 셤爲島. ㆆ, 如부헝爲鵂鶹, 힘爲
수　위도　　여　　위휴류　위
[정음해례25ㄱ:4_용자례]

筋. ㅇ, 如비육爲鷄雛, ᄇᆞ얌爲蛇. ㄹ,
근　　여　　위계추　　위사
[정음해례25ㄱ:5_용자례]

如무뤼爲雹, 어름爲氷. ㅿ, 如아ᅀᆞ
여　　위박　　위빙　　여
[정음해례25ㄱ:6_용자례]

爲弟, 너ᇫ爲鴇. 中聲 ㆍ, 如ᄐᆞᆨ爲頤,
위제　　위보　중성　　여　위이
[정음해례25ㄱ:7_용자례]

ᄑᆞᆺ爲小豆, ᄃᆞ리爲橋, ᄀᆞ래爲楸. ㅡ,
위소두　　위교　　위추
[정음해례25ㄱ:8_용자례]

[58] 정음해례25ㄴ

如믈爲水, 발측爲跟, 그력爲鴈, 드
여　위수　　위근　　위안
[정음해례25ㄴ:1_용자례]

레爲汲器. ㅣ, 如깃爲巢, 밀爲蠟, 피
위급기　　여　위소　위랍
[정음해례25ㄴ:2_용자례]

爲稷, 키爲箕. ㅗ, 如논爲水田, 톱爲
위직　위기　　여　위수전　　위
[정음해례25ㄴ:3_용자례]

鉅, 호ᄆᆡ爲鉏, 벼로爲硯. ㅏ, 如밥爲
거　　위서　　위연　　여　위
[정음해례25ㄴ:4_용자례]

飯, 낟爲鎌, 이아爲綜, 사ᄉᆞᆷ爲鹿. ㅜ,
반　위겸　　위종　　위록
[정음해례25ㄴ:5_용자례]

如숫爲炭, 울爲籬, 누에爲蚕, 구리
여　위탄　위리　　위잠
[정음해례25ㄴ:6_용자례]

爲銅. ㅓ, 如브ᅀᅥᆸ爲竈, 널爲板, 서리
위동　　여　　위조　위판
[정음해례25ㄴ:7_용자례]

爲霜, 버들爲柳. ㅛ, 如죵爲奴, 고욤
위상　　위류　　여　위노
[정음해례25ㄴ:8_용자례]

[59] 정음해례26ㄱ

爲梬, 쇼爲牛, 삽됴爲蒼朮菜. ㅑ, 如
위영　위우　　위창출채　　여
[정음해례26ㄱ:1_용자례]

남샹爲龜, 약爲鼅鼊, 다야爲匜, 쟈
　위귀　　위구벽　　위이
[정음해례26ㄱ:2_용자례]

감爲蕎麥皮. ㅠ, 如율믜爲薏苡, 쥭
위교맥피　　여　　위의이
[정음해례26ㄱ:3_용자례]

爲飯秉, 슈룹爲雨繖, 쥬련爲帨. ㅕ,
위반초　　위우산　　위세
[정음해례26ㄱ:4_용자례]

如·엿爲飴餹, ·뎔爲佛寺, ·벼爲稻, :져
여 위이당 위불사 위도
[정음해례26ㄱ:5_용자례]

비爲燕. 終聲ㄱ, 如닥爲楮, 독爲甕.
위연 종성 여 위저 위옹
[정음해례26ㄱ:6_용자례]

ㆁ, 如굼벙爲蠐螬, 올창爲蝌蚪. ㄷ,
여 위제조 위과두
[정음해례26ㄱ:7_용자례]

如·갇爲笠, 싣爲楓. ㄴ,如·신爲屨, ·반
여 위립 위풍 여 위구
[정음해례26ㄱ:8_용자례]

[60] 정음해례26ㄴ

되爲螢. ㅂ, 如섭爲薪, ·굽爲蹄. ㅁ, 如
위형 여 위신 위제 여
[정음해례26ㄴ:1_용자례]

:범爲虎, :심爲泉. ㅅ, 如·잣爲海松, ·못
위호 위천 여 위해송
[정음해례26ㄴ:2_용자례]

爲池. ㄹ, 如·돌爲月, :별爲星之類
위지 여 위월 위성지류
[정음해례26ㄴ:3_용자례]

有天地自然之聲, 則必有天地
유천지자연지성 즉필유천지
[정음해례26ㄴ:4_정인지서문]

自然之文. 所以古人因聲制字,
자연지문 소이고인인성제자
[정음해례26ㄴ:5_정인지서문]

以通萬物之情, 以載三才之道,
이통만물지정 이재삼재지도
[정음해례26ㄴ:6_정인지서문]

而後世不能易也. 然四方風土
이후세불능역야 연사방풍토
[정음해례26ㄴ:7_정인지서문]

區別。, 聲氣亦隨而異焉. 盖外國
구별 성기역수이이언 개외국
[정음해례26ㄴ:8_정인지서문]

[61] 정음해례27ㄱ

之語, 有其聲而無其字. 假中國
지어 유기성이무기자 가중국
[정음해례27ㄱ:1_정인지서문]

之字以通其用, 是猶枘鑿之鉏
지자이통기용 시유예조지서
[정음해례27ㄱ:2_정인지서문]

鋙也, 豈能達而無礙乎. 要° 皆各
어야 기능달이무애호 요 개각
[정음해례27ㄱ:3_정인지서문]

隨所 °處而安, 不可 °强之使同也.
수소 처이안 불가 강지사동야
[정음해례27ㄱ:4_정인지서문]

吾東方禮樂文章, 侔擬華夏. 但
오동방례락문장 모의화하 단
[정음해례27ㄱ:5_정인지서문]

方言俚語, 不與之同. 學書者患
방언리어 불여지동 학서자환
[정음해례27ㄱ:6_정인지서문]

其旨趣° 之難曉, 。治獄者病其曲
기지취 지난효 치옥자병기곡
[정음해례27ㄱ:7_정인지서문]

折之難通. 昔新羅薛聰, 始作吏
절지난통 석신라설총 시작이
[정음해례27ㄱ:8_정인지서문]

[62] 정음해례27ㄴ

讀°, 官府民間, 至今行之. 然皆假 [정음해례27ㄴ:1_정인지서문]
두 관부민간 지금행지 연개가

字而用, 或澁或窒. 非但鄙陋無 [정음해례27ㄴ:2_정인지서문]
자이용 혹삽혹질 비단비루무

稽而已, 至於言語之間, 則不能 [정음해례27ㄴ:3_정인지서문]
계이이 지어언어지간 즉불능

達其萬一焉. 癸亥冬. 我 [정음해례27ㄴ:4_정인지서문]
달기만일언 계해동 아

殿下創制正音二十八字, 略揭 [정음해례27ㄴ:5_정인지서문]
전하창제정음이십팔자 약게

例義以示之, 名曰訓民正音. 象 [정음해례27ㄴ:6_정인지서문]
예의이시지 명왈훈민정음 상

形而字倣古篆, 因聲而音叶七 [정음해례27ㄴ:7_정인지서문]
형이자방고전 인성이음협칠

調°. 三極之義, 二氣之妙, 莫不該 [정음해례27ㄴ:8_정인지서문]
조 삼극지의 이기지묘 막불해

[63] 정음해례28ㄱ

括. 以二十八字而轉換無窮, 簡 [정음해례28ㄱ:1_정인지서문]
괄 이이십팔자이전환무궁 간

而要, 精而通. 故智者不終朝而 [정음해례28ㄱ:2_정인지서문]
이요 정이통 고지자부종조이

會, 愚者可浹旬而學. 以是解書, [정음해례28ㄱ:3_정인지서문]
회 우자가협순이학 이시해서

可以知其義. 以是聽訟, 可以得 [정음해례28ㄱ:4_정인지서문]
가이지기의 이시청송 가이득

其情. 字韻則淸濁之能辨, 樂歌 [정음해례28ㄱ:5_정인지서문]
기정 자운즉청탁지능변 악가

則律呂之克諧. 無所用而不備, [정음해례28ㄱ:6_정인지서문]
즉률려지극해 무소용이불비

無所往而不達. 雖風聲鶴唳, 雞 [정음해례28ㄱ:7_정인지서문]
무소왕이부달 수풍성학려 계

鳴狗吠, 皆可得而書矣. 遂 [정음해례28ㄱ:8_정인지서문]
명구폐 개가득이서의 수

[64] 정음해례28ㄴ

命詳加解釋, 以喩諸人. 於是, 臣 [정음해례28ㄴ:1_정인지서문]
명상가해석 이유제인 어시 신

與集賢殿應° 敎臣崔恒, 副校理 [정음해례28ㄴ:2_정인지서문]
여집현전응 교신최항 부교리

臣朴彭年, 臣申叔舟, 修撰臣成
신 박 팽 년 신 신 숙 주 수 찬 신 성 [정음해례28ㄴ:3_정인지서문]

三問, 敦寧府注簿臣姜希顔, 行
삼 문 돈 녕 부 주 부 신 강 희 안 행 [정음해례28ㄴ:4_정인지서문]

集賢殿副修撰臣李塏, 臣李善
집 현 전 부 수 찬 신 이 개 신 이 선 [정음해례28ㄴ:5_정인지서문]

老等, 謹作諸解及例, 以敍其梗
로 등 근 작 제 해 급 례 이 서 기 경 [정음해례28ㄴ:6_정인지서문]

槩. 庶使觀者不師而自悟. 若其
개 서 사 관 자 불 사 이 자 오 약 기 [정음해례28ㄴ:7_정인지서문]

淵源精義之妙, 則非臣等之所
연 원 정 의 지 묘 즉 비 신 등 지 소 [정음해례28ㄴ:8_정인지서문]

[65] 정음해례29ㄱ

能發揮也. 恭惟我
능 발 휘 야 공 유 아 [정음해례29ㄱ:1_정인지서문]

殿下, 天縱之聖, 制度施爲超越
전 하 천 종 지 성 제 도 시 위 초 월 [정음해례29ㄱ:2_정인지서문]

百王. 正音之作, 無所祖述, 而成
백 왕 정 음 지 작 무 소 조 술 이 성 [정음해례29ㄱ:3_정인지서문]

於自然. 豈以其至理之無所不
어 자 연 기 이 기 지 리 지 무 소 부 [정음해례29ㄱ:4_정인지서문]

在, 而非人爲之私也. 。夫東方有
재 이 비 인 위 지 사 야 부 동 방 유 [정음해례29ㄱ:5_정인지서문]

國, 不爲不久, 而開物成務之
국 불 위 불 구 이 개 물 성 무 지 [정음해례29ㄱ:6_정인지서문]

大智, 盖有待於今日也歟. 正統
대 지 개 유 대 어 금 일 야 여 정 통 [정음해례29ㄱ:7_정인지서문]

十一年九月上澣. 資憲大夫禮
십 일 년 구 월 상 한 자 헌 대 부 예 [정음해례29ㄱ:8_정인지서문]

[66] 정음해례29ㄴ

曹判書集賢殿大提學知春秋
조 판 서 집 현 전 대 제 학 지 춘 추 [정음해례29ㄴ:1_정인지서문]

館事 世子右賓客臣鄭麟趾
관 사 세 자 우 빈 객 신 정 인 지 [정음해례29ㄴ:2_정인지서문]

拜手 °稽首謹書
배 수 계 수 근 서 [정음해례29ㄴ:3_정인지서문]

訓民正音 [정음해례29ㄴ:8_권미제]

[붙임] 현재 간송본의 낙장 보사 부분(1,2장 앞뒷면)을 복원한 간송본 자료

이 자료는 간송본의 낙장된 1,2장 앞·뒷면을 복원한 간송본을 활자로 재현한 것이다. 해례본은 구점(句點)과 두점(讀點)을 구분하여 썼으나, 낙장을 복원할 때 그것을 구분하지 않고 모두 오른쪽 아래에 구점(。)으로 표시하였다.

[1] 정음1ㄱ

訓民正音 [정음1ㄱ:1_권수제]
國之語音。異乎中國。與文字 [정음1ㄱ:2_어제서문]
不相流通。故愚民。有所欲言 [정음1ㄱ:3_어제서문]
而終不得伸其情者。多矣。予。 [정음1ㄱ:4_어제서문]
爲此憫然。新制二十八字。欲 [정음1ㄱ:5_어제서문]
使人人易習。便於日用矣 [정음1ㄱ:6_어제서문]
ㄱ。牙音。如君字初發聲 [정음1ㄱ:7_어제예의]

[2] 정음1ㄴ

並書。如虯字初發聲 [정음1ㄴ:1_어제예의]
ㅋ。牙音。如快字初發聲 [정음1ㄴ:2_어제예의]
ㆁ。牙音。如業字初發聲 [정음1ㄴ:3_어제예의]
ㄷ。舌音。如斗字初發聲 [정음1ㄴ:4_어제예의]
並書。如覃字初發聲 [정음1ㄴ:5_어제예의]
ㅌ。舌音。如呑字初發聲 [정음1ㄴ:6_어제예의]
ㄴ。舌音。如那字初發聲 [정음1ㄴ:7_어제예의]

[3] 정음2ㄱ

ㅂ。脣音。如彆字初發聲 [정음2ㄱ:1_어제예의]
並書。如步字初發聲 [정음2ㄱ:2_어제예의]
ㅍ。脣音。如漂字初發聲 [정음2ㄱ:3_어제예의]
ㅁ。脣音。如彌字初發聲 [정음2ㄱ:4_어제예의]
ㅈ。齒音。如卽字初發聲 [정음2ㄱ:5_어제예의]

並書。如慈字初發聲 [정음2ㄱ:6_어제예의]

ㅊ。齒音。如侵字初發聲 [정음2ㄱ:7_어제예의]

[4] 정음2ㄴ

ㅅ。齒音。如戌字初發聲 [정음2ㄴ:1_어제예의]

並書。如邪字初發聲 [정음2ㄴ:2_어제예의]

ㆆ。喉音。如挹字初發聲 [정음2ㄴ:3_어제예의]

ㅎ。喉音。如虛字初發聲 [정음2ㄴ:4_어제예의]

並書。如洪字初發聲 [정음2ㄴ:5_어제예의]

ㅇ。喉音。如欲字初發聲 [정음2ㄴ:6_어제예의]

ㄹ。半舌。音如閭字初發聲 [정음2ㄴ:7_어제예의]

6장

≪훈민정음≫ 해례본 한문본 문단 구성본

1부 · 정음(正音)

1. 세종 서문

國之語音, 異乎中國, 與文字不相流通. 故愚民有所欲言, 而終不得伸其情者多矣. 予爲此憫然, 新制二十八字, 欲使人人易習便於日用耳

2. 예의

ㄱ. 牙音. 如君字初發聲. 並書, 如虯字初發聲 ㅋ. 牙音. 如快字初發聲 ㆁ. 牙音. 如業字初發聲
ㄷ. 舌音. 如斗字初發聲 並書, 如覃字初發聲 ㅌ. 舌音. 如呑字初發聲 ㄴ. 舌音. 如那字初發聲
ㅂ. 脣音. 如彆字初發聲 並書, 如步字初發聲 ㅍ. 脣音. 如漂字初發聲 ㅁ. 脣音. 如彌字初發聲
ㅈ. 齒音. 如即字初發聲 並書, 如慈字初發聲 ㅊ. 齒音. 如侵字初發聲 ㅅ. 齒音. 如戌字初發聲 並書, 如邪字初發聲
ㆆ. 喉音. 如挹字初發聲 ㅎ. 喉音. 如虛字初發聲 並書, 如洪字初發聲 ㅇ. 喉音. 如欲字初發聲
ㄹ. 半舌音. 如閭字初發聲 ㅿ. 半齒音. 如穰字初發聲
ㆍ. 如呑字中聲 ㅡ. 如即字中聲 ㅣ. 如侵字中聲
ㅗ. 如洪字中聲 ㅏ. 如覃字中聲 ㅜ. 如君字中聲 ㅓ. 如業字中聲
ㅛ. 如欲字中聲 ㅑ. 如穰字中聲 ㅠ. 如戌字中聲 ㅕ. 如彆字中聲
終聲復用初聲.
ㅇ連書脣音之下, 則爲脣輕音. 初聲合用則並書, 終聲同. ㆍ ㅡ ㅗ ㅜ ㅛ ㅠ, 附書初聲之下. ㅣ ㅏ ㅓ ㅑ ㅕ, 附書於右. 凡字必合而成音. 左加一點則去聲, 二則上聲, 無則平聲. 入聲加點同而促急

2부 · 정음해례(正音解例)

1. 제자해(制字解)

天地之道, 一陰陽五行而已. 坤復之間爲太極, 而動靜之後爲陰陽. 凡有生類在天地之間者, 捨陰陽而何之. 故人之聲音, 皆有陰陽之理, 顧人不察耳.

今正音之作, 初非智營而力索, 但因其聲音而極其理而已. 旣不二, 則何得不與天地鬼神同其用也.

正音二十八字, 各象其形而制之. 初聲凡十七字. 牙音ㄱ, 象舌根閉喉之形. 舌音ㄴ, 象舌附上腭之形. 脣音ㅁ, 象口形. 齒音ㅅ, 象齒形. 喉音ㅇ, 象喉形.

ㅋ比ㄱ, 聲出稍厲, 故加畫. ㄴ而ㄷ, ㄷ而ㅌ, ㅁ而ㅂ, ㅂ而ㅍ, ㅅ而ㅈ, ㅈ而ㅊ, ㅇ而ㆆ, ㆆ而ㅎ, 其因聲加畫之義皆同, 而唯ㆁ爲異. 半舌音ㄹ, 半齒音ㅿ, 亦象舌齒之形而異其體, 無加畫之義焉.

夫人之有聲, 本於五行. 故合諸四時而不悖, 叶之五音而不戾. 喉邃而潤, 水也. 聲虛而通, 如水之虛明而流通也. 於時爲冬, 於音爲羽. 牙錯而長, 木也. 聲似喉而實, 如木之生於水而有形也. 於時爲春, 於音爲角. 舌銳而動, 火也. 聲轉而颺, 如火之轉展而揚揚也. 於時爲夏, 於音爲徵. 齒剛而斷，金也. 聲屑而滯, 如金之屑瑣而鍛成也. 於時爲秋, 於音爲商. 脣方而合, 土也. 聲含而廣, 如土之含蓄萬物而廣大也. 於時爲季夏, 於音爲宮.

然水乃生物之源, 火乃成物之用, 故五行之中, 水火爲大. 喉乃出聲之門, 舌乃辨聲之管, 故五音之中, 喉舌爲主也. 喉居後而牙次之, 北東之位也. 舌齒又次之, 南西之位也. 脣居末, 土無定位而寄旺四季之義也. 是則初聲之中, 自有陰陽五行方位之數也.

又以聲音淸濁而言之. ㄱㄷㅂㅈㅅㆆ, 爲全淸. ㅋㅌㅍㅊㅎ, 爲次淸. ㄲㄸㅃㅉㅆㆅ, 爲全濁. ㆁㄴㅁㅇㄹㅿ, 爲不淸不濁. ㄴㅁㅇ, 其聲取不厲, 故次序雖在於後, 而象形制字則爲之始. ㅅㅈ雖皆爲全淸, 而ㅅ比ㅈ, 聲不厲, 故亦爲制字之始.

唯牙之ㆁ, 雖舌根閉喉聲氣出鼻, 而其聲與ㅇ相似, 故韻書疑與喩多相混用, 今亦取象於喉, 而不爲牙音制字之始.

盖喉屬水而牙屬木, ㆁ雖在牙而與ㅇ相似, 猶木之萌芽生於水而柔軟, 尙多水氣也.

ㄱ木之成質, ㅋ木之盛°長, ㄲ木之老壯, 故至此乃皆取象於牙也.

全淸並書則爲全濁, 以其全淸之聲凝則爲全濁也. 唯喉音次淸爲全濁者, 盖以ㆆ聲深不爲之凝, ㅎ比ㆆ聲淺, 故凝而爲全濁也.

ㅇ連書脣音之下, 則爲脣輕音者, 以輕音脣乍合而喉聲多也.

中聲凡十一字. • 舌縮而聲深, 天開於子也. 形之圓, 象乎天也. ㅡ舌小縮而聲不深不淺, 地闢於丑也. 形之平, 象乎地也. ㅣ舌不縮而聲淺, 人生於寅也. 形之立, 象乎人也.

此下八聲, 一闔一闢. ㅗ與ㆍ同而口蹙, 其形則ㆍ與ㅡ合而成, 取天地初交之義也. ㅏ與ㆍ同而口張, 其形則ㅣ與ㆍ合而成, 取天地之用發於事物待人而成也. ㅜ與ㅡ同而口蹙, 其形則ㅡ與ㆍ合而成, 亦取天地初交之義也. ㅓ與ㅡ同而口張, 其形則ㆍ與ㅣ合而成, 亦取天地之用發於事物待人而成也.

ㅛ與ㅗ同而起於ㅣ. ㅑ與ㅏ同而起於ㅣ. ㅠ與ㅜ同而起於ㅣ. ㅕ與ㅓ同而起於ㅣ.

ㅗㅏㅜㅓ始於天地, 爲初出也. ㅛㅑㅠㅕ起於ㅣ而兼乎人, 爲再出也. ㅗㅏㅜㅓ之一其圓者, 取其初生之義也. ㅛㅑㅠㅕ之二其圓者, 取其再生之義也. ㅗㅏㅛㅑ之圓居上與外者, 以其出於天而爲陽也.

ㅜㅓㅠㅕ之圓居下與內者, 以其出於地而爲陰也. ㆍ之貫於八聲者, 猶陽之統陰而周流萬物也. ㅛㅑㅠㅕ之皆兼乎人者, 以人爲萬物之靈而能參兩儀也.

取象於天地人而三才之道備矣. 然三才爲萬物之先, 而天又爲三才之始, 猶ㆍㅡㅣ三字爲八聲之首, 而ㆍ又爲三字之冠也.

ㅗ初生於天, 天一生水之位也. ㅏ次之, 天三生木之位也. ㅜ初生於地, 地二生火之位也. ㅓ次之, 地四生金之位也.

ㅛ再生於天, 天七成火之數也. ㅑ次之, 天九成金之數也. ㅠ再生於地, 地六成水之數也. ㅕ次之, 地八成木之數也.

水火未離乎氣, 陰陽交合之初, 故闔. 木金陰陽之定質, 故闢.

ㆍ天五生土之位也. ㅡ地十成土之數也. ㅣ獨無位數者, 盖以人則無極之眞, 二五之精, 妙合而凝, 固未可以定位成數論也. 是則中聲之中, 亦自有陰陽五行方位之數也.

以初聲對中聲而言之. 陽, 天道也. 剛柔, 地道也. 中聲者, 一深一淺一闔一闢, 是則陰陽分而五行之氣具焉, 天之用也.

初聲者, 或虛或實或颺或滯或重若輕, 是則剛柔著而五行之質成焉, 地之功也. 中聲以深淺闔闢唱之於前, 初聲以五音淸濁和之於後, 而爲初亦爲終. 亦可見萬物初生於地, 復歸於地也.

以初中終合成之字言之, 亦有動靜互根陰陽交變之義焉. 動者, 天也. 靜者, 地也. 兼乎動靜者, 人也. 盖五行在天則神之運也, 在地則質之成也, 在人則仁禮信義智神之運也, 肝心脾肺腎質之成也. 初聲有發動之義, 天之事也. 終聲有止定之義, 地之事也. 中聲承初之生, 接終之成, 人之事也. 盖字韻之要, 在於中聲, 初終合而成音. 亦猶天地生成萬物, 而其財成輔相則必賴乎人也.

終聲之復用初聲者, 以其動而陽者乾也, 靜而陰者亦乾也, 乾實分陰陽而無不君宰也. 一元之氣, 周流不窮, 四時之運, 循環無端, 故貞而復元, 冬而復春. 初聲之復爲終, 終聲之復爲初, 亦此義也.

吁. 正音作而天地萬物之理咸備, 其神矣哉. 是殆天啓聖心而假手焉者乎.

訣曰[1]

天地之化本一氣 陰陽五行相始終
物於兩間有形聲 元本無二理數通
正音制字尙其象 因聲之厲每加畫
音出牙舌脣齒喉 是爲初聲字十七
牙取舌根閉喉形 唯業似欲取義別
舌迺象舌附上腭 脣則實是取口形
齒喉直取齒喉象 知斯五義聲自明
又有半舌半齒音 取象同而體則異
那彌戍欲聲不厲 次序雖後象形始
配諸四時與沖氣 五行五音無不協
維喉爲水冬與羽 牙迺春木其音角
徵音夏火是舌聲 齒則商秋又是金
脣於位數本無定 土而季夏爲宮音
聲音又自有淸濁 要於初發細推尋
全淸聲是君斗彆 即戌挹亦全淸聲
若迺快呑漂侵虛 五音各一爲次淸
全濁之聲虯覃步 又有慈邪亦有洪
全淸並書爲全濁 唯洪自虛是不同
業那彌欲及閭穰 其聲不淸又不濁
欲之連書爲脣輕 喉聲多而脣乍合
中聲十一亦取象 精義未可容易觀
呑擬於天聲最深 所以圓形如彈丸
即聲不深又不淺 其形之平象乎地
侵象人立厥聲淺 三才之道斯爲備
洪出於天尙爲闔 象取天圓合地平
覃亦出天爲已闢 發於事物就人成
用初生義一其圓 出天爲陽在上外
欲穰兼人爲再出 二圓爲形見°其義
君業戌彆出於地 據例自知何須評

1) 원래는 7언시로 한 행씩 배열되어 있으나 내용이 두 행씩 짝을 이루므로 두 행을 한 줄로 배열하였다.

吞之爲字貫八聲 維天之用徧流行
四聲兼人亦有由 人參天地爲最靈
且就三聲究至理 自有剛柔與陰陽
中是天用陰陽分 初迺地功剛柔彰
中聲唱之初聲和 天先乎地理自然
和者爲初亦爲終 物生復歸皆於坤
陰變爲陽陽變陰 一動一靜互爲根
初聲復有發生義 爲陽之動主於天
終聲比地陰之靜 字音於此止定焉
韻成要在中聲用 人能輔相天地宜
陽之爲用通於陰 至而伸則反而歸
初終雖云分兩儀 終用初聲義可知
正音之字只廿八 探賾錯綜窮深幾
指遠言近牖民易 天授何曾智巧爲

2. 초성해(初聲解)

正音初聲, 即韻書之字母也. 聲音由此而生, 故曰母.

如牙音君字初聲是ㄱ, ㄱ與ᅲᆫ而爲군. 快字初聲是ㅋ, ㅋ與ㅙ而爲쾌. 虯字初聲是ㄲ, ㄲ與ㅠ而爲뀨. 業字初聲是ㆁ, ㆁ與ㅓㅂ而爲업之類. 舌之斗呑覃那, 脣之彆漂步彌, 齒之即侵慈戌邪, 喉之挹虛洪欲, 半舌半齒之閭穰, 皆倣此.

訣曰
君快虯業其聲牙 舌聲斗吞及覃那
彆漂步彌則是脣 齒有即侵慈戌邪
挹虛洪欲迺喉聲 閭爲半舌穰半齒
二十三字是爲母 萬聲生生皆自此

3. 중성해(中聲解)

中聲者, 居字韻之中, 合初終而成音. 如吞字中聲是 •, • 居ㅌㄴ之間而爲툰. 即字中聲是ㅡ,

ㅡ, 居ㅈㄱ之間而爲ᄌᆞᆨ. 侵字中聲是ㅣ, ㅣ居ㅊㅁ之間而爲침之類. 洪覃君業欲穰戌彆, 皆倣此.

二字合用者, ㅗ與ㅏ同出於ㆍ, 故合而爲ㅘ. ㅛ與ㅑ又同出於ㅣ, 故合而爲ㆇ.

ㅜ與ㅓ同出於ㅡ, 故合而爲ㅝ. ㅠ與ㅕ又同出於ㅣ, 故合而爲ㆊ. 以其同出而爲類, 故相合而不悖也.

一字中聲之與ㅣ相合者十, ㆎ ㅢ ㅚ ㅐ ㅟ ㅔ ㆉ ㅒ ㆌ ㅖ 是也. 二字中聲之與ㅣ相合者四, ㅙ ㅞ ㆈ ㆋ 也. ㅣ於深淺闔闢之聲, 並能相隨者, 以其舌展聲淺而便於開口也. 亦可見人之參贊開物而無所不通也.

訣曰

母字之音各有中 須就中聲尋闢闔

洪覃自呑可合用 君業出即亦可合

欲之與穰戌與彆 各有所從義可推

侵之爲用最居多 於十四聲徧相隨

4. 종성해(終聲解)

終聲者, 承初中而成字韻. 如即字終聲是ㄱ, ㄱ居ᄌᆞ終而爲ᄌᆞᆨ. 洪字終聲是ㆁ, ㆁ居ᅘᅩ終而爲ᅘᅩᇰ之類. 舌脣齒喉皆同.

聲有緩急之殊, 故平上去其終聲不類入聲之促急. 不淸不濁之字, 其聲不厲, 故用於終則宜於平上去. 全淸次淸全濁之字, 其聲爲厲, 故用於終則宜於入. 所以ㆁ ㄴ ㅁ ㅇ ㄹ ㅿ六字爲平上去聲之終, 而餘皆爲入聲之終也.

然ㄱ ㆁ ㄷ ㄴ ㅂ ㅁ ㅅ ㄹ八字可足用也. 如ᄇᆡᆺ곶爲梨花, ᅇᅧᇫ·의갗爲狐皮, 而ㅅ字可以通用, 故只用ㅅ字. 且ㅇ聲淡而虛, 不必用於終, 而中聲可得成音也. ㄷ如볃爲彆, ㄴ如군爲君, ㅂ如업爲業, ㅁ如ᄄᆞᆷ爲覃, ㅅ如諺語·옷爲衣, ㄹ如諺語:실爲絲之類.

五音之緩急, 亦各自爲對. 如牙之ㆁ與ㄱ爲對, 而ㆁ促呼則變爲ㄱ而急, ㄱ舒出則變爲ㆁ而緩. 舌之ㄴㄷ, 脣之ㅁㅂ, 齒之ㅿㅅ, 喉之ㅇㆆ, 其緩急相對, 亦猶是也.

且半舌之ㄹ, 當用於諺, 而不可用於文. 如入聲之彆字, 終聲當用ㄷ, 而俗習讀爲ㄹ, 蓋ㄷ變而爲輕也. 若用ㄹ爲彆之終, 則其聲舒緩, 不爲入也.

訣曰

不淸不濁用於終 爲平上去不爲入

全淸次淸及全濁 是皆爲入聲促急

初作終聲理固然 只將八字用不窮
唯有欲聲所當處 中聲成音亦可通
若書即字終用君 洪彆亦以業斗終
君業覃終又何如 以那彆彌次苐推
六聲通乎文與諺 戌閭用於諺衣絲
五音緩急各自對 君聲迺是業之促
斗彆聲緩爲那彌 穰欲亦對戌與挹
閭宜於諺不宜文 斗輕爲閭是俗習

5. 합자해(合字解)

初中終三聲, 合而成字. 初聲或在中聲之上, 或在中聲之左. 如君字ㄱ在ㅜ上, 業字ㆁ在ㅓ左之類. 中聲則圓者橫者在初聲之下, ㆍ ㅡ ㅗ ㅛ ㅜ ㅠ是也. 縱者在初聲之右, ㅣ ㅏ ㅑ ㅓ ㅕ是也. 如呑字ㆍ在ㅌ下, 即字ㅡ在ㅈ下, 侵字ㅣ在ㅊ右之類.

終聲在初中之下. 如君字ㄴ在구下, 業字ㅂ在ᅌᅥ下之類.

初聲二字三字合用並書, 如諺語ᄯᅡ爲地, ᄧᅡᆨ爲隻, ᄢᅳᆷ爲隙之類. 各自並書, 如諺語ᅘᅧ爲舌而ᅘᅧ爲引, 괴ᅇᅧ爲我愛人而괴ᅇᅧ爲人愛我, 소·다爲覆物而쏘·다爲射之之類.

中聲二字三字合用, 如諺語·과爲琴柱, ·홰爲炬之類.

終聲二字三字合用, 如諺語흙爲土, ·낛爲釣, ᄃᆞᇌ·ᄢᅢ爲酉時之類. 其合用並書, 自左而右, 初中終三聲皆同.

文與諺雜用則有因字音而補以中終聲者, 如孔子ㅣ魯ㅅ:사ᄅᆞᆷ之類.

諺語平上去入, 如활爲弓而其聲平, :돌爲石而其聲上, ·갈爲刀而其聲去, 붇爲筆而其聲入之類.

凡字之左, 加一點爲去聲, 二點爲上聲, 無點爲平聲.

而文之入聲, 與去聲相似. 諺之入聲無定, 或似平聲, 如긷爲柱, 녑爲脅. 或似上聲, 如:낟爲穀, :깁爲繒. 或似去聲, 如·몯爲釘, ·입爲口之類. 其加點則與平上去同.

平聲安而和, 春也, 萬物舒泰. 上聲和而擧, 夏也, 萬物漸盛. 去聲擧而壯, 秋也, 萬物成熟. 入聲促而塞, 冬也, 萬物閉藏.

初聲之ㆆ與ㅇ相似, 於諺可以通用也.

半舌有輕重二音. 然韻書字母唯一, 且國語雖不分輕重, 皆得成音. 若欲備用, 則依脣輕例, ㅇ連書ㄹ下, 爲半舌輕音, 舌乍附上腭.

ㆍ ㅡ起ㅣ聲, 於國語無用. 兒童之言, 邊野之語, 或有之, 當合二字而用, 如ᄀᆜᄀᆝ之類.

其先縱後橫, 與他不同.

訣曰

初聲在中聲左上 挹欲於諺用相同
中聲十一附初聲 圓橫書下右書縱
欲書終聲在何處 初中聲下接着寫
初終合用各並書 中亦有合悉自左
諺之四聲何以辨 平聲則弓上則石
刀爲去而筆爲入 觀此四物他可識
音因左點四聲分 一去二上無點平
語入無定亦加點 文之入則似去聲
方言俚語萬不同 有聲無字書難通
一朝
制作侔神工 大東千古開矇矓

6. 용자례(用字例)

初聲ㄱ, 如:감爲柿, ·골爲蘆. ㅋ, 如우·케爲未舂稻, 콩爲大豆. ㆁ, 如러·ᅌᅮᆯ爲獺, 서·ᅌᅦ爲流凘. ㄷ, 如·뒤爲茅, ·담爲墻. ㅌ, 如고·티爲繭, 두텁爲蟾蜍. ㄴ, 如노로爲獐, 납爲猿. ㅂ, 如·볼爲臂, :벌爲蜂. ㅍ, 如·파爲葱, ·ᄑᆞᆯ爲蠅. ㅁ, 如:뫼爲山, ·마爲薯萸. ㅸ, 如사·ᄫᅵ爲蝦, 드·ᄫᅵ爲瓠.

ㅈ, 如·자爲尺, 죠ᄒᆡ爲紙. ㅊ, 如·체爲籭, ·채爲鞭. ㅅ, 如·손爲手, :셤爲島.

ㅎ, 如·부헝爲鵂鶹, ·힘爲筋. ㅇ, 如·비육爲鷄雛, ·ᄇᆞ얌爲蛇.

ㄹ, 如·무뤼爲雹, 어·름爲氷. ㅿ, 如아ᅀᆞ爲弟, :너ᅀᅵ爲鴇.

中聲ㆍ, 如·ᄐᆞᆨ爲頤, ·ᄑᆞᆺ爲小豆, ᄃᆞ리爲橋, ·ᄀᆞ래爲楸. ㅡ, 如·믈爲水, ·발·측爲跟, 그력爲鴈, 드·레, 爲汲器. ㅣ, 如·깃爲巢, :밀爲蠟, ·피爲稷, ·키爲箕.

ㅗ, 如·논爲水田, ·톱爲鉅, 호·ᄆᆡ爲鉏 벼·로爲硯. ㅏ, 如·밥爲飯, ·낟爲鎌, 이·ᅌᅡ爲綜, 사·ᄉᆞᆷ爲鹿. ㅜ, 如숫爲炭, ·울爲籬, 누에爲蚕, 구·리爲銅. ㅓ, 如브섭爲竈, :널爲板, 서·리爲霜, 버들爲柳.

ㅛ, 如:종爲奴, ·고욤爲梬, ·쇼爲牛, 삽됴爲蒼朮菜. ㅑ, 如남샹爲龜, ·약爲鼅鼊, 다·야爲匜, 쟈감爲蕎麥皮. ㅠ, 如율믜爲薏苡, 쥭爲飯𣛯, 슈·룹爲雨繖, 쥬련爲帨. ㅕ, 如·엿爲飴餹, ·뎔爲佛寺, ·벼爲稻, :져비爲燕.

終聲ㄱ, 如닥爲楮, 독爲甕. ㆁ, 如:굼벙爲蠐螬, ·올창爲蝌蚪. ㄷ, 如·갇爲笠, 싣爲楓. ㄴ, 如·신爲屨, ·반되爲螢. ㅂ, 如섭爲薪, ·굽爲蹄. ㅁ如:범爲虎, :ᄉᆡᆷ爲泉. ㅅ, 如:잣爲海松, ·못爲池. ㄹ, 如·ᄃᆞᆯ爲月, :별爲星之類.

7. 정인지서

有天地自然之聲, 則必有天地自然之文. 所以古人因聲制字, 以通萬物之情以載三才之道, 而後世不能易也. 然四方風土區別, 聲氣亦隨而異焉. 盖外國之語, 有其聲而無其字.

假中國之字以通其用, 是猶枘鑿之鉏鋙也, 豈能達而無礙乎. 要皆各隨所處而安, 不可强之使同也.

吾東方禮樂文章, 侔擬華夏. 但方言俚語, 不與之同. 學書者患其旨趣之難曉, 治獄者病其曲折之難通.

昔新羅薛聰, 始作吏讀, 官府民間,至今行之. 然皆假字而用, 或澁或窒. 非但鄙陋無稽而已, 至於言語之間, 則不能達其萬一焉.

癸亥冬. 我殿下創制正音二十八字, 略揭例義以示之, 名曰訓民正音. 象形而字倣古篆, 因聲而音叶七調. 三極之義, 二氣之妙, 莫不該括. 以二十八字而轉換無窮, 簡而要, 精而通.

故智者不終朝而會, 愚者可浹旬而學. 以是解書, 可以知其義. 以是聽訟, 可以得其情.

字韻則淸濁之能辨, 樂歌則律呂之克諧. 無所用而不備, 無所往而不達. 雖風聲鶴唳, 鷄鳴狗吠, 皆可得而書矣.

遂命詳加解釋, 以喩諸人. 於是, 臣與集賢殿應敎臣崔恒, 副校理臣朴彭年, 臣申叔舟, 修撰臣成三問, 敦寧府注簿臣姜希顔, 行集賢殿副修撰臣李塏, 臣李善老等, 謹作諸解及例, 以敍其梗槩. 庶使觀者不師而自悟.

若其淵源精義之妙, 則非臣等之所能發揮也. 恭惟我殿下, 天縱之聖, 制度施爲超越百王. 正音之作, 無所祖述, 而成於自然. 豈以其至理之無所不在, 而非人爲之私也. 夫東方有國, 不爲不久, 而開物成務之大智, 盖有待於今日也欤.

正統十一年九月上澣. 資憲大夫禮曹判書集賢殿大提學知春秋館事世子右賓客臣鄭麟趾拜手稽首謹書

7장

≪훈민정음≫ 해례본 현대말 번역 전문[2)]

1부 · 정음(바른소리 글자)

우리나라말이 중국말과 달라 한자와는 서로 잘 통하지 않는다. 그러므로 글 모르는 백성이 말하려는 것이 있어도, 끝내 제 뜻을 능히 펼치지 못하는 사람이 많다. 내가 이것을 가엾게 여겨 새로 스물여덟 자를 만드니, 사람마다 쉽게 익혀 날마다 씀에 편안케 하고자 할 따름이다.

ㄱ[기]는 어금닛소리이니, '**군**(君)' 자의 처음 나는 소리(초성)와 같다. 나란히 쓰면 '**뀨**(虯)' 자의 처음 나는 소리와 같다. **ㅋ**[키]는 어금닛소리이니, '**쾌**(快)' 자의 처음 나는 소리와 같다.

ㆁ[이]는 어금닛소리이니, '**업**(業)' 자의 처음 나는 소리와 같다.

ㄷ[디]는 혓소리이니, '**두**(斗)' 자의 처음 나는 소리와 같다. 나란히 쓰면 '**땀**(覃)' 자의 처음 나는 소리와 같다. **ㅌ**[티]는 혓소리이니, '**ᄐᆞᆫ**(呑)' 자의 처음 나는 소리와 같다. **ㄴ**[니]는 혓소리이니, '**나**(那)' 자의 처음 나는 소리와 같다.

ㅂ[비]는 입술소리이니, '**별**(彆)' 자의 처음 나는 소리와 같다. 나란히 쓰면 '**뽀**(步)' 자의 처음 나는 소리와 같다. **ㅍ**[피]는 입술소리이니, '**표**(漂)' 자의 처음 나는 소리와 같다. **ㅁ**[미]는 입술소리이니, '**미**(彌)' 자의 처음 나는 소리와 같다.

ㅈ[지]는 잇소리이니, '**즉**(卽)' 자의 처음 나는 소리와 같다. 나란히 쓰면 '**쯔**(慈)' 자의 처음 나는 소리와 같다. **ㅊ**[치]는 잇소리이니, '**침**(侵)' 자의 처음 나는 소리와 같다. **ㅅ**[시]는 잇소리이니, '**슏**(戌)' 자의 처음 나는 소리와 같다. 나란히 쓰면 '**쌰**(邪)' 자의 처음 나는 소리와 같다.

ㆆ[이]는 목구멍소리이니, '**흡**(挹)' 자의 처음 나는 소리와 같다. **ㅎ**[히]는 목구멍소리이니, '**허**(虛)'

2) 자음자는 해례본과 언해본 방식대로 'ㄱ[기]'와 같이 'ㅣ'를 붙여 읽도록 하였다. '기역, 니은'과 같이 현대 방식으로 읽으면 제대로 강독할 수가 없다. 세종과 언해본 저자들은 가장 약한 모음 'ㅡ'보다는 가장 편한 모음 'ㅣ[이]'를 붙여 읽게 한 것으로 보인다. 모든 자음마다 발음(음가) 표시를 대괄호로 하여 누구나 강독할 수 있게 하였다.

자의 처음 나는 소리와 같다. 나란히 쓰면 'ᅘᅩᆼ(洪)' 자의 처음 나는 소리와 같다. ㅇ[이]는 목구멍소리이니, '욕(欲)' 자의 처음 나는 소리와 같다.

ㄹ[리]는 반혓소리이니, '려(閭)' 자의 처음 나는 소리와 같다. ㅿ[시]는 반잇소리이니, 'ᅀᅣᆼ(穰)' 자의 처음 나는 소리와 같다.

ㆍ는 'ᄐᆞᆫ(呑)' 자의 가운뎃소리(중성)와 같다. ㅡ는 '즉(卽)' 자의 가운뎃소리와 같다. ㅣ는 '침(侵)' 자의 가운뎃소리와 같다.

ㅗ는 'ᅘᅩᆼ(洪)' 자의 가운뎃소리와 같다. ㅏ는 '땀(覃)' 자의 가운뎃소리와 같다. ㅜ는 '군(君)' 자의 가운뎃소리와 같다. ㅓ는 '업(業)' 자의 가운뎃소리와 같다.

ㅛ는 '욕(欲)' 자의 가운뎃소리와 같다. ㅑ는 'ᅀᅣᆼ(穰)' 자의 가운뎃소리와 같다. ㅠ는 '슗(戌)' 자의 가운뎃소리와 같다. ㅕ는 '볋(彆)' 자의 가운뎃소리와 같다.

끝소리글자(종성자)는 첫소리글자(초성자)를 다시 쓴다.

ㅇ[이]를 입술소리 글자 아래 이어 쓰면 입술가벼운소리(순경음)가 된다. 첫소리글자(초성자)를 합쳐서 쓰려면 나란히 쓰고, 끝소리글자(종성자)도 첫소리글자(초성자)와 마찬가지다. ㆍ ㅡ ㅗ ㅜ ㅛ ㅠ는 첫소리글자 아래에 붙여 쓴다. ㅣ ㅏ ㅓ ㅑ ㅕ 는 첫소리글자의 오른쪽에 붙여 쓴다. 무릇 낱글자는 반드시 합하여야만 음절이 이루어진다. 음절자 왼쪽에 한 점을 더하면 거성(높은 소리)이고, 점이 둘이면 상성(낮았다 높아지는 소리)이고, 점이 없으면 평성(낮은 소리)이다. 입성(빨리 끝나는 소리)은 점을 더하는 것은 평 · 상 · 거성과 같으나 빠르다.

2부 · 정음해례(바른소리 글자 풀이)

1. 제자해(글자 만든 풀이)

천지자연의 이치는 오직 음양오행 하나뿐이다. 곤괘(여성다움이 가장 센 상징 ☷)와 복괘(싹이 트는 상징 ䷗)의 사이가 태극이 되고, 움직임과 멈춤 작용으로 음양이 된다. 무릇 하늘과 땅 사이에 살아 있는 것들이 음양을 버리고 어디로 가겠는가? 그러므로 사람의 말소리(성음) 모두 음양의 이치가 있는 것인데, 생각해 보니 사람들이 살피지 못했을 뿐이다.

이제 정음이 만들어지게 된 것도 애초부터 지혜를 굴리고 힘들여 찾은 것이 아니고, 단지 말소리의 이치를 끝까지 파고들었을 뿐이다. 그 이치가 이미 둘이 아니니, 어찌 천지자연의 혼령과 신령스러운 정령과 함께 정음을 쓰지 않겠는가?

정음 스물여덟 자는 각각 그 모양을 본떠서 만들었다. 첫소리글자는 모두 열일곱 자다. 어금닛소리글자 ㄱ[기]는 혀뿌리가 목을 막는 모양을 본떴다. 혓소리글자 ㄴ[니]는 혀가 윗잇몸에 닿는 모양을 본떴다. 입술소리글자 ㅁ[미]는 입 모양을 본떴다. 잇소리글자 ㅅ[시]는 이 모양을 본떴다. 목구멍소리글자 ㅇ[이]는 목구멍 모양을 본떴다.

ㅋ[키]는 ㄱ[기]에 비해서 소리가 조금 세게 나는 까닭으로 획을 더하였다. ㄴ[니]에서 ㄷ[디], ㄷ[디]에서 ㅌ[티], ㅁ[미]에서 ㅂ[비], ㅂ[비]에서 ㅍ[피], ㅅ[시]에서 ㅈ[지], ㅈ[지]에서 ㅊ[치], ㅇ[이]에서 ㆆ[히], ㆆ[히]에서 ㅎ[히]가 됨도 그 소리로 말미암아 획을 더한 뜻은 같다. 다만 ㆁ[이]만은 다르다. 반혓소리글자 ㄹ[리], 반잇소리글자 ㅿ[ᅀᅵ]도 또한 혀와 이의 모양을 본떴으나, 그 짜임새를 달리해서 만들었기에 획을 더한 뜻은 없다.

무릇 사람의 말소리는 오행에 뿌리를 두고 있다. 그러므로 사계절에 합하여도 어그러짐이 없으며, 오음계와 맞추어 봐도 잘 어울리고 틀리지 않는다.

목구멍은 깊숙하고 젖어 있으니 오행으로는 물이다. 말소리가 비어 있는 듯이 통하므로 이는 물이 투명하게 맑아 잘 흐르는 것과 같다. 계절로는 겨울이고, 음률로는 '우음계'이다.

'어금니'는 어긋나고 기니 오행으로는 나무이다. 어금닛소리는 목구멍소리와 비슷하나 목이 꽉 차므로 나무가 물에서 나되 형체가 있는 것과 같다. 계절로는 봄이고, 음률로는 '각음계'이다.

혀는 재빠르게 움직이니 오행으로는 불이다. 혓소리가 구르고 날리는 것은 불이 타올라 퍼지며 위아래로 오르내림과 같다. 계절로는 여름이고, 음률로는 '치음계'이다.

이는 억세고 끊을 듯 날카로우니 오행으로는 쇠이다. 잇소리가 가루처럼 부서지고 걸리는 듯하게 나는 것은 쇠가 부스러졌다가 다시 불에 달구어 두드리면 단단해지는 것과 같다. 계절로는 가을이고, 음률로는 '상음계'이다.

입술은 모난 것이 나란히 합해지니, 오행으로는 땅이다. 입술소리가 머금으며 넓은 것은 땅이 만물을 머금으니 넓고 큰 것과 같다. 계절로는 늦여름이고, 음률로는 '궁음계'이다.

물은 만물을 낳는 근원이요, 불은 만물을 이루어지게 하는 작용이므로 오행 가운데서 물 · 불이 으뜸이다. 목구멍은 소리가 나오는 문이요, 혀는 소리를 가려내는 악기이므로 오음 가운데서, 목구멍소리와 혓소리가 으뜸이 된다.

목구멍은 안쪽에 있고 어금니는 그 앞에 있으므로 북쪽과 동쪽의 방위이다. 혀와 이가 또한 그다음에 있으니 남쪽과 서쪽의 방위이다. 입술은 끝에 있으니, 오행의 흙이 일정한 방위가 없이 네 계절에 기대어 네 계절을 왕성하게 함을 뜻한다. 이런즉 첫소리 속에도 자체의 음양오행과 방위의 수가 있는 것이다.

또 말소리를 '맑음과 흐림(청탁)'으로 말해 보자. ㄱㄷㅂㅈㅅㆆ[기디비지시히]는 아주 맑은소리 '전청'이 된다. ㅋㅌㅍㅊㆅ[키티피치히]는 덜 맑은소리 '차청'이 된다. ㄲㄸㅃㅉㅆㆅ[끼띠삐찌씨혀]는 아주 흐린소리 '전탁'이 된다. ㆁㄴㅁㅇㄹㅿ[이니미이리시]는 맑지도 흐리지도 않은 '불청불탁[울림소리]'이 된다.

ㄴㅁㅇ[니미이]는 소리가 가장 세지 않으므로, 차례로는 비록 뒤에 있으나, 모양을 본떠 글자를 만드는 시초가 된다. ㅅ[시]와 ㅈ[지]는 비록 다 아주 맑은소리 '전청'이지만 ㅅ[시]는 ㅈ[지]에 비하여 소리가 거세지 않으므로 글자를 만드는 데 시초가 되었다. 오직 어금닛소리의 ㆁ[이]는 비록 혀뿌리가 목구멍을 막아서 코로 소리 기운이 나가지만 ㆁ[이]의 소리는 ㅇ[이]와 비슷해서 중국 한자음사전(운서)에서도 ㆁ[이]와 ㅇ[이]가 많이 혼용된다. 이제 ㆁ[이]는 목구멍을 본떠 만들었으되, 어금닛소리 글자를 만드는 시초로 삼지 않았다. 대개 목구멍은 물에 속하고 어금니는 나무에 속하는 까닭에 ㆁ[이]는 비록 어금니에 속해 있으면서도 ㅇ[이]와 비슷하여 마치 나무의 싹이 물에서 나와 부드러우며 오히려 물기가 많은 것과 같기 때문이다.

ㄱ[기]는 나무가 바탕을 이룬 것이고, ㅋ[키]는 나무가 무성하게 자란 것이고, ㄲ[끼]는 나무가 오래되어 굳건해진 것이니, 이는 한결같이 모두 어금니를 본뜬 데서 비롯된 것이다.

아주 맑은소리 '전청' 글자를 나란히 쓰면 아주 흐린소리 '전탁'이 되는 것은 아주 맑은소리가 엉기면 아주 흐린소리가 되기 때문이다. 다만, 목구멍소리만은 덜 맑은소리 '차청'이 아주 흐린소리 '전탁'이 되는데, 그것은 대개 ㆆ[히]는 소리가 깊어서 엉기지 않고, ㅎ[히]는 ㆆ[히]에 비하여 소리가 얕아서 엉기어 아주 흐린소리 '전탁'이 되기 때문이다.

ㅇ[이]를 입술소리 글자 아래에 이어 쓰면 곧 입술가벼운소리(순경음)가 되는데, 이러한 입술가벼운 소리는 입술이 살짝 다물어지면서 목구멍소리가 많아지기 때문이다.

가운뎃소리글자는 모두 열한 자이다. ㆍ는 혀가 오그라드니 소리가 깊어서, 하늘이 자시(밤 11시~1시)에서 열리는 것과 같다. 둥근 글꼴은 하늘을 본떴다. ㅡ는 혀가 조금 오그라드니 소리가 깊지도 얕지도 않으므로 땅이 축시(밤 1시~3시)에서 열리는 것과 같다. 평평한 글꼴은 땅을 본떴다. ㅣ는 혀가 오그라지지 않아 소리는 얕으니, 사람이 인시(새벽 3시~5시)에서 생기는 것과 같다. 바로 선 글꼴은 사람을 본떴다.

다음 여덟 가운뎃소리는 어떤 것은 거의 닫히고 어떤 것은 열린다.

ㅗ는 ㆍ와 같은 가운뎃소리[양성모음]이나 입을 더 오므리며 그 모양이 ㆍ가 ㅡ와 합해서 이루어진 것은 하늘과 땅이 처음으로 사귄다는 뜻을 담았다. ㅏ는 ㆍ와 같은 가운뎃소리[양성모음]이나 입을 더 벌리며 그 모양은 ㅣ와 ㆍ가 서로 합하여 이루어진 것으로, 하늘과 땅의 쓰임이 일과 사물에서 나타나서 사람을 기다려 이루어진다는 뜻을 담은 것이다. ㅜ는 ㅡ와 같은 가운뎃소리[음성모음]이나 입을 더 오므리며 그 모양이 ㅡ가 ㆍ와 합해서 이루어진 것은 역시 하늘과 땅이 처음으로 사귄다는 뜻을 담았다. ㅓ는 ㅡ와 같은 가운뎃소리[음성모음]이나 입을 더 벌리니 그 모양은 ㆍ와 ㅣ 합해서 이루어진 것이며, 역시 하늘과 땅의 쓰임이 일과 사물에서 나타나되 사람을 기다려서 이루어진 뜻을 담은 것이다.

ㅛ는 ㅗ와 같은 가운뎃소리[양성모음]이나 그 소리는 ㅣ에서 비롯된다. ㅑ는 ㅏ와 같은

가운뎃소리[양성모음]이나 그 소리는 ㅣ에서 비롯된다. ㅠ는 ㅜ와 같은 가운뎃소리[음성모음]이나 그 소리는 ㅣ에서 비롯된다. ㅕ는 ㅓ와 같은 가운뎃소리[음성모음]이나 그 소리는 ㅣ에서 비롯된다.

ㅗ ㅏ ㅜ ㅓ는 하늘과 땅에서 비롯된 것이라 '처음 나온 것(초출자)'이다. ㅛ ㅑ ㅠ ㅕ는 그 소리가 ㅣ에서 비롯되어 사람(ㅣ)을 겸하였으므로 '거듭 나온 것(재출자)'이다. ㅗ ㅏ ㅜ ㅓ에서 둥근 것(ㆍ)을 하나로 한 것은 '처음 생긴 것(초생자)'이라는 뜻을 담았다. ㅛ ㅑ ㅠ ㅕ에서 그 둥근 것(ㆍ)을 둘로 한 것은 '다시 생겨난 것(재생자)'이라는 뜻을 담은 것이다.

ㅗ ㅏ ㅛ ㅑ의 둥근 것(ㆍ)이 위와 밖에 놓인 것은 하늘(ㆍ)에서 나와 양성이 되기 때문이다. ㅜ ㅓ ㅠ ㅕ의 둥근 것(ㆍ)이 아래쪽과 안쪽에 있는 것은 땅(ㅡ)에서 나와 음성이 되기 때문이다.

ㆍ가 여덟 가운뎃소리글자에 두루 다 있는 것은 마치 양성이 음성을 거느리고 만물에 두루 흐름과 같다. ㅛ ㅑ ㅠ ㅕ가 모두 사람을 뜻하는 ㅣ소리가 들어 있는 것은 사람이 만물의 영장으로 능히 하늘(양)과 땅(음)이 하는 일에 참여할 수 있기 때문이다.

가운뎃소리글자들은 하늘(ㆍ), 땅(ㅡ), 사람(ㅣ)을 본뜬 것을 가졌으니, 삼재(하늘 · 땅 · 사람) 이치가 갖추어졌다. 그러므로 하늘 · 땅 · 사람의 삼재가 만물의 우선이 되고, 하늘이 삼재의 시작이 되는 것과 같이 ㆍ ㅡ ㅣ 석 자가 여덟 가운뎃소리글자의 머리가 되고 또한 ㆍ 자가 석 자의 으뜸이 됨과 같다.

ㅗ가 처음으로 하늘에서 생겨나니 하늘의 수로는 1이고 물을 낳는 자리다. ㅏ가 다음으로 생겨나 하늘의 수로는 3이고 나무를 낳는 자리다. ㅜ가 처음으로 땅에서 나니, 땅의 수로는 2이고 불을 낳는 자리다. ㅓ가 다음으로 생겨난 것이니 땅의 수로는 4이고 쇠를 낳는 자리다.

ㅛ가 두 번째로 하늘에서 생겨나니 하늘의 수로는 7이고 불을 이루는 수이다. ㅑ가 다음으로 생겨나니 하늘의 수로는 9이고 쇠를 이루는 수다. ㅠ가 두 번째로 땅에서 생겨나니 땅의 수로는 6이고 물을 이루는 수다. ㅕ가 다음으로 생겨나니 땅의 수로는 8이고 나무를 이루는 수다.

물(ㅗ ㅠ)과 불(ㅜ ㅛ)은 아직 기를 벗어나지 못하고 음과 양이 서로 사귀어 어울리는 시초이기 때문에 입을 거의 오므린다. 나무(ㅏ ㅕ)와 쇠(ㅓ ㅑ)는 음과 양의 바탕을 바로 고정한 것이기 때문에 입을 벌린다.

ㆍ는 하늘의 수로는 5이고 흙을 낳는 자리다. ㅡ는 땅의 수로는 10이고 흙을 이루는 수다. ㅣ만 홀로 자리와 수가 없는 것은 대개 사람은 곧 끝없는 태극의 참과 음양과 오행의 정기가 묘하게 어울리고 엉기어서, 진실로 자리를 정하고 수를 이루는 것을 밝힐 수 없기 때문이다. 이런즉 가운뎃소리(중성) 속에도 또한 저절로 음양과 오행, 방위의 수가 있는 것이다.

첫소리와 가운뎃소리를 맞대어 말해 보자. 가운뎃소리의 음성과 양성은 하늘의 이치다. 첫소리의 단단함과 부드러움은 땅의 이치이다. 가운뎃소리는 어떤 것은 깊고 어떤 것은 얕고, 어떤 것은 오므리고 어떤 것은 벌리니, 이런즉 음양이 나뉘고, 오행의 기운이 갖추어지니 하늘의 작용이다.

첫소리는 어떤 것은 비고[목구멍소리], 어떤 것은 막히고[어금닛소리], 어떤 것은 날리고[혓소리],

어떤 것은 걸리고[잇소리], 어떤 것은 무겁고[입술무거운소리], 어떤 것은 가벼우니[입술가벼운소리], 이런즉 곧 단단하고 부드러운 것이 드러나서 여기에 오행의 바탕이 이루어진 것이니 땅의 공이다.

가운뎃소리가 깊고 얕고 오므라지고 벌림으로써 앞서 소리 나고, 첫소리가 오음의 맑고 흐림으로써 뒤따라 화답하여 첫소리가 되고 또한 끝소리가 된다. 또한 이는 만물이 땅에서 처음 생겨나서, 다시 땅으로 돌아가는 것으로 볼 수 있다.

첫소리, 가운뎃소리, 끝소리가 합하여 이루어진 글자를 말할 것 같으면, 또한 움직임과 고요함이 서로 뿌리가 되어 음과 양이 서로 바뀌는 뜻이 있다. 움직이는 것은 하늘이요, 고요한 것은 땅이다. 움직임과 고요함을 겸한 것은 사람이다. 대개 오행이 하늘에서는 신(우주)의 운행이며, 땅에서는 바탕을 이루는 것이요, 사람에서는 어짊 · 예의 · 믿음 · 정의 · 슬기가 신(작은 우주)의 운행이요, 간장 · 염통(심장) · 지라(비장) · 허파(폐장) · 콩팥(신장)이 바탕을 이루는 것이다. 첫소리는 움직여 피어나는 뜻이 있으니, 하늘의 일이다. 끝소리는 정해져 멈추는 뜻이 있으니, 땅의 일이다. 가운뎃소리는 첫소리가 생겨난 것을 이어서, 끝소리가 이루어지게 이어 주니 사람의 일이다. 대개 글자 소리의 핵심은 가운뎃소리에 있으니, 첫소리 · 끝소리와 합하여 음절을 이룬다. 또 오히려 하늘과 땅이 만물을 생겨나게 해도, 그것이 쓸모 있게 돕는 것은 반드시 사람한테 힘입음과 같다.

끝소리글자에 첫소리글자를 다시 쓰는 것은 움직여서 양인 것도 하늘이요, 고요해서 음인 것도 하늘이니, 하늘은 실제로는 음과 양을 구분한다 하더라도 임금(하늘)이 주관하고 다스리지 않음이 없기 때문이다. 하나의 바탕 기운이 두루 흘러 다하지 않고, 사계절 바뀜이 돌고 돌아 끝이 없으니 만물의 거둠에서 다시 만물의 시초가 되듯 겨울은 다시 봄이 되는 것이다. 첫소리글자가 다시 끝소리글자가 되고 끝소리글자가 다시 첫소리글자가 되는 것도 역시 이와 같은 뜻이다.

아! 정음이 만들어져 천지 만물의 이치가 모두 갖추어졌으니, 그 정음이 신묘하다. 이는 틀림없이 하늘이 성왕(세종)의 마음을 일깨워, 세종의 손을 빌려 정음을 만들게 한 것이로구나!

갈무리시
하늘과 땅의 조화는 본디 하나의 기운이니
음양과 오행이 서로 처음이 되며 끝이 되네.

만물이 하늘과 땅 사이에서 꼴과 소리 있으나
근본은 둘이 아니니 이치와 수로 통하네.

정음 글자 만들 때 주로 그 꼴을 본뜨니
소리 세기에 따라 획을 더하였네.

소리는 어금니 · 혀 · 입술 · 이 · 목구멍에서 나니
여기에서 첫소리글자 열일곱이 나왔네.

어금닛소리 글자는 혀뿌리가 목구멍을 막는 모양을 취하였는데
오직 ㆁ[이]만은 ㅇ[이]와 비슷하나 담은 뜻이 다르네.

혓소리글자는 혀가 윗잇몸에 닿는 모양을 본뜨고
입술소리 글자는 바로 입 꼴을 취하였네.

잇소리글자와 목구멍소리글자는 바로 이와 목구멍의 모양을 본떴으니
이 다섯 자 뜻을 알면 소리 이치는 절로 밝혀지네.

또한 반혓소리글자(ㄹ), 반잇소리글자(ㅿ)가 있는데
본뜬 것은 같은데 짜임새가 다르네.

"ㄴ[니], ㅁ[미], ㅅ[시], ㅇ[이]" 소리는 세지 않으므로
차례는 비록 뒤이나 꼴을 본뜨는 처음이 되네.

이것을 네 계절과 천지 기운에 맞추어 보니
오행과 오음계에 어울리지 않음이 없네.

목구멍소리는 '물'이 되니 '겨울'과 '우음계'요
어금닛소리는 '봄'이며 '나무'이니 그 소리는 '각음계'이네.

'치음계'에 '여름'이며 '불'인 것은 혓소리요
잇소리는 곧 '상음계'이며 '가을'이니 또한 '쇠'이네.

입술소리는 방위와 수가 본디 정해진 것이 없으니
'흙'이며 '늦여름'이니 '궁음계'가 되네.

말소리는 또한 스스로 맑고 흐림이 있으니

중요한 것은 첫소리 날 때에 자세히 헤아려 살펴야 하네.
아주 맑은소리 '전청'은 "ㄱ[기], ㄷ[디], ㅂ[비]"이며
"ㅈ[지], ㅅ[시], ㆆ[히]"도 또한 아주 맑은소리 '전청'이라네.

"ㅋ[키], ㅌ[티], ㅍ[피], ㅊ[치], ㅎ[히]"와 같은 것은
오음 각 하나씩의 덜 맑은소리 '차청'이 되네.

아주 흐린소리 '전탁'은 "ㄲ[끼], ㄸ[띠], ㅃ[삐]"에다
"ㅉ[찌], ㅆ[씨]"가 있고 또한 "ㆅ[혀]"가 있네.

아주 맑은소리 '전청' 글자를 나란히 쓰면 아주 흐린소리 '전탁' 글자가 되는데
다만 'ㆅ'[혀]만은 'ㅎ[히]'에서 나와 이것만 같지 않네.

"ㆁ[이], ㄴ[니], ㅁ[미], ㅇ[이]"와 "ㄹ[리], ㅿ[ᅀᅵ]"는
그 소리 맑지도 또 흐리지도 않네.

ㅇ[이]를 입술소리 글자에 이어 쓰면 입술가벼운소리가 되는데
목구멍소리가 많아지면서 입술을 살짝 다물어 주네.

가운뎃소리글자 열한 자 또한 꼴을 본떴는데
섬세한 뜻은 아직 쉽게 볼 수 없네.

•는 하늘을 본떠 소리가 가장 깊으니 둥근 꼴이 총알 같네.
ㅡ 소리는 깊지도 않고 얕지도 않아 그 평평한 꼴은 땅을 본떴네.

ㅣ는 사람이 선 모습을 본떠 그 소리 얕으니
하늘 · 땅 · 사람의 세 바탕 이치가 이에 갖추어졌네.

ㅗ는 하늘(•)에서 나와 입을 거의 닫으니
하늘의 둥긂과 땅의 평평함을 아울러 담은 것을 본떴네.
ㅏ도 하늘에서 나와 입이 많이 열려 있으니

일과 사물에서 피어나 사람에서 이루어짐이네.
처음 생겨나는 뜻을 사용하여 둥근 점을 하나로 하였으니
하늘에서 나와 '양'이 되어 위와 밖에 놓이네.

ㅛ, ㅑ는 사람을 겸하여 '거듭 나온 것'이 되니
두 개의 둥근 꼴로 그 뜻을 보이네.

ㅜ와 ㅓ와 ㅠ와 ㅕ는 땅에서 나니
보기를 들면 저절로 알 것을 어찌 꼭 풀이를 해야 하랴

• 글자가 여덟 가운뎃소리글자에 두루 있음은
오직 하늘의 작용이 두루 흘러 다님이네.

네 소리(ㅛ ㅑ ㅠ ㅕ)가 사람[ㅣ]을 겸함도 또한 까닭이 있으니
사람(ㅣ)이 하늘과 땅에 참여하는데 가장 신령하기 때문이네.

또 첫 · 가운데 · 끝 세 소리의 깊은 이치를 살피면
단단함과 부드러움, 음과 양이 저절로 있네.

가운뎃소리는 하늘의 작용으로서 음양으로 나뉘고
첫소리는 땅의 공로로 단단함과 부드러움을 나타내네.

가운뎃소리가 부르면 첫소리가 응하니
하늘이 땅보다 앞섬은 자연의 이치이네.

응하는 것이 첫소리도 되고 또 끝소리도 되니
만물이 땅에서 나서 다시 모두 땅으로 되돌아감이네.
음이 바뀌어 양이 되고 양이 바뀌어 음이 되니
한 번 움직이고 한 번 고요함이 서로 뿌리가 되네.
첫소리는 다시 피어나는 뜻이 있으니
양의 움직임으로 하늘의 임자 되네.

끝소리는 땅에 비유되어 음의 고요함이니
글자 소리가 여기서 그쳐 정해지네.

음절을 이루는 핵심은 가운뎃소리의 쓰임새에 있으니
사람이 능히 하늘과 땅의 마땅함을 도울 수 있기 때문이네.

양의 쓰임은 음에 통하니
이르러 펴면 도로 돌아오네.

첫소리글자와 끝소리글자가 비록 하늘과 땅으로 나뉜다고 하나
끝소리글자에 첫소리글자를 쓰는 뜻을 알 수 있네.

정음 글자는 스물여덟뿐이로되
심오하고 복잡한 걸 탐구하여 근본 깊이가 어떠한가를 밝혀낼 수 있네.

뜻은 멀되 말은 가까워 백성을 깨우치기 쉬우니
하늘이 주신 것이지 어찌 일찍이 슬기와 기교로 되었으리오.

2. 초성해(첫소리글자 풀이)

정음의 첫소리는 곧 한자음 사전(운서)에서 한 음절의 첫소리(성모)이다. 말소리가 이에서 비롯되므로 이르기를 '어미(모)'라 한 것이다.

어금닛소리글자는 '**군**' 자의 첫소리글자인 **ㄱ**[기]인데, **ㄱ**[기]가 **ᅟᅮᆫ**과 어울려 '**군**'이 된다. '**쾡**' 자의 첫소리글자는 **ㅋ**[키]인데, **ㅋ**[키]가 **ᅟᅫᆼ**와 합하여 '**쾡**'가 된다. '**끃**' 자의 첫소리글자는 **ㄲ**[끼]인데 **ㄲ**[끼]가 **ᅟᅲᇹ**와 합하여 '**끃**'가 된다. **업**의 첫소리글자는 **ㆁ**[이]인데, **ㆁ**[이]가 **ᅟᅥᆸ**과 합하여 '**업**'이 되는 따위와 같다. 혓소리글자의 "**ㄷ ㅌ ㄸ ㄴ**[디티띠니]", 입술소리글자의 "**ㅂ ㅍ ㅃ ㅁ**[비피삐미]", 잇소리글자의 "**ㅈ ㅊ ㅉ ㅅ ㅆ**[지치찌시씨]", 목구멍소리글자의 "**ㆆ ㅎ ㆅ ㅇ**[히히혀이]", 반혓소리ㆍ반잇소리글자의 "**ㄹ ㅿ**[리ᅀᅵ]"도 모두 이와 같다.

갈무리시
“ㄱ ㅋ ㄲ ㆁ[기키끼이]”는 어금닛소리글자이고
혓소리글자로는 “ㄷ ㅌ[디티]”와 “ㄸ ㄴ[띠니]”가 있네.

“ㅂ ㅍ ㅃ ㅁ[비피삐미]”는 곧 입술소리글자이고
잇소리글자로는 “ㅈ ㅊ ㅉ ㅅ ㅆ[지치찌시씨]”가 있네.

“ㆆ ㅎ ㆅ ㅇ[이히혜이]”는 곧 목구멍소리글자이고
ㄹ[리]는 반혓소리글자이고, ㅿ[싀]는 반잇소리글자이네.

스물세 자가 첫소리글자가 되니
온갖 소리가 모두 다 여기에서 생겨나네.

3. 중성해(가운뎃소리글자 풀이)

가운뎃소리는 한 음절소리(자운)의 가운데에 있으니 첫소리, 끝소리와 합하여 음절을 이룬다. ‘톤’ 자의 가운뎃소리글자는 ㆍ인데, ㆍ가 ㅌ[티]와 ㄴ[은] 사이에 있어 ‘톤’이 된다. ‘즉’ 자의 가운뎃소리는 ㅡ인데, ㅡ는 ㅈ[지]와 ㄱ[윽] 사이에 놓여 ‘즉’이 된다. ‘침’ 자의 가운뎃소리글자는 ㅣ인데, ㅣ가 ㅊ[치]와 ㅁ[음] 사이에 있어 ‘침’이 되는 것과 같다. “홍 · 땀 · 군 · 업 · 욕 · 샹 · 슏 · 볃”에서의 “ㅗ ㅏ ㅜ ㅓ ㅛ ㅑ ㅠ ㅕ”도 모두 이와 같다.

두 글자를 합쳐 쓴 것으로, ㅗ와 ㅏ가 똑같이 ㆍ와 같은 양성 가운뎃소리이므로 합하여 ㅘ가 된다. ㅛ와 ㅑ는 ㅣ에서 비롯되므로 합하면 ㆇ가 된다. ㅜ와 ㅓ가 똑같이 ㅡ와 같은 음성 가운뎃소리이므로 합하여 ㅝ가 된다. ㅠ와 ㅕ가 또한 똑같이 ㅣ에서 비롯되므로 합하여 ㆊ가 된다. 이런 합용자들은 같은 것에서 나와 같은 부류가 되므로, 서로 합해도 어그러지지 않는다.

한 낱글자로 된 가운뎃소리글자가 ㅣ와 서로 합한 것이 열이니 “ㆎ ㅢ ㅚ ㅐ ㅟ ㅔ ㆉ ㅒ ㆌ ㅖ”가 그것이다. 두 낱글자로 된 가운뎃소리글자가 ㅣ와 서로 합한 것은 넷이니 “ㅙ ㅞ ㆈ ㆋ”가 그것이다. ㅣ가 깊고, 얕고, 닫히고, 열리는 소리에 두루 능히 서로 따를 수 있는 것은 ‘ㅣ’소리가 혀가 펴지고 소리가 얕아서 입을 열기 편하기 때문이다. 또한 사람(ㅣ)이 만물을 여는 데에 참여하고 도와서 통하지 않는 것이 없음을 볼 수 있다.

갈무리시
음절 소리마다 제각기 가운뎃소리가 있으니
모름지기 가운뎃소리에서 벌림과 오므림을 찾아야 하네.

ㅗ와 ㅏ는 ㆍ에서 나왔으니[양성모음] 합하여 쓸 수 있고
ㅜ ㅓ는 ㅡ 에서 나왔으니[음성모음] 또한 합하여 쓸 수 있네.

ㅛ와 ㅑ, ㅠ와 ㅕ의 관계는
각각 따르는 곳이 있으니 그 뜻을 이루어 알 수 있네.

ㅣ자의 쓰임새가 가장 많아서
열넷의 소리에 두루 서로 따르네.

4. 종성해(끝소리글자 풀이)

끝소리는 첫소리 · 가운뎃소리를 이어서 음절을 이룬다. 이를테면 '즉' 자의 끝소리글자는 ㄱ[윽]인데, ㄱ[윽]은 '즈'의 끝에 놓여 '즉'이 되는 것과 같다. '홍' 자의 끝소리는 ㆁ[웅]인데, ㆁ[웅]은 호의 끝에 놓여 홍이 되는 것과 같다. 혓소리글자, 입술소리글자, 잇소리글자, 목구멍소리글자도 모두 같다.

소리에는 느리고 빠른 차이가 있으니, 평성 · 상성 · 거성 음절의 끝소리는 입성 음절 끝소리가 매우 빠른 것과 같은 부류가 아니다. 울림소리 '불청불탁' 글자는 그 소리가 세지 않으므로 끝소리로 쓰면 평성 · 상성 · 거성에 마땅하다. 아주 맑은소리 전청, 덜 맑은소리 차청, 아주 흐린소리 전탁 글자는 그 소리가 세므로 끝소리로 쓰면 입성에 마땅하다. 그래서 ㆁㄴㅁㅇㄹㅿ[이니미이리ㅿㅣ]의 여섯 글자가 끝소리로 쓰이는 음절은 평성과 상성과 거성이 되고, 나머지 글자가 끝소리로 쓰이는 음절은 모두 입성이 된다. ㄱㆁㄷㄴㅂㅁㅅㄹ[기이디니비미시리]의 여덟 글자만으로도 끝소리글자를 적기에 충분하다. "빗곶(배꽃)"이나 "엿의갗(여우 가죽)"에서처럼 ㅅ[읏] 자로 두루 쓸 수 있어서 오직 ㅅ[읏] 자를 쓰는 것과 같다.

또 ㅇ[이]는 소리가 맑고 비어서 반드시 끝소리로 쓰지 않더라도 가운뎃소리만으로 음절을 이룰 수 있다. ㄷ[디]는 '볃'의 끝소리 ㄷ[읃]이 되고, ㄴ[니]는 '군'의 끝소리 ㄴ[은]이 되고, ㅂ[비]는 '업'의 끝소리 ㅂ[읍]이 되며, ㅁ[미]는 '땀'의 끝소리 ㅁ[음]이 되고, ㅅ[시]는 토박이말인 '옷'의 끝소리 ㅅ[읏]이 되며, ㄹ[리]는 토박이말인 '실'의 끝소리 ㄹ[을]이 된다.

오음의 느리고 빠름이 또한 각각 스스로 짝이 된다. 이를테면 어금닛소리의 ㆁ[응]은 ㄱ[윽]과 짝이 되어 ㆁ[응]을 빨리 발음하면 ㄱ[윽]음으로 바뀌어 빠르고, ㄱ[윽]음을 느리게 내면 ㆁ[응]음으로 바뀌어 느린 것과 같다. 혓소리의 ㄴ[은]음과 ㄷ[읃]음, 입술소리의 ㅁ[음]음과 ㅂ[읍]음, 잇소리의 ㅿ[읐]음과 ㅅ[읏]음, 목구멍소리의 ㅇ[응]음과 ㆆ[읗]음도 그 느리고 빠름이 서로 짝이 되니 이와 같다.

또 반혓소리글자인 ㄹ[을]은 마땅히 토박이말에나 쓸 것이며 한자어에는 쓸 수 없다. 입성의 '彆(볋)' 자와 같은 것도 끝소리글자로 마땅히 ㄷ[읃]를 써야 할 것인데 세속 관습으로는 한자어 종성을 ㄹ[을] 음으로 읽으니 대개 ㄷ[읃] 음이 바뀌어 가볍게 된 것이다. 만일 ㄹ[을]을 '彆[:볋]' 자의 끝소리글자로 쓴다면 그 소리가 펴지고 늘어져 입성이 되지 못한다.

갈무리시
맑지도 흐리지도 않은 울림소리를 끝소리에 쓰니
평성, 상성, 거성이 되고 입성은 되지 않네.

아주 맑은소리, 덜 맑은소리, 그리고 아주 흐린소리는
모두 입성이 되어 소리가 매우 빠르네.

첫소리글자를 끝소리글자로 쓰는 이치가 본래 그러한데
다만 여덟 자만 가지고도 쓰임에 막힘은 없네.

오직 ㅇ[이] 자가 있어야 마땅한 자리라도
가운뎃소리만으로도 음절을 이루어 또한 통할 수 있네.

만일 '즉' 자를 쓰려면 'ㄱ[윽]'을 끝소리로 하고
"홍, 볃"은 'ㆁ[응]'과 'ㄷ[읃]'을 끝소리로 하네.

"군, 업, 땀" 끝소리는 또한 어떨까 하니
"ㄴ[은], ㅂ[읍], ㅁ[음]"을 차례대로 헤아려 보네.
여섯 소리(ㄱㆁㄷㄴㅂㅁ/윽응읃은읍음)는 한자말과 토박이말에 함께 쓰이되
ㅅ[읏]과 ㄹ[을]은 토박이말의 '옷'과 '실'의 끝소리로만 쓰이네.

오음은 각각 느림과 빠름의 짝을 저절로 이루니

ㄱ[윽] 소리는 ㆁ[응] 소리를 빠르게 낸 것이네.

ㄷ ㅂ[읃/읍] 소리가 느려지면 ㄴ ㅁ[은/음]가 되며
ㅿ[읈]과 ㅇ[응]은 그것 또한 ㅅ ㆆ[읏읗]의 짝이 되네.

ㄹ[을]은 토박이말 끝소리 표기에는 마땅하나 한자말 표기에는 마땅하지 않으니
ㄷ[읃] 소리가 가벼워져서 ㄹ[을] 소리가 된 것은 곧 일반 관습이네.

5. 합자해(글자합치기 풀이)

첫소리 · 가운뎃소리 · 끝소리 세 낱글자가 합하여 글자를 이룬다. 첫소리글자는 가운뎃소리글자 위에 쓰기도 하고, 가운뎃소리글자의 왼쪽에 쓰기도 한다. 이를테면 '**군**' 자의 ㄱ[기]는 ㅜ의 위에 쓰고, '**업**' 자의 ㆁ[이]는 ㅓ의 왼쪽에 쓰는 것과 같다.

가운뎃소리글자는 둥근 것(·)과 가로로 된 것(ㅡ)은 첫소리글자 아래에 쓰니 "ㆍ ㅡ ㅗ ㅛ ㅜ ㅠ"가 이것이다. 세로로 된 것은 첫소리글자의 오른쪽에 쓰니 "ㅣ ㅏ ㅑ ㅓ ㅕ"가 이것이다. 이를테면 '**ᄐᆞᆫ**' 자의 ㆍ는 ㅌ[티] 아래에 쓰고, '**즉**' 자의 ㅡ는 ㅈ[지] 아래에 쓰며, '**침**' 자의 ㅣ는 ㅊ[치] 오른쪽에 쓰는 것과 같다.

끝소리글자는 첫소리글자 · 가운뎃소리글자 아래에 쓴다. 이를테면 '**군**' 자의 ㄴ[은]은 **구** 아래에 쓰고, '**업**' 자의 ㅂ[읍]은 **어** 아래에 쓰는 것과 같다.

첫소리글자에서 서로 다른 두 개의 낱글자 또는 세 개의 낱글자를 나란히 쓰는 '병서'는 이를테면 토박이말의 "**ᄯᅡ**(땅), **ᄧᅡᆨ**(외짝), **ᄢᅳᆷ**(틈)" 따위와 같은 것이다. 같은 낱글자를 나란히 쓰는 각자병서는 이를테면 토박이말에서 "**혀**"는 입속의 혀이지만 "**ᅘᅧ**"는 '당겨'를 나타내며, "**괴ᅇᅧ**"는 '내가 남을 사랑한다'는 뜻이지만 "**괴ᅇᅧ**"는 '남에게서 내가 사랑받는다'는 뜻이 되고, "**소다**"는 '무엇을 뒤집어 쏟아'라는 뜻이지만 "**쏘다**"는 '무엇을 쏘다'라는 뜻이 되는 따위와 같은 것이다.

가운뎃소리글자를 두 개의 낱글자, 세 개의 낱글자를 합쳐 쓰는 것은 이를테면 토박이말의 "**ᄀᆞᆅ**[거문고 줄을 받치는 기둥]", "**ᅘᅫ**[횃불]" 따위와 같이 쓰는 것과 같다.

끝소리글자를 두 개의 낱글자, 세 개의 낱글자를 합쳐 쓰는 것은 이를테면 토박이말의 "**ᄒᆞᆰ**[흙]", "**낛**[낚시], **ᄃᆞᇌᄣᅢ**[닭때, 유시]" 따위와 같이 쓰는 것과 같다. 이들 합용병서는 왼쪽에서 오른쪽으로 쓰며 첫소리글자, 가운뎃소리글자, 끝소리글자 모두 같다.

한자와 한글을 섞어 쓸 때는 한자음에 따라서 한글의 가운뎃소리글자나 끝소리글자를 보충하는

일이 있으니, 이를테면 '孔子ㅣ魯ㅅ사ᄅᆞᆷ(공자가 노나라 사람)' 따위와 같이 쓰는 것과 같다.

토박이말의 평성 · 상성 · 거성 · 입성의 예를 들면, "활[활]"은 평성이고, "돌[돌]"은 상성이며, "갈[칼]"은 거성이요, "붇[붓]"은 입성이 되는 따위와 같다. 무릇 글자의 왼쪽에 한 점을 찍은 것은 거성이고, 두 점을 찍은 것은 상성이며, 점이 없는 것은 평성이다.

한자말의 입성은 거성과 서로 비슷하다. 토박이말 입성은 한결같지 않아서, 때로는 평성과 비슷한 "긷[기둥], 녑[옆구리]"과 같은 경우도 있고, 상성과 비슷한 "낟[곡식], :깁[비단]"과 같은 경우도 있고 거성과 비슷한 "몯[못], 입[입]"과 같은 경우도 있다. 입성에서 점을 찍는 것은 평성 · 상성 · 거성의 경우와 같다.

평성은 편안하면서도 부드러워 봄에 해당되니 이는 만물이 편안한 것과 같다. 상성은 부드러움에서 거세져 여름이니, 이는 만물이 점점 무성해지는 것과 같다. 거성은 거세면서도 굳세어 가을이니 만물이 무르익는 것과 같다. 입성은 말소리가 빠르고 막히어 겨울이니 만물이 닫히고 갈무리되는 것과 같다.

첫소리의 ㆆ[히]와 ㅇ[이]는 서로 비슷해서 토박이말에서는 두루 쓰일 수 있다.

반혓소리에는 가볍고 무거운 두 소리가 있다. 중국 한자음 사전(운서)의 음절 첫소리에서는 오직 하나뿐이며, 또 우리나라 말에서는 비록 가볍고 무거운 것을 구별하지 않더라도 모두 소리를 낼 수 있다. 그러나 만약 갖추어 쓰고자 한다면 입술가벼운소리 글자[순경음자 ㅸ]의 예에 따라 'ㅇ[이]'를 'ㄹ[리]' 아래 이어 쓰면 반혀가벼운소리글자[반설경음자 ᄛ]가 되니, 혀를 윗잇몸에 살짝 댄다.

• ㅡ가 ㅣ에서 시작되는 소리는 중앙말에 쓰이지 않는다. 아이들 말이나 변두리 시골말에는 드물게 있으니, 마땅히 두 글자를 합하여 나타내려 할 때에는 "ᄀᆝᄁᆜ" 따위와 같이 쓴다. 이것은 세로로 먼저 긋고 가로로 나중에 쓰는 것으로 다른 글자와 같지 않다.

갈무리시
첫소리글자는 가운뎃소리글자의 왼쪽과 위쪽에 쓰는데
'ㆆ[히]'와 'ㅇ[이]'는 토박이말에서는 서로 같이 쓰이네.

가운뎃소리글자 열하나는 첫소리글자에 붙이는데
둥근 것과 가로로 된 것은 첫소리글자 아래에 쓰고 세로로 된 것만 오른쪽에 쓰네.

끝소리글자를 쓰자면 어디에 쓰는가 하니
첫 · 가운뎃소리글자의 아래에 이어서 붙여 쓰네.

첫 · 끝소리글자를 각각 합쳐 쓰려면 나란히 쓰고

가운뎃소리글자도 나란히 쓰되 다 왼쪽부터 쓰네.

토박이말에선 사성을 어떻게 구별하는가 하니
평성은 '활(활)'이요 상성은 ':돌(돌)'이네.

'·갈(칼)'은 거성이 되고 '붇(붓)'은 입성이 되니
이 네 갈래를 보아서 다른 것도 알 수 있네.

소리에 따라 왼쪽의 점으로 사성을 나누니
하나면 거성, 둘은 상성, 없으면 평성이네.

토박이말 입성은 정함이 없으나 평 · 상 · 거성처럼 점 찍고
한자말의 입성은 거성과 비슷하네.

지역말과 토속말은 다 다르니
말소리 있고 글자는 없어 글로 통하기 어려웠네.

하루아침에 신과 같은 솜씨로 정음을 지어 내시니
우리 겨레 오랜 역사의 어둠을 비로소 밝혀 주셨네.

6. 용자례(낱글자 사용 보기)

♣ 첫소리글자 사용 보기

ㄱ[기]는 "**:감**[감], **·ᄀᆞᆯ**[갈대]"과 같이 쓴다. **ㅋ**[키]는 "**우·케**[우케/찧지 않은 벼], **콩**[콩]"과 같이 쓴다. **ㆁ**[이]는 "**러·울**[너구리], **서·에**[성엣장]"와 같이 쓴다.

ㄷ[디]는 "**·뒤**[띠], **담**[담]"과 같이 쓴다. **ㅌ**[티]는 "**고·티**[고치], **두텁**[두꺼비]"과 같이 쓴다. **ㄴ**[니]는 "**노로**[노루], **납**[원숭이]"과 같이 쓴다.

ㅂ[비]는 "**ᄇᆞᆯ**[팔], **:벌**[벌]"과 같이 쓴다. **ㅍ**[피]는 "**·파**[파], **·ᄑᆞᆯ**[파리]"과 같이 쓴다. **ㅁ**[미]는 "**:뫼**[산], **·마**[마]"와 같이 쓴다. **ㅸ**는 "**사·ᄫᅵ**[새우], **드·ᄫᅴ**[뒤웅박]"와 같이 쓴다.

ㅈ[지]는 "**·자**[자], **죠·ᄒᆡ**[종이]"와 같이 쓴다. **ㅊ**[치]는 "**·체**[체], **·채**[채찍]"와 같이 쓴다. **ㅅ**[시]는 "**·손**[손], **:셤**[섬]"과 같이 쓴다.

ㅎ[히]는 “**·부헝**[부엉이], **·힘**[힘줄]”과 같이 쓴다. **ㅇ**[이]는 “**·비육**[병아리], **·ᄇᆞ얌**[뱀]”과 같이 쓴다. **ㄹ**[리]는 “**·무뤼**[우박], **어·름**[얼음]”과 같이 쓴다. **ㅿ**[ᅀᅵ]는 “**아ᅀᆞ**[아우], **:너ᅀᅵ**[느시]”와 같이 쓴다.

♣ 가운뎃소리글자 사용 보기

ㆍ는 “**·ᄐᆞᆨ**[턱], **·ᄑᆞᆺ**[팥], **ᄃᆞ리**[다리], **·ᄀᆞ래**[가래]”와 같이 쓴다. **ㅡ**는 “**·믈**[물], **·발·측**[발꿈치, 발의 뒤축], **그력**[기러기], **드·레**[두레박]”와 같이 쓴다. **ㅣ**는 “**·깃**[둥지], **:밀**[밀랍], **·피**[피], **·키**[키]”와 같이 쓴다.

ㅗ는 “**·논**[논], **·톱**[톱], **호·ᄆᆡ**[호미], **벼·로**[벼루]”와 같이 쓴다. **ㅏ**는 “**·밥**[밥], **·낟**[낫], **이·아**[잉아], **사·ᄉᆞᆷ**[사슴]”과 같이 쓴다. **ㅜ**는 “**숫**[숯], **·울**[울타리], **누·에**[누에], **구·리**[구리]”와 같이 쓴다. **ㅓ**는 “**브ᅀᅥᆸ**[부엌], **:널**[널판], **서·리**[서리], **버·들**[버들]”과 같이 쓴다.

ㅛ는 “**:죵**[종, 노비], **·고욤**[고욤], **·쇼**[소], **삽됴**[삽주]”와 같이 쓴다. **ㅑ**는 “**남샹**[남생이], **약**[바다거북], **다·야**[손대야], **쟈감**[메밀껍질]”과 같이 쓴다. **ㅠ**는 “**율믜**[율무], **쥭**[밥주걱], **슈룹**[우산], **쥬련**[수건]”과 같이 쓴다. **ㅕ**는 “**·엿**[엿], **·뎔**[절], **·벼**[벼], **:져비**[제비]”와 같이 쓴다.

♣ 끝소리글자 사용 보기

ㄱ[윽]은 “**ᄃᆞᆨ**[닥나무], **독**[독]”과 같이 쓴다. **ㆁ**[은]은 “**:굼벙**[굼벵이], **·올창**[올챙이]”과 같이 쓴다. **ㄷ**[읃]은 “**·갇**[갓], **싣**[신나무]”과 같이 쓴다. **ㄴ**[은]은 “**·신**[신(신발)], **·반되**[반디]”와 같이 쓴다. **ㅂ**[읍]은 “**섭**[섶나무], **·굽**[발굽]”과 같이 쓴다. **ㅁ**[음]은 “**:범**[범], **:ᄉᆡᆷ**[샘]”과 같이 쓴다. **ㅅ**[읏]은 “**:잣**[잣], **·못**[연못]”과 같이 쓴다. **ㄹ**[을]은 “**·ᄃᆞᆯ**[달], **:별**[별]” 따위와 같이 쓴다.

7. 정인지서(정인지 꼬리말)

천지자연의 소리가 있으면 반드시 천지자연의 문자가 있다. 그러므로 옛사람이 소리를 바탕으로 글자를 만들어서 만물의 뜻을 통하고, 하늘 · 땅 · 사람의 세 바탕 이치를 실었으니 후세 사람들이 능히 글자를 바꿀 수가 없었다.

그러나 사방의 풍토가 구별되고 말소리의 기운 또한 다르다. 대개 중국 이외의 다른 나라 말은 그 말소리에 맞는 글자가 없다. 그래서 중국 글자를 빌려 소통하도록 쓰고 있는데, 이것은 마치 모난 자루를 둥근 구멍에 끼우는 것과 같으니, 어찌 제대로 소통할 때 막힘이 없겠는가? 중요한 것은 모두 각각 놓인 곳에 따라 자연스럽게 할 것이지, 억지로 같게 하여서는 안 될 것이다.

우리 동방의 예악과 문장이 중화[중국]와 같아 견줄 만하다. 다만 우리말은 중국말과 같지 않다. 그래서 한문으로 된 글을 배우는 이는 그 뜻을 깨닫기가 어려움을 걱정하고, 범죄 사건을 다루는 관리는 자세한 사정을 파악하기가 어려운 것을 근심했다.

옛날 신라의 설총이 이두를 처음 만들어서 관청과 민간에서 지금도 쓰고 있다. 그러나 모두 한자를 빌려 쓰는 것이어서 매끄럽지도 아니하고 막혀서 답답하다. 이두 사용은 오로지 몹시 속되고 일정한 규범이 없을 뿐이니, 실제 언어 사용에서는 그 만분의 일도 소통하지 못한다.

계해년 겨울(1443년 12월)에 우리 임금께서 정음 스물여덟 자를 창제하여, 간략하게 설명한 '예의'를 들어 보여 주시며 그 이름을 '훈민정음'이라 하셨다. 훈민정음은 꼴을 본떠 만들어 글꼴은 옛 '전서체'와 비슷하지만, 말소리에 따라 만들어 그 소리는 음률의 일곱 가락에도 들어맞는다. 하늘 · 땅 · 사람의 세 바탕 뜻과 음양 기운의 신묘함을 두루 갖추지 않은 것이 없다. 스물여덟 자로 끝없이 바꿀 수 있어, 간결하면서도 요점을 잘 드러내고, 정밀한 뜻을 담으면서도 두루 통할 수 있다.

그러므로 슬기로운 사람은 하루아침이 다 가기도 전에, 슬기롭지 못한 이라도 열흘 안에 배울 수 있다. 훈민정음으로 한문을 풀이하면 그 뜻을 알 수 있다. 훈민정음으로 소송 사건을 기록하면, 그 속사정을 이해할 수 있다.

글자 소리로는 맑고 흐린 소리를 구별할 수 있고, 음악 노래로는 노랫가락을 어울리게 할 수 있다. 글을 쓸 때에 글자가 갖추어지지 않은 바가 없으며, 어디서든 뜻을 두루 통하지 못하는 바가 없다. 비록 바람소리, 두루미 울음소리, 닭소리, 개 짖는 소리라도 모두 적을 수 있다.

드디어 임금께서 상세한 풀이를 더하여 모든 사람을 깨우치도록 명하시었다. 이에 신이 집현전 응교 최항과 부교리 박팽년과 신숙주, 수찬 성삼문과 돈녕부 주부 강희안, 행 집현전 부수찬 이개와 이선로 등과 더불어 삼가 여러 가지 풀이와 보기를 지어서, 그것을 간략하게 서술하였다. 바라건대 이 책을 보는 사람은 스승 없이도 스스로 깨치도록 하였다.

그 근원과 정밀한 뜻은 신묘하여 신하 된 자들로서는 감히 밝혀 보일 수 없다. 공손히 생각하옵건대 우리 전하는 하늘이 내리신 성인으로서 지으신 법도와 베푸신 업적이 모든 임금들을 뛰어넘으셨다. 정음 창제는 앞선 사람이 이룩한 것에 따른 것이 아니요, 자연의 이치를 따른 것이다. 참으로 그 지극한 이치가 없는 곳이 없으니, 사람의 힘으로 사사로이 한 것이 아니다. 무릇 동방에 나라가 있은 지가 오래지 않음이 아니로되, 만물의 뜻을 깨달아 모든 일을 온전하게 이루게 하는 큰 지혜는 오늘을 기다리고 있었던 것이다.

정통 11년(세종 28년, 1446년) 9월 상순. 자헌대부 예조판서 집현전 대제학 지춘추관사 세자우빈객 정인지는 두 손 모아 머리 숙여 삼가 쓰옵니다.

8장

≪훈민정음≫ 해례본 한문 · 번역 의미 · 문단 단위 구성[3] (도표식)

1부 · 정음(正音)

1.1. 세종 서문

한문	현대어 번역
國之語音, 異乎中國, 與文字不相流通. 故愚民有所欲言, 而終不得伸其情者多矣. 予爲此憫然, 新制二十八字, 欲使人人易習便於日用耳	우리나라 말이 중국말과 달라 한자와는 서로 잘 통하지 아니한다. 그러므로 글 모르는 백성이 말하려는 것이 있어도, 끝내 제 뜻을 능히 펼치지 못하는 사람이 많다. 내가 이것을 가엾게 여겨 새로 스물여덟 자를 만드니, 사람마다 쉽게 익혀 날마다 씀에 편안케 하고자 할 따름이다.

1.2. 예의

1.2.1. 훈민정음 초성과 중성 글꼴과 음가

갈래		한문	현대어 번역
초성자	아음	ㄱ. 牙音. 如君字初發聲 並書, 如虯字初發聲	ㄱ[기]는 어금닛소리이니 '**군**(君)'자의 처음 나는 소리(초성)와 같다. 나란히 쓰면 '**끃**(虯)'자의 처음 나는 소리와 같다.
		ㅋ. 牙音. 如快字初發聲	ㅋ[키]는 어금닛소리이니, '**쾡**(快)'자의 처음 나는 소리와 같다.
		ㆁ. 牙音. 如業字初發聲	ㆁ[이]는 어금닛소리이니, '**업**(業)'자의 처음 나는 소리와 같다.
	설음	ㄷ. 舌音. 如斗字初發聲	ㄷ[디]는 혓소리이니, '**둫**(斗)'자의 처음 나는 소리와 같다. 나란

3) 자음자는 해례본 방식으로 'ㄱ(기)'와 같이 'ㅣ'를 붙여 읽음.

갈래		한문	현대어 번역
		並書, 如覃字初發聲	히 쓰면 '땀(覃)'자의 처음 나는 소리와 같다.
		ㅌ. 舌音. 如呑字初發聲	ㅌ[티]는 혓소리이니, '툰(呑)'자의 처음 나는 소리와 같다.
		ㄴ. 舌音. 如那字初發聲	ㄴ[니]는 혓소리이니, '나(那)'자의 처음 나는 소리와 같다.
	순음	ㅂ. 脣音. 如彆字初發聲	ㅂ[비]는 입술소리이니, '볃(彆)'자의 처음 나는 소리와 같다.
		並書, 如步字初發聲	나란히 쓰면 '뽀(步)'자의 처음 나는 소리와 같다.
		ㅍ. 脣音. 如漂字初發聲	ㅍ[피]는 입술소리이니, '표(漂)'자의 처음 나는 소리와 같다.
		ㅁ. 脣音. 如彌字初發聲	ㅁ[미]는 입술소리이니, '미(彌)'자의 처음 나는 소리와 같다.
	치음	ㅈ. 齒音. 如即字初發聲	ㅈ[지]는 잇소리이니, '즉(即)'자의 처음 나는 소리와 같다. 나란
		並書, 如慈字初發聲	히 쓰면 'ᄍᆞ(慈)'자의 처음 나는 소리와 같다.
		ㅊ. 齒音. 如侵字初發聲	ㅊ[치]는 잇소리이니, '침(侵)'자의 처음 나는 소리와 같다.
		ㅅ. 齒音. 如戌字初發聲	ㅅ[시]는 잇소리이니 '숟(戌)'자의 처음 나는 소리와 같다. 나란
		並書, 如邪字初發聲	히 쓰면 '쌰(邪)'자의 처음 나는 소리와 같다.
	후음	ㆆ. 喉音. 如挹字初發聲	ㆆ[히]는 목구멍소리이니, 'ᅙᅳᆸ(挹)'자의 처음 나는 소리와 같다.
		ㅎ. 喉音. 如虛字初發聲	ㅎ[히]는 목구멍소리이니, '허(虛)'자의 처음 나는 소리와 같다.
		並書, 如洪字初發聲	나란히 쓰면 '홍(洪)'자의 처음 나는 소리와 같다.
		ㅇ. 喉音. 如欲字初發聲	ㅇ[이]는 목구멍소리이니, '욕(欲)'자의 처음 나는 소리와 같다.
	반설음	ㄹ. 半舌音. 如閭字初發聲	ㄹ[리]는 반혓소리이니, '려(閭)' 자의 처음 나는 소리와 같다.
	반치음	ㅿ. 半齒音. 如穰字初發聲	ㅿ[ᅀᅵ]는 반잇소리이니, 'ᅀᅣᆼ(穰)'자의 처음 나는 소리와 같다.
중성자	상형기본자	ㆍ. 如呑字中聲	ㆍ는 '툰(呑)'자의 가운뎃소리(중성)와 같다.
		ㅡ. 如即字中聲	ㅡ 는 '즉(即)'자의 가운뎃소리와 같다.
		ㅣ. 如侵字中聲	ㅣ는 '침(侵)'자의 가운뎃소리와 같다.
	초출자	ㅗ. 如洪字中聲	ㅗ는 '홍(洪)'자의 가운뎃소리와 같다.
		ㅏ. 如覃字中聲	ㅏ는 '땀(覃)'자의 가운뎃소리와 같다.
		ㅜ. 如君字中聲	ㅜ는 '군(君)'자의 가운뎃소리와 같다.
		ㅓ. 如業字中聲	ㅓ는 '업(業)'자의 가운뎃소리와 같다.
	재출자	ㅛ. 如欲字中聲	ㅛ는 '욕(欲)'자의 가운뎃소리와 같다.
		ㅑ. 如穰字中聲	ㅑ는 'ᅀᅣᆼ(穰)'자의 가운뎃소리와 같다.
		ㅠ. 如戌字中聲	ㅠ 는 '숟(戌)'자의 가운뎃소리와 같다.
		ㅕ. 如彆字中聲	ㅕ 는 '볃(彆)'자의 가운뎃소리와 같다.

1.2.2. 종성자 만들기와 운용

한문	현대어 번역
終聲復用初聲.	끝소리글자(종성자)는 첫소리글자(초성자)를 다시 쓴다.

1.2.3. 글자의 운용과 사성

갈래	한문	현대어 번역
연서법	ㅇ連書脣音之下, 則爲脣輕音.	ㅇ[이]를 입술소리 글자 아래 이어 쓰면 입술가벼운소리(순경음)가 된다.
병서법	初聲合用則並書, 終聲同.	첫소리글자(초성자)를 합쳐서 쓰려면 나란히 쓰고, 끝소리글자(종성자)도 첫소리글자(초성자) 마찬가지다.
부서법	ㆍ ㅡ ㅗ ㅜ ㅛ ㅠ, 附書初聲之下.	ㆍ ㅡ ㅗ ㅜ ㅛ ㅠ는 첫소리글자 아래에 붙여 쓴다.
	ㅣ ㅏ ㅓ ㅑ ㅕ, 附書於右	ㅣ ㅏ ㅓ ㅑ ㅕ는 첫소리글자의 오른쪽에 붙여 쓴다.
성음법	凡字必合而成音.	무릇 낱글자는 반드시 합하여야만 음절이 이루어진다.
사성법	左加一點則去聲, 二則上聲, 無則平聲. 入聲加點同而促急	음절자 왼쪽에 한 점을 더하면 거성(높은 소리)이고, 점이 둘이면 상성(낮았다 높아지는 소리)이고, 점이 없으면 평성(낮은 소리)이다. 입성(빨리 끝나는 소리)은 점을 더하는 것은 평·상·거성과 같으나 빠르다.

2부 · 정음해례(正音解例)

1. 제자해(制字解)

갈래	한문	현대어 번역
음양 이치와 정음의 가치	天地之道, 一陰陽五行而已. 坤復之間爲太極, 而動靜之後爲陰陽. 凡有生類在天地之間者, 捨陰陽而何之. 故人之聲音, 皆有陰陽之理, 顧人不察耳. 今正音之作, 初非智營而力索, 但因其聲音而極其理而已. 理旣不二, 則何得不與天地鬼神同其用也.	천지자연의 이치는 오직 음양오행 하나뿐이다. 곤괘(여성다움이 가장 센 상징 ☷)와 복괘(싹이 트는 상징 ☳)의 사이가 태극이 되고, 움직임과 멈춤 작용으로 음양이 된다. 무릇 하늘과 땅 사이에 살아 있는 것들이 음양을 버리고 어디로 가겠는가? 그러므로 사람의 말소리(성음) 모두 음양의 이치가 있는 것인데, 생각해 보니 사람들이 살피지 못했을 뿐이다. 이제 정음이 만들어지게 된 것도 애초부터 지혜를 굴리고 힘들여 찾은 것이 아니고, 단지 말소리의 이치를 끝까지 파고들었을 뿐이다. 그 이치가 이미 둘이 아니니, 어찌 천지자연의 혼령과 신령스러운 정령과 함께 정음을 쓰지 않겠는가?
28자와 초성 기본자 상형 원리	正音二十八字, 各象其形而制之. 初聲凡十七字. 牙音ㄱ, 象舌根閉喉之形. 舌音ㄴ, 象舌附上腭之形. 脣音ㅁ, 象口形. 齒音ㅅ, 象齒形. 喉音ㅇ, 象喉形.	정음 스물여덟 자는 각각 그 모양을 본떠서 만들었다. 첫소리글자는 모두 열일곱 자다. 어금닛소리글자 ㄱ[기]는 혀뿌리가 목을 막는 모양을 본떴다. 혓소리글자 ㄴ[니]는 혀가 윗잇몸에 닿는 모양을 본떴다. 입술소리글자 ㅁ[미]는 입 모양을 본떴다. 잇소리글자 ㅅ[시]는 이 모양을 본떴다. 목구멍소리글자 ㅇ[이]는 목구멍 모양을 본떴다.
초성자 가획자와 이체자	ㅋ比ㄱ, 聲出稍厲, 故加畫. ㄴ而ㄷ, ㄷ而ㅌ, ㅁ而ㅂ, ㅂ而ㅍ, ㅅ而ㅈ, ㅈ而ㅊ, ㅇ而ㆆ, ㆆ而ㅎ, 其因聲加畫之義皆同, 而唯ㆁ爲異. 半舌音ㄹ, 半齒音ㅿ, 亦象舌齒之形而異其體, 無加畫之義焉.	ㅋ[키]는 ㄱ[기]에 비해서 소리가 조금 세게 나는 까닭으로 획을 더하였다. ㄴ[니]에서 ㄷ[디], ㄷ[디]에서 ㅌ[티], ㅁ[미]에서 ㅂ[비], ㅂ[비]에서 ㅍ[피], ㅅ[시]에서 ㅈ[지], ㅈ[지]에서 ㅊ[치], ㅇ[이]에서 ㆆ[히], ㆆ[히]에서 ㅎ[히]가 됨도 그 소리로 말미암아 획을 더한 뜻은 같다. 다만 ㆁ[이]만은 다르다. 반혓소리글자 ㄹ[리], 반잇소리글자 ㅿ[ㅿ이]도 또한 혀와 이의 모양을 본떴으나, 그 짜임새를 달리해서 만들었기에 획을 더한 뜻은 없다.
초성자 오행 특성	夫人之有聲, 本於五行. 故合諸四時而不悖, 叶之五音而不戾. 喉邃而潤, 水也. 聲虛而通, 如水虛明而流通也. 於時爲冬, 於音爲羽. 牙錯而長, 木也. 聲似喉而實, 如木之生於水而有	무릇 사람의 말소리는 오행에 뿌리를 두고 있다. 그러므로 사계절에 합하여도 어그러짐이 없으며, 오음계와 맞추어 봐도 잘 어울리고 틀리지 않는다. 목구멍은 깊숙하고 젖어 있으니 오행으로는 물이다. 말소리가 비어 있는 듯이 통하므로 이는 물이 투명하게 맑아 잘 흐르는 것과 같다. 계절로는 겨울이고, 음률로는 '우음계'이

갈래	한문	현대어 번역
	形也. 於時爲春, 於音爲角. 舌銳而動, 火也. 聲轉而颺, 如火之轉展而揚揚也. 於時爲夏, 於音爲徵. 齒剛而斷, 金也. 聲屑而滯, 如金之屑瑣而鍛成也. 於時爲秋, 於音爲商. 脣方而合, 土也. 聲含而廣, 如土之含蓄萬物而廣大也. 於時爲季夏, 於音爲宮.	다. '어금니'는 어긋나고 기니 오행으로는 나무이다. 어금닛소리는 목구멍소리와 비슷하나 목이 꽉 차므로 나무가 물에서 나되 형체가 있는 것과 같다. 계절로는 봄이고, 음률로는 '각음계'이다. 혀는 재빠르게 움직이니 오행으로는 불이다. 혓소리가 구르고 날리는 것은 불이 타올라 퍼지며 위아래로 오르내림과 같다. 계절로는 여름이고, 음률로는 '치음계'이다. 이는 억세고 끊을 듯 날카로우니 오행으로는 쇠이다. 잇소리가 가루처럼 부서지고 걸리는 듯하게 나는 것은 쇠가 부스러졌다가 다시 불에 달구어 두드리면 단단해지는 것과 같다. 계절로는 가을이고, 음률로는 '상음계'이다. 입술은 모난 것이 나란히 합해지니, 오행으로는 땅이다. 입술소리가 머금으며 넓은 것은 땅이 만물을 머금으니 넓고 큰 것과 같다. 계절로는 늦여름이고, 음률로는 '궁음계'이다.
주요 조음 기관과 방위	然水乃生物之源, 火乃成物之用, 故五行之中, 水火爲大. 喉乃出聲之門, 舌乃辨聲之管, 故五音之中, 喉舌爲主也. 喉居後而牙次之, 北東之位也. 舌齒又次之, 南西之位也. 脣居末, 土無定位而寄旺四季之義也. 是則初聲之中, 自有陰陽五行方位之數也.	물은 만물을 낳는 근원이요, 불은 만물을 이루어지게 하는 작용이므로 오행 가운데서 물·불이 으뜸이다. 목구멍은 소리가 나오는 문이요, 혀는 소리를 가려내는 악기이므로 오음 가운데서, 목구멍소리와 혓소리가 으뜸이 된다. 목구멍은 안쪽에 있고 어금니는 그 앞에 있으므로 북쪽과 동쪽의 방위이다. 혀와 이가 또한 그다음에 있으니 남쪽과 서쪽의 방위이다. 입술은 끝에 있으니, 오행의 흙이 일정한 방위가 없이 네 계절에 기대어 네 계절을 왕성하게 함을 뜻한다. 이런즉 첫소리 속에도 자체의 음양오행과 방위의 수가 있는 것이다.
청탁에 따른 초성자 분류	又以聲音淸濁而言之. ㄱㄷㅂㅈㅅㆆ, 爲全淸. ㅋㅌㅍㅊㅎ, 爲次淸. ㄲㄸㅃㅉㅆㆅ, 爲全濁. ㆁㄴㅁㅇㄹㅿ, 爲不淸不濁.	또 말소리를 '맑음과 흐림(청탁)'으로 말해보자. ㄱㄷㅂㅈㅅㆆ[기디비지시히]는 아주 맑은소리 '전청'이 된다. ㅋㅌㅍㅊㅎ[키티피치히]는 덜 맑은소리 '차청'이 된다. ㄲㄸㅃㅉㅆㆅ[끼띠삐찌씨혀]는 아주 흐린소리 '전탁'이 된다. ㆁㄴㅁㅇㄹㅿ[이니미이리ᅀᅵ]는 맑지도 흐리지도 않은 '불청불탁[울림소리]'이 된다.
불청불탁가 상형 기본자 된 까닭	ㄴㅁㅇ, 其聲冣不厲, 故次序雖在於後, 而象形制字則爲之始. ㅅㅈ雖皆爲全淸, 而ㅅ比ㅈ, 聲不厲, 故亦爲制字之始.	ㄴㅁㅇ[니미이]는 소리가 가장 세지 않으므로, 차례로는 비록 뒤에 있으나, 모양을 본떠 글자를 만드는 시초가 된다. ㅅ[시]와 ㅈ[지]는 비록 다 아주 맑은소리 '전청'이지만 ㅅ[시]는 ㅈ[지]에 비하여 소리가 거세지 않으므로 글자를 만드는 데 시초가 되었다.
ㆁ의 제자 특성과	唯牙之ㆁ, 雖舌根閉喉聲氣出鼻, 而其聲與ㅇ相似, 故韻書	오직 어금닛소리의 ㆁ[이]는 비록 혀뿌리가 목구멍을 막아서 코로 소리 기운이 나가지만 ㆁ[이]의 소리는 ㅇ[이]와

갈래	한문	현대어 번역
어금닛 소리	疑與喩多相混用, 今亦取象於喉, 而不爲牙音制字之始. 盖喉屬水而牙屬木, ㆁ雖在牙而與ㅇ相似, 猶木之萌芽生於水而柔軟, 尙多水氣也.	비슷해서 중국 한자음사전(운서)에서도 ㆁ[이]와 ㅇ[이]가 많이 혼용된다. 이제 ㆁ[이]는 목구멍을 본떠 만들었으되, 어금닛소리 글자를 만드는 시초로 삼지 않았다. 대개 목구멍은 물에 속하고 어금니는 나무에 속하는 까닭에 ㆁ[이]는 비록 어금니에 속해 있으면서도 ㅇ[이]와 비슷하여 마치 나무의 싹이 물에서 나와 부드러우며 오히려 물기가 많은 것과 같기 때문이다.
ㄱ, ㅋ, ㄲ 나무비유 특성	ㄱ木之成質, ㅋ木之盛°長, ㄲ木之老壯, 故至此乃皆取象於牙也.	ㄱ[기]는 나무가 바탕을 이룬 것이고, ㅋ[키]는 나무가 무성하게 자란 것이고, ㄲ[끼]는 나무가 오래되어 굳건해진 것이니, 이는 한결같이 모두 어금니를 본뜬 데서 비롯된 것이다.
후음 전탁자 제자 특성	全淸並書則爲全濁, 以其全淸之聲凝則爲全濁也. 唯喉音次淸爲全濁者, 盖以ㆆ聲深不爲之凝, ㅎ比ㆆ聲淺, 故凝而爲全濁也.	아주 맑은소리 '전청' 글자를 나란히 쓰면 아주 흐린소리 '전탁'이 되는 것은 아주 맑은 소리가 엉기면 아주 흐린소리가 되기 때문이다. 다만, 목구멍소리만은 덜 맑은소리 '차청'이 아주 흐린소리 '전탁'이 되는데, 그것은 대개 ㆆ[히]는 소리가 깊어서 엉기지 않고, ㅎ[히]는 ㆆ[히]에 비하여 소리가 얕아서 엉기어 아주 흐린소리 '전탁'이 되기 때문이다.
순경음 비읍	ㅇ連書脣音之下, 則爲脣輕音者, 以輕音脣乍合而喉聲多也.	ㅇ[이]를 입술소리 글자 아래에 이어 쓰면 곧 입술가벼운소리(순경음)가 되는데, 이러한 입술가벼운 소리는 입술이 살짝 다물어지면서 목구멍소리가 많아지기 때문이다.
중성 상형기본자 상형 원리와 음양 특성	中聲凡十一字. ㆍ舌縮而聲深, 天開於子也. 形之圓, 象乎天也. ㅡ舌小縮而聲不深不淺, 地闢於丑也. 形之平, 象乎地也. ㅣ舌不縮而聲淺, 人生於寅也. 形之立, 象乎人也.	가운뎃소리글자는 모두 열한 자이다. ㆍ는 혀가 오그라드니 소리가 깊어서, 하늘이 자시(밤 11시~1시)에서 열리는 것과 같다. 둥근 글꼴은 하늘을 본떴다. ㅡ는 혀가 조금 오그라드니 소리가 깊지도 얕지도 않으므로 땅이 축시(밤 1시~3시)에서 열리는 것과 같다. 평평한 글꼴은 땅을 본떴다. ㅣ는 혀가 오그라지지 않아 소리는 얕으니, 사람이 인시(새벽 3시~5시)에서 생기는 것과 같다. 바로 선 글꼴은 사람을 본떴다.
초출자와 재출자 제자 원리와 음양 특성	此下八聲, 一闔一闢. ㅗ與ㆍ同而口蹙, 其形則ㆍ與ㅡ合而成, 取天地初交之義也. ㅏ與ㆍ同而口張, 其形則ㅣ與ㆍ合而成, 取天地之用發於事物待人而成也. ㅜ與ㅡ同而口蹙, 其形則ㅡ與ㆍ合而成, 亦取天地初交之義也. ㅓ與	다음 여덟 가운뎃소리는 어떤 것은 거의 닫히고 어떤 것은 열린다. ㅗ는 ㆍ와 같은 가운뎃소리[양성모음]이나 입을 더 오므리며 그 모양이 ㆍ가 ㅡ와 합해서 이루어진 것은 하늘과 땅이 처음으로 사귄다는 뜻을 담았다. ㅏ는 ㆍ와 같은 가운뎃소리[양성모음]이나 입을 더 벌리며 그 모양은 ㅣ와 ㆍ가 서로 합하여 이루어진 것으로, 하늘과 땅의 쓰임이 일과 사물에서 나타나서 사람을 기다려 이루어진다는 뜻을 담은 것이다. ㅜ는 ㅡ와 같은 가운뎃소리[음성모음]이

갈래	한문	현대어 번역
	ㅡ同而口張, 其形則 • 與 ㅣ 合而成, 亦取天地之用發於事物待人而成也.	나 입을 더 오므리며 그 모양이 ㅡ가 • 와 합해서 이루어진 것은 역시 하늘과 땅이 처음으로 사귄다는 뜻을 담았다. ㅓ는 ㅡ와 같은 가운뎃소리[음성모음]이나 입을 더 벌리니 그 모양은 • 와 ㅣ 가 합해서 이루어진 것이며, 역시 하늘과 땅의 쓰임이 일과 사물에서 나타나되 사람을 기다려서 이루어진 뜻을 담은 것이다.
	ㅛ與ㅗ同而起於 ㅣ. ㅑ與ㅏ同而起於 ㅣ. ㅠ與ㅜ同而起於 ㅣ. ㅕ與ㅓ 同而起於 ㅣ. ㅗ ㅏ ㅜ ㅓ 始於天地, 爲初出也. ㅛ ㅑ ㅠ ㅕ 起於 ㅣ 而兼乎人, 爲再出也. ㅗ ㅏ ㅜ ㅓ 之一其圓者, 取其初生之義也. ㅛ ㅑ ㅠ ㅕ 之二其圓者, 取其再生之義也.	ㅛ는 ㅗ와 같은 가운뎃소리[양성모음]이나 ㅣ 에서 비롯된다. ㅑ는 ㅏ와 같은 가운뎃소리[양성모음]이나 ㅣ 에서 비롯된다. ㅠ는 ㅜ와 같은 가운뎃소리[음성모음]이나 ㅣ 에서 비롯된다. ㅕ는 ㅓ와 같은 가운뎃소리[음성모음]이나 ㅣ 에서 비롯된다. ㅗ ㅏ ㅜ ㅓ 는 하늘과 땅에서 비롯된 것이므로 '처음 나온 것(초출자)'이다. ㅛ ㅑ ㅠ ㅕ 는 ㅣ 에서 비롯되어 사람(ㅣ)을 겸하였으므로 '거듭 나온 것(재출자)'이다. ㅗ ㅏ ㅜ ㅓ 에서 둥근 것(•)을 하나로 한 것은 '처음 생긴 것(초생자)'이라는 뜻을 담았다. ㅛ ㅑ ㅠ ㅕ 에서 그 둥근 것(•)을 둘로 한 것은 '다시 생겨난 것(재생자)'이라는 뜻을 담은 것이다.
중성자의 음양 분류와 특성	ㅗ ㅏ ㅛ ㅑ 之圓居上與外者, 以其出於天而爲陽也. ㅜ ㅓ ㅠ ㅕ 之圓居下與內者, 以其出於地而爲陰也. • 之貫於八聲者, 猶陽之統陰而周流萬物也. ㅛ ㅑ ㅠ ㅕ 之皆兼乎人者, 以人爲萬物之靈而能參兩儀也	ㅗ ㅏ ㅛ ㅑ 의 둥근 것(•)이 위와 밖에 놓인 것은 하늘(•)에서 나와 양성이 되기 때문이다. ㅜ ㅓ ㅠ ㅕ 의 둥근 것(•)이 아래쪽과 안쪽에 있는 것은 땅(ㅡ)에서 나와 음성이 되기 때문이다. • 가 여덟 가운뎃소리글자에 두루 다 있는 것은 마치 양성이 음성을 거느리고 만물에 두루 흐름과 같다. ㅛ ㅑ ㅠ ㅕ 가 모두 사람을 뜻하는 ㅣ 소리가 들어 있는 것은 사람이 만물의 영장으로 능히 하늘(양)과 땅(음)이 하는 일에 참여할 수 있기 때문이다.
상형 기본자의 역학 의미	取象於天地人而三才之道備矣. 然三才爲萬物之先, 而天又爲三才之始, 猶 • ㅡ ㅣ 三字爲八聲之首, 而 • 又爲三字之冠也.	가운뎃소리글자들은 하늘(•), 땅(ㅡ), 사람(ㅣ)을 본뜬 것을 가졌으니, 삼재(하늘 · 땅 · 사람) 이치가 갖추어졌다. 그러므로 하늘 · 땅 · 사람의 삼재가 만물의 우선이 되고, 하늘이 삼재의 시작이 되는 것과 같이 • ㅡ ㅣ 석 자가 여덟 가운뎃소리글자의 머리가 되고 또한 • 자가 석 자의 으뜸이 됨과 같다.
중성자의 방위와 수의 의미	ㅗ初生於天, 天一生水之位也. ㅏ次之, 天三生木之位也. ㅜ初生於地, 地二生火之位也. ㅓ次之, 地四生金之位也. ㅛ再生於天, 天七成火之數也. ㅑ次之, 天九成金之數也. ㅠ再生於地, 地六成水之數	ㅗ가 처음으로 하늘에서 생겨나니 하늘의 수로는 1이고 물을 낳는 자리다. ㅏ가 다음으로 생겨나 하늘의 수로는 3이고 나무를 낳는 자리다. ㅜ가 처음으로 땅에서 나니, 땅의 수로는 2이고 불을 낳는 자리다. ㅓ가 다음으로 생겨난 것이니 땅의 수로는 4이고 쇠를 낳는 자리다. ㅛ가 두 번째로 하늘에서 생겨나니 하늘의 수로는 7이고 불을 이루는 수이다. ㅑ가 다음으로 생겨나니 하늘의 수로

갈래	한문	현대어 번역
	也. ㅕ 次之, 地八成木之數也.	는 9이고 쇠를 이루는 수다. ㅠ가 두 번째로 땅에서 생겨나니 땅의 수로는 6이고 물을 이루는 수다. ㅕ가 다음으로 생겨나니 땅의 수로는 8이고 나무를 이루는 수다.
	水火未離乎氣, 陰陽交合之初, 故闔. 木金陰陽之定質, 故闢. •天五生土之位也. ㅡ地十成土之數也. ㅣ獨無位數者, 盖以人則無極之眞, 二五之精, 妙合而凝, 固未可以定位成數論也. 是則中聲之中, 亦自有陰陽五行方位之數也.	물(ㅗㅠ)과 불(ㅜㅛ)은 아직 기를 벗어나지 못하고 음과 양이 서로 사귀어 어울리는 시초이기 때문에 입을 거의 오므린다. 나무(ㅏ ㅕ)와 쇠(ㅓ ㅑ)는 음과 양의 바탕을 바로 고정한 것이기 때문에 입을 벌린다. •는 하늘의 수로는 5이고 흙을 낳는 자리다. ㅡ는 땅의 수로는 10이고 흙을 이루는 수다. ㅣ만 홀로 자리와 수가 없는 것은 대개 사람은 곧 끝없는 태극의 참과 음양과 오행의 정기가 묘하게 어울리고 엉기어서, 진실로 자리를 정하고 수를 이루는 것을 밝힐 수 없기 때문이다. 이런즉 가운뎃소리(중성) 속에도 또한 저절로 음양과 오행, 방위의 수가 있는 것이다.
초성과 중성의 역학 의미	以初聲對中聲而言之. 陽, 天道也. 剛柔, 地道也. 中聲者, 一深一淺一闔一闢, 是則陰陽分而五行之氣具焉, 天之用也. 初聲者, 或虛或實或颺或滯或重若輕, 是則剛柔著而五行之質成焉, 地之功也. 中聲以深淺闔闢唱之於前, 初聲以五音淸濁和之於後, 而爲初亦爲終. 亦可見萬物初生於地, 復歸於地也.	첫소리와 가운뎃소리를 맞대어 말해 보자. 가운뎃소리의 음성과 양성은 하늘의 이치다. 첫소리의 단단함과 부드러움은 땅의 이치이다. 가운뎃소리는 어떤 것은 깊고 어떤 것은 얕고, 어떤 것은 오므리고 어떤 것은 벌리니, 이런즉 음양이 나뉘고, 오행의 기운이 갖추어지니 하늘의 작용이다. 첫소리는 어떤 것은 비고[목구멍소리], 어떤 것은 막히고[어금닛소리], 어떤 것은 날리고[혓소리], 어떤 것은 걸리고[잇소리], 어떤 것은 무겁고[입술무거운소리], 어떤 것은 가벼우니[입술가벼운소리], 이런즉 곧 단단하고 부드러운 것이 드러나서 여기에 오행의 바탕이 이루어진 것이니 땅의 공이다. 가운뎃소리가 깊고 얕고 오므라지고 벌림으로써 앞서 소리 나고, 첫소리가 오음의 맑고 흐림으로써 뒤따라 화답하여 첫소리가 되고 또한 끝소리가 된다. 또한 이는 만물이 땅에서 처음 생겨나서, 다시 땅으로 돌아가는 것으로 볼 수 있다.
초·중·종성의 상호 관계와 역학 의미	以初中終合成之字言之, 亦有動靜互根陰陽交變之義焉. 動者, 天也. 靜者, 地也. 兼乎動靜者, 人也. 盖五行在天則神之運也, 在地則質之成也, 在人則仁禮信義智神之運也, 肝心脾肺腎質之	첫소리, 가운뎃소리, 끝소리가 합하여 이루어진 글자를 말할 것 같으면, 또한 움직임과 고요함이 서로 뿌리가 되어 음과 양이 서로 바뀌는 뜻이 있다. 움직이는 것은 하늘이요, 고요한 것은 땅이다. 움직임과 고요함을 겸한 것은 사람이다. 대개 오행이 하늘에서는 신(우주)의 운행이며, 땅에서는 바탕을 이루는 것이요, 사람에서는 어짊·예의·믿음·정

갈래	한문	현대어 번역
	成也. 初聲有發動之義, 天之事也. 終聲有止定之義, 地之事也. 中聲承初之生, 接終之成, 人之事也. 盖字韻之要, 在於中聲, 初終合而成音. 亦猶天地生成萬物, 而其財成輔相則必賴乎人也.	의 · 슬기가 신(작은 우주)의 운행이요, 간장 · 염통(심장) · 지라(비장) · 허파(폐장) · 콩팥(신장)이 바탕을 이루는 것이다. 첫소리는 움직여 피어나는 뜻이 있으니, 하늘의 일이다. 끝소리는 정해져 멈추는 뜻이 있으니, 땅의 일이다. 가운뎃소리는 첫소리가 생겨난 것을 이어서, 끝소리가 이루어지게 이어주니 사람의 일이다. 대개 글자 소리의 핵심은 가운뎃소리에 있으니, 첫소리 · 끝소리와 합하여 음절을 이룬다. 또 오히려 하늘과 땅이 만물을 생겨나게 해도, 그것이 쓸모 있게 돕는 것은 반드시 사람한테 힘입음과 같다.
종성에 초성을 다시 쓰는 역학 의미	終聲之復用初聲者, 以其動而陽者乾也, 靜而陰者亦乾也, 乾實分陰陽而無不君宰也. 一元之氣, 周流不窮, 四時之運, 循環無端, 故貞而復元, 冬而復春. 初聲之復爲終, 終聲之復爲初, 亦此義也.	끝소리글자에 첫소리글자를 다시 쓰는 것은 움직여서 양인 것도 하늘이요, 고요해서 음인 것도 하늘이니, 하늘은 실제로는 음과 양을 구분한다 하더라도 임금(하늘)이 주관하고 다스리지 않음이 없기 때문이다. 하나의 바탕 기운이 두루 흘러 다하지 않고, 사계절 바뀜이 돌고 돌아 끝이 없으니 만물의 거둠에서 다시 만물의 시초가 되듯 겨울은 다시 봄이 되는 것이다. 첫소리글자가 다시 끝소리글자가 되고 끝소리글자가 다시 첫소리글자가 되는 것도 역시 이와 같은 뜻이다.
정음의 신묘한 가치와 창제자의 의미	吁. 正音作而天地萬物之理咸備, 其神矣哉. 是殆天啓聖心而假手焉者乎.	아! 정음이 만들어져 천지 만물의 이치가 모두 갖추어졌으니, 참으로 신묘하구나! 이는 틀림없이 하늘이 성왕(세종)의 마음을 일깨워, 세종의 손을 빌려 정음을 만들게 한 것이로구나!
갈무리시	訣曰 天地之化本一氣 陰陽五行相始終 物於兩間有形聲 元本無二理數通 正音制字尙其象 因聲之厲每加畫 音出牙舌脣齒喉 是爲初聲字十七 牙取舌根閉喉形 唯業似欲取義別	갈무리시 하늘과 땅의 조화는 본디 하나의 기운이니 음양과 오행이 서로 처음이 되며 끝이 되네. 만물이 하늘과 땅 사이에서 꼴과 소리 있으나 근본은 둘이 아니니 이치와 수로 통하네. 정음 글자 만들 때 주로 그 꼴을 본뜨니 소리 세기에 따라 획을 더하였네. 소리는 어금니 · 혀 · 입술 · 이 · 목구멍에서 나니 여기에서 첫소리글자 열일곱이 나왔네. 어금닛소리 글자는 혀뿌리가 목구멍을 막는 모양을 취하였는데 오직 ㆁ[이]만은 ㅇ[이]와 비슷하나 담은 뜻이 다르네.

갈래	한문	현대어 번역
	舌迺象舌附上腭 脣則實是取口形	혓소리글자는 혀가 윗잇몸에 닿는 모양을 본뜨고 입술소리 글자는 바로 입 꼴을 취하였네.
	齒喉直取齒喉象 知斯五義聲自明	잇소리글자와 목구멍소리글자는 바로 이와 목구멍의 모양을 본떴으니 이 다섯 자 뜻을 알면 소리 이치는 절로 밝혀지네.
	又有半舌半齒音 取象同而體則異	또한 반혓소리글자(ㄹ), 반잇소리글자(ㅿ)가 있는데 본뜬 것은 같은데 짜임새가 다르네.
	那彌戍欲聲不厲 次序雖後象形始	“ㄴ[니], ㅁ[미], ㅅ[시], ㅇ[이]” 소리는 세지 않으므로 차례는 비록 뒤이나 꼴을 본뜨는 처음이 되네.
	配諸四時與冲氣 五行五音無不協	이것을 네 계절과 천지 기운에 맞추어 보니 오행과 오음계에 어울리지 않음이 없네.
	維喉爲水冬與羽 牙迺春木其音角	목구멍소리는 ‘물’이 되니 ‘겨울’과 ‘우음계’요 어금닛소리는 ‘봄’이며 ‘나무’이니 그 소리는 ‘각음계’이네.
	徵音夏火是舌聲 齒則商秋又是金	‘치음계’에 ‘여름’이며 ‘불’인 것은 혓소리요 잇소리는 곧 ‘상음계’이며 ‘가을’이니 또한 ‘쇠’이네.
	脣於位數本無定 土而季夏爲宮音	입술소리는 방위와 수가 본디 정해진 것이 없으니 ‘흙’이며 ‘늦여름’이니 ‘궁음계’가 되네.
	聲音又自有淸濁 要於初發細推尋	말소리는 또한 스스로 맑고 흐림이 있으니 중요한 것은 첫소리 날 때에 자세히 헤아려 살펴야 하네.
	全淸聲是君斗彆 即戍挹亦全淸聲	아주 맑은소리 ‘전청’은 “ㄱ[기], ㄷ[디], ㅂ[비]”이며 “ㅈ[지], ㅅ[시], ㆆ[히]”도 또한 아주 맑은소리 ‘전청’이라네.
	若迺快呑漂侵虛 五音各一爲次淸	“ㅋ[키], ㅌ[티], ㅍ[피], ㅊ[치], ㅎ[히]”와 같은 것은 오음 각 하나씩의 덜 맑은소리 ‘차청’이 되네.
	全濁之聲虯覃步 又有慈邪亦有洪	아주 흐린소리 ‘전탁’은 “ㄲ[끼], ㄸ[띠], ㅃ[삐]”에다 “ㅉ[찌], ㅆ[씨]”가 있고 또한 “ㆅ[혀]”가 있네.
	全淸並書爲全濁 唯洪自虛是不同	아주 맑은소리 ‘전청’ 글자를 나란히 쓰면 아주 흐린소리 ‘전탁’ 글자가 되는데 다만 ‘ㆅ’[혀]만은 ‘ㅎ[히]’에서 나와 이것만 같지 않네.
	業那彌欲及閭穰 其聲不淸又不濁	“ㆁ[이], ㄴ[니], ㅁ[미], ㅇ[이]”와 “ㄹ[리], ㅿ[시]”는 그 소리 맑지도 또 흐리지도 않네.
	欲之連書爲脣輕 喉聲多而脣乍合	ㅇ[이]를 입술소리 글자에 이어 쓰면 입술가벼운소리가 되는데 목구멍소리가 많아지면서 입술을 살짝 다물어 주네.
	中聲十一亦取象 精義未可容易觀	가운뎃소리글자 열한 자 또한 꼴을 본떴는데 섬세한 뜻은 아직 쉽게 볼 수 없네.

갈래	한문	현대어 번역
	呑擬於天聲最深 所以圓形如彈丸	• 는 하늘을 본뜬 것으로 소리가 가장 깊으니 둥근 꼴이 총알 같네.
	即聲不深又不淺 其形之平象乎地	ㅡ 소리는 깊지도 않고 얕지도 않아 그 평평한 꼴은 땅을 본떴네.
	侵象人立厥聲淺 三才之道斯爲備	ㅣ 는 사람이 선 모습을 본뜬 것으로 그 소리 얕으니 하늘 · 땅 · 사람의 세 바탕 이치가 이에 갖추어졌네.
	洪出於天尙爲闔 象取天圓合地平	ㅗ는 하늘(•)에서 나서 입을 거의 닫으니 하늘의 둥긂과 땅의 평평함을 아울러 담은 것을 본떴네.
	覃亦出天爲已闢 發於事物就人成	ㅏ 도 하늘에서 나와 입이 많이 열려 있으니 일과 사물에서 피어나 사람에서 이루어짐이네.
	用初生義一其圓 出天爲陽在上外	처음 생겨나는 뜻을 사용하여 둥근 점을 하나로 하였으니 하늘에서 나와 '양'이 되어 위와 밖에 놓이네.
	欲穰兼人爲再出 二圓爲形見°其義	ㆉ, ㆇ 는 사람을 겸하여 '거듭 나온 것'이 되니 두 개의 둥근 꼴로 그 뜻을 보이네.
	君業戌彆出於地 據例自知何須評	ㅜ와 ㅓ 와 ㆌ와 ㆋ 는 땅에서 나니 보기를 들면 저절로 알 것을 어찌 꼭 풀이를 해야 하랴
	呑之爲字貫八聲 維天之用徧流行	• 글자가 여덟 가운뎃소리글자에 두루 있음은 오직 하늘의 작용이 두루 흘러 다님이네.
	四聲兼人亦有由 人參天地爲最靈	네 소리(ㆉ ㆇ ㆌ ㆋ)가 사람[ㅣ]을 겸함도 또한 까닭이 있으니 사람(ㅣ)이 하늘과 땅에 참여하는데 가장 신령하기 때문이네.
	且就三聲究至理 自有剛柔與陰陽	또 첫 · 가운데 · 끝 세 소리의 깊은 이치를 살피면 단단함과 부드러움, 음과 양이 저절로 있네.
	中是天用陰陽分 初迺地功剛柔彰	가운뎃소리는 하늘의 작용으로서 음양으로 나뉘고 첫소리는 땅의 공로로 단단함과 부드러움을 나타내네.
	中聲唱之初聲和 天先乎地理自然	가운뎃소리가 부르면 첫소리가 응하니 하늘이 땅보다 앞섬은 자연의 이치이네.
	和者爲初亦爲終 物生復歸皆於坤	응하는 것이 첫소리도 되고 또 끝소리도 되니 만물이 땅에서 나서 다시 모두 땅으로 되돌아감이네.
	陰變爲陽陽變陰 一動一靜互爲根	음이 바뀌어 양이 되고 양이 바뀌어 음이 되니 한 번 움직이고 한 번 고요함이 서로 뿌리가 되네.
	初聲復有發生義 爲陽之動主於天	첫소리는 다시 피어나는 뜻이 있으니 양의 움직임으로 하늘의 임자 되네.
	終聲比地陰之靜 字音於此止定焉	끝소리는 땅에 비유되어 음의 고요함이니 글자 소리가 여기서 그쳐 정해지네.

갈래	한문	현대어 번역
	韻成要在中聲用 人能輔相天地宜	음절을 이루는 핵심은 가운뎃소리의 쓰임새에 있으니 사람이 능히 하늘과 땅의 마땅함을 도울 수 있기 때문이네.
	陽之爲用通於陰 至而伸則反而歸	양의 쓰임은 음에 통하니 이르러 펴면 도로 돌아오네.
	初終雖云分兩儀 終用初聲義可知	첫소리글자와 끝소리글자가 비록 하늘과 땅으로 나뉜다고 하나 끝소리글자에 첫소리글자를 쓰는 뜻을 알 수 있네.
	正音之字只卄八 探賾錯綜窮深幾	정음 글자는 스물여덟뿐이로되 심오하고 복잡한 걸 탐구하여 근본 깊이가 어떠한가를 밝혀 낼 수 있네.
	指遠言近牖民易 天授何曾智巧爲	뜻은 멀되 말은 가까워 백성을 깨우치기 쉬우니 하늘이 주신 것이지 어찌 일찍이 슬기와 기교로 되었으리오.

2. 초성해(初聲解)

문단	주제	한문	현대어 번역
1	초성자의 운서 특성과 기능	正音初聲, 即韻書之字母也. 聲音由此而生, 故曰母.	정음의 첫소리는 곧 한자음 사전(운서)에서 한 음절의 첫소리(성모)이다. 말소리가 이에서 비롯되므로 이르기를 '어미(모)'라 한 것이다.
2	초성자의 기능과 갈래	如牙音君字初聲是ㄱ, ㄱ與ᅟᅮᆫ而爲군. 快字初聲是ㅋ, ㅋ與ᅫ而爲쾌. 虯字初聲是ㄲ, ㄲ與ᅲ而爲뀨. 業字初聲是ㆁ, ㆁ與ᅥᆸ而爲업之類. 舌之斗呑覃那, 脣之彆漂步彌, 齒之即侵慈戌邪, 喉之挹虛洪欲, 半舌半齒之閭穰, 皆倣此	어금닛소리글자는 '군' 자의 첫소리글자인 ㄱ[기]인데, ㄱ[기]가 ᅟᅮᆫ과 어울려 '군'이 된다. '쾌' 자의 첫소리글자는 ㅋ[키]인데, ㅋ[키]가 ᅫ와 합하여 '쾌'가 된다. '뀨' 자의 첫소리글자는 ㄲ[끼]인데, ㄲ[끼]가 ᅲ와 합하여 '뀨'가 된다. 업의 첫소리글자는 ㆁ[이]인데, ㆁ[이]가 ᅥᆸ과 합하여 '업'이 되는 따위와 같다. 혓소리글자의 "ㄷ ㅌ ㄸ ㄴ[디티띠니]", 입술소리글자의 "ㅂ ㅍ ㅃ ㅁ[비피삐미]", 잇소리글자의 "ㅈ ㅊ ㅉ ㅅ ㅆ[지치찌시씨]", 목구멍소리글자의 "ㆆ ㅎ ㆅ ㅇ[히히혀이]", 반혓소리·반잇소리글자의 "ㄹ ㅿ[리싀]"도 모두 이와 같다.

문단	주제	한문	현대어 번역
3	갈무리시	訣曰	
		君快虯業其聲牙 舌聲斗呑及覃那	"ㄱ ㅋ ㄲ ㆁ[기키끼이]"는 어금닛소리글자이고 혓소리글자로는 "ㄷ ㅌ[디티]"와 "ㄸ ㄴ[띠니]"가 있네.
		彆漂步彌則是脣 齒有卽侵慈戌邪	"ㅂ ㅍ ㅃ ㅁ[비피삐미]"는 곧 입술소리글자이고 잇소리글자로는 "ㅈ ㅊ ㅉ ㅅ ㅆ[지치찌시씨]"가 있네.
		挹虛洪欲迺喉聲 閭爲半舌穰半齒	"ㆆ ㅎ ㆅ ㅇ[히히혀이]"는 곧 목구멍소리글자이고 ㄹ[리]는 반혓소리글자이고, ㅿ[ㅿ]는 반잇소리글자이네.
		二十三字是爲母 萬聲生生皆自此	스물세 자가 첫소리글자가 되니 온갖 소리가 모두 다 여기에서 생겨나네.

3. 중성해(中聲解)

문단	주제	한문	현대어 번역
1	중성자 기능과 사용 보기	中聲者, 居字韻之中, 合初終而成音. 如呑字中聲是 •, •居ㅌㄴ之間而爲 툰. 即字中聲是ㅡ, ㅡ, 居ㅈㄱ之間而爲즉. 侵字中聲是ㅣ, ㅣ居ㅊㅁ之間而爲 침之類. 洪覃君業欲穰戌彆, 皆倣此.	가운뎃소리는 한 음절소리(자운)의 가운데에 있으니 첫소리, 끝소리와 합하여 음절을 이룬다. '툰' 자의 가운뎃소리글자는 • 인데, • 가 ㅌ[티]와 ㄴ[은] 사이에 있어 '툰'이 된다. '즉' 자의 가운뎃소리는 ㅡ인데, ㅡ는 ㅈ[지]와 ㄱ[윽] 사이에 놓여 '즉'이 된다. '침' 자의 가운뎃소리글자는 ㅣ 인데, ㅣ 가 ㅊ[치]와 ㅁ[음] 사이에 있어 '침'이 되는 것과 같다. "홍 · 땀 · 군 · 업 · 욕 · 샹 · 슏 · 볋"에서의 "ㅗ ㅏ ㅜ ㅓ ㅛ ㅑ ㅠ ㅕ"도 모두 이와 같다.
2	두 자 합용 방식과 보기	二字合用者, ㅗ與ㅏ同出於 •, 故合而爲ㅘ. ㅛ與ㅑ又同出於ㅣ, 故合而爲ㆇ.	두 글자를 합쳐 쓴 것으로, ㅗ와 ㅏ가 똑같이 • 와 같은 양성 가운뎃소리이므로 합하여 ㅘ가 된다. ㅛ와 ㅑ는 ㅣ 에서 비롯되므로 합하면 ㆇ가 된다. ㅜ와 ㅓ 가 똑같이 ㅡ와 같은 음성 가운뎃소리이므로 합하

문단	주제	한문	현대어 번역
		ᅮ與ᅥ同出於ㅡ, 故合而爲ᅯ. ᅲ與ᅧ又同出於ㅣ, 故合而爲ᆑ. 以其同出而爲類, 故相合而不悖也.	여 ᅯ가 된다. ᅲ와 ᅧ가 또한 똑같이 ㅣ에서 비롯되므로 합하여 ᆑ가 된다. 이런 합용자들은 같은 것에서 나와 같은 부류가 되므로, 서로 합해도 어그러지지 않는다.
3	ㅣ상합자 갈래와 'ㅣ'중성자 기능	一字中聲之與ㅣ相合者十, ᆝ ᅴ ᅬ ᅢ ᅱ ᅦ ᆈ ᅤ ᆔ ᅨ是也. 二字中聲之與ㅣ相合者四, ᅫ ᅰ ᆅ ᆒ是也. ㅣ於深淺闔闢之聲, 並能相隨者, 以其舌展聲淺而便於開口也. 亦可見人之參贊開物而無所不通也.	한 낱글자로 된 가운뎃소리글자가 ㅣ와 서로 합한 것이 열이니 "ᆝ ᅴ ᅬ ᅢ ᅱ ᅦ ᆈ ᅤ ᆔ ᅨ"가 그것이다. 두 낱글자로 된 가운뎃소리글자가 ㅣ와 서로 합한 것은 넷이니 "ᅫ ᅰ ᆅ ᆒ"가 그것이다. ㅣ가 깊고, 얕고, 닫히고, 열리는 소리에 두루 능히 서로 따를 수 있는 것은 'ㅣ'소리가 혀가 펴지고 소리가 얕아서 입을 열기 편하기 때문이다. 또한 사람(ㅣ)이 만물을 여는 데에 참여하고 도와서 통하지 않는 것이 없음을 볼 수 있다.
5	갈무리시	訣曰 母字之音各有中 須就中聲尋闢闔 洪覃自呑可合用 君業出即亦可合 欲之與穰戌與彆 各有所從義可推 侵之爲用最居多 於十四聲徧相隨	 음절 소리마다 제각기 가운뎃소리가 있으니, 모름지기 가운뎃소리에서 벌림과 오므림을 찾아야 하네. ᅩ와 ᅡ는 ·에서 나왔으니 [양성모음] 합하여 쓸 수 있고 ᅮ ᅥ는 ㅡ 에서 나왔으니 [음성모음] 또한 합하여 쓸 수 있네. ᅭ와 ᅣ, ᅲ와 ᅧ 의 관계는 각각 따르는 곳이 있으니 그 뜻을 이루어 알 수 있네. ㅣ자의 쓰임새가 가장 많아서 열넷의 소리에 두루 서로 따르네.

4. 종성해(終聲解)

문단	주제	한문	현대어 번역
1	종성자의 기능과 사용 보기	終聲者, 承初中而成字韻. 如即字終聲是ㄱ, ㄱ居ᄌᆞ終而爲즉. 洪字終聲是ㆁ, ㆁ居ᅘᅩ終而爲ᅘᅩᆼ之類. 舌脣齒喉皆同.	끝소리는 첫소리 · 가운뎃소리를 이어서 음절을 이룬다. 이를테면 '즉' 자의 끝소리글자는 ㄱ[윽]인데, ㄱ[윽]은 'ᄌᆞ'의 끝에 놓여 '즉'이 되는 것과 같다. 'ᅘᅩᆼ' 자의 끝소리는 ㆁ[웅]인데, ㆁ[웅]은 ᅘᅩ의 끝에 놓여 ᅘᅩᆼ이 되는 것과 같다. 혓소리글자, 입술소리글자, 잇소리글자, 목구멍소리글자도 모두 같다.
2	소리 완급에 따른 종성자의 사성 특성	聲有緩急之殊, 故平上去其終聲不類入聲之促急. 不淸不濁之字, 其聲不厲, 故用於終則宜於平上去. 全淸次淸全濁之字, 其聲爲厲, 故用於終則宜於入. 所以ㆁㄴㅁㅇㄹㅿ六字爲平上去聲之終, 而餘皆爲入聲之終也.	소리에는 느리고 빠른 차이가 있으니, 평성 · 상성 · 거성 음절의 끝소리는 입성 음절 끝소리가 매우 빠른 것과 같은 부류가 아니다. 울림소리 '불청불탁' 글자는 그 소리가 세지 않으므로 끝소리로 쓰면 평성 · 상성 · 거성에 마땅하다. 아주 맑은소리 전청, 덜 맑은소리 차청, 아주 흐린소리 전탁 글자는 그 소리가 세므로 끝소리로 쓰면 입성에 마땅하다. 그래서 ㆁㄴㅁㅇㄹㅿ[이니미이리ᅀᅵ]의 여섯 글자가 끝소리로 쓰이는 음절은 평성과 상성과 거성이 되고, 나머지 글자가 끝소리로 쓰이는 음절은 모두 입성이 된다.
3	팔종성법과 용례	然ㄱㆁㄷㄴㅂㅁㅅㄹ八字可足用也. 如빗곶爲梨花, 엿의갗爲狐皮, 而ㅅ字可以通用, 故只用ㅅ字. 且ㅇ聲淡而虛, 不必用於終, 而中聲可得成音也. ㄷ如볃爲彆, ㄴ如군爲君, ㅂ如업爲業, ㅁ如땀爲覃, ㅅ如諺語옷爲衣, ㄹ如諺語:실爲絲之類.	ㄱㆁㄷㄴㅂㅁㅅㄹ[기이디니비미시리]의 여덟 글자만으로도 끝소리글자를 적기에 충분하다. "빗곶(배꽃)"이나 "엿의갗(여우 가죽)"에서처럼 ㅅ[읏] 자로 두루 쓸 수 있어서 오직 ㅅ[읏] 자를 쓰는 것과 같다. 또 ㅇ[이]는 소리가 맑고 비어서 반드시 끝소리로 쓰지 않더라도 가운뎃소리만으로 음절을 이룰 수 있다. ㄷ[디]는 '볃'의 끝소리 ㄷ[읃]이 되고, ㄴ[니]는 '군'의 끝소리 ㄴ[은]이 되고, ㅂ[비]는 '업'의 끝소리 ㅂ[읍]이 되며, ㅁ[미]는 '땀'의 끝소리 ㅁ[음]이 되고, ㅅ[시]는 토박이말인 '옷'의 끝소리 ㅅ[읏]이 되며, ㄹ[리]는 토박이말인 '실'의 끝소리 ㄹ[을]이 된다.
4	완급에 따른 종성자 오음의 대응 짝	五音之緩急, 亦各自爲對. 如牙之ㆁ與ㄱ爲對, 而ㆁ促呼則變爲ㄱ而急, ㄱ舒出則變爲ㆁ而緩. 舌之ㄴㄷ, 脣之ㅁㅂ, 齒之ㅿㅅ, 喉之ㅇㆆ, 其緩急相對, 亦猶是也.	오음의 느리고 빠름이 또한 각각 스스로 짝이 된다. 이를테면 어금닛소리의 ㆁ[웅]은 ㄱ[윽]과 짝이 되어 ㆁ[웅]을 빨리 발음하면 ㄱ[윽]음으로 바뀌어 빠르고, ㄱ[윽]음을 느리게 내면 ㆁ[웅]음으로 바뀌어 느린 것과 같다. 혓소리의 ㄴ[은]음과 ㄷ[읃]음, 입술소리의 ㅁ[음]음과 ㅂ[읍]음, 잇소리의 ㅿ[읏]음과 ㅅ[읏]음, 목구멍소리의 ㅇ[응]음과 ㆆ[응]음도 그 느리고 빠름이 서로 짝이 되니 이와 같다.

문단	주제	한문	현대어 번역
5	ㄹ종성자를 한자음에 사용못하는 까닭	且半舌之ㄹ, 當用於諺, 而不可用於文. 如入聲之彆字, 終聲當用ㄷ, 而俗習讀爲ㄹ, 盖ㄷ變而爲輕也. 若用ㄹ爲彆之終, 則其聲舒緩, 不爲入也.	또 반혓소리글자인 ㄹ[을]은 마땅히 토박이말에나 쓸 것이며 한자어에는 쓸 수 없다. 입성의 '彆(볃)' 자와 같은 것도 끝소리글자로 마땅히 ㄷ[읃]를 써야 할 것인데 세속 관습으로는 한자어 종성을 ㄹ[을] 음으로 읽으니 대개 ㄷ[읃] 음이 바뀌어 가볍게 된 것이다. 만일 ㄹ[을]을 '彆[:별]' 자의 끝소리글자로 쓴다면 그 소리가 펴지고 늘어져 입성이 되지 못한다.
6	갈무리시	訣曰	
		不淸不濁用於終 爲平上去不爲入	맑지도 흐리지도 않은 울림소리를 끝소리에 쓰니 평성, 상성, 거성이 되고 입성은 되지 않네.
		全淸次淸及全濁 是皆爲入聲促急	아주 맑은소리, 덜 맑은소리, 그리고 아주 흐린소리는 모두 입성이 되어 소리가 매우 빠르네.
		初作終聲理固然 只將八字用不窮	첫소리글자를 끝소리글자로 쓰는 이치가 본래 그러한데 다만 여덟 자만 가지고도 쓰임에 막힘은 없네.
		唯有欲聲所當處 中聲成音亦可通	오직 ㅇ[이] 자가 있어야 마땅한 자리라도 가운뎃소리만으로도 음절을 이루어 또한 통할 수 있네.
		若書即字終用君 洪彆亦以業斗終	만일 '즉' 자를 쓰려면 'ㄱ[윽]'을 끝소리로 하고 "뽕, 볃"은 'ㆁ[웅]'과 'ㄷ[읃]'을 끝소리로 하네.
		君業覃終又何如 以那彆彌次第推	"군, 업, 땀" 끝소리는 또한 어떨까 하니 "ㄴ[은], ㅂ[읍], ㅁ[음]"을 차례대로 헤아려 보네.
		六聲通乎文與諺 戌閭用於諺衣絲	여섯 소리(ㄱㆁㄷㄴㅂㅁ/윽웅읃은읍음)는 한자말과 토박이말에 함께 쓰이되 ㅅ[읏]과 ㄹ[을]은 토박이말의 '옷'과 '실'의 끝소리로만 쓰이네.
		五音緩急各自對 君聲迺是業之促	오음은 각각 느림과 빠름의 짝을 저절로 이루니 ㄱ[윽] 소리는 ㆁ[웅] 소리를 빠르게 낸 것이네.
		斗彆聲緩爲那彌 穰欲亦對戌與挹	ㄷ ㅂ[읃/읍] 소리가 느려지면 ㄴ ㅁ[은/음]가 되며 ㅿ[읈]과 ㅇ[응]은 그것 또한 ㅅ ㆆ[읏/읗]의 짝이 되네.
		閭宜於諺不宜文 斗輕爲閭是俗習	ㄹ[을]은 토박이말 끝소리 표기에는 마땅하나 한자말 표기에는 마땅하지 않으니 ㄷ[읃] 소리가 가벼워져서 ㄹ[을] 소리가 된 것은 곧 일반 관습이네.

5. 합자해(合字解)

문단	주제	한문	현대어 번역
1	초·중·종 낱글자 합성 방식과 보기	初中終三聲, 合而成字. 初聲或在中聲之上, 或在中聲之左. 如君字ㄱ在ᅮ上, 業字ㆁ在ᅥ左之類. 中聲則圓者橫者在初聲之下, ᆞ ᅳ ᅩ ᅭ ᅮ ᅲ是也. 縱者在初聲之右, ᅵ ᅡ ᅣ ᅥ ᅧ 是也. 如呑字ᆞ在ㅌ下, 即字ᅳ在ㅈ下, 侵字ᅵ在ㅊ右之類. 終聲在初中之下. 如君字ㄴ在구下, 業字ㅂ在어下之類.	첫소리·가운뎃소리·끝소리 세 낱글자가 합하여 글자를 이룬다. 첫소리글자는 가운뎃소리글자 위에 쓰기도 하고, 가운뎃소리글자의 왼쪽에 쓰기도 한다. 이를테면 '군' 자의 ㄱ[기]는 ᅮ의 위에 쓰고, '업' 자의 ㆁ[이]는 ᅥ 의 왼쪽에 쓰는 것과 같다. 가운뎃소리글자는 둥근 것(·)과 가로로 된 것(ㅡ)은 첫소리글자 아래에 쓰니 "ᆞ ᅳ ᅩ ᅭ ᅮ ᅲ"가 이것이다. 세로로 된 것은 첫소리글자의 오른쪽에 쓰니 "ᅵ ᅡ ᅣ ᅥ ᅧ"가 이것이다. 이를테면 '툰' 자의 ᆞ는 ㅌ[티]아래에 쓰고, '즉' 자의 ㅡ는 ㅈ [지]아래에 쓰며, '침' 자의 ㅣ는 ㅊ [치]오른쪽에 쓰는 것과 같다. 끝소리글자는 첫소리글자、가운뎃소리글자 아래에 쓴다. 이를테면 '군' 자의 ㄴ[은]은 구 아래에 쓰고, '업' 자의 ㅂ[읍]은 어 아래에 쓰는 것과 같다.
2	병서자 갈래와 사용 맥락	初聲二字三字合用並書, 如諺語ᄯᅡ爲地, ᄧᅡᆨ爲隻, ᄢᅳᆷ爲隙之類. 各自並書, 如諺語혀爲舌而ᅘᅧ爲引, 괴ᅇᅧ爲我愛人而괴ᅇᅧ爲人愛我, 소다爲覆物而쏘다爲射之之類. 中聲二字三字合用, 如諺語과爲琴柱, ᅘᅫ爲炬之類. 終聲二字三字合用, 如諺語ᄒᆞᆰ爲土, 낛爲釣, ᄃᆞᇌᄣᅢ爲酉時之類. 其合用並書, 自左而右, 初中終三聲皆同.	첫소리글자에서 서로 다른 두 개의 낱글자 또는 세 개의 낱글자를 나란히 쓰는 '병서'는 이를테면 토박이말의 "ᄯᅡ(땅), ᄧᅡᆨ(외짝), ᄢᅳᆷ(틈)" 따위와 같은 것이다. 같은 낱글자를 나란히 쓰는 각자병서는 이를테면 토박이말에서 "혀"는 입속의 혀[舌]이지만 "ᅘᅧ"는 '당겨[引]'를 나타내며, "괴ᅇᅧ"는 '내가 남을 사랑한다[我愛人]'는 뜻이지만 "괴ᅇᅧ"는 '남에게서 내가 사랑받는다[人愛我]'는 뜻이 되고, "소다[覆物]"는 '무엇을 뒤집어 쏟아'라는 뜻이지만 "쏘다"는 '무엇을 쏘다[射]'라는 뜻이 되는 따위와 같은 것이다. 가운뎃소리글자를 두 개의 낱글자, 세 개의 낱글자를 합쳐 쓰는 것은 이를테면 토박이말의 "과[거문고 줄을 받치는 기둥(琴柱)]", "ᅘᅫ[횃불(炬)]" 따위와 같이 쓰는 것과 같다. 끝소리글자를 두 개의 낱글자, 세 개의 낱글자를 합쳐 쓰는 것은 이를테면 토박이말의 "ᄒᆞᆰ[흙(土)]", "낛[낚시(釣)], ᄃᆞᇌᄣᅢ[닭때, 유시(酉時)]" 따위와 같이 쓰는 것과 같다. 이들 합용병서는 왼쪽에서 오른쪽으로 쓰며 첫소리글자, 가운뎃소리글자, 끝소리글자 모두 같다.

문단	주제	한문	현대어 번역
3	한자와 한글 합성 방식	文與諺雜用則有因字音而補以中終聲者, 如孔子ㅣ魯ㅅ:사ᄅᆞᆷ之類.	한자와 한글을 섞어 쓸 때는 한자음에 따라서 한글의 가운뎃소리글자나 끝소리글자를 보충하는 일이 있으니, 이를테면 '孔子ㅣ魯ㅅ:사ᄅᆞᆷ(공자가 노나라 사람)' 따위와 같이 쓰는 것과 같다.
4	사성 사용 맥락과 주요 특성	諺語平上去入, 如활爲弓而其聲平, :돌爲石而其聲上, ·갈爲刀而其聲去, ·붇爲筆而其聲入之類. 凡字之左, 加一點爲去聲, 二點爲上聲, 無點爲平聲. 而文之入聲, 與去聲相似. 諺之入聲無定, 或似平聲, 如긷爲柱, 녑爲脅. 或似上聲, 如:낟爲穀, :깁爲繒. 或似去聲, 如·몯爲釘, ·입爲口之類. 其加點則與平上去同. 平聲安而和, 春也, 萬物舒泰. 上聲和而擧, 夏也, 萬物漸盛. 去聲擧而壯, 秋也, 萬物成熟. 入聲促而塞, 冬也, 萬物閉藏.	토박이말의 평성 · 상성 · 거성 · 입성의 예를 들면, "활[활(弓)]"은 평성이고, ":돌[돌(石)]"은 상성이며, "·갈[칼(刀,)]"은 거성이요, "·붇[붓(筆)]"은 입성이 되는 따위와 같다. 무릇 글자의 왼쪽에 한 점을 찍은 것은 거성이고, 두 점을 찍은 것은 상성이며, 점이 없는 것은 평성이다. 한자말의 입성은 거성과 서로 비슷하다. 토박이말 입성은 한결같지 않아서, 때로는 평성과 비슷한 "긷[기둥(柱)], 녑[옆구리(脅)]"과 같은 경우도 있고, 상성과 비슷한 ":낟[곡식(穀)], :깁[비단(繒)]"과 같은 경우도 있고 거성과 비슷한 "·몯[못(釘)], ·입[입(口)]"과 같은 경우도 있다. 입성에서 점을 찍는 것은 평성 · 상성 · 거성의 경우와 같다. 평성은 편안하면서도 부드러워 봄에 해당되니 이는 만물이 편안한 것과 같다. 상성은 부드러움에서 거세져 여름이니, 이는 만물이 점점 무성해지는 것과 같다. 거성은 거세면서도 굳세어 가을이니 만물이 무르익는 것과 같다. 입성은 말소리가 빠르고 막히어 겨울이니 만물이 닫히고 갈무리되는 것과 같다.
5	초성자 'ㆆ,ㅇ'의 토박이말 사용 특성	初聲之ㆆ與ㅇ相似, 於諺可以通用也.	첫소리의 ㆆ[히]와 ㅇ[이]는 서로 비슷해서 토박이말에서는 두루 쓰일 수 있다.
6	반혓소리의 갈래와 사용 맥락	半舌有輕重二音. 然韻書字母唯一, 且國語雖不分輕重, 皆得成音. 若欲備用, 則依脣輕例, ㅇ連書ㄹ下, 爲半舌輕音, 舌乍附上腭.	반혓소리에는 가볍고 무거운 두 소리가 있다. 중국 한자음 사전(운서)의 음절 첫소리에서는 오직 하나뿐이며, 또 우리나라 말에서는 비록 가볍고 무거운 것을 구별하지 않더라도 모두 소리를 낼 수 있다. 그러나 만약 갖추어 쓰고자 한다면 입술가벼운소리 글자[순경음자 ㅸ]의 예에 따라 'ㅇ[이]'를 'ㄹ[리]' 아래 이어 쓰면 반혀가벼운소리글자[반설경음자 ㅭ]가 되니, 혀를 윗잇몸에 살짝 댄다.

문단	주제	한문	현대어 번역
7	'·, ㅡ, ㅣ'의 특수 합성 용례	·ㅡ起ㅣ聲, 於國語無用. 兒童之言, 邊野之語, 或有之, 當合二字而用, 如ᄀᆝᄀᆜ之類. 其先縱後橫, 與他不同.	·ㅡ가 ㅣ에서 시작되는 소리는 중앙말에 쓰이지 않는다. 아이들 말이나 변두리 시골말에는 드물게 있으니, 마땅히 두 글자를 합하여 나타내려 할 때에는 "ᄀᆝᄀᆜ" 따위와 같이 쓴다. 이것은 세로로 먼저 긋고 가로로 나중에 쓰는 것으로 다른 글자와 같지 않다.
8	갈무리시	訣曰	
		初聲在中聲左上 挹欲於諺用相同	첫소리글자는 가운뎃소리글자의 왼쪽과 위쪽에 쓰는데 'ㆆ[이]'와 'ㅇ[이]'는 토박이말에서는 서로 같이 쓰이네.
		中聲十一附初聲 圓橫書下右書縱	가운뎃소리글자 열하나는 첫소리글자에 붙이는데 둥근 것과 가로로 된 것은 첫소리글자 아래에 쓰고 세로로 된 것만 오른쪽에 쓰네.
		欲書終聲在何處 初中聲下接着寫	끝소리글자를 쓰자면 어디에 쓰는가 하니 첫·가운뎃소리글자의 아래에 이어서 붙여 쓰네.
		初終合用各並書 中亦有合悉自左	첫·끝소리글자를 각각 합쳐 쓰려면 나란히 쓰고 가운뎃소리글자도 나란히 쓰되 다 왼쪽부터 쓰네.
		諺之四聲何以辨 平聲則弓上則石	토박이말에선 사성을 어떻게 구별하는가 하니 평성은 '활(활)'이요 상성은 '돌(돌)'이네.
		刀爲去而筆爲入 觀此四物他可識	'갈(칼)'은 거성이 되고 '붇(붓)'은 입성이 되니 이 네 갈래를 보아서 다른 것도 알 수 있네.
		音因左點四聲分 一去二上無點平	소리에 따라 왼쪽의 점으로 사성을 나누니 하나면 거성, 둘은 상성, 없으면 평성이네.
		語入無定亦加點 文之入則似去聲	토박이말 입성은 정함이 없으나 평·상·거성처럼 점 찍고 한자말의 입성은 거성과 비슷하네.
		方言俚語萬不同 有聲無字書難通	지역말과 토속말은 다 다르니 말소리 있고 글자는 없어 글로 통하기 어려웠네.
		一朝/制作侔神工 大東千古開矇矓	하루아침에 신과 같은 솜씨로 정음을 지어 내시니 우리 겨레 오랜 역사의 어둠을 비로소 밝혀 주셨네.

6. 용자례(用字例)

문단	주제	한문	현대어 번역
1	초성자 용례	初聲ㄱ, 如:감爲柹, ·골爲蘆. ㅋ, 如우·케爲未舂稻, 콩爲大豆. ㆁ, 如러·ᅌᅮᆯ爲獺, 서·ᅌᅦ爲流凘. ㄷ, 如·뒤爲茅, ·담爲墻. ㅌ, 如고·티爲繭, 두텁爲蟾蜍. ㄴ, 如노로爲獐, 납爲猿. ㅂ, 如볼爲臂, :벌爲蜂. ㅍ, 如·파爲葱, ·ᄑᆞᆯ爲蠅. ㅁ, 如:뫼爲山, ·마爲薯藇. ㅸ, 如사·ᄫᅵ爲蝦, 드·ᄫᅴ爲瓠. ㅈ, 如·자爲尺, 죠·ᄒᆡ爲紙. ㅊ, 如·체爲籭, ·채爲鞭. ㅅ, 如·손爲手, :셤爲島. ㅎ, 如·부헝爲鵂鶹, ·힘爲筋. ㅇ, 如·비육爲鷄雛, ·ᄇᆞ얌爲蛇. ㄹ, 如·무뤼爲雹, 어름爲氷. ㅿ, 如아ᅀᆞ爲弟, :너ᅀᅵ爲鴇.	첫소리글자 ㄱ[기]는 ":감(감), ·골(갈대)"과 같이 쓰며, ㅋ[키]는 "우·케(우케/찧지 않은 벼), 콩(콩)"과 같이 쓴다. ㆁ[이]는 "러·ᅌᅮᆯ(너구리), 서·ᅌᅦ(성엣장)"와 같이 쓴다. ㄷ[디]는 "·뒤(띠), ·담(담)"과 같이 쓰며, ㅌ[티]는 "고·티(고치), 두텁(두꺼비)"과 같이 쓴다. ㄴ[니]는 "노로(노루), 납(원숭이)"과 같이 쓴다. ㅂ[비]는 "볼(팔), :벌(벌)"과 같이 쓰며, ㅍ[피]는 "·파(파), ·ᄑᆞᆯ(파리)"과 같이 쓴다. ㅁ[미]는 ":뫼(산), ·마(마)"와 같이 쓴다. ㅸ[ᄫᅵ]는 "사·ᄫᅵ(새우), 드·ᄫᅴ(뒤웅박)"와 같이 쓴다. ㅈ[지]는 "·자(자), 죠·ᄒᆡ(종이)"와 같이 쓴다. ㅊ[치]는 "·체(체), ·채(채찍)"와 같이 쓴다. ㅅ[시]는 "·손(손), :셤(섬)"과 같이 쓴다. ㅎ[히]는 "·부헝(부엉이), ·힘(힘줄)"과 같이 쓴다. ㅇ[이]는 "·비육(병아리), ·ᄇᆞ얌(뱀)"과 같이 쓴다. ㄹ[리]는 "·무뤼(우박), 어름(얼음)"과 같이 쓴다. ㅿ[ᅀᅵ]는 "아ᅀᆞ(아우), :너ᅀᅵ(느시)"와 같이 쓴다.
2	중성자 용례	中聲ㆍ, 如·ᄐᆞᆨ爲頤, ·ᄑᆞᆺ爲小豆, ᄃᆞ리爲橋, ·ᄀᆞ래爲楸. ㅡ, 如·믈爲水, ·발·측爲跟, 그력爲鴈, 드·레, 爲汲器. ㅣ, 如·깃爲巢, :밀爲蠟, ·피爲稷, ·키爲箕. ㅗ, 如·논爲水田, ·톱爲鉅, 호·ᄆᆡ爲鉏 벼·로爲硯. ㅏ, 如·밥爲飯, ·낟爲鎌, 이·ᅌᅡ爲綜, 사·ᄉᆞᆷ爲鹿. ㅜ, 如숫爲炭, ·울爲籬, 누·에爲蚕, 구·리爲銅. ㅓ, 如브ᅀᅥᆸ爲竈, :널爲板, 서·리爲霜, 버·들爲柳. ㅛ, 如·죵爲奴, ·고욤爲梬, ·쇼爲牛, 삽됴爲蒼朮菜. ㅑ, 如남샹	가운뎃소리글자 ㆍ는 "·ᄐᆞᆨ(턱), ·ᄑᆞᆺ(팥), ᄃᆞ리(다리), ·ᄀᆞ래(가래)"와 같이 쓴다. ㅡ는 "·믈(물), ·발·측(발꿈치, 발의 뒤축), 그력(기러기), 드·레(두레박)"와 같이 쓴다. ㅣ는 "·깃(둥지), :밀(밀랍), ·피(피), ·키(키)"와 같이 쓴다. ㅗ는 "·논(논), ·톱(톱), 호·ᄆᆡ(호미), 벼·로(벼루)"와 같이 쓴다. ㅏ는 "·밥(밥), ·낟(낫), 이·ᅌᅡ(잉아), 사·ᄉᆞᆷ(사슴)"과 같이 쓴다. ㅜ는 "숫(숯), ·울(울타리), 누·에(누에), 구·리[구리]"와 같이 쓴다. ㅓ는 "브ᅀᅥᆸ(부엌), :널(널판), 서·리(서리), 버·들(버들)"과 같이 쓴다. ㅛ는 "·죵(종, 노비), ·고욤(고욤), ·쇼(소), 삽됴(삽주)"와 같이 쓴다. ㅑ는 "남샹(남생이),

문단	주제	한문	현대어 번역
		爲龜, 약爲黿鼉, 다·야爲匜, 쟈감爲蕎麥皮. ㅠ, 如율믜爲薏苡, 쥭爲飯熏, 슈룹爲雨繖, 쥬련爲帨. ㅕ, 如·엿爲飴餹, ·뎔爲佛寺, ·벼爲稻, :져비爲燕.	약(바다거북), 다야(손대야), 쟈감(메밀껍질)"과 같이 쓴다. ㅠ는 "율믜(율무), 쥭(밥주걱), 슈룹(우산), 쥬련(수건)"과 같이 쓴다. ㅕ는 "·엿(엿), ·뎔(절), ·벼(벼), :져비(제비)"와 같이 쓴다.
3	종성자 용례	終聲ㄱ, 如닥爲楮, 독爲甕. ㆁ, 如굼벙爲蠐螬, ·올창爲蝌蚪. ㄷ, 如·갇爲笠, 싣爲楓. ㄴ, 如·신爲屨, ·반되爲螢. ㅂ, 如섭爲薪, ·굽爲蹄. ㅁ如:범爲虎, :심爲泉. ㅅ, 如:잣爲海松, ·못爲池. ㄹ, 如·돌爲月, :별爲星之類.	끝소리글자 ㄱ[윽]은 "닥(닥나무), 독(독)"과 같이 쓴다. ㆁ[응]은 "굼벙(굼벵이), ·올창(올챙이)"과 같이 쓴다. ㄷ[읃]은 "·갇(갓), 싣(신나무)"과 같이 쓴다. ㄴ[은]은 "·신(신), ·반되(반디)"와 같이 쓴다. ㅂ[읍]은 "섭(섶나무), ·굽(발굽)"과 같이 쓴다. ㅁ[음]은 ":범(범), :심(샘)"과 같이 쓴다. ㅅ[읏]은 ":잣(잣), ·못(연못)"과 같이 쓴다. ㄹ[을]은 "·돌(달), :별(별)" 따위와 같이 쓴다.

7. 정인지서

문단	주제	한문	현대어 번역
1	소리와 문자의 필연성과 천지인 삼재 이치	有天地自然之聲, 則必有天地自然之文. 所以古人因聲制字, 以通萬物之情, 以載三才之道, 而後世不能易也.	천지자연의 소리가 있으면 반드시 천지자연의 문자가 있다. 그러므로 옛사람이 소리를 바탕으로 글자를 만들어서 만물의 뜻을 통하고, 하늘 · 땅 · 사람의 세 바탕 이치를 실었으니 후세 사람들이 능히 글자를 바꿀 수가 없었다.
2	지역에 따른 소리와 문자의 특수성과 중국 문자 차용의 모순	然四方風土區別, 聲氣亦隨而異焉. 盖外國之語, 有其聲而無其字. 假中國之字以通其用, 是猶枘鑿之鉏鋙也, 豈能達而無礙乎. 要皆各隨所處而安, 不可强之使同也.	그러나 사방의 풍토가 구별되고 말소리의 기운 또한 다르다. 대개 중국 이외의 다른 나라 말은 그 말소리에 맞는 글자가 없다. 그래서 중국 글자를 빌려 소통하도록 쓰고 있는데, 이것은 마치 모난 자루를 둥근 구멍에 끼우는 것과 같으니, 어찌 제대로 소통할 때 막힘이 없겠는가? 중요한 것은 모두 각각 놓인 곳에 따라 자연스럽게 할 것이지, 억지로 같게 하여서는 안 될 것이다.
3	조선의 한문 사용 문제와 이두의 한계와 문제	吾東方禮樂文章, 侔擬華夏. 但方言俚語, 不與之同. 學書者患其旨趣之難曉, 治獄者病其曲折之難通,	우리 동방의 예악과 문장이 중화[중국]와 같아 견줄 만하다. 다만 우리말은 중국말과 같지 않다. 그래서 한문으로 된 글을 배우는 이는 그 뜻을 깨닫기가 어려움을 걱정하고, 범죄 사건을 다루는 관리는 자세한 사정을 파악하

문단	주제	한문	현대어 번역
		昔新羅薛聰, 始作吏讀, 官府民間,至今行之. 然皆假字而用, 或澁或窒. 非但鄙陋無稽而已, 至於言語之間, 則不能達其萬一焉.	기가 어려운 것을 근심했다. 옛날 신라의 설총이 이두를 처음 만들어서 관청과 민간에서 지금도 쓰고 있다. 그러나 모두 한자를 빌려 쓰는 것이어서 매끄럽지도 아니하고 막혀서 답답하다. 이두 사용은 오로지 몹시 속되고 일정한 규범이 없을 뿐이니, 실제 언어 사용에서는 그 만분의 일도 소통하지 못한다.
4	훈민정음 28자 창제 사실, 제자 원리와 가치	癸亥冬. 我殿下創制正音二十八字, 略揭例義以示之, 名曰訓民正音. 象形而字倣古篆, 因聲而音叶七調. 三極之義, 二氣之妙, 莫不該括. 以二十八字而轉換無窮, 簡而要, 精而通.	계해년 겨울(1443년 12월)에 우리 임금께서 정음 스물여덟 자를 창제하여, 간략하게 설명한 '예의'를 들어 보여 주시며 그 이름을 '훈민정음'이라 하셨다. 꼴을 본떠 만들어 글꼴은 옛 '전서체'와 비슷하지만, 말소리에 따라 만들어 그 소리는 음률의 일곱 가락에도 들어맞는다. 하늘 · 땅 · 사람의 세 바탕 뜻과 음양 기운의 신묘함을 두루 갖추지 않은 것이 없다. 스물여덟 자로 끝없이 바꿀 수 있어, 간결하면서도 요점을 잘 드러내고, 정밀한 뜻을 담으면서도 두루 통할 수 있다.
5	훈민정음의 실용성과 우수성	故智者不終朝而會, 愚者可浹旬而學. 以是解書, 可以知其義. 以是聽訟, 可以得其情. 字韻則淸濁之能辨, 樂歌則律呂之克諧. 無所用而不備, 無所往而不達. 雖風聲鶴唳, 鷄鳴狗吠, 皆可得而書矣.	그러므로 슬기로운 사람은 하루아침이 다 가기도 전에, 슬기롭지 못한 이라도 열흘 안에 배울 수 있다. 훈민정음으로 한문을 풀이하면 그 뜻을 알 수 있다. 훈민정음으로 소송 사건을 기록하면, 그 속사정을 이해할 수 있다. 글자 소리로는 맑고 흐린 소리를 구별할 수 있고, 음악 노래로는 노랫가락을 어울리게 할 수 있다. 글을 쓸 때에 글자가 갖추어지지 않은 바가 없으며, 어디서든 뜻을 두루 통하지 못하는 바가 없다. 비록 바람소리, 두루미 울음소리, 닭소리, 개 짖는 소리라도 모두 적을 수 있다.
6	훈민정음 해례본 집필 맥락과 가치	遂命詳加解釋, 以喩諸人. 於是, 臣與集賢殿應敎臣崔恒, 副校理臣朴彭年, 臣申叔舟, 修撰臣成三問, 敦寧府注簿臣姜希顔, 行集賢殿副修撰臣李塏, 臣李善老等, 謹作諸解及例, 以敍其梗槩. 庶使觀者不師而自悟.	드디어 임금께서 상세한 풀이를 더하여 모든 사람을 깨우치도록 명하시었다. 이에 신이 집현전 응교 최항과 부교리 박팽년과 신숙주, 수찬 성삼문과 돈녕부 주부 강희안, 행 집현전 부수찬 이개와 이선로 등과 더불어 삼가 여러 가지 풀이와 보기를 지어서, 그것을 간략하게 서술하였다. 바라건대 이 책을 보는 사람은 스승 없이도 스스로 깨치도록 하였다.

문단	주제	한문	현대어 번역
7	세종대왕의 공로와 그에 따른 훈민정음 해례본 간행의 역사적 의미	若其淵源精義之妙，則非臣等之所能發揮也．恭惟我殿下，天縱之聖，制度施爲超越百王．正音之作，無所祖述，而成於自然．豈以其至理之無所不在，而非人爲之私也．夫東方有國，不爲不久，而開物成務之大智，盖有待於今日也歟．	그 근원과 정밀한 뜻은 신묘하여 신하 된 자들로서는 감히 밝혀 보일 수 없다. 공손히 생각하옵건대 우리 전하는 하늘이 내리신 성인으로서 지으신 법도와 베푸신 업적이 모든 임금들을 뛰어넘으셨다. 정음 창제는 앞선 사람이 이룩한 것에 따른 것이 아니요, 자연의 이치를 따른 것이다. 참으로 그 지극한 이치가 없는 곳이 없으니, 사람의 힘으로 사사로이 한 것이 아니다. 무릇 동방에 나라가 있은 지가 오래지 않음이 아니로되, 만물의 뜻을 깨달아 모든 일을 온전하게 이루게 하는 큰 지혜는 오늘을 기다리고 있었던 것이다.
8	훈민정음 해례본 간행 날짜와 발문(정인지서) 지은이	正統十一年九月上澣．資憲大夫禮曹判書集賢殿大提學知春秋館事 世子右賓客臣鄭麟趾拜手稽首謹書	정통 11년(세종 28년, 1446년) 9월 상순. 자헌대부 예조판서 집현전 대제학 지춘추관사 세자우빈객 정인지는 두 손 모아 머리 숙여 삼가 쓰옵니다.

9장

≪훈민정음≫ 해례본 영문 번역

* 출처:Written by King Sejong et al 8 Translated by: Jordan Deweger · Kim Seul-ong.(2015). Correct Sounds for the Instruction of the People. Kim Seul-ong. 2015. ≪훈민정음 해례본-한글의 탄생과 역사≫. Seoul: Kyobomungo. pp.158-182.

* 세종 외 8인 지음/조던 드웨거 · 김슬옹 옮김(2015). Translation of the "Correct Sounds for the Instruction of the People"《훈민정음》해례본. 김슬옹(2015). ≪훈민정음 해례본-한글의 탄생과 역사≫. 교보문고. 158-182쪽.

Correct Sounds for the Instruction of the People(Hunminjeongeum)

Part 1. Correct Sound

1. Preface by King Sejong

The spoken language of our country is different from Chinese and as a result does not coordinate well with written Chinese characters. Therefore, even if the ignorant masses have something to say, there are many people who are unable to express it in writing. Finding this pitiful, I have created new twenty-eight letters, no more than to make it convenient for all people to easily learn and use them in their daily life.

2. Definition and Examples of the basic Consonants and Vowels

〈1〉 The initial consonant letter font and pronunciation

ㄱ/k/ Molar sound(velar consonant), like the first sound of the character '**군**(君)' /kun/.

When written consecutively it is like the first sound of the character '**끃**(虯)' /k'ju/.

ㅋ/kʰ/ Molar sound(velar consonant), like the first sound of the character '**쾌**(快)' /kʰwaj/.

ㆁ/ŋ/ Molar sound(velar consonant), like the first sound of the character '**업**(業)'/ ŋ əp/.

ㄷ/t/ Lingual sound(alveolar consonant), like the first sound of the character '**두**(斗)' /tu/.

When written consecutively it is like the first sound of the character '**땀**(覃)' /t'am/.

ㅌ/tʰ/ Lingual sound(alveolar consonant), like the first sound of the character '**툰**(呑)'/tʰʌn/.

ㄴ/n/ Lingual sound(alveolar consonant), like the first sound of the character '**나**(那)'/na/.

ㅂ/p/ Lip sound(labial consonant), like the first sound of the character '**볋**'(彆) /pjət/.

When written consecutively it is like the first sound of the character '**뽀**'(步) /p'o/.

ㅍ/pʰ/ Lip sound(labial consonant), like the first sound of the character '**표**(漂)'/pʰjo/.

ㅁ/m/ Lip sound(labial consonant), like the first sound of the character '**미**(彌)'/mi/.

ㅈ/ts/ Teeth sound(alveolar consonant), like the first sound of the character '즉(即)'/tsɨk/.

When written consecutively it is like the first sound of the character '**쪼**(慈)'/ts'ʌ/.

ㅊ/tsʰ/ Teeth sound(alveolar consonant), like the first sound of the character '**침**(侵)'/tsʰim/.

ㅅ/s/ Teeth sound(alveolar consonant), like the first sound of the character '**슏**(戌)'/sjut/.

When written consecutively it is like the first sound of the character '쌰(邪)' /s'ja/.

ᅙ/ʔ/ Guttural sound(laryngeal consonant), like the first sound of the character 'ᅙᅳᆸ(挹)' /ʔɨp/.

ᄒ/h/ Guttural sound(laryngeal consonant), like the first sound of the character '허(虛)' /hə/.

When written consecutively it is like the first sound in the character 'ᅘᅩᇰ(洪)' /xoŋ/.

ᄋ/ɦ/ Guttural sound(laryngeal consonant), like the first sound of the character '욕(欲)' /ɦjok/.

ᄅ/ɾ/ Semi-lingual sound(lateral consonant), like the first sound of the character '려(閭)' /ɾjə/.

ᅀ/z/ Semi-teeth(semi-alveolar consonant), like the first sound of the character 'ᅀᅣᇰ(穰)' /zjaŋ/.

〈2〉 The middle vowel letter font and pronunciation

ᆞ /ʌ/ Like the middle sound of the character 'ᄐᆞᆫ(呑)'/t^hʌn/.

ᅳ/ɨ/ Like the middle sound of the character '즉(卽)'/tsɨk/.

ᅵ/i/ Like the middle sound of the character '침(侵)'/ts^him/.

ᅩ/o/ Like the middle sound of the character 'ᅘᅩᇰ(洪)'/xoŋ/.

ᅡ/a/ Like the middle sound of the character '땀(覃)'/t'am/.

ᅮ/u/ Like the middle sound of the character '군(君)'/kun/.

ᅥ/ə/ Like the middle sound of the character 'ᅌᅥᆸ(業)'/ ŋəp/.

ᅭ/jo/ Like the middle sound of the character '욕(欲)'/ɦjok/.

ᅣ/ja/ Like the middle sound of the character 'ᅀᅣᇰ(穰)'/zjaŋ/.

ᅲ/ju/ Like the middle sound of the character '슈ᇙ(戌)'/sjut/.

ᅧ/jə/ Like the middle sound of the character '벼ᇙ(彆)'/pjət/.

〈3〉 Writing the final consonant letter

The final consonant letters are the same as those used for the initial consonant letters.

〈4〉 Writing the light labial sound

If ㅇ/o/ is written immediately after a lip sound(**labial consonant**), it becomes a light lip sound(**light labial consonant**).

〈5〉 Writing the consonant characters laterally attached

If initial consonant letters are combined, they are written side by side, the same goes for final consonant letters.

〈6〉 Writing the middle vowel attached

"ㆍ/ʌ/ ㅡ/ɨ/ ㅗ/o/ ㅜ/u/ ㅛ/jo/ ㅠ/ju/" are attached below initial consonant letters.

"ㅣ/i/ ㅏ/a/ ㅓ/ə/ ㅑ/ja/ ㅕ/jə/" are written to the right of initial consonant letters.

〈7〉 Combining to form syllables

In general, letters must always be combined to form syllables.

〈8〉 Drawing a dot on the left indication tone

One dot on the left of the character indicates a high tone, two dots indicate a rising tone, and no dots indicate an even tone. As for the falling tone, the dots have the same meaning, but the pronunciation is faster.

Part 2. Explanation and Examples of the "The Correct Sounds for the Instruction of the People"

1. Explanation of the Designs of the Letters

〈1〉 The Way of Heaven, Earth and the principle of the speech sounds

The Way of Heaven and Earth is only one, that of the interacting principles of Yin(陰, shadow) and Yang(陽, light) and the Five Elements. In between Gon(☷, Terra) and Bok(☷, Return) there is the Great Absolute, and motion and stillness are followed by the formation of Yin and Yang. Out of all the living things, what can exist without Yin and Yang? Accordingly, the speech sounds of humans are also governed by Yin and Yang, though people do not take careful notice of this. The creation of this Jeongeum ("Correct Sounds") has not arisen from a difficult task requiring wisdom, rather it is simply the result of persistent research of the principle of the speech sounds. The principle is not two, but one; thus, it must be used by both spirits of Heaven and of Earth.

〈2〉 Creating principle of 17 initial consonant letters

All of the 28 letters are made according to the shape of their respective sound. There are 17 initial consonant letters. The molar sound(velar consonant) letter ㄱ/k/ resembles the blocking of the throat with the back of the tongue. The lingual sound letter ㄴ/n/ resembles the tongue touching the upper gums (teeth-ridge). The lip sound(labial consonant) letter ㅁ/m/ resembles the shape of the mouth. The teeth sound(alveolar consonant) ㅅ/s/ resembles the shape a tooth. The guttural sound(laryngeal consonant) ㅇ/ɦ/ the shape of the throat.

The sound of ㅋ/kʰ/ is more strongly pronounced than ㄱ/k/ so one more stroke is added to the character. According to this system ㄷ/t/ comes from ㄴ/n/, ㅌ/tʰ/ comes from ㄷ/t/, ㅂ/p/ from ㅁ/m/, ㅍ/pʰ/ from ㅂ/p/, ㅈ/ts/ from ㅅ/s/, ㅊ/tsʰ/, from ㅈ/ts/, ㆆ/ʔ/ from ㅇ/ɦ/ and ㅎ/h/ from ㆆ/ʔ/, as a stroke is added to signify stronger pronunciation, with the exception of ㆁ/ŋ/.

The semi-lingual sound(semi-alveolar consonant) ㄹ/ɾ/ and the semi-teeth sound(semi-alveolar consonant) ㅿ/z/ are made to resemble the shape of the tongue and tooth respectively, so the meaning of adding one stroke does not apply because it follows a different system of forming characters than the above system.

〈3〉 The initial consonant letter's phonetic science and properties of the Yin-Yang and Five-Elements

Generally speaking the sounds of humans are based on the Five Elements (Water, Fire, Earth, Metal, Wood). Therefore, they are in accordance with the four seasons and the Eastern pentatonic scale.

The throat is deep and moist, thus as one of the Five Elements it is regarded as Water. Just as water is clear and flows freely, the sound that comes from the throat is free and unhindered. As one of the seasons it is winter, and is the octave of "U" on the Eastern pentatonic scale.

Molar teeth are long and uneven, and are thus recognized as Wood among the Five Elements. The molar sound (velar consonant) is similar to the guttural sound but is fuller and has form, like a tree which arises from water. As a season it is spring, and is the octave of 'Gak' on the Eastern pentatonic scale.

The tongue moves quickly and is thus regarded as Fire among the Five Elements. The sound of the tongue rolls and flies like a fire blazes and flares up. As a season it is summer, and is the octave of "Chi" on the Eastern pentatonic scale.

Teeth are strong and edged, and are regarded as Metal as one of the Five Elements. The teeth sound(alveolar consonant) is high and compressed just as metal is crushed and remade. As a season it is fall, and is the octave of "Sang" on the Eastern pentatonic scale.

The lips are square and joined, and are regarded as Earth as one of the Five Elements. The lip sound(labial consonant) is full and broad just as the Earth is, which contains all things. As a season it is late summer, and is the octave of "Gung" on the Eastern pentatonic scale.

〈4〉 Properties of the vocal organs and the Yin-Yang and Five-Elements

Water is the source of all life and fire is the process by which things are created. As such, they are the most important of the Five Elements. The throat is the gate from which all sounds come and the tongue is the organ which distinguishes sounds, thus making the guttural and lingual sounds (alveolar consonant) the most important among the five sounds. The throat is the furthest back, followed by the molars; they are the North and East. The tongue and teeth are next; they are the South and West. The lips are final; Earth does not have any fixed direction but it contributes to the flourishing of the four seasons. Thus, each initial consonant has its own directional number and corresponds to the Five Elements and Yin Yang.

〈5〉 Classification and properties from the perspective of sound quality of the initial consonant letter

Also, let's say about sounds as clarity and thickness. "ㄱ/k/ㄷ/t/ㅂ/p/ㅈ/ts/ㅅ/s/ㆆ/ʔ/" are completely clear, whereas "ㅋ/kʰ/ㅌ/tʰ/ㅍ/pʰ/ㅊ/tsʰ/ㅎ/h/" are partially clear and "ㄲ/k'/ㄸ/t'/ㅃ/p'/ㅉ/ts'/ㅆ/s'/ㆅ/h'/" are extremely thick. "ㆁ/ŋ/ㄴ/n/ㅁ/m/ㅇ/ɦ/ㄹ/ɾ/ㅿ/z/" are neither clear nor thick.

ㄴ/n/ㅁ/m/ㅇ/ɦ/ are the least strong of the sounds and even though they are at the back of the order but they come first when forming letters. ㅅ/s/ and ㅈ/ts/ are completely clear but ㅅ/s/ is less strong compared to ㅈ/ts/ and thus comes first when forming letters.

In regards to the molar sound(velar consonant) ㆁ/ŋ/, the back of the tongue blocks the throat so sound is produced through the nose, but the ㆁ/ŋ/ sound and the ㅇ/ɦ/ sound are similar so the Rhyming Dictionary often confuse the two sounds. ㆁ/ŋ/ is designed after the shape of the throat so it is not used for the beginning of molar sounds(velar consonant) letters.

The throat correlates to Water and the molar teeth correlate to Tree, ㆁ/ŋ/ is a molar sound(velar consonant) that is similar to ㅇ/ɦ/, just as tree sprouts which grow from water are soft and remain full of water.

Since ㄱ/k/ is based on the substance of a Tree, ㅋ/kʰ/ is like a tree which has flourished and grown dense, and ㄲ/k'/ is like a Tree that has fully matured and grown strong. All of these letters are formed according to the shape of the molars.

When completely clear letters are written side by side they become completely thick, meaning that the completely clear sounds become completely thick when coalesced. However, for partially clear letters, only the guttural sounds(laryngeal consonants) become completely thick, this is because the sound of ㆆ/ʔ/ is too deep and cannot coalesce, whereas the sound of ㅎ/h/ is lighter and thus coalesces and becomes a completely thick sound.

〈6〉 Properties of the labial sound

When ㅇ/ɦ/ is written below a lip sound(**labial consonant**) it becomes softer. This is because the guttural sound(**laryngeal consonant**) is strong so the lips are momentarily closed.

〈7〉 Properties of the 17 middle vowel letters phoneme and the Yin-Yang and Five-Elements

As for middle vowel letters, there are eleven letters. As for • /ʌ/, the tongue contracts and the sound is deep, like when Heaven opens at the hour of the Rat(11pm–1am). The round shape of the character represents heaven.

ㅡ/ɨ/ is pronounced by slightly contracting the tongue, thus it is neither deep nor shallow, like when the earth opens at the hour of the Ox(1am–3am). The shape of the flat character is made to resemble the flatness of the earth.

As for 'ㅣ/i/', the tongue is not contracted so the sound is light, like when humans are born during the hour of the Tiger(3am–5am). The vertical shape of the character resembles a human standing upright.

The following eight sounds are either nearly closed or wide open.

ᆢ/o/ is the same middle vowel[positive vowels] as • /ʌ/, but pronounced with pursed lips, the reason why the shape of • and ㅡ/ɨ/ are combined, because the shape resembles Heaven and Earth as they first interact.

ㅏ/a/ is the same middle vowel[positive vowels] as • /ʌ/, but pronounced with a wide open mouth, the reason why the shape is formed by joining ㅣ/i/ and •/ʌ/, meaning that all things come from Heaven and Earth, but wait upon humans for their completion.

ㅜ/u/ is the same middle vowel[negative vowels] as ㅡ/ɨ/, but pronounced with pursed lips, the reason why the shape is formed by joining ㅡ/ɨ/ and •/ʌ/ which also represents the first interaction of Heaven and Earth.

ㅓ/ə/ is the same middle vowel[negative vowels] as ㅡ/ɨ/, but pronounced with a wide open mouth, the reason why the shape is formed by joining •/ʌ/ and ㅣ/i/ which again means that all things begin with Heaven and Earth, but wait upon humans for their completion.

〈8〉 Properties of primary vowel letters(monophthongs) and secondary vowel letters(diphthongs).

ㅛ/jo/ is the same middle vowel[positive vowels] as ㅗ/o/, but is pronounced by starting with ㅣ/i/. ㅑ/ja/ is the same middle vowel[positive vowels] as ㅏ/a/, but is pronounced by starting with ㅣ/i/. ㅠ/ju/ is the same middle vowel[negative vowels] as ㅜ/u/, but is pronounced by starting with ㅣ/i/. ㅕ/jə/ is the same middle vowel[negative vowels] as ㅓ/ə/, but is pronounced by starting with ㅣ/i/.

ㅗ/o/ ㅏ/a/ ㅜ/u/ ㅓ/ə/ originate from Heaven and Earth and are thus primary letters. ㅛ/jo/ ㅑ/ja/ ㅠ/ju/ ㅕ/jə/ begin with ㅣ/i/, and thus correspond to humans, making them secondary. ㅗ/o/ ㅏ/a/ ㅜ/u/ ㅓ/ə/ have one dot, meaning they were created first and are the primary letters. ㅛ/jo/ ㅑ/ja/ ㅠ/ju/ ㅕ/jə/ have two dots, meaning they were created second and are secondary letters.

The dots of ㅗ/o/ ㅏ/a/ ㅛ/jo/ ㅑ/ja/ are on the upper side or outside, meaning they come from Heaven and are equated with Yang. The dots of ㅜ/u/ ㅓ/ə/ ㅠ/ju/ ㅕ/jə/ are on the bottom or inside, meaning they come from Earth and are equated with Yin.

•/ʌ/ is part of all eight letters just like Yang leading Yin and going through all things. ㅛ/jo/ ㅑ/ja/ ㅠ/ju/ ㅕ/jə/ are all combined through humans(ㅣ), who being lord over all things are capable of participating with Yin and Yang.

⟨9⟩ Numbering properties of the middle vowel letter and the Yin–Yang and Five–Elements

Because these letters ㆍ, ㅡ, ㅣ are created from the forms of Heaven, Earth and Humans, they contain the principle of the Three Elements. Therefore, just as the Tree Elements are the source of all things, and Heaven is first among the Three Elements ㆍ/ʌ/ ㅡ/ɨ/ ㅣ/i/ are the head of the eight letters, with ㆍ/ʌ/ as first among the three.

ㅗ/o/ was first to come from Heaven, the number of Heaven is 1 from which Water comes. ㅏ/a/ follows, and the number of Heaven is 3 from which Tree comes. Next ㅜ/u/ is which first comes from Earth, and Two is the number of Earth from which Fire comes. ㅓ/ə/ comes next, and Four is the number of Earth from which Metal comes. Next ㅛ/jo/ comes a second time from Heaven, and the number of Heaven is 7, at which Fire is made complete. ㅑ/ja/ is next, and 9 is the number of Heaven at which Metal is made complete. ㅠ/ju/ comes a second time from Earth, and 6 is the number of Earth at which Water is made complete. Next is ㅕ/jə/, and 8 is the number of Earth at which Tree is made complete.

Because Water(ㅗ/o/ㅠ/ju/) and Fire(ㅜ/u/ㅛ/jo/) cannot be separated from the spirit and are at the interacting origin of Yin and Yang, they are almost closed. Because Tree(ㅏ/a/ㅕ/jə/) and Metal(ㅓ/ə/ㅑ/ja/) are firmly fixed on the foundation of Yin and Yang they are open.

ㆍ/ʌ/ the number of Heaven is 5 and the place from which Earth comes. ㅡ/ɨ/ the number of Earth is 10, at which Earth is made complete. Only 'ㅣ/i/' has no place or number because for people in general limitless truth, the vital energy of Yin and Yang, and the Five Elements are coalesced and in marvelous harmony, so their place and number cannot be ascertained.

Accordingly, the middle sounds naturally contain Yin and Yang, the Five Elements and directional numbers.

〈10〉 Comparing the middle vowel letter and the initial consonant letter

Let's compare initial consonants and middle vowels. The Yin and Yang of the middle vowels are the way of Heaven. The hardness and softness of the initial consonants are the way of the Earth. If one of the middle vowels is deep then the other is shallow, if one is pursed then the other is open, as this follows the division of Yin and Yang and the provision of the force of the Five Elements is the function of Heaven.

As for the initial consonants, some are empty and some are solid, some are blown and some are blocked, and as some are heavy others are light. Thus, exactly like initial consonants, hardness and softness is made evident so the completion of the foundation of the Five Elements is the achievement of Earth.

As middle vowels are deep or shallow and pursed or expressed they come out first, and as the Five Sounds of initial consonants are clear or unclear they follow as both initial and again as end consonants. This is indicated from how all things are born from the Earth and all things return to the Earth.

〈11〉 Meaning of the combining writing the Initial consonant letter, middle vowel letter, final consonant letter

Like the combination of initial, middle and final letters to make characters, motion and stillness become mutual roots with the meaning of Yin and Yang which are mutually transforming.

Movement is Heaven, stillness is Earth. Movement and stillness together are humans. Generally, the Five Elements are the movement of the cosmos in Heaven, the fulfillment of substance on Earth, and for humans they are benevolence, courtesy, sincerity, righteousness, and wisdom as the movement of the cosmos and the liver, heart, spleen, lung and kidney as the fulfillment of substances.

The initial consonants hold the meanings of movement and prospering, thus they are the work of Heaven. The final consonants hold the meaning of fixation and stillness and thus they are the work of Earth. As for the middle vowels, they follow the emergence of the initial consonants and the completion of the final consonants, thus combined, they are the work of humans.

The middle vowels are the most important since they join the initial consonants and final consonants to form syllables. Likewise, all things are born of and built upon Heaven and Earth but making them useful and mutually beneficial depends entirely on humans.

As for the use of initial letters again as final consonants, Yang is dynamic so it is Heaven, Yin is static so it is also Heaven, and Heaven, though in reality is actually divided between Yin and Yang because it is the sovereign which presides and rules over all things.

The spirit flows universally and endlessly; the four seasons are in an endless cycle, the end of all things are again the start of all things, just as spring comes again from winter. In the same way, initial consonants again become final consonants and final consonants again become first consonants.

〈12〉 Admiration of Hunminjeongeum's principles and praise for King Sejong the Great, who created Hunminjeongeum

Ah, the creation of Jeongeum contains the principles of all the things of Heaven and Earth; Jeongeum is so mysterious. It is certainly as if the mind of King Sejong the Great was opened by Heaven; it is clear that Heaven has lent a helping hand.

〈13〉 Summarizing verse for *Explanation of the Designs of the Letters*

The harmony of Heaven and Earth is originally the spirit of one
Yin–Yang and the Five Elements mutually become the beginning and the end.

All things between Heaven and Earth have form and sound
As for the origin, it is not both but through principle and number.

When the characters for Jeongeum were made, they were made according to their form
Following the intensity of the sound one more stroke is added.

The sounds come from the molars, tongue, mouth, teeth, and throat
From here seventeen initial sound letters come.

The molar sound character follows the appearance of the back of the tongue blocking the throat
Only ㆁ/ŋ/ and ㅇ/ɦ/ are similar but assume different meanings.

The lingual sound character follows the shape of the tongue touching the upper teeth ridge
The labial sound character assumed the shape of the mouth.

The teeth sound(alveolar consonant) character and the guttural sound follows the shape of the teeth and throat
If one knows the meaning of these five letters the principle behind these sounds are revealed.

There are also semi-lingual(semi-alveolar) sound(ㄹ) and the semi-teeth(semi-alveolar) sound(ㅿ) letters
The imitations are similar but their structure is seemingly different.

The sounds of "ㄴ/n/ㅁ/m/ㅅ/s/ㅇ/ɦ/" are not strong
Even though final in order, they are first when forming characters.

Matching these letters with the four seasons and the force of Heaven and Earth
There is nothing that does not harmonize with the Five Elements and Five Sounds.

The guttural sound is Water as one of the Five Elements, winter as a season, and "U" as one of the sounds on the Eastern pentatonic scale
The molar sound is Tree as one of the Five Elements, spring as a season, and "Gak" as one of the sounds on the Eastern pentatonic scale.

The lingual sound is "Chi" as one of the sounds on the Eastern pentatonic scale, summer as a season and Fire as one of the Five Elements

The teeth sound(alveolar consonant) is "Sang" on the Eastern pentatonic scale, winter as a season and Metal as one of the Five Elements.

While the labial sound originally does not have a determined direction or number
It is Earth as one of the Five Elements, late summer as one of the seasons and "Gung" as one of the sounds on the Eastern pentatonic scale.

The sounds of speech are naturally both clear and thick
The important thing is when the first sound comes out they must be carefully observed and considered.

As "ㄱ/k/ㄷ/t/ㅂ/p/" are completely clear sounds
So too the sounds of "ㅈ/ts/ㅅ/s/ㆆ/ʔ/" are completely clear sounds

The similar thing for "ㅋ/kʰ/ㅌ/tʰ/ㅍ/pʰ/ㅊ/tsʰ/ㅎ/h/" is that
Of the five sounds each one is a slightly less clear sound.

As "ㄲ/k'/ㄸ/t'/ㅃ/p'/" are completely thick sounds
So too are "ㅉ/ts'/ㅆ/s'/" and "ㆅ/x/".

If completely clear letters are written side by side they become completely thick letters
But 'ㆅ/x/' which comes from 'ㅎ/h/' is different.

As for "ㆁ/ŋ/ㄴ/n/ㅁ/m/ㅇ/ɦ/"and "ㄹ/ɾ/ ㅿ/z/"
Their sound is neither clear nor thick.

If ㅇ/ɦ/ is written underneath a labial sound letter, it becomes a light labial sound

The guttural sound becomes stronger and the lips come together lightly.
There are 11 middle vowels and they are also modeled after their form
Their deep meaning cannot be inferred easily yet.

• /ʌ/ is modeled after heaven and the sound is the deepest
Its round form is like a bullet.

ㅡ/ɨ/ is not deep nor light
Its flat shape is modeled after the earth.

ㅣ /i/ is modeled after a standing person so its sound is light
Herein the principle of the Three Elements is present.

ㅗ/o/ comes from Heaven (• /ʌ/) so it is almost closed
Its shape follows the roundness of Heaven's harmony with the flatness of Earth.

ㅏ/a/ again comes from Heaven so it is opened wide
As all things come to life, they are made complete by humans.

The single round dot means original birth
Coming from Heaven it is Yang, so it is placed on the topside and the outside.

As ㅛ/jo/ ㅑ/ja/ unites humans they become another again
One can see this meaning in the shape of the two round dots.

As ㅜ/u/ and ㅓ/ə/ and ㅠ/ju/ and ㅕ/jə/ come from Earth
As can be understood from the examples, why then explain something that is naturally understood.

As • /ʌ/ is found in all 8 letters
Only the action of Heaven universally flows to all places.

The four sounds (ᆢ/jo ㅑ/ja/ㅠ/ju/ ㅕ /jə/) contain humans and there is reason
Humans(ㅣ /i/) take part in Heaven and Earth as they are supreme.

Also, if one observes the profound principle of the three sounds (initial, middle and final)
Hard and soft, Yin and Yang are naturally present.

The middle vowels according to the action of Heaven are divided into Yin and Yang
The initial sounds represent hardness and softness which are the merits of Earth.

If a middle sound is called an initial sound answers in kind
The existence of Heaven before Earth is the principle of nature.

The thing that answers may be an initial sound or a final sound
All things come from Earth and again return to the Earth.

If Yin changes it becomes Yang and if Yang changes it becomes Yin
Movement and stillness become the root of each other.

As initial sounds have the meaning of coming back to life
They become the movement of Yang and so become the governor of Heaven.

As the final sound is compared with Earth, it means the motionlessness of Yin
The sound of the letter ceases here and so is fixed.

The making of rhyme is the essence of the function of the middle sound
Because humans' capability can aid the justification of Heaven and Earth.

The operation of Yang is through Yin
When it is fully complete and unfolds it returns again.

Even as the initial sound and final sound are divided into Heaven and Earth.
One can know the meaning of using the initial sound as a final sound.

Jeongeum only has 28 letters
Yet as one studies their deepness and complexity they can uncover the key point.

The meaning is profound yet the language is accessible so the common people can be taught easily
As a gift from Heaven by what wisdom and skill has this been done?

2. Explanation of Initial Sounds

〈1〉 Meaning of the initial consonant letter and examples

The initial consonants of Jeongeum are namely the mother-sounds of the Rhyming Dictionary. As a result of this the voice became the base, thus being referred to as the mother.

In regards to the molar sound(velar consonant), ㄱ/k/ is the initial sound of the letter '군' /kun/, so 'ㄱ' /k/ and ᅟᅮᆫ/un/ join to become '군' /kun/. The initial sound of '쾌' /kʰwaj/ is ㅋ/kʰ/, so ㅋ/kʰ/ and ᅫ/waj/ join to become 쾌/kʰwaj/. The initial sound of '뀨' /k'yu/ is ㄲ/k'/, so ㄲ/k'/ and ㅠ/ju/ are joined, becoming 뀨/k'ju/. ㆁ/ŋ/ is the initial sound of ᅌᅥᆸ/ŋəp/,which is the same as ㆁ/ŋ/ and ᅟᅥᆸ/əp/ are joined, becoming ᅌᅥᆸ/ŋəp/.

The lingual sounds "ㄷ/t/ㅌ/tʰ/ㄸ/t'/ㄴ/n/", the labial sounds "ㅂ/p/ㅍ/pʰ/ㅃ/p'/ㅁ/m/", the teeth(alveolar) sounds "ㅈ/ts/ㅊ/tsʰ/ㅉ/ts'/ㅅ/s/ㅆ/s'/" and the guttural sounds "ㆆ/ʔ/ㅎ/h/ㆅ/x/ㅇ/ɦ/" as well as the semi-lingual and the semi-teeth(alveolar) sounds "ㄹ/ɾ/ㅿ/z/" all have the same principle.

〈2〉 Summarizing verse for *Explanation of Initial Sounds*

The sounds of "ㄱ/k/ㅋ/kʰ/ㄲ/k'/ㆁ/ŋ/" are the molar sounds (velar consonants)
The lingual sounds are "ㄷ/t/ㅌ/tʰ/" and in "ㄸ/t'/ㄴ/n/".

"ㅂ/p/ㅍ/p^h/ㅃ/p'/ㅁ/m/" are namely the labial sounds
Of the teeth(alveolar) sounds there are "ㅈ/ts/ㅊ/ts^h/ㅉ/ts'/ㅅ/s/ㅆ/s'/".

"ㆆ/ʔ/ㅎ/h/ㆅ/x/ㅇ/ɦ/" are namely the guttural sounds
ㄹ/ɾ/ is a semi-lingual, ㅿ/z/ is semi-teeth(alveolar).

Twenty three letters become the initial sound
The existence of every sound is based on them.

3. Explanation of the Middle Sounds

⟨1⟩ Function of the middle vowel letter and Example

The middle sounds are the sounds in the middle of a character so the initial sound and final sound are joined to form syllables. The middle sound of '툰'/t^hʌn/ is ㆍ/ʌ/, so ㆍ/ʌ/ between ㅌ/t^h/ and ㄴ/n/ becomes '툰/t^hʌn/'.

The middle sound of '즉/tsɨk/' is ㅡ/ɨ/, so when ㅡ/ɨ/ is placed between ㅈ/ts/ and ㄱ/k/ it becomes '즉/tsɨk/'. The middle sound of '침'/ts^him/ is ㅣ/i/, which is the same as ㅣ/i/ between ㅊ/ts^h/ and ㅁ/m/ becomes '침/ts^him/'. "ㅗ/o/ ㅏ/a/ ㅜ/u/ ㅓ/ə/ ㅛ/jo/ ㅑ/ja/ ㅠ/ju/ ㅕ/jə/" of "ᅘᅩᆼ/xoŋ/ · 땀/t'am/ · 군/kun/ · 업/ŋəp/ · 욕/jok/ · 샹/zjaŋ/ · 슏/sjut/ · 볃/pjət/" all follow this same principle.

⟨2⟩ Writing laterally attached the middle vowel letters

When two letters are combined and written, ㅗ/o/ and ㅏ/a/ equally come out of ㆍ/ʌ/ [positive vowels], so they are joined to become ㅘ/wa/. ㅛ/jo/ and ㅑ/ja/ come from ㅣ/i/, so they combine to form ㆇ/joja/. ㅜ/u/ and ㅓ/ə/ equally come from ㅡ/ɨ/ and are joined to form ㅝ/wə/. ㅠ/ju/ and ㅕ/jə/ also come from ㅣ/i/ and combine to form ㆊ/jujə/. Since these letters are of the same kind from the same thing, they go well together without discord.

〈3〉 The middle vowel letter, Combining with 'ㅣ'

"ㆎ /ʌj/ㅢ /ɨj/ㅚ /oj/ㅐ /aj/ㅟ /uj/ㅔ /əj/ㆉ /joj/ㅒ /jaj/ㆌ /juj/ㅖ /jəj/" are the ten single middle sounds that are formed into one character by combining with ㅣ /i/. "ㅙ /waj/ㅞ /wəj/ᆆ /jojaj/ᆒ /jujəj/" are the four which are formed by combining with ㅣ /i/.

ㅣ /i/ is able to differentiate deep, shallow, closed, and open sounds as the tongue flattens out and the sound is shallow so the mouth is opened easily. Likewise humans(ㅣ /i/) participate and contribute in all things so there is nothing that cannot be understood.

〈4〉 Summarizing verse for *Explanation of the Middle Sounds*

For every syllabic sound there is a middle sound
Openness and closedness must be found in the middle sounds.

ㅗ/o/ and ㅏ/a/ come from ㆍ/ʌ/ [positive vowels], so they can be joined together
ㅜ/u/ and ㅓ/ə/ come from ㅡ/ɨ/ [negative vowels], so they may be joined as well.

ㅛ/jo/ and ㅑ/ja/, ㅠ/ju/ and ㅕ/jə/
Each one follows a way so one can infer and understand the meaning.

The letter ㅣ /i/ is used the most so
14 sounds are modelled after it.

4. Explanation of the Final Sounds

〈1〉 Meaning of the final consonant letter and examples

The final sounds along with the initial and middle sounds form syllabic characters. For example, the final sound of the character 즉/tsɨk/ is ㄱ/k/, which is the same as ㄱ/k/ is placed at the end of 즈/tsɨ/, becoming 즉/tsɨk/. The final sound of the character '홍'/xoŋ/ is ㆁ/ŋ/, which is the same as ㆁ/ŋ/ is placed at the end of 호/xo/, becoming 홍/xoŋ/. The same goes with the lingual sound, labial sound, teeth(alveolar) sound and guttural sound.

〈2〉 Properties of the final consonant letter and tone connection

Because there is a difference between fast and slow sounds, the even, rising and high tones' final sound is different than the extremely fast falling tone. Sounds which are neither clear nor thick are not strong so when used as a final sound they rightly become the even, rising, and high tones. The letters with extremely clear, slightly less clear, and extremely thick sounds have a strong sound so when used as a final sound they rightly become falling tones. Accordingly, the six letters of ㆁ/ŋ/ㄴ/n/ㅁ/m/ㅇ/ɦ/ㄹ/l/ㅿ/z/ become the final sound for the even, rising, and high tones and the rest all become the final sound for the falling tone.

〈3〉 Using only 8 final consonant letters as every final consonants

The eight letters of ㄱ/k/ㆁ/ŋ/ㄷ/t/ㄴ/n/ㅂ/p/ㅁ/m/ㅅ/s/ㄹ/l/ are sufficient to use. As an example, like in "빗곶(Pear blossom, /pʌjskots/)" or "엿의갗(Fox pelt, /ɦjəzɦɨkats[h]/)"ㅅ/s/ can be used without exception so it is simply like using ㅅ/s/ on its own. The sound of ㅇ/ɦ/ is clear and empty so even if it is not used as a final sound the middle sound itself can still produce a syllable.

〈4〉 The quickness and slowness of the final consonant letter

The final sound of '볃/pjət/' is ㄷ/t/, the final sound of '군/kun/' is ㄴ/n/, the final sound of '업/ŋəp/' is ㅂ/p/, the final sound of '땀/t'am/' is ㅁ/m/, ㅅ/s/ is the final sound of the native Korean '·옷/ot/', and ㄹ/l/ is the final sound of the native Korean '실/sil/'

The slow and fast of the Five Sounds have their complementary partners. For example, the molar sound ㆁ/ŋ/ with ㄱ/k/ becomes a complement so when ㆁ/ŋ/ is pronounced quickly it changes to ㄱ/k/ which is pronounced forcefully, and when ㄱ/k/ is pronounced slowly it changes to ㆁ/ŋ/ and becomes more relaxed. The lingual sounds of ㄴ/n/ and ㄷ/t/, the labial sounds of ㅁ/m/ and ㅂ/p/, the teeth(alveolar) sounds of ㅿ/z/ and ㅅ/s/, and the speed and slowness of the guttural sounds of ㅇ/ɦ/ and ㆆ/ʔ/ are complementary partners.

〈5〉 Usage of semi-lingual ㄹ/l/

Semi-lingual(lateral consonant) ㄹ/l/ is appropriately used for native Korean words but not for Chinese words. For the character '彆(볃, /pjət/)' of the falling tone, ㄷ/t/ should be used as the final letter but through common use it has come to be pronounced as ㄹ/l/ which then becomes a lighter sound. If ㄹ/l/ is used as the final sound of the character '·볋[彆, /pjət/]' then the sound is smoother and extended so it can no longer be a falling tone.

〈6〉 Summarizing verse for *Explanation of the Final Sounds*

If sounds that are neither clear nor thick are used as final sounds
They can be even, rising, and high tones but not falling tones.

Completely clear, slightly less clear, and completely thick sounds
Are all falling tones, so the pronunciation is extremely quick.

When the initial letter is used as a final letter the principle is naturally the same
All eight letters can be used without any problem.

ㅇ/ɦ/ is the only one that can be omitted
Only using middle sounds one can form syllables without final sounds.

If one writes the character '즉/tsɨk/' then ㄱ/k/ is used as the final sound
ㆁ/ŋ/ and ㄷ/t/ are used as the final sounds for "뽕/xoŋ/, 볃/pjət/".

What are the final sounds of "군/kun/, 업/ŋəp/, 땀/t'am/"?
They are "ㄴ/n/, ㅂ/p/, ㅁ/m/" respectively.

The six sounds (ㄱ/k/ ㆁ/ŋ/ ㄷ/t/ ㄴ/n/ ㅂ/p/ ㅁ/m/) can be used for both Chinese characters and native Korean

ㅅ/s/ and ㄹ/l/ are used as the final sounds for only '옷/ot/' and '실/sil/' in native Korean.

The Five Sounds are each naturally from the counterparts of slow and fast

The sound of ㄱ/k/ is the quicker pronunciation of ㆁ/ŋ/.

The sounds of ㄷ/t/ ㅂ/p/ become ㄴ/n/ ㅁ/m/ when pronounced slowly

ㅿ/z/ and ㅇ/ɦ/, as well as ㅅ/s/ and ㆆ/ʔ/ are counterparts.

As for ㄹ/l/, it is the appropriate mark for a final sound of native Korean but not for Chineses words.

ㄷ/t/ is pronounced lightly to become ㄹ/l/, which has become colloquial.

5. Explanation of Combining Letters

〈1〉 The structure of the syllable and Writing

The initial, middle, and final letters are combined to make syllables. The initial consonants are written above and to the left of the middle vowels. For example, in the character '군/kun/,' ㄱ/k/ is written above ㅜ/u/ and for the character '업/ŋəp/,' ㆁ/ŋ/ is written to the left of ㅓ/ə/.

〈2〉 The position of The initial consonant letter by the properties of the middle vowel letter

For middle letters which are round and horizontal ㆍ/ʌ/ㅡ/ɨ/ㅗ/o/ㅛ/jo/ㅜ/u/ㅠ/ju/, they are written below the initial consonant. The vertical initial consonants, ㅣ/i/ ㅏ/a/ ㅑ/ja/ ㅓ/ə/ ㅕ/jə/ are written to the right of the initial consonants. For example, in the character 'ᄐᆞᆫ/tʰʌn/,' ㆍ/ʌ/ is written below ㅌ/tʰ/, ㅡ/ɨ/ of the character '즉/tsɨk/' is also written below 'ㅈ/ts/', and 'ㅣ/i/' of the character '침

/ts^him/' is written to the right of ㅊ/ts^h/.

⟨3⟩ The position of the final consonant letter

Final consonants are written below the initial and middle sounds. For example, in the character of '군/kun/, 'ㄴ/n/ is written below 구/ku/, and for the character '업 /ŋəp/', ㅂ/p/ is written below 어/ŋə/.

⟨4⟩ Writing the initial consonant letters laterally attached

In the initial letters two or three different initial letters can be combined and written side by side, as in the examples of the native Korean words "ᄯᅡ(the earth /sta/), ᄧᅡᆨ(an odd member of a pair /ptsak/), and ᄢᅳᆷ(gap /pskɨm/)." The same letters can be combined and written side by side. For example, in native Korean "혀/hjə/" means tongue while "ᅘᅧ/xjə/" means pull, "괴여/koj–ɦjə/" means 'I love another' but "괴ᅇᅧ /koj–ɦ'jə/" means 'I am loved by another,' and "소다/so–da/" means to pour something but also "쏘다/s'o–da/" means to shoot something, and so on.

⟨5⟩ Writing the middle vowel letters laterally attached

The combination and use of two or three middle vowels can be seen in the example of the native Korean word "과/kwa/" which means the bridge of a Korean harp, and "홰/hwaj/" which means torch.

⟨6⟩ Writing the final consonant letters laterally attached

The combination and use of two or three final consonants in one character can be seen in the examples of native Korean words such as "ᄒᆞᆰ(흙, earth/dirt, /hʌlk/)", "낛(fishing, /naks/)", and "ᄃᆞᆰᄣᅢ(the hour of the Chicken, 5–7pm, /tʌrks–pstaj/)".

⟨7⟩ Writing the letters laterally attached

These combined letters are written from left to right, as are all initial, middle, and final letters.

〈8〉 A notation that mixes Chinese characters and native Korean characters

When Chinese characters and Hangeul (native Korean script) are mixed the sounds of the Chinese characters are followed by the addition of the middle or final sounds of Hangeul, for example '孔子ㅣ/i/ 魯ㅅ/s/ ·사ᄅᆞᆷ(Confucius is a person of "Lu", /sarʌm/)' and so on.

〈9〉 Tone of the native word

The four tones of native Korean (even, rising, high, and falling) can be seen through the examples of "활(arrow, /hwal/)" as the even tone, "돌(stone, /tol/)" as the rising tone, "갈(knife, /kal/)" as the high tone, and "붇(brush, /put/)" as the falling tone.

〈10〉 Writing dots the left for tones

As a general rule, one dot placed to the left of a letter indicates a high tone, two dots indicate a rising tone, and no dots indicate an even tone.

〈11〉 The falling tone

The falling tone of Chinese characters is similar to the high tone. The falling tone of native Korean is not fixed so it can become similar to the even tone as in "긷(pillar, /kit/), 녑(flank, /njəp/)", similar to the rising tone as in "낟(grain, /nat/), :깁(silk /kip/)", and similar to the high tone as in "·몯(nailn /mot/), ·입(mouth, /ɦip/)". The use of dots in the falling tone is the same as in the case of even tone, rising tone, and high tone.

〈12〉 Comparison of tone characteristics in the four seasons

The even tone is easy and soft so it corresponds to Spring as everything spreads and prospers. The rising tone is soft and rises so it corresponds to Summer as all things gradually become thick and dense. The high tone is raised and robust so it corresponds to Autumn as all things become ripen and mature. The falling tone is fast and constricted so it corresponds to Winter as all things are closed and come to completion.

〈13〉 The initial sounds ᅙ/ʔ/ and ㅇ/ɦ/

The initial sounds ᅙ/ʔ/ and ㅇ/ɦ/ are similar so they can be used interchangeably in native Korean.

〈14〉 Writing the light semi-lingual sound

The semi-lingual sound lateral consonart contains both light and heavy sounds. In the Rhyming Dictionary there is only one sound. While in native Korean light and heavy sounds are not distinguished, both sounds can be made. However, if one wants to distinguish between them, following the example of a light labial sound, if 'ㅇ/ɦ/' is written consecutively under 'ㄹ/ɾ/" then it becomes a light semi-lingual sound, as the tongue lightly touches the upper teeth ridge.

〈15〉 Writing method of combining ㅣ and ㆍ, ㅣ and ㅡ vertically

ㆍ/ʌ/ ㅡ/ɨ/ emerging from ㅣ/i/ are not used in native Korean. However, they do occur rarely in children's language and the dialects of outlying villages, and when they are properly combined and expressed they are written together as "ᄀᆝ/kjʌ/, ᄀᆜ/kjɨ/" This is different from other letters since vertical strokes must be written first and horizontal strokes are written second.

〈16〉 Summarizing verse for *Explanation of Combining Letters*

Initial consonant letters are written above and to the left of middle vowel letters 'ᅙ/ʔ/' and 'ㅇ/ɦ/' are used interchangeably in native Korean.

The eleven middle vowel letters are attached to the initial consonant letters
The round and horizontal strokes are written below and the vertical strokes are written on the right.

Where does one write the final consonant letters?
They are attached below the initial consonant letters and middle vowel letters.

If the initial and final consonant letters are respectively combined and written then they are written side by side
The middle vowel letters are also all written side by side from the left.

How are the four tones distinguished in native Korean?
The even tone is 'ᄫᅪᇙ/hwal/'(arrow) and the rising tone is ':돌/tol/(stone)'.

'·갈/kal/(knife)' becomes the high tone and '·붇/put/(brush)' becomes the falling tone
Looking at these four types one can understand other things as well.

To distinguish between sounds, dots on the left divide the four tones
One means the high tone, two means the rising tone, and none means the even tone.

The falling tone of native Korean is not determined so like the even, rising, and high tones dots are added
The falling tone of Chinese characters is similar to the high tone.

Regional dialects and native Korean are all different
If there are sounds but no letters for them, it is difficult to communicate in writing.

One morning, with divine-like ability the King created Jeongeum
Our great nation has been enlightened from the long darkness of our history.

6. Examples of the Use of Letters

① Examples of the Use of the Molar sound(velar consonant)

The initial letter ㄱ/k/ is used with ":감(persimmon, /kam/), ·ᄀᆞᆯ(reed, /kʌl/)". ㅋ/kʰ/

is used with "우·케(unhusked rice, /ɦukʰəi/), 콩(bean, /kʰoŋ/)". ㆁ/ŋ/ is used with "러울(raccoon, /ɾəŋul), 서에(floating ice, /səŋəj/)".

② Examples of the Use of Lingual sound(alveolar consonant)

ㄷ/t/ is used with "뒤(cogon grass, /tuj/), 담(wall, /tam/)". ㅌ/tʰ/ is used with "고티(cocoon, /kotʰi/), 두텁(toad, /tutʰəp/)". ㄴ/n/ is used with "노로(roe deer, /noɾo/), 납(monkey, /nap/)".

③ Examples of the Use of Lip sound(labial consonant)

ㅂ/p/ is used with "볼(arm, /pʌl/), 벌(bee, /pəl/)". ㅍ/pʰ/ is used with "파(spring onion, /pʰa/), 풀(fly, /pʰʌl/)". ㅁ/m/ is used with "뫼(mountain, /moj/), 마(yam, /ma/).

④ Examples of the Use of Light lip sound(light labial consonant)

ㅸ/β/ is used with "사·ᄫᆡ(shrimp, /saβi/), 드뵈(calabash, /tɨβɨj/)".

⑤ Examples of the Use of Teeth(Alveolar) sound

ㅈ/ts/ is used with "자(measuring ruler, /tsa/), 죠·히(paper, /tsjohʌj/)". ㅊ/tsʰ/ is used with "체(sieve, /tsʰəj/), 채(whip, /tsʰaj/)". ㅅ/s/ is used with "손(hand, /son/), 셤(island, /sjəm/)".

⑥ Examples of the Use of Guttural sound(laryngeal consonant)

ㅎ/h/ is used with "부헝(owl, /puhəŋ/), 힘(sinew, /him/)". ㅇ/ɦ/ is used with "비육(chick, /piɦjuk/), 부얌(snake, /pʌɦjam/)".

⑦ Examples of the Use of Semi-lingual sound(lateral consonant)

ㄹ/ɾ, l/ is used with "무뤼(hail, /muɾuj/), 어름(ice, /ɦəɾɨm/)".

⑧ Examples of the Use of Semi-teeth sound(Semi-alveolar consonant)

ㅿ/z/ is used with "아ᅀᆞ(younger brother, /ɦazʌ/), :너ᅀᅵ(bustard bird, /nəzi/)".

〈2〉 Examples of the Middle vowel letters

① Examples of the Use of 'ㆍ, ㅡ, ㅣ'

The middle vowel ㆍ is used in characters like "ᄐᆞᆨ(chin, /tʰʌk/), ᄑᆞᆺ(red bean, /pʰʌs/), ᄃᆞ리(bridge, /tʌɾi/), ·ᄀᆞ래(walnut tree, /kʌɾai/)". ㅡ/ɨ/ is used in characters like "·믈(water, /mɨl/), ·발·측(heel, /paltsʰɨk/), 그력(wild goose, /kɨɾjək/), 드레(well bucket, /tɨɾʌj/)". ㅣ/i/ is used with "깃(nest, /kis/), :밀(beeswax, /mil/), ·피(millet, /pʰi/), 키(winnow, /kʰi/)".

② Examples of the Use of 'ㅗ/o/, ㅏ/a/, ㅜ/u/, ㅓ/ə/'

ㅗ/o/ is used with "논(rice paddy, /non/), ·톱(saw, /tʰop/), 호·ᄆᆡ(hoe, /homʌj/), 벼·로(inkstone, /pjəɾo/)". ㅏ/a/ is used with "밥(cooked rice, /pap/), ·낟(sickle, /nat/), 이·아(heddle(loom part), /ɦiŋa/), 사·ᄉᆞᆷ(deer, /sasʌm/)". ㅜ/u/ is used with "숫(charcoal, /sus/), ·울(fence, /ɦul/), 누에(silkworm, /nuɦəj/), 구리(copper, /kuɾi/)". ㅓ/ə/ is used with "브섭(kitchen, /pɨzəp/), :널(plank, /nəl/), 서리(frost, /səɾi/), 버·들(willow, /pətɨl/)".

③ Examples of the Use of 'ㅛ/jo/, ㅑ/ja/, ㅠ/ju/, ㅕ/jə/'

ㅛ/jo/ is used with "·죵(servant, /tsjoŋ/), ·고욤(lotus persimmon, /koɦjom/), ·쇼(cow, /sjo/), 삽됴(Ovate-leaf atractylodes, /saptjo/)". ㅑ/ja/ is used with "남샹(terrapin, /namsjaŋ/)", 약(turtle, /ɦjak/), 다야(washbowl, /taja/), 쟈감(buckwheat husks, /tsjakam/)". ㅠ/ju/ is used with "율믜(adlay, /ɦjulmɨi/), ·쥭(rice spatula, /tsjuk/), 슈룹(umbrella, /sjuɾup/), 쥬련(towel, /tsjuɾjən/)". ㅕ/jə/ is used with "·엿(taffy, /ɦjəs/), ·뎔(temple, /tjəl/), ·벼(rice, /pjə/), 져비(barn swallow, /tsjəpi/)".

〈3〉 Examples of the Use of the final cosonants

The final consonant ㄱ/k/ is used with characters like "닥(paper mulberry, /tak/),

독(pot, /tok/)". ㆁ/ŋ/ is used with "·굼벙(maggot, /kumpəŋ/), ·올창(tadpole, /ɦoltsʰaŋ/)", ㄷ/t/ is used with "·갇(gat, Korean traditional hat, /kat/), 싣(Amur maple tree, /sit/)". ㄴ/n/ is used with "·신(shoes, /sin/), ·반되(firefly, /pantoj/). ㅂ/p/ is used with "섭(fire wood, /səp/), ·굽(hoof, /kup/)", ㅁ/m/ is used with ":범(tiger, /pəm/), :ᄉᆡᆷ(spring of water, /sʌjm/)", ㅅ/s/ is used with "·잣(pine nut, /tsas/), ·못(pond, /mos/)". ㄹ/l/ is used with characters like "·ᄃᆞᆯ(moon, /tʌl/), :별(star, /pjəl/)" and so on.

7. Preface by Jeong Inji

〈1〉 The value of the sounds and characters of nature

If there are sounds natural to Heaven and Earth there must be letters natural to Heaven and Earth. Therefore, people long ago created characters based on sounds so that the meaning of all things was expressed and the purpose of the Three Elements was found. Thus, thereafter people were unable to change these letters.

〈2〉 Diversity of speech sounds and contradiction in borrowing Chinese characters

However, the natural features of all places are all different so the spirit of speech sounds are also different. Besides China, other countries do not have letters (writing) that correctly represent their sounds (language). Therefore, these countries borrow Chinese characters in order to communicate through writing, this is like trying to put a square handle into a round hole; how can one communicate properly without any problems? The important thing is that all things get along well in their proper place and cannot be forced to be uniform.

The arts, music, and writing of Korea is similar to those of China, only our language is different. Therefore, it is difficult to understand the meaning of Chinese classics and the officials who deal with criminal cases have anxiety due to the difficulty of understanding the details of the situation.

〈3〉 Idu history and limitations of using Idu

Ancient Silla Seol–Chong first made 'Idu'(method to write Korean through Chinese characters) during the ancient Silla period, which the government and people still use today, but these borrowed Chinese characters are often awkward, obstructive, and frustrating to use. The use of Idu is extremely coarse and has no systematic method, it is impossible to communicate even one ten thousandth of the characters when using language.

〈4〉 History of creation of Hunminjeongeum and excellence of Hunminjeongeum

In the winter of the Year of the Swine (December 1443), our King created the 28 letters of Jeongeum and provided simple and concise examples and explanations. He named them "Hunminjeongeum (The Correct Sounds for the Instruction of the People)." These letters, like the ancient seal characters, are modelled after the shape of things, but it is made according to the sound, so it fits the seven pitches of Eastern music. There is nothing that does not possess the principle of harmony of the Three Elements and Yin and Yang. The 28 letters are used in infinite combinations, while simple they express what is vital, while precise they can be easily communicated.

Therefore, wise people can learn them within one morning and even those who are not wise can learn them within ten days. When written in these characters one can understand the meaning of the Chinese classics. Moreover, using these characters when dealing with lawsuit cases allows one to understand the real situation.

〈5〉 Efficacy of Hunminjeongeum

The rhyme of the letters can distinguish between clear and thick sounds and in music, melody are filled with them. The use of letters provides for all conditions; in any situation there is nothing where the meaning cannot be expressed. Whether the sound of wind, the cry of the crane, the cluck of the chicken, or the bark of the dog, all sounds can be written down.

⟨6⟩ Origin of Compilation of Hunminjeongeum Haeryebon

Finally, the King ordered the addition of detailed explanations in order to instruct the people. Thereupon, I, along with the Eunggyo[1] of Jiphyeonjeon(Hall of Worthies) Choe Hang[2], Bugyori[3] Bak(Park) Paeng-nyeon[4] and Sin Suk-ju[5], Suchan[6] Seong Sam-mun[7] and Gang Hui-an[8], Jubu[9] of Donnyeongbu[10], and acting Busuchan[11] of Jiphyeonjeon Lee Gae[12] and Lee Seon-ro[13] together prudently drafted several different explanations and examples and described them in a simple manner. They were written in such a way that the average person could learn them on their own without an instructor.

⟨7⟩ A tribute to the greatness of the creator of Hunminjeongeum

The deep origin and precise meaning is mysterious and the subjects cannot presume to reveal it clearly. The courteous consideration of His Royal Highness comes from Heaven so the institutions he created and the contributions he has bestowed have surpassed all other kings. The creation of Jeongeum is not the achievement of anyone who came before, rather it is the principle of nature. In truth, this profound principle is everywhere, it is not the result of a person's private efforts. This country of the

1) Eunggyo[應教]. Regular 4th official grade of Jiphyeonjeon.
2) Choe Hang(崔恒, 1409-1474).
3) BuGyori[副教理]. Deputy 5th official grade of Jiphyeonjeon.
4) Bak Paengnyeon(朴彭年, 1417-1456).
5) Shin Sukju(申叔舟, 1417-1475).
6) Suchan[修撰]. Regular 6th official grade of Jiphyeonjeon.
7) Seong Sammun(成三問, 1418-1456).
8) Gang Hui-an(姜希顔, 1417-1464).
9) Jubu[注簿]. Vice 6th official grade of Donnyeongbu
10) Donnyeongbu[敦寧府]. Office of Royal Household dealing with the affairs of friendship and solidarity among the royal family and its relatives.
11) Busuchan[副修撰]. Vice 6th official grade of Jiphyeonjeon.
12) Yi Gae(李塏, 1417-1456)
13) Yi Seonro(李善老, 14?-14?)

East is ancient, however the meaning of all things is generally comprehensible so the great wisdom that keeps all things intact and completes them has led to the long-awaited day for the proclamation of the Jeongeum.

〈8〉 The date of publication of the Hunminjeongeum Haeryebon and the author Jeong In-Ji

In the beginning of Sejong's 28th year, 1446 AD. Jaheondaebu[14], Yejopanseo[15], Daejaehak[16] of Jiphyeonjeon, Jichunchu gwansa[17], Ubingaek[18] of the crown prince, his subject JeongInji[19] with both hands held out and head bowed humbly submits this preface.

---

14) Jaheondaebu[資憲大夫]. Regular 2nd official grade.

15) Yejopanseo[禮曹判書]. Regular 2nd official grade in charge of the Ministry of Rituals[禮曹. one of six ministries of the Joseon Dynasty] dealing with rites and ceremonies, music, protocol, diplomacy, schools, civil service examinations, etc.

16) Daejehak[大提學]. Regular 2nd official grade.

17) Jichunchu gwansa(知春秋館事). The regular 2nd official grade post in the office of Chunchugwan春秋館, 'Office of Chronicles') in charge of recording current affairs of the administration.

18) 世子右賓客, The regular 2nd official grade post in the office of 世子侍講院 [Academy for Tutoring the Crown Prince].

19) Jeong Inji(鄭麟趾. 1396-1478)

10장

≪훈민정음≫ 해례본 번역: 영역, 한국어역 대조본[20](도표식)

* 출처:Written by King Sejong et al 8 Translated by: Jordan Deweger · Kim Seul-ong.(2015). Correct Sounds for the Instruction of the People. Kim Seul-ong. 2015. ≪훈민정음 해례본-한글의 탄생과 역사≫. Seoul: Kyobomungo. pp.158-182.

* 세종 외 8인 지음/조던 드웨거 · 김슬옹 옮김(2015). Translation of the "Correct Sounds for the Instruction of the People" 《훈민정음》 해례본. 김슬옹(2015). ≪훈민정음 해례본-한글의 탄생과 역사≫. 교보문고. 158-182쪽.

1부 · 정음(正音)

[영] Correct Sound

1.1. 어제(세종) 서문

Preface by King Sejong

현대어 번역	영어 번역
우리나라 말이 중국말과 달라 한자와는 서로 잘 통하지 아니한다. 그러므로 글 모르는 백성이 말하려는 것이 있어도, 끝내 제 뜻을 능히 펼치지 못하는 사람이 많다. 내가 이것을 가엾게 여겨 새로 스물여덟 자를 만드니, 사람마다 쉽게 익혀 날마다 씀에 편안케 하고자 할 따름이다.	The speech of our country is different from Chinese and as a result does not coordinate well with written Chinese characters. Therefore, even if the ignorant masses have something to say, there are many people who are unable to express it in writing. Finding this pitiful, I have created new twenty-eight letters, no more than to make it convenient for all people to easily learn and use them in their daily life.

20) 자음자는 해례본 방식으로 'ㄱ(기)'와 같이 'ㅣ'를 붙여 읽음.

1.2. 예의

1.2.1. 훈민정음 초성과 중성 글꼴과 음가

갈래		현대어 번역	영어 번역
초성자	아음	ㄱ[기]는 어금닛소리이니 '군(君)'자의 처음 나는 소리(초성)와 같다. 나란히 쓰면 '뀨(虯)'자의 처음 나는 소리와 같다. ㅋ[키]는 어금닛소리이니, '쾌(快)'자의 처음 나는 소리와 같다. ㆁ[이]는 어금닛소리이니, '업(業)'자의 처음 나는 소리와 같다.	ㄱ/k/ Molar sound(velar consonant), like the first sound of the character '군(君)'/kun/. When written consecutively it is like the first sound of the character '뀨(虯)'/k'ju/. ㅋ/k^h/ Molar sound(velar consonant), like the first sound of the character '쾌(快)'/k^hwaj/. ㆁ/ŋ/ Molar sound(velar consonant), like the first sound of the character '업(業)'/ ŋəp/.
	설음	ㄷ[디]는 혓소리이니, '두(斗)'자의 처음 나는 소리와 같다. 나란히 쓰면 '땀(覃)'자의 처음 나는 소리와 같다. ㅌ[티]는 혓소리이니, '툰(呑)'자의 처음 나는 소리와 같다. ㄴ[니]는 혓소리이니, '나(那)'자의 처음 나는 소리와 같다.	ㄷ/t/ Lingual sound(alveolar consonant), like the first sound of the character '두(斗)'/tu/. When written consecutively it is like the first sound of the character '땀(覃)'/t'am/. ㅌ/th/ Lingual sound(alveolar consonant), like the first sound of the character '툰(呑)'/t^hʌn/. ㄴ/n/ Lingual sound (alveolar consonant), like the first sound of the character '나(那)'/na/.
	순음	ㅂ[비]는 입술소리이니, '별(彆)'자의 처음 나는 소리와 같다. 나란히 쓰면 '뽀(步)'자의 처음 나는 소리와 같다. ㅍ[피]는 입술소리이니, '표(漂)'자의 처음 나는 소리와 같다. ㅁ[미]는 입술소리이니, '미(彌)'자의 처음 나는 소리와 같다.	ㅂ/p/ Lip sound(labial consonant), like the first sound of the character '별'(彆)/pjət/. When written consecutively it is like the first sound of the character '뽀'(步)/p'o/. ㅍ/p^h/ Lip sound (labial consonant), like the first sound of the character '표(漂)'/p^hjo/. ㅁ/m/ Lip sound (labial consonant), like the first sound of the character '미(彌)'/mi/.
	치음	ㅈ[지]는 잇소리이니, '즉(即)'자의 처음 나는 소리와 같다. 나란히 쓰면 '쯔(慈)'자의 처음 나는 소리와 같다. ㅊ[치]는 잇소리이니, '침(侵)'자의 처음 나는 소리와 같다. ㅅ[시]는 잇소리이니 '슏(戌)'자의 처음 나는 소리와 같다. 나란히 쓰면 '쌰(邪)'자의 처음 나는 소리와 같다.	ㅈ/ts/ Teeth sound(alveolar consonant), like the first sound of the character '즉(即)'/tsɨk/. ㅊ/ts^h/ Teeth sound(alveolar consonant), like the first sound of the character '침(侵)'/ts^him/. ㅅ/s/ Teeth sound(alveolar consonant), like the first sound of the character '슏(戌)'/sjut/.

갈래		현대어 번역	영어 번역
	후음	ㆆ[히]는 목구멍소리이니, '읍(挹)'자의 처음 나는 소리와 같다. ㅎ[히]는 목구멍소리이니, '허(虛)'자의 처음 나는 소리와 같다. 나란히 쓰면 '홍(洪)'자의 처음 나는 소리와 같다. ㅇ[이]는 목구멍소리이니, '욕(欲)'자의 처음 나는 소리와 같다.	ㆆ/ʔ/ Guttural sound(laryngeal consonant), like the first sound of the character '읍(挹)'/ʔɨp/. ㅎ/h/ Guttural sound(laryngeal consonant), like the first sound of the character '허(虛)'/hə/. When written consecutively it is like the first sound in the character '홍(洪)'/xoŋ/. ㅇ/ɦ/ Guttural sound(laryngeal consonant), like the first sound of the character '욕(欲)'/ɦjok/.
	반설음 반치음	ㄹ[리]는 반혓소리이니, '려(閭)' 자의 처음 나는 소리와 같다. ㅿ[시]는 반잇소리이니, '샹(穰)'자의 처음 나는 소리와 같다.	ㄹ/ɾ/ Semi-lingual sound(lateral consonant), like the first sound of the character '려(閭)'/ɾjə/. ㅿ/z/ Semi-teeth(semi-alveolar consonant), like the first sound of the character '샹(穰)'/zjaŋ/.
중성자	상형 기본자	• 는 '툰(呑)'자의 가운뎃소리(중성)와 같다. ㅡ 는 '즉(即)'자의 가운뎃소리와 같다. ㅣ 는 '침(侵)'자의 가운뎃소리와 같다.	• /ʌ/ Like the middle sound of the character '툰(呑)'/t^hʌn/. ㅡ/ɨ/ Like the middle sound of the character '즉(即)'/tsɨk/. ㅣ/i/ Like the middle sound of the character '침(侵)'/ts^him/.
	초출자	ㅗ는 '홍(洪)'자의 가운뎃소리와 같다. ㅏ는 '땀(覃)'자의 가운뎃소리와 같다. ㅜ는 '군(君)'자의 가운뎃소리와 같다. ㅓ 는 '업(業)'자의 가운뎃소리와 같다.	ㅗ/o/ Like the middle sound of the character '홍(洪)'/xoŋ/. ㅏ/a/ Like the middle sound of the character '땀(覃)'/t'am/. ㅜ/u/ Like the middle sound of the character '군(君)'/kun/. ㅓ /ə/ Like the middle sound of the character '업(業)'/ ŋəp/.
	재출자	ㅛ는 '욕(欲)'자의 가운뎃소리와 같다. ㅑ는 '샹(穰)'자의 가운뎃소리와 같다. ㅠ 는 '슌(戌)'자의 가운뎃소리와 같다. ㅕ 는 '볃(彆)'자의 가운뎃소리와 같다.	ㅛ/jo/ Like the middle sound of the character '욕(欲)'/ɦjok/. ㅑ/ja/ Like the middle sound of the character '샹(穰)'/zjaŋ/. ㅠ/ju/ Like the middle sound of the character '슌(戌)'/sjut/. ㅕ /jə/ Like the middle sound of the character '볃(彆)'/pjət/.

1.2.2. 종성자 만들기와 운용

현대어 번역	영어 번역
끝소리글자(종성자)는 첫소리글자(초성자)를 다시 쓴다.	The final consonant letters are the same as those used for the initial consonant letters.

1.2.3. 글자의 운용과 사성

갈래	현대어 번역	영어 번역
연서법	ㅇ[이]를 입술소리 글자 아래 이어 쓰면 입술가벼운소리(순경음)가 된다.	If ㅇ/o/ is written immediately after a lip sound(**labial consonant**), it becomes a light lip sound(**light labial consonant**).
병서법	첫소리글자(초성자)를 합쳐서 쓰려면 나란히 쓰고, 끝소리글자(종성자)도 첫소리글자(초성자) 마찬가지다.	If initial consonant letters are combined, they are written side by side, the same goes for final consonant letters.
부서법	ㆍ ㅡ ㅗ ㅜ ㅛ ㅠ는 첫소리글자 아래에 붙여 쓴다.	"ㆍ/ʌ/ ㅡ/ɨ/ ㅗ/o/ ㅜ/u/ ㅛ/jo/ ㅠ/ju/" are attached below initial consonant letters.
	ㅣ ㅏ ㅓ ㅑ ㅕ는 첫소리글자의 오른쪽에 붙여 쓴다.	"ㅣ/i/ ㅏ/a/ ㅓ/ə/ ㅑ/ja/ ㅕ/jə/" are written to the right of initial consonant letters.
성음법	무릇 낱글자는 반드시 합하여야만 음절이 이루어진다.	In general, letters must always be combined to form syllables.
사성법	음절자 왼쪽에 한 점을 더하면 거성(높은 소리)이고, 점이 둘이면 상성(낮았다 높아지는 소리)이고, 점이 없으면 평성(낮은 소리)이다. 입성(빨리 끝나는 소리)은 점을 더하는 것은 평·상·거성과 같으나 빠르다.	One dot on the left of the character indicates a high tone, two dots indicate a rising tone, and no dots indicate an even tone. As for the falling tone, the dots have the same meaning, but the pronunciation is faster.

2부 · 정음해례(正音解例)

1. 제자해(制字解)

갈래	현대어 번역	영어 번역
음양 이치와 정음의 가치	천지자연의 이치는 오직 음양 오행 하나뿐이다. 곤괘(여성다움이 가장 센 상징 ☷)와 복괘(싹이 트는 상징 ☷)의 사이가 태극이 되고, 움직임과 멈춤 작용으로 음양이 된다. 무릇 하늘과 땅 사이에 살아 있는 것들이 음양을 버리고 어디로 가겠는가? 그러므로 사람의 말소리(성음) 모두 음양의 이치가 있는 것인데, 생각해 보니 사람들이 살피지 못했을 뿐이다. 이제 정음이 만들어지게 된 것도 애초부터 지혜를 굴리고 힘들여 찾은 것이 아니고, 단지 말소리의 이치를 끝까지 파고들었을 뿐이다. 그 이치가 이미 둘이 아니니, 어찌 천지자연의 혼령과 신령스러운 정령과 함께 정음을 쓰지 않겠는가?	The Way of Heaven and Earth is only one, that of the interacting principles of Yin(陰, shadow) and Yang(陽, light) and the Five Elements. In between Gon(☷, **Terra**) and Bok(☷, **Return**) there is the Great Absolute, and motion and stillness are followed by the formation of Yin and Yang. Out of all the living things, what can exist without Yin and Yang? Accordingly, the speech sounds of humans are also governed by Yin and Yang, though people do not take careful notice of this. The creation of this Jeongeum ("Correct Sounds") has not arisen from a difficult task requiring wisdom, rather it is simply the result of persistent research of the principle of the speech sounds. The principle is not two, but one; thus, it must be used by both spirits of Heaven and of Earth.
28자와 초성 기본자 상형 원리	정음 스물여덟 자는 각각 그 모양을 본떠서 만들었다. 첫소리 글자는 모두 열일곱 자다. 어금닛소리글자 ㄱ[기]는 혀뿌리가 목을 막는 모양을 본떴다. 혓소리글자 ㄴ[니]는 혀가 윗잇몸에 닿는 모양을 본떴다. 입술소리글자 ㅁ[미]는 입 모양을 본떴다. 잇소리글자 ㅅ[시]는 이 모양을 본떴다. 목구멍소리글자 ㅇ[이]는 목구멍 모양을 본떴다.	All of the 28 letters are made according to the shape of their respective sound. There are 17 initial consonant letters. The molar sound(**velar consonant**) letter ㄱ/k/ resembles the blocking of the throat with the back of the tongue. The lingual sound letter ㄴ/n/ resembles the tongue touching the upper gums (teeth-ridge). The lip sound(**labial consonant**) letter ㅁ/m/ resembles the shape of the mouth. The teeth sound(**alveolar consonant**) ㅅ/s/ resembles the shape a tooth. The guttural sound(**laryngeal consonant**) ㅇ /ɦ/ the shape of the throat.
초성자	ㅋ[키]는 ㄱ[기]에 비해서 소리	The sound of ㅋ/kʰ/ is more strongly pronounced

갈래	현대어 번역	영어 번역
가획자와 이체자	가 조금 세게 나는 까닭으로 획을 더하였다. ㄴ[니]에서 ㄷ[디], ㄷ[디]에서 ㅌ[티], ㅁ[미]에서 ㅂ[비], ㅂ[비]에서 ㅍ[피], ㅅ[시]에서 ㅈ[지], ㅈ[지]에서 ㅊ[치], ㅇ[이]에서 ㆆ[히], ㆆ[히]에서 ㅎ[히]가 됨도 그 소리로 말미암아 획을 더한 뜻은 같다. 다만 ㆁ[이]만은 다르다. 반혓소리글자 ㄹ[리], 반잇소리글자 ㅿ[ᅀᅵ]도 또한 혀와 이의 모양을 본떴으나, 그 짜임새를 달리해서 만들었기에 획을 더한 뜻은 없다.	than ㄱ/k/ so one more stroke is added to the character. According to this system ㄷ/t/ comes from ㄴ/n/, ㅌ/tʰ/ comes from ㄷ/t/, ㅂ/p/ from ㅁ/m/, ㅍ/pʰ/ from ㅂ/p/, ㅈ/ts/ from ㅅ/s/, ㅊ/tsʰ/, from ㅈ/ts/, ㆆ/ʔ/ from ㅇ/ɦ/ and ㅎ/h/ from ㆆ/ʔ/, as a stroke is added to signify stronger pronunciation, with the exception of ㆁ/ŋ/. The semi-lingual sound(**semi-alveolar consonant**) ㄹ/ɾ/ and the semi-teeth sound(**semi-alveolar consonant**) ㅿ/z/ are made to resemble the shape of the tongue and tooth respectively, so the meaning of adding one stroke does not apply because it follows a different system of forming characters than the above system.
초성자 오행 특성	무릇 사람의 말소리는 오행에 뿌리를 두고 있다. 그러므로 사계절에 합하여도 어그러짐이 없으며, 오음계와 맞추어 봐도 잘 어울리고 틀리지 않는다. 목구멍은 깊숙하고 젖어 있으니 오행으로는 물이다. 말소리가 비어 있는 듯이 통하므로 이는 물이 투명하게 맑아 잘 흐르는 것과 같다. 계절로는 겨울이고, 음률로는 '우음계'이다. '어금니'는 어긋나고 기니 오행으로는 나무이다. 어금닛소리는 목구멍소리와 비슷하나 목이 꽉 차므로 나무가 물에서 나되 형체가 있는 것과 같다. 계절로는 봄이고, 음률로는 '각음계'이다. 혀는 재빠르게 움직이니 오행으로는 불이다. 혓소리가 구르고 날리는 것은 불이 타올라 퍼지며 위아래로 오르내림과 같다. 계절로는 여름이고, 음률로는 '치음계'이다. 이는 억	Generally speaking the sounds of humans are based on the Five Elements (Water, Fire, Earth, Metal, Wood). Therefore, they are in accordance with the four seasons and the Eastern pentatonic scale. The throat is deep and moist, thus as one of the Five Elements it is regarded as Water. Just as water is clear and flows freely, the sound that comes from the throat is free and unhindered. As one of the seasons it is winter, and is the octave of "U" on the Eastern pentatonic scale. Molar teeth are long and uneven, and are thus recognized as Wood among the Five Elements. The molar sound (velar consonant) is similar to the guttural sound but is fuller and has form, like a tree which arises from water. As a season it is spring, and is the octave of 'Gak' on the Eastern pentatonic scale. The tongue moves quickly and is thus regarded as Fire among the Five Elements. The sound of the tongue rolls and flies like a fire blazes and flares up. As a season it is summer, and is the octave of "Chi" on the Eastern pentatonic scale. Teeth are strong and edged, and are regarded as

갈래	현대어 번역	영어 번역
	세고 끊을 듯 날카로우니 오행으로는 쇠이다. 잇소리가 가루처럼 부서지고 걸리는 듯하게 나는 것은 쇠가 부스러졌다가 다시 불에 달구어 두드리면 단단해지는 것과 같다. 계절로는 가을이고, 음률로는 '상음계'이다. 입술은 모난 것이 나란히 합해지니, 오행으로는 땅이다. 입술소리가 머금으며 넓은 것은 땅이 만물을 머금으니 넓고 큰 것과 같다. 계절로는 늦여름이고, 음률로는 '궁음계'이다.	Metal as one of the Five Elements. The teeth sound(**alveolar consonant**) is high and compressed just as metal is crushed and remade. As a season it is fall, and is the octave of "Sang" on the Eastern pentatonic scale. The lips are square and joined, and are regarded as Earth as one of the Five Elements. The lip sound(**labial consonant**) is full and broad just as the Earth is, which contains all things. As a season it is late summer, and is the octave of "Gung" on the Eastern pentatonic scale.
주요 조음 기관과 방위	물은 만물을 낳는 근원이요, 불은 만물을 이루어지게 하는 작용이므로 오행 가운데서 물·불이 으뜸이다. 목구멍은 소리가 나오는 문이요, 혀는 소리를 가려내는 악기이므로 오음 가운데서, 목구멍소리와 혓소리가 으뜸이 된다. 목구멍은 안쪽에 있고 어금니는 그 앞에 있으므로 북쪽과 동쪽의 방위이다. 혀와 이가 또한 그다음에 있으니 남쪽과 서쪽의 방위이다. 입술은 끝에 있으니, 오행의 흙이 일정한 방위가 없이 네 계절에 기대어 네 계절을 왕성하게 함을 뜻한다. 이런즉 첫소리 속에도 자체의 음양 오행과 방위의 수가 있는 것이다.	Water is the source of all life and fire is the process by which things are created. As such, they are the most important of the Five Elements. The throat is the gate from which all sounds come and the tongue is the organ which distinguishes sounds, thus making the guttural and lingual sounds (**alveolar consonant**) the most important among the five sounds. The throat is the furthest back, followed by the molars; they are the North and East. The tongue and teeth are next; they are the South and West. The lips are final; Earth does not have any fixed direction but it contributes to the flourishing of the four seasons. Thus, each initial consonant has its own directional number and corresponds to the Five Elements and Yin Yang.
청탁에 따른 초성자 분류	또 말소리를 '맑음과 흐림(청탁)'으로 말해보자. **ㄱㄷㅂㅈㅅㆆ**[기디비지시히]는 아주 맑은소리 '전청'이 된다. **ㅋㅌㅍㅊㅎ**[키티피치히]는 덜 맑은소리 '차청'이 된다. **ㄲㄸㅃㅉㅆㆅ**[끼	Also, let's say about sounds as clarity and thickness. "**ㄱ**/k/**ㄷ**/t/**ㅂ**/p/**ㅈ**/ts/**ㅅ**/s/**ㆆ**/ʔ/" are completely clear, whereas "**ㅋ**/kʰ/**ㅌ**/tʰ/**ㅍ**/pʰ/**ㅊ**/tsʰ/**ㅎ**/h/" are partially clear and "**ㄲ**/k'/**ㄸ**/t'/**ㅃ**/p'/**ㅉ**/ts'/**ㅆ**/s'/**ㆅ**/h'/" are extremely thick. "**ㆁ**/ŋ/

갈래	현대어 번역	영어 번역
	띠삐찌씨혜]는 아주 흐린소리 '전탁'이 된다. ㆁㄴㅁㅇㄹㅿ[이니미이리ᅀᅵ]는 맑지도 흐리지도 않은 '불청불탁[울림소리]'이 된다.	ㄴ/n/ㅁ/m/ㅇ/ɦ/ㄹ/ɾ/ㅿ/z/" are neither clear nor thick.
불청불탁자가 상형 기본자가 된 까닭	ㄴㅁㅇ[니미이]는 소리가 가장 세지 않으므로, 차례로는 비록 뒤에 있으나, 모양을 본떠 글자를 만드는 시초가 된다. ㅅ[시]와 ㅈ[지]는 비록 다 아주 맑은 소리 '전청'이지만 ㅅ[시]는 ㅈ[지]에 비하여 소리가 거세지 않으므로 글자를 만드는 데 시초가 되었다.	ㄴ/n/ㅁ/m/ㅇ/ɦ/ are the least strong of the sounds and even though they are at the back of the order but they come first when forming letters. ㅅ/s/ and ㅈ/ts/ are completely clear but ㅅ/s/ is less strong compared to ㅈ/ts/ and thus comes first when forming letters.
ㆁ의 제자 특성과 어금닛 소리	오직 어금닛소리의 ㆁ[이]는 비록 혀뿌리가 목구멍을 막아서 코로 소리 기운이 나가지만 ㆁ[이]의 소리는 ㅇ[이]와 비슷해서 중국 한자음사전(운서)에서도 ㆁ[이]와 ㅇ[이]가 많이 혼용된다. 이제 ㆁ[이]는 목구멍을 본떠 만들었으되, 어금닛소리 글자를 만드는 시초로 삼지 않았다. 대개 목구멍은 물에 속하고 어금니는 나무에 속하는 까닭에 ㆁ[이]는 비록 어금니에 속해 있으면서도 ㅇ[이]와 비슷하여 마치 나무의 싹이 물에서 나와 부드러우며 오히려 물기가 많은 것과 같기 때문이다.	In regards to the molar sound(**velar consonant**) ㆁ /ŋ/, the back of the tongue blocks the throat so sound is produced through the nose, but the ㆁ /ŋ/ sound and the ㅇ/ɦ/ sound are similar so the Rhyming Dictionary often confuse the two sounds. ㆁ/ŋ/ is designed after the shape of the throat so it is not used for the beginning of molar sounds(**velar consonant**) letters. The throat correlates to Water and the molar teeth correlate to Tree, ㆁ/ŋ/ is a molar sound(**velar consonant**) that is similar to ㅇ/ɦ/, just as tree sprouts which grow from water are soft and remain full of water.
ㄱ, ㅋ, ㄲ 나무비유 특성	ㄱ[기]는 나무가 바탕을 이룬 것이고, ㅋ[키]는 나무가 무성하게 자란 것이고, ㄲ[끼]는 나무가 오래되어 굳건해진 것이니, 이는 한결같이 모두 어금니를 본뜬 데서 비롯된 것이다.	Since ㄱ/k/ is based on the substance of a Tree, ㅋ/kʰ/ is like a tree which has flourished and grown dense, and ㄲ/k'/ is like a Tree that has fully matured and grown strong. All of these letters are formed according to the shape of the molars.
후음	아주 맑은소리 '전청' 글자를 나란	When completely clear letters are written side by

갈래	현대어 번역	영어 번역
전탁자 제자 특성	히 쓰면 아주 흐린소리 '전탁'이 되는 것은 아주 맑은 소리가 엉기면 아주 흐린소리가 되기 때문이다. 다만, 목구멍소리만은 덜 맑은소리 '차청'이 아주 흐린소리 '전탁'이 되는데, 그것은 대개 ㆆ[히]는 소리가 깊어서 엉기지 않고, ㅎ[히]는 ㆆ[히]에 비하여 소리가 얕아서 엉기어 아주 흐린 소리 '전탁'이 되기 때문이다.	side they become completely thick, meaning that the completely clear sounds become completely thick when coalesced. However, for partially clear letters, only the guttural sounds(**laryngeal consonants**) become completely thick, this is because the sound of ㆆ/ʔ/ is too deep and cannot coalesce, whereas the sound of ㅎ/h/ is lighter and thus coalesces and becomes a completely thick sound.
순경음 비읍	ㅇ[이]를 입술소리 글자 아래에 이어 쓰면 곧 입술가벼운소리(순경음)가 되는데, 이러한 입술가벼운 소리는 입술이 살짝 다물어지면서 목구멍소리가 많아지기 때문이다.	When ㅇ/ɦ/ is written below a lip sound(**labial consonant**) it becomes softer. This is because the guttural sound(**laryngeal consonant**) is strong so the lips are momentarily closed.
중성 상형기본자 상형 원리와 음양 특성	가운뎃소리글자는 모두 열한 자이다. •는 혀가 오그라드니 소리가 깊어서, 하늘이 자시(밤 11시~1시)에서 열리는 것과 같다. 둥근 글꼴은 하늘을 본떴다. ㅡ는 혀가 조금 오그라드니 소리가 깊지도 얕지도 않으므로 땅이 축시(밤 1시~3시)에서 열리는 것과 같다. 평평한 글꼴은 땅을 본떴다. ㅣ는 혀가 오그라지지 않아 소리는 얕으니, 사람이 인시(새벽 3시~5시)에서 생기는 것과 같다. 바로 선 글꼴은 사람을 본떴다.	As for middle vowel letters, there are eleven letters. As for • /ʌ/, the tongue contracts and the sound is deep, like when Heaven opens at the hour of the Rat(11pm–1am). The round shape of the character represents heaven. ㅡ/ɨ/ is pronounced by slightly contracting the tongue, thus it is neither deep nor shallow, like when the earth opens at the hour of the Ox(1am–3am), and the shape of the flat character is made to resemble the flatness of the earth. As for 'ㅣ/i/', the tongue is not contracted so the sound is light, like when humans are born during the hour of the Tiger(3am–5am) and the vertical shape of the character resembles a human standing upright.
초출자와 재출자 제자 원리와 음양 특성	다음 여덟 가운뎃소리는 어떤 것은 거의 닫히고 어떤 것은 열린다. ㅗ는 •와 같은 가운뎃소리[양성모음]이나 입을 더 오므리며 그 모양이 •가 ㅡ와 합해서 이루어진 것은 하늘과 땅이 처음으로 사귄다는 뜻을 담았다. ㅏ는 •와 같은 가운뎃소리[양	The following eight sounds are either nearly closed or wide open. ㅗ/o/ is the same middle vowel[positive vowels] as • /ʌ/, but pronounced with pursed lips, the reason why the shape of • and ㅡ/ɨ/ are combined, because the shape resembles Heaven and Earth as they first interact. ㅏ /a/ is the same middle vowel[positive

갈래	현대어 번역	영어 번역
	성모음]이나 입을 더 벌리며 그 모양은 ㅣ와 ㆍ가 서로 합하여 이루어진 것으로, 하늘과 땅의 쓰임이 일과 사물에서 나타나서 사람을 기다려 이루어진다는 뜻을 담은 것이다. ㅜ는 ㅡ와 같은 가운뎃소리[음성모음]이나 입을 더 오므리며 그 모양이 ㅡ가 ㆍ와 합해서 이루어진 것은 역시 하늘과 땅이 처음으로 사귄다는 뜻을 담았다. ㅓ는 ㅡ와 같은 가운뎃소리[음성모음]이나 입을 더 벌리니 그 모양은 ㆍ와 ㅣ가 합해서 이루어진 것이며, 역시 하늘과 땅의 쓰임이 일과 사물에서 나타나되 사람을 기다려서 이루어진 뜻을 담은 것이다.	vowels] as ㆍ/ʌ/, but pronounced with a wide open mouth, the reason why the shape is formed by joining ㅣ/i/ and ㆍ/ʌ/, meaning that all things come from Heaven and Earth, but wait upon humans for their completion. ㅜ/u/ is the same middle vowel[negative vowels] as ㅡ/ɨ/, but pronounced with pursed lips, the reason why the shape is formed by joining ㅡ/ɨ/ and ㆍ/ʌ/ which also represents the first interaction of Heaven and Earth. ㅓ/ə/ is the same middle vowel[negative vowels] as ㅡ/ɨ/, but pronounced with a wide open mouth, the reason why the shape is formed by joining ㆍ/ʌ/ and ㅣ/i/ which again means that all things begin with Heaven and Earth, but wait upon humans for their completion.
	ㅛ는 ㅗ와 같은 양성 가운뎃소리이나 ㅣ에서 비롯된다. ㅑ는 ㅏ와 같은 양성 가운뎃소리이나 ㅣ에서 비롯된다. ㅠ는 ㅜ와 같은 음성 가운뎃소리이나 ㅣ에서 비롯된다. ㅕ는 ㅓ와 같은 음성 가운뎃소리이나 ㅣ에서 비롯된다. ㅗ ㅏ ㅜ ㅓ는 하늘과 땅에서 비롯된 것이므로 '처음 나온 것(초출자)'이다. ㅛ ㅑ ㅠ ㅕ는 ㅣ에서 비롯되어 사람(ㅣ)을 겸하였으므로 '거듭 나온 것(재출자)'이다. ㅗ ㅏ ㅜ ㅓ에서 둥근 것(ㆍ)을 하나로 한 것은 '처음 생긴 것(초생자)'이라는 뜻을 담았다. ㅛ ㅑ ㅠ ㅕ에서 그 둥근 것(ㆍ)을 둘로 한 것은 '다시	ㅛ/jo/ is the same middle vowel[positive vowels] as ㅗ/o/, but is pronounced by starting with ㅣ/i/. ㅑ/ja/ is the same middle vowel[positive vowels] as ㅏ/a/, but is pronounced by starting with ㅣ/i/. ㅠ/ju/ is the same middle vowel[negative vowels] as ㅜ/u/, but is pronounced by starting with ㅣ/i/. ㅕ/jə/ is the same middle vowel[negative vowels] as ㅓ/ə/, but is pronounced by starting with ㅣ/i/. ㅗ/o/ ㅏ/a/ ㅜ/u/ ㅓ/ə/ originate from Heaven and Earth and are thus primary letters. ㅛ/jo/ ㅑ/ja/ ㅠ/ju/ ㅕ/jə/ begin with ㅣ/i/, and thus correspond to humans, making them secondary. ㅗ/o/ ㅏ/a/ ㅜ/u/ ㅓ/ə/ have one dot, meaning they were created first and are the primary letters. ㅛ/jo/ ㅑ/ja/ ㅠ/ju/ ㅕ/jə/ have two dots, meaning they were created second and are secondary letters.

갈래	현대어 번역	영어 번역
	생겨난 것(재생자)'이라는 뜻을 담은 것이다.	
중성자의 음양 분류와 특성	ㅗ ㅏ ㅛ ㅑ의 둥근 것(•)이 위와 밖에 놓인 것은 하늘(•)에서 나와 양성이 되기 때문이다. ㅜ ㅓ ㅠ ㅕ의 둥근 것(•)이 아래쪽과 안쪽에 있는 것은 땅(ㅡ)에서 나와 음성이 되기 때문이다. • 가 여덟 가운뎃소리글자에 두루 다 있는 것은 마치 양성이 음성을 거느리고 만물에 두루 흐름과 같다. ㅛ ㅑ ㅠ ㅕ 가 모두 사람을 뜻하는 ㅣ 소리가 들어 있는 것은 사람이 만물의 영장으로 능히 하늘(양)과 땅(음)이 하는 일에 참여할 수 있기 때문이다.	The dots of ㅗ/o/ ㅏ/a/ ㅛ/jo/ ㅑ/ja/ are on the upper side or outside, meaning they come from Heaven and are equated with Yang. The dots of ㅜ/u/ ㅓ/ə/ ㅠ/ju/ ㅕ/jə/ are on the bottom or inside, meaning they come from Earth and are equated with Yin. •/ʌ/ is part of all eight letters just like Yang leading Yin and going through all things. ㅛ/jo/ ㅑ/ja/ ㅠ/ju/ ㅕ/jə/ are all combined through humans(ㅣ), who being lord over all things are capable of participating with Yin and Yang.
상형 기본자의 역학 의미	가운뎃소리글자들은 하늘(•), 땅(ㅡ), 사람(ㅣ)을 본뜬 것을 가졌으니, 삼재(하늘 · 땅 · 사람) 이치가 갖추어졌다. 그러므로 하늘 · 땅 · 사람의 삼재가 만물의 우선이 되고, 하늘이 삼재의 시작이 되는 것과 같이 • ㅡ ㅣ 석 자가 여덟 가운뎃소리글자의 머리가 되고 또한 • 자가 석 자의 으뜸이 됨과 같다.	Because these letters •, ㅡ, ㅣ are created from the forms of Heaven, Earth and Humans, they contain the principle of the Three Elements. Therefore, just as the Tree Elements are the source of all things, and Heaven is first among the Three Elements •/ʌ/ ㅡ/ɨ/ ㅣ/i/ are the head of the eight letters, with •/ʌ/ as first among the three.
중성자의 방위와 수의 의미	ㅗ가 처음으로 하늘에서 생겨나니 하늘의 수로는 1이고 물을 낳는 자리다. ㅏ가 다음으로 생겨나 하늘의 수로는 3이고 나무를 낳는 자리다. ㅜ가 처음으로 땅에서 나니, 땅의 수로는 2이고 불을 낳는 자리다. ㅓ가 다음으로 생겨난 것이니 땅의 수로는 4이고 쇠를 낳는 자리다. ㅛ가 두 번째로 하늘에서 생겨나니 하늘의 수로는 7이고 불을	ㅗ/o/ was first to come from Heaven, the number of Heaven is 1 from which Water comes. ㅏ/a/ follows, and the number of Heaven is 3 from which Tree comes. Next ㅜ/u/ is which first comes from Earth, and Two is the number of Earth from which Fire comes. ㅓ/ə/ comes next, and Four is the number of Earth from which Metal comes. Next ㅛ/jo/ comes a second time from Heaven, and the number of Heaven is 7, at which Fire is made complete. ㅑ/ja/ is next, and

갈래	현대어 번역	영어 번역
	이루는 수이다. ㅑ가 다음으로 생겨나니 하늘의 수로는 9이고 쇠를 이루는 수다. ㅠ가 두 번째로 땅에서 생겨나니 땅의 수로는 6이고 물을 이루는 수다. ㅕ가 다음으로 생겨나니 땅의 수로는 8이고 나무를 이루는 수다.	9 is the number of Heaven at which Metal is made complete. ㅠ/ju/ comes a second time from Earth, and 6 is the number of Earth at which Water is made complete. Next is ㅕ/jə/, and 8 is the number of Earth at which Tree is made complete.
	물(ㅗㅠ)과 불(ㅜㅛ)은 아직 기를 벗어나지 못하고 음과 양이 서로 사귀어 어울리는 시초이기 때문에 입을 거의 오므린다. 나무(ㅏ ㅕ)와 쇠(ㅓ ㅑ)는 음과 양의 바탕을 바로 고정한 것이기 때문에 입을 벌린다.	Because Water(ㅗ/o/ㅠ/ju/) and Fire(ㅜ/u/ㅛ/jo/) cannot be separated from the spirit and are at the interacting origin of Yin and Yang, they are almost closed. Because Tree(ㅏ/a/ㅕ/jə/) and Metal(ㅓ/ə/ㅑ/ja/) are firmly fixed on the foun dation of Yin and Yang they are open.
	•는 하늘의 수로는 5이고 흙을 낳는 자리다. ㅡ는 땅의 수로는 10이고 흙을 이루는 수다. ㅣ만 홀로 자리와 수가 없는 것은 대개 사람은 곧 끝없는 태극의 참과 음양과 오행의 정기가 묘하게 어울리고 엉기어서, 진실로 자리를 정하고 수를 이루는 것을 밝힐 수 없기 때문이다. 이런즉 가운뎃소리(중성) 속에도 또한 저절로 음양과 오행, 방위의 수가 있는 것이다.	• /ʌ/ the number of Heaven is 5 and the place from which Earth comes. ㅡ/ɨ/ the number of Earth is 10 at which Earth is made complete. Only 'ㅣ/i/' has no place or number because for people in general limitless truth, the vital energy of Yin and Yang, and the Five Elements are coalesced and in marvelous harmony, so their place and number cannot be ascertained. Accordingly the middle sounds naturally contain Yin and Yang, the Five Elements and directional numbers.
초성과 중성의 역학 의미	첫소리와 가운뎃소리를 맞대어 말해 보자. 가운뎃소리의 음성과 양성은 하늘의 이치다. 첫소리의 단단함과 부드러움은 땅의 이치이다. 가운뎃소리는 어떤 것은 깊고 어떤 것은 얕고, 어떤 것은 오므리고 어떤 것은 벌리니, 이런즉 음양이 나뉘고, 오행의 기운이 갖추어지니 하늘의 작용이다. 첫소리는 어떤 것은 비고[목구	Let's compare initial consonants and middle vowels, The Yin and Yang of the middle vowels are the way of Heaven. The hardness and softness of the initial consonants are the way of the Earth. If one of the middle vowels is deep then the other is shallow, if one is pursed then the other is open, as this follows the division of Yin and Yang and the provision of the force of the Five Elements is the function of Heaven. As for the initial consonants, some are empty and some are solid, some are blown and some are

갈래	현대어 번역	영어 번역
	멍소리], 어떤 것은 막히고[어금닛소리], 어떤 것은 날리고[혓소리], 어떤 것은 걸리고[잇소리], 어떤 것은 무겁고[입술무거운소리], 어떤 것은 가벼우니[입술가벼운소리], 이런즉 곧 단단하고 부드러운 것이 드러나서 여기에 오행의 바탕이 이루어진 것이니 땅의 공이다. 가운뎃소리가 깊고 얕고 오므라지고 벌림으로써 앞서 소리나고, 첫소리가 오음의 맑고 흐림으로써 뒤따라 화답하여 첫소리가 되고 또한 끝소리가 된다. 또한 이는 만물이 땅에서 처음 생겨나서, 다시 땅으로 돌아가는 것으로 볼 수 있다.	blocked, and as some are heavy others are light. Thus, exactly like initial consonants, hardness and softness is made evident so the completion of the foundation of the Five Elements is the achievement of Earth. As middle vowels are deep or shallow and pursed or expressed they come out first, and as the Five Sounds of initial consonants are clear or unclear they follow as both initial and again as end consonants. This is indicated from how all things are born from the Earth and all things return to the Earth.
초·중·종성의 상호 관계와 역학 의미	첫소리, 가운뎃소리, 끝소리가 합하여 이루어진 글자를 말할 것 같으면, 또한 움직임과 고요함이 서로 뿌리가 되어 음과 양이 서로 바뀌는 뜻이 있다. 움직이는 것은 하늘이요, 고요한 것은 땅이다. 움직임과 고요함을 겸한 것은 사람이다. 대개 오행이 하늘에서는 신(우주)의 운행이며, 땅에서는 바탕을 이루는 것이요, 사람에서는 어짊·예의·믿음·정의·슬기가 신(작은 우주)의 운행이요, 간장·염통(심장)·지라(비장)·허파(폐장)·콩팥(신장)이 바탕을 이루는 것이다. 첫소리는 움직여 피어나는 뜻이 있으니, 하늘의 일이다. 끝소리는 정해져 멈추는 뜻이 있으니, 땅의 일이다. 가운뎃소리는 첫	Like the combination of initial, middle and final letters to make characters, motion and stillness become mutual roots with the meaning of Yin and Yang which are mutually transforming. Movement is Heaven, stillness is Earth. Movement and stillness together are humans. Generally, the Five Elements are the movement of the cosmos in Heaven, the fulfillment of substance on Earth, and for humans they are benevolence, courtesy, sincerity, righteousness, and wisdom as the movement of the cosmos and the liver, heart, spleen, lung and kidney as the fulfillment of substances. The initial consonants hold the meanings of movement and prospering, thus they are the work of Heaven. The final consonants hold the meaning of fixation and stillness and thus they are the work of Earth. As for the middle vowels, they follow the emergence of the initial consonants and the completion of the final

갈래	현대어 번역	영어 번역
	소리가 생겨난 것을 이어서, 끝소리가 이루어지게 이어주니 사람의 일이다. 대개 글자 소리의 핵심은 가운뎃소리에 있으니, 첫소리 · 끝소리와 합하여 음절을 이룬다. 또 오히려 하늘과 땅이 만물을 생겨나게 해도, 그것이 쓸모 있게 돕는 것은 반드시 사람한테 힘입음과 같다.	consonants, thus combined, they are the work of humans. The middle vowels are the most important since they join the initial consonants and final consonants to form syllables. Likewise, all things are born of and built upon Heaven and Earth but making them useful and mutually beneficial depends entirely on humans.
종성에 초성을 다시 쓰는 역학 의미 정음의 신묘한 가치와 창제자의 의미	끝소리글자에 첫소리글자를 다시 쓰는 것은 움직여서 양인 것도 하늘이요, 고요해서 음인 것도 하늘이니, 하늘은 실제로는 음과 양을 구분한다 하더라도 임금(하늘)이 주관하고 다스리지 않음이 없기 때문이다. 하나의 바탕 기운이 두루 흘러 다하지 않고, 사계절 바뀜이 돌고 돌아 끝이 없으니 만물의 거둠에서 다시 만물의 시초가 되듯 겨울은 다시 봄이 되는 것이다. 첫소리글자가 다시 끝소리글자가 되고 끝소리글자가 다시 첫소리글자가 되는 것도 역시 이와 같은 뜻이다. 아! 정음이 만들어져 천지 만물의 이치가 모두 갖추어졌으니, 참으로 신묘하구나! 이는 틀림없이 하늘이 성왕(세종)의 마음을 일깨워, 세종의 손을 빌려 정음을 만들게 한 것이로구나!	As for the use of initial letters again as final consonants, Yang is dynamic so it is Heaven, Yin is static so it is also Heaven, and Heaven, though in reality is actually divided between Yin and Yang because it is the sovereign which presides and rules over all things. The spirit flows universally and endlessly; the four seasons are in an endless cycle, the end of all things are again the start of all things, just as spring comes again from winter. In the same way, initial consonants again become final consonants and final consonants again become first consonants. Ah, the creation of Jeongeum contains the principles of all the things of Heaven and Earth; Jeongeum is so mysterious. It is certainly as if the mind of King Sejong the Great was opened by Heaven; it is clear that Heaven has lent a helping hand.
	하늘과 땅의 조화는 본디 하나의 기운이니 음양과 오행이 서로 처음이 되며 끝이 되네.	The harmony of Heaven and Earth is originally the spirit of one Yin-Yang and the Five Elements mutually become the beginning and the end.

갈래	현대어 번역	영어 번역
갈무리시	만물이 하늘과 땅 사이에서 꼴과 소리 있으나 근본은 둘이 아니니 이치와 수로 통하네.	All things between Heaven and Earth have form and sound As for the origin, it is not both but through principle and number.
	정음 글자 만들 때 주로 그 꼴을 본뜨니 소리 세기에 따라 획을 더하였네.	When the characters for Jeongeum were made, they were made according to their form Following the intensity of the sound one more stroke is added.
	소리는 어금니 · 혀 · 입술 · 이 · 목구멍에서 나니 여기에서 첫소리글자 열일곱이 나왔네.	The sounds come from the molars, tongue, mouth, teeth, and throat From here seventeen initial sound letters come.
	어금닛소리 글자는 혀뿌리가 목구멍을 막는 모양을 취하였는데 오직 ㆁ[이]만은 ㅇ[이]와 비슷하나 담은 뜻이 다르네.	The molar sound character follows the appearance of the back of the tongue blocking the throat Only ㆁ/ŋ/ and ㅇ/ɦ/ are similar but assume different meanings.
	혓소리글자는 혀가 윗잇몸에 닿는 모양을 본뜨고 입술소리 글자는 바로 입 꼴을 취하였네.	The lingual sound character follows the shape of the tongue touching the upper teeth ridge The labial sound character assumed the shape of the mouth.
	잇소리글자와 목구멍소리글자는 바로 이와 목구멍의 모양을 본떴으니 이 다섯 자 뜻을 알면 소리 이치는 절로 밝혀지네.	The teeth sound(**alveolar consonant**) character and the guttural sound follows the shape of the teeth and throat If one knows the meaning of these five letters the principle behind these sounds are revealed.
	또한 반혓소리글자(ㄹ), 반잇소리글자(ㅿ)가 있는데 본뜬 것은 같은데 짜임새가 다르네.	There are also semi-lingual(**semi-alveolar**) sound (ㄹ) and the semi-teeth(**semi-alveolar**) sound(ㅿ) letters The imitations are similar but their structure is seemingly different.
	"ㄴ[니], ㅁ[미], ㅅ[시], ㅇ[이]" 소리는 세지 않으므로 차례는 비록 뒤이나 꼴을 본뜨는 처음이 되네.	The sounds of "ㄴ/n/ㅁ/m/ㅅ/s/ㅇ/ɦ/" are not strong Even though final in order, they are first when forming characters.
	이것을 네 계절과 천지 기운에 맞추어 보니 오행과 오음계에 어울리지 않음이 없네.	Matching these letters with the four seasons and the force of Heaven and Earth meet There is nothing that does not harmonize with the Five Elements and Five Sounds.

갈래	현대어 번역	영어 번역
	목구멍소리는 '물'이 되니 '겨울'과 '우음계'요 어금닛소리는 '봄'이며 '나무'이니 그 소리는 '각음계'이네.	The guttural sound is Water as one of the Five Elements, winter as a season, and "U" as one of the sounds on the Eastern pentatonic scale The molar sound is Tree as one of the Five Elements, spring as a season, and "Gak" as one of the sounds on the Eastern pentatonic scale.
	'치음계'에 '여름'이며 '불'인 것은 혓소리요 잇소리는 곧 '상음계'이며 '가을'이니 또한 '쇠'이네.	The lingual sound is "Chi" as one of the sounds on the Eastern pentatonic scale, summer as a season and Fire as one of the Five Elements The teeth sound(alveolar consonant) is "Sang" on the Eastern pentatonic scale, winter as a season and Metal as one of the Five Elements.
	입술소리는 방위와 수가 본디 정해진 것이 없으니 '흙'이며 '늦여름'이니 '궁음계'가 되네.	While the labial sound originally does not have a determined direction or number It is Earth as one of the Five Elements, late summer as one of the seasons and "Gung" as one of the sounds on the Eastern pentatonic scale.
	말소리는 또한 스스로 맑고 흐림이 있으니 중요한 것은 첫소리 날 때에 자세히 헤아려 살펴야 하네. 아주 맑은소리 '전청'은 "**ㄱ**[기], **ㄷ**[디], **ㅂ**[비]"이며 "**ㅈ**[지], **ㅅ**[시], **ㆆ**[히]"도 또한 아주 맑은소리 '전청'이라네.	The sounds of speech are naturally both clear and thick The important thing is when the first sound comes out they must be carefully observed and considered. As "**ㄱ**/k/**ㄷ**/t/**ㅂ**/p/" are completely clear sounds So too the sounds of "**ㅈ**/ts/**ㅅ**/s/**ㆆ**/ʔ/" are compl etely clear sounds.
	"**ㅋ**[키], **ㅌ**[티], **ㅍ**[피], **ㅊ**[치], **ㅎ**[히]"와 같은 것은 오음 각 하나씩의 덜 맑은소리 '차청'이 되네.	The similar thing for "**ㅋ**/k^h/**ㅌ**/t^h/**ㅍ**/p^h/**ㅊ**/ts^h/**ㅎ**/h/" is that Of the five sounds each one is a slightly less clear sound.
	아주 흐린소리 '전탁'은 "**ㄲ**[끼], **ㄸ**[띠], **ㅃ**[삐]"에다 "**ㅉ**[찌], **ㅆ**[씨]"가 있고 또한 "**ㆅ**[혜]"가 있네.	As "**ㄲ**/k'/**ㄸ**/t'/**ㅃ**/p'/" are completely thick sounds So too are "**ㅉ**/ts'/**ㅆ**/s'/" and "**ㆅ**/x/".
	아주 맑은소리 '전청' 글자를 나란히 쓰면 아주 흐린소리 '전탁' 글자가 되는데 다만 '**ㆅ**'[혜]만은 '**ㅎ**[히]'에서 나와 이것만 같지 않네.	If completely clear letters are written side by side they become completely thick letters But '**ㆅ**/x/' which comes from '**ㅎ**/h/' is different.

갈래	현대어 번역	영어 번역
	"ㆁ[이], ㄴ[니], ㅁ[미], ㅇ[이]"와 "ㄹ[리], ㅿ[시]"는 그 소리 맑지도 또 흐리지도 않네.	As for "ㆁ/ŋ/ㄴ/n/ㅁ/m/ㅇ/ɦ/"and "ㄹ/ɾ/ ㅿ/z/" Their sound is neither clear nor thick.
	ㅇ[이]를 입술소리 글자에 이어 쓰면 입술가벼운소리가 되는데 목구멍소리가 많아지면서 입술을 살짝 다물어 주네.	If ㅇ/ɦ/ is written underneath a labial sound letter, it becomes a light labial sound The guttural sound becomes stronger and the lips come together lightly yet.
	가운뎃소리글자 열한 자 또한 꼴을 본떴는데 섬세한 뜻은 아직 쉽게 볼 수 없네.	There are 11 middle vowels and they are also modeled after their form Their deep meaning cannot be inferred easily.
	ㆍ는 하늘을 본뜬 것으로 소리가 가장 깊으니 둥근 꼴이 총알 같네.	ㆍ/ʌ/ is modeled after heaven and the sound is the deepest Its round form is like a bullet.
	ㅡ 소리는 깊지도 않고 얕지도 않아 그 평평한 꼴은 땅을 본떴네. ㅣ는 사람이 선 모습을 본뜬 것으로 그 소리 얕으니 하늘 · 땅 · 사람의 세 바탕 이치가 이에 갖추어졌네.	ㅡ/ɨ/ is not deep nor light Its flat shape is modeled after the earth. ㅣ/i/ is modeled after a standing person so its sound is light Herein the principle of the Three Elements is present.
	ㅗ는 하늘(ㆍ)에서 나서 입을 거의 닫으니 하늘의 둥긂과 땅의 평평함을 아울러 담은 것을 본떴네.	ㅗ/o/ comes from Heaven (ㆍ/ʌ/) so it is almost closed Its shape follows the roundness of Heaven's harmony with the flatness of Earth.
	ㅏ도 하늘에서 나와 입이 많이 열려 있으니 일과 사물에서 피어나 사람에서 이루어짐이네.	ㅏ/a/ again comes from Heaven so it is opened wide As all things come to life, they are made complete by humans.
	처음 생겨나는 뜻을 사용하여 둥근 점을 하나로 하였으니 하늘에서 나와 '양'이 되어 위와 밖에 놓이네.	The single round dot means original birth Coming from Heaven it is Yang, so it is placed on the topside and the outside.
	ㅛ, ㅑ는 사람을 겸하여 '거듭 나온 것'이 되니 두 개의 둥근 꼴로 그 뜻을 보이네.	As ㅛ/jo/ ㅑ/ja/ unites humans they become another again One can see this meaning in the shape of the two round dots.

갈래	현대어 번역	영어 번역
	ᅮ와 ᅥ와 ᅲ와 ᅧ는 땅에서 나니 보기를 들면 저절로 알 것을 어찌 꼭 풀이를 해야 하랴	As ᅮ/u/ and ᅥ/ə/ and ᅲ/ju/ and ᅧ/jə/ come from Earth As can be understood from the examples, why then explain something that is naturally understood.
	•글자가 여덟 가운뎃소리글자에 두루 있음은 오직 하늘의 작용이 두루 흘러 다님이네.	As •/ʌ/ is found in all 8 letters Only the action of Heaven universally flows to all places.
	네 소리(ᅭ ᅣ ᅲ ᅧ)가 사람[ㅣ]을 겸함도 또한 까닭이 있으니 사람(ㅣ)이 하늘과 땅에 참여하는데 가장 신령하기 때문이네.	The four sounds (ᅭ/jo ᅣ/ja/ᅲ/ju/ ᅧ/jə/) contain humans and there is reason Humans(ㅣ /i/) take part in Heaven and Earth as they are supreme.
	또 첫 · 가운데 · 끝 세 소리의 깊은 이치를 살피면 단단함과 부드러움, 음과 양이 저절로 있네.	Also, if one observes the profound principle of the three sounds (initial, middle and final) Hard and soft, Yin and Yang are naturally present.
	가운뎃소리는 하늘의 작용으로서 음양으로 나뉘고 첫소리는 땅의 공로로 단단함과 부드러움을 나타내네.	The middle vowels according to the action of Heaven are divided into Yin and Yang The initial sounds represent hardness and softness which are the merits of Earth.
	가운뎃소리가 부르면 첫소리가 응하니 하늘이 땅보다 앞섬은 자연의 이치이네.	If a middle sound is called an initial sound answers in kind The existence of Heaven before Earth is the principle of nature.
	응하는 것이 첫소리도 되고 또 끝소리도 되니 만물이 땅에서 나서 다시 모두 땅으로 되돌아감이네.	The thing that answers may be an initial sound or a final sound All things come from Earth and again return to the Earth.
	음이 바뀌어 양이 되고 양이 바뀌어 음이 되니 한 번 움직이고 한 번 고요함이 서로 뿌리가 되네.	If Yin changes it becomes Yang and if Yang changes it becomes Yin Movement and stillness become the root of each other.
	첫소리는 다시 피어나는 뜻이 있으니 양의 움직임으로 하늘의 임자 되네. 끝소리는 땅에 비유되어 음의 고요함이니 글자 소리가 여기서 그쳐 정해지네.	As initial sounds have the meaning of coming back to life They become the movement of Yang and so become the governor of Heaven. As the final sound is compared with Earth, it means the motionlessness of Yin The sound of the letter ceases here and so is fixed.

갈래	현대어 번역	영어 번역
	음절을 이루는 핵심은 가운뎃소리의 쓰임새에 있으니 사람이 능히 하늘과 땅의 마땅함을 도울 수 있기 때문이네.	The making of rhyme is the essence of the function of the middle sound Because humans' capability can aid the justification of Heaven and Earth.
	양의 쓰임은 음에 통하니 이르러 펴면 도로 돌아오네. 첫소리글자와 끝소리글자가 비록 하늘과 땅으로 나뉜다고 하나 끝소리글자에 첫소리글자를 쓰는 뜻을 알 수 있네.	The operation of Yang is through Yin When it is fully complete and unfolds it returns again. Even as the initial sound and final sound are divided into Yin and Yang One can know the meaning of using the initial sound as a final sound.
	정음글자는 스물여덟뿐이로되 심오하고 복잡한 걸 탐구하여 근본 깊이가 어떠한가를 밝혀낼 수 있네.	Jeongeum only has 28 letters Yet as one studies their deepness and complexity they can uncover the key point.
	뜻은 멀되 말은 가까워 백성을 깨우치기 쉬우니 하늘이 주신 것이지 어찌 일찍이 슬기와 기교로 되었으리오.	The meaning is profound yet the language is accessible so the common people can be taught easily As a gift from Heaven by what wisdom and skill has this been done?

2. 초성해(初聲解)

문단	주제	현대어 번역	영어 번역
1	초성자의 운서 특성과 기능	정음의 첫소리는 곧 한자음 사전(운서)에서 한 음절의 첫소리(성모)이다. 말소리가 이에서 비롯되므로 이르기를 '어미(모)'라 한 것이다.	The initial consonants of Jeongeum are namely the mother-sounds of the Rhyming Dictionary. As a result of this the voice became the base, thus being referred to as the mother.
2	초성자의 기능과 갈래	어금닛소리글자는 '**군**' 자의 첫소리글자인 **ㄱ**[기]인데, **ㄱ**[기]가 **ᅟᅮᆫ**과 어울려 '**군**'이 된다. '**쾌**' 자의 첫소리글자는 **ㅋ**[키]인데, **ㅋ**	In regards to the molar sound(**velar consonant**), **ㄱ**/k/ is the initial sound of the letter '**군**' /kun/, so '**ㄱ**' /k/ and **ᅟᅮᆫ**/un/ join to become '**군**' /kun/. The initial sound of '**쾌**' /k^h^waj/ is **ㅋ**/k^h^/, so **ㅋ**/k^h^/ and **ᅫ**/waj/ join to become **쾌**

문단	주제	현대어 번역	영어 번역
		[키]가 ㅙ와 합하여 '쾌'가 된다. '뀨' 자의 첫소리글자는 ㄲ[끼]인데, ㄲ[끼]가 ㅠ와 합하여 '뀨'가 된다. ᅌᅥᆸ의 첫소리글자는 ㆁ[이]인데, ㆁ[이]가 ᅟᅥᆸ과 합하여 'ᅌᅥᆸ'이 되는 따위와 같다. 혓소리글자의 "ㄷ ㅌ ㄸ ㄴ[디티띠니]", 입술소리글자의 "ㅂ ㅍ ㅃ ㅁ[비피삐미]", 잇소리글자의 "ㅈ ㅊ ㅉ ㅅ ㅆ[지치찌시씨]", 목구멍소리글자의 "ㆆ ㅎ ㆅ ㅇ[ᅙᅵ히ᅘᅵ이]", 반혓소리ㆍ반잇소리글자의 "ㄹ ㅿ[리ᅀᅵ]"도 모두 이와 같다.	/k^hwaj/. The initial sound of '뀨' /k'yu/ is ㄲ /k'/, so ㄲ/k'/ and ㅠ/ju/ are joined, becoming 뀨/k'ju/. ㆁ/ŋ/ is the initial sound of ᅌᅥᆸ/ŋəp/, which is the same as ㆁ/ŋ/ and ᅟᅥᆸ/əp/ are joined, becoming ᅌᅥᆸ/ŋəp/. The lingual sounds "ㄷ/t/ㅌ/t^h/ㄸ/t'/ㄴ/n/", the labial sounds "ㅂ/p/ㅍ/p^h/ㅃ/p'/ㅁ/m/", the dental sounds "ㅈ/ts/ㅊ/ts^h/ㅉ/ts'/ㅅ/s/ㅆ/s'/" and the guttural sounds "ㆆ/ʔ/ㅎ/h/ㆅ/x/ㅇ/ɦ/" as well as the semi-lingual and the semi teeth(alveolar) sounds "ㄹ/ɾ/ㅿ/z/" all have the same principle.
3	갈무리시	"ㄱ ㅋ ㄲ ㆁ[기키끼이]" 는 어금닛소리글자이고 혓소리글자로는 "ㄷ ㅌ[디티]"와 "ㄸ ㄴ[띠니]"가 있네. "ㅂ ㅍ ㅃ ㅁ[비피삐미]" 는 곧 입술소리글자이고 잇소리글자로는 "ㅈ ㅊ ㅉ ㅅ ㅆ[지치찌시씨]"가 있네. "ㆆ ㅎ ㆅ ㅇ[ᅙᅵ히ᅘᅵ이]" 는 곧 목구멍소리글자이고 ㄹ[리]는 반혓소리글자이고, ㅿ[ᅀᅵ]는 반잇소리글자이네. 스물세 자가 첫소리글자가 되니 온갖 소리가 모두 다 여기에서 생겨나네.	The sounds of "ㄱ/k/ㅋ/k^h/ㄲ/k'/ㆁ/ŋ/" are the molar sounds(velar consonants) The lingual sounds are "ㄷ/t/ㅌ/t^h/" and "ㄸ/t'/ㄴ/n/". "ㅂ/p/ㅍ/p^h/ㅃ/p'/ㅁ/m/" are namely the labial sounds Of the teeth(alveolar) sounds there are "ㅈ/ts/ㅊ/ts^h/ㅉ/ts'/ㅅ/s/ㅆ/s'/". "ㆆ/ʔ/ㅎ/h/ㆅ/x/ㅇ/ɦ/" are namely the guttu ral sounds ㄹ/ɾ/ is a semi-lingual, ㅿ/z/ is semi-teeth (alveolar). Twenty three letters become the initial sound The existence of every sound is based on them.

3. 중성해(中聲解)

문단	주제	현대어 번역	영어 번역
1	중성자 기능과 사용 보기	가운뎃소리는 한 음절소리(자운)의 가운데에 있으니 첫소리, 끝소리와 합하여 음절을 이룬다. 'ᄐᆞᆫ' 자의 가운뎃소리글자는 ㆍ인데, ㆍ가 ㅌ[티]와 ㄴ[은] 사이에 있어 'ᄐᆞᆫ'이 된다. '즉' 자의 가운뎃소리는 ㅡ인데, ㅡ는 ㅈ[지]와 ㄱ[윽] 사이에 놓여 '즉'이 된다. '침' 자의 가운뎃소리글자는 ㅣ인데, ㅣ가 ㅊ[치]와 ㅁ[음] 사이에 있어 '침'이 되는 것과 같다. "홍·땀·군·업·욕·샹·슏·볃"에서의 "ㅗ ㅏ ㅜ ㅓ ㅛ ㅑ ㅠ ㅕ"도 모두 이와 같다.	The middle sounds are the sounds in the middle of a character so the initial sound and final sound are joined to form syllables. The middle sound of 'ᄐᆞᆫ'/tʰʌn/ is ㆍ/ʌ/, so ㆍ/ʌ/ between ㅌ/tʰ/ and ㄴ/n/ becomes 'ᄐᆞᆫ /tʰʌn/'. The middle sound of '즉/tsɨk/' is ㅡ/ɨ/, so when ㅡ/ɨ/ is placed between ㅈ/ts/ and ㄱ/k/ it becomes '즉/tsɨk/'. The middle sound of '침'/tsʰim/ is ㅣ/i/, which is the same as ㅣ/i/ between ㅊ/tsʰ/ and ㅁ/m/ becomes '침/tsʰim/'. "ㅗ/o/ ㅏ/a/ ㅜ/u/ ㅓ/ə/ ㅛ/jo/ ㅑ/ja/ ㅠ/ju/ ㅕ/jə/" of "홍/xoŋ/、땀/t'am/、군/kun/、업/ŋəp/、욕/jok/、샹/zjaŋ/、슏/sjut/、볃/pjət/" all follow this same principle
2	두 자 합용 방식과 보기	두 글자를 합쳐 쓴 것으로는 ㅗ와 ㅏ가 다 같이 ㆍ와 같은 양성 가운뎃소리이므로 합하여 ㅘ가 된다. ㅛ와 ㅑ는 ㅣ에서 비롯되므로 합하면 ㆇ가 된다. ㅜ와 ㅓ가 다 같이 ㅡ와 같은 음성 가운뎃소리이므로[21] 합하여 ㅝ가 된다. ㅠ와 ㅕ가 또한 다 같이 ㅣ에서 비롯되므로 합하여 ㆊ가 된다. 같은 것에서 나와 같은 무리가 되므로 서로 합해도 어그러지지 않는다.	When two letters are combined and written, ㅗ/o/ and ㅏ/a/ equally come out of ㆍ/ʌ/ [positive vowels], so they are joined to become ㅘ/wa/. ㅛ/jo/ and ㅑ/ja/ come from ㅣ/i/, so they and combine to form ㆇ/joja/. ㅜ/u/ and ㅓ equally come from ㅡ/ɨ/, so they are joined to form ㅝ/wə/. ㅠ/ju/ and ㅕ/jə/ also come from ㅣ/i/, so they combine to form ㆊ/jujə/. Since these letters are of the same kind from the same thing, they go well together without discord.
3	ㅣ상합자 갈래와 'ㅣ'중성자 기능	한 낱글자로 된 가운뎃소리글자가 ㅣ와 서로 합한 것이 열이니 ㆎ ㅢ ㅚ ㅐ ㅟ ㅔ ㆉ ㅒ ㆌ ㅖ"가 그것이다. 두 낱글자로 된 가운뎃소리글자가 ㅣ와 서로 합한 것은 넷이니 "ㅙ ㅞ	"ㆎ/ʌj/ㅢ/ɨj/ㅚ/oj/ㅐ/aj/ㅟ/uj/ㅔ/əj/ㆉ/joj/ㅒ/jaj/ㆌ/juj/ㅖ/jəj/" are the ten single middle sounds that are formed into one character by combining with ㅣ/i/. "ㅙ/waj/ㅞ/wəj/ㆈ/jojaj/ㆋ/jujəj/" are the four which are formed by combining

문단	주제	현대어 번역	영어 번역
		ᄲᅧ ᄢᅨ"가 그것이다. ㅣ가 깊고, 얕고, 닫히고, 열리는 소리에 두루 능히 서로 따를 수 있는 것은 'ㅣ'소리가 혀가 펴지고 소리가 얕아서 입을 열기 편하기 때문이다. 또한 사람(ㅣ)이 만물을 여는 데에 참여하고 도와서 통하지 않는 것이 없음을 볼 수 있다.	with ㅣ/i/. ㅣ/i/ is able to differentiate deep, shallow, closed, and open sounds as the tongue flattens out and the sound is shallow so the mouth is opened easily. Likewise humans (ㅣ/i/) participate and contribute in all things so there is nothing that cannot be understood.
5	갈무리시	음절 소리마다 제각기 가운뎃소리가 있으니 모름지기 가운뎃소리에서 벌림과 오므림을 찾아야 하네. ㅗ와 ㅏ는 ·와 같은 양성 가운뎃소리이니 합하여 쓸 수 있고 ㅜ ㅓ는 ㅡ 와 같은 음성 가운뎃소리이니 또한 합하여 쓸 수 있네. ㅛ와 ㅑ, ㅠ와 ㅕ의 관계는 각각 따르는 곳이 있으니 그 뜻을 이루어 알 수 있네. ㅣ자의 쓰임새가 가장 많아서 열넷의 소리에 두루 서로 따르네.	For every syllabic sound there is a middle sound Openness and closedness must be found in the middle sounds. ㅗ/o/ and ㅏ/a/ come from ·/ʌ/ [positive vowels], so they can be joined together ㅜ/u/ and ㅓ/ə/ come from ㅡ/ɨ/ [negative vowels], so they may be joined as well. ㅛ/jo/ and ㅑ/ja/, ㅠ/ju/ and ㅕ/jə/ Each one follows a way so one can infer and understand the meaning. The letter ㅣ/i/ is used the most so 14 sounds are modelled after it.

4. 종성해(終聲解)

문단	주제	현대어 번역	영어 번역
1	종성자의 기능과 사용 보기	끝소리는 첫소리 · 가운뎃소리를 이어서 음절을 이룬다. 이를테면 '즉' 자의 끝소	The final sounds along with the initial and middle sounds form syllabic characters. For example, the final sound of the character 즉

21) 'ㅜ, ㅓ'가 음성모음(ㅡ)이라는 뜻.

문단	주제	현대어 번역	영어 번역
2		리글자는 ㄱ[윽]인데, ㄱ[윽]은 'ᅐ'의 끝에 놓여 '즉'이 되는 것과 같다. '뽕' 자의 끝소리는 ㆁ[웅]인데, ㆁ[웅]은 ᅘᅩ의 끝에 놓여 뽕이 되는 것과 같다. 혓소리글자, 입술소리글자, 잇소리글자, 목구멍소리글자도 모두 같다.	/tsɨk/ is ㄱ/k/, so which is the same as ㄱ/k/ is placed at the end of ᅐ/tsɨ/, becoming 즉/tsɨk/. The final sound of the character '뽕'/xoŋ/ is ㆁ/ŋ/, which is the same as ㆁ/ŋ/ is placed at the end of ᅘᅩ/xo/, becoming 뽕/xoŋ/. The same goes with the lingual sound, labial sound, teeth(alveolar) sound and guttural sound.
2	소리 완급에 따른 종성자의 사성 특성	소리에는 느리고 빠른 차이가 있으니, 평성 · 상성 · 거성 음절의 끝소리는 입성 음절 끝소리가 매우 빠른 것과 같은 부류가 아니다. 울림소리 '불청불탁' 글자는 그 소리가 세지 않으므로 끝소리로 쓰면 평성 · 상성 · 거성에 마땅하다. 아주 맑은 소리 전청, 덜 맑은소리 차청, 아주 흐린소리 전탁 글자는 그 소리가 세므로 끝소리로 쓰면 입성에 마땅하다. 그래서 ㆁ ㄴ ㅁ ㅇ ㄹ ㅿ[이니미이리ᅀᅵ]의 여섯 글자가 끝소리로 쓰이는 음절은 평성과 상성과 거성이 되고, 나머지 글자가 끝소리로 쓰이는 음절은 모두 입성이 된다.	Because there is a difference between fast and slow sounds, the even, rising and high tones' final sound is different than the extremely fast falling tone. Sounds which are neither clear nor thick are not strong so when used as a final sound they rightly become the even, rising, and high tones. The letters with extremely clear, slightly less clear, and extremely thick sounds have a strong sound so when used as a final sound they rightly become falling tones. Accordingly, the six letters of ㆁ/ŋ/ㄴ/n/ㅁ/m/ㅇ/ɦ/ㄹ/l/ㅿ/z/ become the final sound for the even, rising, and high tones and the rest all become the final sound for the falling tone.
3	팔종성법과 용례	ㄱ ㆁ ㄷ ㄴ ㅂ ㅁ ㅅ ㄹ[기이디니비미시리]의 여덟 글자만으로도 끝소리글자를 적기에 충분하다. "빗곶(배꽃)"이나 "엿의갗(여우 가죽)"에서처럼 ㅅ[읏] 자로 두루 쓸 수 있어서 오직 ㅅ	But the eight letters of ㄱ/k/ㆁ/ŋ/ㄷ/t/ㄴ/n/ㅂ/p/ㅁ/m/ㅅ/s/ㄹ/l/ are sufficient to use. As an example, like in "빗곶(Pear blossom, /pʌjskots/)" or "엿의갗(Fox pelt, /ɦjəzɦɨkats[h]/)" ㅅ/s/ can be used without exception so it is simply like using ㅅ/s/ on its own. The sound of ㅇ/ɦ/ is clear and empty so even if it is not

문단	주제	현대어 번역	영어 번역
		[읏] 자를 쓰는 것과 같다. 또 ㅇ[이]는 소리가 맑고 비어서 반드시 끝소리로 쓰지 않더라도 가운뎃소리만으로 음절을 이룰 수 있다. ㄷ[디]는 '볃'의 끝소리 ㄷ[읃]이 되고, ㄴ[니]는 '군'의 끝소리 ㄴ[은]이 되고, ㅂ[비]는 '업'의 끝소리 ㅂ[읍]이 되며, ㅁ[미]는 '땀'의 끝소리 ㅁ[음]이 되고, ㅅ[시]는 토박이말인 'ᄋᆞᆺ'의 끝소리 ㅅ[읏]이 되며, ㄹ[리]는 토박이말인 'ᄉᆞᆯ'의 끝소리 ㄹ[을]이 된다.	used as a final sound the middle sound itself can still produce a syllable. The final sound of '볃/pjət/' is ㄷ/t/, the final sound of '군/kun/' is ㄴ/n/, the final sound of '업/ŋəp/' is ㅂ/p/, the final sound of '땀/t'am/' is ㅁ/m/, ㅅ/s/ is the final sound of the native Korean 'ᄋᆞᆺ/ot/', and ㄹ/l/ is the final sound of the native Korean 'ᄉᆞᆯ/sil/'
4	완급에 따른 종성자 오음의 대응 짝	오음의 느리고 빠름이 또한 각각 스스로 짝이 된다. 이를테면 어금닛소리의 ㆁ[옹]은 ㄱ[윽]과 짝이 되어 ㆁ[옹]을 빨리 발음하면 ㄱ[윽]음으로 바뀌어 빠르고, ㄱ[윽]음을 느리게 내면 ㆁ[옹]음으로 바뀌어 느린 것과 같다. 혓소리의 ㄴ[은]음과 ㄷ[읃]음, 입술소리의 ㅁ[음]음과 ㅂ[읍]음, 잇소리의 ㅿ[읁]음과 ㅅ[읏]음, 목구멍소리의 ㅇ[웅]음과 ㆆ[웅]음도 그 느리고 빠름이 서로 짝이 되니 이와 같다.	The slow and fast of the Five Sounds have their complementary partners. For example, the molar sound ㆁ/ŋ/ with ㄱ/k/ becomes a complement so when ㆁ/ŋ/ is pronounced quickly it changes to ㄱ/k/ which is pronounced forcefully, and when ㄱ/k/ is pronounced slowly it changes to ㆁ/ŋ/ and becomes more relaxed. The lingual sounds of ㄴ/n/ and ㄷ/t/, the labial sounds of ㅁ/m/ and ㅂ/p/, the teeth(alveolar) sounds of ㅿ/z/ and ㅅ/s/, and the speed and slowness of the guttural sounds of ㅇ/ɦ/ and ㆆ/ʔ/ are complementary partners.
5	ㄹ종성자를 한자음에 사용 못하는 까닭	또 반혓소리글자인 ㄹ[을]은 마땅히 토박이말에나 쓸 것이며 한자어에는 쓸 수 없다. 입성의 '彆(볃)' 자와 같은 것도 끝소리글자로 마땅히 ㄷ[읃]를 써야 할 것인데 세속 관습으로는 한자어	Semi-lingual (lateral consonant) ㄹ/l/ is appropriately used for native Korean words but not for Chinese words. For the character '彆(볃, /pjət/)' of the falling tone, ㄷ/t/ should be used as the final letter but through common use it has come to be pronounced as ㄹ/l/ which then becomes a lighter sound. If ㄹ/l/ is used

문단	주제	현대어 번역	영어 번역
		종성을 ㄹ[을] 음으로 읽으니 대개 ㄷ[읃] 음이 바뀌어 가볍게 된 것이다. 만일 ㄹ[을]을 '彆[:볋]' 자의 끝소리글자로 쓴다면 그 소리가 펴지고 늘어져 입성이 되지 못한다.	as the final sound of the character ':볋[彆, /pjət/]' then the sound is smoother and extended so it can no longer be a falling tone.
6	갈무리시	맑지도 흐리지도 않은 울림소리를 끝소리에 쓰니 평성, 상성, 거성이 되고 입성은 되지 않네.	If sounds that are neither clear nor thick are used as final sounds They can be even, rising, and high tones but not falling tones.
		아주 맑은소리, 덜 맑은소리, 그리고 아주 흐린소리는 모두 입성이 되어 소리가 매우 빠르네.	Completely clear, slightly less clear, and completely thick sounds Are all falling tones, so the pronunciation is extremely quick.
		첫소리글자를 끝소리글자로 쓰는 이치가 본래 그러한데 다만 여덟 자만 가지고도 쓰임에 막힘은 없네.	When the initial letter is used as a final letter the principle is naturally the same All eight letters can be used without any problem.
		오직 ㅇ[이] 자가 있어야 마땅한 자리라도 가운뎃소리만으로도 음절을 이루어 또한 통할 수 있네.	ㅇ/ɦ/ is the only one that can be omitted Only using middle sounds one can form syllables without final sounds.
		만일 '즉' 자를 쓰려면 'ㄱ[윽]'을 끝소리로 하고 "홍, 볋"은 'ㆁ[웅]'과 'ㄷ[읃]'을 끝소리로 하네.	If one writes the character '즉/tsɨk/' then ㄱ/k/ is used as the final sound ㆁ/ŋ/ and ㄷ/t/ are used as the final sounds for "홍/xoŋ/, 볋/pjət/".
		"군, 업, 땀" 끝소리는 또한 어떨까 하니 "ㄴ[은], ㅂ[읍], ㅁ[음]"을 차례대로 헤아려 보네.	What are the final sounds of "군/kun/, 업/ŋəp/, 땀/t'am/" They are "ㄴ/n/, ㅂ/p/, ㅁ/m/" respectively.
		여섯 소리(ㄱ ㆁ ㄷ ㄴ ㅂ ㅁ/윽웅읃은읍음)는 한자말	The six sounds (ㄱ/k/ ㆁ/ŋ/ ㄷ/t/ ㄴ/n/ ㅂ/p/ ㅁ/m/) can be used for both Chinese characters

문단	주제	현대어 번역	영어 번역
		과 토박이말에 함께 쓰이되 ㅅ[읏]과 ㄹ[을]은 토박이말의 '옷'과 '실'의 끝소리로만 쓰이네.	and native Korean ㅅ/s/ and ㄹ/l/ are used as the final sounds for only '옷/ot/' and '실/sil/' in native Korean.
		오음은 각각 느림과 빠름의 짝을 저절로 이루니 ㄱ[윽] 소리는 ㆁ[웅] 소리를 빠르게 낸 것이네.	The Five Sounds are each naturally from the counterparts of slow and fast The sound of ㄱ/k/ is the quicker pronunciation of ㆁ/ŋ/.
		ㄷ ㅂ[읃/읍] 소리가 느려지면 ㄴ ㅁ[은/음]가 되며 ㅿ[읐]과 ㅇ[응]은 그것 또한 ㅅ ㆆ[읏응]의 짝이 되네.	The sounds of ㄷ/t/ ㅂ/p/ become ㄴ/n/ ㅁ/m/ when pronounced slowly ㅿ/z/ and ㅇ/ɦ/, as well as ㅅ/s/ and ㆆ/ʔ/ are counterparts.
		ㄹ[을]은 토박이말 끝소리 표기에는 마땅하나 한자말 표기에는 마땅하지 않으니 ㄷ[읃] 소리가 가벼워져서 ㄹ[을] 소리가 된 것은 곧 일반 관습이네.	As for ㄹ/l/, it is the appropriate mark for a final sound of native Korean but not for Chinese words ㄷ/t/ is pronounced lightly to become ㄹ/l/, which has become colloquial.

5. 합자해(合字解)

문단	주제	현대어 번역	영어 번역
1	초·중·종 낱글자 합성 방식과 보기	첫소리·가운뎃소리·끝소리 세 낱글자가 합하여 글자를 이룬다. 첫소리글자는 가운뎃소리글자 위에 쓰기도 하고, 가운뎃소리글자의 왼쪽에 쓰기도 한다. 이를테면 '군' 자의 ㄱ[기]는 ㅜ의 위에 쓰고, '업' 자의 ㆁ[이]는 ㅓ의 왼쪽에 쓰는 것과 같다. 가운뎃소리글자는 둥근 것(·)과 가로로 된 것(ㅡ)은 첫소리글자 아래에 쓰니 "· ㅡ ㅗ ㅛ ㅜ ㅠ"가	The initial, middle, and final letters are combined to make syllables. The initial consonants are written above and to the left of the middle vowels. For example, in the character '군/kun/,' ㄱ/k/ is written above ㅜ/u/ and for the character '업/ŋəp/,' ㆁ/ŋ/ is written to the left of ㅓ/ə/. For middle letters which are round and horizontal · /ʌ/ㅡ/ɨ/ㅗ/o/ㅛ/jo/ㅜ/u/ㅠ/ju/, they are written below the initial consonant. The vertical initial consonants,

문단	주제	현대어 번역	영어 번역
		이것이다. 세로로 된 것은 첫소리글자의 오른쪽에 쓰니 "ㅣ ㅏ ㅑ ㅓ ㅕ"가 이것이다. 이를테면 '툰' 자의 ㆍ는 ㅌ[티] 아래에 쓰고, '즉' 자의 ㅡ는 ㅈ[지] 아래에 쓰며, '침' 자의 ㅣ는 ㅊ[치] 오른쪽에 쓰는 것과 같다. 끝소리글자는 첫소리글자·가운뎃소리글자 아래에 쓴다. 이를테면 '군' 자의 ㄴ[은]은 구 아래에 쓰고, '업' 자의 ㅂ[읍]은 어 아래에 쓰는 것과 같다.	ㅣ/i/ ㅏ/a/ ㅑ/ja/ ㅓ/ə/ ㅕ/jə/ are written to the right of the initial consonants. For example, in the character '툰/tʰʌn/,' ㆍ/ʌ/ is written below ㅌ/tʰ/, ㅡ/ɨ/ of the character '즉/tsɨk/' is also written below 'ㅈ/ts/', and 'ㅣ/i/' of the character '침/tsʰim/' is written to the right of ㅊ/tsʰ/. Final consonants are written below the initial and middle sounds. For example, in the character of '군/kun/, 'ㄴ/n/ is written below 구/ku/, and for the character '업/ŋəp/', ㅂ/p/ is written below 어/ŋə/.
2	병서자 갈래와 사용 맥락	첫소리글자에서 서로 다른 두 개의 낱글자 또는 세 개의 낱글자를 나란히 쓰는 '병서'는 이를테면 토박이말의 "ᄯᅡ(땅), ᄧᅡᆨ(외짝), ᄦᅳᆷ(틈)" 따위와 같은 것이다. 같은 낱글자를 나란히 쓰는 각자병서는 이를테면 토박이말에서 "혀"는 입속의 혀[舌]이지만 "ᅘᅧ"는 '당겨[引]'를 나타내며, "괴ᅇᅧ"는 '내가 남을 사랑한다[我愛人]'는 뜻이지만 "괴ᅇᅧ"는 '남에게서 내가 사랑받는다[人愛我]'는 뜻이 되고, "소다[覆物]"는 '무엇을 뒤집어 쏟아'라는 뜻이지만 "쏘다"는 '무엇을 쏘다[射]'라는 뜻이 되는 따위와 같은 것이다. 가운뎃소리글자를 두 개의 낱글자, 세 개의 낱글자를 합쳐 쓰는 것은 이를테면 토박이말의 "ᅶ[거문고 줄을 받치는 기둥(琴柱)]", "ᅰ[횃불(炬)]" 따위와 같이 쓰는 것과 같다.	In the initial letters two or three different initial letters can be combined and written side by side, as in the examples of the native Korean words "ᄯᅡ(the earth /sta/), ᄧᅡᆨ(an odd member of a pair /ptsak/), and ᄦᅳᆷ(gap /pskɨm/)." The same letters can be combined and written side by side. For example, in native Korean "혀/hjə/" means tongue while "ᅘᅧ/xjə/" means pull, "괴여/koj–ɦjə/" means 'I love another' but "괴ᅇᅧ/koj–ɦ'jə/" means 'I am loved by another,' and "소다/so–da/" means to pour something but also "쏘다/s'o–da/" means to shoot some-thing, and so on. The combination and use of two or three middle vowels can be seen in the example of the native Korean word "ᅶ/kwa/" which means the bridge of a Korean harp, and "ᅰ/hwaj/" which means torch. The combination and use of two or three final consonants in one character can be seen in the examples of native Korean words such as "ᄒᆞᆰ(흙, earth/dirt, /hʌlk/)", "낛(fishing, /naks/)", and "ᄃᆞᇌᄣᅢ(the hour of the

문단	주제	현대어 번역	영어 번역
		끝소리글자를 두 개의 낱글자, 세 개의 낱글자를 합쳐 쓰는 것은 이를테면 토박이말의 "ᄒᆞᆰ[흙(土)]", "낛[낚시(釣)], ᄢᅳᆷᄣᅢ[닭때, 유시(酉時)]" 따위와 같이 쓰는 것과 같다. 이들 합용병서는 왼쪽에서 오른쪽으로 쓰며 첫소리글자, 가운뎃소리글자, 끝소리글자 모두 같다.	Chicken, 5-7pm, /tʌrks-pstaj/)". These combined letters are written from left to right, as are all initial, middle, and final letters.
3	한자와 한글 합성 방식	한자와 한글을 섞어 쓸 때는 한자음에 따라서 한글의 가운뎃소리글자나 끝소리글자를 보충하는 일이 있으니, 이를테면 '孔子ㅣ魯ㅅ:사ᄅᆞᆷ(공자가 노나라 사람)' 따위와 같이 쓰는 것과 같다.	When Chinese characters and Hangeul (native Korean script) are mixed the sounds of the Chinese characters are followed by the addition of the middle or final sounds of Hangeul, for example '孔子ㅣ/i/ 魯ㅅ/s/ :사ᄅᆞᆷ(Confucius is a person of "Lu", /sarʌm/)' and so on.
4	사성 사용 맥락과 주요 특성	토박이말의 평성 · 상성 · 거성 · 입성의 예를 들면, "활[활(弓)]"은 평성이고, ":돌[돌(石)]"은 상성이며, "·갈[칼(刀)]"은 거성이요, "·붇[붓(筆)]"은 입성이 되는 따위와 같다. 무릇 글자의 왼쪽에 한 점을 찍은 것은 거성이고, 두 점을 찍은 것은 상성이며, 점이 없는 것은 평성이다. 한자말의 입성은 거성과 서로 비슷하다. 토박이말 입성은 한결같지 않아서, 때로는 평성과 비슷한 "긷[기둥(柱)], 녑[옆구리(脅)]"과 같은 경우도 있고, 상성과 비슷한 ":낟[곡식(穀)], :깁[비단(繒)]"과 같은 경우도 있고 거성과 비슷한 "·몯[못(釘)], ·입[입(口)]"과 같은 경우도 있다. 입성에서 점을 찍는 것은 평성 · 상성 · 거성의 경우와 같다. 평성은 편안하면서도	The four tones of native Korean (even, rising, high, and falling) can be seen through the examples of "활(arrow, /hwal/)" as the even tone, ":돌(stone, /tol/)" as the rising tone, "·갈(knife, /kal/)" as the high tone, and "·붇(brush, /put/)" as the falling tone. As a general rule, one dot placed to the left of a letter indicates a high tone, two dots indicate a rising tone, and no dots indicate an even tone. The falling tone of Chinese characters is similar to the high tone. The falling tone of native Korean is not fixed so it can become similar to the even tone as in "긷(pillar, /kit/), 녑(flank, /njəp/)", similar to the rising tone as in ":낟(grain, /nat/), :깁(silk /kip/)", and similar to the high tone as in "·몯(nailn /mot/), ·입(mouth, /ɦip/)". The use of dots in the falling tone is the same as in the case of even tone, rising tone, and high tone. The even tone is easy and soft so it corresponds to Spring as everything spreads

문단	주제	현대어 번역	영어 번역
		부드러워 봄에 해당되니 이는 만물이 편안한 것과 같다. 상성은 부드러움에서 거세져 여름이니, 이는 만물이 점점 무성해지는 것과 같다. 거성은 거세면서도 굳세어 가을이니 만물이 무르익는 것과 같다. 입성은 말소리가 빠르고 막히어 겨울이니 만물이 닫히고 갈무리되는 것과 같다.	and prospers. The rising tone is soft and rises so it corresponds to Summer as all things gradually become thick and dense. The high tone is raised and robust so it corresponds to Autumn as all things become ripen and mature. The falling tone is fast and constricted so it corresponds to Winter as all things are closed and come to completion.
5	초성자 'ㆆ,ㅇ'의 토박이말 사용 특성	첫소리의 ㆆ[히]와 ㅇ[이]는 서로 비슷해서 토박이말에서는 두루 쓰일 수 있다.	The initial sounds ㆆ/ʔ/ and ㅇ/ɦ/ are similar so they can be used interchangeably in native Korean.
6	반혓소리와 갈래와 사용 맥락	반혓소리에는 가볍고 무거운 두 소리가 있다. 중국 한자음 사전(운서)의 음절 첫소리에서는 오직 하나뿐이며, 또 우리나라 말에서는 비록 가볍고 무거운 것을 구별하지 않더라도 모두 소리를 낼 수 있다. 그러나 만약 갖추어 쓰고자 한다면 입술가벼운소리 글자[순경음자 ㅸ]의 예에 따라 'ㅇ[이]'를 'ㄹ[리]' 아래 이어 쓰면 반혀가벼운소리글자[반설경음자 ᄛ]가 되니, 혀를 윗잇몸에 살짝 댄다.	The semi-lingual sound lateral consonart contains both light and heavy sounds. In the Rhyming Dictionary there is only one sound. While in native Korean light and heavy sounds are not distinguished, both sounds can be made. However, if one wants to dis tinguish between them, following the exam ple of a light labial sound, if 'ㅇ/ɦ/' is written consecutively under 'ㄹ/ɾ/'' then it becomes a light semi-lingual sound, as the tongue lightly touches the upper teeth ridge.
7	'ㆍ, ㅡ, ㅣ'의 특수 합성 용례	• ㅡ가 ㅣ에서 시작되는 소리는 중앙말에 쓰이지 않는다. 아이들 말이나 변두리 시골말에는 드물게 있으니, 마땅히 두 글자를 합하여 나타내려 할 때에는 "ᆝᆜ" 따위와 같이 쓴다. 이것은 세로로 먼저 긋고 가로로 나중에 쓰는 것으로 다른 글자와 같지 않다.	• /ʌ/ ㅡ/ɨ/ emerging from ㅣ/i/ are not used in native Korean. However, they do occur rarely in children's language and the dialects of outlying villages, and when they are properly combined and expressed they are written together as "ᆝ/kjʌ/, ᆜ/kjɨ/" This is different from other letters since vertical strokes must be written first and horizontal strokes are written second.

문단	주제	현대어 번역	영어 번역
8	갈무리시	첫소리글자는 가운뎃소리글자의 왼쪽과 위쪽에 쓰는데 'ㆆ[히]'와 'ㅇ[이]'는 토박이말에서는 서로 같이 쓰이네.	Initial consonant letters are written above and to the left of middle vowel letters 'ㆆ/ʔ/' and 'ㅇ/ɦ/' are used interchangeably in native Korean.
		가운뎃소리글자 열하나는 첫소리글자에 붙이는데 둥근 것과 가로로 된 것은 첫소리글자 아래에 쓰고 세로로 된 것만 오른쪽에 쓰네.	The eleven middle vowel letters are attached to the initial consonant letters The round and horizontal strokes are written below and the vertical strokes are written on the right.
		끝소리글자를 쓰자면 어디에 쓰는가 하니 첫 · 가운뎃소리글자의 아래에 이어서 붙여 쓰네.	Where does one write the final consonant letters? They are attached below the initial consonant letters and middle vowel letters.
		첫 · 끝소리글자를 각각 합쳐 쓰려면 나란히 쓰고 가운뎃소리글자도 나란히 쓰되 다 왼쪽부터 쓰네.	If the initial and final consonant letters are respectively combined and written then they are written side by side The middle vowel letters are also all written side by side from the left.
		토박이말에선 사성을 어떻게 구별하는가 하니 평성은 '활(활)'이요 상성은 '돌(돌)'이네.	How are the four tones distinguished in native Korean? The even tone is '활/hwal/'(arrow) and the rising tone is '돌/tol/(stone)'.
		'갈(칼)'은 거성이 되고 '붇(붓)'은 입성이 되니 이 네 갈래를 보아서 다른 것도 알 수 있네.	'갈/kal/(knife)' becomes the high tone and '붇/put/(brush)' becomes the falling tone Looking at these four types one can understand other things as well.
		소리에 따라 왼쪽의 점으로 사성을 나누니 하나면 거성, 둘은 상성, 없으면 평성이네.	To distinguish between sounds, dots on the left divide the four tones One means the high tone, two means the rising tone, and none means the even tone.
		토박이말 입성은 정함이 없으나 평 · 상 · 거성처럼 점 찍고 한자말의 입성은 거성과 비슷하네.	The falling tone of native Korean is not determined so like the even, rising, and high tones dots are added The falling tone of Chinese characters is similar to the high tone.

문단	주제	현대어 번역	영어 번역
		지역말과 토속말은 다 다르니 말소리 있고 글자는 없어 글로 통하기 어려웠네. 하루아침에 신과 같은 솜씨로 정음을 지어 내시니 우리 겨레 오랜 역사의 어둠을 비로소 밝혀 주셨네.	Regional dialects and native Korean are all different If there are sounds but no letters for them, it is difficult to communicate in writing. One morning, with divine-like ability the King created Jeongeum Our great nation has been enlightened from the long darkness of our history.

6. 용자례(用字例)

문단	주제	현대어 번역	영어 번역
1	초성자 용례	첫소리글자 ㄱ[기]는 "·감(감), ·골(갈대)"과 같이 쓰며, ㅋ[키]는 "우·케(우케/찧지 않은 벼), 콩(콩)"과 같이 쓴다. ㆁ[이]는 "러·울(너구리), 서ᅌᅦ(성엣장)"와 같이 쓴다. ㄷ[디]는 "뒤(띠), ·담(담)"과 같이 쓰며, ㅌ[티]는 "고·티(고치), 두텁(두꺼비)"과 같이 쓴다. ㄴ[니]는 "노로(노루), 납(원숭이)"과 같이 쓴다. ㅂ[비]는 "볼(팔), :벌(벌)"과 같이 쓰며, ㅍ[피]는 "·파(파), ·풀(파리)"과 같이 쓴다. ㅁ[미]는 ":뫼(산), ·마(마)"와 같이 쓴다. ㅸ[빙]는 "사·ᄫᅵ(새우), 드ᄫᅴ(뒤웅박)"와 같이 쓴다. ㅈ[지]는 "·자(자), 죠·희(종이)"와 같이 쓴다. ㅊ[치]는 "·체(체), ·채(채찍)"와 같이 쓴다. ㅅ[시]는 "·손(손), :셤	The initial letter ㄱ/k/ is used with ":감(persimmon, /kam/), ·골(reed, /kʌl/)". ㅋ/kʰ/ is used with "우·케(unhusked rice, /ɦukʰəi/), 콩(bean, /kʰoŋ/)". ㆁ/ŋ/ is used with "러·울(raccoon, /ɾəŋul), 서ᅌᅦ(floating ice, /səŋəj/)". ㄷ/t/ is used with "뒤(cogon grass, /tuj/), ·담(wall, /tam/)". ㅌ/tʰ/ is used with "고·티(cocoon, /kotʰi/), 두텁(toad, /tutʰəp/)". ㄴ/n/ is used with "노로(roe deer, /noɾo/), 납(monkey, /nap/)". ㅂ/p/ is used with "볼(arm, /pʌl/), :벌(bee, /pəl/)". ㅍ/pʰ/ is used with "·파(spring onion, /pʰa/), ·풀(fly, /pʰʌl/)". ㅁ/m/ is used with ":뫼(mountain, /moj/), ·마(yam, /ma/). ㅸ/β/ is used with "사·ᄫᅵ(shrimp, /saβi/), 드ᄫᅴ(calabash, /tɨβɨj/)". ㅈ/ts/ is used with "·자(measuring ruler, /tsa/), 죠·희(paper, /tsjohʌj/)". ㅊ/tsʰ/ is used with "·체(sieve, /tsʰəj/), ·채(whip, /tsʰaj/)". ㅅ/s/ is used with "·손(hand, /son/), :셤(island, /sjəm/)". ㅎ/h/ is used with "·부헝(owl, /puhəŋ/), ·힘(sinew, /him/)". ㅇ/ɦ/ is used with "·비육

문단	주제	현대어 번역	영어 번역
		(섬)"과 같이 쓴다. ㅎ[히]는 "·부헝(부엉이), ·힘(힘줄)"과 같이 쓴다. ㅇ[이]는 "·비육(병아리), ·ᄇᆞ얌(뱀)"과 같이 쓴다. ㄹ[리]는 "·무뤼(우박), 어름(얼음)"과 같이 쓴다. ㅿ[ᅀᅵ]는 "아ᅀᆞ(아우), :너ᅀᅵ(느시)"와 같이 쓴다.	(chick, /piɦjuk/), ·ᄇᆞ얌(snake, /pʌɦjam/)". ㄹ/ɾ, l/ is used with "·무뤼(hail, /muɾuj/), 어름(ice, /ɦəɾɨm/)". ㅿ/z/ is used with "아ᅀᆞ(younger brother, /ɦazʌ/), :너ᅀᅵ(bustard bird, /nəzi/)".
2	중성자 용례	가운뎃소리글자 ·는 "·ᄐᆞᆨ(턱), ·ᄑᆞᆺ(팥), ᄃᆞ리(다리), ·ᄀᆞ래(가래)"와 같이 쓴다. ㅡ는 "·믈(물), ·발측(발꿈치, 발의 뒤축), 그력(기러기), 드레(두레박)"와 같이 쓴다. ㅣ는 "·깃(둥지), :밀(밀랍), ·피(피), ·키(키)"와 같이 쓴다. ㅗ는 "·논(논), ·톱(톱), 호·ᄆᆡ(호미), 벼로(벼루)"와 같이 쓴다. ㅏ는 "·밥(밥), ·낟(낫), 이·ᅌᅡ(잉아), 사ᄉᆞᆷ(사슴)"과 같이 쓴다. ㅜ는 "숫(숯), ·울(울타리), 누에(누에), 구리[구리]"와 같이 쓴다. ㅓ는 "브ᅀᅥᆸ(부엌), :널(널판), 서·리(서리), 버들(버들)"과 같이 쓴다. ㅛ는 "·죵(종, 노비), ·고욤(고욤), ·쇼(소), 삽됴(삽주)"와 같이 쓴다. ㅑ는 "남샹(남생이), 약(바다거북), 다·야(손대야), 쟈감(메밀껍질)"과 같이 쓴다. ㅠ는 "율믜(율무), ·쥭(밥주걱), 슈룹(우산), 쥬련(수건)"과 같이 쓴다. ㅕ는 "·엿	The middle vowel · is used in characters like "·ᄐᆞᆨ(chin, /tʰʌk/), ·ᄑᆞᆺ(red bean, /pʰʌs/), ᄃᆞ리(bridge, /tʌɾi/), ·ᄀᆞ래(walnut tree, /kʌɾai/)". ㅡ/ɨ/ is used in characters like "·믈(water, /mɨl/), ·발측(heel, /paltsʰɨk/), 그력(wild goose, /kɨɾjək/), 드레(well bucket, /tɨɾʌj/)". ㅣ/i/ is used with "·깃(nest, /kis/), :밀(beeswax, /mil/), ·피(millet, /pʰi/), ·키(winnow, /kʰi/)". ㅗ/o/ is used with "·논(rice paddy, /non/), ·톱(saw, /tʰop/), 호·ᄆᆡ(hoe, /homʌj/), 벼로(inkstone, /pjəɾo/)". ㅏ/a/ is used with "·밥(cooked rice, /pap/), ·낟(sickle, /nat/), 이·ᅌᅡ(heddle(loom part), /ɦiŋa/), 사ᄉᆞᆷ(deer, /sasʌm/)". ㅜ/u/ is used with "숫(charcoal, /sus/), ·울(fence, /ɦul/), 누에(silkworm, /nuɦəj/), 구리(copper, /kuɾi/)". ㅓ/ə/ is used with "브ᅀᅥᆸ(kitchen, /pɨzəp/), :널(plank, /nəl/), 서·리(frost, /səɾi/), 버들(willow, /pətɨl/)". ㅛ/jo/ is used with "·죵(servant, /tsjoŋ/), ·고욤(lotus persimmon, /koɦjom/), ·쇼(cow, /sjo/), 삽됴(Ovate-leaf atractylodes, /saptjo/)". ㅑ/ja/ is used with "남샹(terrapin, /namsjaŋ/)", 약(turtle, /ɦjak/), 다·야(washbowl, /taja/), 쟈감(buckwheat husks, /tsjakam/)". ㅠ/ju/ is used with "율믜(adlay, /ɦjulmɨi/), ·쥭(rice spatula, /tsjuk/), 슈룹(umbrella, /sjuɾup/), 쥬련(towel, /tsjuɾjən/)". ㅕ/jə/ is used with "·엿(taffy, /ɦjəs/), ·뎔(temple, /tjəl/), ·벼(rice, /pjə/), 져비

문단	주제	현대어 번역	영어 번역
		(엿), ·뎔(절), ·뎌(벼), :져비(제비)"와 같이 쓴다.	(barn swallow, /tsjəpi/)".
3	종성자 용례	끝소리글자 ㄱ[윽]은 "닥(닥나무), 독(독)"과 같이 쓴다. ㆁ[웅]은 "굼벙(굼벵이), 올창(올챙이)"과 같이 쓴다. ㄷ[읃]은 "갇(갓), 싣(신나무)"과 같이 쓴다. ㄴ[은]은 "·신(신), ·반되(반디)"와 같이 쓴다. ㅂ[읍]은 "섭(섶나무), ·굽(발굽)"과 같이 쓴다. ㅁ[음]은 ":범(범), ·쉼(샘)"과 같이 쓴다. ㅅ[읏]은 "잣(잣), ·못(연못)"과 같이 쓴다. ㄹ[을]은 "·돌(달), ·별(별)" 따위와 같이 쓴다.	The final consonant ㄱ/k/ is used with characters like "닥(paper mulberry, /tak/), 독(pot, /tok/)". ㆁ/ŋ/ is used with "굼벙(maggot, /kumpəŋ/), 올창(tadpole, /ɦolts^haŋ/)", ㄷ/t/ is used with "갇(gat, Korean traditional hat, /kat/), 싣(Amur maple tree, /sit/)". ㄴ/n/ is used with "·신(shoes, /sin/), ·반되(firefly, /pantoj/). ㅂ/p/ is used with "섭(fire wood, /səp/), ·굽(hoof, /kup/)", ㅁ/m/ is used with ":범(tiger, /pəm/), ·쉼(spring of water, /sʌjm/)", ㅅ/s/ is used with "잣(pine nut, /tsas/), ·못(pond, /mos/)". ㄹ/l/ is used with characters like "·돌(moon, /tʌl/), ·별(star, /pjəl/)" and so on.

7. 정인지서

문단	주제	현대어 번역	영어 번역
1	소리와 문자의 필연성과 천지인 삼재 이치	천지자연의 소리가 있으면 반드시 천지자연의 문자가 있다. 그러므로 옛사람이 소리를 바탕으로 글자를 만들어서 만물의 뜻을 통하고, 하늘 · 땅 · 사람의 세 바탕 이치를 실었으니 후세 사람들이 능히 글자를 바꿀 수가 없었다.	If there are sounds natural to Heaven and Earth there must be letters natural to Heaven and Earth. Therefore, people long ago created characters based on sounds so that the meaning of all things was expressed and the purpose of the Three Elements was found. Thus, thereafter people were unable to change these letters.
2	지역에 따른 소리와 문자의 특수성과 중국 문자 차용의 모순	그러나 사방의 풍토가 구별되고 말소리의 기운 또한 다르다. 대개 중국 이외의 다른 나라 말은 그 말소리에 맞는 글자가 없다. 그래서 중국 글	However, the natural features of all places are all different so the spirit of speech sounds are also different. Besides China, other countries do not have letters (writing) that correctly represent their sounds (language). Therefore,

문단	주제	현대어 번역	영어 번역
		자를 빌려 소통하도록 쓰고 있는데, 이것은 마치 모난 자루를 둥근 구멍에 끼우는 것과 같으니, 어찌 제대로 소통할 때 막힘이 없겠는가? 중요한 것은 모두 각각 놓인 곳에 따라 자연스럽게 할 것이지, 억지로 같게 하여서는 안 될 것이다.	these countries borrow Chinese characters in order to communicate through writing, this is like trying to put a square handle into a round hole; how can one communicate prop erly without any problems? The important thing is that all things get along well in their proper place and cannot be forced to be uniform.
3	조선의 한문 사용 문제와 이두의 한계와 문제	우리 동방의 예악과 문장이 중화[중국]와 같아 견줄 만하다. 다만 우리말은 중국말과 같지 않다. 그래서 한문으로 된 글을 배우는 이는 그 뜻을 깨닫기가 어려움을 걱정하고, 범죄 사건을 다루는 관리는 자세한 사정을 파악하기가 어려운 것을 근심했다. 옛날 신라의 설총이 이두를 처음 만들어서 관청과 민간에서 지금도 쓰고 있다. 그러나 모두 한자를 빌려 쓰는 것이어서 매끄럽지도 아니하고 막혀서 답답하다. 이두 사용은 오로지 몹시 속되고 일정한 규범이 없을 뿐이니, 실제 언어 사용에서는 그 만분의 일도 소통하지 못한다.	The arts, music, and writing of Korea is similar to those of China, only our language is different. Therefore, it is difficult to und erstand the meaning of Chinese classics and the officials who deal with criminal cases have anxiety due to the difficulty of under standing the details of the situation. Ancient Silla Seol-Chong first made 'Idu'(me thod to write Korean through Chinese characters) during the ancient Silla period, which the government and people still use today, but these borrowed Chinese characters are often awkward, obstructive, and frustra ting to use. The use of Idu is extre mely coarse and has no systematic method, it is impossible to communicate even one ten thousandth of the characters when using language.
4	훈민정음 28자 창제 사실, 제자 원리와 가치	계해년 겨울(1443년 12월)에 우리 임금께서 정음 스물여덟 자를 창제하여, 간략하게 설명한 '예의'를 들어 보여 주시며 그 이름을 '훈민정음'이라 하셨다. 꼴을 본떠 만들어 글꼴은 옛 '전서체'와 비슷하지만, 말소리에 따라 만들어 그 소리는 음률의 일	In the winter of the Year of the Swine (December 1443), our King created the 28 letters of Jeongeum and provided simple and concise examples and explanations. He named them "Hunminjeongeum (the Correct Sounds for the Instruction of the People)." These letters, like the ancient seal characters, are modelled after the shape of things, but it is made according to the sound, so it fits the

문단	주제	현대어 번역	영어 번역
5		곱 가락에도 들어맞는다. 하늘 · 땅 · 사람의 세 바탕 뜻과 음양 기운의 신묘함을 두루 갖추지 않은 것이 없다. 스물여덟 자로 끝없이 바꿀 수 있어, 간결하면서도 요점을 잘 드러내고, 정밀한 뜻을 담으면서도 두루 통할 수 있다.	seven pitches of Eastern music. There is nothing that does not possess the principle of harmony of the Three Elements and Yin and Yang. The 28 letters are used in infinite combinations, while simple they express what is vital, while precise they can be easily communicated.
5	훈민정음의 실용성과 우수성	그러므로 슬기로운 사람은 하루아침이 다 가기도 전에, 슬기롭지 못한 이라도 열흘 안에 배울 수 있다. 훈민정음으로 한문을 풀이하면 그 뜻을 알 수 있다. 훈민정음으로 소송 사건을 기록하면, 그 속 사정을 이해할 수 있다. 글자 소리로는 맑고 흐린 소리를 구별할 수 있고, 음악 노래로는 노랫가락을 어울리게 할 수 있다. 글을 쓸 때에 글자가 갖추어지지 않은 바가 없으며, 어디서든 뜻을 두루 통하지 못하는 바가 없다. 비록 바람소리, 두루미 울음소리, 닭소리, 개 짖는 소리라도 모두 적을 수 있다.	Therefore, wise people can learn them within one morning and even those who are not wise can learn them within ten days. When written in these characters one can understand the meaning of the Chinese classics. Moreover, using these characters when dealing with lawsuit cases allows one to understand the real situation. The rhyme of the letters can distinguish between clear and thick sounds and in music, melody are filled with them. The use of letters provides for all conditions; in any situation there is nothing where the meaning cannot be expressed. Whether the sound of wind, the cry of the crane, the cluck of the chicken, or the bark of the dog, all sounds can be written down.
6	훈민정음 해례본 집필 맥락과 가치	드디어 임금께서 상세한 풀이를 더하여 모든 사람을 깨우치도록 명하시었다. 이에 신이 집현전 응교 최항과 부교리 박팽년과 신숙주, 수찬 성삼문과 돈녕부 주부 강희안, 행 집현전 부수찬 이개와 이선로 등과 더불어 삼가 여러 가지 풀이와 보기를 지어서, 그것을 간략하게 서술하였다. 바라건대 이 책을 보는 사람은 스승 없이도 스스로	Finally, the King ordered the addition of detailed explanations in order to instruct the people. Thereupon, I, along with the Eungg yo of Jiphyeonjeon(Hall of Worthies) Choe Hang, Bugyori Bak(Park) Paeng-nyeon and Shin Suk-ju, Suchan Seong Sam-mun and Gang Hui-an, Jubu of Donnyeongbu, and acting Busuchan of Jiphyeonjeon Lee Gae and Lee Seon-ro together prudently drafted several different explanations and examples and described them in a simple manner. They were written in such a way that the average

문단	주제	현대어 번역	영어 번역
		깨치도록 하였다.	person could learn them on their own without an instructor.
7	세종대왕의 공로와 그에 따른 훈민정음 해례본 간행의 역사적 의미	그 근원과 정밀한 뜻은 신묘하여 신하 된 자들로서는 감히 밝혀 보일 수 없다. 공손히 생각하옵건대 우리 전하는 하늘이 내리신 성인으로서 지으신 법도와 베푸신 업적이 모든 임금들을 뛰어넘으셨다. 정음 창제는 앞선 사람이 이룩한 것에 따른 것이 아니요, 자연의 이치를 따른 것이다. 참으로 그 지극한 이치가 없는 곳이 없으니, 사람의 힘으로 사사로이 한 것이 아니다. 무릇 동방에 나라가 있은 지가 오래지 않음이 아니로되, 만물의 뜻을 깨달아 모든 일을 온전하게 이루게 하는 큰 지혜는 오늘을 기다리고 있었던 것이다.	The deep origin and precise meaning is mysterious and the subjects cannot presume to reveal it clearly. The courteous considerat ion of His Royal Highness comes from Heaven so the institutions he created and the contr ibutions he has bestowed have surpassed all other kings. The creation of Jeongeum is not the achievement of anyone who came before, rather it is the principle of nature. In truth, this profound principle is everywhere, it is not the result of a person's private efforts. This country of the East is ancient, however the meaning of all things is generally comprehensible so the great wisdom that keeps all things intact and completes them has led to the long-awaited day for the proclamation of the Jeongeum.
8	훈민정음 해례본 간행 날짜와 발문(정인지서) 지은이	정통 11년(세종 28년, 1446년) 9월 상순. 자헌대부 예조판서 집현전 대제학 지춘추관사 세자우빈객 정인지는 두 손 모아 머리 숙여 삼가 쓰옵니다.	In the beginning of Sejong's 28th year, 1446 AD. Jaheondaebu, Yejopanseo, Daejaehak of Jiphyeonjeon, Jichunchu gwansa, Ubingaek of the crown prince, his subject JeongInji with both hands held out and head bowed humbly submits this preface.

11장

≪훈민정음≫ 해례본 훈·음달기본

일러두기

1. 이 자료는 국보70호인 ≪훈민정음≫ 해례본(간송본)을 바탕으로 하여, 한자를 잘 모르는 이들이 쉽게 훈민정음을 학습할 수 있도록 엮은 것이다.
2. 해례본의 모든 글자를 가로짜기 네모 칸으로 나눈 뒤에 한자의 음과 훈(새김, 訓)을 달았다. 해례본의 원전은 오른쪽에서 왼쪽으로, 위에서 아래로 읽어가도록 짜여 있지만, 이 편집본은 왼쪽에서 오른쪽으로 읽기 쉽게 가로짜기로 엮은 것이다. 줄과 행의 구성 내용은 같다.
3. 한자의 음은 현대 한자사전(옥편)에 나오는 것을 기준으로 하여 달았으며, 해례본이 간행된 1446년 당시의 발음을 반영한 것은 아니다.
4. 특정 한자가 훈민정음 초성자, 중성자 낱글자의 음가를 대표할 경우에는 훈은 이용하지 않고 대표 음가만 다음과 같이 병기하였다.

   君[ㄱ] [정음해례11ㄱ:3_제자해_갈무리시]
5. 훈(訓. 새김)은 가능하면 문맥을 고려하여 의미를 반영하는 것으로 택하였다. 이를테면 '尙'의 경우 다음과 같이 해례본에 세 번 나오는데 문맥적 의미가 다르므로 각각 '오히려 상, 본뜰 상, 거의 상'으로 훈과 음을 달았다.

[93] 蓋喉屬水而牙屬木, ㆁ雖在牙而與ㅇ相似, 猶木之萌芽生於水而柔軟, 尙多水氣也.

[정음해례4ㄱ:3-5_제자해]

♣ 蓋喉屬水而牙屬木이니 ㆁ[이]雖在牙而與ㅇ[이]相似하여 猶木之萌芽生於水而柔軟이며
개 후 속 수 이 아 속 목 수 재 아 이 여 상 사 유 목 지 맹 아 생 어 수 이 유 연

尙多水氣也니라.
상 다 수 기 야

♣ 대개 목구멍은 물에 속하고 어금니는 나무에 속하는 까닭에 ㆁ[이]는 비록 어금니에 속해 있으

면서도 ㅇ[이]와 비슷하여 마치 나무의 싹이 물에서 나와 부드러우며 오히려 물기가 많은 것과 같기 때문이다.

[161] 正音制字尙其象
因聲之厲每加畫 [정음해례9ㄴ:3-4_제자해_갈무리시]

♣ 正音制字尙其象이니
정 음 제 자 상 기 상
因聲之厲每加畫이네.
인 성 지 려 매 가 획

♣ 정음 글자 만들 때 주로 그 꼴을 본뜨니
소리 세기에 따라 획을 더하였네.

– '尙'의 훈과 음

而	柔	軟,	尙	多	水	氣	也	ㄱ	木	之	成	質,
말이을 이	부드러울 유	연할 연	오히려 상	많을 다	물 수	기운 기	어조사 야		나무 목	어조사 지	이룰 성	바탕 질

正	音	制	字	尙	其	象
바를 정	소리 음	만들 제	글자 자	본뜰 상	그 기	모양 상

洪[ㅗ]	出	於	天[ㆍ]	尙	爲	闔
넓을 홍	날 출	어조사 어	하늘 천	거의 상	될 위	닫을 합

訓	民	正	音							
가르칠 훈	백성 민	바를 정	소리 음							
國	之	語	音	異	乎	中	國	與	文	字
나라 국	어조사 지	말 어	소리 음	다를 이	어조사 호	가운데 중	나라 국	더불어 여	글월 문	글자 자
不	相	流	通	故	愚	民	有	所	欲	言
아니 불	서로 상	흐를 유	통할 통	연고 고	어리석을 우	백성 민	있을 유	바 소	하고자 할 욕	말 언
而	終	不	得	伸	其	情	者	多	矣	予
말이을 이	마칠 종	아니 부	능히 득	펼 신	그 기	뜻 정	사람 자	많을 다	어조사 의	나 여
爲°	此	憫	然	新	制	二	十	八	字	欲
위하여 위	이 차	불쌍할 민	그럴 연	새 신	만들 제	두 이	열 십	여덟 팔	글자 자	하고자 할 욕
使	人	人	易°	習	便	於	日	用	耳	
하여금 사	사람 인	사람 인	쉬울 이	익힐 습	편안할 편	어조사 어	날 일	쓸 용	따름 이	
ㄱ	牙	音	如	君	字	初	發	聲		
	어금니 아	소리 음	같을 여	임금 군	글자 자	처음 초	필 발	소리 성		

	並	書	如	虯	字	初	發	聲		
	아우를 병	쓸 서	같을 여	새끼용 규	글자 자	처음 초	필 발	소리 성		
ㅋ	牙	音	如	快	字	初	發	聲		
	어금니 아	소리 음	같을 여	쾌할 쾌	글자 자	처음 초	필 발	소리 성		
ㆁ	牙	音	如	業	字	初	發	聲		
	어금니 아	소리 음	같을 여	일 업	글자 자	처음 초	필 발	소리 성		
ㄷ	舌	音	如	斗	字	初	發	聲		
	혀 설	소리 음	같을 여	말 두	글자 자	처음 초	필 발	소리 성		
	並	書	如	覃	字	初	發	聲		
	아우를 병	쓸 서	같을 여	깊을 담	글자 자	처음 초	필 발	소리 성		
ㅌ	舌	音	如	呑	字	初	發	聲		
	혀 설	소리 음	같을 여	삼킬 탄	글자 자	처음 초	필 발	소리 성		
ㄴ	舌	音	如	那	字	初	發	聲		
	혀 설	소리 음	같을 여	어찌 나	글자 자	처음 초	필 발	소리 성		

ㅂ	脣	音	如	彆	字	初	發	聲		
	입술 순	소리 음	같을 여	활뒤틀릴 별	글자 자	처음 초	필 발	소리 성		
	並	書	如	步	字	初	發	聲		
	아우를 병	글쓸 서	같을 여	걸음 보	글자 자	처음 초	필 발	소리 성		
ㅍ	脣	音	如	漂	字	初	發	聲		
	입술 순	소리 음	같을 여	떠다닐 표	글자 자	처음 초	필 발	소리 성		
ㅁ	脣	音	如	彌	字	初	發	聲		
	입술 순	소리 음	같을 여	두루 미	글자 자	처음 초	필 발	소리 성		
ㅈ	齒	音	如	即	字	初	發	聲		
	이 치	소리 음	같을 여	곧 즉	글자 자	처음 초	필 발	소리 성		
	並	書	如	慈	字	初	發	聲		
	아우를 병	쓸 서	같을 여	사랑 자	글자 자	처음 초	필 발	소리 성		
ㅊ	齒	音	如	侵	字	初	發	聲		
	이 치	소리 음	같을 여	침노할 침	글자 자	처음 초	필 발	소리 성		

ㅅ	齒	音	如	戌	字	初	發	聲		
	이 치	소리 음	같을 여	개 술	글자 자	처음 초	필 발	소리 성		
	並	書	如	邪	字	初	發	聲		
	아우를 병	쓸 서	같을 여	간사할 사	글자 자	처음 초	필 발	소리 성		
ㆆ	喉	音	如	挹	字	初	發	聲		
	목구멍 후	소리 음	같을 여	뜰 읍	글자 자	처음 초	필 발	소리 성		
ㅎ	喉	音	如	虛	字	初	發	聲		
	목구멍 후	소리 음	같을 여	빌 허	글자 자	처음 초	필 발	소리 성		
	並	書	如	洪	字	初	發	聲		
	아우를 병	쓸 서	같을 여	넓을 홍	글자 자	처음 초	필 발	소리 성		
ㅇ	喉	音	如	欲	字	初	發	聲		
	목구멍 후	소리 음	같을 여	하고자 할 욕	글자 자	처음 초	필 발	소리 성		
ㄹ	半	舌	音	如	閭	字	初	發	聲	
	반 반	혀 설	소리 음	같을 여	마을 려	글자 자	처음 초	필 발	소리 성	

ㅿ	半	齒	音	如	穰	字	初	發	聲	
	반 반	이 치	소리 음	같을 여	짚 양	글자 자	처음 초	필 발	소리 성	
ㆍ	如	呑	字	中	聲					
	같을 여	삼킬 탄	글자 자	가운데 중	소리 성					
ㅡ	如	即	字	中	聲					
	같을 여	곧 즉	글자 자	가운데 중	소리 성					
ㅣ	如	侵	字	中	聲					
	같을 여	침노할 침	글자 자	가운데 중	소리 성					
ㅗ	如	洪	字	中	聲					
	같을 여	넓을 홍	글자 자	가운데 중	소리 성					
ㅏ	如	覃	字	中	聲					
	같을 여	깊을 담	글자 자	가운데 중	소리 성					
ㅜ	如	君	字	中	聲					
	같을 여	임금 군	글자 자	가운데 중	소리 성					

ㅕ	如	業	字	中	聲					
	같을 여	일 업	글자 자	가운데 중	소리 성					
ㆉ	如	欲	字	中	聲					
	같을 여	하고자 할 욕	글자 자	가운데 중	소리 성					
ㅑ	如	穰	字	中	聲					
	같을 여	짚 양	글자 자	가운데 중	소리 성					
ㆌ	如	戌	字	中	聲					
	같을 여	개 술	글자 자	가운데 중	소리 성					
ㅕ	如	彆	字	中	聲					
	같을 여	활뒤틀릴 별	글자 자	가운데 중	소리 성					
終	聲	復°	用	初	聲	ㅇ	連	書	脣	音
끝 종	소리 성	다시 부	쓸 용	처음 초	소리 성		이을 련	쓸 서	입술 순	소리 음
之	下	則	爲	脣	輕	音	初	聲	合	用
어조사 지	아래 하	곧 즉	될 위	입술 순	가벼울 경	소리 음	처음 초	소리 성	합할 합	쓸 용

[7] 정음4ㄱ

則	並	書	終	聲	同	ㆍ	ㅡ	ㅗ	ㅜ	ㅛ
곧 즉	아우를 병	쓸 서	끝 종	소리 성	같을 동					
ㅠ	附	書	初	聲	之	下	ㅣ	ㅏ	ㅓ	ㅑ
	붙을 부	쓸 서	처음 초	소리 성	어조사 지	아래 하				
ㅕ	附	書	於	右	凡	字	必	合	而	成
	붙을 부	쓸 서	어조사 어	오른쪽 우	무릇 범	글자 자	반드시 필	합할 합	말이을 이	이룰 성
音	左	加	一	點	則	去	聲	二	則	°上
소리 음	왼 좌	더할 가	한 일	점 점	곧 즉	갈 거	소리 성	두 이	곧 즉	오를 상
聲	無	則	平	聲	入	聲	加	點	同	而
소리 성	없을 무	곧 즉	평평할 평	소리 성	들 입	소리 성	더할 가	점 점	같을 동	말이을 이
促	急									
빠를 촉	빠를 급									

訓	民	正	音	解	例							
가르칠 훈	백성 민	바를 정	소리 음	풀 해	보기 례							
	制	字	解									
	만들 제	글자 자	풀 해									
天	地	之	道	一	陰	陽	五	行	而	已	坤	復
하늘 천	땅 지	어조사 지	이치 도	한 일	그늘 음	볕 양	다섯 오	갈 행	어조사 이	어조사 이	땅거듭괘 곤	움틀괘 복
之	間	爲	太	極	而	動	靜	之	後	爲	陰	陽
어조사 지	사이 간	될 위	클 태	극진할 극	말이을 이	움직일 동	고요할 정	어조사 지	뒤 후	될 위	그늘 음	볕 양
凡	有	生	類	在	天	地	之	間	者	捨	陰	陽
무릇 범	있을 유	날 생	무리 류	있을 재	하늘 천	땅 지	어조사 지	사이 간	것 자	버릴 사	그늘 음	볕 양
而	何	之	故	人	之	聲	音	皆	有	陰	陽	之
말이을 이	어디 하	갈 지	연고 고	사람 인	어조사 지	소리 성	소리 음	다 개	있을 유	그늘 음	볕 양	어조사 지
理	顧	人	不	察	耳	今	正	音	之	作	初	非
이치 리	생각해 볼 고	사람 인	아니 불	살필 찰	따름 이	이제 금	바를 정	소리 음	어조사 지	지을 작	처음 초	아닐 비
智	營	而	力	索。	但	因	其	聲	音	而	極	其
지혜 지	경영할 영	말이을 이	힘 력	찾을 색	다만 단	인할 인	그 기	소리 성	소리 음	말이을 이	극진할 극	그 기

理	而	已	理	旣	不	二	則	何	得	不	與	天
이치 리	말이을 이	어조사 이	이치 (리/이)	이미 기	아니 불	두 이	곧 즉	어찌 하	능히 득	아니 불	더불어 여	하늘 천
地	鬼	神	同	其	用	也	正	音	二	十	八	字
땅 지	귀신 귀	신 신	같을 동	그 기	쓸 용	어조사 야	바를 정	소리 음	두 이	열 십	여덟 팔	글자 자
各	象	其	形	而	制	之	初	聲	凡	十	七	字
각각 각	본뜰 상	그 기	모양 형	말이을 이	만들 제	그것 지	처음 초	소리 성	무릇 범	열 십	일곱 칠	글자 자
牙	音	ㄱ	象	舌	根	閉	喉	之	形	舌	音	ㄴ
어금니 아	소리 음		본뜰 상	혀 설	뿌리 근	닫을 폐	목구멍 후	어조사 지	모양 형	혀 설	소리 음	
象	舌	附	上	腭	之	形	脣	音	ㅁ	象	口	形
본뜰 상	혀 설	닿을 부	위 상	잇몸 악	어조사 지	모양 형	입술 순	소리 음		본뜰 상	입 구	모양 형
齒	音	ㅅ	象	齒	形	喉	音	ㅇ	象	喉	形	ㅋ
이 치	소리 음		본뜰 상	이 치	모양 형	목구멍 후	소리 음		본뜰 상	목구멍 후	모양 형	
比	ㄱ	聲	出	稍	厲	故	加	畫	ㄴ	而	ㄷ	ㄷ
견줄 비		소리 성	날 출	조금 초	셀 려	연고 고	더할 가	그을 획		말이을 이		
而	ㅌ	ㅁ	而	ㅂ	ㅂ	而	ㅍ	ㅅ	而	ㅈ	ㅈ	而
말이을 이			말이을 이			말이을 이			말이을 이			말이을 이

ㅊ	ㅇ	而	ㆆ	ㆆ	而	ㅎ	其	因	聲	加	畫	之
		말이을 이			말이을 이		그 기	인할 인	소리 성	더할 가	그을 획	어조사 지
義	皆	同	而	唯	ㆁ	爲	異	半	舌	音	ㄹ	半
뜻 의	모두 개	같을 동	말이을 이	오직 유		될 위	다를 이	반 반	혀 설	소리 음		반 반
齒	音	ㅿ	亦	象	舌	齒	之	形	而	異	其	體
이 치	소리 음		또 역	본뜰 상	혀 설	이 치	어조사 지	모양 형	말이을 이	다를 이	그 기	몸 체
無	加	畫	之	義	焉	。夫	人	之	有	聲	本	於
없을 무	더할 가	그을 획	어조사 지	뜻 의	따름 언	무릇 부	사람 인	어조사 지	있을 유	소리 성	바탕 본	어조사 어
五	行	故	合	諸	四	時	而	不	悖	叶	之	五
다섯 오	갈 행	연고 고	합할 합	어조사 저	넉 사	때 시	말이을 이	아니 불	거스를 패	맞을 협	어조사 지	다섯 오
音	而	不	戾	喉	邃	而	潤	水	也	聲	虛	而
소리 음	말이을 이	아니 불	어그러질 려	목구멍 후	깊을 수	말이을 이	젖을 윤	물 수	어조사 야	소리 성	빌 허	말이을 이
通	如	水	之	虛	明	而	流	通	也	於	時	爲
통할 통	같을 여	물 수	어조사 지	투명할 허	맑을 명	말이을 이	흐를 류	통할 통	어조사 야	어조사 어	때 시	될 위
冬	於	音	爲	羽	牙	錯	而	長	木	也	聲	似
겨울 동	어조사 어	소리 음	될 위	음계 우	어금니 아	어긋날 착	어조사 이	긴 장	나무 목	어조사 야	소리 성	같을 사

喉	而	實	如	木	之	生	於	水	而	有	形	也
목구멍 후	말이을 이	꽉찰 실	같을 여	나무 목	어조사 지	날 생	어조사 어	물 수	말이을 이	있을 유	모양 형	어조사 야
於	時	爲	春	於	音	爲	角	舌	銳	而	動	火
어조사 어	때 시	될 위	봄 춘	어조사 어	소리 음	될 위	뿔 각	혀 설	날카로울 예	말이을 이	움직일 동	불 화
也	聲	轉	而	颺	如	火	之	轉	展	而	揚	揚
어조사 야	소리 성	구를 전	말이을 이	나를 양	같을 여	불 화	어조사 지	구를 전	펼 전	말이을 이	날릴 양	날릴 양
也	於	時	爲	夏	於	音	爲	°徵	齒	剛	而	斷°
어조사 야	어조사 어	때 시	될 위	여름 하	어조사 어	소리 음	될 위	음계 치	이 치	굳셀 강	말이을 이	끊을 단
金	也	聲	屑	而	滯	如	金	之	屑	瑣	而	鍛
쇠 금	어조사 야	소리 성	부서질 설	말이을 이	걸릴 체	같을 여	쇠 금	어조사 지	부서질 설	부스러질 쇄	말이을 이	쇠불릴 단
成	也	於	時	爲	秋	於	音	爲	商	脣	方	而
이룰 성	어조사 야	어조사 어	때 시	될 위	가을 추	어조사 어	소리 음	될 위	음계 상	입술 순	모난 방	말이을 이
合	土	也	聲	含	而	廣	如	土	之	含	蓄	萬
합할 합	흙 토	어조사 야	소리 성	머금을 함	말이을 이	넓을 광	같을 여	흙 토	어조사 지	머금을 함	모을 축	일만 만
物	而	廣	大	也	於	時	爲	季	夏	於	音	爲
물건 물	말이을 이	넓을 광	큰 대	어조사 야	어조사 어	때 시	될 위	계절 계	여름 하	어조사 어	소리 음	될 위

[13] 정음해례3ㄱ

宮	然	水	乃	生	物	之	源	火	乃	成	物	之
음계 궁	그럴 연	물 수	이에 내	날 생	물건 물	어조사 지	바탕 원	불 화	이에 내	이룰 성	물건 물	어조사 지
用	故	五	行	之	中	水	火	爲	大	喉	乃	出
쓸 용	연고 고	다섯 오	갈 행	어조사 지	가운데 중	물 수	불 화	될 위	큰 대	목구멍 후	이에 내	날 출
聲	之	門	舌	乃	辨	聲	之	管	故	五	音	之
소리 성	어조사 지	문 문	혀 설	이에 내	분별할 변	소리 성	어조사 지	고동(주요 기관) 관	연고 고	다섯 오	소리 음	어조사 지
中	喉	舌	爲	主	也	喉	居	後	而	牙	次	之
가운데 중	목구멍 후	혀 설	될 위	으뜸 주	어조사 야	목구멍 후	놓일 거	뒤 후	말이을 이	어금니 아	버금 차	그것 지
北	東	之	位	也	舌	齒	又	次	之	南	西	之
북녘 북	동녘 동	어조사 지	자리 위	어조사 야	혀 설	이 치	또 우	버금 차	그것 지	남녘 남	서녘 서	어조사 지
位	也	脣	居	末	土	無	定	位	而	寄	旺	四
자리 위	어조사 야	입술 순	놓일 거	끝 말	흙 토	없을 무	정할 정	자리 위	말이을 이	맡길 기	왕성할 왕	넉 사
季	之	義	也	是	則	初	聲	之	中	自	有	陰
계절 계	어조사 지	뜻 의	어조사 야	이것 시	곧 즉	처음 초	소리 성	어조사 지	가운데 중	스스로 자	있을 유	그늘 음
陽	五	行	方	位	之	數	也	又	以	聲	音	清
별 양	다섯 오	갈 행	모 방	자리 위	어조사 지	셈 수	어조사 야	또 우	써 이	소리 성	소리 음	맑을 청

濁	而	言	之	ㄱ	ㄷ	ㅂ	ㅈ	ㅅ	ㆆ	爲	全	清
흐릴 탁	말이을 이	말 언	그것 지							될 위	온전 전	맑을 청
ㅋ	ㅌ	ㅍ	ㅊ	ㅎ	爲	次	清	ㄲ	ㄸ	ㅃ	ㅉ	ㅆ
					될 위	버금 차	맑을 청					
ㆅ	爲	全	濁	ㆁ	ㄴ	ㅁ	ㅇ	ㄹ	ㅿ	爲	不	清
	될 위	온전 전	흐릴 탁							될 위	아니 불	맑을 청
不	濁	ㄴ	ㅁ	ㅇ	其	聲	㝡	不	厲	故	次	序
아니 불	흐릴 탁				그 기	소리 성	가장 최	아니 불	셀 려	연고 고	버금 차	차례 서
雖	在	於	後	而	象	形	制	字	則	爲	之	始
비록 수	있을 재	어조사 어	뒤 후	말이을 이	본뜰 상	모양 형	만들 제	글자 자	곧 즉	될 위	어조사 지	비로소 시
ㅅ	ㅈ	雖	皆	爲	全	清	而	ㅅ	比	ㅈ	聲	不
		비록 수	다 개	될 위	온전 전	맑을 청	말이을 이		견줄 비		소리 성	아니 불
厲	故	亦	爲	制	字	之	始	唯	牙	之	ㆁ	雖
셀 려	연고 고	또 역	될 위	만들 제	글자 자	어조사 지	비로소 시	오직 유	어금니 아	어조사 지		비록 수
舌	根	閉	喉	聲	氣	出	鼻	而	其	聲	與	ㅇ
혀 설	뿌리 근	닫을 폐	목구멍 후	소리 성	기운 기	날 출	코 비	말이을 이	그 기	소리 성	더불어 여	

相	似	故	韻	書	疑[ㆁ]	與	喩[ㆁ]	多	相	混	用	今
서로 상	같을 사	연고 고	소리 운	글 서	의심할 의	더불어 여	깨달을 유	많을 다	서로 상	섞을 혼	쓸 용	이제 금
亦	取	象	於	喉	而	不	爲	牙	音	制	字	之
또 역	가질 취	본뜰 상	어조사 어	목구멍 후	말이을 이	아니 불	될 위	어금니 아	소리 음	만들 제	글자 자	어조사 지
始	盖	喉	屬	水	而	牙	屬	木	ㆁ	雖	在	牙
처음 시	대개 개	목구멍 후	붙일 속	물 수	말이을 이	어금니 아	붙일 속	나무 목		비록 수	있을 재	어금니 아
而	與	ㅇ	相	似	猶	木	之	萌	芽	生	於	水
말이을 이	더불어 여		서로 상	같을 사	같을 유	나무 목	어조사 지	싹틀 맹	싹 아	날 생	어조사 어	물 수
而	柔	軟	尙	多	水	氣	也	ㄱ	木	之	成	質
말이을 이	부드러울 유	연할 연	오히려 상	많을 다	물 수	기운 기	어조사 야		나무 목	어조사 지	이룰 성	바탕 질
ㅋ	木	之	盛	°長	ㄲ	木	之	老	壯	故	至	此
	나무 목	어조사 지	성할 성	자랄 장		나무 목	어조사 지	늙을 로	씩씩할 장	연고 고	이를 지	이 차
乃	皆	取	象	於	牙	也	全	淸	並	書	則	爲
이에 내	다 개	가질 취	본뜰 상	어조사 어	어금니 아	어조사 야	온전 전	맑을 청	나란히 병	쓸 서	곧 즉	될 위
全	濁	以	其	全	淸	之	聲	凝	則	爲	全	濁
온전 전	흐릴 탁	써 이	그 기	온전 전	맑을 청	어조사 지	소리 성	엉길 응	곧 즉	될 위	온전 전	흐릴 탁

也	唯	喉	音	次	清	爲	全	濁	者	盖	以	ㆆ
어조사 야	다만 유	목구멍 후	소리 음	버금 차	맑을 청	될 위	온전 전	흐릴 탁	것 자	대개 개	써 이	
聲	深	不	爲	之	凝	ㅎ	比	ㆆ	聲	淺	故	凝
소리 성	깊을 심	아니 불	될 위	어조사 지	엉길 응		견줄 비		소리 성	얕을 천	연고 고	엉길 응
而	爲	全	濁	也	ㅇ	連	書	脣	音	之	下	則
말이을 이	될 위	온전 전	흐릴 탁	어조사 야		이을 련	쓸 서	입술 순	소리 음	어조사 지	아래 하	곧 즉
爲	脣	輕	音	者	以	輕	音	脣	乍	合	而	喉
될 위	입술 순	가벼울 경	소리 음	것 자	써 이	가벼울 경	소리 음	입술 순	잠깐 사	합할 합	말이을 이	목구멍 후
聲	多	也	中	聲	凡	十	一	字	•	舌	縮	而
소리 성	많을 다	어조사 야	가운데 중	소리 성	무릇 범	열 십	한 일	글자 자		혀 설	오그릴 축	말이을 이
聲	深	天	開	於	子	也	形	之	圓	象	乎	天
소리 성	깊을 심	하늘 천	열 개	어조사 어	첫째 지지 자	어조사 야	모양 형	어조사 지	둥글 원	본뜰 상	어조사 호	하늘 천
也	ㅡ	舌	小	縮	而	聲	不	深	不	淺	地	闢
어조사 야		혀 설	작을 소	오그릴 축	말이을 이	소리 성	아니 불	깊을 심	아니 불	얕을 천	땅 지	열 벽
於	丑	也	形	之	平	象	乎	地	也	ㅣ	舌	不
어조사 어	둘째 지지 축	어조사 야	모양 형	어조사 지	평평할 평	본뜰 상	어조사 호	땅 지	어조사 야		혀 설	아니 불

[17] 정음해례5ㄱ

縮	而	聲	淺	人	生	於	寅	也	形	之	立	象
오그릴 축	말이을 이	소리 성	얕을 천	사람 인	날 생	어조사 어	셋째 지지 인	어조사 야	모양 형	어조사 지	설 립	본뜰 상
乎	人	也	此	下	八	聲	一	闔	一	闢	ㅗ	與
어조사 호	사람 인	어조사 야	이 차	아래 하	여덟 팔	소리 성	한 일	거의 닫을 합	한 일	열 벽		더불어 여
ㆍ	同	而	口	蹙	其	形	則	ㆍ	與	ㅡ	合	而
	같을 동	말이을 이	입 구	오므릴 축	그 기	모양 형	곧 즉		더불어 여		합할 합	말이을 이
成	取	天	地	初	交	之	義	也	ㅏ	與	ㆍ	同
이룰 성	담을 취	하늘 천	땅 지	처음 초	사귈 교	어조사 지	뜻 의	어조사 야		더불어 여		같을 동
而	口	張	其	形	則	ㅣ	與	ㆍ	合	而	成	取
말이을 이	입 구	벌릴 장	그 기	모양 형	곧 즉		더불어 여		합할 합	말이을 이	이룰 성	가질 취
天	地	之	用	發	於	事	物	待	人	而	成	也
하늘 천	땅 지	어조사 지	쓰임새 용	필 발	어조사 어	일 사	물건 물	기다릴 대	사람 인	말이을 이	이룰 성	어조사 야
ㅜ	與	ㅡ	同	而	口	蹙	其	形	則	ㅡ	與	ㆍ
	더불어 여		같을 동	말이을 이	입 구	오므릴 축	그 기	모양 형	곧 즉		더불어 여	
合	而	成	亦	取	天	地	初	交	之	義	也	ㅓ
합할 합	말이을 이	이룰 성	또 역	가질 취	하늘 천	땅 지	처음 초	사귈 교	어조사 지	뜻 의	어조사 야	

與	ㅡ	同	而	口	張	其	形	則	ㆍ	與	ㅣ	合
더불어 여		같을 동	말이을 이	입 구	벌릴 장	그 기	모양 형	곧 즉		더불어 여		합할 합
而	成	亦	取	天	地	之	用	發	於	事	物	待
말이을 이	이룰 성	또 역	가질 취	하늘 천	땅 지	어조사 지	쓰임새 용	필 발	어조사 어	일 사	물건 물	기다릴 대
人	而	成	也	ㅛ	與	ㅗ	同	而	起	於	ㅣ	ㅑ
사람 인	말이을 이	이룰 성	어조사 야		더불어 여		같을 동	말이을 이	일어날 기	어조사 어		
與	ㅏ	同	而	起	於	ㅣ	ㅠ	與	ㅜ	同	而	起
더불어 여		같을 동	말이을 이	일어날 기	어조사 어			더불어 여		같을 동	말이을 이	일어날 기
於	ㅣ	ㅕ	與	ㅓ	同	而	起	於	ㅣ	ㅗ	ㅏ	ㅜ
어조사 어			더불어 여		같을 동	말이을 이	일어날 기	어조사 어				
ㅓ	始	於	天	地	爲	初	出	也	ㅛ	ㅑ	ㅠ	ㅕ
	비로소 시	어조사 어	하늘 천	땅 지	될 위	처음 초	날 출	어조사 야				
起	於	ㅣ	而	兼	乎	人	爲	再	出	也	ㅗ	ㅏ
일어날 기	어조사 어		말이을 이	겸할 겸	어조사 호	사람 인	될 위	거듭 재	날 출	어조사 야		
ㅜ	ㅓ	之	一	其	圓	者	取	其	初	生	之	義
		어조사 지	한 일	그 기	둥글 원	것 자	가질 취	그 기	처음 초	날 생	어조사 지	뜻 의

也	ㅛ	ㅑ	ㅠ	ㅕ	之	二	其	圓	者	取	其	再
어조사 야					어조사 지	두 이	그 기	둥글 원	것 자	가질 취	그 기	거듭 재
生	之	義	也	ㅗ	ㅏ	ㅛ	ㅑ	之	圓	居	上	與
날 생	어조사 지	뜻 의	어조사 야					어조사 지	둥글 원	놓일 거	위 상	더불어 여
外	者	以	其	出	於	天	而	爲	陽	也	ㅜ	ㅓ
바깥 외	것 자	써 이	그 기	날 출	어조사 어	하늘 천	말이을 이	될 위	볕 양	어조사 야		
ㅠ	ㅕ	之	圓	居	下	與	內	者	以	其	出	於
		어조사 지	둥글 원	놓일 거	아래 하	더불어 여	안 내	것 자	써 이	그 기	날 출	어조사 어
地	而	爲	陰	也	•	之	貫	於	八	聲	者	猶
땅 지	말이을 이	될 위	그늘 음	어조사 야		어조사 지	꿸 관	어조사 어	여덟 팔	소리 성	것 자	같을 유
陽	之	統	陰	而	周	流	萬	物	也	ㅛ	ㅑ	ㅠ
볕 양	어조사 지	거느릴 통	그늘 음	말이을 이	두루 주	흐를 류	일만 만	물건 물	어조사 야			
ㅕ	之	皆	兼	乎	人	者	以	人	爲	萬	物	之
	어조사 지	다 개	겸할 겸	어조사 호	사람 인	것 자	써 이	사람 인	될 위	일만 만	물건 물	어조사 지
靈	而	能	參	兩	儀	也	取	象	於	天	地	人
신령 령	말이을 이	능할 능	참여할 참	두 양	모양 의	어조사 야	가질 취	본뜰 상	어조사 어	하늘 천	땅 지	사람 인

而	三	才	之	道	備	矣	然	三	才	爲	萬	物
말이을 이	석 삼	기본 재	어조사 지	이치 도	갖출 비	어조사 의	그럴 연	석 삼	기본 재	될 위	다수 만	물건 물
之	先	而	天	又	爲	三	才	之	始	猶	ㆍ	ㅡ
어조사 지	먼저 선	말이을 이	하늘 천	또 우	될 위	석 삼	기본 재	어조사 지	처음 시	같을 유		
ㅣ	三	字	爲	八	聲	之	首	而	ㆍ	又	爲	三
	석 삼	글자 자	될 위	여덟 팔	소리 성	어조사 지	머리 수	말이을 이		또 우	될 위	석 삼
字	之	冠°	也	ㅗ	初	生	於	天	天	一	生	水
글자 자	어조사 지	으뜸 관	어조사 야		처음 초	날 생	어조사 어	하늘 천	하늘 천	한 일	날 생	물 수
之	位	也	ㅏ	次	之	天	三	生	木	之	位	也
어조사 지	자리 위	어조사 야		버금 차	어조사 지	하늘 천	석 삼	날 생	나무 목	어조사 지	자리 위	어조사 야
ㅜ	初	生	於	地	地	二	生	火	之	位	也	ㅓ
	처음 초	날 생	어조사 어	땅 지	땅 지	두 이	날 생	불 화	어조사 지	자리 위	어조사 야	
次	之	地	四	生	金	之	位	也	ㅛ	再	生	於
버금 차	어조사 지	땅 지	넉 사	날 생	쇠 금	어조사 지	자리 위	어조사 야		거듭 재	날 생	어조사 어
天	天	七	成	火	之	數	也	ㅑ	次	之	天	九
하늘 천	하늘 천	일곱 칠	이룰 성	불 화	어조사 지	셈 수	어조사 야		버금 차	그것 지	하늘 천	아홉 구

成	金	之	數	也	ㅠ	再	生	於	地	地	六	成
이룰 성	쇠 금	어조사 지	셈 수	어조사 야		거듭 재	날 생	어조사 어	땅 지	땅 지	여섯 육	이룰 성
水	之	數	也	ㅕ	次	之	地	八	成	木	之	數
물 수	어조사 지	셈 수	어조사 야		버금 차	그것 지	땅 지	여덟 팔	이룰 성	나무 목	어조사 지	셈 수
也	水	火	未	離°	乎	氣	陰	陽	交	合	之	初
어조사 야	물 수	불 화	아닐 미	벗어날 리	어조사 호	기운 기	그늘 음	볕 양	사귈 교	어울릴 합	어조사 지	처음 초
故	闔	木	金	陰	陽	之	定	質	故	闢	•	天
연고 고	거의 닫을 합	나무 목	쇠 금	그늘 음	볕 양	어조사 지	정할 정	바탕 질	연고 고	열 벽		하늘 천
五	生	土	之	位	也	ㅡ	地	十	成	土	之	數
다섯 오	날 생	흙 토	어조사 지	자리 위	어조사 야		땅 지	열 십	이룰 성	흙 토	어조사 지	셈 수
也	ㅣ	獨	無	位	數	者	盖	以	人	則	無	極
어조사 야		홀로 독	없을 무	자리 위	셈 수	것 자	대개 개	써 이	사람 인	곧 즉	없을 무	극할 극
之	眞	二	五	之	精	妙	合	而	凝	固	未	可
어조사 지	참 진	두 이	다섯 오	어조사 지	정기 정	묘할 묘	합할 합	말이을 이	엉길 응	진실로 고	아닐 미	옳을 가
以	定	位	成	數	論°	也	是	則	中	聲	之	中
써 이	정할 정	자리 위	이룰 성	셈 수	밝힐 론/논	어조사 야	이 시	곧 즉	가운데 중	소리 성	어조사 지	가운데 중

亦	自	有	陰	陽	五	行	方	位	之	數	也	以
또 역	스스로 자	있을 유	그늘 음	볕 양	다섯 오	갈 행	방향 방	자리 위	어조사 지	셈 수	어조사 야	써 이
初	聲	對	中	聲	而	言	之	陰	陽	天	道	也
처음 초	소리 성	대할 대	가운데 중	소리 성	말이을 이	말 언	그것 지	그늘 음	볕 양	하늘 천	이치 도	어조사 야
剛	柔	地	道	也	中	聲	者	一	深	一	淺	一
굳셀 강	부드러울 유	땅 지	이치 도	어조사 야	가운데 중	소리 성	것 자	한 일	깊을 심	한 일	얕을 천	한 일
闔	一	闢	是	則	陰	陽	分	而	五	行	之	氣
거의 닫을 합	한 일	열 벽	이 시	곧 즉	그늘 음	볕 양	나눌 분	말이을 이	다섯 오	갈 행	어조사 지	기운 기
具	焉	天	之	用	也	初	聲	者	或	虛	或	實
갖출 구	어조사 언	하늘 천	어조사 지	쓸 용	어조사 야	처음 초	소리 성	것 자	혹시 혹	빌 허	혹시 혹	실할 실
或	颺	或	滯	或	重	若	輕	是	則	剛	柔	著
또는 혹	날릴 양	또는 혹	쌓일 체	또는 혹	무거울 중	같을 약	가벼울 경	이 시	곧 즉	굳셀 강	부드러울 유	나타날 저
而	五	行	之	質	成	焉	地	之	功	也	中	聲
말이을 이	다섯 오	갈 행	어조사 지	바탕 질	이룰 성	어조사 언	땅 지	어조사 지	공 공	어조사 야	가운데 중	소리 성
以	深	淺	闔	闢	唱	之	於	前	初	聲	以	五
써 이	깊을 심	얕을 천	거의 닫을 합	열 벽	부를 창	어조사 지	어조사 어	앞 전	처음 초	소리 성	써 이	다섯 오

音	淸	濁	和°	之	於	後	而	爲	初	亦	爲	終
소리 음	맑을 청	흐릴 탁	화답할 화	어조사 지	어조사 어	뒤 후	말이을 이	될 위	처음 초	또 역	될 위	마칠 종
亦	可	見	萬	物	初	生	於	地	復	歸	於	地
또 역	옳을 가	볼 견	다수 만	물건 물	처음 초	날 생	어조사 어	땅 지	회복할 복	돌아올 귀	어조사 어	땅 지
也	以	初	中	終	合	成	之	字	言	之	亦	有
어조사 야	써 이	처음 초	가운데 중	끝 종	합할 합	이룰 성	어조사 지	글자 자	말 언	어조사 지	또 역	있을 유
動	靜	互	根	陰	陽	交	變	之	義	焉	動	者
움직일 동	고요할 정	서로 호	뿌리 근	그늘 음	볕 양	사귈 교	바뀔 변	어조사 지	뜻 의	어조사 언	움직일 동	것 자
天	也	靜	者	地	也	兼	乎	動	靜	者	人	也
하늘 천	어조사 야	고요할 정	것 자	땅 지	어조사 야	겸할 겸	어조사 호	움직일 동	고요할 정	것 자	사람 인	어조사 야
盖	五	行	在	天	則	神	之	運	也	在	地	則
대개 개	다섯 오	갈 행	있을 재	하늘 천	곧 즉	신 신	어조사 지	옮길 운	어조사 야	있을 재	땅 지	곧 즉
質	之	成	也	在	人	則	仁	禮	信	義	智	神
바탕 질	어조사 지	이룰 성	어조사 야	있을 재	사람 인	곧 즉	어질 인	예의 례	믿을 신	옳을 의	지혜 지	신 신
之	運	也	肝	心	脾	肺	腎	質	之	成	也	初
어조사 지	옮길 운	어조사 야	간 간	마음 심	지라 비	허파 폐	콩팥 신	바탕 질	어조사 지	이룰 성	어조사 야	처음 초

聲	有	發	動	之	義	天	之	事	也	終	聲	有
소리 성	있을 유	필 발	움직일 동	어조사 지	뜻 의	하늘 천	어조사 지	일 사	어조사 야	마칠 종	소리 성	있을 유
止	定	之	義	地	之	事	也	中	聲	承	初	之
그칠 지	정할 정	어조사 지	뜻 의	땅 지	어조사 지	일 사	어조사 야	가운데 중	소리 성	받을 승	처음 초	어조사 지
生	接	終	之	成	人	之	事	也	盖	字	韻	之
날 생	이을 접	마칠 종	어조사 지	이룰 성	사람 인	어조사 지	일 사	어조사 야	대개 개	글자 자	운 운	어조사 지
要	在	於	中	聲	初	終	合	而	成	音	亦	猶
요긴할 요	있을 재	어조사 어	가운데 중	소리 성	처음 초	끝 종	합할 합	말이을 이	이룰 성	소리 음	또 역	오직 유
天	地	生	成	萬	物	而	其	財	成	輔	相°	則
하늘 천	땅 지	날 생	이룰 성	다수 만	물건 물	말이을 이	그 기	재물 재	이룰 성	도울 보	도울 상	곧 즉
必	賴	乎	人	也	終	聲	之	復°	用	初	聲	者
반드시 필	힘입을 뢰	어조사 호	사람 인	어조사 야	끝 종	소리 성	어조사 지	다시 부	쓸 용	처음 초	소리 성	것 자
以	其	動	而	陽	者	乾	也	靜	而	陰	者	亦
써 이	그 기	움직일 동	말이을 이	볕 양	것 자	하늘 건	어조사 야	고요할 정	말이을 이	그늘 음	것 자	또 역
乾	也	乾	實	分	陰	陽	而	無	不	君	宰	也
하늘 건	어조사 야	하늘 건	열매 실	나눌 분	그늘 음	볕 양	말이을 이	없을 무	아니 불	임금 군	다스릴 재	어조사 야

一	元	之	氣	周	流	不	窮	四	時	之	運	循
한 일	으뜸 원	어조사 지	기운 기	두루 주	흐를 류	아니 불	다할 궁	넉 사	때 시	어조사 지	옮길 운	좇을 순
環	無	端	故	貞	而	復°	元	冬	而	復°	春	初
고리 환	없을 무	끝 단	연고 고	곧을 정	말이을 이	다시 부	으뜸 원	겨울 동	말이을 이	다시 부	봄 춘	처음 초
聲	之	復°	爲	終	終	聲	之	復°	爲	初	亦	此
소리 성	어조사 지	다시 부	될 위	끝 종	끝 종	소리 성	어조사 지	다시 부	될 위	처음 초	또 역	이 차
義	也	吁	正	音	作	而	天	地	萬	物	之	理
뜻 의	어조사 야	탄식할 우	바를 정	소리 음	지을 작	말이을 이	하늘 천	땅 지	다수 만	물건 물	어조사 지	이치 리
咸	備	其	神	矣	哉	是	殆	天	啓			
모두 함	갖출 비	그 기	신묘할 신	어조사 의	어조사 재	이 시	반드시 태	하늘 천	열 계			
聖	心	而	假	手	焉	者	乎	訣	曰			
성인 성	마음 심	말이을 이	빌 가	손 수	그것 언	것 자	어조사 호	갈무리 결	가로 왈			
			天	地	之	化	本	一	氣			
			하늘 천	땅 지	어조사 지	될 화	근본 본	한 일	기운 기			
			陰	陽	五	行	相	始	終			
			그늘 음	볕 양	다섯 오	갈 행	서로 상	처음 시	끝 종			

			物	於	兩	間	有	形	聲			
			물건 물	어조사 어	두 양	사이 간	있을 유	모양 형	소리 성			
			元	本	無	二	理	數	通			
			으뜸 원	근본 본	없을 무	두 이	이치 이[리]	셈 수	통할 통			
			正	音	制	字	尙	其	象			
			바를 정	소리 음	만들 제	글자 자	본뜰 상	그 기	모양 상			
			因	聲	之	厲	每	加	畫			
			인할 인	소리 성	어조사 지	셀 려	매양 매	더할 가	그을 획			
			音	出	牙	舌	脣	齒	喉			
			소리 음	날 출	어금니 아	혀 설	입술 순	이 치	목구멍 후			
			是	爲	初	聲	字	十	七			
			이 시	될 위	처음 초	소리 성	글자 자	열 십	일곱 칠			
			牙	取	舌	根	閉	喉	形			
			어금니 아	취할 취	혀 설	뿌리 근	닫을 폐	목구멍 후	모양 형			
			唯	業[ㆁ]	似	欲[ㅇ]	取	義	別。			
			오직 유	일 업	비슷할 사	하고자 할 욕	취할 취	뜻 의	다를 별			

			舌	迺	象	舌	附	上	腭			
			혀 설	이에 내	본뜰 상	혀 설	닿을 부	위 상	잇몸 악			
			脣	則	實	是	取	口	形			
			입술 순	곧 즉	바로 실	이 시	취할 취	입 구	모양 형			
			齒	喉	直	取	齒	喉	象			
			이 치	목구멍 후	바로 직	취할 취	이 치	목구멍 후	모양 상			
			知	斯	五	義	聲	自	明			
			알 지	이 사	다섯 오	뜻 의	소리 성	스스로 자	밝을 명			
			又	有	半	舌	半	齒	音			
			또 우	있을 유	반 반	혀 설	반 반	이 치	소리 음			
			取	象	同	而	體	則	異			
			취할 취	모양 상	같을 동	말이을 이	몸 체	곧 즉	다를 이			
			那[ㄴ]	彌[ㅁ]	戌[ㅅ]	欲[ㅇ]	聲	不	厲			
			어찌 나	미륵 미	개 술	하고자할 욕	소리 성	아니 불	셀 려			
			次	序	雖	後	象	形	始			
			차례 차	차례 서	비록 수	뒤 후	본뜰 상	모양 형	처음 시			

			配	諸	四	時	與	冲	氣			
			맞출 배	어조사 저	넉 사	때 시	더불어 여	조화로울 충	기운 기			
			五	行	五	音	無	不	協			
			다섯 오	갈 행	다섯 오	소리 음	없을 무	아니 불	어울릴 협			
			維	喉	爲	水	冬	與	羽			
			발어사 유	목구멍 후	될 위	물 수	겨울 동	더불어 여	음계 우			
			牙	迺	春	木	其	音	角			
			어금니 아	이에 내	봄 춘	나무 목	그 기	소리 음	음계 각			
			°徵	音	夏	火	是	舌	聲			
			음계 치	소리 음	여름 하	불 화	이 시	혀 설	소리 성			
			齒	則	商	秋	又	是	金			
			이 치	곧 즉	음계 상	가을 추	또 우	이 시	쇠 금			
			脣	於	位	數	本	無	定			
			입술 순	어조사 어	자리 위	셈 수	본래 본	없을 무	정할 정			
			土	而	季	夏	爲	宮	音			
			흙 토	말이을 이	끝 계	여름 하	될 위	음계 궁	소리 음			

			聲	音	又	自	有	淸	濁			
			소리 성	소리 음	또 우	스스로 자	있을 유	맑을 청	흐릴 탁			
			要°	於	初	發	細	推	尋			
			요긴할 요	어조사 어	처음 초	필 발	자세 할 세	헤아릴 추	살필 심			
			全	淸	聲	是	君[ㄱ]	斗[ㄷ]	彆[ㅂ]			
			온전 전	맑을 청	소리 성	이 시	임금 군	말 두	활뒤틀 릴 별			
			卽[ㅈ]	戌[ㅅ]	挹[ㆆ]	亦	全	淸	聲			
			곧 즉	개 술	뜰 읍	또 역	온전 전	맑을 청	소리 성			
			若	迺	快[ㅋ]	呑[ㅌ]	漂[ㅍ]	侵[ㅊ]	虛[ㅎ]			
			같을 약	이에 내	쾌할 쾌	삼킬 탄	떠다닐 표	침노할 침	빌 허			
			五	音	各	一	爲	次	淸			
			다섯 오	소리 음	각각 각	한 일	될 위	버금 차	맑을 청			
			全	濁	之	聲	虯[ㄲ]	覃[ㄸ]	步[ㅃ]			
			온전 전	흐릴 탁	어조사 지	소리 성	새끼용 규	깊을 담	걸음 보			
			又	有	慈[ㅉ]	邪[ㅆ]	亦	有	洪[ㆅ]			
			또 우	있을 유	사랑 자	간사할 사	또 역	있을 유	넓을 홍			

全	淸	並	書	爲	全	濁
온전 전	맑을 청	아우를 병	쓸 서	될 위	온전 전	흐릴 탁
唯	洪[ㆅ]	自	虛[ㆆ]	是	不	同
오직 유	넓을 홍	스스로 자	빌 허	이 시	아니 불	같을 동
業[ㆁ]	那[ㄴ]	彌[ㅁ]	欲[ㅇ]	及	閭[ㄹ]	穰[ㅿ]
일 업	어찌 나	미륵 미	하고자 할 욕	함께 급	마을 려	짚 양
其	聲	不	淸	又	不	濁
그 기	소리 성	아니 불	맑을 청	또 우	아니 불	흐릴 탁
欲[ㅇ]	之	連	書	爲	脣	輕
하고자 할 욕	어조사 지	이을 련/연	쓸 서	될 위	입술 순	가벼울 경
喉	聲	多	而	脣	乍	合
목구멍 후	소리 성	많을 다	말이을 이	입술 순	잠깐 사	합할 합
中	聲	十	一	亦	取	象
가운데 중	소리 성	열 십	한 일	또 역	취할 취	본뜰 상
精	義	未	可	容	易°	觀
자세할 정	뜻 의	아닐 미	가히 가	받아들일 용	쉬울 이	볼 관

			呑[·]	擬	於	天	聲	最	深			
			삼킬 탄	본뜰 의	어조사 어	하늘 천	소리 성	가장 최	깊을 심			
			所	以	圓	形	如	彈	丸			
			바 소	써 이	둥글 원	모양 형	같을 여	탄알 탄	둥글 환			
			即[ㅡ]	聲	不	深	又	不	淺			
			곧 즉	소리 성	아니 불	깊을 심	또 우	아니 불	얕을 천			
			其	形	之	平	象	乎	地			
			그 기	모양 형	어조사 지	평평할 평	본뜰 상	어조사 호	땅 지			
			侵[ㅣ]	象	人	立	厥	聲	淺			
			침노할 침	본뜰 상	사람 인	설 립	그 궐	소리 성	얕을 천			
			三	才	之	道	斯	爲	備			
			석 삼	재주 재	어조사 지	길 도	이 사	될 위	갖출 비			
			洪[ㅗ]	出	於	天[·]	尙	爲	闔			
			넓을 홍	날 출	어조사 어	하늘 천	거의 상	될 위	거의 닫을 합			
			象	取	天	圓	合	地	平			
			본뜰 상	취할 취	하늘 천	둥글 원	합할 합	땅 지	평평할 평			

			覃[ㅏ]	亦	出	天[ㆍ]	爲	已	闢			
			깊을 담	또 역	날 출	하늘 천	될 위	이미 이	열 벽			
			發	於	事	物	就	人	成			
			필 발	어조사 어	일 사	물건 물	나아갈 취	사람 인	이룰 성			
			用	初	生	義	一	其	圓			
			쓸 용	처음 초	날 생	옳을 의	한 일	그 기	둥글 원			
			出	天	爲	陽	在	上	外			
			날 출	하늘 천	될 위	볕 양	있을 재	위 상	바깥 외			
			欲[ㅛ]	穰[ㅑ]	兼	人[ㅣ]	爲	再	出			
			하고자 할 욕	짚 양	겸할 겸	사람 인	될 위	거듭 재	날 출			
			二	圓	爲	形	見°	其	義			
			두 이	둥글 원	될 위	모양 형	보일 현	그 기	옳을 의			
			君[ㅜ]	業[ㅓ]	戌[ㅠ]	彆[ㅕ]	出	於	地			
			임금 군	일 업	개 술	활뒤틀릴 별	날 출	어조사 어	땅 지			
			據	例	自	知	何	須	評			
			근거 거	보기 례	스스로 자	알 지	어찌 하	모름지기 수	평할 평			

			呑[•]	之	爲	字	貫	八	聲			
			삼킬 탄	어조사 지	될 위	글자 자	꿸 관	여덟 팔	소리 성			
			維	天	之	用	徧	流	行			
			오직 유	하늘 천	어조사 지	쓸 용	두루미칠 편	흐를 류	갈 행			
			四	聲	兼	人[ㅣ]	亦	有	由			
			넉 사	소리 성	겸할 겸	사람 인	또 역	있을 유	말미암을 유			
			人[ㅣ]	參	天[·]	地[ㅡ]	爲	最	靈			
			사람 인	참여할 참	하늘 천	땅 지	될 위	가장 최	신령 령			
			且	就	三	聲	究	至	理			
			또 차	나아갈 취	석 삼	소리 성	연구할 구	이를 지	이치 리			
			自	有	剛	柔	與	陰	陽			
			스스로 자	있을 유	굳셀 강	부드러울 유	더불어 여	그늘 음	볕 양			
			中	是	天	用	陰	陽	分			
			가운데 중	이 시	하늘 천	쓸 용	그늘 음	볕 양	나눈 분			
			初	迺	地	功	剛	柔	彰			
			처음 초	이에 내	땅 지	공 공	굳셀 강	부드러울 유	드러날 창			

			中	聲	唱	之	初	聲	和°			
			가운데 중	소리 성	부를 창	어조사 지	처음 초	소리 성	화답할 화			
			天	先°	乎	地	理	自	然			
			하늘 천	먼저 선	어조사 호	땅 지	이치 리	스스로 자	그럴 연			
			和°	者	爲	初	亦	爲	終			
			화답할 화	금 자	될 위	처음 초	거듭 역	될 위	끝 종			
			物	生	復	歸	皆	於	坤			
			물건 물	날 생	회복할 복	돌아올 귀	다 개	어조사 어	땅 곤			
			陰	變	爲	陽	陽	變	陰			
			그늘 음	바뀔 변	될 위	볕 양	볕 양	바뀔 변	그늘 음			
			一	動	一	靜	互	爲	根			
			한 일	움직일 동	한 일	고요할 정	서로 호	될 위	뿌리 근			
			初	聲	復°	有	發	生	義			
			처음 초	소리 성	다시 부	있을 유	필 발	날 생	뜻 의			
			爲	陽	之	動	主	於	天			
			될 위	볕 양	어조사 지	움직일 동	주인 주	어조사 어	하늘 천			

			終	聲	比	地	陰	之	靜			
			끝 종	소리 성	비유할 비	땅 지	그늘 음	어조사 지	고요할 정			
			字	音	於	此	止	定	焉			
			글자 자	소리 음	어조사 어	이 차	그칠 지	정할 정	어조사 언			
			韻	成	要	在	中	聲	用			
			소리 운	이룰 성	요긴할 요	있을 재	가운데 중	소리 성	쓸 용			
			人	能	輔	相°	天	地	宜			
			사람 인	능할 능	도울 보	도울 상	하늘 천	땅 지	마땅할 의			
			陽	之	爲	用	通	於	陰			
			볕 양	어조사 지	될 위	쓸 용	통할 통	어조사 어	그늘 음			
			至	而	伸	則	反	而	歸			
			이를 지	말이을 이	펼 신	곧 즉	돌이킬 반	말이을 이	돌아올 귀			
			初	終	雖	云	分	兩	儀			
			처음 초	끝 종	비록 수	이를 운	나눌 분	두 량	본보기 의			
			終	用	初	聲	義	可	知			
			끝 종	쓸 용	처음 초	소리 성	뜻 의	가히 가	알 지			

			正	音	之	字	只	卄	八			
			바를 정	소리 음	어조사 지	글자 자	다만 지	스물 입	여덟 팔			
			。探	賾	錯	綜	窮	深	。幾			
			찾을 탐	심오할 색	섞일 착	모을 종	다할 궁	깊을 심	몇 기			
			指	遠	言	近	牖	民	易°			
			뜻 지	멀 원	말 언	가까울 근	깨우칠 유	백성 민	쉬울 이			
			天	授	何	曾	智	巧	爲			
			하늘 천	줄 수	어찌 하	일찍 증	슬기 지	기교 교	될 위			
	初	聲	解									
	처음 초	소리 성	풀 해									
正	音	初	聲	卽	韻	書	之	字	母	也	聲	音
바를 정	소리 음	처음 초	소리 성	곧 즉	운 운	글 서	어조사 지	글자 자	어미 모	어조사 야	소리 성	소리 음
由	此	而	生	故	曰	母	如	牙	音	君[군]	字	初
말미암을 유	이 차	말이을 이	날 생	연고 고	가로 왈	어미 모	같을 여	어금니 아	소리 음	임금 군	글자 자	처음 초
聲	是	ㄱ	ㄱ	與	ᅟᅮᆫ	而	爲	군	快[쾌]	字	初	聲
소리 성	이 시			더불어 여		말이을 이	될 위		쾌할 쾌	글자 자	처음 초	소리 성

是	ㅋ	ㅋ	與	ᅫ	而	爲	·쾌	虯[뀨]	字	初	聲	是
이 시			더불어 여		말이을 이	될 위		새끼용 규	글자 자	처음 초	소리 성	이 시
ㄲ	ㄲ	與	ᅲ	而	爲	뀨	業[업]	字	初	聲	是	ㆁ
		더불어 여		말이을 이	될 위		일 업	글자 자	처음 초	소리 성	이 시	
ㆁ	與	ᅟᅥᆸ	而	爲	ᅌᅥᆸ	之	類	舌	之	斗[ㄷ]	呑[ㅌ]	覃[ㄸ]
	더불어 여		말이을 이	될 위		어조사 지	무리 류	혀 설	어조사 지	말 두	삼킬 탄	깊을 담
那[ㄴ]	脣	之	彆[ㅂ]	漂[ㅍ]	步[ㅃ]	彌[ㅁ]	齒	之	卽[ㅈ]	侵[ㅊ]	慈[ㅉ]	戌[ㅅ]
어찌 나	입술 순	어조사 지	활뒤틀 릴 별	떠다닐 표	걸음 보	미륵 미	이 치	어조사 지	곧 즉	침노할 침	사랑 자	개 술
邪[ㅆ]	喉	之	挹[ㆆ]	虛[ㅎ]	洪[ㆅ]	欲[ㅇ]	半	舌	半	齒	之	閭[ㄹ]
간사할 사	목구멍 후	어조사 지	뜰 읍	빌 허	넓을 홍	하고자 할 욕	반 반	혀 설	반 반	이 치	어조사 지	마을 려
穰[ㅿ]	皆	倣	此	訣	曰							
짚 양	다 개	본뜰 방	이 차	갈무리 결	가로 왈							
			君[ㄱ]	快[ㅋ]	虯[ㄲ]	業[ㆁ]	其	聲	牙			
			임금 군	쾌할 쾌	새끼용 규	일 업	그 기	소리 성	어금니 아			
			舌	聲	斗[ㄷ]	呑[ㅌ]	及	覃[ㄸ]	那[ㄴ]			
			혀 설	소리 성	말 두	삼킬 탄	함께 급	깊을 담	어찌 나			

			彆[ㅂ]	漂[ㅍ]	步[ㅃ]	彌[ㅁ]	則	是	脣			
			활뒤틀릴 별	떠다닐 표	걸음 보	미륵 미	곧 즉	이 시	입술 순			
			齒	有	即[ㅈ]	侵[ㅊ]	慈[ㅉ]	戌[ㅅ]	邪[ㅆ]			
			이 치	있을 유	곧 즉	침노할 침	사랑 자	개 술	간사할 사			
			挹[ㆆ]	虛[ㅎ]	洪[ㆅ]	欲[ㅇ]	迺	喉	聲			
			뜰 읍	빌 허	넓을 홍	하고자할 욕	이에 내	목구멍 후	소리 성			
			閭[ㄹ]	爲	半	舌	穰[ㅿ]	半	齒			
			마을 려	될 위	반 반	혀 설	짚 양	반 반	이 치			
			二	十	三	字	是	爲	母			
			두 이	열 십	석 삼	글자 자	이 시	될 위	어미 모			
			萬	聲	生	生	皆	自	此			
			다수 만	소리 성	날 생	날 생	다 개	부터 자	이 차			
	中	聲	解									
	가운데 중	소리 성	풀 해									
中	聲	者	居	字	韻	之	中	合	初	終	而	成
가운데 중	소리 성	것 자	놓일 거	글자 자	소리 운	어조사 지	가운데 중	합할 합	처음 초	끝 종	말이을 이	이룰 성

音	如	呑	字	中	聲	是	•	•	居	ㅌ	ㄴ	之
소리 음	같을 여	삼킬 탄	글자 자	가운데 중	소리 성	이 시			놓일 거			어조사 지
間	而	爲	툰	即	字	中	聲	是	ㅡ	ㅡ	居	ㅈ
사이 간	말이을 이	될 위		곧 즉	글자 자	가운데 중	소리 성	이 시			놓일 거	
ㄱ	之	間	而	爲	즉	侵	字	中	聲	是	ㅣ	ㅣ
	어조사 지	사이 간	말이을 이	될 위		침노할 침	글자 자	가운데 중	소리 성	이 시		
居	ㅊ	ㅁ	之	間	而	爲	침	之	類	洪[ㅗ]	覃[ㅏ]	君[ㅜ]
놓일 거			어조사 지	사이 간	말이을 이	될 위		어조사 지	무리 류	넓을 홍	깊을 담	임금 군
業[ㅓ]	欲[ㅛ]	穰[ㅑ]	戌[ㅠ]	彆[ㅕ]	皆	倣	此	二	字	合	用	者
일 업	하고자 할 욕	짚 양	개 술	활뒤틀릴 별	다 개	본뜰 방	이 차	두 이	글자 자	합할 합	쓸 용	것 자
ㅗ	與	ㅏ	同	出	於	•	故	合	而	爲	ㅘ	ㅛ
	더불어 여		같을 동	날 출	어조사 어		연고 고	합할 합	말이을 이	될 위		
與	ㅑ	又	同	出	於	ㅣ	故	合	而	爲	ㆇ	ㅜ
더불어 여		또 우	같을 동	날 출	어조사 어		연고 고	합할 합	말이을 이	될 위		
與	ㅓ	同	出	於	ㅡ	故	合	而	爲	ㅝ	ㅠ	與
더불어 여		같을 동	날 출	어조사 어		연고 고	합할 합	말이을 이	될 위			더불어 여

ㅕ	又	同	出	於	ㅣ	故	合	而	爲	ㆊ	以	其
	또 우	같을 동	날 출	어조사 어		연고 고	합할 합	말이을 이	될 위		써 이	그 기
同	出	而	爲	類	故	相	合	而	不	悖	也	一
같을 동	날 출	말이을 이	될 위	무리 류	연고 고	서로 상	합할 합	말이을 이	아니 불	거스를 패	어조사 야	한 일
字	中	聲	之	與	ㅣ	相	合	者	十	ㆎ	ㅢ	ㅚ
글자 자	가운데 중	소리 성	어조사 지	더불어 여		서로 상	합할 합	것 자	열 십			
ㅐ	ㅟ	ㅔ	ㆉ	ㅒ	ㆌ	ㅖ	是	也	二	字	中	聲
							이 시	어조사 야	두 이	글자 자	가운데 중	소리 성
之	與	ㅣ	相	合	者	四	ㅙ	ㅞ	ㆈ	ㆋ	是	也
어조사 지	더불어 여		서로 상	합할 합	것 자	넉 사					이 시	어조사 야
ㅣ	於	深	淺	闔	闢	之	聲	並	能	相	隨	者
	어조사 어	깊을 심	얕을 천	거의 닫을 합	열 벽	어조사 지	소리 성	아우를 병	능할 능	서로 상	따를 수	것 자
以	其	舌	展	聲	淺	而	便	於	開	口	也	亦
써 이	그 기	혀 설	펼 전	소리 성	얕을 천	말이을 이	편할 편	어조사 어	열 개	입 구	어조사 야	또 역
可	見	人[ㅣ]	之	參	贊	開	物	而	無	所	不	通
옳을 가	볼 견	사람 인	어조사 지	참여할 참	도울 찬	열 개	물건 물	말이을 이	없을 무	바 소	아니 불	통할 통

也	訣	曰										
어조사 야	비결 결	가로 왈										
			母	字	之	音	各	有	中			
			어미 모	글자 자	어조사 지	소리 음	각각 각	있을 유	가운데 중			
			須	就	中	聲	尋	闢	闔			
			모름지기 수	나아갈 취	가운데 중	소리 성	찾을 심	열 벽	거의 닫을 합			
			洪[ㅗ]	覃[ㅏ]	自	呑[ㆍ]	可	合	用			
			넓을 홍	깊을 담	부터 자	삼킬 탄	옳을 가	합할 합	쓸 용			
			君[ㅜ]	業[ㅓ]	出	即[ㅡ]	亦	可	合			
			임금 군	일 업	날 출	곧 즉	또 역	옳을 가	합할 합			
			欲[ㅛ]	之	與	穰[ㅑ]	戌[ㅠ]	與	彆[ㅕ]			
			하고자할 욕	어조사 지	더불어 여	짚 양	개 술	더불어 여	활뒤틀릴 별			
			各	有	所	從	義	可	推			
			각각 각	있을 유	바 소	따를 종	뜻 의	옳을 가	헤아릴 추			
			侵[ㅣ]	之	爲	用	最	居	多			
			침노할 침	어조사 지	될 위	쓸 용	가장 최	놓일 거	많을 다			

			於	十	四	聲	徧	相	隨			
			어조사 어	열 십	넉 사	소리 성	두루미칠 편	서로 상	따를 수			
	終	聲	解									
	끝 종	소리 성	풀 해									
終	聲	者	承	初	中	而	成	字	韻	如	即	字
끝 종	소리 성	것 자	이을 승	처음 초	가운데 중	말이을 이	이룰 성	글자 자	운 운	같을 여	곧 즉	글자 자
終	聲	是	ㄱ	ㄱ	居	ᄌᆞ	終	而	爲	ᄌᆞᆨ	洪	字
끝 종	소리 성	이 시			놓일 거		끝 종	말이을 이	될 위		넓을 홍	글자 자
終	聲	是	ㆁ	ㆁ	居	ᅘᅩ	終	而	爲	ᅘᅩᇰ	之	類
끝 종	소리 성	이 시			놓일 거		끝 종	말이을 이	될 위		어조사 지	무리 류
舌	脣	齒	喉	皆	同	聲	有	緩	急	之	殊	故
혀 설	입술 순	이 치	목구멍 후	다 개	같을 동	소리 성	있을 유	느릴 완	빠를 급	어조사 지	다를 수	연고 고
平	°上	去	其	終	聲	不	類	入	聲	之	促	急
평평할 평	오를 상	갈 거	그 기	끝 종	소리 성	아니 불	무리 류	들 입	소리 성	어조사 지	빠를 촉	빠를 급
不	淸	不	濁	之	字	其	聲	不	厲	故	用	於
아니 불	맑을 청	아니 불	흐릴 탁	어조사 지	글자 자	그 기	소리 성	아니 불	셀 려	연고 고	쓸 용	어조사 어

終	則	宜	於	平	°上	去	全	清	次	清	全	濁
끝 종	곧 즉	마땅할 의	어조사 어	평평할 평	오를 상	갈 거	온전 전	맑을 청	버금 차	맑을 청	온전 전	흐릴 탁
之	字	其	聲	爲	厲	故	用	於	終	則	宜	於
어조사 지	글자 자	그 기	소리 성	될 위	셀 려	연고 고	쓸 용	어조사 어	끝 종	곧 즉	마땅할 의	어조사 어
入	所	以	ㆁ	ㄴ	ㅁ	ㅇ	ㄹ	ㅿ	六	字	爲	平
들 입	바 소	써 이							여섯 륙(육)	글자 자	될 위	평평할 평
°上	去	聲	之	終	而	餘	皆	爲	入	聲	之	終
오를 상	갈 거	소리 성	어조사 지	끝 종	말이을 이	남을 여	다 개	될 위	들 입	소리 성	어조사 지	끝 종
也	然	ㄱ	ㆁ	ㄷ	ㄴ	ㅂ	ㅁ	ㅅ	ㄹ	八	字	可
어조사 야	그럴 연									여덟 팔	글자 자	옳을 가
足	用	也	如	ᄇᆡᆺ	곶	爲	梨	花	ᄋᆞᅧᇫ	·의	ᄀᆞᆾ	爲
충분할 족	쓸 용	어조사 야	같을 여			될 위	배 리	꽃 화				될 위
狐	皮	而	ㅅ	字	可	以	通	用	故	只	用	ㅅ
여우 호	가죽 피	말이을 이		글자 자	옳을 가	써 이	통할 통	쓸 용	연고 고	다만 지	쓸 용	
字	且	ㅇ	聲	淡	而	虛	不	必	用	於	終	而
글자 자	또 차		소리 성	맑을 담	말이을 이	빌 허	아니 불	반드시 필	쓸 용	어조사 어	끝 종	말이을 이

中	聲	可	得	成	音	也	ㄷ	如	볃	爲	彆	ㄴ
가운데 중	소리 성	가할 가	능히 득	이룰 성	소리 음	어조사 야		같을 여		될 위	활뒤틀릴 별	
如	군	爲	君	ㅂ	如	업	爲	業	ㅁ	如	땀	爲
같을 여		될 위	임금 군		같을 여		될 위	일 업		같을 여		될 위
覃	ㅅ	如	諺	語	·옷	爲	衣	ㄹ	如	諺	語	:실
깊을 담		같을 여	일상말 언	말 어		될 위	옷 의		같을 여	일상말 언	말 어	
爲	絲	之	類	五	音	之	緩	急	亦	各	自	爲
될 위	실 사	어조사 지	무리 류	다섯 오	소리 음	어조사 지	느릴 완	빠를 급	또 역	각각 각	스스로 자	될 위
對	如	牙	之	ㆁ	與	ㄱ	爲	對	而	ㆁ	促	呼
대할 대	같을 여	어금니 아	어조사 지		더불어 여		될 위	대할 대	말이을 이		빠를 촉	부를 호
則	變	爲	ㄱ	而	急	ㄱ	舒	出	則	變	爲	ㆁ
곧 즉	바뀔 변	될 위		말이을 이	빠를 급		펼 서	날 출	곧 즉	바뀔 변	될 위	
而	緩	舌	之	ㄴ	ㄷ	脣	之	ㅁ	ㅂ	齒	之	ㅿ
말이을 이	느릴 완	혀 설	어조사 지			입술 순	어조사 지			이 치	어조사 지	
ㅅ	喉	之	ㅇ	ㆆ	其	緩	急	相	對	亦	猶	是
	목구멍 후	어조사 지			그 기	느릴 완	빠를 급	서로 상	대할 대	또 역	같을 유	이 시

也	且	半	舌	之	ㄹ	當	用	於	諺	而	不	可
어조사 야	또 차	반 반	혀 설	어조사 지		마땅 당	쓸 용	어조사 어	토박이 말 언	말 이을 이	아니 불	옳을 가
用	於	文	如	入	聲	之	彆	字	終	聲	當	用
쓸 용	어조사 어	한자 문	같을 여	들 입	소리 성	어조사 지	활뒤틀릴 별	글자 자	끝 종	소리 성	마땅 당	쓸 용
ㄷ	而	俗	習	讀	爲	ㄹ	盖	ㄷ	變	而	爲	輕
	말이을 이	풍속 속	익힐 습	읽을 독	될 위		대개 개		바뀔 변	말이을 이	될 위	가벼울 경
也	若	用	ㄹ	爲	彆	之	終	則	其	聲	舒	緩
어조사 야	같을 약	쓸 용		될 위	활뒤틀릴 별	어조사 지	끝 종	곧 즉	그 기	소리 성	펼 서	느릴 완
不	爲	入	也	訣	曰							
아니 불	될 위	들 입	어조사 야	갈무리 결	가로 왈							
			不	淸	不	濁	用	於	終			
			아니 불	맑을 청	아니 불	흐릴 탁	쓸 용	어조사 어	끝 종			
			爲	平	°上	去	不	爲	入			
			될 위	평평할 평	오를 상	갈 거	아니 불	될 위	들 입			
			全	淸	次	淸	及	全	濁			
			온전 전	맑을 청	버금 차	맑을 청	함께 급	온전 전	흐릴 탁			

			是	皆	爲	入	聲	促	急			
			이 시	다 개	될 위	들 입	소리 성	빠를 촉	빠를 급			
			初	作	終	聲	理	固	然			
			처음 초	지을 작	끝 종	소리 성	이치 리	본디 고	그럴 연			
			只	將	八	字	用	不	窮			
			다만 지	가질 장	여덟 팔	글자 자	쓸 용	아니 불	막힐 궁			
			唯	有	欲[ㅇ]	聲	所	當	處			
			오직 유	있을 유	하고자 할 욕	소리 성	바 소	마땅 당	곳 처			
			中	聲	成	音	亦	可	通			
			가운데 중	소리 성	이룰 성	소리 음	또 역	가할 가	통할 통			
			若	書	即[즉]	字	終	用	君[ㄱ]			
			만약 약	쓸 서	곧 즉	글자 자	끝 종	쓸 용	임금 군			
			洪[ᅘᅩᇰ]	彆[ᄇᆑᇙ]	亦	以	業[ㆁ]	斗[ㄷ]	終			
			넓을 홍	활뒤틀릴 별	또 역	써 이	일 업	말 두	끝 종			
			君[군]	業[업]	覃[땀]	終	又	何	如			
			임금 군	일 업	깊을 담	끝 종	또 우	어찌 하	같을 여			

			以	那[ㄴ]	彆[ㅂ]	彌[ㅁ]	次	第	推			
			써 이	어찌 나	활뒤틀릴 별	미륵 미	버금 차	차례 제	헤아릴 추			
			六	聲	通	乎	文	與	諺			
			여섯 육	소리 성	통할 통	어조사 호	한자 문	더불어 여	일상말 언			
			戌[ㅅ]	閭[ㄹ]	用	於	諺	衣[옷]	絲[실]			
			개 술	마을 려	쓸 용	어조사 어	일상말 언	옷 의	실 사			
			五	音	緩	急	各	自	對			
			다섯 오	소리 음	느릴 완	빠를 급	각각 각	스스로 자	대할 대			
			君[ㄱ]	聲	迺	是	業[ㆁ]	之	促			
			임금 군	소리 성	이에 내	이 시	일 업	어조사 지	빠를 촉			
			斗[ㄷ]	彆[ㅂ]	聲	緩	爲	那[ㄴ]	彌[ㅁ]			
			말 두	활뒤틀릴 별	소리 성	느릴 완	될 위	어찌 나	미륵 미			
			穰[ㅿ]	欲[ㅇ]	亦	對	戌[ㅅ]	與	挹[ㆆ]			
			짚 양	하고자할 욕	또 역	대할 대	개 술	더불어 여	뜰 읍			
			閭[ㄹ]	宜	於	諺	不	宜	文			
			마을 려	마땅할 의	어조사 어	일상말 언	아니 불	마땅할 의	한자 문			

			斗[ㄷ]	輕	爲	閭[ㄹ]	是	俗	習			
			말 두	가벼울 경	될 위	마을 려	이 시	풍속 속	익힐 습			
	合	字	解									
	합할 합	글자 자	풀 해									
初	中	終	三	聲	合	而	成	字	初	聲	或	在
처음 초	가운데 중	끝 종	석 삼	소리 성	합할 합	말이을 이	이룰 성	글자 자	처음 초	소리 성	또는 혹	있을 재
中	聲	之	上	或	在	中	聲	之	左	如	君	字
가운데 중	소리 성	어조사 지	위 상	또는 혹	있을 재	가운데 중	소리 성	어조사 지	왼쪽 좌	같을 여	임금 군	글자 자
ㄱ	在	ㅜ	上	業	字	ㆁ	在	ㅓ	左	之	類	中
	있을 재		위 상	일 업	글자 자		있을 재		왼 좌	어조사 지	무리 류	가운데 중
聲	則	圓	者	橫	者	在	初	聲	之	下	·	ㅡ
소리 성	곧 즉	둥글 원	것 자	가로 횡	것 자	있을 재	처음 초	소리 성	어조사 지	아래 하		
ㅗ	ㅛ	ㅜ	ㅠ	是	也	。縱	者	在	初	聲	之	右
				이 시	어조사 야	세로 종	것 자	있을 재	처음 초	소리 성	어조사 지	오른쪽 우
ㅣ	ㅏ	ㅑ	ㅓ	ㅕ	是	也	如	呑	字	·	在	ㅌ
					이 시	어조사 야	같을 여	삼킬 탄	글자 자		있을 재	

下	即	字	ㅡ	在	ㅈ	下	侵	字	ㅣ	在	ㅊ	右
아래 하	곧 즉	글자 자		있을 재		아래 하	침노할 침	글자 자		있을 재		오른쪽 우
之	類	終	聲	在	初	中	之	下	如	君	字	ㄴ
어조사 지	무리 류	끝 종	소리 성	있을 재	처음 초	가운데 중	어조사 지	아래 하	같을 여	임금 군	글자 자	
在	구	下	業	字	ㅂ	在	어	下	之	類	初	聲
있을 재		아래 하	일 업	글자 자		있을 재		아래 하	어조사 지	무리 류	처음 초	소리 성
二	字	三	字	合	用	並	書	如	諺	語	ᄯᅡ	爲
두 이	글자 자	석 삼	글자 자	합할 합	쓸 용	아우를 병	쓸 서	같을 여	일상말 언	말 어		될 위
地	ᄧᅡᆨ	爲	隻	ᄢᅳᆷ	爲	隙	之	類	各	自	並	書
땅 지		될 위	외짝 척		될 위	틈 극	어조사 지	무리 류	각각 각	스스로 자	아우를 병	쓸 서
如	諺	語	혀	爲	舌	而	ᅘᅧ	爲	引	괴	·여	爲
같을 여	일상말 언	말 어		될 위	혀 설	말이을 이		될 위	끌 인			될 위
我	愛	人	而	괴	·ᅇᅧ	爲	人	愛	我	소	·다	爲
나 아	사랑 애	사람 인	말이을 이			될 위	사람 인	사랑 애	나 아			될 위
覆	物	而	쏘	·다	爲	射	之	之	類	中	聲	二
쏟을 복	물건 물	말이을 이			될 위	쏠 사	어조사 지	어조사 지	무리 류	가운데 중	소리 성	두 이

字	三	字	合	用	如	諺	語	·과	爲	琴	柱	·홰
글자 자	석 삼	글자 자	합할 합	쓸 용	같을 여	일상말 언	말 어		될 위	거문고 금	기둥 주	
爲	炬	之	類	終	聲	二	字	三	字	合	用	如
될 위	횃불 거	어조사 지	무리 류	끝 종	소리 성	두 이	글자 자	석 삼	글자 자	합할 합	쓸 용	같을 여
諺	語	홁	爲	土	낛	爲	釣	돐	ᄣᅢ	爲	酉	時
일상말 언	말 어		될 위	흙 토		될 위	낚시 조			될 위	닭 유	때 시
之	類	其	合	用	並	書	自	左	而	右	初	中
어조사 지	무리 류	그 기	합할 합	쓸 용	아우를 병	쓸 서	스스로 자	왼 좌	말이을 이	오른쪽 우	처음 초	가운데 중
終	三	聲	皆	同	文	與	諺	雜	用	則	有	因
끝 종	석 삼	소리 성	다 개	같을 동	한자 문	더불어 여	일상말 언	섞일 잡	쓸 용	곧 즉	있을 유	인할 인
字	音	而	補	以	中	終	聲	者	如	孔	子	ㅣ
글자 자	소리 음	말이을 이	기울 보	써 이	가운데 중	끝 종	소리 성	것 자	같을 여	공자 공	경칭 자	
魯	ㅅ	:사	ᄅᆞᆷ	之	類	諺	語	平	°上	去	入	如
노나라 로/노				어조사 지	무리 류	일상말 언	말 어	평평할 평	오를 상	갈 거	들 입	같을 여
활	爲	弓	而	其	聲	平	:돌	爲	石	而	其	聲
	될 위	활 궁	말이을 이	그 기	소리 성	평평할 평		될 위	돌 석	말이을 이	그 기	소리 성

˚上	·갈	爲	刀	而	其	聲	去	붇	爲	筆	而	其
오를 상		될 위	칼 도	말이을 이	그 기	소리 성	갈 거		될 위	붓 필	말이을 이	그 기
聲	入	之	類	凡	字	之	左	加	一	點	爲	去
소리 성	들 입	어조사 지	무리 류	무릇 범	글자 자	어조사 지	왼 좌	더할 가	한 일	점 점	될 위	갈 거
聲	二	點	爲	˚上	聲	無	點	爲	平	聲	而	文
소리 성	둘 이	점 점	될 위	오를 상	소리 성	없을 무	점 점	될 위	평평할 평	소리 성	말이을 이	한자 문
之	入	聲	與	去	聲	相	似	諺	之	入	聲	無
어조사 지	들 입	소리 성	더불어 여	갈 거	소리 성	서로 상	같을 사	일상말 언	어조사 지	들 입	소리 성	없을 무
定	或	似	平	聲	如	긷	爲	柱	녑	爲	脅	或
정할 정	또는 혹	같을 사	평평할 평	소리 성	같을 여		될 위	기둥 주		될 위	옆구리 협	또는 혹
似	˚上	聲	如	:낟	爲	穀	:깁	爲	繒	或	似	去
같을 사	오를 상	소리 성	같을 여		될 위	곡식 곡		될 위	비단 증	또는 혹	같을 사	갈 거
聲	如	·몯	爲	釘	·입	爲	口	之	類	其	加	點
소리 성	같을 여		될 위	못 정		될 위	입 구	어조사 지	무리 류	그 기	더할 가	점 점
則	與	平	˚上	去	同	平	聲	安	而	和	春	也
곧 즉	더불어 여	평평할 평	오를 상	갈 거	같을 동	평평할 평	소리 성	편안할 안	말이을 이	부드러울 화	봄 춘	어조사 야

萬	物	舒	泰	°上	聲	和	而	擧	夏	也	萬	物
일만 만	물건 물	펼 서	피어날 태	오를 상	소리 성	부드러울 화	말이을 이	들 거	여름 하	어조사 야	일만 만	물건 물
漸	盛	去	聲	擧	而	壯	秋	也	萬	物	成	熟
점점 점	성할 성	갈 거	소리 성	높을 거	말이을 이	장대할 장	가을 추	어조사 야	일만 만	물건 물	이룰 성	익을 숙
入	聲	促	而	塞。	冬	也	萬	物	閉	藏	初	聲
들 입	소리 성	빠를 촉	말이을 이	막힐 색	겨울 동	어조사 야	일만 만	물건 물	닫을 폐	감출 장	처음 초	소리 성
之	ㆆ	與	ㅇ	相	似	於	諺	可	以	通	用	也
어조사 지		더불어 여		서로 상	같을 사	어조사 어	일상말 언	가할 가	써 이	통할 통	쓸 용	어조사 야
半	舌	有	輕	重	二	音	然	韻	書	字	母	唯
반 반	혀 설	있을 유	가벼울 경	무거울 중	두 이	소리 음	그럴 연	소리 운	글 서	글자 자	어미 모	오직 유
一	且	國	語	雖	不	分	輕	重	皆	得	成	音
한 일	또 차	나라 국	말 어	비록 수	아니 불	나눌 분	가벼울 경	무거울 중	다 개	가능할 득	이룰 성	소리 음
若	欲	備	用	則	依	脣	輕	例	ㅇ	連	書	ㄹ
만약 약	하고자 할 욕	갖출 비	쓸 용	곧 즉	의지할 의	입술 순	가벼울 경	보기 례		이을 련/연	쓸 서	
下	爲	半	舌	輕	音	舌	乍	附	上	腭	·	ㅡ
아래 하	될 위	반 반	혀 설	가벼울 경	소리 음	혀 설	잠깐 사	붙을 부	위 상	잇몸 악		

起	ㅣ	聲	於	國	語	無	用	兒	童	之	言	邊
일어날 기		소리 성	어조사 어	나라 국	말 어	없을 무	쓸 용	아이 아	아이 동	어조사 지	말 언	가 변
野	之	語	或	有	之	當	合	二	字	而	用	如
들 야	어조사 지	말 어	또는 혹	있을 유	그것 지	마땅 당	합할 합	두 이	글자 자	말이을 이	쓸 용	같을 여
ᄀᆝ	ᄀᆜ	之	類	其	先	。縱	後	橫	與	他	不	同
		어조사 지	무리 류	그 기	먼저 선	세로 종	뒤 후	가로 횡	더불어 여	다를 다	아니 부	같을 동
訣	曰											
갈무리 결	가로 왈											
			初	聲	在	中	聲	左	上			
			처음 초	소리 성	있을 재	가운데 중	소리 성	왼 좌	위 상			
			挹[ㆆ]	欲[ㅇ]	於	諺	用	相	同			
			뜰 읍	하고자 할 욕	어조사 어	일상말 언	쓸 용	서로 상	같을 동			
			中	聲	十	一	附	初	聲			
			가운데 중	소리 성	열 십	하나 일	붙을 부	처음 초	소리 성			
			圓	橫	書	下	右	書	。縱			
			동글 원	가로 횡	쓸 서	아래 하	오른쪽 우	쓸 서	세로 종			

欲	書	終	聲	在	何	處
하고자 할 욕	쓸 서	끝 종	소리 성	있을 재	어찌 하	곳 처
初	中	聲	下	接	着。	寫
처음 초	가운데 중	소리 성	아래 하	이을 접	붙을 착	베낄 사
初	終	合	用	各	並	書
처음 초	끝 종	합할 합	쓸 용	각각 각	어우를 병	쓸 서
中	亦	有	合	悉	自	左
가운데 중	또 역	있을 유	합할 합	다 실	부터 자	왼 좌
諺	之	四	聲	何	以	辨
언문 언	어조사 지	넉 사	소리 성	어찌 하	써 이	분별할 변
平	聲	則	弓[활]	°上	則	石[돌]
평평할 평	소리 성	곧 즉	활 궁	오를 상	곧 즉	돌 석
刀[갈]	爲	去	而	筆[붇]	爲	入
칼 도	될 위	갈 거	말 이을 이	붓 필	될 위	설 입
觀	此	四	物	他	可	識
볼 관	이 차	넉 사	갈래 물	다를 타	가할 가	알 식

			音	因	左	點	四	聲	分			
			소리 음	인할 인	왼 좌	점 점	넉 사	소리 성	나눌 분			
			一	去	二	°上	無	點	平			
			한 일	갈 거	두 이	오를 상	없을 무	점 점	평평할 평			
			語	入	無	定	亦	加	點			
			말 어	들 입	업을 무	정할 정	또 역	더할 가	점 점			
			文	之	入	則	似	去	聲			
			한자 문	어조사 지	들 입	곧 즉	비슷할 사	갈 거	소리 성			
			方	言	俚	語	萬	不	同			
			나라 방	말 언	속될 리	말 어	일만 만	아니 부	같을 동			
			有	聲	無	字	書	難	通			
			있을 유	소리 성	없을 무	글자 자	글 서	어려울 난	통할 통			
			一	朝								
			한 일	아침 조								
			制	作	侔	神	工					
			만들 제	지을 작	같을 모	신 신	장인 공					

			大	東	千	古	開	矇	朧			
			큰 대	동녘 동	일천 천	옛 고	열 개	어두울 몽	흐릴 롱			
	用	字	例									
	쓸 용	글자 자	보기 례									
初	聲	ㄱ	如	:감	爲	柿	·ᄀᆞᆯ	爲	蘆	ㅋ	如	우
처음 초	소리 성		같을 여		될 위	감 시		될 위	갈대 로		같을 여	
·케	爲	未	舂	稻	콩	爲	大	豆	ᅌ	如	러	·울
	될 위	아닐 미	찧을 용	벼 도		될 위	큰 대	콩 두		같을 여		
爲	獺	서	·에	爲	流	澌	ㄷ	如	·뒤	爲	茅	·담
될 위	수달 달			될 위	흐를 류	성엣장 시		같을 여		될 위	띠 모	
爲	墻	ㅌ	如	고	·티	爲	繭	두	텁	爲	蟾	蜍
될 위	담 장		같을 여			될 위	고치 견			될 위	두꺼비 섬	두꺼비 여
ㄴ	如	노	로	爲	獐	납	爲	猿	ㅂ	如	·볼	爲
	같을 여			될 위	노루 장		될 위	원숭이 원		같을 여		될 위
臂	:벌	爲	蜂	ㅍ	如	·파	爲	葱	·풀	爲	蠅	ㅁ
팔 비		될 위	벌 봉		같을 여		될 위	파 총		될 위	파리 승	

如	:뫼	爲	山	·마	爲	薯	萸	ㅸ	如	사	·ᄫᅵ	爲
같을 여		될 위	뫼 산		될 위	참마 서	참마 여		같을 여			될 위
蝦	드	·ᄫᅴ	爲	瓠	ㅈ	如	·자	爲	尺	죠	·ᄒᆡ	爲
새우 하			될 위	박 호		같을 여		될 위	자 척			될 위
紙	ㅊ	如	·체	爲	籭	·채	爲	鞭	ㅅ	如	·손	爲
종이 지		같을 여		될 위	체 사		될 위	채찍 편		같을 여		될 위
手	:셤	爲	島	ㅎ	如	·부	ᄒᆞᆼ	爲	鵂	鶹	·힘	爲
손 수		될 위	섬 도		같을 여			될 위	수리부엉이 휴	수리부엉이 류		될 위
筋	ㅇ	如	·비	육	爲	鷄	雛	·ᄇᆞ	얌	爲	蛇	ㄹ
힘줄 근		같을 여			될 위	닭 계	병아리 추			될 위	뱀 사	
如	·무	ᄅᆔ	爲	雹	어	·름	爲	氷	ㅿ	如	아	ᅀᆞ
같을 여			될 위	우박 박			될 위	얼음 빙		같을 여		
爲	弟	:너	ᅀᅵ	爲	鴇	中	聲	ㆍ	如	·ᄐᆞᆨ	爲	頤
될 위	아우 제			될 위	느시 보	가운데 중	소리 성		같을 여		될 위	턱 이
ᄑᆞᆺ	爲	小	豆	ᄃᆞ	리	爲	橋	·ᄀᆞ	래	爲	楸	ㅡ
	될 위	작을 소	콩 두			될 위	다리 교			될 위	가래 추	

如	·믈	爲	水	·발	ᄎᆞᆨ	爲	跟	그	력	爲	鴈	드
같을 여		될 위	물 수			될 위	발꿈치 근			될 위	기러기 안	
·레	爲	汲	器	ㅣ	如	·깃	爲	巢	:밀	爲	蠟	·피
	될 위	물길을 급	그릇 기		같을 여		될 위	둥지 소		될 위	밀 랍	
爲	稷	·키	爲	箕	ㅗ	如	·논	爲	水	田	·톱	爲
될 위	피 직		될 위	키 기		같을 여		될 위	물 수	밭 전		될 위
鉅	호	·미	爲	鉏	벼	·로	爲	硯	ㅏ	如	·밥	爲
톱 거			될 위	호미 서			될 위	벼루 연		같을 여		될 위
飯	·낟	爲	鎌	이	·아	爲	綜	사	·ᄉᆞᆷ	爲	鹿	ㅜ
밥 반		될 위	낫 겸			될 위	잉아 종			될 위	사슴 록	
如	숫	爲	炭	·울	爲	籬	누	·에	爲	蚕	구	·리
같을 여		될 위	숯 탄		될 위	울타리 리			될 위	누에 잠		
爲	銅	ㅓ	如	브	ᅀᅥᆸ	爲	竈	:널	爲	板	서	·리
될 위	구리 동		같을 여			될 위	부엌 조		될 위	널빤지 판		
爲	霜	버	·들	爲	柳	ㅛ	如	·죵	爲	奴	·고	욤
될 위	서리 상			될 위	버들 류		같을 여		될 위	종 노		

爲	梬	·쇼	爲	牛	삽	됴	爲	蒼	朮	菜	ㅑ	如
될 위	고욤나무 영		될 위	소 우			될 위	푸를 창	차조 출	나물 채		같을 여
남	샹	爲	龜	·약	爲	龜	鼊	·다	·야	爲	匜	쟈
		될 위	남생이 귀		될 위	거북 구	거북 벽			될 위	손대야 이	
감	爲	蕎	麥	皮	ㅠ	如	율	믜	爲	薏	苡	쥭
	될 위	메밀 교	보리 맥	가죽 피		같을 여			될 위	율무 의	율무 이	
爲	飯	臿	ᅀᅲ	·룸	爲	雨	繖	쥬	련	爲	帨	ㅕ
될 위	밥 반	밥주걱 초			될 위	비 우	우산 산			될 위	수건 세	
如	·엿	爲	飴	餹	·뎔	爲	佛	寺	·벼	爲	稻	:져
같을 여		될 위	엿 이	엿 당		될 위	부처 불	절 사		될 위	벼 도	
비	爲	燕	終	聲	ㄱ	如	·닥	爲	楮	독	爲	甕
	될 위	제비 연	끝 종	소리 성		같을 여		될 위	닥나무 저		될 위	독 옹
ㆁ	如	:굼	벙	爲	蠐	螬	·올	창	爲	蝌	蚪	ㄷ
	같을 여			될 위	굼벵이 제	굼벵이 조			될 위	올챙이 과	올챙이 두	
如	·갇	爲	笠	싣	爲	楓	ㄴ	如	·신	爲	屨	·반
같을 여		될 위	삿갓 립		될 위	단풍 풍		같을 여		될 위	신 구	

되	爲	螢	ᄇ	如	셥	爲	薪	굽	爲	蹄	ᄆ	如
	될 위	반딧불 형		같을 여		될 위	섶 신		될 위	굽 제		같을 여
:범	爲	虎	:심	爲	泉	ᄉ	如	잣	爲	海	松	못
	될 위	호랑이 호		될 위	샘 천		같을 여		될 위	바다 해	소나무 송	
爲	池	ᄅ	如	·돌	爲	月	:별	爲	星	之	類	
될 위	못 지		같을 여		될 위	달 월		될 위	별 성	어조사 지	무리 류	
	有	天	地	自	然	之	聲	則	必	有	天	地
	있을 유	하늘 천	땅 지	스스로 자	그럴 연	어조사 지	소리 성	곧 즉	반드시 필	있을 유	하늘 천	땅 지
	自	然	之	文	所	以	古	人	因	聲	制	字
	스스로 자	그럴 연	어조사 지	글월 문	바 소	써 이	옛 고	사람 인	인할 인	소리 성	만들 제	글자 자
	以	通	萬	物	之	情	以	載	三	才	之	道
	써 이	통할 통	일만 만	물건 물	어조사 지	뜻 정	써 이	실을 재	석 삼	재주 재	어조사 지	길 도
	而	後	世	不	能	易	也	然	四	方	風	土
	말이을 이	뒤 후	인간 세	아니 불	능할 능	바꿀 역	어조사 야	그럴 연	넉 사	모 방	바람 풍	흙 토
	區	別。	聲	氣	亦	隨	而	異	焉	盖	外	國
	구분할 구	다를 별	소리 성	기운 기	또 역	따를 수	말이을 이	다를 이	어찌 언	대개 개	바깥 외	나라 국

	之	語	有	其	聲	而	無	其	字	假	中	國
	어조사 지	말 어	있을 유	그 기	소리 성	말이을 이	없을 무	그 기	글자 자	빌릴 가	가운데 중	나라 국
	之	字	以	通	其	用	是	猶	枘	鑿	之	鉏
	어조사 지	글자 자	써 이	통할 통	그 기	쓸 용	이 시	같을 유	장부 예22)	구멍 조	어조사 지	어긋날 서
	鋙	也	豈	能	達	而	無	礙	乎	要°	皆	各
	어긋날 어	어조사 야	어찌 기	능할 능	통달할 달	말이을 이	없을 무	막을 애	어조사 호	요긴할 요	다 개	각각 각
	隨	所	°處	而	安	不	可	°强	之	使	同	也
	따를 수	바 소	처할 처	말이을 이	편안할 안	아니 불	가할 가	강할 강	어조사 지	하여금 사	같을 동	어조사 야
	吾	東	方	禮	樂	文	章	侔	擬	華	夏	但
	나 오	동녘 동	나라 방	예도 례	풍류 악	글월 문	글 장	같을 모	비길 의	빛날 화	중국 하	다만 단
	方	言	俚	語	不	與	之	同	學	書	者	患
	지역 방	말 언	속될 리	말 어	아니 불	더불어 여	어조사 지	같을 동	배울 학	글 서	사람 자	근심 환
	其	旨	趣°	之	難	曉	｡治	獄	者	病	其	曲
	그 기	뜻 지	뜻 취	어조사 지	어려울 난	깨달을 효	다스릴 치	옥 옥	사람 자	병들 병	그 기	굽을 곡
	折	之	難	通	昔	新	羅	薛	聰	始	作	吏
	꺾을 절	어조사 지	어려울 난	통할 통	예 석	새 신	벌릴 라	성 설	귀밝을 총	비로소 시	지을 작	벼슬아치 이

22) '장부'는 토박이말로 두 재목을 이을 때 한쪽 재목의 끝을 다른 한쪽의 구멍에 맞추기 위하여 가늘게 만든 부분을 가리킨다. 여기서의 문맥적 의미로는 '도끼자루 예'이다.

	讀°	官	府	民	間	至	今	行	之	然	皆	假
	구절 두	벼슬 관	마을 부	백성 민	사이 간	이를지	이제 금	갈 행	어조사 지	그럴 연	다 개	빌릴 가
	字	而	用	或	澁	或	窒	非	但	鄙	陋	無
	글자 자	말이을 이	쓸 용	또는 혹	껄끄러울 삽	또는 혹	막힐 질	아닐 비	다만 단	더러울 비	더러울 루	없을 무
	稽	而	已	至	於	言	語	之	間	則	不	能
	상고할 계	말이을 이	이미 이	이를지	어조사 어	말 언	말 어	어조사 지	사이 간	곧 즉	아니 불	능할 능
	達	其	萬	一	焉	癸	亥	冬	我			
	소통할 달	그 기	일만 만	한 일	어찌 언	천간 계	돼지 해	겨울 동	나 아			
	殿	下	創	制	正	音	二	十	八	字	略	揭
	전각 전	아래 하	비롯할 창	만들 제	바를 정	소리 음	두 이	열 십	여덟 팔	글자 자	간략할 략	높이들 게
	例	義	以	示	之	名	曰	訓	民	正	音	象
	보기 예	뜻 의	써 이	보일 시	그것 지	이름 명	가로 왈	가르칠 훈	백성 민	바를 정	소리 음	본뜰 상
	形	而	字	倣	古	篆	因	聲	而	音	叶	七
	모양 형	말이을 이	글자 자	닮을 방	옛 고	전자 전	인할 인	소리 성	말이을 이	소리 음	맞을 협	일곱 칠
	調°	三	極	之	義	二	氣	之	妙	莫	不	該
	고를 조	석 삼	극진할 극	어조사 지	뜻 의	두 이	기운 기	어조사 지	묘할 묘	없을 막	아니 불	마땅 해

	括	以	二	十	八	字	而	轉	換	無	窮	簡
	묶을 괄	써 이	두 이	열 십	여덟 팔	글자 자	말이을 이	구를 전	바꿀 환	없을 무	다할 궁	간략할 간
	而	要	精	而	通	故	智	者	不	終	朝	而
	말이을 이	요긴할 요	정할 정	말이을 이	통할 통	연고 고	지혜 지	사람 자	아니 부	끝 종	아침 조	말이을 이
	會	愚	者	可	浹	旬	而	學	以	是	解	書
	깨달을 회	어리석을 우	사람 자	가할 가	두루미칠 협	열흘 순	말이을 이	배울 학	써 이	이 시	풀 해	글 서
	可	以	知	其	義	以	是	聽	訟	可	以	得
	가할 가	써 이	알 지	그 기	뜻 의	써 이	이 시	들을 청	송사할 송	옳을 가	써 이	알 득
	其	情	字	韻	則	淸	濁	之	能	辨	樂	歌
	그 기	실정 정	글자 자	운 운	곧 즉	맑을 청	흐릴 탁	어조사 지	능할 능	분별할 변	노래 악	노래 가
	則	律	呂	之	克	諧	無	所	用	而	不	備
	곧 즉	음률 률	음률 려	어조사 지	능할 극	어울릴 해	없을 무	바 소	쓸 용	말이을 이	아니 불	갖출 비
	無	所	往	而	不	達	雖	風	聲	鶴	唳	雞
	없을 무	바 소	갈 왕	말이을 이	아니 부	통달할 달	비록 수	바람 풍	소리 성	두루미 학	울 려	닭 계
	鳴	狗	吠	皆	可	得	而	書	矣	遂		
	울 명	개 구	짖을 폐	다 개	가할 가	알 득	말이을 이	쓸 서	어조사 의	드디어 수		

	命	詳	加	解	釋	以	喩	諸	人	於	是	臣
	목숨 명	자세할 상	더할 가	풀 해	풀 석	써 이	깨우칠 유	모두 제	사람 인	어조사 어	이 시	신하 신
	與	集	賢	殿	應°	敎	臣	崔	恒	副	校	理
	더불어 여	모을 집	어질 현	전각 전	응할 응	가르칠 교	신하 신	성 최	항상 항	버금 부	헤아릴 교	이치 리
	臣	朴	彭	年	臣	申	叔	舟	修	撰	臣	成
	신하 신	성 박	나라이름 팽	해 년	신하 신	성 신	가운데 숙	배 주	닦을 수	지을 찬	신하 신	성 성
	三	問	敦	寧	府	注	簿	臣	姜	希	顔	行
	석 삼	물을 문	도타울 돈	편안할 녕	마을 부	기록 주	문서 부	신하 신	성 강	바랄 희	낯 안	갈 행
	集	賢	殿	副	修	撰	臣	李	塏	臣	李	善
	모을 집	어질 현	전각 전	버금 부	닦을 수	지을 찬	신하 신	성 이	높은땅 개	신하 신	성 이	착할 선
	老	等	謹	作	諸	解	及	例	以	敍	其	梗
	사람이름 로	무리 등	삼갈 근	지을 작	모두 제	풀 해	및 급	보기 례	차 이	펼 서	그 기	대개 경
	槪	庶	使	觀	者	不	師	而	自	悟	若	其
	대개 개	바라건대 서	하여금 사	볼 관	사람 자	아니 불	스승 사	말이을 이	스스로 자	깨칠 오	같을 약	그 기
	淵	源	精	義	之	妙	則	非	臣	等	之	所
	근원 연	근원 원	자세할 정	뜻 의	어조사 지	묘할 묘	곧 즉	아닐 비	신하 신	무리 등	어조사 지	바 소

	能	發	揮	也	恭	惟	我					
	능할 능	필 발	휘두를 휘	어조사 야	공손할 공	생각할 유	나 아					
	殿	下	天	縱	之	聖	制	度	施	爲	超	越
	전각 전	아래 하	하늘 천	종용할 종	어조사 지	성인 성	만들 제	법도 도	베풀 시	될 위	뛰어넘을 초	넘을 월
	百	王	正	音	之	作	無	所	祖	述	而	成
	일백 백	임금 왕	바를 정	소리 음	어조사 지	지을 작	없을 무	바 소	조상 조	펼 술	말이을 이	이룰 성
	於	自	然	豈	以	其	至	理	之	無	所	不
	어조사 어	스스로 자	그럴 연	어찌 기	써 이	그 기	지극할 지	이치 리	어조사 지	없을 무	바 소	아니 부
	在	而	非	人	爲	之	私	也	。夫	東	方	有
	있을 재	말이을 이	아닐 비	사람 인	할 위	어조사 지	사사로울 사	어조사 야	무릇 부	동녘 동	나라 방	있을 유
	國	不	爲	不	久	而	開	物	成	務	之	
	나라 국	아니 불	될 위	아니 불	오랠 구	말이을 이	열 개	물건 물	이룰 성	힘쓸 무	어조사 지	
	大	智	盖	有	待	於	今	日	也	欤	正	統
	큰 대	슬기 지	대개 개	있을 유	기다릴 대	어조사 어	이제 금	날 일	어조사 야	어조사 여	바를 정	거느릴 통
	十	一	年	九	月	上	澣	資	憲	大	夫	禮
	열 십	한 일	해 년	아홉 구	달 월	위 상	열흘 한	재물 자	법 헌	큰 대	무릇 부	예도 례(예)

	曺	判	書	集	賢	殿	大	提	學	知	春	秋
	관청 조	판단할 판	글 서	모을 집	어질 현	전각 전	큰 대	끌 제	배울 학	알 지	봄 춘	가을 추
	館	事		世	子	右	賓	客	臣	鄭	麟	趾
	관사 관	일 사		인간 세	아들 자	오른쪽 우	손 빈	손 객	신하 신	성이름 정	기린 린(인)[23]	발 지
	拜	手	°稽	首	謹	書						
	절 배	손 수	조아릴 계[24]	머리 수	삼갈 근	쓸 서						
訓	民	正	音									
가르칠 훈	백성 민	바를 정	소리 음									

23) 여기서의 '기린'은 상서로운 동물을 가리킨다 '麟趾(린지)'는 "기린의 발자국"이라는 뜻으로, '기린'은 살아있는 생물은 밟지 않는다는 고사가 있으며, 따라서 '인지(麟趾)'는 어진 사람을 비유할 때 쓰는 말이기도 하다.

24) "非但鄙陋無稽而已, 至於言語之間, 則不能達其萬一焉. [정음해례27ㄴ:2-4_정인지서]"에서의 '계'는 '상고하다'로 사성 표시가 없다. "資憲大夫禮曹判書集賢殿大提學知春秋館事世子右賓客臣鄭麟趾拜手稽(상성)首謹書 [정음해례29ㄱ:8-29ㄴ:1-3_정인지서]"에서의 '稽'는 '조아리다'는 뜻으로 상성 표시가 되어 있다. 《동국정운》 6권_2ㄱ평성의 예가 6권 2ㄴ은 상성의 예가 나오는데 상성일 때는 '켕(켸)'이다.

12장

≪훈민정음≫ 해례본 영인본(한글학회, 1997) 원문 한자 배열

[1] 정음1ㄱ

訓	民	正	音							
정1ㄱ: 1_1	정1ㄱ: 1_2	정1ㄱ: 1_3	정1ㄱ: 1_4							
國	之	語	音	異	乎	中	國	與	文	字
정1ㄱ: 2_1	정1ㄱ: 2_2	정1ㄱ: 2_3	정1ㄱ: 2_4	정1ㄱ: 2_5	정1ㄱ: 2_6	정1ㄱ: 2_7	정1ㄱ: 2_8	정1ㄱ: 2_9	정1ㄱ: 2_10	정1ㄱ: 2_11
不	相	流	通	故	愚	民	有	所	欲	言
정1ㄱ: 3_1	정1ㄱ: 3_2	정1ㄱ: 3_3	정1ㄱ: 3_4	정1ㄱ: 3_5	정1ㄱ: 3_6	정1ㄱ: 3_7	정1ㄱ: 3_8	정1ㄱ: 3_9	정1ㄱ: 3_10	정1ㄱ: 3_11
而	終	不	得	伸	其	情	者	多	矣	予
정1ㄱ: 4_1	정1ㄱ: 4_2	정1ㄱ: 4_3	정1ㄱ: 4_4	정1ㄱ: 4_5	정1ㄱ: 4_6	정1ㄱ: 4_7	정1ㄱ: 4_8	정1ㄱ: 4_9	정1ㄱ: 4_10	정1ㄱ: 4_11
爲	此	憫	然	新	制	二	十	八	字	欲
정1ㄱ: 5_1	정1ㄱ: 5_2	정1ㄱ: 5_3	정1ㄱ: 5_4	정1ㄱ: 5_5	정1ㄱ: 5_6	정1ㄱ: 5_7	정1ㄱ: 5_8	정1ㄱ: 5_9	정1ㄱ: 5_10	정1ㄱ: 5_11
使	人	人	易	習	便	於	日	用	耳	
정1ㄱ: 6_1	정1ㄱ: 6_2	정1ㄱ: 6_3	정1ㄱ: 6_4	정1ㄱ: 6_5	정1ㄱ: 6_6	정1ㄱ: 6_7	정1ㄱ: 6_8	정1ㄱ: 6_9	정1ㄱ: 6_10	
ㄱ	牙	音	如	君	字	初	發	聲		
정1ㄱ: 7_1	정1ㄱ: 7_2	정1ㄱ: 7_3	정1ㄱ: 7_4	정1ㄱ: 7_5	정1ㄱ: 7_6	정1ㄱ: 7_7	정1ㄱ: 7_8	정1ㄱ: 7_9		

	竝	書	如	虯	字	初	發	聲		
	정1ㄴ: 1_2	정1ㄴ: 1_3	정1ㄴ: 1_4	정1ㄴ: 1_5	정1ㄴ: 1_6	정1ㄴ: 1_7	정1ㄴ: 1_8	정1ㄴ: 1_9		
ㅋ	牙	音	如	快	字	初	發	聲		
정1ㄴ: 2_1	정1ㄴ: 2_2	정1ㄴ: 2_3	정1ㄴ: 2_4	정1ㄴ: 2_5	정1ㄴ: 2_6	정1ㄴ: 2_7	정1ㄴ: 2_8	정1ㄴ: 2_9		
ㆁ	牙	音	如	業	字	初	發	聲		
정1ㄴ: 3_1	정1ㄴ: 3_2	정1ㄴ: 3_3	정1ㄴ: 3_4	정1ㄴ: 3_5	정1ㄴ: 3_6	정1ㄴ: 3_7	정1ㄴ: 3_8	정1ㄴ: 3_9		
ㄷ	舌	音	如	斗	字	初	發	聲		
정1ㄴ: 4_1	정1ㄴ: 4_2	정1ㄴ: 4_3	정1ㄴ: 4_4	정1ㄴ: 4_5	정1ㄴ: 4_6	정1ㄴ: 4_7	정1ㄴ: 4_8	정1ㄴ: 4_9		
	竝	書	如	覃	字	初	發	聲		
	정1ㄴ: 5_2	정1ㄴ: 5_3	정1ㄴ: 5_4	정1ㄴ: 5_5	정1ㄴ: 5_6	정1ㄴ: 5_7	정1ㄴ: 5_8	정1ㄴ: 5_9		
ㅌ	舌	音	如	呑	字	初	發	聲		
정1ㄴ: 6_1	정1ㄴ: 6_2	정1ㄴ: 6_3	정1ㄴ: 6_4	정1ㄴ: 6_5	정1ㄴ: 6_6	정1ㄴ: 6_7	정1ㄴ: 6_8	정1ㄴ: 6_9		
ㄴ	舌	音	如	那	字	初	發	聲		
정1ㄴ: 7_1	정1ㄴ: 7_2	정1ㄴ: 7_3	정1ㄴ: 7_4	정1ㄴ: 7_5	정1ㄴ: 7_6	정1ㄴ: 7_7	정1ㄴ: 7_8	정1ㄴ: 7_9		

ㅂ	脣	音	如	彆	字	初	發	聲		
정2ㄱ: 1_1	정2ㄱ: 1_2	정2ㄱ: 1_3	정2ㄱ: 1_4	정2ㄱ: 1_5	정2ㄱ: 1_6	정2ㄱ: 1_7	정2ㄱ: 1_8	정2ㄱ: 1_9		
	並	書	如	步	字	初	發	聲		
	정2ㄱ: 2_2	정2ㄱ: 2_3	정2ㄱ: 2_4	정2ㄱ: 2_5	정2ㄱ: 2_6	정2ㄱ: 2_7	정2ㄱ: 2_8	정2ㄱ: 2_9		
ㅍ	脣	音	如	漂	字	初	發	聲		
정2ㄱ: 3_1	정2ㄱ: 3_2	정2ㄱ: 3_3	정2ㄱ: 3_4	정2ㄱ: 3_5	정2ㄱ: 3_6	정2ㄱ: 3_7	정2ㄱ: 3_8	정2ㄱ: 3_9		
ㅁ	脣	音	如	彌	字	初	發	聲		
정2ㄱ: 4_1	정2ㄱ: 4_2	정2ㄱ: 4_3	정2ㄱ: 4_4	정2ㄱ: 4_5	정2ㄱ: 4_6	정2ㄱ: 4_7	정2ㄱ: 4_8	정2ㄱ: 4_9		
ㅈ	齒	音	如	即	字	初	發	聲		
정2ㄱ: 5_1	정2ㄱ: 5_2	정2ㄱ: 5_3	정2ㄱ: 5_4	정2ㄱ: 5_5	정2ㄱ: 5_6	정2ㄱ: 5_7	정2ㄱ: 5_8	정2ㄱ: 5_9		
	並	書	如	慈	字	初	發	聲		
	정2ㄱ: 6_2	정2ㄱ: 6_3	정2ㄱ: 6_4	정2ㄱ: 6_5	정2ㄱ: 6_6	정2ㄱ: 6_7	정2ㄱ: 6_8	정2ㄱ: 6_9		
ㅊ	齒	音	如	侵	字	初	發	聲		
정2ㄱ: 7_1	정2ㄱ: 7_2	정2ㄱ: 7_3	정2ㄱ: 7_4	정2ㄱ: 7_5	정2ㄱ: 7_6	정2ㄱ: 7_7	정2ㄱ: 7_8	정2ㄱ: 7_9		

ㅅ	齒	音	如	戌	字	初	發	聲		
정2ㄴ: 1_1	정2ㄴ: 1_2	정2ㄴ: 1_3	정2ㄴ: 1_4	정2ㄴ: 1_5	정2ㄴ: 1_6	정2ㄴ: 1_7	정2ㄴ: 1_8	정2ㄴ: 1_9		
	竝	書	如	邪	字	初	發	聲		
	정2ㄴ: 2_2	정2ㄴ: 2_3	정2ㄴ: 2_4	정2ㄴ: 2_5	정2ㄴ: 2_6	정2ㄴ: 2_7	정2ㄴ: 2_8	정2ㄴ: 2_9		
ㆆ	喉	音	如	挹	字	初	發	聲		
정2ㄴ: 3_1	정2ㄴ: 3_2	정2ㄴ: 3_3	정2ㄴ: 3_4	정2ㄴ: 3_5	정2ㄴ: 3_6	정2ㄴ: 3_7	정2ㄴ: 3_8	정2ㄴ: 3_9		
ㅎ	喉	音	如	虛	字	初	發	聲		
정2ㄴ: 4_1	정2ㄴ: 4_2	정2ㄴ: 4_3	정2ㄴ: 4_4	정2ㄴ: 4_5	정2ㄴ: 4_6	정2ㄴ: 4_7	정2ㄴ: 4_8	정2ㄴ: 4_9		
	竝	書	如	洪	字	初	發	聲		
	정2ㄴ: 5_2	정2ㄴ: 5_3	정2ㄴ: 5_4	정2ㄴ: 5_5	정2ㄴ: 5_6	정2ㄴ: 5_7	정2ㄴ: 5_8	정2ㄴ: 5_9		
ㅇ	喉	音	如	欲	字	初	發	聲		
정2ㄴ: 6_1	정2ㄴ: 6_2	정2ㄴ: 6_3	정2ㄴ: 6_4	정2ㄴ: 6_5	정2ㄴ: 6_6	정2ㄴ: 6_7	정2ㄴ: 6_8	정2ㄴ: 6_9		
ㄹ	半	舌	音	如	閭	字	初	發	聲	
정2ㄴ: 7_1	정2ㄴ: 7_2	정2ㄴ: 7_3	정2ㄴ: 7_4	정2ㄴ: 7_5	정2ㄴ: 7_6	정2ㄴ: 7_7	정2ㄴ: 7_8	정2ㄴ: 7_9	정2ㄴ: 7_10	

ㅿ	半	齒	音	如	穰	字	初	發	聲	
정3ㄱ: 1_1	정3ㄱ: 1_2	정3ㄱ: 1_3	정3ㄱ: 1_4	정3ㄱ: 1_5	정3ㄱ: 1_6	정3ㄱ: 1_7	정3ㄱ: 1_8	정3ㄱ: 1_9	정3ㄱ: 1_10	
ㆍ	如	呑	字	中	聲					
정3ㄱ: 2_1	정3ㄱ: 2_2	정3ㄱ: 2_3	정3ㄱ: 2_4	정3ㄱ: 2_5	정3ㄱ: 2_6	정3ㄱ: 2_7	정3ㄱ: 2_8	정3ㄱ: 2_9	정3ㄱ: 2_10	
ㅡ	如	卽	字	中	聲					
정3ㄱ: 3_1	정3ㄱ: 3_2	정3ㄱ: 3_3	정3ㄱ: 3_4	정3ㄱ: 3_5	정3ㄱ: 3_6					
ㅣ	如	侵	字	中	聲					
정3ㄱ: 4_1	정3ㄱ: 4_2	정3ㄱ: 4_3	정3ㄱ: 4_4	정3ㄱ: 4_5	정3ㄱ: 4_6					
ㅗ	如	洪	字	中	聲					
정3ㄱ: 5_1	정3ㄱ: 5_2	정3ㄱ: 5_3	정3ㄱ: 5_4	정3ㄱ: 5_5	정3ㄱ: 5_6					
ㅏ	如	覃	字	中	聲					
정3ㄱ: 6_1	정3ㄱ: 6_2	정3ㄱ: 6_3	정3ㄱ: 6_4	정3ㄱ: 6_5	정3ㄱ: 6_6					
ㅜ	如	君	字	中	聲					
정3ㄱ: 7_1	정3ㄱ: 7_2	정3ㄱ: 7_3	정3ㄱ: 7_4	정3ㄱ: 7_5	정3ㄱ: 7_6					

ㅓ	如	業	字	中	聲					
정3ㄴ: 1_1	정3ㄴ: 1_2	정3ㄴ: 1_3	정3ㄴ: 1_4	정3ㄴ: 1_5	정3ㄴ: 1_6					
ㅛ	如	欲	字	中	聲					
정3ㄴ: 2_1	정3ㄴ: 2_2	정3ㄴ: 2_3	정3ㄴ: 2_4	정3ㄴ: 2_5	정3ㄴ: 2_6					
ㅑ	如	穰	字	中	聲					
정3ㄴ: 3_1	정3ㄴ: 3_2	정3ㄴ: 3_3	정3ㄴ: 3_4	정3ㄴ: 3_5	정3ㄴ: 3_6					
ㅠ	如	戌	字	中	聲					
정3ㄴ: 4_1	정3ㄴ: 4_2	정3ㄴ: 4_3	정3ㄴ: 4_4	정3ㄴ: 4_5	정3ㄴ: 4_6					
ㅕ	如	彆	字	中	聲					
정3ㄴ: 5_1	정3ㄴ: 5_2	정3ㄴ: 5_3	정3ㄴ: 5_4	정3ㄴ: 5_5	정3ㄴ: 5_6					
終	聲	復	用	初	聲	ㅇ	連	書	脣	音
정3ㄴ: 6_1	정3ㄴ: 6_2	정3ㄴ: 6_3	정3ㄴ: 6_4	정3ㄴ: 6_5	정3ㄴ: 6_6	정3ㄴ: 6_7	정3ㄴ: 6_8	정3ㄴ: 6_9	정3ㄴ: 6_10	정3ㄴ: 6_11
之	下	則	爲	脣	輕	音	初	聲	合	用
정3ㄴ: 7_1	정3ㄴ: 7_2	정3ㄴ: 7_3	정3ㄴ: 7_4	정3ㄴ: 7_5	정3ㄴ: 7_6	정3ㄴ: 7_7	정3ㄴ: 7_8	정3ㄴ: 7_9	정3ㄴ: 7_10	정3ㄴ: 7_11

則	並	書	終	聲	同	·	ㅡ	ㅗ	ㅜ	ㅛ
정4ㄱ: 1_1	정4ㄱ: 1_2	정4ㄱ: 1_3	정4ㄱ: 1_4	정4ㄱ: 1_5	정4ㄱ: 1_6	정4ㄱ: 1_7	정4ㄱ: 1_8	정4ㄱ: 1_9	정4ㄱ: 1_10	정4ㄱ: 1_11
ㅠ	附	書	初	聲	之	下	ㅣ	ㅏ	ㅓ	ㅑ
정4ㄱ: 2_1	정4ㄱ: 2_2	정4ㄱ: 2_3	정4ㄱ: 2_4	정4ㄱ: 2_5	정4ㄱ: 2_6	정4ㄱ: 2_7	정4ㄱ: 2_8	정4ㄱ: 2_9	정4ㄱ: 2_10	정4ㄱ: 2_11
ㅕ	附	書	於	右	凡	字	必	合	而	成
정4ㄱ: 3_1	정4ㄱ: 3_2	정4ㄱ: 3_3	정4ㄱ: 3_4	정4ㄱ: 3_5	정4ㄱ: 3_6	정4ㄱ: 3_7	정4ㄱ: 3_8	정4ㄱ: 3_9	정4ㄱ: 3_10	정4ㄱ: 3_11
音	左	加	一	點	則	去	聲	二	則	上
정4ㄱ: 4_1	정4ㄱ: 4_2	정4ㄱ: 4_3	정4ㄱ: 4_4	정4ㄱ: 4_5	정4ㄱ: 4_6	정4ㄱ: 4_7	정4ㄱ: 4_8	정4ㄱ: 4_9	정4ㄱ: 4_10	정4ㄱ: 4_11
聲	無	則	平	聲	入	聲	加	點	同	而
정4ㄱ: 5_1	정4ㄱ: 5_2	정4ㄱ: 5_3	정4ㄱ: 5_4	정4ㄱ: 5_5	정4ㄱ: 5_6	정4ㄱ: 5_7	정4ㄱ: 5_8	정4ㄱ: 5_9	정4ㄱ: 5_10	정4ㄱ: 5_11
促	急									
정4ㄱ: 6_1	정4ㄱ: 6_2									

訓	民	正	音	解	例							
정해1ㄱ: 1_1	정해1ㄱ: 1_2	정해1ㄱ: 1_3	정해1ㄱ: 1_4	정해1ㄱ: 1_5	정해1ㄱ: 1_6							
	制	字	解									
	정해1ㄱ: 2_2	정해1ㄱ: 2_3	정해1ㄱ: 2_4									
天	地	之	道	一	陰	陽	五	行	而	已	坤	復
정해1ㄱ: 3_1	정해1ㄱ: 3_2	정해1ㄱ: 3_3	정해1ㄱ: 3_4	정해1ㄱ: 3_5	정해1ㄱ: 3_6	정해1ㄱ: 3_7	정해1ㄱ: 3_8	정해1ㄱ: 3_9	정해1ㄱ: 3_10	정해1ㄱ: 3_11	정해1ㄱ: 3_12	정해1ㄱ: 3_13
之	間	爲	太	極	而	動	靜	之	後	爲	陰	陽
정해1ㄱ: 4_1	정해1ㄱ: 4_2	정해1ㄱ: 4_3	정해1ㄱ: 4_4	정해1ㄱ: 4_5	정해1ㄱ: 4_6	정해1ㄱ: 4_7	정해1ㄱ: 4_8	정해1ㄱ: 4_9	정해1ㄱ: 4_10	정해1ㄱ: 4_11	정해1ㄱ: 4_12	정해1ㄱ: 4_13
凡	有	生	類	在	天	地	之	間	者	捨	陰	陽
정해1ㄱ: 5_1	정해1ㄱ: 5_2	정해1ㄱ: 5_3	정해1ㄱ: 5_4	정해1ㄱ: 5_5	정해1ㄱ: 5_6	정해1ㄱ: 5_7	정해1ㄱ: 5_8	정해1ㄱ: 5_9	정해1ㄱ: 5_10	정해1ㄱ: 5_11	정해1ㄱ: 5_12	정해1ㄱ: 5_13
而	何	之	故	人	之	聲	音	皆	有	陰	陽	之
정해1ㄱ: 6_1	정해1ㄱ: 6_2	정해1ㄱ: 6_3	정해1ㄱ: 6_4	정해1ㄱ: 6_5	정해1ㄱ: 6_6	정해1ㄱ: 6_7	정해1ㄱ: 6_8	정해1ㄱ: 6_9	정해1ㄱ: 6_10	정해1ㄱ: 6_11	정해1ㄱ: 6_12	정해1ㄱ: 6_13
理	顧	人	不	察	耳	今	正	音	之	作	初	非
정해1ㄱ: 7_1	정해1ㄱ: 7_2	정해1ㄱ: 7_3	정해1ㄱ: 7_4	정해1ㄱ: 7_5	정해1ㄱ: 7_6	정해1ㄱ: 7_7	정해1ㄱ: 7_8	정해1ㄱ: 7_9	정해1ㄱ: 7_10	정해1ㄱ: 7_11	정해1ㄱ: 7_12	정해1ㄱ: 7_13
智	營	而	力	索	但	因	其	聲	音	而	極	其
정해1ㄱ: 8_1	정해1ㄱ: 8_2	정해1ㄱ: 8_3	정해1ㄱ: 8_4	정해1ㄱ: 8_5	정해1ㄱ: 8_6	정해1ㄱ: 8_7	정해1ㄱ: 8_8	정해1ㄱ: 8_9	정해1ㄱ: 8_10	정해1ㄱ: 8_11	정해1ㄱ: 8_12	정해1ㄱ: 8_13

理	而	已	理	旣	不	二	則	何	得	不	與	天
정해1ㄴ: 1_1	정해1ㄴ: 1_2	정해1ㄴ: 1_3	정해1ㄴ: 1_4	정해1ㄴ: 1_5	정해1ㄴ: 1_6	정해1ㄴ: 1_7	정해1ㄴ: 1_8	정해1ㄴ: 1_9	정해1ㄴ: 1_10	정해1ㄴ: 1_11	정해1ㄴ: 1_12	정해1ㄴ: 1_13
地	鬼	神	同	其	用	也	正	音	二	十	八	字
정해1ㄴ: 2_1	정해1ㄴ: 2_2	정해1ㄴ: 2_3	정해1ㄴ: 2_4	정해1ㄴ: 2_5	정해1ㄴ: 2_6	정해1ㄴ: 2_7	정해1ㄴ: 2_8	정해1ㄴ: 2_9	정해1ㄴ: 2_10	정해1ㄴ: 2_11	정해1ㄴ: 2_12	정해1ㄴ: 2_13
各	象	其	形	而	制	之	初	聲	凡	十	七	字
정해1ㄴ: 3_1	정해1ㄴ: 3_2	정해1ㄴ: 3_3	정해1ㄴ: 3_4	정해1ㄴ: 3_5	정해1ㄴ: 3_6	정해1ㄴ: 3_7	정해1ㄴ: 3_8	정해1ㄴ: 3_9	정해1ㄴ: 3_10	정해1ㄴ: 3_11	정해1ㄴ: 3_12	정해1ㄴ: 3_13
牙	音	ㄱ	象	舌	根	閉	喉	之	形	舌	音	ㄴ
정해1ㄴ: 4_1	정해1ㄴ: 4_2	정해1ㄴ: 4_3	정해1ㄴ: 4_4	정해1ㄴ: 4_5	정해1ㄴ: 4_6	정해1ㄴ: 4_7	정해1ㄴ: 4_8	정해1ㄴ: 4_9	정해1ㄴ: 4_10	정해1ㄴ: 4_11	정해1ㄴ: 4_12	정해1ㄴ: 4_13
象	舌	附	上	腭	之	形	脣	音	ㅁ	象	口	形
정해1ㄴ: 5_1	정해1ㄴ: 5_2	정해1ㄴ: 5_3	정해1ㄴ: 5_4	정해1ㄴ: 5_5	정해1ㄴ: 5_6	정해1ㄴ: 5_7	정해1ㄴ: 5_8	정해1ㄴ: 5_9	정해1ㄴ: 5_10	정해1ㄴ: 5_11	정해1ㄴ: 5_12	정해1ㄴ: 5_13
齒	音	ㅅ	象	齒	形	喉	音	ㅇ	象	喉	形	ㅋ
정해1ㄴ: 6_1	정해1ㄴ: 6_2	정해1ㄴ: 6_3	정해1ㄴ: 6_4	정해1ㄴ: 6_5	정해1ㄴ: 6_6	정해1ㄴ: 6_7	정해1ㄴ: 6_8	정해1ㄴ: 6_9	정해1ㄴ: 6_10	정해1ㄴ: 6_11	정해1ㄴ: 6_12	정해1ㄴ: 6_13
比	ㄱ	聲	出	稍	厲	故	加	畫	ㄴ	而	ㄷ	ㄷ
정해1ㄴ: 7_1	정해1ㄴ: 7_2	정해1ㄴ: 7_3	정해1ㄴ: 7_4	정해1ㄴ: 7_5	정해1ㄴ: 7_6	정해1ㄴ: 7_7	정해1ㄴ: 7_8	정해1ㄴ: 7_9	정해1ㄴ: 7_10	정해1ㄴ: 7_11	정해1ㄴ: 7_12	정해1ㄴ: 7_13
而	ㅌ	ㅁ	而	ㅂ	ㅂ	而	ㅍ	ㅅ	而	ㅈ	ㅈ	而
정해1ㄴ: 8_1	정해1ㄴ: 8_2	정해1ㄴ: 8_3	정해1ㄴ: 8_4	정해1ㄴ: 8_5	정해1ㄴ: 8_6	정해1ㄴ: 8_7	정해1ㄴ: 8_8	정해1ㄴ: 8_9	정해1ㄴ: 8_10	정해1ㄴ: 8_11	정해1ㄴ: 8_12	정해1ㄴ: 8_13

ㅊ	ㅇ	而	ㆆ	ㆆ	而	ㅎ	其	因	聲	加	畫	之
정해2ㄱ: 1_1	정해2ㄱ: 1_2	정해2ㄱ: 1_3	정해2ㄱ: 1_4	정해2ㄱ: 1_5	정해2ㄱ: 1_6	정해2ㄱ: 1_7	정해2ㄱ: 1_8	정해2ㄱ: 1_9	정해2ㄱ: 1_10	정해2ㄱ: 1_11	정해2ㄱ: 1_12	정해2ㄱ: 1_13
義	皆	同	而	唯	ㆁ	爲	異	半	舌	音	ㄹ	半
정해2ㄱ: 2_1	정해2ㄱ: 2_2	정해2ㄱ: 2_3	정해2ㄱ: 2_4	정해2ㄱ: 2_5	정해2ㄱ: 2_6	정해2ㄱ: 2_7	정해2ㄱ: 2_8	정해2ㄱ: 2_9	정해2ㄱ: 2_10	정해2ㄱ: 2_11	정해2ㄱ: 2_12	정해2ㄱ: 2_13
齒	音	ㅿ	亦	象	舌	齒	之	形	而	異	其	體
정해2ㄱ: 3_1	정해2ㄱ: 3_2	정해2ㄱ: 3_3	정해2ㄱ: 3_4	정해2ㄱ: 3_5	정해2ㄱ: 3_6	정해2ㄱ: 3_7	정해2ㄱ: 3_8	정해2ㄱ: 3_9	정해2ㄱ: 3_10	정해2ㄱ: 3_11	정해2ㄱ: 3_12	정해2ㄱ: 3_13
無	加	畫	之	義	焉	夫	人	之	有	聲	本	於
정해2ㄱ: 4_1	정해2ㄱ: 4_2	정해2ㄱ: 4_3	정해2ㄱ: 4_4	정해2ㄱ: 4_5	정해2ㄱ: 4_6	정해2ㄱ: 4_7	정해2ㄱ: 4_8	정해2ㄱ: 4_9	정해2ㄱ: 4_10	정해2ㄱ: 4_11	정해2ㄱ: 4_12	정해2ㄱ: 4_13
五	行	故	合	諸	四	時	而	不	悖	叶	之	五
정해2ㄱ: 5_1	정해2ㄱ: 5_2	정해2ㄱ: 5_3	정해2ㄱ: 5_4	정해2ㄱ: 5_5	정해2ㄱ: 5_6	정해2ㄱ: 5_7	정해2ㄱ: 5_8	정해2ㄱ: 5_9	정해2ㄱ: 5_10	정해2ㄱ: 5_11	정해2ㄱ: 5_12	정해2ㄱ: 5_13
音	而	不	戾	喉	邃	而	潤	水	也	聲	虛	而
정해2ㄱ: 6_1	정해2ㄱ: 6_2	정해2ㄱ: 6_3	정해2ㄱ: 6_4	정해2ㄱ: 6_5	정해2ㄱ: 6_6	정해2ㄱ: 6_7	정해2ㄱ: 6_8	정해2ㄱ: 6_9	정해2ㄱ: 6_10	정해2ㄱ: 6_11	정해2ㄱ: 6_12	정해2ㄱ: 6_13
通	如	水	之	虛	明	而	流	通	也	於	時	爲
정해2ㄱ: 7_1	정해2ㄱ: 7_2	정해2ㄱ: 7_3	정해2ㄱ: 7_4	정해2ㄱ: 7_5	정해2ㄱ: 7_6	정해2ㄱ: 7_7	정해2ㄱ: 7_8	정해2ㄱ: 7_9	정해2ㄱ: 7_10	정해2ㄱ: 7_11	정해2ㄱ: 7_12	정해2ㄱ: 7_13
冬	於	音	爲	羽	牙	錯	而	長	木	也	聲	似
정해2ㄱ: 8_1	정해2ㄱ: 8_2	정해2ㄱ: 8_3	정해2ㄱ: 8_4	정해2ㄱ: 8_5	정해2ㄱ: 8_6	정해2ㄱ: 8_7	정해2ㄱ: 8_8	정해2ㄱ: 8_9	정해2ㄱ: 8_10	정해2ㄱ: 8_11	정해2ㄱ: 8_12	정해2ㄱ: 8_13

喉	而	實	如	木	之	生	於	水	而	有	形	也
정해2ㄴ: 1_1	정해2ㄴ: 1_2	정해2ㄴ: 1_3	정해2ㄴ: 1_4	정해2ㄴ: 1_5	정해2ㄴ: 1_6	정해2ㄴ: 1_7	정해2ㄴ: 1_8	정해2ㄴ: 1_9	정해2ㄴ: 1_10	정해2ㄴ: 1_11	정해2ㄴ: 1_12	정해2ㄴ: 1_13
於	時	爲	春	於	音	爲	角	舌	銳	而	動	火
정해2ㄴ: 2_1	정해2ㄴ: 2_2	정해2ㄴ: 2_3	정해2ㄴ: 2_4	정해2ㄴ: 2_5	정해2ㄴ: 2_6	정해2ㄴ: 2_7	정해2ㄴ: 2_8	정해2ㄴ: 2_9	정해2ㄴ: 2_10	정해2ㄴ: 2_11	정해2ㄴ: 2_12	정해2ㄴ: 2_13
也	聲	轉	而	颺	如	火	之	轉	展	而	揚	揚
정해2ㄴ: 3_1	정해2ㄴ: 3_2	정해2ㄴ: 3_3	정해2ㄴ: 3_4	정해2ㄴ: 3_5	정해2ㄴ: 3_6	정해2ㄴ: 3_7	정해2ㄴ: 3_8	정해2ㄴ: 3_9	정해2ㄴ: 3_10	정해2ㄴ: 3_11	정해2ㄴ: 3_12	정해2ㄴ: 3_13
也	於	時	爲	夏	於	音	爲	徵	齒	剛	而	斷
정해2ㄴ: 4_1	정해2ㄴ: 4_2	정해2ㄴ: 4_3	정해2ㄴ: 4_4	정해2ㄴ: 4_5	정해2ㄴ: 4_6	정해2ㄴ: 4_7	정해2ㄴ: 4_8	정해2ㄴ: 4_9	정해2ㄴ: 4_10	정해2ㄴ: 4_11	정해2ㄴ: 4_12	정해2ㄴ: 4_13
金	也	聲	屑	而	滯	如	金	之	屑	瑣	而	鍛
정해2ㄴ: 5_1	정해2ㄴ: 5_2	정해2ㄴ: 5_3	정해2ㄴ: 5_4	정해2ㄴ: 5_5	정해2ㄴ: 5_6	정해2ㄴ: 5_7	정해2ㄴ: 5_8	정해2ㄴ: 5_9	정해2ㄴ: 5_10	정해2ㄴ: 5_11	정해2ㄴ: 5_12	정해2ㄴ: 5_13
成	也	於	時	爲	秋	於	音	爲	商	脣	方	而
정해2ㄴ: 6_1	정해2ㄴ: 6_2	정해2ㄴ: 6_3	정해2ㄴ: 6_4	정해2ㄴ: 6_5	정해2ㄴ: 6_6	정해2ㄴ: 6_7	정해2ㄴ: 6_8	정해2ㄴ: 6_9	정해2ㄴ: 6_10	정해2ㄴ: 6_11	정해2ㄴ: 6_12	정해2ㄴ: 6_13
合	土	也	聲	含	而	廣	如	土	之	含	蓄	萬
정해2ㄴ: 7_1	정해2ㄴ: 7_2	정해2ㄴ: 7_3	정해2ㄴ: 7_4	정해2ㄴ: 7_5	정해2ㄴ: 7_6	정해2ㄴ: 7_7	정해2ㄴ: 7_8	정해2ㄴ: 7_9	정해2ㄴ: 7_10	정해2ㄴ: 7_11	정해2ㄴ: 7_12	정해2ㄴ: 7_13
物	而	廣	大	也	於	時	爲	季	夏	於	音	爲
정해2ㄴ: 8_1	정해2ㄴ: 8_2	정해2ㄴ: 8_3	정해2ㄴ: 8_4	정해2ㄴ: 8_5	정해2ㄴ: 8_6	정해2ㄴ: 8_7	정해2ㄴ: 8_8	정해2ㄴ: 8_9	정해2ㄴ: 8_10	정해2ㄴ: 8_11	정해2ㄴ: 8_12	정해2ㄴ: 8_13

宮	然	水	乃	生	物	之	源	火	乃	成	物	之
정해3ㄱ: 1_1	정해3ㄱ: 1_2	정해3ㄱ: 1_3	정해3ㄱ: 1_4	정해3ㄱ: 1_5	정해3ㄱ: 1_6	정해3ㄱ: 1_7	정해3ㄱ: 1_8	정해3ㄱ: 1_9	정해3ㄱ: 1_10	정해3ㄱ: 1_11	정해3ㄱ: 1_12	정해3ㄱ: 1_13
用	故	五	行	之	中	水	火	爲	大	喉	乃	出
정해3ㄱ: 2_1	정해3ㄱ: 2_2	정해3ㄱ: 2_3	정해3ㄱ: 2_4	정해3ㄱ: 2_5	정해3ㄱ: 2_6	정해3ㄱ: 2_7	정해3ㄱ: 2_8	정해3ㄱ: 2_9	정해3ㄱ: 2_10	정해3ㄱ: 2_11	정해3ㄱ: 2_12	정해3ㄱ: 2_13
聲	之	門	舌	乃	辨	聲	之	管	故	五	音	之
정해3ㄱ: 3_1	정해3ㄱ: 3_2	정해3ㄱ: 3_3	정해3ㄱ: 3_4	정해3ㄱ: 3_5	정해3ㄱ: 3_6	정해3ㄱ: 3_7	정해3ㄱ: 3_8	정해3ㄱ: 3_9	정해3ㄱ: 3_10	정해3ㄱ: 3_11	정해3ㄱ: 3_12	정해3ㄱ: 3_13
中	喉	舌	爲	主	也	喉	居	後	而	牙	次	之
정해3ㄱ: 4_1	정해3ㄱ: 4_2	정해3ㄱ: 4_3	정해3ㄱ: 4_4	정해3ㄱ: 4_5	정해3ㄱ: 4_6	정해3ㄱ: 4_7	정해3ㄱ: 4_8	정해3ㄱ: 4_9	정해3ㄱ: 4_10	정해3ㄱ: 4_11	정해3ㄱ: 4_12	정해3ㄱ: 4_13
北	東	之	位	也	舌	齒	又	次	之	南	西	之
정해3ㄱ: 5_1	정해3ㄱ: 5_2	정해3ㄱ: 5_3	정해3ㄱ: 5_4	정해3ㄱ: 5_5	정해3ㄱ: 5_6	정해3ㄱ: 5_7	정해3ㄱ: 5_8	정해3ㄱ: 5_9	정해3ㄱ: 5_10	정해3ㄱ: 5_11	정해3ㄱ: 5_12	정해3ㄱ: 5_13
位	也	脣	居	末	土	無	定	位	而	寄	旺	四
정해3ㄱ: 6_1	정해3ㄱ: 6_2	정해3ㄱ: 6_3	정해3ㄱ: 6_4	정해3ㄱ: 6_5	정해3ㄱ: 6_6	정해3ㄱ: 6_7	정해3ㄱ: 6_8	정해3ㄱ: 6_9	정해3ㄱ: 6_10	정해3ㄱ: 6_11	정해3ㄱ: 6_12	정해3ㄱ: 6_13
季	之	義	也	是	則	初	聲	之	中	自	有	陰
정해3ㄱ: 7_1	정해3ㄱ: 7_2	정해3ㄱ: 7_3	정해3ㄱ: 7_4	정해3ㄱ: 7_5	정해3ㄱ: 7_6	정해3ㄱ: 7_7	정해3ㄱ: 7_8	정해3ㄱ: 7_9	정해3ㄱ: 7_10	정해3ㄱ: 7_11	정해3ㄱ: 7_12	정해3ㄱ: 7_13
陽	五	行	方	位	之	數	也	又	以	聲	音	淸
정해3ㄱ: 8_1	정해3ㄱ: 8_2	정해3ㄱ: 8_3	정해3ㄱ: 8_4	정해3ㄱ: 8_5	정해3ㄱ: 8_6	정해3ㄱ: 8_7	정해3ㄱ: 8_8	정해3ㄱ: 8_9	정해3ㄱ: 8_10	정해3ㄱ: 8_11	정해3ㄱ: 8_12	정해3ㄱ: 8_13

濁	而	言	之	ㄱ	ㄷ	ㅂ	ㅈ	ㅅ	ㆆ	爲	全	淸
정해3ㄴ: 1_1	정해3ㄴ: 1_2	정해3ㄴ: 1_3	정해3ㄴ: 1_4	정해3ㄴ: 1_5	정해3ㄴ: 1_6	정해3ㄴ: 1_7	정해3ㄴ: 1_8	정해3ㄴ: 1_9	정해3ㄴ: 1_10	정해3ㄴ: 1_11	정해3ㄴ: 1_12	정해3ㄴ: 1_13
ㅋ	ㅌ	ㅍ	ㅊ	ㅎ	爲	次	淸	ㄲ	ㄸ	ㅃ	ㅉ	ㅆ
정해3ㄴ: 2_1	정해3ㄴ: 2_2	정해3ㄴ: 2_3	정해3ㄴ: 2_4	정해3ㄴ: 2_5	정해3ㄴ: 2_6	정해3ㄴ: 2_7	정해3ㄴ: 2_8	정해3ㄴ: 2_9	정해3ㄴ: 2_10	정해3ㄴ: 2_11	정해3ㄴ: 2_12	정해3ㄴ: 2_13
ㆅ	爲	全	濁	ㆁ	ㄴ	ㅁ	ㅇ	ㄹ	ㅿ	爲	不	淸
정해3ㄴ: 3_1	정해3ㄴ: 3_2	정해3ㄴ: 3_3	정해3ㄴ: 3_4	정해3ㄴ: 3_5	정해3ㄴ: 3_6	정해3ㄴ: 3_7	정해3ㄴ: 3_8	정해3ㄴ: 3_9	정해3ㄴ: 3_10	정해3ㄴ: 3_11	정해3ㄴ: 3_12	정해3ㄴ: 3_13
不	濁	ㄴ	ㅁ	ㅇ	其	聲	最	不	厲	故	次	序
정해3ㄴ: 4_1	정해3ㄴ: 4_2	정해3ㄴ: 4_3	정해3ㄴ: 4_4	정해3ㄴ: 4_5	정해3ㄴ: 4_6	정해3ㄴ: 4_7	정해3ㄴ: 4_8	정해3ㄴ: 4_9	정해3ㄴ: 4_10	정해3ㄴ: 4_11	정해3ㄴ: 4_12	정해3ㄴ: 4_13
雖	在	於	後	而	象	形	制	字	則	爲	之	始
정해3ㄴ: 5_1	정해3ㄴ: 5_2	정해3ㄴ: 5_3	정해3ㄴ: 5_4	정해3ㄴ: 5_5	정해3ㄴ: 5_6	정해3ㄴ: 5_7	정해3ㄴ: 5_8	정해3ㄴ: 5_9	정해3ㄴ: 5_10	정해3ㄴ: 5_11	정해3ㄴ: 5_12	정해3ㄴ: 5_13
ㅅ	ㅈ	雖	皆	爲	全	淸	而	ㅅ	比	ㅈ	聲	不
정해3ㄴ: 6_1	정해3ㄴ: 6_2	정해3ㄴ: 6_3	정해3ㄴ: 6_4	정해3ㄴ: 6_5	정해3ㄴ: 6_6	정해3ㄴ: 6_7	정해3ㄴ: 6_8	정해3ㄴ: 6_9	정해3ㄴ: 6_10	정해3ㄴ: 6_11	정해3ㄴ: 6_12	정해3ㄴ: 6_13
厲	故	亦	爲	制	字	之	始	唯	牙	之	ㆁ	雖
정해3ㄴ: 7_1	정해3ㄴ: 7_2	정해3ㄴ: 7_3	정해3ㄴ: 7_4	정해3ㄴ: 7_5	정해3ㄴ: 7_6	정해3ㄴ: 7_7	정해3ㄴ: 7_8	정해3ㄴ: 7_9	정해3ㄴ: 7_10	정해3ㄴ: 7_11	정해3ㄴ: 7_12	정해3ㄴ: 7_13
舌	根	閉	喉	聲	氣	出	鼻	而	其	聲	與	ㅇ
정해3ㄴ: 8_1	정해3ㄴ: 8_2	정해3ㄴ: 8_3	정해3ㄴ: 8_4	정해3ㄴ: 8_5	정해3ㄴ: 8_6	정해3ㄴ: 8_7	정해3ㄴ: 8_8	정해3ㄴ: 8_9	정해3ㄴ: 8_10	정해3ㄴ: 8_11	정해3ㄴ: 8_12	정해3ㄴ: 8_13

相	似	故	韻	書	疑	與	喻	多	相	混	用	今
정해4ㄱ: 1_1	정해4ㄱ: 1_2	정해4ㄱ: 1_3	정해4ㄱ: 1_4	정해4ㄱ: 1_5	정해4ㄱ: 1_6	정해4ㄱ: 1_7	정해4ㄱ: 1_8	정해4ㄱ: 1_9	정해4ㄱ: 1_10	정해4ㄱ: 1_11	정해4ㄱ: 1_12	정해4ㄱ: 1_13
亦	取	象	於	喉	而	不	爲	牙	音	制	字	之
정해4ㄱ: 2_1	정해4ㄱ: 2_2	정해4ㄱ: 2_3	정해4ㄱ: 2_4	정해4ㄱ: 2_5	정해4ㄱ: 2_6	정해4ㄱ: 2_7	정해4ㄱ: 2_8	정해4ㄱ: 2_9	정해4ㄱ: 2_10	정해4ㄱ: 2_11	정해4ㄱ: 2_12	정해4ㄱ: 2_13
始	盖	喉	屬	水	而	牙	屬	木	ㆁ	雖	在	牙
정해4ㄱ: 3_1	정해4ㄱ: 3_2	정해4ㄱ: 3_3	정해4ㄱ: 3_4	정해4ㄱ: 3_5	정해4ㄱ: 3_6	정해4ㄱ: 3_7	정해4ㄱ: 3_8	정해4ㄱ: 3_9	정해4ㄱ: 3_10	정해4ㄱ: 3_11	정해4ㄱ: 3_12	정해4ㄱ: 3_13
而	與	ㅇ	相	似	猶	木	之	萌	芽	生	於	水
정해4ㄱ: 4_1	정해4ㄱ: 4_2	정해4ㄱ: 4_3	정해4ㄱ: 4_4	정해4ㄱ: 4_5	정해4ㄱ: 4_6	정해4ㄱ: 4_7	정해4ㄱ: 4_8	정해4ㄱ: 4_9	정해4ㄱ: 4_10	정해4ㄱ: 4_11	정해4ㄱ: 4_12	정해4ㄱ: 4_13
而	柔	軟	尙	多	水	氣	也	ㄱ	木	之	成	質
정해4ㄱ: 5_1	정해4ㄱ: 5_2	정해4ㄱ: 5_3	정해4ㄱ: 5_4	정해4ㄱ: 5_5	정해4ㄱ: 5_6	정해4ㄱ: 5_7	정해4ㄱ: 5_8	정해4ㄱ: 5_9	정해4ㄱ: 5_10	정해4ㄱ: 5_11	정해4ㄱ: 5_12	정해4ㄱ: 5_13
ㅋ	木	之	盛	長	ㄲ	木	之	老	壯	故	至	此
정해4ㄱ: 6_1	정해4ㄱ: 6_2	정해4ㄱ: 6_3	정해4ㄱ: 6_4	정해4ㄱ: 6_5	정해4ㄱ: 6_6	정해4ㄱ: 6_7	정해4ㄱ: 6_8	정해4ㄱ: 6_9	정해4ㄱ: 6_10	정해4ㄱ: 6_11	정해4ㄱ: 6_12	정해4ㄱ: 6_13
乃	皆	取	象	於	牙	也	全	淸	並	書	則	爲
정해4ㄱ: 7_1	정해4ㄱ: 7_2	정해4ㄱ: 7_3	정해4ㄱ: 7_4	정해4ㄱ: 7_5	정해4ㄱ: 7_6	정해4ㄱ: 7_7	정해4ㄱ: 7_8	정해4ㄱ: 7_9	정해4ㄱ: 7_10	정해4ㄱ: 7_11	정해4ㄱ: 7_12	정해4ㄱ: 7_13
全	濁	以	其	全	淸	之	聲	凝	則	爲	全	濁
정해4ㄱ: 8_1	정해4ㄱ: 8_2	정해4ㄱ: 8_3	정해4ㄱ: 8_4	정해4ㄱ: 8_5	정해4ㄱ: 8_6	정해4ㄱ: 8_7	정해4ㄱ: 8_8	정해4ㄱ: 8_9	정해4ㄱ: 8_10	정해4ㄱ: 8_11	정해4ㄱ: 8_12	정해4ㄱ: 8_13

也	唯	喉	音	次	清	爲	全	濁	者	盖	以	ㆆ
정해4ㄴ: 1_1	정해4ㄴ: 1_2	정해4ㄴ: 1_3	정해4ㄴ: 1_4	정해4ㄴ: 1_5	정해4ㄴ: 1_6	정해4ㄴ: 1_7	정해4ㄴ: 1_8	정해4ㄴ: 1_9	정해4ㄴ: 1_10	정해4ㄴ: 1_11	정해4ㄴ: 1_12	정해4ㄴ: 1_13
聲	深	不	爲	之	凝	ㅎ	比	ㆆ	聲	淺	故	凝
정해4ㄴ: 2_1	정해4ㄴ: 2_2	정해4ㄴ: 2_3	정해4ㄴ: 2_4	정해4ㄴ: 2_5	정해4ㄴ: 2_6	정해4ㄴ: 2_7	정해4ㄴ: 2_8	정해4ㄴ: 2_9	정해4ㄴ: 2_10	정해4ㄴ: 2_11	정해4ㄴ: 2_12	정해4ㄴ: 2_13
而	爲	全	濁	也	ㅇ	連	書	脣	音	之	下	則
정해4ㄴ: 3_1	정해4ㄴ: 3_2	정해4ㄴ: 3_3	정해4ㄴ: 3_4	정해4ㄴ: 3_5	정해4ㄴ: 3_6	정해4ㄴ: 3_7	정해4ㄴ: 3_8	정해4ㄴ: 3_9	정해4ㄴ: 3_10	정해4ㄴ: 3_11	정해4ㄴ: 3_12	정해4ㄴ: 3_13
爲	脣	輕	音	者	以	輕	音	脣	乍	合	而	喉
정해4ㄴ: 4_1	정해4ㄴ: 4_2	정해4ㄴ: 4_3	정해4ㄴ: 4_4	정해4ㄴ: 4_5	정해4ㄴ: 4_6	정해4ㄴ: 4_7	정해4ㄴ: 4_8	정해4ㄴ: 4_9	정해4ㄴ: 4_10	정해4ㄴ: 4_11	정해4ㄴ: 4_12	정해4ㄴ: 4_13
聲	多	也	中	聲	凡	十	一	字	・	舌	縮	而
정해4ㄴ: 5_1	정해4ㄴ: 5_2	정해4ㄴ: 5_3	정해4ㄴ: 5_4	정해4ㄴ: 5_5	정해4ㄴ: 5_6	정해4ㄴ: 5_7	정해4ㄴ: 5_8	정해4ㄴ: 5_9	정해4ㄴ: 5_10	정해4ㄴ: 5_11	정해4ㄴ: 5_12	정해4ㄴ: 5_13
聲	深	天	開	於	子	也	形	之	圓	象	乎	天
정해4ㄴ: 6_1	정해4ㄴ: 6_2	정해4ㄴ: 6_3	정해4ㄴ: 6_4	정해4ㄴ: 6_5	정해4ㄴ: 6_6	정해4ㄴ: 6_7	정해4ㄴ: 6_8	정해4ㄴ: 6_9	정해4ㄴ: 6_10	정해4ㄴ: 6_11	정해4ㄴ: 6_12	정해4ㄴ: 6_13
也	ㅡ	舌	小	縮	而	聲	不	深	不	淺	地	闢
정해4ㄴ: 7_1	정해4ㄴ: 7_2	정해4ㄴ: 7_3	정해4ㄴ: 7_4	정해4ㄴ: 7_5	정해4ㄴ: 7_6	정해4ㄴ: 7_7	정해4ㄴ: 7_8	정해4ㄴ: 7_9	정해4ㄴ: 7_10	정해4ㄴ: 7_11	정해4ㄴ: 7_12	정해4ㄴ: 7_13
於	丑	也	形	之	平	象	乎	地	也	ㅣ	舌	不
정해4ㄴ: 8_1	정해4ㄴ: 8_2	정해4ㄴ: 8_3	정해4ㄴ: 8_4	정해4ㄴ: 8_5	정해4ㄴ: 8_6	정해4ㄴ: 8_7	정해4ㄴ: 8_8	정해4ㄴ: 8_9	정해4ㄴ: 8_10	정해4ㄴ: 8_11	정해4ㄴ: 8_12	정해4ㄴ: 8_13

縮	而	聲	淺	人	生	於	寅	也	形	之	立	象
정해5ㄱ: 1_1	정해5ㄱ: 1_2	정해5ㄱ: 1_3	정해5ㄱ: 1_4	정해5ㄱ: 1_5	정해5ㄱ: 1_6	정해5ㄱ: 1_7	정해5ㄱ: 1_8	정해5ㄱ: 1_9	정해5ㄱ: 1_10	정해5ㄱ: 1_11	정해5ㄱ: 1_12	정해5ㄱ: 1_13
乎	人	也	此	下	八	聲	一	闔	一	闢	ㅗ	與
정해5ㄱ: 2_1	정해5ㄱ: 2_2	정해5ㄱ: 2_3	정해5ㄱ: 2_4	정해5ㄱ: 2_5	정해5ㄱ: 2_6	정해5ㄱ: 2_7	정해5ㄱ: 2_8	정해5ㄱ: 2_9	정해5ㄱ: 2_10	정해5ㄱ: 2_11	정해5ㄱ: 2_12	정해5ㄱ: 2_13
ㆍ	同	而	口	蹙	其	形	則	ㆍ	與	ㅡ	合	而
정해5ㄱ: 3_1	정해5ㄱ: 3_2	정해5ㄱ: 3_3	정해5ㄱ: 3_4	정해5ㄱ: 3_5	정해5ㄱ: 3_6	정해5ㄱ: 3_7	정해5ㄱ: 3_8	정해5ㄱ: 3_9	정해5ㄱ: 3_10	정해5ㄱ: 3_11	정해5ㄱ: 3_12	정해5ㄱ: 3_13
成	取	天	地	初	交	之	義	也	ㅏ	與	ㆍ	同
정해5ㄱ: 4_1	정해5ㄱ: 4_2	정해5ㄱ: 4_3	정해5ㄱ: 4_4	정해5ㄱ: 4_5	정해5ㄱ: 4_6	정해5ㄱ: 4_7	정해5ㄱ: 4_8	정해5ㄱ: 4_9	정해5ㄱ: 4_10	정해5ㄱ: 4_11	정해5ㄱ: 4_12	정해5ㄱ: 4_13
而	口	張	其	形	則	ㅣ	與	ㆍ	合	而	成	取
정해5ㄱ: 5_1	정해5ㄱ: 5_2	정해5ㄱ: 5_3	정해5ㄱ: 5_4	정해5ㄱ: 5_5	정해5ㄱ: 5_6	정해5ㄱ: 5_7	정해5ㄱ: 5_8	정해5ㄱ: 5_9	정해5ㄱ: 5_10	정해5ㄱ: 5_11	정해5ㄱ: 5_12	정해5ㄱ: 5_13
天	地	之	用	發	於	事	物	待	人	而	成	也
정해5ㄱ: 6_1	정해5ㄱ: 6_2	정해5ㄱ: 6_3	정해5ㄱ: 6_4	정해5ㄱ: 6_5	정해5ㄱ: 6_6	정해5ㄱ: 6_7	정해5ㄱ: 6_8	정해5ㄱ: 6_9	정해5ㄱ: 6_10	정해5ㄱ: 6_11	정해5ㄱ: 6_12	정해5ㄱ: 6_13
ㅜ	與	ㅡ	同	而	口	蹙	其	形	則	ㅡ	與	ㆍ
정해5ㄱ: 7_1	정해5ㄱ: 7_2	정해5ㄱ: 7_3	정해5ㄱ: 7_4	정해5ㄱ: 7_5	정해5ㄱ: 7_6	정해5ㄱ: 7_7	정해5ㄱ: 7_8	정해5ㄱ: 7_9	정해5ㄱ: 7_10	정해5ㄱ: 7_11	정해5ㄱ: 7_12	정해5ㄱ: 7_13
合	而	成	亦	取	天	地	初	交	之	義	也	ㅓ
정해5ㄱ: 8_1	정해5ㄱ: 8_2	정해5ㄱ: 8_3	정해5ㄱ: 8_4	정해5ㄱ: 8_5	정해5ㄱ: 8_6	정해5ㄱ: 8_7	정해5ㄱ: 8_8	정해5ㄱ: 8_9	정해5ㄱ: 8_10	정해5ㄱ: 8_11	정해5ㄱ: 8_12	정해5ㄱ: 8_13

與	一	同	而	口	張	其	形	則	·	與	ㅣ	合
정해5ㄴ: 1_1	정해5ㄴ: 1_2	정해5ㄴ: 1_3	정해5ㄴ: 1_4	정해5ㄴ: 1_5	정해5ㄴ: 1_6	정해5ㄴ: 1_7	정해5ㄴ: 1_8	정해5ㄴ: 1_9	정해5ㄴ: 1_10	정해5ㄴ: 1_11	정해5ㄴ: 1_12	정해5ㄴ: 1_13
而	成	亦	取	天	地	之	用	發	於	事	物	待
정해5ㄴ: 2_1	정해5ㄴ: 2_2	정해5ㄴ: 2_3	정해5ㄴ: 2_4	정해5ㄴ: 2_5	정해5ㄴ: 2_6	정해5ㄴ: 2_7	정해5ㄴ: 2_8	정해5ㄴ: 2_9	정해5ㄴ: 2_10	정해5ㄴ: 2_11	정해5ㄴ: 2_12	정해5ㄴ: 2_13
入	而	成	也	ㅛ	與	ㅗ	同	而	起	於	ㅣ	ㅑ
정해5ㄴ: 3_1	정해5ㄴ: 3_2	정해5ㄴ: 3_3	정해5ㄴ: 3_4	정해5ㄴ: 3_5	정해5ㄴ: 3_6	정해5ㄴ: 3_7	정해5ㄴ: 3_8	정해5ㄴ: 3_9	정해5ㄴ: 3_10	정해5ㄴ: 3_11	정해5ㄴ: 3_12	정해5ㄴ: 3_13
與	ㅏ	同	而	起	於	ㅣ	ㅠ	與	ㅜ	同	而	起
정해5ㄴ: 4_1	정해5ㄴ: 4_2	정해5ㄴ: 4_3	정해5ㄴ: 4_4	정해5ㄴ: 4_5	정해5ㄴ: 4_6	정해5ㄴ: 4_7	정해5ㄴ: 4_8	정해5ㄴ: 4_9	정해5ㄴ: 4_10	정해5ㄴ: 4_11	정해5ㄴ: 4_12	정해5ㄴ: 4_3
於	ㅣ	ㅕ	與	ㅓ	同	而	起	於	ㅣ	ㅗ	ㅏ	ㅜ
정해5ㄴ: 5_1	정해5ㄴ: 5_2	정해5ㄴ: 5_3	정해5ㄴ: 5_4	정해5ㄴ: 5_5	정해5ㄴ: 5_6	정해5ㄴ: 5_7	정해5ㄴ: 5_8	정해5ㄴ: 5_9	정해5ㄴ: 5_10	정해5ㄴ: 5_11	정해5ㄴ: 5_12	정해5ㄴ: 5_13
ㅓ	始	於	天	地	爲	初	出	也	ㅛ	ㅑ	ㅠ	ㅕ
정해5ㄴ: 6_1	정해5ㄴ: 6_2	정해5ㄴ: 6_3	정해5ㄴ: 6_4	정해5ㄴ: 6_5	정해5ㄴ: 6_6	정해5ㄴ: 6_7	정해5ㄴ: 6_8	정해5ㄴ: 6_9	정해5ㄴ: 6_10	정해5ㄴ: 6_11	정해5ㄴ: 6_12	정해5ㄴ: 6_13
起	於	ㅣ	而	兼	乎	人	爲	再	出	也	ㅗ	ㅏ
정해5ㄴ: 7_1	정해5ㄴ: 7_2	정해5ㄴ: 7_3	정해5ㄴ: 7_4	정해5ㄴ: 7_5	정해5ㄴ: 7_6	정해5ㄴ: 7_7	정해5ㄴ: 7_8	정해5ㄴ: 7_9	정해5ㄴ: 7_10	정해5ㄴ: 7_11	정해5ㄴ: 7_12	정해5ㄴ: 7_13
ㅜ	ㅓ	之	一	其	圓	者	取	其	初	生	之	義
정해5ㄴ: 8_1	정해5ㄴ: 8_2	정해5ㄴ: 8_3	정해5ㄴ: 8_4	정해5ㄴ: 8_5	정해5ㄴ: 8_6	정해5ㄴ: 8_7	정해5ㄴ: 8_8	정해5ㄴ: 8_9	정해5ㄴ: 8_10	정해5ㄴ: 8_11	정해5ㄴ: 8_12	정해5ㄴ: 8_13

也	ㅛ	ㅑ	ㅠ	ㅕ	之	二	其	圓	者	取	其	再
정해6ㄱ:1_1	정해6ㄱ:1_2	정해6ㄱ:1_3	정해6ㄱ:1_4	정해6ㄱ:1_5	정해6ㄱ:1_6	정해6ㄱ:1_7	정해6ㄱ:1_8	정해6ㄱ:1_9	정해6ㄱ:1_10	정해6ㄱ:1_11	정해6ㄱ:1_12	정해6ㄱ:1_13
生	之	義	也	ㅗ	ㅏ	ㅛ	ㅑ	之	圓	居	上	與
정해6ㄱ:2_1	정해6ㄱ:2_2	정해6ㄱ:2_3	정해6ㄱ:2_4	정해6ㄱ:2_5	정해6ㄱ:2_6	정해6ㄱ:2_7	정해6ㄱ:2_8	정해6ㄱ:2_9	정해6ㄱ:2_10	정해6ㄱ:2_11	정해6ㄱ:2_12	정해6ㄱ:2_13
外	者	以	其	出	於	天	而	為	陽	也	ㅜ	ㅓ
정해6ㄱ:3_1	정해6ㄱ:3_2	정해6ㄱ:3_3	정해6ㄱ:3_4	정해6ㄱ:3_5	정해6ㄱ:3_6	정해6ㄱ:3_7	정해6ㄱ:3_8	정해6ㄱ:3_9	정해6ㄱ:3_10	정해6ㄱ:3_11	정해6ㄱ:3_12	정해6ㄱ:3_13
ㅠ	ㅕ	之	圓	居	下	與	內	者	以	其	出	於
정해6ㄱ:4_1	정해6ㄱ:4_2	정해6ㄱ:4_3	정해6ㄱ:4_4	정해6ㄱ:4_5	정해6ㄱ:4_6	정해6ㄱ:4_7	정해6ㄱ:4_8	정해6ㄱ:4_9	정해6ㄱ:4_10	정해6ㄱ:4_11	정해6ㄱ:4_12	정해6ㄱ:4_13
地	而	為	陰	也	ㆍ	之	貫	於	八	聲	者	猶
정해6ㄱ:5_1	정해6ㄱ:5_2	정해6ㄱ:5_3	정해6ㄱ:5_4	정해6ㄱ:5_5	정해6ㄱ:5_6	정해6ㄱ:5_7	정해6ㄱ:5_8	정해6ㄱ:5_9	정해6ㄱ:5_10	정해6ㄱ:5_11	정해6ㄱ:5_12	정해6ㄱ:5_13
陽	之	統	陰	而	周	流	萬	物	也	ㅛ	ㅑ	ㅠ
정해6ㄱ:6_1	정해6ㄱ:6_2	정해6ㄱ:6_3	정해6ㄱ:6_4	정해6ㄱ:6_5	정해6ㄱ:6_6	정해6ㄱ:6_7	정해6ㄱ:6_8	정해6ㄱ:6_9	정해6ㄱ:6_10	정해6ㄱ:6_11	정해6ㄱ:6_12	정해6ㄱ:6_13
ㅕ	之	皆	兼	乎	人	者	以	人	為	萬	物	之
정해6ㄱ:7_1	정해6ㄱ:7_2	정해6ㄱ:7_3	정해6ㄱ:7_4	정해6ㄱ:7_5	정해6ㄱ:7_6	정해6ㄱ:7_7	정해6ㄱ:7_8	정해6ㄱ:7_9	정해6ㄱ:7_10	정해6ㄱ:7_11	정해6ㄱ:7_12	정해6ㄱ:7_13
靈	而	能	參	兩	儀	也	取	象	於	天	地	人
정해6ㄱ:8_1	정해6ㄱ:8_2	정해6ㄱ:8_3	정해6ㄱ:8_4	정해6ㄱ:8_5	정해6ㄱ:8_6	정해6ㄱ:8_7	정해6ㄱ:8_8	정해6ㄱ:8_9	정해6ㄱ:8_10	정해6ㄱ:8_11	정해6ㄱ:8_12	정해6ㄱ:8_13

而	三	才	之	道	備	矣	然	三	才	為	萬	物
정해6ㄴ: 1_1	정해6ㄴ: 1_2	정해6ㄴ: 1_3	정해6ㄴ: 1_4	정해6ㄴ: 1_5	정해6ㄴ: 1_6	정해6ㄴ: 1_7	정해6ㄴ: 1_8	정해6ㄴ: 1_9	정해6ㄴ: 1_10	정해6ㄴ: 1_11	정해6ㄴ: 1_12	정해6ㄴ: 1_13
之	先	而	天	又	為	三	才	之	始	猶	ㆍ	ㅡ
정해6ㄴ: 2_1	정해6ㄴ: 2_2	정해6ㄴ: 2_3	정해6ㄴ: 2_4	정해6ㄴ: 2_5	정해6ㄴ: 2_6	정해6ㄴ: 2_7	정해6ㄴ: 2_8	정해6ㄴ: 2_9	정해6ㄴ: 2_10	정해6ㄴ: 2_11	정해6ㄴ: 2_12	정해6ㄴ: 2_13
ㅣ	三	字	為	八	聲	之	首	而	ㆍ	又	為	三
정해6ㄴ: 3_1	정해6ㄴ: 3_2	정해6ㄴ: 3_3	정해6ㄴ: 3_4	정해6ㄴ: 3_5	정해6ㄴ: 3_6	정해6ㄴ: 3_7	정해6ㄴ: 3_8	정해6ㄴ: 3_9	정해6ㄴ: 3_10	정해6ㄴ: 3_11	정해6ㄴ: 3_12	정해6ㄴ: 3_13
字	之	冠	也	ㅗ	初	生	於	天	天	一	生	水
정해6ㄴ: 4_1	정해6ㄴ: 4_2	정해6ㄴ: 4_3	정해6ㄴ: 4_4	정해6ㄴ: 4_5	정해6ㄴ: 4_6	정해6ㄴ: 4_7	정해6ㄴ: 4_8	정해6ㄴ: 4_9	정해6ㄴ: 4_10	정해6ㄴ: 4_11	정해6ㄴ: 4_12	정해6ㄴ: 4_13
之	位	也	ㅏ	次	之	天	三	生	木	之	位	也
정해6ㄴ: 5_1	정해6ㄴ: 5_2	정해6ㄴ: 5_3	정해6ㄴ: 5_4	정해6ㄴ: 5_5	정해6ㄴ: 5_6	정해6ㄴ: 5_7	정해6ㄴ: 5_8	정해6ㄴ: 5_9	정해6ㄴ: 5_10	정해6ㄴ: 5_11	정해6ㄴ: 5_12	정해6ㄴ: 5_13
ㅜ	初	生	於	地	地	二	生	火	之	位	也	ㅓ
정해6ㄴ: 6_1	정해6ㄴ: 6_2	정해6ㄴ: 6_3	정해6ㄴ: 6_4	정해6ㄴ: 6_5	정해6ㄴ: 6_6	정해6ㄴ: 6_7	정해6ㄴ: 6_8	정해6ㄴ: 6_9	정해6ㄴ: 6_10	정해6ㄴ: 6_11	정해6ㄴ: 6_12	정해6ㄴ: 6_13
次	之	地	四	生	金	之	位	也	ㅛ	再	生	於
정해6ㄴ: 7_1	정해6ㄴ: 7_2	정해6ㄴ: 7_3	정해6ㄴ: 7_4	정해6ㄴ: 7_5	정해6ㄴ: 7_6	정해6ㄴ: 7_7	정해6ㄴ: 7_8	정해6ㄴ: 7_9	정해6ㄴ: 7_10	정해6ㄴ: 7_11	정해6ㄴ: 7_12	정해6ㄴ: 7_13
天	天	七	成	火	之	數	也	ㅑ	次	之	天	九
정해6ㄴ: 8_1	정해6ㄴ: 8_2	정해6ㄴ: 8_3	정해6ㄴ: 8_4	정해6ㄴ: 8_5	정해6ㄴ: 8_6	정해6ㄴ: 8_7	정해6ㄴ: 8_8	정해6ㄴ: 8_9	정해6ㄴ: 8_10	정해6ㄴ: 8_11	정해6ㄴ: 8_12	정해6ㄴ: 8_13

成	金	之	數	也	ㅠ	再	生	於	地	地	六	成
정해7ㄱ: 1_1	정해7ㄱ: 1_2	정해7ㄱ: 1_3	정해7ㄱ: 1_4	정해7ㄱ: 1_5	정해7ㄱ: 1_6	정해7ㄱ: 1_7	정해7ㄱ: 1_8	정해7ㄱ: 1_9	정해7ㄱ: 1_10	정해7ㄱ: 1_11	정해7ㄱ: 1_12	정해7ㄱ: 1_13
水	之	數	也	ㅕ	次	之	地	八	成	木	之	數
정해7ㄱ: 2_1	정해7ㄱ: 2_2	정해7ㄱ: 2_3	정해7ㄱ: 2_4	정해7ㄱ: 2_5	정해7ㄱ: 2_6	정해7ㄱ: 2_7	정해7ㄱ: 2_8	정해7ㄱ: 2_9	정해7ㄱ: 2_10	정해7ㄱ: 2_11	정해7ㄱ: 2_12	정해7ㄱ: 2_13
也	水	火	未	離	乎	氣	陰	陽	交	合	之	初
정해7ㄱ: 3_1	정해7ㄱ: 3_2	정해7ㄱ: 3_3	정해7ㄱ: 3_4	정해7ㄱ: 3_5	정해7ㄱ: 3_6	정해7ㄱ: 3_7	정해7ㄱ: 3_8	정해7ㄱ: 3_9	정해7ㄱ: 3_10	정해7ㄱ: 3_11	정해7ㄱ: 3_12	정해7ㄱ: 3_13
故	闔	木	金	陰	陽	之	定	質	故	闢	·	天
정해7ㄱ: 4_1	정해7ㄱ: 4_2	정해7ㄱ: 4_3	정해7ㄱ: 4_4	정해7ㄱ: 4_5	정해7ㄱ: 4_6	정해7ㄱ: 4_7	정해7ㄱ: 4_8	정해7ㄱ: 4_9	정해7ㄱ: 4_10	정해7ㄱ: 4_11	정해7ㄱ: 4_12	정해7ㄱ: 4_13
五	生	土	之	位	也	ㅡ	地	十	成	土	之	數
정해7ㄱ: 5_1	정해7ㄱ: 5_2	정해7ㄱ: 5_3	정해7ㄱ: 5_4	정해7ㄱ: 5_5	정해7ㄱ: 5_6	정해7ㄱ: 5_7	정해7ㄱ: 5_8	정해7ㄱ: 5_9	정해7ㄱ: 5_10	정해7ㄱ: 5_11	정해7ㄱ: 5_12	정해7ㄱ: 5_13
也	ㅣ	獨	無	位	數	者	蓋	以	人	則	無	極
정해7ㄱ: 6_1	정해7ㄱ: 6_2	정해7ㄱ: 6_3	정해7ㄱ: 6_4	정해7ㄱ: 6_5	정해7ㄱ: 6_6	정해7ㄱ: 6_7	정해7ㄱ: 6_8	정해7ㄱ: 6_9	정해7ㄱ: 6_10	정해7ㄱ: 6_11	정해7ㄱ: 6_12	정해7ㄱ: 6_13
之	眞	二	五	之	精	妙	合	而	凝	固	未	可
정해7ㄱ: 7_1	정해7ㄱ: 7_2	정해7ㄱ: 7_3	정해7ㄱ: 7_4	정해7ㄱ: 7_5	정해7ㄱ: 7_6	정해7ㄱ: 7_7	정해7ㄱ: 7_8	정해7ㄱ: 7_9	정해7ㄱ: 7_10	정해7ㄱ: 7_11	정해7ㄱ: 7_12	정해7ㄱ: 7_13
以	定	位	成	數	論	也	是	則	中	聲	之	中
정해7ㄱ: 8_1	정해7ㄱ: 8_2	정해7ㄱ: 8_3	정해7ㄱ: 8_4	정해7ㄱ: 8_5	정해7ㄱ: 8_6	정해7ㄱ: 8_7	정해7ㄱ: 8_8	정해7ㄱ: 8_9	정해7ㄱ: 8_10	정해7ㄱ: 8_11	정해7ㄱ: 8_12	정해7ㄱ: 8_13

亦	自	有	陰	陽	五	行	方	位	之	數	也	以
정해7ㄴ: 1_1	정해7ㄴ: 1_2	정해7ㄴ: 1_3	정해7ㄴ: 1_4	정해7ㄴ: 1_5	정해7ㄴ: 1_6	정해7ㄴ: 1_7	정해7ㄴ: 1_8	정해7ㄴ: 1_9	정해7ㄴ: 1_10	정해7ㄴ: 1_11	정해7ㄴ: 1_12	정해7ㄴ: 1_13
初	聲	對	中	聲	而	言	之	陰	陽	天	道	也
정해7ㄴ: 2_1	정해7ㄴ: 2_2	정해7ㄴ: 2_3	정해7ㄴ: 2_4	정해7ㄴ: 2_5	정해7ㄴ: 2_6	정해7ㄴ: 2_7	정해7ㄴ: 2_8	정해7ㄴ: 2_9	정해7ㄴ: 2_10	정해7ㄴ: 2_11	정해7ㄴ: 2_12	정해7ㄴ: 2_13
剛	柔	地	道	也	中	聲	者	一	深	一	淺	一
정해7ㄴ: 3_1	정해7ㄴ: 3_2	정해7ㄴ: 3_3	정해7ㄴ: 3_4	정해7ㄴ: 3_5	정해7ㄴ: 3_6	정해7ㄴ: 3_7	정해7ㄴ: 3_8	정해7ㄴ: 3_9	정해7ㄴ: 3_10	정해7ㄴ: 3_11	정해7ㄴ: 3_12	정해7ㄴ: 3_13
闔	一	闢	是	則	陰	陽	分	而	五	行	之	氣
정해7ㄴ: 4_1	정해7ㄴ: 4_2	정해7ㄴ: 4_3	정해7ㄴ: 4_4	정해7ㄴ: 4_5	정해7ㄴ: 4_6	정해7ㄴ: 4_7	정해7ㄴ: 4_8	정해7ㄴ: 4_9	정해7ㄴ: 4_10	정해7ㄴ: 4_11	정해7ㄴ: 4_12	정해7ㄴ: 4_13
具	焉	天	之	用	也	初	聲	者	或	虛	或	實
정해7ㄴ: 5_1	정해7ㄴ: 5_2	정해7ㄴ: 5_3	정해7ㄴ: 5_4	정해7ㄴ: 5_5	정해7ㄴ: 5_6	정해7ㄴ: 5_7	정해7ㄴ: 5_8	정해7ㄴ: 5_9	정해7ㄴ: 5_10	정해7ㄴ: 5_11	정해7ㄴ: 5_12	정해7ㄴ: 5_13
或	颺	或	滯	或	重	若	輕	是	則	剛	柔	著
정해7ㄴ: 6_1	정해7ㄴ: 6_2	정해7ㄴ: 6_3	정해7ㄴ: 6_4	정해7ㄴ: 6_5	정해7ㄴ: 6_6	정해7ㄴ: 6_7	정해7ㄴ: 6_8	정해7ㄴ: 6_9	정해7ㄴ: 6_10	정해7ㄴ: 6_11	정해7ㄴ: 6_12	정해7ㄴ: 6_13
而	五	行	之	質	成	焉	地	之	功	也	中	聲
정해7ㄴ: 7_1	정해7ㄴ: 7_2	정해7ㄴ: 7_3	정해7ㄴ: 7_4	정해7ㄴ: 7_5	정해7ㄴ: 7_6	정해7ㄴ: 7_7	정해7ㄴ: 7_8	정해7ㄴ: 7_9	정해7ㄴ: 7_10	정해7ㄴ: 7_11	정해7ㄴ: 7_12	정해7ㄴ: 7_13
以	深	淺	闔	闢	唱	之	於	前	初	聲	以	五
정해7ㄴ: 8_1	정해7ㄴ: 8_2	정해7ㄴ: 8_3	정해7ㄴ: 8_4	정해7ㄴ: 8_5	정해7ㄴ: 8_6	정해7ㄴ: 8_7	정해7ㄴ: 8_8	정해7ㄴ: 8_9	정해7ㄴ: 8_10	정해7ㄴ: 8_11	정해7ㄴ: 8_12	정해7ㄴ: 8_13

音	清	濁	和	之	於	後	而	爲	初	亦	爲	終
정해8ㄱ: 1_1	정해8ㄱ: 1_2	정해8ㄱ: 1_3	정해8ㄱ: 1_4	정해8ㄱ: 1_5	정해8ㄱ: 1_6	정해8ㄱ: 1_7	정해8ㄱ: 1_8	정해8ㄱ: 1_9	정해8ㄱ: 1_10	정해8ㄱ: 1_11	정해8ㄱ: 1_12	정해8ㄱ: 1_13
亦	可	見	萬	物	初	生	於	地	復	歸	於	地
정해8ㄱ: 2_1	정해8ㄱ: 2_2	정해8ㄱ: 2_3	정해8ㄱ: 2_4	정해8ㄱ: 2_5	정해8ㄱ: 2_6	정해8ㄱ: 2_7	정해8ㄱ: 2_8	정해8ㄱ: 2_9	정해8ㄱ: 2_10	정해8ㄱ: 2_11	정해8ㄱ: 2_12	정해8ㄱ: 2_13
也	以	初	中	終	合	成	之	字	言	之	亦	有
정해8ㄱ: 3_1	정해8ㄱ: 3_2	정해8ㄱ: 3_3	정해8ㄱ: 3_4	정해8ㄱ: 3_5	정해8ㄱ: 3_6	정해8ㄱ: 3_7	정해8ㄱ: 3_8	정해8ㄱ: 3_9	정해8ㄱ: 3_10	정해8ㄱ: 3_11	정해8ㄱ: 3_12	정해8ㄱ: 3_13
動	靜	互	根	陰	陽	交	變	之	義	焉	動	者
정해8ㄱ: 4_1	정해8ㄱ: 4_2	정해8ㄱ: 4_3	정해8ㄱ: 4_4	정해8ㄱ: 4_5	정해8ㄱ: 4_6	정해8ㄱ: 4_7	정해8ㄱ: 4_8	정해8ㄱ: 4_9	정해8ㄱ: 4_10	정해8ㄱ: 4_11	정해8ㄱ: 4_12	정해8ㄱ: 4_13
天	也	靜	者	地	也	兼	乎	動	靜	者	人	也
정해8ㄱ: 5_1	정해8ㄱ: 5_2	정해8ㄱ: 5_3	정해8ㄱ: 5_4	정해8ㄱ: 5_5	정해8ㄱ: 5_6	정해8ㄱ: 5_7	정해8ㄱ: 5_8	정해8ㄱ: 5_9	정해8ㄱ: 5_10	정해8ㄱ: 5_11	정해8ㄱ: 5_12	정해8ㄱ: 5_13
蓋	五	行	在	天	則	神	之	運	也	在	地	則
정해8ㄱ: 6_1	정해8ㄱ: 6_2	정해8ㄱ: 6_3	정해8ㄱ: 6_4	정해8ㄱ: 6_5	정해8ㄱ: 6_6	정해8ㄱ: 6_7	정해8ㄱ: 6_8	정해8ㄱ: 6_9	정해8ㄱ: 6_10	정해8ㄱ: 6_11	정해8ㄱ: 6_12	정해8ㄱ: 6_13
質	之	成	也	在	人	則	仁	禮	信	義	智	神
정해8ㄱ: 7_1	정해8ㄱ: 7_2	정해8ㄱ: 7_3	정해8ㄱ: 7_4	정해8ㄱ: 7_5	정해8ㄱ: 7_6	정해8ㄱ: 7_7	정해8ㄱ: 7_8	정해8ㄱ: 7_9	정해8ㄱ: 7_10	정해8ㄱ: 7_11	정해8ㄱ: 7_12	정해8ㄱ: 7_13
之	運	也	肝	心	脾	肺	腎	質	之	成	也	初
정해8ㄱ: 8_1	정해8ㄱ: 8_2	정해8ㄱ: 8_3	정해8ㄱ: 8_4	정해8ㄱ: 8_5	정해8ㄱ: 8_6	정해8ㄱ: 8_7	정해8ㄱ: 8_8	정해8ㄱ: 8_9	정해8ㄱ: 8_10	정해8ㄱ: 8_11	정해8ㄱ: 8_12	정해8ㄱ: 8_13

聲	有	發	動	之	義	天	之	事	也	終	聲	有
정해8ㄴ: 1_1	정해8ㄴ: 1_2	정해8ㄴ: 1_3	정해8ㄴ: 1_4	정해8ㄴ: 1_5	정해8ㄴ: 1_6	정해8ㄴ: 1_7	정해8ㄴ: 1_8	정해8ㄴ: 1_9	정해8ㄴ: 1_10	정해8ㄴ: 1_11	정해8ㄴ: 1_12	정해8ㄴ: 1_13
止	定	之	義	地	之	事	也	中	聲	承	初	之
정해8ㄴ: 2_1	정해8ㄴ: 2_2	정해8ㄴ: 2_3	정해8ㄴ: 2_4	정해8ㄴ: 2_5	정해8ㄴ: 2_6	정해8ㄴ: 2_7	정해8ㄴ: 2_8	정해8ㄴ: 2_9	정해8ㄴ: 2_10	정해8ㄴ: 2_11	정해8ㄴ: 2_12	정해8ㄴ: 2_13
生	接	終	之	成	人	之	事	也	盖	字	韻	之
정해8ㄴ: 3_1	정해8ㄴ: 3_2	정해8ㄴ: 3_3	정해8ㄴ: 3_4	정해8ㄴ: 3_5	정해8ㄴ: 3_6	정해8ㄴ: 3_7	정해8ㄴ: 3_8	정해8ㄴ: 3_9	정해8ㄴ: 3_10	정해8ㄴ: 3_11	정해8ㄴ: 3_12	정해8ㄴ: 3_13
要	在	於	中	聲	初	終	合	而	成	音	亦	猶
정해8ㄴ: 4_1	정해8ㄴ: 4_2	정해8ㄴ: 4_3	정해8ㄴ: 4_4	정해8ㄴ: 4_5	정해8ㄴ: 4_6	정해8ㄴ: 4_7	정해8ㄴ: 4_8	정해8ㄴ: 4_9	정해8ㄴ: 4_10	정해8ㄴ: 4_11	정해8ㄴ: 4_12	정해8ㄴ: 4_13
天	地	生	成	萬	物	而	其	財	成	輔	相	則
정해8ㄴ: 5_1	정해8ㄴ: 5_2	정해8ㄴ: 5_3	정해8ㄴ: 5_4	정해8ㄴ: 5_5	정해8ㄴ: 5_6	정해8ㄴ: 5_7	정해8ㄴ: 5_8	정해8ㄴ: 5_9	정해8ㄴ: 5_10	정해8ㄴ: 5_11	정해8ㄴ: 5_12	정해8ㄴ: 5_13
必	賴	乎	人	也	終	聲	之	復	用	初	聲	者
정해8ㄴ: 6_1	정해8ㄴ: 6_2	정해8ㄴ: 6_3	정해8ㄴ: 6_4	정해8ㄴ: 6_5	정해8ㄴ: 6_6	정해8ㄴ: 6_7	정해8ㄴ: 6_8	정해8ㄴ: 6_9	정해8ㄴ: 6_10	정해8ㄴ: 6_11	정해8ㄴ: 6_12	정해8ㄴ: 6_13
以	其	動	而	陽	者	乾	也	靜	而	陰	者	亦
정해8ㄴ: 7_1	정해8ㄴ: 7_2	정해8ㄴ: 7_3	정해8ㄴ: 7_4	정해8ㄴ: 7_5	정해8ㄴ: 7_6	정해8ㄴ: 7_7	정해8ㄴ: 7_8	정해8ㄴ: 7_9	정해8ㄴ: 7_10	정해8ㄴ: 7_11	정해8ㄴ: 7_12	정해8ㄴ: 7_13
乾	也	乾	實	分	陰	陽	而	無	不	君	宰	也
정해8ㄴ: 8_1	정해8ㄴ: 8_2	정해8ㄴ: 8_3	정해8ㄴ: 8_4	정해8ㄴ: 8_5	정해8ㄴ: 8_6	정해8ㄴ: 8_7	정해8ㄴ: 8_8	정해8ㄴ: 8_9	정해8ㄴ: 8_10	정해8ㄴ: 8_11	정해8ㄴ: 8_12	정해8ㄴ: 8_13

一	元	之	氣	周	流	不	窮	四	時	之	運	循
정해9ㄱ: 1_1	정해9ㄱ: 1_2	정해9ㄱ: 1_3	정해9ㄱ: 1_4	정해9ㄱ: 1_5	정해9ㄱ: 1_6	정해9ㄱ: 1_7	정해9ㄱ: 1_8	정해9ㄱ: 1_9	정해9ㄱ: 1_10	정해9ㄱ: 1_11	정해9ㄱ: 1_12	정해9ㄱ: 1_13
環	無	端	故	貞	而	復	元	冬	而	復	春	初
정해9ㄱ: 2_1	정해9ㄱ: 2_2	정해9ㄱ: 2_3	정해9ㄱ: 2_4	정해9ㄱ: 2_5	정해9ㄱ: 2_6	정해9ㄱ: 2_7	정해9ㄱ: 2_8	정해9ㄱ: 2_9	정해9ㄱ: 2_10	정해9ㄱ: 2_11	정해9ㄱ: 2_12	정해9ㄱ: 2_13
聲	之	復	爲	終	終	聲	之	復	爲	初	亦	此
정해9ㄱ: 3_1	정해9ㄱ: 3_2	정해9ㄱ: 3_3	정해9ㄱ: 3_4	정해9ㄱ: 3_5	정해9ㄱ: 3_6	정해9ㄱ: 3_7	정해9ㄱ: 3_8	정해9ㄱ: 3_9	정해9ㄱ: 3_10	정해9ㄱ: 3_11	정해9ㄱ: 3_12	정해9ㄱ: 3_13
義	也	吁	正	音	作	而	天	地	萬	物	之	理
정해9ㄱ: 4_1	정해9ㄱ: 4_2	정해9ㄱ: 4_3	정해9ㄱ: 4_4	정해9ㄱ: 4_5	정해9ㄱ: 4_6	정해9ㄱ: 4_7	정해9ㄱ: 4_8	정해9ㄱ: 4_9	정해9ㄱ: 4_10	정해9ㄱ: 4_11	정해9ㄱ: 4_12	정해9ㄱ: 4_13
咸	備	其	神	矣	哉	是	殆	天	啓			
정해9ㄱ: 5_1	정해9ㄱ: 5_2	정해9ㄱ: 5_3	정해9ㄱ: 5_4	정해9ㄱ: 5_5	정해9ㄱ: 5_6	정해9ㄱ: 5_7	정해9ㄱ: 5_8	정해9ㄱ: 5_9	정해9ㄱ: 5_10			
聖	心	而	假	手	焉	者	乎	訣	曰			
정해9ㄱ: 6_1	정해9ㄱ: 6_2	정해9ㄱ: 6_3	정해9ㄱ: 6_4	정해9ㄱ: 6_5	정해9ㄱ: 6_6	정해9ㄱ: 6_7	정해9ㄱ: 6_8	정해9ㄱ: 6_9	정해9ㄱ: 6_10			
			天	地	之	化	本	一	氣			
			정해9ㄱ: 7_4	정해9ㄱ: 7_5	정해9ㄱ: 7_6	정해9ㄱ: 7_7	정해9ㄱ: 7_8	정해9ㄱ: 7_9	정해9ㄱ: 7_10			
			陰	陽	五	行	相	始	終			
			정해9ㄱ: 8_4	정해9ㄱ: 8_5	정해9ㄱ: 8_6	정해9ㄱ: 8_7	정해9ㄱ: 8_8	정해9ㄱ: 8_9	정해9ㄱ: 8_10			

			物	於	兩	間	有	形	聲			
			정해9ㄴ: 1_4	정해9ㄴ: 1_5	정해9ㄴ: 1_6	정해9ㄴ: 1_7	정해9ㄴ: 1_8	정해9ㄴ: 1_9	정해9ㄴ: 1_10			
			元	本	無	二	理	數	通			
			정해9ㄴ: 2_4	정해9ㄴ: 2_5	정해9ㄴ: 2_6	정해9ㄴ: 2_7	정해9ㄴ: 2_8	정해9ㄴ: 2_9	정해9ㄴ: 2_10			
			正	音	制	字	尙	其	象			
			정해9ㄴ: 3_4	정해9ㄴ: 3_5	정해9ㄴ: 3_6	정해9ㄴ: 3_7	정해9ㄴ: 3_8	정해9ㄴ: 3_9	정해9ㄴ: 3_10			
			因	聲	之	厲	每	加	畫			
			정해9ㄴ: 4_4	정해9ㄴ: 4_5	정해9ㄴ: 4_6	정해9ㄴ: 4_7	정해9ㄴ: 4_8	정해9ㄴ: 4_9	정해9ㄴ: 4_10			
			音	出	牙	舌	脣	齒	喉			
			정해9ㄴ: 5_4	정해9ㄴ: 5_5	정해9ㄴ: 5_6	정해9ㄴ: 5_7	정해9ㄴ: 5_8	정해9ㄴ: 5_9	정해9ㄴ: 5_10			
			是	爲	初	聲	字	十	七			
			정해9ㄴ: 6_4	정해9ㄴ: 6_5	정해9ㄴ: 6_6	정해9ㄴ: 6_7	정해9ㄴ: 6_8	정해9ㄴ: 6_9	정해9ㄴ: 6_10			
			牙	取	舌	根	閉	喉	形			
			정해9ㄴ: 7_4	정해9ㄴ: 7_5	정해9ㄴ: 7_6	정해9ㄴ: 7_7	정해9ㄴ: 7_8	정해9ㄴ: 7_9	정해9ㄴ: 7_10			
			唯	業	似	欲	取	義	別			
			정해9ㄴ: 8_4	정해9ㄴ: 8_5	정해9ㄴ: 8_6	정해9ㄴ: 8_7	정해9ㄴ: 8_8	정해9ㄴ: 8_9	정해9ㄴ: 8_10			

			舌	迺	象	舌	附	上	腭			
			정해10ㄱ: 1_4	정해10ㄱ: 1_5	정해10ㄱ: 1_6	정해10ㄱ: 1_7	정해10ㄱ: 1_8	정해10ㄱ: 1_9	정해10ㄱ: 1_10			
			脣	則	實	是	取	口	形			
			정해10ㄱ: 2_4	정해10ㄱ: 2_5	정해10ㄱ: 2_6	정해10ㄱ: 2_7	정해10ㄱ: 2_8	정해10ㄱ: 2_9	정해10ㄱ: 2_10			
			齒	喉	直	取	齒	喉	象			
			정해10ㄱ: 3_4	정해10ㄱ: 3_5	정해10ㄱ: 3_6	정해10ㄱ: 3_7	정해10ㄱ: 3_8	정해10ㄱ: 3_9	정해10ㄱ: 3_10			
			知	斯	五	義	聲	自	明			
			정해10ㄱ: 4_4	정해10ㄱ: 4_5	정해10ㄱ: 4_6	정해10ㄱ: 4_7	정해10ㄱ: 4_8	정해10ㄱ: 4_9	정해10ㄱ: 4_10			
			又	有	半	舌	半	齒	音			
			정해10ㄱ: 5_4	정해10ㄱ: 5_5	정해10ㄱ: 5_6	정해10ㄱ: 5_7	정해10ㄱ: 5_8	정해10ㄱ: 5_9	정해10ㄱ: 5_10			
			取	象	同	而	體	則	異			
			정해10ㄱ: 6_4	정해10ㄱ: 6_5	정해10ㄱ: 6_6	정해10ㄱ: 6_7	정해10ㄱ: 6_8	정해10ㄱ: 6_9	정해10ㄱ: 6_10			
			那	彌	戌	欲	聲	不	厲			
			정해10ㄱ: 7_4	정해10ㄱ: 7_5	정해10ㄱ: 7_6	정해10ㄱ: 7_7	정해10ㄱ: 7_8	정해10ㄱ: 7_9	정해10ㄱ: 7_10			
			次	序	雖	後	象	形	始			
			정해10ㄱ: 8_4	정해10ㄱ: 8_5	정해10ㄱ: 8_6	정해10ㄱ: 8_7	정해10ㄱ: 8_8	정해10ㄱ: 8_9	정해10ㄱ: 8_10			

			配	諸	四	時	與	冲	氣			
			정해10ㄴ: 1_4	정해10ㄴ: 1_5	정해10ㄴ: 1_6	정해10ㄴ: 1_7	정해10ㄴ: 1_8	정해10ㄴ: 1_9	정해10ㄴ: 1_10			
			五	行	五	音	無	不	協			
			정해10ㄴ: 2_4	정해10ㄴ: 2_5	정해10ㄴ: 2_6	정해10ㄴ: 2_7	정해10ㄴ: 2_8	정해10ㄴ: 2_9	정해10ㄴ: 2_10			
			維	喉	爲	水	冬	與	羽			
			정해10ㄴ: 3_4	정해10ㄴ: 3_5	정해10ㄴ: 3_6	정해10ㄴ: 3_7	정해10ㄴ: 3_8	정해10ㄴ: 3_9	정해10ㄴ: 3_10			
			牙	迺	春	木	其	音	角			
			정해10ㄴ: 4_4	정해10ㄴ: 4_5	정해10ㄴ: 4_6	정해10ㄴ: 4_7	정해10ㄴ: 4_8	정해10ㄴ: 4_9	정해10ㄴ: 4_10			
			徵	音	夏	火	是	舌	聲			
			정해10ㄴ: 5_4	정해10ㄴ: 5_5	정해10ㄴ: 5_6	정해10ㄴ: 5_7	정해10ㄴ: 5_8	정해10ㄴ: 5_9	정해10ㄴ: 5_10			
			齒	則	商	秋	又	是	金			
			정해10ㄴ: 6_4	정해10ㄴ: 6_5	정해10ㄴ: 6_6	정해10ㄴ: 6_7	정해10ㄴ: 6_8	정해10ㄴ: 6_9	정해10ㄴ: 6_10			
			脣	於	位	數	本	無	定			
			정해10ㄴ: 7_4	정해10ㄴ: 7_5	정해10ㄴ: 7_6	정해10ㄴ: 7_7	정해10ㄴ: 7_8	정해10ㄴ: 7_9	정해10ㄴ: 7_10			
			土	而	季	夏	爲	宮	音			
			정해10ㄴ: 8_4	정해10ㄴ: 8_5	정해10ㄴ: 8_6	정해10ㄴ: 8_7	정해10ㄴ: 8_8	정해10ㄴ: 8_9	정해10ㄴ: 8_10			

			聲	音	又	自	有	淸	濁			
			정해11ㄱ: 1_4	정해11ㄱ: 1_5	정해11ㄱ: 1_6	정해11ㄱ: 1_7	정해11ㄱ: 1_8	정해11ㄱ: 1_9	정해11ㄱ: 1_10			
			要	於	初	發	細	推	尋			
			정해11ㄱ: 2_4	정해11ㄱ: 2_5	정해11ㄱ: 2_6	정해11ㄱ: 2_7	정해11ㄱ: 2_8	정해11ㄱ: 2_9	정해11ㄱ: 2_10			
			全	淸	聲	是	君	斗	彆			
			정해11ㄱ: 3_4	정해11ㄱ: 3_5	정해11ㄱ: 3_6	정해11ㄱ: 3_7	정해11ㄱ: 3_8	정해11ㄱ: 3_9	정해11ㄱ: 3_10			
			即	戌	挹	亦	全	淸	聲			
			정해11ㄱ: 4_4	정해11ㄱ: 4_5	정해11ㄱ: 4_6	정해11ㄱ: 4_7	정해11ㄱ: 4_8	정해11ㄱ: 4_9	정해11ㄱ: 4_10			
			若	迺	快	呑	漂	侵	虛			
			정해11ㄱ: 5_4	정해11ㄱ: 5_5	정해11ㄱ: 5_6	정해11ㄱ: 5_7	정해11ㄱ: 5_8	정해11ㄱ: 5_9	정해11ㄱ: 5_10			
			五	音	各	一	爲	次	淸			
			정해11ㄱ: 6_4	정해11ㄱ: 6_5	정해11ㄱ: 6_6	정해11ㄱ: 6_7	정해11ㄱ: 6_8	정해11ㄱ: 6_9	정해11ㄱ: 6_10			
			全	濁	之	聲	虯	覃	步			
			정해11ㄱ: 7_4	정해11ㄱ: 7_5	정해11ㄱ: 7_6	정해11ㄱ: 7_7	정해11ㄱ: 7_8	정해11ㄱ: 7_9	정해11ㄱ: 7_10			
			又	有	慈	邪	亦	有	洪			
			정해11ㄱ: 8_4	정해11ㄱ: 8_5	정해11ㄱ: 8_6	정해11ㄱ: 8_7	정해11ㄱ: 8_8	정해11ㄱ: 8_9	정해11ㄱ: 8_10			

			全	清	並	書	為	全	濁			
			정해11ㄴ: 1_4	정해11ㄴ: 1_5	정해11ㄴ: 1_6	정해11ㄴ: 1_7	정해11ㄴ: 1_8	정해11ㄴ: 1_9	정해11ㄴ: 1_10			
			唯	洪	自	虛	是	不	同			
			정해11ㄴ: 2_4	정해11ㄴ: 2_5	정해11ㄴ: 2_6	정해11ㄴ: 2_7	정해11ㄴ: 2_8	정해11ㄴ: 2_9	정해11ㄴ: 2_10			
			業	那	彌	欲	及	閭	穰			
			정해11ㄴ: 3_4	정해11ㄴ: 3_5	정해11ㄴ: 3_6	정해11ㄴ: 3_7	정해11ㄴ: 3_8	정해11ㄴ: 3_9	정해11ㄴ: 3_10			
			其	聲	不	清	又	不	濁			
			정해11ㄴ: 4_4	정해11ㄴ: 4_5	정해11ㄴ: 4_6	정해11ㄴ: 4_7	정해11ㄴ: 4_8	정해11ㄴ: 4_9	정해11ㄴ: 4_10			
			欲	之	連	書	為	脣	輕			
			정해11ㄴ: 5_4	정해11ㄴ: 5_5	정해11ㄴ: 5_6	정해11ㄴ: 5_7	정해11ㄴ: 5_8	정해11ㄴ: 5_9	정해11ㄴ: 5_10			
			喉	聲	多	而	脣	乍	合			
			정해11ㄴ: 6_4	정해11ㄴ: 6_5	정해11ㄴ: 6_6	정해11ㄴ: 6_7	정해11ㄴ: 6_8	정해11ㄴ: 6_9	정해11ㄴ: 6_10			
			中	聲	十	一	亦	取	象			
			정해11ㄴ: 7_4	정해11ㄴ: 7_5	정해11ㄴ: 7_6	정해11ㄴ: 7_7	정해11ㄴ: 7_8	정해11ㄴ: 7_9	정해11ㄴ: 7_10			
			精	義	未	可	容	易	觀			
			정해11ㄴ: 8_4	정해11ㄴ: 8_5	정해11ㄴ: 8_6	정해11ㄴ: 8_7	정해11ㄴ: 8_8	정해11ㄴ: 8_9	정해11ㄴ: 8_10			

			吞	擬	於	天	聲	最	深			
			정해12ㄱ: 1_4	정해12ㄱ: 1_5	정해12ㄱ: 1_6	정해12ㄱ: 1_7	정해12ㄱ: 1_8	정해12ㄱ: 1_9	정해12ㄱ: 1_10			
			所	以	圓	形	如	彈	丸			
			정해12ㄱ: 2_4	정해12ㄱ: 2_5	정해12ㄱ: 2_6	정해12ㄱ: 2_7	정해12ㄱ: 2_8	정해12ㄱ: 2_9	정해12ㄱ: 2_10			
			即	聲	不	深	又	不	淺			
			정해12ㄱ: 3_4	정해12ㄱ: 3_5	정해12ㄱ: 3_6	정해12ㄱ: 3_7	정해12ㄱ: 3_8	정해12ㄱ: 3_9	정해12ㄱ: 3_10			
			其	形	之	平	象	乎	地			
			정해12ㄱ: 4_4	정해12ㄱ: 4_5	정해12ㄱ: 4_6	정해12ㄱ: 4_7	정해12ㄱ: 4_8	정해12ㄱ: 4_9	정해12ㄱ: 4_10			
			侵	象	人	立	厥	聲	淺			
			정해12ㄱ: 5_4	정해12ㄱ: 5_5	정해12ㄱ: 5_6	정해12ㄱ: 5_7	정해12ㄱ: 5_8	정해12ㄱ: 5_9	정해12ㄱ: 5_10			
			三	才	之	道	斯	爲	備			
			정해12ㄱ: 6_4	정해12ㄱ: 6_5	정해12ㄱ: 6_6	정해12ㄱ: 6_7	정해12ㄱ: 6_8	정해12ㄱ: 6_9	정해12ㄱ: 6_10			
			洪	出	於	天	尙	爲	闔			
			정해12ㄱ: 7_4	정해12ㄱ: 7_5	정해12ㄱ: 7_6	정해12ㄱ: 7_7	정해12ㄱ: 7_8	정해12ㄱ: 7_9	정해12ㄱ: 7_10			
			象	取	天	圓	合	地	平			
			정해12ㄱ: 8_4	정해12ㄱ: 8_5	정해12ㄱ: 8_6	정해12ㄱ: 8_7	정해12ㄱ: 8_8	정해12ㄱ: 8_9	정해12ㄱ: 8_10			

			單	亦	出	天	爲	已	闔			
			정해12ㄴ: 1_4	정해12ㄴ: 1_5	정해12ㄴ: 1_6	정해12ㄴ: 1_7	정해12ㄴ: 1_8	정해12ㄴ: 1_9	정해12ㄴ: 1_10			
			發	於	事	物	就	人	成			
			정해12ㄴ: 2_4	정해12ㄴ: 2_5	정해12ㄴ: 2_6	정해12ㄴ: 2_7	정해12ㄴ: 2_8	정해12ㄴ: 2_9	정해12ㄴ: 2_10			
			用	初	生	義	一	其	圓			
			정해12ㄴ: 3_4	정해12ㄴ: 3_5	정해12ㄴ: 3_6	정해12ㄴ: 3_7	정해12ㄴ: 3_8	정해12ㄴ: 3_9	정해12ㄴ: 3_10			
			出	天	爲	陽	在	上	外			
			정해12ㄴ: 4_4	정해12ㄴ: 4_5	정해12ㄴ: 4_6	정해12ㄴ: 4_7	정해12ㄴ: 4_8	정해12ㄴ: 4_9	정해12ㄴ: 4_10			
			欲	穰	兼	人	爲	再	出			
			정해12ㄴ: 5_4	정해12ㄴ: 5_5	정해12ㄴ: 5_6	정해12ㄴ: 5_7	정해12ㄴ: 5_8	정해12ㄴ: 5_9	정해12ㄴ: 5_10			
			二	圓	爲	形	見	其	義			
			정해12ㄴ: 6_4	정해12ㄴ: 6_5	정해12ㄴ: 6_6	정해12ㄴ: 6_7	정해12ㄴ: 6_8	정해12ㄴ: 6_9	정해12ㄴ: 6_10			
			君	業	戌	彆	出	於	地			
			정해12ㄴ: 7_4	정해12ㄴ: 7_5	정해12ㄴ: 7_6	정해12ㄴ: 7_7	정해12ㄴ: 7_8	정해12ㄴ: 7_9	정해12ㄴ: 7_10			
			據	例	自	知	何	須	評			
			정해12ㄴ: 8_4	정해12ㄴ: 8_5	정해12ㄴ: 8_6	정해12ㄴ: 8_7	정해12ㄴ: 8_8	정해12ㄴ: 8_9	정해12ㄴ: 8_10			

			呑	之	爲	字	貫	八	聲			
			정해13ㄱ: 1_4	정해13ㄱ: 1_5	정해13ㄱ: 1_6	정해13ㄱ: 1_7	정해13ㄱ: 1_8	정해13ㄱ: 1_9	정해13ㄱ: 1_10			
			維	天	之	用	徧	流	行			
			정해13ㄱ: 2_4	정해13ㄱ: 2_5	정해13ㄱ: 2_6	정해13ㄱ: 2_7	정해13ㄱ: 2_8	정해13ㄱ: 2_9	정해13ㄱ: 2_10			
			四	聲	兼	人	亦	有	由			
			정해13ㄱ: 3_4	정해13ㄱ: 3_5	정해13ㄱ: 3_6	정해13ㄱ: 3_7	정해13ㄱ: 3_8	정해13ㄱ: 3_9	정해13ㄱ: 3_10			
			人	參	天	地	爲	最	靈			
			정해13ㄱ: 4_4	정해13ㄱ: 4_5	정해13ㄱ: 4_6	정해13ㄱ: 4_7	정해13ㄱ: 4_8	정해13ㄱ: 4_9	정해13ㄱ: 4_10			
			且	就	三	聲	究	至	理			
			정해13ㄱ: 5_4	정해13ㄱ: 5_5	정해13ㄱ: 5_6	정해13ㄱ: 5_7	정해13ㄱ: 5_8	정해13ㄱ: 5_9	정해13ㄱ: 5_10			
			自	有	剛	柔	與	陰	陽			
			정해13ㄱ: 6_4	정해13ㄱ: 6_5	정해13ㄱ: 6_6	정해13ㄱ: 6_7	정해13ㄱ: 6_8	정해13ㄱ: 6_9	정해13ㄱ: 6_10			
			中	是	天	用	陰	陽	分			
			정해13ㄱ: 7_4	정해13ㄱ: 7_5	정해13ㄱ: 7_6	정해13ㄱ: 7_7	정해13ㄱ: 7_8	정해13ㄱ: 7_9	정해13ㄱ: 7_10			
			初	迺	地	功	剛	柔	彰			
			정해13ㄱ: 8_4	정해13ㄱ: 8_5	정해13ㄱ: 8_6	정해13ㄱ: 8_7	정해13ㄱ: 8_8	정해13ㄱ: 8_9	정해13ㄱ: 8_10			

			中	聲	唱	之	初	聲	和			
			정해13ㄴ: 1_4	정해13ㄴ: 1_5	정해13ㄴ: 1_6	정해13ㄴ: 1_7	정해13ㄴ: 1_8	정해13ㄴ: 1_9	정해13ㄴ: 1_10			
			天	先	乎	地	理	自	然			
			정해13ㄴ: 2_4	정해13ㄴ: 2_5	정해13ㄴ: 2_6	정해13ㄴ: 2_7	정해13ㄴ: 2_8	정해13ㄴ: 2_9	정해13ㄴ: 2_10			
			和	者	爲	初	亦	爲	終			
			정해13ㄴ: 3_4	정해13ㄴ: 3_5	정해13ㄴ: 3_6	정해13ㄴ: 3_7	정해13ㄴ: 3_8	정해13ㄴ: 3_9	정해13ㄴ: 3_10			
			物	生	復	歸	皆	於	坤			
			정해13ㄴ: 4_4	정해13ㄴ: 4_5	정해13ㄴ: 4_6	정해13ㄴ: 4_7	정해13ㄴ: 4_8	정해13ㄴ: 4_9	정해13ㄴ: 4_10			
			陰	變	爲	陽	陽	變	陰			
			정해13ㄴ: 5_4	정해13ㄴ: 5_5	정해13ㄴ: 5_6	정해13ㄴ: 5_7	정해13ㄴ: 5_8	정해13ㄴ: 5_9	정해13ㄴ: 5_10			
			一	動	一	靜	互	爲	根			
			정해13ㄴ: 6_4	정해13ㄴ: 6_5	정해13ㄴ: 6_6	정해13ㄴ: 6_7	정해13ㄴ: 6_8	정해13ㄴ: 6_9	정해13ㄴ: 6_10			
			初	聲	復	有	發	生	義			
			정해13ㄴ: 7_4	정해13ㄴ: 7_5	정해13ㄴ: 7_6	정해13ㄴ: 7_7	정해13ㄴ: 7_8	정해13ㄴ: 7_9	정해13ㄴ: 7_10			
			爲	陽	之	動	主	於	天			
			정해13ㄴ: 8_4	정해13ㄴ: 8_5	정해13ㄴ: 8_6	정해13ㄴ: 8_7	정해13ㄴ: 8_8	정해13ㄴ: 8_9	정해13ㄴ: 8_10			

			終	聲	比	地	陰	之	靜			
			정해14ㄱ: 1_4	정해14ㄱ: 1_5	정해14ㄱ: 1_6	정해14ㄱ: 1_7	정해14ㄱ: 1_8	정해14ㄱ: 1_9	정해14ㄱ: 1_10			
			字	音	於	此	止	定	焉			
			정해14ㄱ: 2_4	정해14ㄱ: 2_5	정해14ㄱ: 2_6	정해14ㄱ: 2_7	정해14ㄱ: 2_8	정해14ㄱ: 2_9	정해14ㄱ: 2_10			
			韻	成	要	在	中	聲	用			
			정해14ㄱ: 3_4	정해14ㄱ: 3_5	정해14ㄱ: 3_6	정해14ㄱ: 3_7	정해14ㄱ: 3_8	정해14ㄱ: 3_9	정해14ㄱ: 3_10			
			人	能	輔	相	天	地	宜			
			정해14ㄱ: 4_4	정해14ㄱ: 4_5	정해14ㄱ: 4_6	정해14ㄱ: 4_7	정해14ㄱ: 4_8	정해14ㄱ: 4_9	정해14ㄱ: 4_10			
			陽	之	爲	用	通	於	陰			
			정해14ㄱ: 5_4	정해14ㄱ: 5_5	정해14ㄱ: 5_6	정해14ㄱ: 5_7	정해14ㄱ: 5_8	정해14ㄱ: 5_9	정해14ㄱ: 5_10			
			至	而	伸	則	反	而	歸			
			정해14ㄱ: 6_4	정해14ㄱ: 6_5	정해14ㄱ: 6_6	정해14ㄱ: 6_7	정해14ㄱ: 6_8	정해14ㄱ: 6_9	정해14ㄱ: 6_10			
			初	終	雖	云	分	兩	儀			
			정해14ㄱ: 7_4	정해14ㄱ: 7_5	정해14ㄱ: 7_6	정해14ㄱ: 7_7	정해14ㄱ: 7_8	정해14ㄱ: 7_9	정해14ㄱ: 7_10			
			終	用	初	聲	義	可	知			
			정해14ㄱ: 8_4	정해14ㄱ: 8_5	정해14ㄱ: 8_6	정해14ㄱ: 8_7	정해14ㄱ: 8_8	정해14ㄱ: 8_9	정해14ㄱ: 8_10			

			正	音	之	字	只	廿	八			
			정해14ㄴ: 1_4	정해14ㄴ: 1_5	정해14ㄴ: 1_6	정해14ㄴ: 1_7	정해14ㄴ: 1_8	정해14ㄴ: 1_9	정해14ㄴ: 1_10			
			探	賾	錯	綜	窮	深	幾			
			정해14ㄴ: 2_4	정해14ㄴ: 2_5	정해14ㄴ: 2_6	정해14ㄴ: 27_	정해14ㄴ: 2_8	정해14ㄴ: 2_9	정해14ㄴ: 2_10			
			指	遠	言	近	牖	民	易			
			정해14ㄴ: 3_4	정해14ㄴ: 3_5	정해14ㄴ: 3_6	정해14ㄴ: 3_7	정해14ㄴ: 3_8	정해14ㄴ: 3_9	정해14ㄴ: 3_10			
			天	授	何	曾	智	巧	爲			
			정해14ㄴ: 4_4	정해14ㄴ: 4_5	정해14ㄴ: 4_6	정해14ㄴ: 4_7	정해14ㄴ: 4_8	정해14ㄴ: 4_9	정해14ㄴ: 4_10			
	初	聲	解									
	정해14ㄴ: 5_2	정해14ㄴ: 5_3	정해14ㄴ: 5_4									
正	音	初	聲	卽	韻	書	之	字	母	也	聲	音
정해14ㄴ: 6_1	정해14ㄴ: 6_2	정해14ㄴ: 6_3	정해14ㄴ: 6_4	정해14ㄴ: 6_5	정해14ㄴ: 6_6	정해14ㄴ: 6_7	정해14ㄴ: 6_8	정해14ㄴ: 6_9	정해14ㄴ: 6_10	정해14ㄴ: 6_11	정해14ㄴ: 6_12	정해14ㄴ: 6_13
由	此	而	生	故	曰	母	如	牙	音	君	字	初
정해14ㄴ: 7_1	정해14ㄴ: 7_2	정해14ㄴ: 7_3	정해14ㄴ: 7_4	정해14ㄴ: 7_5	정해14ㄴ: 7_6	정해14ㄴ: 7_7	정해14ㄴ: 7_8	정해14ㄴ: 7_9	정해14ㄴ: 7_10	정해14ㄴ: 7_11	정해14ㄴ: 7_12	정해14ㄴ: 7_13
聲	是	ㄱ	ㄱ	與	ᅟᅮᆫ	而	爲	군	快	字	初	聲
정해14ㄴ: 8_1	정해14ㄴ: 8_2	정해14ㄴ: 8_3	정해14ㄴ: 8_4	정해14ㄴ: 8_5	정해14ㄴ: 8_6	정해14ㄴ: 8_7	정해14ㄴ: 8_8	정해14ㄴ: 8_9	정해14ㄴ: 8_10	정해14ㄴ: 8_11	정해14ㄴ: 8_12	정해14ㄴ: 8_13

是	ㅋ	ㅋ	與	ㅙ	而	爲	쾌	虯	字	初	聲	是
정해15ㄱ:1_1	정해15ㄱ:1_2	정해15ㄱ:1_3	정해15ㄱ:1_4	정해15ㄱ:1_5	정해15ㄱ:1_6	정해15ㄱ:1_7	정해15ㄱ:1_8	정해15ㄱ:1_9	정해15ㄱ:1_10	정해15ㄱ:1_11	정해15ㄱ:1_12	정해15ㄱ:1_13
ㄲ	ㄲ	與	ㅠ	而	爲	뀨	業	字	初	聲	是	ㆁ
정해15ㄱ:2_1	정해15ㄱ:2_2	정해15ㄱ:2_3	정해15ㄱ:2_4	정해15ㄱ:2_5	정해15ㄱ:2_6	정해15ㄱ:2_7	정해15ㄱ:2_8	정해15ㄱ:2_9	정해15ㄱ:2_10	정해15ㄱ:2_11	정해15ㄱ:2_12	정해15ㄱ:2_13
ㆁ	與	ㅓㅂ	而	爲	업	之	類	舌	之	斗	呑	覃
정해15ㄱ:3_1	정해15ㄱ:3_2	정해15ㄱ:3_3	정해15ㄱ:3_4	정해15ㄱ:3_5	정해15ㄱ:3_6	정해15ㄱ:3_7	정해15ㄱ:3_8	정해15ㄱ:3_9	정해15ㄱ:3_10	정해15ㄱ:3_11	정해15ㄱ:3_12	정해15ㄱ:3_13
那	脣	之	彆	漂	步	彌	齒	之	卽	侵	慈	戌
정해15ㄱ:4_1	정해15ㄱ:4_2	정해15ㄱ:4_3	정해15ㄱ:4_4	정해15ㄱ:4_5	정해15ㄱ:4_6	정해15ㄱ:4_7	정해15ㄱ:4_8	정해15ㄱ:4_9	정해15ㄱ:4_10	정해15ㄱ:4_11	정해15ㄱ:4_12	정해15ㄱ:4_13
邪	喉	之	挹	虛	洪	欲	半	舌	半	齒	之	閭
정해15ㄱ:5_1	정해15ㄱ:5_2	정해15ㄱ:5_3	정해15ㄱ:5_4	정해15ㄱ:5_5	정해15ㄱ:5_6	정해15ㄱ:5_7	정해15ㄱ:5_8	정해15ㄱ:5_9	정해15ㄱ:5_10	정해15ㄱ:5_11	정해15ㄱ:5_12	정해15ㄱ:5_13
穰	皆	倣	此	訣	曰							
정해15ㄱ:6_1	정해15ㄱ:6_2	정해15ㄱ:6_3	정해15ㄱ:6_4	정해15ㄱ:6_5	정해15ㄱ:6_6							
			君	快	虯	業	其	聲	牙			
			정해15ㄱ:7_4	정해15ㄱ:7_5	정해15ㄱ:7_6	정해15ㄱ:7_7	정해15ㄱ:7_8	정해15ㄱ:7_9	정해15ㄱ:7_10			
			舌	聲	斗	呑	及	覃	那			
			정해15ㄱ:8_4	정해15ㄱ:8_5	정해15ㄱ:8_6	정해15ㄱ:8_7	정해15ㄱ:8_8	정해15ㄱ:8_9	정해15ㄱ:8_10			

			聲	漂	步	彌	則	是	脣			
			정해15ㄴ: 1_4	정해15ㄴ: 1_5	정해15ㄴ: 1_6	정해15ㄴ: 1_7	정해15ㄴ: 1_8	정해15ㄴ: 1_9	정해15ㄴ: 1_10			
			齒	有	即	侵	慈	戌	邪			
			정해15ㄴ: 2_4	정해15ㄴ: 2_5	정해15ㄴ: 2_6	정해15ㄴ: 2_7	정해15ㄴ: 2_8	정해15ㄴ: 2_9	정해15ㄴ: 2_10			
			挹	虛	洪	欲	迺	喉	聲			
			정해15ㄴ: 3_4	정해15ㄴ: 3_5	정해15ㄴ: 3_6	정해15ㄴ: 3_7	정해15ㄴ: 3_8	정해15ㄴ: 3_9	정해15ㄴ: 3_10			
			閭	爲	半	舌	穰	半	齒			
			정해15ㄴ: 4_4	정해15ㄴ: 4_5	정해15ㄴ: 4_6	정해15ㄴ: 4_7	정해15ㄴ: 4_8	정해15ㄴ: 4_9	정해15ㄴ: 4_10			
			二	十	三	字	是	爲	母			
			정해15ㄴ: 5_4	정해15ㄴ: 5_5	정해15ㄴ: 5_6	정해15ㄴ: 5_7	정해15ㄴ: 5_8	정해15ㄴ: 5_9	정해15ㄴ: 5_10			
			萬	聲	生	生	皆	自	此			
			정해15ㄴ: 6_4	정해15ㄴ: 6_5	정해15ㄴ: 6_6	정해15ㄴ: 6_7	정해15ㄴ: 6_8	정해15ㄴ: 6_9	정해15ㄴ: 6_10			
	中	聲	解									
	정해15ㄴ: 7_2	정해15ㄴ: 7_3	정해15ㄴ: 7_4									
中	聲	者	居	字	韻	之	中	合	初	終	而	成
정해15ㄴ: 8_1	정해15ㄴ: 8_2	정해15ㄴ: 8_3	정해15ㄴ: 8_4	정해15ㄴ: 8_5	정해15ㄴ: 8_6	정해15ㄴ: 8_7	정해15ㄴ: 8_8	정해15ㄴ: 8_9	정해15ㄴ: 8_10	정해15ㄴ: 8_11	정해15ㄴ: 8_12	정해15ㄴ: 8_13

音	如	呑	字	中	聲	是	•	•	居	ㅌ	ㄴ	之
정해16ㄱ: 1_1	정해16ㄱ: 1_2	정해16ㄱ: 1_3	정해16ㄱ: 1_4	정해16ㄱ: 1_5	정해16ㄱ: 1_6	정해16ㄱ: 1_7	정해16ㄱ: 1_8	정해16ㄱ: 1_9	정해16ㄱ: 1_10	정해16ㄱ: 1_11	정해16ㄱ: 1_12	정해16ㄱ: 1_13
間	而	爲	ᄐᆞᆫ	即	字	中	聲	是	ㅡ	ㅡ	居	ㅈ
정해16ㄱ: 2_1	정해16ㄱ: 2_2	정해16ㄱ: 2_3	정해16ㄱ: 2_4	정해16ㄱ: 2_5	정해16ㄱ: 2_6	정해16ㄱ: 2_7	정해16ㄱ: 2_8	정해16ㄱ: 2_9	정해16ㄱ: 2_10	정해16ㄱ: 2_11	정해16ㄱ: 2_12	정해16ㄱ: 2_13
ㄱ	之	間	而	爲	즉	侵	字	中	聲	是	ㅣ	ㅣ
정해16ㄱ: 3_1	정해16ㄱ: 3_2	정해16ㄱ: 3_3	정해16ㄱ: 3_4	정해16ㄱ: 3_5	정해16ㄱ: 3_6	정해16ㄱ: 3_7	정해16ㄱ: 3_8	정해16ㄱ: 3_9	정해16ㄱ: 3_10	정해16ㄱ: 3_11	정해16ㄱ: 3_12	정해16ㄱ: 3_13
居	ㅊ	ㅁ	之	間	而	爲	침	之	類	洪	覃	君
정해16ㄱ: 4_1	정해16ㄱ: 4_2	정해16ㄱ: 4_3	정해16ㄱ: 4_4	정해16ㄱ: 4_5	정해16ㄱ: 4_6	정해16ㄱ: 4_7	정해16ㄱ: 4_8	정해16ㄱ: 4_9	정해16ㄱ: 4_10	정해16ㄱ: 4_11	정해16ㄱ: 4_12	정해16ㄱ: 4_13
業	欲	穰	戌	彆	皆	倣	此	二	字	合	用	者
정해16ㄱ: 5_1	정해16ㄱ: 5_2	정해16ㄱ: 5_3	정해16ㄱ: 5_4	정해16ㄱ: 5_5	정해16ㄱ: 5_6	정해16ㄱ: 5_7	정해16ㄱ: 5_8	정해16ㄱ: 5_9	정해16ㄱ: 5_10	정해16ㄱ: 5_11	정해16ㄱ: 5_12	정해16ㄱ: 5_13
ㅗ	與	ㅏ	同	出	於	•	故	合	而	爲	ㅘ	ㅛ
정해16ㄱ: 6_1	정해16ㄱ: 6_2	정해16ㄱ: 6_3	정해16ㄱ: 6_4	정해16ㄱ: 6_5	정해16ㄱ: 6_6	정해16ㄱ: 6_7	정해16ㄱ: 6_8	정해16ㄱ: 6_9	정해16ㄱ: 6_10	정해16ㄱ: 6_11	정해16ㄱ: 6_12	정해16ㄱ: 6_13
與	ㅑ	又	同	出	於	ㅣ	故	合	而	爲	ㆇ	ㅜ
정해16ㄱ: 7_1	정해16ㄱ: 7_2	정해16ㄱ: 7_3	정해16ㄱ: 7_4	정해16ㄱ: 7_5	정해16ㄱ: 7_6	정해16ㄱ: 7_7	정해16ㄱ: 7_8	정해16ㄱ: 7_9	정해16ㄱ: 7_10	정해16ㄱ: 7_11	정해16ㄱ: 7_12	정해16ㄱ: 7_13
與	ㅓ	同	出	於	ㅡ	故	合	而	爲	ㅝ	ㅠ	與
정해16ㄱ: 8_1	정해16ㄱ: 8_2	정해16ㄱ: 8_3	정해16ㄱ: 8_4	정해16ㄱ: 8_5	정해16ㄱ: 8_6	정해16ㄱ: 8_7	정해16ㄱ: 8_8	정해16ㄱ: 8_9	정해16ㄱ: 8_10	정해16ㄱ: 8_11	정해16ㄱ: 8_12	정해16ㄱ: 8_13

ㅕ	又	同	出	於	ㅣ	故	合	而	爲	ㆊ	以	其
정해16ㄴ: 1_1	정해16ㄴ: 1_2	정해16ㄴ: 1_3	정해16ㄴ: 1_4	정해16ㄴ: 1_5	정해16ㄴ: 1_6	정해16ㄴ: 1_7	정해16ㄴ: 1_8	정해16ㄴ: 1_9	정해16ㄴ: 1_10	정해16ㄴ: 1_11	정해16ㄴ: 1_12	정해16ㄴ: 1_13
同	出	而	爲	類	故	相	合	而	不	悖	也	一
정해16ㄴ: 2_1	정해16ㄴ: 2_2	정해16ㄴ: 2_3	정해16ㄴ: 2_4	정해16ㄴ: 2_5	정해16ㄴ: 2_6	정해16ㄴ: 2_7	정해16ㄴ: 2_8	정해16ㄴ: 2_9	정해16ㄴ: 2_10	정해16ㄴ: 2_11	정해16ㄴ: 2_12	정해16ㄴ: 2_13
字	中	聲	之	與	ㅣ	相	合	者	十	ㆎ	ㅢ	ㅚ
정해16ㄴ: 3_1	정해16ㄴ: 3_2	정해16ㄴ: 3_3	정해16ㄴ: 3_4	정해16ㄴ: 3_5	정해16ㄴ: 3_6	정해16ㄴ: 3_7	정해16ㄴ: 3_8	정해16ㄴ: 3_9	정해16ㄴ: 3_10	정해16ㄴ: 3_11	정해16ㄴ: 3_12	정해16ㄴ: 3_13
ㅐ	ㅟ	ㅔ	ㆉ	ㅒ	ㆌ	ㅖ	是	也	二	字	中	聲
정해16ㄴ: 4_1	정해16ㄴ: 4_2	정해16ㄴ: 4_3	정해16ㄴ: 4_4	정해16ㄴ: 4_5	정해16ㄴ: 4_6	정해16ㄴ: 4_7	정해16ㄴ: 4_8	정해16ㄴ: 4_9	정해16ㄴ: 4_10	정해16ㄴ: 4_11	정해16ㄴ: 4_12	정해16ㄴ: 4_3
之	與	ㅣ	相	合	者	四	ㅙ	ㅞ	ㆈ	ㆋ	是	也
정해16ㄴ: 5_1	정해16ㄴ: 5_2	정해16ㄴ: 5_3	정해16ㄴ: 5_4	정해16ㄴ: 5_5	정해16ㄴ: 5_6	정해16ㄴ: 5_7	정해16ㄴ: 5_8	정해16ㄴ: 5_9	정해16ㄴ: 5_10	정해16ㄴ: 5_11	정해16ㄴ: 5_12	정해16ㄴ: 5_13
ㅣ	於	深	淺	闔	闢	之	聲	並	能	相	隨	者
정해16ㄴ: 6_1	정해16ㄴ: 6_2	정해16ㄴ: 6_3	정해16ㄴ: 6_4	정해16ㄴ: 6_5	정해16ㄴ: 6_6	정해16ㄴ: 6_7	정해16ㄴ: 6_8	정해16ㄴ: 6_9	정해16ㄴ: 6_10	정해16ㄴ: 6_11	정해16ㄴ: 6_12	정해16ㄴ: 6_13
以	其	舌	展	聲	淺	而	便	於	開	口	也	亦
정해16ㄴ: 7_1	정해16ㄴ: 7_2	정해16ㄴ: 7_3	정해16ㄴ: 7_4	정해16ㄴ: 7_5	정해16ㄴ: 7_6	정해16ㄴ: 7_7	정해16ㄴ: 7_8	정해16ㄴ: 7_9	정해16ㄴ: 7_10	정해16ㄴ: 7_11	정해16ㄴ: 7_12	정해16ㄴ: 7_13
可	見	人	之	參	贊	開	物	而	無	所	不	通
정해16ㄴ: 8_1	정해16ㄴ: 8_2	정해16ㄴ: 8_3	정해16ㄴ: 8_4	정해16ㄴ: 8_5	정해16ㄴ: 8_6	정해16ㄴ: 8_7	정해16ㄴ: 8_8	정해16ㄴ: 8_9	정해16ㄴ: 8_10	정해16ㄴ: 8_11	정해16ㄴ: 8_12	정해16ㄴ: 8_13

也	訣	曰										
정해17ㄱ: 1_1	정해17ㄱ: 1_2	정해17ㄱ: 1_3										
			母	字	之	音	各	有	中			
			정해17ㄱ: 2_4	정해17ㄱ: 2_5	정해17ㄱ: 2_6	정해17ㄱ: 2_7	정해17ㄱ: 2_8	정해17ㄱ: 2_9	정해17ㄱ: 2_10			
			須	就	中	聲	尋	闢	闔			
			정해17ㄱ: 3_4	정해17ㄱ: 3_5	정해17ㄱ: 3_6	정해17ㄱ: 3_7	정해17ㄱ: 3_8	정해17ㄱ: 3_9	정해17ㄱ: 3_10			
			洪	覃	自	呑	可	合	用			
			정해17ㄱ: 4_4	정해17ㄱ: 4_5	정해17ㄱ: 4_6	정해17ㄱ: 4_7	정해17ㄱ: 4_8	정해17ㄱ: 4_9	정해17ㄱ: 4_10			
			君	業	出	即	亦	可	合			
			정해17ㄱ: 5_4	정해17ㄱ: 5_5	정해17ㄱ: 5_6	정해17ㄱ: 5_7	정해17ㄱ: 5_8	정해17ㄱ: 5_9	정해17ㄱ: 5_10			
			欲	之	與	穰	戌	與	彆			
			정해17ㄱ: 6_4	정해17ㄱ: 6_5	정해17ㄱ: 6_6	정해17ㄱ: 6_7	정해17ㄱ: 6_8	정해17ㄱ: 6_9	정해17ㄱ: 6_10			
			各	有	所	從	義	可	推			
			정해17ㄱ: 7_4	정해17ㄱ: 7_5	정해17ㄱ: 7_6	정해17ㄱ: 7_7	정해17ㄱ: 7_8	정해17ㄱ: 7_9	정해17ㄱ: 7_10			
			侵	之	爲	用	最	居	多			
			정해17ㄱ: 8_4	정해17ㄱ: 8_5	정해17ㄱ: 8_6	정해17ㄱ: 8_7	정해17ㄱ: 8_8	정해17ㄱ: 8_9	정해17ㄱ: 8_10			

			於	十	四	聲	徧	相	隨			
			정해17ㄴ: 1_4	정해17ㄴ: 1_5	정해17ㄴ: 1_6	정해17ㄴ: 1_7	정해17ㄴ: 1_8	정해17ㄴ: 1_9	정해17ㄴ: 1_10			
	終	聲	解									
	정해17ㄴ: 2_2	정해17ㄴ: 2_3	정해17ㄴ: 2_4									
終	聲	者	承	初	中	而	成	字	韻	如	卽	字
정해17ㄴ: 3_1	정해17ㄴ: 3_2	정해17ㄴ: 3_3	정해17ㄴ: 3_4	정해17ㄴ: 3_5	정해17ㄴ: 3_6	정해17ㄴ: 3_7	정해17ㄴ: 3_8	정해17ㄴ: 3_9	정해17ㄴ: 3_10	정해17ㄴ: 3_11	정해17ㄴ: 3_12	정해17ㄴ: 3_13
終	聲	是	ㄱ	ㄱ	居	즈	終	而	爲	즉	洪	字
정해17ㄴ: 4_1	정해17ㄴ: 4_2	정해17ㄴ: 4_3	정해17ㄴ: 4_4	정해17ㄴ: 4_5	정해17ㄴ: 4_6	정해17ㄴ: 4_7	정해17ㄴ: 4_8	정해17ㄴ: 4_9	정해17ㄴ: 4_10	정해17ㄴ: 4_11	정해17ㄴ: 4_12	정해17ㄴ: 4_13
終	聲	是	ㆁ	ㆁ	居	ᅘᅩ	終	而	爲	ᅘᅩᇰ	之	類
정해17ㄴ: 5_1	정해17ㄴ: 5_2	정해17ㄴ: 5_3	정해17ㄴ: 5_4	정해17ㄴ: 5_5	정해17ㄴ: 5_6	정해17ㄴ: 5_7	정해17ㄴ: 5_8	정해17ㄴ: 5_9	정해17ㄴ: 5_10	정해17ㄴ: 5_11	정해17ㄴ: 5_12	정해17ㄴ: 5_13
舌	脣	齒	喉	皆	同	聲	有	緩	急	之	殊	故
정해17ㄴ: 6_1	정해17ㄴ: 6_2	정해17ㄴ: 6_3	정해17ㄴ: 6_4	정해17ㄴ: 6_5	정해17ㄴ: 6_6	정해17ㄴ: 6_7	정해17ㄴ: 6_8	정해17ㄴ: 6_9	정해17ㄴ: 6_10	정해17ㄴ: 6_11	정해17ㄴ: 6_12	정해17ㄴ: 6_13
平	上	去	其	終	聲	不	類	入	聲	之	促	急
정해17ㄴ: 7_1	정해17ㄴ: 7_2	정해17ㄴ: 7_3	정해17ㄴ: 7_4	정해17ㄴ: 7_5	정해17ㄴ: 7_6	정해17ㄴ: 7_7	정해17ㄴ: 7_8	정해17ㄴ: 7_9	정해17ㄴ: 7_10	정해17ㄴ: 7_11	정해17ㄴ: 7_12	정해17ㄴ: 7_13
不	淸	不	濁	之	字	其	聲	不	厲	故	用	於
정해17ㄴ: 8_1	정해17ㄴ: 8_2	정해17ㄴ: 8_3	정해17ㄴ: 8_4	정해17ㄴ: 8_5	정해17ㄴ: 8_6	정해17ㄴ: 8_7	정해17ㄴ: 8_8	정해17ㄴ: 8_9	정해17ㄴ: 8_10	정해17ㄴ: 8_11	정해17ㄴ: 8_12	정해17ㄴ: 8_13

終	則	宜	於	平	上	去	全	清	次	清	全	濁
정해18ㄱ: 1_1	정해18ㄱ: 1_2	정해18ㄱ: 1_3	정해18ㄱ: 1_4	정해18ㄱ: 1_5	정해18ㄱ: 1_6	정해18ㄱ: 1_7	정해18ㄱ: 1_8	정해18ㄱ: 1_9	정해18ㄱ: 1_10	정해18ㄱ: 1_11	정해18ㄱ: 1_12	정해18ㄱ: 1_13
之	字	其	聲	爲	厲	故	用	於	終	則	宜	於
정해18ㄱ: 2_1	정해18ㄱ: 2_2	정해18ㄱ: 2_3	정해18ㄱ: 2_4	정해18ㄱ: 2_5	정해18ㄱ: 2_6	정해18ㄱ: 2_7	정해18ㄱ: 2_8	정해18ㄱ: 2_9	정해18ㄱ: 2_10	정해18ㄱ: 2_11	정해18ㄱ: 2_12	정해18ㄱ: 2_13
入	所	以	ㆁ	ㄴ	ㅁ	ㅇ	ㄹ	ㅿ	六	字	爲	平
정해18ㄱ: 3_1	정해18ㄱ: 3_2	정해18ㄱ: 3_3	정해18ㄱ: 3_4	정해18ㄱ: 3_5	정해18ㄱ: 3_6	정해18ㄱ: 3_7	정해18ㄱ: 3_8	정해18ㄱ: 3_9	정해18ㄱ: 3_10	정해18ㄱ: 3_11	정해18ㄱ: 3_12	정해18ㄱ: 3_13
上	去	聲	之	終	而	餘	皆	爲	入	聲	之	終
정해18ㄱ: 4_1	정해18ㄱ: 4_2	정해18ㄱ: 4_3	정해18ㄱ: 4_4	정해18ㄱ: 4_5	정해18ㄱ: 4_6	정해18ㄱ: 4_7	정해18ㄱ: 4_8	정해18ㄱ: 4_9	정해18ㄱ: 4_10	정해18ㄱ: 4_11	정해18ㄱ: 4_12	정해18ㄱ: 4_13
也	然	ㄱ	ㆁ	ㄷ	ㄴ	ㅂ	ㅁ	ㅅ	ㄹ	八	字	可
정해18ㄱ: 5_1	정해18ㄱ: 5_2	정해18ㄱ: 5_3	정해18ㄱ: 5_4	정해18ㄱ: 5_5	정해18ㄱ: 5_6	정해18ㄱ: 5_7	정해18ㄱ: 5_8	정해18ㄱ: 5_9	정해18ㄱ: 5_10	정해18ㄱ: 5_11	정해18ㄱ: 5_12	정해18ㄱ: 5_13
足	用	也	如	빗	곶	爲	梨	花	엿	의	갗	爲
정해18ㄱ: 6_1	정해18ㄱ: 6_2	정해18ㄱ: 6_3	정해18ㄱ: 6_4	정해18ㄱ: 6_5	정해18ㄱ: 6_6	정해18ㄱ: 6_7	정해18ㄱ: 6_8	정해18ㄱ: 6_9	정해18ㄱ: 6_10	정해18ㄱ: 6_11	정해18ㄱ: 6_12	정해18ㄱ: 6_13
狐	皮	而	ㅅ	字	可	以	通	用	故	只	用	ㅅ
정해18ㄱ: 7_1	정해18ㄱ: 7_2	정해18ㄱ: 7_3	정해18ㄱ: 7_4	정해18ㄱ: 7_5	정해18ㄱ: 7_6	정해18ㄱ: 7_7	정해18ㄱ: 7_8	정해18ㄱ: 7_9	정해18ㄱ: 7_10	정해18ㄱ: 7_11	정해18ㄱ: 7_12	정해18ㄱ: 7_13
字	且	ㅇ	聲	淡	而	虛	不	必	用	於	終	而
정해18ㄱ: 8_1	정해18ㄱ: 8_2	정해18ㄱ: 8_3	정해18ㄱ: 8_4	정해18ㄱ: 8_5	정해18ㄱ: 8_6	정해18ㄱ: 8_7	정해18ㄱ: 8_8	정해18ㄱ: 8_9	정해18ㄱ: 8_10	정해18ㄱ: 8_11	정해18ㄱ: 8_12	정해18ㄱ: 8_13

中	聲	可	得	成	音	也	ㄷ	如	볃	爲	彆	ㄴ
정해18ㄴ: 1_1	정해18ㄴ: 1_2	정해18ㄴ: 1_3	정해18ㄴ: 1_4	정해18ㄴ: 1_5	정해18ㄴ: 1_6	정해18ㄴ: 1_7	정해18ㄴ: 1_8	정해18ㄴ: 1_9	정해18ㄴ: 1_10	정해18ㄴ: 1_11	정해18ㄴ: 1_12	정해18ㄴ: 1_13
如	군	爲	君	ㅂ	如	업	爲	業	ㅁ	如	땀	爲
정해18ㄴ: 2_1	정해18ㄴ: 2_2	정해18ㄴ: 2_3	정해18ㄴ: 2_4	정해18ㄴ: 2_5	정해18ㄴ: 2_6	정해18ㄴ: 2_7	정해18ㄴ: 2_8	정해18ㄴ: 2_9	정해18ㄴ: 2_10	정해18ㄴ: 2_11	정해18ㄴ: 2_12	정해18ㄴ: 2_13
覃	ㅅ	如	諺	語	옷	爲	衣	ㄹ	如	諺	語	실
정해18ㄴ: 3_1	정해18ㄴ: 3_2	정해18ㄴ: 3_3	정해18ㄴ: 3_4	정해18ㄴ: 3_5	정해18ㄴ: 3_6	정해18ㄴ: 3_7	정해18ㄴ: 3_8	정해18ㄴ: 3_9	정해18ㄴ: 3_10	정해18ㄴ: 3_11	정해18ㄴ: 3_12	정해18ㄴ: 3_13
爲	絲	之	類	五	音	之	緩	急	亦	各	自	爲
정해18ㄴ: 4_1	정해18ㄴ: 4_2	정해18ㄴ: 4_3	정해18ㄴ: 4_4	정해18ㄴ: 4_5	정해18ㄴ: 4_6	정해18ㄴ: 4_7	정해18ㄴ: 4_8	정해18ㄴ: 4_9	정해18ㄴ: 4_10	정해18ㄴ: 4_11	정해18ㄴ: 4_12	정해18ㄴ: 4_13
對	如	牙	之	ㆁ	與	ㄱ	爲	對	而	ㆁ	促	呼
정해18ㄴ: 5_1	정해18ㄴ: 5_2	정해18ㄴ: 5_3	정해18ㄴ: 5_4	정해18ㄴ: 5_5	정해18ㄴ: 5_6	정해18ㄴ: 57_	정해18ㄴ: 5_8	정해18ㄴ: 5_9	정해18ㄴ: 5_10	정해18ㄴ: 5_11	정해18ㄴ: 5_12	정해18ㄴ: 5_13
則	變	爲	ㄱ	而	急	ㄱ	舒	出	則	變	爲	ㆁ
정해18ㄴ: 6_1	정해18ㄴ: 6_2	정해18ㄴ: 6_3	정해18ㄴ: 6_4	정해18ㄴ: 6_5	정해18ㄴ: 6_6	정해18ㄴ: 6_7	정해18ㄴ: 6_8	정해18ㄴ: 6_9	정해18ㄴ: 6_10	정해18ㄴ: 6_11	정해18ㄴ: 6_12	정해18ㄴ: 6_13
而	緩	舌	之	ㄴ	ㄷ	脣	之	ㅁ	ㅂ	齒	之	ㅿ
정해18ㄴ: 7_1	정해18ㄴ: 7_2	정해18ㄴ: 7_3	정해18ㄴ: 7_4	정해18ㄴ: 7_5	정해18ㄴ: 7_6	정해18ㄴ: 7_7	정해18ㄴ: 7_8	정해18ㄴ: 7_9	정해18ㄴ: 7_10	정해18ㄴ: 7_11	정해18ㄴ: 7_12	정해18ㄴ: 7_13
ㅅ	喉	之	ㅇ	ㆆ	其	緩	急	相	對	亦	猶	是
정해18ㄴ: 8_1	정해18ㄴ: 8_2	정해18ㄴ: 8_3	정해18ㄴ: 8_4	정해18ㄴ: 8_5	정해18ㄴ: 8_6	정해18ㄴ: 8_7	정해18ㄴ: 8_8	정해18ㄴ: 8_9	정해18ㄴ: 8_10	정해18ㄴ: 8_11	정해18ㄴ: 8_12	정해18ㄴ: 8_13

也	且	半	舌	之	ㄹ	當	用	於	諺	而	不	可
정해19ㄱ: 1_1	정해19ㄱ: 1_2	정해19ㄱ: 1_3	정해19ㄱ: 1_4	정해19ㄱ: 1_5	정해19ㄱ: 1_6	정해19ㄱ: 1_7	정해19ㄱ: 1_8	정해19ㄱ: 1_9	정해19ㄱ: 1_10	정해19ㄱ: 1_11	정해19ㄱ: 1_12	정해19ㄱ: 1_13
用	於	文	如	入	聲	之	彆	字	終	聲	當	用
정해19ㄱ: 2_1	정해19ㄱ: 2_2	정해19ㄱ: 2_3	정해19ㄱ: 2_4	정해19ㄱ: 2_5	정해19ㄱ: 2_6	정해19ㄱ: 2_7	정해19ㄱ: 2_8	정해19ㄱ: 2_9	정해19ㄱ: 2_10	정해19ㄱ: 2_11	정해19ㄱ: 2_12	정해19ㄱ: 2_13
ㄷ	而	俗	習	讀	爲	ㄹ	蓋	ㄷ	變	而	爲	輕
정해19ㄱ: 3_1	정해19ㄱ: 3_2	정해19ㄱ: 3_3	정해19ㄱ: 3_4	정해19ㄱ: 3_5	정해19ㄱ: 3_6	정해19ㄱ: 3_7	정해19ㄱ: 3_8	정해19ㄱ: 3_9	정해19ㄱ: 3_10	정해19ㄱ: 3_11	정해19ㄱ: 3_12	정해19ㄱ: 3_13
也	若	用	ㄹ	爲	彆	之	終	則	其	聲	舒	緩
정해19ㄱ: 4_1	정해19ㄱ: 4_2	정해19ㄱ: 4_3	정해19ㄱ: 4_4	정해19ㄱ: 4_5	정해19ㄱ: 4_6	정해19ㄱ: 4_7	정해19ㄱ: 4_8	정해19ㄱ: 4_9	정해19ㄱ: 4_10	정해19ㄱ: 4_11	정해19ㄱ: 4_12	정해19ㄱ: 4_13
不	爲	入	也	訣	曰							
정해19ㄱ: 5_1	정해19ㄱ: 5_2	정해19ㄱ: 5_3	정해19ㄱ: 5_4	정해19ㄱ: 5_5	정해19ㄱ: 5_6							
			不	清	不	濁	用	於	終			
			정해19ㄱ: 6_4	정해19ㄱ: 6_5	정해19ㄱ: 6_6	정해19ㄱ: 6_7	정해19ㄱ: 6_8	정해19ㄱ: 6_9	정해19ㄱ: 6_10			
			爲	平	上	去	不	爲	入			
			정해19ㄱ: 7_4	정해19ㄱ: 7_5	정해19ㄱ: 7_6	정해19ㄱ: 7_7	정해19ㄱ: 7_8	정해19ㄱ: 7_9	정해19ㄱ: 7_10			
			全	清	次	清	及	全	濁			
			정해19ㄱ: 8_4	정해19ㄱ: 8_5	정해19ㄱ: 8_6	정해19ㄱ: 8_7	정해19ㄱ: 8_8	정해19ㄱ: 8_9	정해19ㄱ: 8_10			

			是	皆	爲	入	聲	促	急			
			정해19ㄴ: 1_4	정해19ㄴ: 1_5	정해19ㄴ: 1_6	정해19ㄴ: 1_7	정해19ㄴ: 1_8	정해19ㄴ: 1_9	정해19ㄴ: 1_10			
			初	作	終	聲	理	固	然			
			정해19ㄴ: 2_4	정해19ㄴ: 2_5	정해19ㄴ: 2_6	정해19ㄴ: 2_7	정해19ㄴ: 2_8	정해19ㄴ: 2_9	정해19ㄴ: 2_10			
			只	將	八	字	用	不	窮			
			정해19ㄴ: 3_4	정해19ㄴ: 3_5	정해19ㄴ: 3_6	정해19ㄴ: 3_7	정해19ㄴ: 3_8	정해19ㄴ: 3_9	정해19ㄴ: 3_10			
			唯	有	欲	聲	所	當	處			
			정해19ㄴ: 4_4	정해19ㄴ: 4_5	정해19ㄴ: 4_6	정해19ㄴ: 4_7	정해19ㄴ: 4_8	정해19ㄴ: 4_9	정해19ㄴ: 4_10			
			中	聲	成	音	亦	可	通			
			정해19ㄴ: 5_4	정해19ㄴ: 5_5	정해19ㄴ: 5_6	정해19ㄴ: 5_7	정해19ㄴ: 5_8	정해19ㄴ: 5_9	정해19ㄴ: 5_10			
			若	書	即	字	終	用	君			
			정해19ㄴ: 6_4	정해19ㄴ: 6_5	정해19ㄴ: 6_6	정해19ㄴ: 6_7	정해19ㄴ: 6_8	정해19ㄴ: 6_9	정해19ㄴ: 6_10			
			洪	彆	亦	以	業	斗	終			
			정해19ㄴ: 7_4	정해19ㄴ: 7_5	정해19ㄴ: 7_6	정해19ㄴ: 7_7	정해19ㄴ: 7_8	정해19ㄴ: 7_9	정해19ㄴ: 7_10			
			君	業	覃	終	又	何	如			
			정해19ㄴ: 8_4	정해19ㄴ: 8_5	정해19ㄴ: 8_6	정해19ㄴ: 8_7	정해19ㄴ: 8_8	정해19ㄴ: 8_9	정해19ㄴ: 8_10			

			以	那	彆	彌	次	第	推			
			정해20ㄱ: 1_4	정해20ㄱ: 1_5	정해20ㄱ: 1_6	정해20ㄱ: 1_7	정해20ㄱ: 1_8	정해20ㄱ: 1_9	정해20ㄱ: 1_10			
			六	聲	通	乎	文	與	諺			
			정해20ㄱ: 2_4	정해20ㄱ: 2_5	정해20ㄱ: 2_6	정해20ㄱ: 2_7	정해20ㄱ: 2_8	정해20ㄱ: 2_9	정해20ㄱ: 2_10			
			戌	閭	用	於	諺	衣	絲			
			정해20ㄱ: 3_4	정해20ㄱ: 3_5	정해20ㄱ: 3_6	정해20ㄱ: 3_7	정해20ㄱ: 3_8	정해20ㄱ: 3_9	정해20ㄱ: 3_10			
			五	音	緩	急	各	自	對			
			정해20ㄱ: 4_4	정해20ㄱ: 4_5	정해20ㄱ: 4_6	정해20ㄱ: 4_7	정해20ㄱ: 4_8	정해20ㄱ: 4_9	정해20ㄱ: 4_10			
			君	聲	迺	是	業	之	促			
			정해20ㄱ: 5_4	정해20ㄱ: 5_5	정해20ㄱ: 5_6	정해20ㄱ: 5_7	정해20ㄱ: 5_8	정해20ㄱ: 5_9	정해20ㄱ: 5_10			
			斗	彆	聲	緩	爲	那	彌			
			정해20ㄱ: 6_4	정해20ㄱ: 6_5	정해20ㄱ: 6_6	정해20ㄱ: 6_7	정해20ㄱ: 6_8	정해20ㄱ: 6_9	정해20ㄱ: 6_10			
			穰	欲	亦	對	戌	與	挹			
			정해20ㄱ: 7_4	정해20ㄱ: 7_5	정해20ㄱ: 7_6	정해20ㄱ: 7_7	정해20ㄱ: 7_8	정해20ㄱ: 7_9	정해20ㄱ: 7_10			
			閭	宜	於	諺	不	宜	文			
			정해20ㄱ: 8_4	정해20ㄱ: 8_5	정해20ㄱ: 8_6	정해20ㄱ: 8_7	정해20ㄱ: 8_8	정해20ㄱ: 8_9	정해20ㄱ: 8_10			

			斗	輕	爲	閭	是	俗	習			
			정해20ㄴ: 1_4	정해20ㄴ: 1_5	정해20ㄴ: 1_6	정해20ㄴ: 1_7	정해20ㄴ: 1_8	정해20ㄴ: 1_9	정해20ㄴ: 1_10			
	合	字	解									
	정해20ㄴ: 2_2	정해20ㄴ: 2_3	정해20ㄴ: 2_4									
初	中	終	三	聲	合	而	成	字	初	聲	或	在
정해20ㄴ: 3_1	정해20ㄴ: 3_2	정해20ㄴ: 3_3	정해20ㄴ: 3_4	정해20ㄴ: 3_5	정해20ㄴ: 3_6	정해20ㄴ: 3_7	정해20ㄴ: 3_8	정해20ㄴ: 3_9	정해20ㄴ: 3_10	정해20ㄴ: 3_11	정해20ㄴ: 3_12	정해20ㄴ: 3_13
中	聲	之	上	或	在	中	聲	之	左	如	君	字
정해20ㄴ: 4_1	정해20ㄴ: 4_2	정해20ㄴ: 4_3	정해20ㄴ: 4_4	정해20ㄴ: 4_5	정해20ㄴ: 4_6	정해20ㄴ: 4_7	정해20ㄴ: 4_8	정해20ㄴ: 4_9	정해20ㄴ: 4_10	정해20ㄴ: 4_11	정해20ㄴ: 4_12	정해20ㄴ: 4_13
ㄱ	在	ㅜ	上	業	字	ㆁ	在	ㅓ	左	之	類	中
정해20ㄴ: 5_1	정해20ㄴ: 5_2	정해20ㄴ: 5_3	정해20ㄴ: 5_4	정해20ㄴ: 5_5	정해20ㄴ: 5_6	정해20ㄴ: 5_7	정해20ㄴ: 5_8	정해20ㄴ: 5_9	정해20ㄴ: 5_10	정해20ㄴ: 5_11	정해20ㄴ: 5_12	정해20ㄴ: 5_13
聲	則	圓	者	橫	者	在	初	聲	之	下	ㆍ	ㅡ
정해20ㄴ: 6_1	정해20ㄴ: 6_2	정해20ㄴ: 6_3	정해20ㄴ: 6_4	정해20ㄴ: 6_5	정해20ㄴ: 6_6	정해20ㄴ: 6_7	정해20ㄴ: 6_8	정해20ㄴ: 6_9	정해20ㄴ: 6_10	정해20ㄴ: 6_11	정해20ㄴ: 6_12	정해20ㄴ: 6_13
ㅗ	ㅛ	ㅜ	ㅠ	是	也	縱	者	在	初	聲	之	右
정해20ㄴ: 7_1	정해20ㄴ: 7_2	정해20ㄴ: 7_3	정해20ㄴ: 7_4	정해20ㄴ: 7_5	정해20ㄴ: 7_6	정해20ㄴ: 7_7	정해20ㄴ: 7_8	정해20ㄴ: 7_9	정해20ㄴ: 7_10	정해20ㄴ: 7_11	정해20ㄴ: 7_12	정해20ㄴ: 7_13
ㅣ	ㅏ	ㅑ	ㅓ	ㅕ	是	也	如	呑	字	ㆍ	在	ㅌ
정해20ㄴ: 8_1	정해20ㄴ: 8_2	정해20ㄴ: 8_3	정해20ㄴ: 8_4	정해20ㄴ: 8_5	정해20ㄴ: 8_6	정해20ㄴ: 8_7	정해20ㄴ: 8_8	정해20ㄴ: 8_9	정해20ㄴ: 8_10	정해20ㄴ: 8_11	정해20ㄴ: 8_12	정해20ㄴ: 8_13

下	即	字	ㅡ	在	ㅈ	下	侵	字	ㅣ	在	ㅊ	右
정해21ㄱ: 1_1	정해21ㄱ: 1_2	정해21ㄱ: 1_3	정해21ㄱ: 1_4	정해21ㄱ: 1_5	정해21ㄱ: 1_6	정해21ㄱ: 1_7	정해21ㄱ: 1_8	정해21ㄱ: 1_9	정해21ㄱ: 1_10	정해21ㄱ: 1_11	정해21ㄱ: 1_12	정해21ㄱ: 1_13
之	類	終	聲	在	初	中	之	下	如	君	字	ㄴ
정해21ㄱ: 2_1	정해21ㄱ: 2_2	정해21ㄱ: 2_3	정해21ㄱ: 2_4	정해21ㄱ: 2_5	정해21ㄱ: 2_6	정해21ㄱ: 2_7	정해21ㄱ: 2_8	정해21ㄱ: 2_9	정해21ㄱ: 2_10	정해21ㄱ: 2_11	정해21ㄱ: 2_12	정해21ㄱ: 2_13
在	구	下	業	字	ㅂ	在	어	下	之	類	初	聲
정해21ㄱ: 3_1	정해21ㄱ: 3_2	정해21ㄱ: 3_3	정해21ㄱ: 3_4	정해21ㄱ: 3_5	정해21ㄱ: 3_6	정해21ㄱ: 3_7	정해21ㄱ: 3_8	정해21ㄱ: 3_9	정해21ㄱ: 3_10	정해21ㄱ: 3_11	정해21ㄱ: 3_12	정해21ㄱ: 3_13
二	字	三	字	合	用	竝	書	如	諺	語	ᄯᅡ	爲
정해21ㄱ: 4_1	정해21ㄱ: 4_2	정해21ㄱ: 4_3	정해21ㄱ: 4_4	정해21ㄱ: 4_5	정해21ㄱ: 4_6	정해21ㄱ: 4_7	정해21ㄱ: 4_8	정해21ㄱ: 4_9	정해21ㄱ: 4_10	정해21ㄱ: 4_11	정해21ㄱ: 4_12	정해21ㄱ: 4_13
地	ᄧᅡᆨ	爲	隻	ᄢᅳᆷ	爲	隙	之	類	各	自	竝	書
정해21ㄱ: 5_1	정해21ㄱ: 5_2	정해21ㄱ: 5_3	정해21ㄱ: 5_4	정해21ㄱ: 5_5	정해21ㄱ: 5_6	정해21ㄱ: 5_7	정해21ㄱ: 5_8	정해21ㄱ: 5_9	정해21ㄱ: 5_10	정해21ㄱ: 5_11	정해21ㄱ: 5_12	정해21ㄱ: 5_13
如	諺	語	혀	爲	舌	而	ᅘᅧ	爲	引	괴	ᅇᅧ	爲
정해21ㄱ: 6_1	정해21ㄱ: 6_2	정해21ㄱ: 6_3	정해21ㄱ: 6_4	정해21ㄱ: 6_5	정해21ㄱ: 6_6	정해21ㄱ: 6_7	정해21ㄱ: 6_8	정해21ㄱ: 6_9	정해21ㄱ: 6_10	정해21ㄱ: 6_11	정해21ㄱ: 6_12	정해21ㄱ: 6_13
我	愛	人	而	괴	ᅇᅧ	爲	人	愛	我	소	·다	爲
정해21ㄱ: 7_1	정해21ㄱ: 7_2	정해21ㄱ: 7_3	정해21ㄱ: 7_4	정해21ㄱ: 7_5	정해21ㄱ: 7_6	정해21ㄱ: 7_7	정해21ㄱ: 7_8	정해21ㄱ: 7_9	정해21ㄱ: 7_10	정해21ㄱ: 7_11	정해21ㄱ: 7_12	정해21ㄱ: 7_13
覆	物	而	쏘	·다	爲	射	之	之	類	中	聲	二
정해21ㄱ: 8_1	정해21ㄱ: 8_2	정해21ㄱ: 8_3	정해21ㄱ: 8_4	정해21ㄱ: 8_5	정해21ㄱ: 8_6	정해21ㄱ: 8_7	정해21ㄱ: 8_8	정해21ㄱ: 8_9	정해21ㄱ: 8_10	정해21ㄱ: 8_11	정해21ㄱ: 8_12	정해21ㄱ: 8_13

字	三	字	合	用	如	諺	語	·과	爲	琴	柱	·홰
정해21ㄴ: 1_1	정해21ㄴ: 1_2	정해21ㄴ: 1_3	정해21ㄴ: 1_4	정해21ㄴ: 1_5	정해21ㄴ: 1_6	정해21ㄴ: 1_7	정해21ㄴ: 1_8	정해21ㄴ: 1_9	정해21ㄴ: 1_10	정해21ㄴ: 1_11	정해21ㄴ: 1_12	정해21ㄴ: 1_13
爲	炬	之	類	終	聲	二	字	三	字	合	用	如
정해21ㄴ: 2_1	정해21ㄴ: 2_2	정해21ㄴ: 2_3	정해21ㄴ: 2_4	정해21ㄴ: 2_5	정해21ㄴ: 2_6	정해21ㄴ: 2_7	정해21ㄴ: 2_8	정해21ㄴ: 2_9	정해21ㄴ: 2_10	정해21ㄴ: 2_11	정해21ㄴ: 2_12	정해21ㄴ: 2_13
諺	語	ᄒᆞᆰ	爲	土	낛	爲	釣	ᄃᆞᇌ	·ᄣᅢ	爲	酉	時
정해21ㄴ: 3_1	정해21ㄴ: 3_2	정해21ㄴ: 3_3	정해21ㄴ: 3_4	정해21ㄴ: 3_5	정해21ㄴ: 3_6	정해21ㄴ: 3_7	정해21ㄴ: 3_8	정해21ㄴ: 3_9	정해21ㄴ: 3_10	정해21ㄴ: 3_11	정해21ㄴ: 3_12	정해21ㄴ: 3_13
之	類	其	合	用	並	書	自	左	而	右	初	中
정해21ㄴ: 4_1	정해21ㄴ: 4_2	정해21ㄴ: 4_3	정해21ㄴ: 4_4	정해21ㄴ: 4_5	정해21ㄴ: 4_6	정해21ㄴ: 4_7	정해21ㄴ: 4_8	정해21ㄴ: 4_9	정해21ㄴ: 4_10	정해21ㄴ: 4_11	정해21ㄴ: 4_12	정해21ㄴ: 4_13
終	三	聲	皆	同	文	與	諺	雜	用	則	有	因
정해21ㄴ: 5_1	정해21ㄴ: 5_2	정해21ㄴ: 5_3	정해21ㄴ: 5_4	정해21ㄴ: 5_5	정해21ㄴ: 5_6	정해21ㄴ: 5_7	정해21ㄴ: 5_8	정해21ㄴ: 5_9	정해21ㄴ: 5_10	정해21ㄴ: 5_11	정해21ㄴ: 5_12	정해21ㄴ: 5_13
字	音	而	補	以	中	終	聲	者	如	孔	子	ㅣ
정해21ㄴ: 6_1	정해21ㄴ: 6_2	정해21ㄴ: 6_3	정해21ㄴ: 6_4	정해21ㄴ: 6_5	정해21ㄴ: 6_6	정해21ㄴ: 6_7	정해21ㄴ: 6_8	정해21ㄴ: 6_9	정해21ㄴ: 6_10	정해21ㄴ: 6_11	정해21ㄴ: 6_12	정해21ㄴ: 6_13
魯	ㅅ	:사	ᄅᆞᆷ	之	類	諺	語	平	上	去	入	如
정해21ㄴ: 7_1	정해21ㄴ: 7_2	정해21ㄴ: 7_3	정해21ㄴ: 7_4	정해21ㄴ: 7_5	정해21ㄴ: 7_6	정해21ㄴ: 7_7	정해21ㄴ: 7_8	정해21ㄴ: 7_9	정해21ㄴ: 7_10	정해21ㄴ: 7_11	정해21ㄴ: 7_12	정해21ㄴ: 7_13
활	爲	弓	而	其	聲	平	:돌	爲	石	而	其	聲
정해21ㄴ: 8_1	정해21ㄴ: 8_2	정해21ㄴ: 8_3	정해21ㄴ: 8_4	정해21ㄴ: 8_5	정해21ㄴ: 8_6	정해21ㄴ: 8_7	정해21ㄴ: 8_8	정해21ㄴ: 8_9	정해21ㄴ: 8_10	정해21ㄴ: 8_11	정해21ㄴ: 8_12	정해21ㄴ: 8_13

上	·갈	為	刀	而	其	聲	去	붇	為	筆	而	其
정해22ㄱ: 1_1	정해22ㄱ: 1_2	정해22ㄱ: 1_3	정해22ㄱ: 1_4	정해22ㄱ: 1_5	정해22ㄱ: 1_6	정해22ㄱ: 1_7	정해22ㄱ: 1_8	정해22ㄱ: 1_9	정해22ㄱ: 1_10	정해22ㄱ: 1_11	정해22ㄱ: 1_12	정해22ㄱ: 1_13
聲	入	之	類	凡	字	之	左	加	一	點	為	去
정해22ㄱ: 2_1	정해22ㄱ: 2_2	정해22ㄱ: 2_3	정해22ㄱ: 2_4	정해22ㄱ: 2_5	정해22ㄱ: 2_6	정해22ㄱ: 2_7	정해22ㄱ: 2_8	정해22ㄱ: 2_9	정해22ㄱ: 2_10	정해22ㄱ: 2_11	정해22ㄱ: 2_12	정해22ㄱ: 2_3
聲	二	點	為	上	聲	無	點	為	平	聲	而	文
정해22ㄱ: 3_1	정해22ㄱ: 3_2	정해22ㄱ: 3_3	정해22ㄱ: 3_4	정해22ㄱ: 3_5	정해22ㄱ: 3_6	정해22ㄱ: 3_7	정해22ㄱ: 3_8	정해22ㄱ: 3_9	정해22ㄱ: 3_10	정해22ㄱ: 3_11	정해22ㄱ: 3_12	정해22ㄱ: 3_13
之	入	聲	與	去	聲	相	似	諺	之	入	聲	無
정해22ㄱ: 4_1	정해22ㄱ: 4_2	정해22ㄱ: 4_3	정해22ㄱ: 4_4	정해22ㄱ: 4_5	정해22ㄱ: 4_6	정해22ㄱ: 4_7	정해22ㄱ: 4_8	정해22ㄱ: 4_9	정해22ㄱ: 4_10	정해22ㄱ: 4_11	정해22ㄱ: 4_12	정해22ㄱ: 4_13
定	或	似	平	聲	如	긷	為	柱	녑	為	脅	或
정해22ㄱ: 5_1	정해22ㄱ: 5_2	정해22ㄱ: 5_3	정해22ㄱ: 5_4	정해22ㄱ: 5_5	정해22ㄱ: 5_6	정해22ㄱ: 5_7	정해22ㄱ: 5_8	정해22ㄱ: 5_9	정해22ㄱ: 5_10	정해22ㄱ: 5_11	정해22ㄱ: 5_12	정해22ㄱ: 5_13
似	上	聲	如	:낟	為	穀	:깁	為	繒	或	似	去
정해22ㄱ: 6_1	정해22ㄱ: 6_2	정해22ㄱ: 6_3	정해22ㄱ: 6_4	정해22ㄱ: 6_5	정해22ㄱ: 6_6	정해22ㄱ: 6_7	정해22ㄱ: 6_8	정해22ㄱ: 6_9	정해22ㄱ: 6_10	정해22ㄱ: 6_11	정해22ㄱ: 6_12	정해22ㄱ: 6_13
聲	如	·몯	為	釘	·입	為	口	之	類	其	加	點
정해22ㄱ: 7_1	정해22ㄱ: 7_2	정해22ㄱ: 7_3	정해22ㄱ: 7_4	정해22ㄱ: 7_5	정해22ㄱ: 7_6	정해22ㄱ: 7_7	정해22ㄱ: 7_8	정해22ㄱ: 7_9	정해22ㄱ: 7_10	정해22ㄱ: 7_11	정해22ㄱ: 7_12	정해22ㄱ: 7_13
則	與	平	上	去	同	平	聲	安	而	和	春	也
정해22ㄱ: 8_1	정해22ㄱ: 8_2	정해22ㄱ: 8_3	정해22ㄱ: 8_4	정해22ㄱ: 8_5	정해22ㄱ: 8_6	정해22ㄱ: 8_7	정해22ㄱ: 8_8	정해22ㄱ: 8_9	정해22ㄱ: 8_10	정해22ㄱ: 8_11	정해22ㄱ: 8_12	정해22ㄱ: 8_13

萬	物	舒	泰	上	聲	和	而	舉	夏	也	萬	物
정해22ㄴ: 1_1	정해22ㄴ: 1_2	정해22ㄴ: 1_3	정해22ㄴ: 1_4	정해22ㄴ: 1_5	정해22ㄴ: 1_6	정해22ㄴ: 1_7	정해22ㄴ: 1_8	정해22ㄴ: 1_9	정해22ㄴ: 1_10	정해22ㄴ: 1_11	정해22ㄴ: 1_12	정해22ㄴ: 1_13
漸	盛	去	聲	舉	而	壯	秋	也	萬	物	成	熟
정해22ㄴ: 2_1	정해22ㄴ: 2_2	정해22ㄴ: 2_3	정해22ㄴ: 2_4	정해22ㄴ: 2_5	정해22ㄴ: 2_6	정해22ㄴ: 2_7	정해22ㄴ: 2_8	정해22ㄴ: 2_9	정해22ㄴ: 2_10	정해22ㄴ: 2_11	정해22ㄴ: 2_12	정해22ㄴ: 2_13
入	聲	促	而	塞	冬	也	萬	物	閉	藏	初	聲
정해22ㄴ: 3_1	정해22ㄴ: 3_2	정해22ㄴ: 3_3	정해22ㄴ: 3_4	정해22ㄴ: 3_5	정해22ㄴ: 3_6	정해22ㄴ: 3_7	정해22ㄴ: 3_8	정해22ㄴ: 3_9	정해22ㄴ: 3_10	정해22ㄴ: 3_11	정해22ㄴ: 3_12	정해22ㄴ: 3_13
之	ㆆ	與	ㅇ	相	似	於	諺	可	以	通	用	也
정해22ㄴ: 4_1	정해22ㄴ: 4_2	정해22ㄴ: 4_3	정해22ㄴ: 4_4	정해22ㄴ: 4_5	정해22ㄴ: 4_6	정해22ㄴ: 4_7	정해22ㄴ: 4_8	정해22ㄴ: 4_9	정해22ㄴ: 4_10	정해22ㄴ: 4_11	정해22ㄴ: 4_12	정해22ㄴ: 4_13
半	舌	有	輕	重	二	音	然	韻	書	字	母	唯
정해22ㄴ: 5_1	정해22ㄴ: 5_2	정해22ㄴ: 5_3	정해22ㄴ: 5_4	정해22ㄴ: 5_5	정해22ㄴ: 5_6	정해22ㄴ: 5_7	정해22ㄴ: 5_8	정해22ㄴ: 5_9	정해22ㄴ: 5_10	정해22ㄴ: 5_11	정해22ㄴ: 5_12	정해22ㄴ: 5_13
一	且	國	語	雖	不	分	輕	重	皆	得	成	音
정해22ㄴ: 6_1	정해22ㄴ: 6_2	정해22ㄴ: 6_3	정해22ㄴ: 6_4	정해22ㄴ: 6_5	정해22ㄴ: 6_6	정해22ㄴ: 6_7	정해22ㄴ: 6_8	정해22ㄴ: 6_9	정해22ㄴ: 6_10	정해22ㄴ: 6_11	정해22ㄴ: 6_12	정해22ㄴ: 6_13
若	欲	備	用	則	依	脣	輕	例	ㅇ	連	書	ㄹ
정해22ㄴ: 7_1	정해22ㄴ: 7_2	정해22ㄴ: 7_3	정해22ㄴ: 7_4	정해22ㄴ: 7_5	정해22ㄴ: 7_6	정해22ㄴ: 7_7	정해22ㄴ: 7_8	정해22ㄴ: 7_9	정해22ㄴ: 7_10	정해22ㄴ: 7_11	정해22ㄴ: 7_12	정해22ㄴ: 7_13
下	為	半	舌	輕	音	舌	乍	附	上	腭	・	ㅡ
정해22ㄴ: 8_1	정해22ㄴ: 8_2	정해22ㄴ: 8_3	정해22ㄴ: 8_4	정해22ㄴ: 8_5	정해22ㄴ: 8_6	정해22ㄴ: 8_7	정해22ㄴ: 8_8	정해22ㄴ: 8_9	정해22ㄴ: 8_10	정해22ㄴ: 8_11	정해22ㄴ: 8_12	정해22ㄴ: 8_13

起	ㅣ	聲	於	國	語	無	用	兒	童	之	言	邊
정해23ㄱ:1_1	정해23ㄱ:1_2	정해23ㄱ:1_3	정해23ㄱ:1_4	정해23ㄱ:1_5	정해23ㄱ:1_6	정해23ㄱ:1_7	정해23ㄱ:1_8	정해23ㄱ:1_9	정해23ㄱ:1_10	정해23ㄱ:1_11	정해23ㄱ:1_12	정해23ㄱ:1_13
野	之	語	或	有	之	當	合	二	字	而	用	如
정해23ㄱ:2_1	정해23ㄱ:2_2	정해23ㄱ:2_3	정해23ㄱ:2_4	정해23ㄱ:2_5	정해23ㄱ:2_6	정해23ㄱ:2_7	정해23ㄱ:2_8	정해23ㄱ:2_9	정해23ㄱ:2_10	정해23ㄱ:2_11	정해23ㄱ:2_12	정해23ㄱ:2_13
ᄀᆝ	ᄀᆜ	之	類	其	先	縱	後	橫	與	他	不	同
정해23ㄱ:3_1	정해23ㄱ:3_2	정해23ㄱ:3_3	정해23ㄱ:3_4	정해23ㄱ:3_5	정해23ㄱ:3_6	정해23ㄱ:3_7	정해23ㄱ:3_8	정해23ㄱ:3_9	정해23ㄱ:3_10	정해23ㄱ:3_11	정해23ㄱ:3_12	정해23ㄱ:3_13
訣	曰											
정해23ㄱ:4_1	정해23ㄱ:4_2											
			初	聲	在	中	聲	左	上			
			정해23ㄱ:5_4	정해23ㄱ:5_5	정해23ㄱ:5_6	정해23ㄱ:5_7	정해23ㄱ:5_8	정해23ㄱ:5_9	정해23ㄱ:5_10			
			挹	欲	於	諺	用	相	同			
			정해23ㄱ:6_4	정해23ㄱ:6_5	정해23ㄱ:6_6	정해23ㄱ:6_7	정해23ㄱ:6_8	정해23ㄱ:6_9	정해23ㄱ:6_10			
			中	聲	十	一	附	初	聲			
			정해23ㄱ:7_4	정해23ㄱ:7_5	정해23ㄱ:7_6	정해23ㄱ:7_7	정해23ㄱ:7_8	정해23ㄱ:7_9	정해23ㄱ:7_10			
			圓	橫	書	下	右	書	縱			
			정해23ㄱ:8_4	정해23ㄱ:8_5	정해23ㄱ:8_6	정해23ㄱ:8_7	정해23ㄱ:8_8	정해23ㄱ:8_9	정해23ㄱ:8_10			

			欲	書	終	聲	在	何	處			
			정해23ㄴ: 1_4	정해23ㄴ: 1_5	정해23ㄴ: 1_6	정해23ㄴ: 1_7	정해23ㄴ: 1_8	정해23ㄴ: 1_9	정해23ㄴ: 1_10			
			初	中	聲	下	接	着	寫			
			정해23ㄴ: 2_4	정해23ㄴ: 2_5	정해23ㄴ: 2_6	정해23ㄴ: 2_7	정해23ㄴ: 2_8	정해23ㄴ: 2_9	정해23ㄴ: 2_10			
			初	終	合	用	各	並	書			
			정해23ㄴ: 3_4	정해23ㄴ: 3_5	정해23ㄴ: 3_6	정해23ㄴ: 3_7	정해23ㄴ: 3_8	정해23ㄴ: 3_9	정해23ㄴ: 3_10			
			中	亦	有	合	悉	自	左			
			정해23ㄴ: 4_4	정해23ㄴ: 4_5	정해23ㄴ: 4_6	정해23ㄴ: 4_7	정해23ㄴ: 4_8	정해23ㄴ: 4_9	정해23ㄴ: 4_10			
			諸	之	四	聲	何	以	辨			
			정해23ㄴ: 5_4	정해23ㄴ: 5_5	정해23ㄴ: 5_6	정해23ㄴ: 5_7	정해23ㄴ: 5_8	정해23ㄴ: 5_9	정해23ㄴ: 5_10			
			平	聲	則	弓	上	則	石			
			정해23ㄴ: 6_4	정해23ㄴ: 6_5	정해23ㄴ: 6_6	정해23ㄴ: 6_7	정해23ㄴ: 6_8	정해23ㄴ: 6_9	정해23ㄴ: 6_10			
			刀	爲	去	而	筆	爲	入			
			정해23ㄴ: 7_4	정해23ㄴ: 7_5	정해23ㄴ: 7_6	정해23ㄴ: 7_7	정해23ㄴ: 7_8	정해23ㄴ: 7_9	정해23ㄴ: 7_10			
			觀	此	四	物	他	可	識			
			정해23ㄴ: 8_4	정해23ㄴ: 8_5	정해23ㄴ: 8_6	정해23ㄴ: 8_7	정해23ㄴ: 8_8	정해23ㄴ: 8_9	정해23ㄴ: 8_10			

			音	因	左	點	四	聲	分			
			정해24ㄱ: 1_4	정해24ㄱ: 1_5	정해24ㄱ: 1_6	정해24ㄱ: 1_7	정해24ㄱ: 1_8	정해24ㄱ: 1_9	정해24ㄱ: 1_10			
			一	去	二	上	無	點	平			
			정해24ㄱ: 2_4	정해24ㄱ: 2_5	정해24ㄱ: 2_6	정해24ㄱ: 2_7	정해24ㄱ: 2_8	정해24ㄱ: 2_9	정해24ㄱ: 2_10			
			語	入	無	定	亦	加	點			
			정해24ㄱ: 3_4	정해24ㄱ: 3_5	정해24ㄱ: 3_6	정해24ㄱ: 3_7	정해24ㄱ: 3_8	정해24ㄱ: 3_9	정해24ㄱ: 3_10			
			文	之	入	則	似	去	聲			
			정해24ㄱ: 4_4	정해24ㄱ: 4_5	정해24ㄱ: 4_6	정해24ㄱ: 4_7	정해24ㄱ: 4_8	정해24ㄱ: 4_9	정해24ㄱ: 4_10			
			方	言	俚	語	萬	不	同			
			정해24ㄱ: 5_4	정해24ㄱ: 5_5	정해24ㄱ: 5_6	정해24ㄱ: 5_7	정해24ㄱ: 5_8	정해24ㄱ: 5_9	정해24ㄱ: 5_10			
			有	聲	無	字	書	難	通			
			정해24ㄱ: 6_4	정해24ㄱ: 6_5	정해24ㄱ: 6_6	정해24ㄱ: 6_7	정해24ㄱ: 6_8	정해24ㄱ: 6_9	정해24ㄱ: 6_10			
			一	朝								
			정해24ㄱ: 7_4	정해24ㄱ: 7_5								
			制	作	侔	神	工					
			정해24ㄱ: 8_4	정해24ㄱ: 8_5	정해24ㄱ: 8_6	정해24ㄱ: 8_7	정해24ㄱ: 8_8					

			大	東	千	古	開	矇	矓			
			정해24ㄴ: 1_4	정해24ㄴ: 1_5	정해24ㄴ: 1_6	정해24ㄴ: 1_7	정해24ㄴ: 1_8	정해24ㄴ: 1_9	정해24ㄴ: 1_10			
	用	字	例									
	정해24ㄴ: 2_2	정해24ㄴ: 2_3	정해24ㄴ: 2_4									
初	聲	ㄱ	如	:감	爲	柹	·골	爲	蘆	ㅋ	如	우
정해24ㄴ: 3_1	정해24ㄴ: 3_2	정해24ㄴ: 3_3	정해24ㄴ: 3_4	정해24ㄴ: 3_5	정해24ㄴ: 3_6	정해24ㄴ: 3_7	정해24ㄴ: 3_8	정해24ㄴ: 3_9	정해24ㄴ: 3_10	정해24ㄴ: 3_11	정해24ㄴ: 3_12	정해24ㄴ: 3_13
·케	爲	未	舂	稻	콩	爲	大	豆	ㆁ	如	러	울
정해24ㄴ: 4_1	정해24ㄴ: 4_2	정해24ㄴ: 4_3	정해24ㄴ: 4_4	정해24ㄴ: 4_5	정해24ㄴ: 4_6	정해24ㄴ: 4_7	정해24ㄴ: 4_8	정해24ㄴ: 4_9	정해24ㄴ: 4_10	정해24ㄴ: 4_11	정해24ㄴ: 4_12	정해24ㄴ: 4_13
爲	獺	서	·에	爲	流	凘	ㄷ	如	·뒤	爲	茅	·담
정해24ㄴ: 5_1	정해24ㄴ: 5_2	정해24ㄴ: 5_3	정해24ㄴ: 5_4	정해24ㄴ: 5_5	정해24ㄴ: 5_6	정해24ㄴ: 5_7	정해24ㄴ: 5_8	정해24ㄴ: 5_9	정해24ㄴ: 5_10	정해24ㄴ: 5_11	정해24ㄴ: 5_12	정해24ㄴ: 5_13
爲	墻	ㅌ	如	고	·티	爲	繭	두	텁	爲	蟾	蜍
정해24ㄴ: 6_1	정해24ㄴ: 6_2	정해24ㄴ: 6_3	정해24ㄴ: 6_4	정해24ㄴ: 6_5	정해24ㄴ: 6_6	정해24ㄴ: 6_7	정해24ㄴ: 6_8	정해24ㄴ: 6_9	정해24ㄴ: 6_10	정해24ㄴ: 6_11	정해24ㄴ: 6_12	정해24ㄴ: 6_13
ㄴ	如	노	로	爲	獐	·납	爲	猿	ㅂ	如	볼	爲
정해24ㄴ: 7_1	정해24ㄴ: 7_2	정해24ㄴ: 7_3	정해24ㄴ: 7_4	정해24ㄴ: 7_5	정해24ㄴ: 7_6	정해24ㄴ: 7_7	정해24ㄴ: 7_8	정해24ㄴ: 7_9	정해24ㄴ: 7_10	정해24ㄴ: 7_11	정해24ㄴ: 7_12	정해24ㄴ: 7_13
臂	:벌	爲	蜂	ㅍ	如	·파	爲	葱	·풀	爲	蠅	ㅁ
정해24ㄴ: 8_1	정해24ㄴ: 8_2	정해24ㄴ: 8_3	정해24ㄴ: 8_4	정해24ㄴ: 8_5	정해24ㄴ: 8_6	정해24ㄴ: 8_7	정해24ㄴ: 8_8	정해24ㄴ: 8_9	정해24ㄴ: 8_10	정해24ㄴ: 8_11	정해24ㄴ: 8_12	정해24ㄴ: 8_13

如	:뫼	爲	山	·마	爲	薯	藇	ㅸ	如	사	·ᄫᅵ	爲
정해25ㄱ: 1_1	정해25ㄱ: 1_2	정해25ㄱ: 1_3	정해25ㄱ: 1_4	정해25ㄱ: 1_5	정해25ㄱ: 1_6	정해25ㄱ: 1_7	정해25ㄱ: 1_8	정해25ㄱ: 1_9	정해25ㄱ: 1_10	정해25ㄱ: 1_11	정해25ㄱ: 1_12	정해25ㄱ: 1_13
蝦	드	·ᄫᅴ	爲	瓠	ㅈ	如	·자	爲	尺	죠	·ᄒᆡ	爲
정해25ㄱ: 2_1	정해25ㄱ: 2_2	정해25ㄱ: 2_3	정해25ㄱ: 2_4	정해25ㄱ: 2_5	정해25ㄱ: 2_6	정해25ㄱ: 2_7	정해25ㄱ: 2_8	정해25ㄱ: 2_9	정해25ㄱ: 2_10	정해25ㄱ: 2_11	정해25ㄱ: 2_12	정해25ㄱ: 2_13
紙	ㅊ	如	·체	爲	簏	·채	爲	鞭	ㅅ	如	·손	爲
정해25ㄱ: 3_1	정해25ㄱ: 3_2	정해25ㄱ: 3_3	정해25ㄱ: 3_4	정해25ㄱ: 3_5	정해25ㄱ: 3_6	정해25ㄱ: 3_7	정해25ㄱ: 3_8	정해25ㄱ: 3_9	정해25ㄱ: 3_10	정해25ㄱ: 3_11	정해25ㄱ: 3_12	정해25ㄱ: 3_13
手	:셤	爲	島	ㅎ	如	·부	헝	爲	鵂	鶹	·힘	爲
정해25ㄱ: 4_1	정해25ㄱ: 4_2	정해25ㄱ: 4_3	정해25ㄱ: 4_4	정해25ㄱ: 4_5	정해25ㄱ: 4_6	정해25ㄱ: 4_7	정해25ㄱ: 4_8	정해25ㄱ: 4_9	정해25ㄱ: 4_10	정해25ㄱ: 4_11	정해25ㄱ: 4_12	정해25ㄱ: 4_13
筋	ㅇ	如	·비	육	爲	鷄	雛	·ᄇᆞ	얌	爲	蛇	ㄹ
정해25ㄱ: 5_1	정해25ㄱ: 5_2	정해25ㄱ: 5_3	정해25ㄱ: 5_4	정해25ㄱ: 5_5	정해25ㄱ: 5_6	정해25ㄱ: 5_7	정해25ㄱ: 5_8	정해25ㄱ: 5_9	정해25ㄱ: 5_10	정해25ㄱ: 5_11	정해25ㄱ: 5_12	정해25ㄱ: 5_13
如	·무	뤼	爲	雹	어	·름	爲	氷	ㅿ	如	아	ᅀᆞ
정해25ㄱ: 6_1	정해25ㄱ: 6_2	정해25ㄱ: 6_3	정해25ㄱ: 6_4	정해25ㄱ: 6_5	정해25ㄱ: 6_6	정해25ㄱ: 6_7	정해25ㄱ: 6_8	정해25ㄱ: 6_9	정해25ㄱ: 6_10	정해25ㄱ: 6_11	정해25ㄱ: 6_12	정해25ㄱ: 6_13
爲	弟	:너	ᅀᅵ	爲	鴇	中	聲	·	如	·ᄐᆞᆨ	爲	頤
정해25ㄱ: 7_1	정해25ㄱ: 7_2	정해25ㄱ: 7_3	정해25ㄱ: 7_4	정해25ㄱ: 7_5	정해25ㄱ: 7_6	정해25ㄱ: 7_7	정해25ㄱ: 7_8	정해25ㄱ: 7_9	정해25ㄱ: 7_10	정해25ㄱ: 7_11	정해25ㄱ: 7_12	정해25ㄱ: 7_13
·ᄑᆞᆺ	爲	小	豆	ᄃᆞ	리	爲	橋	·ᄀᆞ	래	爲	楸	ㅡ
정해25ㄱ: 8_1	정해25ㄱ: 8_2	정해25ㄱ: 8_3	정해25ㄱ: 8_4	정해25ㄱ: 8_5	정해25ㄱ: 8_6	정해25ㄱ: 8_7	정해25ㄱ: 8_8	정해25ㄱ: 8_9	정해25ㄱ: 8_10	정해25ㄱ: 8_11	정해25ㄱ: 8_12	정해25ㄱ: 8_13

如	·믈	爲	水	·발	·측	爲	跟	그	력	爲	鴈	드
정해25ㄴ: 1_1	정해25ㄴ: 1_2	정해25ㄴ: 1_3	정해25ㄴ: 1_4	정해25ㄴ: 1_5	정해25ㄴ: 1_6	정해25ㄴ: 1_7	정해25ㄴ: 1_8	정해25ㄴ: 1_9	정해25ㄴ: 1_10	정해25ㄴ: 1_11	정해25ㄴ: 1_12	정해25ㄴ: 1_13
·레	爲	汲	器	ㅣ	如	·깃	爲	巢	:밀	爲	蠟	·피
정해25ㄴ: 2_1	정해25ㄴ: 2_2	정해25ㄴ: 2_3	정해25ㄴ: 2_4	정해25ㄴ: 2_5	정해25ㄴ: 2_6	정해25ㄴ: 2_7	정해25ㄴ: 2_8	정해25ㄴ: 2_9	정해25ㄴ: 2_10	정해25ㄴ: 2_11	정해25ㄴ: 2_12	정해25ㄴ: 2_13
爲	稷	키	爲	箕	ㅡ	如	논	爲	水	田	·톱	爲
정해25ㄴ: 3_1	정해25ㄴ: 3_2	정해25ㄴ: 3_3	정해25ㄴ: 3_4	정해25ㄴ: 3_5	정해25ㄴ: 3_6	정해25ㄴ: 3_7	정해25ㄴ: 3_8	정해25ㄴ: 3_9	정해25ㄴ: 3_10	정해25ㄴ: 3_11	정해25ㄴ: 3_12	정해25ㄴ: 3_13
鉅	호	·미	爲	鉏	벼	·로	爲	硯	ㅏ	如	·밥	爲
정해25ㄴ: 4_1	정해25ㄴ: 4_2	정해25ㄴ: 4_3	정해25ㄴ: 4_4	정해25ㄴ: 4_5	정해25ㄴ: 4_6	정해25ㄴ: 4_7	정해25ㄴ: 4_8	정해25ㄴ: 4_9	정해25ㄴ: 4_10	정해25ㄴ: 4_11	정해25ㄴ: 4_12	정해25ㄴ: 4_13
飯	·낟	爲	鎌	이	·아	爲	綜	사	·ᄉᆞᆷ	爲	鹿	ㅜ
정해25ㄴ: 5_1	정해25ㄴ: 5_2	정해25ㄴ: 5_3	정해25ㄴ: 5_4	정해25ㄴ: 5_5	정해25ㄴ: 5_6	정해25ㄴ: 5_7	정해25ㄴ: 5_8	정해25ㄴ: 5_9	정해25ㄴ: 5_10	정해25ㄴ: 5_11	정해25ㄴ: 5_12	정해25ㄴ: 5_13
如	숫	爲	炭	·울	爲	籬	누	·에	爲	蚕	구	·리
정해25ㄴ: 6_1	정해25ㄴ: 6_2	정해25ㄴ: 6_3	정해25ㄴ: 6_4	정해25ㄴ: 6_5	정해25ㄴ: 6_6	정해25ㄴ: 6_7	정해25ㄴ: 6_8	정해25ㄴ: 6_9	정해25ㄴ: 6_10	정해25ㄴ: 6_11	정해25ㄴ: 6_12	정해25ㄴ: 6_13
爲	銅	ㅓ	如	브	ᅀᅥᆸ	爲	竈	:널	爲	板	서	·리
정해25ㄴ: 7_1	정해25ㄴ: 7_2	정해25ㄴ: 7_3	정해25ㄴ: 7_4	정해25ㄴ: 7_5	정해25ㄴ: 7_6	정해25ㄴ: 7_7	정해25ㄴ: 7_8	정해25ㄴ: 7_9	정해25ㄴ: 7_10	정해25ㄴ: 7_11	정해25ㄴ: 7_12	정해25ㄴ: 7_13
爲	霜	버	·들	爲	柳	ㅛ	如	죵	爲	奴	·고	욤
정해25ㄴ: 8_1	정해25ㄴ: 8_2	정해25ㄴ: 8_3	정해25ㄴ: 8_4	정해25ㄴ: 8_5	정해25ㄴ: 8_6	정해25ㄴ: 8_7	정해25ㄴ: 8_8	정해25ㄴ: 8_9	정해25ㄴ: 8_10	정해25ㄴ: 8_11	정해25ㄴ: 8_12	정해25ㄴ: 8_13

爲	梬	·쇼	爲	牛	삽	됴	爲	蒼	朮	菜	ㅑ	如
정해26ㄱ: 1_1	정해26ㄱ: 1_2	정해26ㄱ: 1_3	정해26ㄱ: 1_4	정해26ㄱ: 1_5	정해26ㄱ: 1_6	정해26ㄱ: 1_7	정해26ㄱ: 1_8	정해26ㄱ: 1_9	정해26ㄱ: 1_10	정해26ㄱ: 1_11	정해26ㄱ: 1_12	정해26ㄱ: 1_13
남	샹	爲	龜	약	爲	鼅	鼊	다	야	爲	匜	쟈
정해26ㄱ: 2_1	정해26ㄱ: 2_2	정해26ㄱ: 2_3	정해26ㄱ: 2_4	정해26ㄱ: 2_5	정해26ㄱ: 2_6	정해26ㄱ: 2_7	정해26ㄱ: 2_8	정해26ㄱ: 2_9	정해26ㄱ: 2_10	정해26ㄱ: 2_11	정해26ㄱ: 2_12	정해26ㄱ: 2_13
감	爲	蕎	麥	皮	ㅠ	如	율	믜	爲	薏	苡	쥭
정해26ㄱ: 3_1	정해26ㄱ: 3_2	정해26ㄱ: 3_3	정해26ㄱ: 3_4	정해26ㄱ: 3_5	정해26ㄱ: 3_6	정해26ㄱ: 3_7	정해26ㄱ: 3_8	정해26ㄱ: 3_9	정해26ㄱ: 3_10	정해26ㄱ: 3_11	정해26ㄱ: 3_12	정해26ㄱ: 3_13
爲	飯	粟	슈	룹	爲	雨	繖	쥬	련	爲	帨	ㅕ
정해26ㄱ: 4_1	정해26ㄱ: 4_2	정해26ㄱ: 4_3	정해26ㄱ: 4_4	정해26ㄱ: 4_5	정해26ㄱ: 4_6	정해26ㄱ: 4_7	정해26ㄱ: 4_8	정해26ㄱ: 4_9	정해26ㄱ: 4_10	정해26ㄱ: 4_11	정해26ㄱ: 4_12	정해26ㄱ: 4_13
如	·엿	爲	飴	餹	·뎔	爲	佛	寺	·벼	爲	稻	:져
정해26ㄱ: 5_1	정해26ㄱ: 5_2	정해26ㄱ: 5_3	정해26ㄱ: 5_4	정해26ㄱ: 5_5	정해26ㄱ: 5_6	정해26ㄱ: 5_7	정해26ㄱ: 5_8	정해26ㄱ: 5_9	정해26ㄱ: 5_10	정해26ㄱ: 5_11	정해26ㄱ: 5_12	정해26ㄱ: 5_13
비	爲	燕	終	聲	ㄱ	如	닥	爲	楮	독	爲	甕
정해26ㄱ: 6_1	정해26ㄱ: 6_2	정해26ㄱ: 6_3	정해26ㄱ: 6_4	정해26ㄱ: 6_5	정해26ㄱ: 6_6	정해26ㄱ: 6_7	정해26ㄱ: 6_8	정해26ㄱ: 6_9	정해26ㄱ: 6_10	정해26ㄱ: 6_11	정해26ㄱ: 6_12	정해26ㄱ: 6_13
ㆁ	如	:굼	벵	爲	蠐	螬	·올	창	爲	蝌	蚪	ㄷ
정해26ㄱ: 7_1	정해26ㄱ: 7_2	정해26ㄱ: 7_3	정해26ㄱ: 7_4	정해26ㄱ: 7_5	정해26ㄱ: 7_6	정해26ㄱ: 7_7	정해26ㄱ: 7_8	정해26ㄱ: 7_9	정해26ㄱ: 7_10	정해26ㄱ: 7_11	정해26ㄱ: 7_12	정해26ㄱ: 7_13
如	·갇	爲	笠	싣	爲	楓	ㄴ	如	·신	爲	屨	·반
정해26ㄱ: 8_1	정해26ㄱ: 8_2	정해26ㄱ: 8_3	정해26ㄱ: 8_4	정해26ㄱ: 8_5	정해26ㄱ: 8_6	정해26ㄱ: 8_7	정해26ㄱ: 8_8	정해26ㄱ: 8_9	정해26ㄱ: 8_10	정해26ㄱ: 8_11	정해26ㄱ: 8_12	정해26ㄱ: 8_13

되	爲	螢	ㅂ	如	섭	爲	薪	·굽	爲	蹄	ㅁ	如
정해26ㄴ: 1_1	정해26ㄴ: 1_2	정해26ㄴ: 1_3	정해26ㄴ: 1_4	정해26ㄴ: 1_5	정해26ㄴ: 1_6	정해26ㄴ: 1_7	정해26ㄴ: 1_8	정해26ㄴ: 1_9	정해26ㄴ: 1_10	정해26ㄴ: 1_11	정해26ㄴ: 1_12	정해26ㄴ: 1_13
:범	爲	虎	:ᄉᆡᆷ	爲	泉	ᅀ	如	:잣	爲	海	松	·못
정해26ㄴ: 2_1	정해26ㄴ: 2_2	정해26ㄴ: 2_3	정해26ㄴ: 2_4	정해26ㄴ: 2_5	정해26ㄴ: 2_6	정해26ㄴ: 2_7	정해26ㄴ: 2_8	정해26ㄴ: 2_9	정해26ㄴ: 2_10	정해26ㄴ: 2_11	정해26ㄴ: 2_12	정해26ㄴ: 2_13
爲	池	ㄹ	如	·ᄃᆞᆯ	爲	月	:별	爲	星	之	類	
정해26ㄴ: 3_1	정해26ㄴ: 3_2	정해26ㄴ: 3_3	정해26ㄴ: 3_4	정해26ㄴ: 3_5	정해26ㄴ: 3_6	정해26ㄴ: 3_7	정해26ㄴ: 3_8	정해26ㄴ: 3_9	정해26ㄴ: 3_10	정해26ㄴ: 3_11	정해26ㄴ: 3_12	
	有	天	地	自	然	之	聲	則	必	有	天	地
	정해26ㄴ: 4_2	정해26ㄴ: 4_3	정해26ㄴ: 4_4	정해26ㄴ: 4_5	정해26ㄴ: 4_6	정해26ㄴ: 4_7	정해26ㄴ: 4_8	정해26ㄴ: 4_9	정해26ㄴ: 4_10	정해26ㄴ: 4_11	정해26ㄴ: 4_12	정해26ㄴ: 4_13
	自	然	之	文	所	以	古	人	因	聲	制	字
	정해26ㄴ: 5_2	정해26ㄴ: 5_3	정해26ㄴ: 5_4	정해26ㄴ: 5_5	정해26ㄴ: 5_6	정해26ㄴ: 5_7	정해26ㄴ: 5_8	정해26ㄴ: 5_9	정해26ㄴ: 5_10	정해26ㄴ: 5_11	정해26ㄴ: 5_12	정해26ㄴ: 5_3
	以	通	萬	物	之	情	以	載	三	才	之	道
	정해26ㄴ: 6_2	정해26ㄴ: 6_3	정해26ㄴ: 6_4	정해26ㄴ: 6_5	정해26ㄴ: 6_6	정해26ㄴ: 6_7	정해26ㄴ: 6_8	정해26ㄴ: 6_9	정해26ㄴ: 6_10	정해26ㄴ: 6_11	정해26ㄴ: 6_12	정해26ㄴ: 6_13
	而	後	世	不	能	易	也	然	四	方	風	土
	정해26ㄴ: 7_2	정해26ㄴ: 7_3	정해26ㄴ: 7_4	정해26ㄴ: 7_5	정해26ㄴ: 7_6	정해26ㄴ: 7_7	정해26ㄴ: 7_8	정해26ㄴ: 7_9	정해26ㄴ: 7_10	정해26ㄴ: 7_11	정해26ㄴ: 7_12	정해26ㄴ: 7_13
	區	別	聲	氣	亦	隨	而	異	焉	盖	外	國
	정해26ㄴ: 8_2	정해26ㄴ: 8_3	정해26ㄴ: 8_4	정해26ㄴ: 8_5	정해26ㄴ: 8_6	정해26ㄴ: 8_7	정해26ㄴ: 8_8	정해26ㄴ: 8_9	정해26ㄴ: 8_10	정해26ㄴ: 8_11	정해26ㄴ: 8_12	정해26ㄴ: 8_13

	之	語	有	其	聲	而	無	其	字	假	中	國
	정해27ㄱ: 1_2	정해27ㄱ: 1_3	정해27ㄱ: 1_4	정해27ㄱ: 1_5	정해27ㄱ: 1_6	정해27ㄱ: 1_7	정해27ㄱ: 1_8	정해27ㄱ: 1_9	정해27ㄱ: 1_10	정해27ㄱ: 1_11	정해27ㄱ: 1_12	정해27ㄱ: 1_13
	之	字	以	通	其	用	是	猶	枘	鑿	之	鉏
	정해27ㄱ: 2_2	정해27ㄱ: 2_3	정해27ㄱ: 2_4	정해27ㄱ: 2_5	정해27ㄱ: 2_6	정해27ㄱ: 2_7	정해27ㄱ: 2_8	정해27ㄱ: 2_9	정해27ㄱ: 2_10	정해27ㄱ: 2_11	정해27ㄱ: 2_12	정해27ㄱ: 2_13
	鋙	也	豈	能	達	而	無	礙	乎	要	皆	各
	정해27ㄱ: 3_2	정해27ㄱ: 3_3	정해27ㄱ: 3_4	정해27ㄱ: 3_5	정해27ㄱ: 3_6	정해27ㄱ: 3_7	정해27ㄱ: 3_8	정해27ㄱ: 3_9	정해27ㄱ: 3_10	정해27ㄱ: 3_11	정해27ㄱ: 3_12	정해27ㄱ: 3_13
	隨	所	處	而	安	不	可	强	之	使	同	也
	정해27ㄱ: 4_2	정해27ㄱ: 4_3	정해27ㄱ: 4_4	정해27ㄱ: 4_5	정해27ㄱ: 4_6	정해27ㄱ: 4_7	정해27ㄱ: 4_8	정해27ㄱ: 4_9	정해27ㄱ: 4_10	정해27ㄱ: 4_11	정해27ㄱ: 4_12	정해27ㄱ: 4_13
	吾	東	方	禮	樂	文	章	侔	擬	華	夏	但
	정해27ㄱ: 5_2	정해27ㄱ: 5_3	정해27ㄱ: 5_4	정해27ㄱ: 5_5	정해27ㄱ: 5_6	정해27ㄱ: 5_7	정해27ㄱ: 5_8	정해27ㄱ: 5_9	정해27ㄱ: 5_10	정해27ㄱ: 5_11	정해27ㄱ: 5_12	정해27ㄱ: 5_13
	方	言	俚	語	不	與	之	同	學	書	者	患
	정해27ㄱ: 6_2	정해27ㄱ: 6_3	정해27ㄱ: 6_4	정해27ㄱ: 6_5	정해27ㄱ: 6_6	정해27ㄱ: 6_7	정해27ㄱ: 6_8	정해27ㄱ: 6_9	정해27ㄱ: 6_10	정해27ㄱ: 6_11	정해27ㄱ: 6_12	정해27ㄱ: 6_13
	其	旨	趣	之	難	曉	治	獄	者	病	其	曲
	정해27ㄱ: 7_2	정해27ㄱ: 7_3	정해27ㄱ: 7_4	정해27ㄱ: 7_5	정해27ㄱ: 7_6	정해27ㄱ: 7_7	정해27ㄱ: 7_8	정해27ㄱ: 7_9	정해27ㄱ: 7_10	정해27ㄱ: 7_11	정해27ㄱ: 7_12	정해27ㄱ: 7_13
	折	之	難	通	昔	新	羅	薛	聰	始	作	吏
	정해27ㄱ: 8_2	정해27ㄱ: 8_3	정해27ㄱ: 8_4	정해27ㄱ: 8_5	정해27ㄱ: 8_6	정해27ㄱ: 8_7	정해27ㄱ: 8_8	정해27ㄱ: 8_9	정해27ㄱ: 8_10	정해27ㄱ: 8_11	정해27ㄱ: 8_12	정해27ㄱ: 8_13

[62] 정음해례27ㄴ

	讀	官	民	府	間	至	今	行	之	然	皆	假
	정해27ㄴ: 1_2	정해27ㄴ: 1_3	정해27ㄴ: 1_4	정해27ㄴ: 1_5	정해27ㄴ: 1_6	정해27ㄴ: 1_7	정해27ㄴ: 1_8	정해27ㄴ: 1_9	정해27ㄴ: 1_10	정해27ㄴ: 1_11	정해27ㄴ: 1_12	정해27ㄴ: 1_13
	字	而	用	或	澁	或	窒	非	但	鄙	陋	無
	정해27ㄴ: 2_2	정해27ㄴ: 2_3	정해27ㄴ: 2_4	정해27ㄴ: 2_5	정해27ㄴ: 2_6	정해27ㄴ: 2_7	정해27ㄴ: 2_8	정해27ㄴ: 2_9	정해27ㄴ: 2_10	정해27ㄴ: 2_11	정해27ㄴ: 2_12	정해27ㄴ: 2_13
	稽	而	已	至	於	言	語	之	間	則	不	能
	정해27ㄴ: 3_2	정해27ㄴ: 3_3	정해27ㄴ: 3_4	정해27ㄴ: 3_5	정해27ㄴ: 3_6	정해27ㄴ: 3_7	정해27ㄴ: 3_8	정해27ㄴ: 3_9	정해27ㄴ: 3_10	정해27ㄴ: 3_11	정해27ㄴ: 3_12	정해27ㄴ: 3_13
	達	其	萬	一	焉	癸	亥	冬	我			
	정해27ㄴ: 4_2	정해27ㄴ: 4_3	정해27ㄴ: 4_4	정해27ㄴ: 4_5	정해27ㄴ: 4_6	정해27ㄴ: 4_7	정해27ㄴ: 4_8	정해27ㄴ: 4_9	정해27ㄴ: 4_10			
	殿	下	創	制	正	音	二	十	八	字	略	揭
	정해27ㄴ: 5_2	정해27ㄴ: 5_3	정해27ㄴ: 5_4	정해27ㄴ: 5_5	정해27ㄴ: 5_6	정해27ㄴ: 5_7	정해27ㄴ: 5_8	정해27ㄴ: 5_9	정해27ㄴ: 5_10	정해27ㄴ: 5_11	정해27ㄴ: 5_12	정해27ㄴ: 5_13
	例	義	以	示	之	名	曰	訓	民	正	音	象
	정해27ㄴ: 6_2	정해27ㄴ: 6_3	정해27ㄴ: 6_4	정해27ㄴ: 6_5	정해27ㄴ: 6_6	정해27ㄴ: 6_7	정해27ㄴ: 6_8	정해27ㄴ: 6_9	정해27ㄴ: 6_10	정해27ㄴ: 6_11	정해27ㄴ: 6_12	정해27ㄴ: 6_13
	形	而	字	倣	古	篆	因	聲	而	音	叶	七
	정해27ㄴ: 7_2	정해27ㄴ: 7_3	정해27ㄴ: 7_4	정해27ㄴ: 7_5	정해27ㄴ: 7_6	정해27ㄴ: 7_7	정해27ㄴ: 7_8	정해27ㄴ: 7_9	정해27ㄴ: 7_10	정해27ㄴ: 7_11	정해27ㄴ: 7_12	정해27ㄴ: 7_13
	調	三	極	之	義	二	氣	之	妙	莫	不	該
	정해27ㄴ: 8_2	정해27ㄴ: 8_3	정해27ㄴ: 8_4	정해27ㄴ: 8_5	정해27ㄴ: 8_6	정해27ㄴ: 8_7	정해27ㄴ: 8_8	정해27ㄴ: 8_9	정해27ㄴ: 8_10	정해27ㄴ: 8_11	정해27ㄴ: 8_12	정해27ㄴ: 8_13

	括	以	二	十	八	字	而	轉	換	無	窮	簡
	정해28ㄱ: 1_2	정해28ㄱ: 1_3	정해28ㄱ: 1_4	정해28ㄱ: 1_5	정해28ㄱ: 1_6	정해28ㄱ: 1_7	정해28ㄱ: 1_8	정해28ㄱ: 1_9	정해28ㄱ: 1_10	정해28ㄱ: 1_11	정해28ㄱ: 1_12	정해28ㄱ: 1_13
	而	要	精	而	通	故	智	者	不	終	朝	而
	정해28ㄱ: 2_2	정해28ㄱ: 2_3	정해28ㄱ: 2_4	정해28ㄱ: 2_5	정해28ㄱ: 2_6	정해28ㄱ: 2_7	정해28ㄱ: 2_8	정해28ㄱ: 2_9	정해28ㄱ: 2_10	정해28ㄱ: 2_11	정해28ㄱ: 2_12	정해28ㄱ: 2_13
	會	愚	者	可	浹	旬	而	學	以	是	解	書
	정해28ㄱ: 3_2	정해28ㄱ: 3_3	정해28ㄱ: 3_4	정해28ㄱ: 3_5	정해28ㄱ: 3_6	정해28ㄱ: 3_7	정해28ㄱ: 3_8	정해28ㄱ: 3_9	정해28ㄱ: 3_10	정해28ㄱ: 3_11	정해28ㄱ: 3_12	정해28ㄱ: 3_13
	可	以	知	其	義	以	是	聽	訟	可	以	得
	정해28ㄱ: 4_2	정해28ㄱ: 4_3	정해28ㄱ: 4_4	정해28ㄱ: 4_5	정해28ㄱ: 4_6	정해28ㄱ: 4_7	정해28ㄱ: 4_8	정해28ㄱ: 4_9	정해28ㄱ: 4_10	정해28ㄱ: 4_11	정해28ㄱ: 4_12	정해28ㄱ: 4_13
	其	情	字	韻	則	淸	濁	之	能	辨	樂	歌
	정해28ㄱ: 5_2	정해28ㄱ: 5_3	정해28ㄱ: 5_4	정해28ㄱ: 5_5	정해28ㄱ: 5_6	정해28ㄱ: 5_7	정해28ㄱ: 5_8	정해28ㄱ: 5_9	정해28ㄱ: 5_10	정해28ㄱ: 5_11	정해28ㄱ: 5_12	정해28ㄱ: 5_13
	則	律	呂	之	克	諧	無	所	用	而	不	備
	정해28ㄱ: 6_2	정해28ㄱ: 6_3	정해28ㄱ: 6_4	정해28ㄱ: 6_5	정해28ㄱ: 6_6	정해28ㄱ: 6_7	정해28ㄱ: 6_8	정해28ㄱ: 6_9	정해28ㄱ: 6_10	정해28ㄱ: 6_11	정해28ㄱ: 6_12	정해28ㄱ: 6_13
	無	所	往	而	不	達	雖	風	聲	鶴	唳	雞
	정해28ㄱ: 7_2	정해28ㄱ: 7_3	정해28ㄱ: 7_4	정해28ㄱ: 7_5	정해28ㄱ: 7_6	정해28ㄱ: 7_7	정해28ㄱ: 7_8	정해28ㄱ: 7_9	정해28ㄱ: 7_10	정해28ㄱ: 7_11	정해28ㄱ: 7_12	정해28ㄱ: 7_13
	鳴	狗	吠	皆	可	得	而	書	矣	遂		
	정해28ㄱ: 8_2	정해28ㄱ: 8_3	정해28ㄱ: 8_4	정해28ㄱ: 8_5	정해28ㄱ: 8_6	정해28ㄱ: 8_7	정해28ㄱ: 8_8	정해28ㄱ: 8_9	정해28ㄱ: 8_10	정해28ㄱ: 8_11		

	命	詳	加	解	釋	以	喩	諸	人	於	是	臣
	정해28ㄴ: 1_2	정해28ㄴ: 1_3	정해28ㄴ: 1_4	정해28ㄴ: 1_5	정해28ㄴ: 1_6	정해28ㄴ: 1_7	정해28ㄴ: 1_8	정해28ㄴ: 1_9	정해28ㄴ: 1_10	정해28ㄴ: 1_11	정해28ㄴ: 1_12	정해28ㄴ: 1_13
	與	集	賢	殿	應	敎	臣	崔	恒	副	校	理
	정해28ㄴ: 2_2	정해28ㄴ: 2_3	정해28ㄴ: 2_4	정해28ㄴ: 2_5	정해28ㄴ: 2_6	정해28ㄴ: 2_7	정해28ㄴ: 2_8	정해28ㄴ: 2_9	정해28ㄴ: 2_10	정해28ㄴ: 2_11	정해28ㄴ: 2_12	정해28ㄴ: 2_13
	臣	朴	彭	年	臣	申	叔	舟	脩	撰	臣	成
	정해28ㄴ: 3_2	정해28ㄴ: 3_3	정해28ㄴ: 3_4	정해28ㄴ: 3_5	정해28ㄴ: 3_6	정해28ㄴ: 3_7	정해28ㄴ: 3_8	정해28ㄴ: 3_9	정해28ㄴ: 3_10	정해28ㄴ: 3_11	정해28ㄴ: 3_12	정해28ㄴ: 3_13
	三	問	敦	寧	府	注	簿	臣	姜	希	顔	行
	정해28ㄴ: 4_2	정해28ㄴ: 4_3	정해28ㄴ: 4_4	정해28ㄴ: 4_5	정해28ㄴ: 4_6	정해28ㄴ: 4_7	정해28ㄴ: 4_8	정해28ㄴ: 4_9	정해28ㄴ: 4_10	정해28ㄴ: 4_11	정해28ㄴ: 4_12	정해28ㄴ: 4_13
	集	賢	殿	副	脩	撰	臣	李	塏	臣	李	善
	정해28ㄴ: 5_2	정해28ㄴ: 5_3	정해28ㄴ: 5_4	정해28ㄴ: 5_5	정해28ㄴ: 5_6	정해28ㄴ: 5_7	정해28ㄴ: 5_8	정해28ㄴ: 5_9	정해28ㄴ: 5_10	정해28ㄴ: 5_11	정해28ㄴ: 5_12	정해28ㄴ: 5_13
	老	等	謹	作	諸	解	及	例	以	敍	其	梗
	정해28ㄴ: 6_2	정해28ㄴ: 6_3	정해28ㄴ: 6_4	정해28ㄴ: 6_5	정해28ㄴ: 6_6	정해28ㄴ: 6_7	정해28ㄴ: 6_8	정해28ㄴ: 6_9	정해28ㄴ: 6_10	정해28ㄴ: 6_11	정해28ㄴ: 6_12	정해28ㄴ: 6_13
	槩	庶	使	觀	者	不	師	而	自	悟	若	其
	정해28ㄴ: 7_2	정해28ㄴ: 7_3	정해28ㄴ: 7_4	정해28ㄴ: 7_5	정해28ㄴ: 7_6	정해28ㄴ: 7_7	정해28ㄴ: 7_8	정해28ㄴ: 7_9	정해28ㄴ: 7_10	정해28ㄴ: 7_11	정해28ㄴ: 7_12	정해28ㄴ: 7_13
	淵	源	精	義	之	妙	則	非	臣	等	之	所
	정해28ㄴ: 8_2	정해28ㄴ: 8_3	정해28ㄴ: 8_4	정해28ㄴ: 8_5	정해28ㄴ: 8_6	정해28ㄴ: 8_7	정해28ㄴ: 8_8	정해28ㄴ: 8_9	정해28ㄴ: 8_10	정해28ㄴ: 8_11	정해28ㄴ: 8_12	정해28ㄴ: 8_13

	能	發	揮	也	恭	惟	我					
	정해29ㄱ: 1_2	정해29ㄱ: 1_3	정해29ㄱ: 1_4	정해29ㄱ: 1_5	정해29ㄱ: 1_6	정해29ㄱ: 1_7	정해29ㄱ: 1_8					
	殿	下	天	縱	之	聖	制	度	施	爲	超	越
	정해29ㄱ: 2_2	정해29ㄱ: 2_3	정해29ㄱ: 2_4	정해29ㄱ: 2_5	정해29ㄱ: 2_6	정해29ㄱ: 2_7	정해29ㄱ: 2_8	정해29ㄱ: 2_9	정해29ㄱ: 2_10	정해29ㄱ: 2_11	정해29ㄱ: 2_12	정해29ㄱ: 2_13
	百	王	正	音	之	作	無	所	祖	述	而	成
	정해29ㄱ: 3_2	정해29ㄱ: 3_3	정해29ㄱ: 3_4	정해29ㄱ: 3_5	정해29ㄱ: 3_6	정해29ㄱ: 3_7	정해29ㄱ: 3_8	정해29ㄱ: 3_9	정해29ㄱ: 3_10	정해29ㄱ: 3_11	정해29ㄱ: 3_12	정해29ㄱ: 3_13
	於	自	然	豈	以	其	至	理	之	無	所	不
	정해29ㄱ: 4_2	정해29ㄱ: 4_3	정해29ㄱ: 4_4	정해29ㄱ: 4_5	정해29ㄱ: 4_6	정해29ㄱ: 4_7	정해29ㄱ: 4_8	정해29ㄱ: 4_9	정해29ㄱ: 4_10	정해29ㄱ: 4_11	정해29ㄱ: 4_12	정해29ㄱ: 4_13
	在	而	非	人	爲	之	私	也	夫	東	方	有
	정해29ㄱ: 5_2	정해29ㄱ: 5_3	정해29ㄱ: 5_4	정해29ㄱ: 5_5	정해29ㄱ: 5_6	정해29ㄱ: 5_7	정해29ㄱ: 5_8	정해29ㄱ: 5_9	정해29ㄱ: 5_10	정해29ㄱ: 5_11	정해29ㄱ: 5_12	정해29ㄱ: 5_13
	國	不	爲	不	久	而	開	物	成	務	之	
	정해29ㄱ: 6_2	정해29ㄱ: 6_3	정해29ㄱ: 6_4	정해29ㄱ: 6_5	정해29ㄱ: 6_6	정해29ㄱ: 6_7	정해29ㄱ: 6_8	정해29ㄱ: 6_9	정해29ㄱ: 6_10	정해29ㄱ: 6_11	정해29ㄱ: 6_2	
	大	智	蓋	有	待	於	今	日	也	歟	正	統
	정해29ㄱ: 7_2	정해29ㄱ: 7_3	정해29ㄱ: 7_4	정해29ㄱ: 7_5	정해29ㄱ: 7_6	정해29ㄱ: 7_7	정해29ㄱ: 7_8	정해29ㄱ: 7_9	정해29ㄱ: 7_10	정해29ㄱ: 7_11	정해29ㄱ: 7_12	정해29ㄱ: 7_13
	十	一	年	九	月	上	澣	資	憲	大	夫	禮
	정해29ㄱ: 8_2	정해29ㄱ: 8_3	정해29ㄱ: 8_4	정해29ㄱ: 8_5	정해29ㄱ: 8_6	정해29ㄱ: 8_7	정해29ㄱ: 8_8	정해29ㄱ: 8_9	정해29ㄱ: 8_10	정해29ㄱ: 8_1	정해29ㄱ: 8_12	정해29ㄱ: 8_13

	曺	判	書	集	賢	殿	大	提	學	知	春	秋
	정해29ㄴ: 1_2	정해29ㄴ: 1_3	정해29ㄴ: 1_4	정해29ㄴ: 1_5	정해29ㄴ: 1_6	정해29ㄴ: 1_7	정해29ㄴ: 1_8	정해29ㄴ: 1_9	정해29ㄴ: 1_10	정해29ㄴ: 1_11	정해29ㄴ: 1_12	정해29ㄴ: 1_13
	館	事		世	子	右	賓	客	臣	鄭	麟	趾
	정해29ㄴ: 2_2	정해29ㄴ: 2_3		정해29ㄴ: 2_5	정해29ㄴ: 2_6	정해29ㄴ: 2_7	정해29ㄴ: 2_8	정해29ㄴ: 2_9	정해29ㄴ: 2_10	정해29ㄴ: 2_11	정해29ㄴ: 2_12	정해29ㄴ: 2_13
	拜	手	稽	首	謹	書						
	정해29ㄴ: 3_2	정해29ㄴ: 3_3	정해29ㄴ: 3_4	정해29ㄴ: 3_5	정해29ㄴ: 3_6	정해29ㄴ: 3_7						
訓	民	正	音									
정해29ㄴ: 8_1	정해29ㄴ: 8_2	정해29ㄴ: 8_3	정해29ㄴ: 8_4									

셋째 마당

《훈민정음》 해례본 연구와 강독용 교재 구성과 실제

1. 머리말

이 교재는 ≪훈민정음≫ 해례본 연구와 강독 교육을 위하여 교재를 어떻게 구성할 것인가를 밝히고 실제 유형을 제시한 것이다. 연구용과 강독용을 구별하지 않고 통합적으로 제시하는 것은 대부분 쓰임새가 겹치거나 맥락에 따라 같은 자료가 연구용이 될 수도 있고 강독 교육용도 될 수 있기 때문이다.

1446년 음력 9월에 간행된 ≪훈민정음≫ 해례본(이하 해례본)은 대한민국 국보 제70호이자 유네스코 세계기록유산으로, 대한민국의 문화재이자 인류의 문화재이기도 하다. 인류 역사상 최고의 문자로 평가받는 '훈민정음'은, 인류의 문명과 지적 담론을 묵직하게 담아온 66쪽의 책으로 그렇게 세상에 태어났다. 이러한 책의 비중에 비해 이 책에 대한 연구와 전체를 읽고 해석하고 새기는 강독(講讀) 교육은 제대로 이루어지지 않고 있다. 그 이유는 훈민정음 전공자가 거의 없는데다가 해례본이 한문으로 되어 있어, 한문이 거대한 벽으로 다가오는 현대 학생들에게는 강독은 물론이고 교육도 쉽지 않은 실정이다.[1)]

해례본 발견[2)] 이후 40여 종의 우리말 번역이 나와 있어 원문에 대한 접근을 도와주기는 하지만, 원문에 접근하는 근본 문제를 해결해 주지는 못한다. 따라서 이런 문제를 해결하기 위한 1차 전략으로서 대학생과 대학원생들, 그리고 연구자들을 위해 연구와 강독용 교재 구성을 어떻게 다양화할 것인가를 논하고 실제 구성안을 제시한 것이다.

강독은 단순한 읽기부터 해석과 논평까지 아우르는 매우 폭넓은 지적 소통 행위이자 지식 습득 행위이다. 어려운 교재일수록 강독용 2차 교재 구성이 매우 중요하다. 이러한 강독용 교재가 필요한 것은 교육 확산을 전제로 하는 것이므로 당연히 훈민정음 해례본에 대한 평가와 교육이 제대로 이루어지지 않고 있다는 현실에서 비롯된다. 서울대 고전 200선과 100선[3)]에 해례본이 포

---

1) 해례본 교육은 보통 국문과에서 이루어지고 있는데 한문에 대한 근본적인 접근 한계 때문에 제대로 이루어지지 않고 한문 전공자들에게는 훈민정음 내용이 연구 대상이 되기 어려운 점도 있다. 학제간 연구와 교육이 필요한 이유이기도 하다.

2) 소장자가 실체를 인지하고 있지 않은 상황에서 실체를 새로 발견한 것이므로 '발견'이란 말을 쓰는 것이다.

3) 서울대학교는 고전을 인류의 지혜가 집약된 보고라고 평가하고 한국문학 17권, 외국문학 31권, 동양사상 14권, 서양사상 27권, 과학기술 11권 등 100권 목록을 적극 홍보하고 있다. 고전 선정 맥락을 "기초교육 강화의 취지를 살리고 내실을 기하기 위하여 지난 1993년에 서울대학교가 발표한 '동서고전 200선'을 바탕으로 각 전공분야를 대표하는 20여명의 교수들이 모여 새로운 선정작업을 진행하여 서울대 학생을 위한 권장도서 100선 목록을 2005년도에 발표하게 되었다._서울대학생을 위한 권장 고서 100선 http://book100.snu.ac.kr(검색: 2016.10.30.)"라고 밝히고 있다.

함되지 않았다는 것은 우리 사회가 해례본을 얼마나 소홀히 여겨 왔는가를 보여주는 상징적인 지표라 아니할 수 없다.[4] 또한 해례본 전문 강독을 전제로 하여 '훈민정음' 교육을 하고 있는 대학교와 대학원은 거의 없다. 해례본을 연구한, 그리고 연구하고 있는 학자도 손에 꼽을 정도이니 제대로 교육이 이루어질 리 없다.[5] 설령 전문 강독이 아닌 일반적인 훈민정음 교육이라도 원문 텍스트에 대한 접근은 매우 중요하다.

해례본의 다양한 강독용 교재 구성이 필요한 것은 해례본 텍스트 자체의 특성 탓도 있다. 첫째, 고문헌이 갖고 있는 서지학적 특성이다. 15세기 문헌인데다가 570년이나 된 역사성을 간직한 책으로서, 일반 한문 고서적이 갖고 있는 특성에다가 한자에 찍혀 있는 사성점 부호(고릿점, 돌임, 권점) 등과 같이 전문가들도 접근하기가 쉽지 않은 어려운 요인이 많다. 둘째, 해례본은 음성과학과 동양 철학, 수리 철학 등 다양한 학문이 융합되어 있다 보니 내용 자체가 접근하기가 쉽지 않다.

그간 강독용 교재가 없었던 것은 아니다. 이를테면 영인본, 현대 활자본[6], 토달기본, 음달기본, 음토달기본 등 다양한 강독용 교재가 구성되어 왔다.[7] 이런 교재들의 장단점을 분석하여 수용하되 더 중요한 새로운 교재를 제시하여 가능한 교재 유형을 체계적으로 다양하게 제시하려는 것이다. 기존 강독용 교재들은 강독에 필요한 섬세한 독해 전략이 반영되어 있지 않아 교육적인 효과를 극대화하기 위해서는 세밀한 강독용 교재 구성이 필요하기 때문이다. 대학원생과 같은 연구자들한테는 연구를 북돋거나 도와 주는 2차 자료가 된다. 따라서 이 글은 해례본 연구와 교육이 왜 중요한가를 보여주는 차원에서 해례본 기본 의미와 가치를 간단히 언급하고 교재 구성에 대한 세밀한 맥락과 실제 교재 구성안을 밝힐 것이다.[8]

---

4) 이 목록을 바탕으로 현장에서 고전 읽기가 이루어지고 있으며 수많은 2차 교재가 생성되고 있다. 해례본이 왜 고전인지는 김슬옹(2007), 野間秀樹(노마 히데키(2010)/김진아 · 김기연 · 박수진 옮김(2011)에 잘 드러나 있다.

5) 해례본에 대한 연구와 '훈민정음' 문자에 대한 연구를 모두 포함한다 하더라도 그 중요성에 비해 연구 결과와 연구자 층은 턱없이 적은 편이다. 주제별, 연도별 연구 목록은 김슬옹 엮음(2015)으로 정리하였다.

6) '인쇄본'은 현대의 석판 인쇄를 비롯 조판 인쇄, 컴퓨터 문서작성기를 통한 편집 인쇄 등을 모두 아우른다.

7) 필자는 이런 차원에서 김슬옹(2008가)와 같은 음토달기본을 제시하면서 강독용 2차 교재의 중요성을 강조한 바 있다.

8) 국어교육 차원의 '맥락' 접근 방법론에 대해서는 필자의 학위 논문인 김슬옹(2010)에서 집약한 바 있다.

2. 텍스트와 교재 구성을 위한 해례본의 기본적 이해

2.1. 해례본의 기본 서지

해례본은 1446년에 세종과 8인(정인지, 최항, 박팽년, 신숙주, 성삼문, 이개, 이선로, 강희안)의 공저로 펴낸 한문본을 말한다. 이 책은 표지를 제외하고 본문이 33장, 66쪽으로 세종이 직접 저술한 '정음' 편과 8인의 신하들이 공저한 '정음해례' 편으로 마치 '2권 1책'처럼 구성되어 있다. 글자 수와 더불어 전체 짜임새를 제시하면 [그림 1]과 같다.9) [그림 1]에서 정음 편을 더 크게 그린 것은 실제 글자 크기가 더 크기 때문이다.

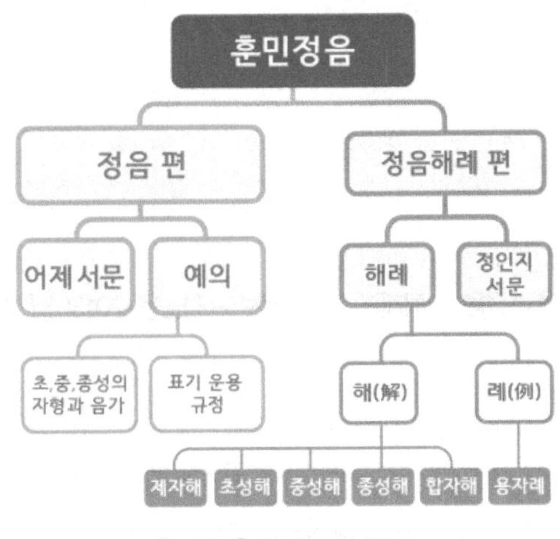

[그림 1] 해례본의 구조

해례본의 기본 서지를 분명히 이해하기 위해서는 지금 우리가 볼 수 있는 판본의 서지학적 계보를 분명히 할 필요가 있다. 내용 자체가 온전하게 보전된 세종시대 원간본은 아직 발견되지 않고 있다. 낙장된 원간본은 1940년에, 표지 외에 본문인 앞 2장(4쪽 분량)이 소실된 상태에서 이용준에 의해 최초로 발견되었다. 2008년 7월에 발견된 상주본도 아직 소장자(배익기)가 공개하지 않고 있지만 필자가 직접 소장자를 만나 확인한 바에 의하면 최소 앞의 4장 모두 8쪽은 소실된 상태다.

복간본이 간행되기까지의 역사에 대해서는 김슬옹(2015나)에서 자세히 다룬 바 있고 실제 교

9) ≪훈민정음≫해례본의 구조에 대한 분석과 종합은 백두현(2009) 참조.

재 구성에서 자세히 제시되므로 수정 보완한 [그림 2]만 제시한다. 각 판본의 명칭은 이 논문에서 처음 정리한 것이다.

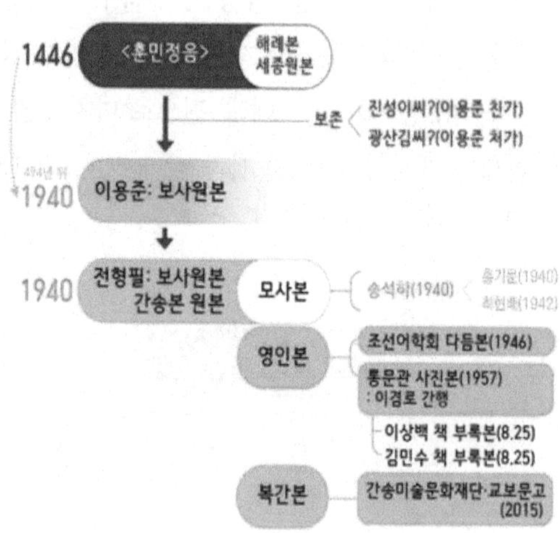

[그림 2] ≪훈민정음≫ 해례본 간행 계보도(김슬옹 2015나 [그림 1] 보완)

둘째, 해례본을 구성하고 있는 5,337자 가운데 보사된 부분(제1~2장)은 정확히 알 수 없으므로, 1ㄱ~2ㄴ을 제외한 나머지 글자(한자) 중에 네 귀퉁이에 [그림 3]과 같이 4성점이 찍혀 있는데 모두 58자로 이루어졌다. [표 1]은 사성점을 모두 모아 놓은 것이다.[10)]

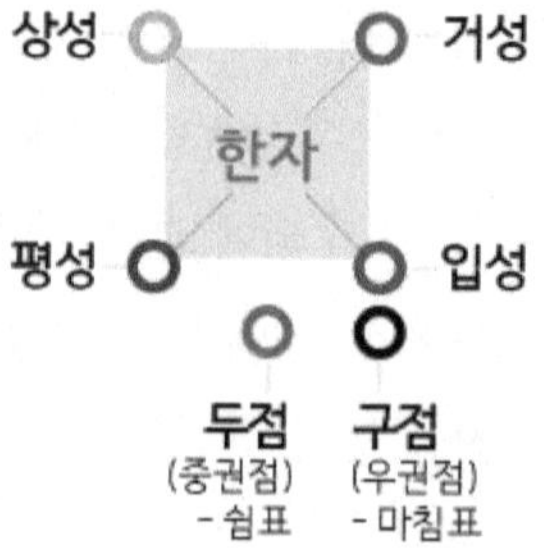

[그림 3] 해례본의 사성점과 권점 구조도(김슬옹, 2015가: 56)

10) 해례본의 권점에 대한 연구로는 이상규(2008), 섭보매(2016) 참조.

[표 1] ≪훈민정음≫ 해례본 간송본 사성 모음(낙장 보사 부분 정음 1ㄱㄴ, 2ㄱㄴ은 제외)(김슬옹 2015: 57-58)

갈래	글자	용례	차례	사성 표시 글자 출처	글자 수
평성	◦探	◦探賾錯綜窮深幾	1	정음해례14ㄴ:2_제자해_갈무리시	8
	◦幾	探賾錯綜窮深◦幾	2	정음해례14ㄴ:2_제자해_갈무리시	
	◦夫	◦夫人之有聲本於五行	3	정음해례2ㄱ:4_제자해	
		◦夫東方有國	4	정음해례29ㄱ:5_정인지서문	
	◦縱	◦縱者在初聲之右,	5	정음해례20ㄴ:7_합자해	
		其先 ◦縱後橫, 與他不同	6	정음해례23ㄱ:3_합자해	
		圓橫書下右書 ◦縱	7	정음해례23ㄱ:8_합자해_갈무리시	
	◦治	◦治獄者病其曲折之難通	8	정음해례27ㄱ:7_정인지서문	
상성	°上	二則 °上聲	9	정음4ㄱ:4_어제예의	19
		故平°上去其終聲不類入聲之促急	10	정음해례17ㄴ:7_종성해	
		終則宜於平 °上去	11	정음해례18ㄱ:1_종성해	
		°上去聲之終	12	정음해례18ㄱ:4_종성해	
		爲平 °上去不爲入	13	정음해례19ㄱ:7_종성해_갈무리시	
		諺語平 °上去入	14	정음해례21ㄴ:7_합자해	
		ᄃᆞᆯ爲石而其聲 °上	15	정음해례22ㄱ:1_합자해	
		二點爲 °上聲	16	정음해례22ㄱ:3_합자해	
		或似 °上聲	17	정음해례22ㄱ:6_합자해	
		其加點則與平 °上去同	18	정음해례22ㄱ:8_합자해	
		°上聲和而擧	19	정음해례22ㄴ:1_합자해	
		平聲則弓 °上則石	20	정음해례23ㄴ:6_합자해_갈무리시	
		一去二 °上無點平	21	정음해례24ㄱ:2_합자해_갈무리시	
	°長	ㅋ木之盛 °長	22	정음해례4ㄱ:6_제자해	
	°徵	於音爲 °徵	23	정음해례2ㄴ:4_제자해	
		°徵音夏火是舌聲	24	정음해례10ㄴ:5_제자해_갈무리시	
	°處	要 °皆各隨所◦處而安	25	정음해례27ㄱ:4_정인지서문	
	°强	不可 °强之使同也	26	정음해례27ㄱ:4_정인지서문	
	°稽	拜手 °稽首謹書	27	정음해례29ㄴ:3_정인지서문	
거성	復°	終聲復° 用初聲	28	정음3ㄴ:6_어제예의	26
		終聲之復° 用初聲者	29	정음해례8ㄴ:6_제자해	

갈래	글자	용례	차례	사성 표시 글자 출처	글자 수
		故貞而復° 元	30	정음해례9ㄱ:2_제자해	
		冬而復° 春	31	정음해례9ㄱ:2_제자해	
		初聲之復° 爲終	32	정음해례9ㄱ:3_제자해	
		終聲之復° 爲初	33	정음해례9ㄱ:3_제자해	
		初聲復° 有發生義	34	정음해례13ㄴ:7_제자해_갈무리시	
	冠°	又爲三字之冠° 也	35	정음해례6ㄴ:4_제자해	
	斷°	齒剛而斷°	36	정음해례2ㄴ:4_제자해	
	離°	水火未離° 乎	37	정음해례7ㄱ:3_제자해	
	論°	固未可以定位成數論° 也	38	정음해례7ㄱ:8_제자해	
	相°	而其財成輔相° 則必賴互人也	39	정음해례8ㄴ:5_제자해	
		人能輔相° 天地宜	40	정음해례14ㄱ:4_제자해_갈무리시	
	要°	要° 於初發細推尋	41	정음해례11ㄱ:2_제자해_갈무리시	
		要° 皆各隨所	42	정음해례27ㄱ:3_정인지서문	
	易°	精義未可容易° 觀	43	정음해례11ㄴ:8_제자해_갈무리시	
		指遠言近揄民易°	44	정음해례14ㄴ:3_제자해_갈무리시	
	見°	二圓爲形見° 其義	45	정음해례12ㄴ:6_제자해_갈무리시	
	和°	初聲以五音淸濁和° 之於後	46	정음해례8ㄱ:1_제자해	
		中聲唱之初聲和°	47	정음해례13ㄴ:1_제자해_갈무리시	
		和° 者爲初亦爲終	48	정음해례13ㄴ:3_제자해_갈무리시	
	先°	天先° 乎地理自然	49	정음해례13ㄴ:2_제자해_갈무리시	
	趣°	學書者患其旨趣° 之難曉	50	정음해례27ㄱ:7_정인지서문	
	讀°	始作吏讀°	51	정음해례27ㄴ:1_정인지서문	
	調°	因聲而音叶七調°	52	정음해례27ㄴ:8_정인지서문	
	應°	臣與集賢殿應° 教臣崔恒	53	정음해례28ㄴ:2_정인지서문	
입성	索。	初非智營而力索。	54	정음해례1ㄱ:8_제자해	5
	別。	唯業似欲取義別。	55	정음해례9ㄴ:8_제자해_갈무리시	
		然四方風土區別。	56	정음해례26ㄴ:8_정인지서문	
	塞。	入聲促而塞。	57	정음해례22ㄴ:3_합자해	
	着。	初中聲下接着。寫	58	정음해례23ㄴ:2_합자해_갈무리시	
모두	58개				

2.2. ≪훈민정음≫ 해례본의 주요 내용과 가치

사실 우리는 이 책을 한국의 고전이자 인류의 고전으로서 꼭 읽어야 하고 가르쳐야만 하는 당위성에서 출발했다. 그렇다면 이 책을 누가 왜 읽어야 하는가라는 진지한 고민은 부족했다. 그러한 당위성은 1차적으로 해례본에 담긴 내용이 무엇이며, 어떠한 의미와 가치를 지녔는가에서 찾아야 한다. 국어국문학과나 국어교육학과에서는 당연히 가르쳐야 하지만, 오히려 내용의 융복합성으로 본다면 학부든 대학원이든 학제적 융복합 교육과정으로 다뤄지는 것이 마땅하지 않나 생각된다. 다만 이 글은 물리적인 교재 구성론이 핵심이므로, 이 글의 주제를 벗어나는 것은 되도록 줄이고, 해례본의 내용과 가치에 대해서 핵심적인 사항만 언급하기로 한다.

첫째, 학문적 가치로 본다면 해례본은 당대뿐만 아니라 지금 시각으로도 최고의 학문 배경 위에서 저술되었다는 점이다. 전문 학자들조차 보편 과학으로 볼 때 훈민정음이 최고 문자임을 인정해도 그것이 최고의 학문적 배경이 있었기에 창제될 수 있었다는 사실을 놓치는 경우가 많다. 이 문자를 창제한 세종은 정치가로서보다는 학자로서 조명할 필요가 있다. Margaret Thomas는 2011년에 펴낸 'Fifty Key Thinkers on Language and Linguistics'에서 세종을 50대 언어학 사상가로 조명한 바 있다. 필자는 지금 시점에서 가장 인기 있는 학자인 소쉬르, 들뢰즈와 세종을 비교하는 논문을 각각 김슬옹(2008나), 김슬옹(2014)로 발표한 바 있다. 소쉬르가 일반언어학강의(1916)에서 설파한 근대적, 탈근대적 학문과 또는 언어관, 그리고 들뢰즈의 탈근대적 언어관까지도 해례본은 아우르고 있다. 세종은 소쉬르와 들뢰즈를 아우르면서도 뛰어넘는 지적 사유를 해례본을 통해 훈민정음 문자를 통해 보여 주었다.

둘째, [그림 4]에서 보듯 해례본은 음성과학과 동양철학이 철저히 융합, 조화되어 있다는 점이다. 훈민정음 해례본은 단순한 문자 해설서가 아니라, 언어의 이러한 속성에 대한 깊이 있는 통찰을 보여주고 있으며, 음성과학과 동양철학, 음악학 등이 융합 서술되어 있다.

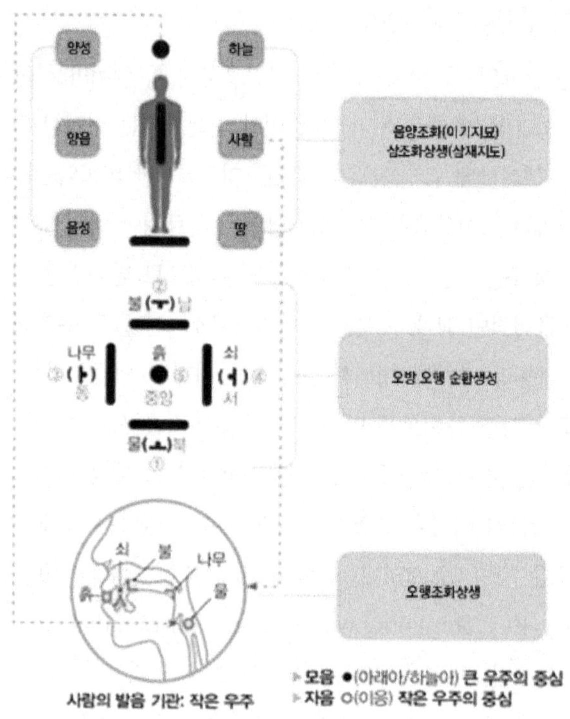

[그림 4] 훈민정음의 자모음 기본자에 적용한 음양 오행론(김슬옹, 2014나: 31 수정 보완)

셋째, 인문적 가치이다. 신분에 관계없이 쉬운 문자를 통해 지식과 정보를 나누라는, 놀라운 휴머니즘이 해례본에 담겨 있다는 사실이다.

기존 연구에서 두루 드러난 이러한 세 가지 가치를 통해 해례본 교육의 필요성과 중요성이 더욱 분명해졌다.

3. 연구와 강독용 교재 구성과 실제

고전 강독은 강독용 교재 구성이 매우 중요하다. 특히 접근이 어려운 한문본이나 오래된 판본일수록 교육이나 교수법에 알맞은 교재 구성이 필요하다. 먼저 다양한 판본이나 교재를 설정한 뒤 교육 차원에서 다시 종합하기로 한다. 교재는 원본 계열, 활자본 계열, 가공본 계열 등의 세 계열로 구성하였다.

3.1. 원본 계열

1446년 9월 상한에 세종과 8인 공저로 펴낸 해례본을 '해례본 초간본' 또는 '해례본 원본' 또는 '세종 원본'이라 부른다. 다만 현재 발견된 초간본(간송본, 상주본)이 일부 낙장되어 있기 때문에 이와 대비하여 '세종원본'이라 부르기로 한다.[11]

현재 공개된 유일본인 해례본(간송본)은 1940년에 표지와 앞 두 장 '정음 1ㄱ~2ㄴ'이 낙장된 상태에서 발견되었다.[12] 세종원본과 간송본과의 차이는 김주원(2013)에서 자세히 밝혔듯이 [표 4]의 상주본 사진과 같이 책 크기 차이이다. 지금 간송본은 위아래와 바깥 세로쪽의 여백이 잘린 상태이다.

현재 배익기 소장자가 공개를 안하고 있는 상주본은 정음편 총 8쪽이 모두 없는 상태다.[13] 만약 낙장되지 않은 해례본이 있다면 우리는 이것을 '세종원본'이라 부를 수 있을 것이다. 현재 발견되지는 않았지만 세계 어딘가에 있을 가능성은 있으므로, 그 존재를 설정하는 것이 좋다. 일단 발견 안 된 세종원본을 [1.0]으로 설정하면 1940년에 발견된 간송본은 [1.1]이 된다. 다른 계열은 모두 실체 있어 [n.1]로 시작되지만 세종원본은 실체가 발견 안 된 것이므로 [n.0]으로 설정한 것이다.

간송본은 옛날 책이 자루매기 제본이다 보니 뒷면 낙서가 심한 상태이다. 낙서가 있는 쪽수는 모두 66쪽 가운데 60.6%인 40쪽에 해당하며, 이 가운데 아주 심한 쪽은 모두 15쪽이다. 낙서가 있는 그대로 사진을 찍은 본을 [1.1.1]로 뒷면 낙서를 지운 본을 [1.1.2]로 설정하기로 한다. 2015년 복간본은 [1.1.2]이다. 뒷면 낙서가 심해 해례본의 원본으로서의 가치를 존중하는 의미에서 지운 것으로서, 실제 복간본은 [1.1.2]가 되었고 [1.1.1]은 해설서(김슬옹 2015가) 부록으로 축소하여 사진만 제시하였다. [1.1.1]은 필자가 최초로 공개한 것이다. 일부는 문화재청 누리집에 공개되어 있지만 낙서가 모두 나타나 있는 것은 처음으로 공개되었다.[14] 간송본 원본을 필자는 간송미술문화재단의 배려로 동대문디자인플라자 수장고에서 간송 유족과 함께 직접 2014년 11월에 살펴본 바 있다.

---

11) 원본 고증에 대해서는 최현배(1942 · 1982 : 고친판), 낙장본에 대해서는 정우영(2001) 참조. 각종 본의 계보에 대해서는 김슬옹(2015나)에서 자세히 밝힌 바 있다.

12) 2015년에 간송미술문화재단과 교보문고에서 간행한 복간본의 표지 제목은 필자가 동국정운 표지를 기준으로 복원하였다.

13) 이 점은 2016년 11월 24일에 배익기 소장자를 경북 상주 소장자 사무실에서 만나 직접 확인한 바 있다.

14) 김슬옹(2015나)에서도 밝혔듯이 문화재청 공개 자료를 바탕으로 한 뒷면 낙서에 대한 규명은 김주원(2005)에서 이루어졌다. 낙서 전반에 대한 규명은 필자가 별도의 논문으로 발표할 예정이다.

[표 2] 간송본 복간본 사진본 [1.1.1.]과 [1.1.2] '정음해례1ㄱㄴ'

복간본 [1.1.1]	복간본 [1.1.2]

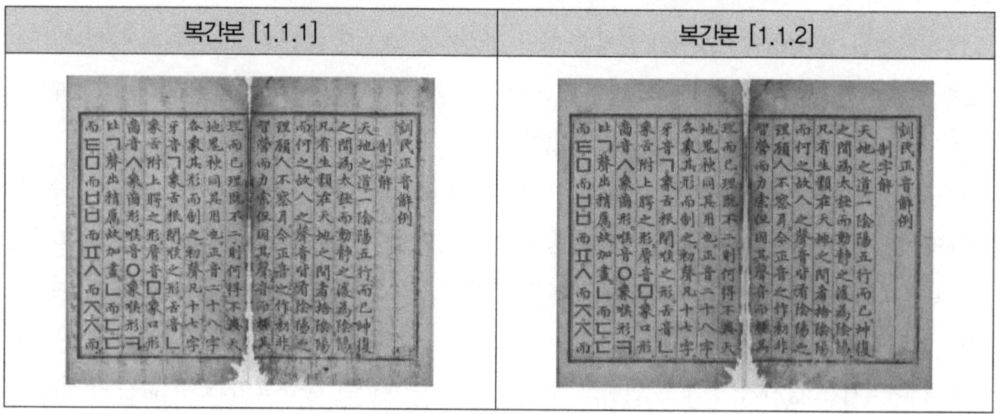

訓民正音解例
制字解
天地之道一陰陽五行而已坤復
之間爲太極而動靜之後爲陰陽
凡有生類在天地之間者捨陰陽
而何之故人之聲音皆有陰陽之
理顧人不察耳今正音之作初非
智營而力索但因其聲音而極其
理而已理旣不二則何得不與天
地鬼神同其用也正音二十八字
各象其形而制之初聲凡十七字
牙音ㄱ象舌根閉喉之形舌音ㄴ
象舌附上腭之形脣音ㅁ象口形
齒音ㅅ象齒形喉音ㅇ象喉形ㅋ
比ㄱ聲出稍厲故加畫ㄴ而ㄷㄷ
而ㅌㅁ而ㅂㅂ而ㅍㅅ而ㅈㅈ而

복사 수준에서 간송본의 사진을 찍어 펴낸 사진본은 [1.1.3]이고, 종이 바닥의 지저분한 부분을 지우고 글자를 최대한 깨끗하고 분명하게 다듬은 것을 다듬본이라 한다면 [1.1.4]가 된다. [1.1.3]은 통문관에서 이상백(1957), 김민수(1957) 부록본으로 원본을 축소하여 영인하였다. [1.1.3]은 낙서가 있는 [1.1.1]의 축소 복사본으로서, 복사본이다 보니 선명도가 떨어지고 사성점 등의 방점이 잘 드러나지 않는 문제가 있다. [1.1.4]는 지저분한 곳을 지워서 보기는 좋지만 원본 상태를 그대로 보여주지 못하는 문제가 있고 깨끗하게 지워내는 과정에서 일부 방점 등이 삭제된 문제가 있었다. 필자가 김슬옹(2011)에서 제시한 것처럼 사진본과 다듬본을 입체적으로 대비시켜 활용한다면 더욱 다양한 교육적 효과를 거둘 수 있을 것이다.[15] 이러한 입체 영인본을 '입체본[1.1.5]'으로 설정하기로 한다.

15) 김슬옹(2011)에서의 입체 영인본은 한글학회 다듬본(1988)과 통문관 사진본(1958)을 함께 제시한 것이며, 김슬옹(2015가)에서는 통문관 사진본 대신 간송미술문화재단에서 직접 제공한 간송본 사진본을 함께 제시한 것이다. 이런 입체본의 중요성에 대해서는 김부연(2012)에서도 강조한 바 있다.

[표 3] 간송본 영인본 사진본과 다듬본 '정음해례1ㄱㄴ'

사진본[1.1.3]	다듬본[1.1.4]

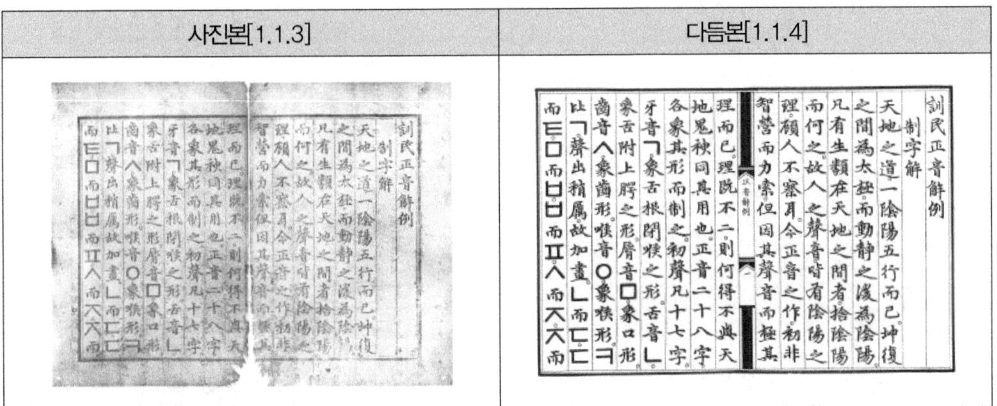

訓民正音解例
制字解
天地之道一陰陽五行而已坤復
之間爲太極而動靜之後爲陰陽
凡有生類在天地之間者捨陰陽
而何之故人之聲音皆有陰陽之
理顧人不察耳今正音之作初非
智營而力索但因其聲音而極其
理而已理旣不二則何得不與天
地鬼神同其用也正音二十八字
各象其形而制之初聲凡十七字
牙音ㄱ象舌根閉喉之形舌音ㄴ
象舌附上腭之形脣音ㅁ象口形
齒音ㅅ象齒形喉音ㅇ象喉形ㅋ
比ㄱ聲出稍厲故加畫ㄴ而ㄷㄷ
而ㅌㅁ而ㅂㅂ而ㅍㅅ而ㅈㅈ而

상주본은 간송본과 같은 원본으로 추정되므로(이상규: 2012, 남권희: 2009) [1.2]라고 할 수 있고, 이중 일부가 언론에 공개되었으므로 공개된 상주본은 상주원본[1.2.1]에 견줘 언론공개본[1.2.2]로 설정하였다.16) 간송본과 상주본의 차이를 분명하게 제시하기 위해 간송본[1.1.1]과 함께 제시한 것이 [표 4]이다.

16) 이러한 번호 부여에 대해 박동근(2016)은 지나치게 복잡하다는 비판적인 견해를 제시해 주었다. 곧 '완전 세종원본'의 발견을 고려하여 [1]번 자리를 비워 놓은 것은 온전하게 보존된 책의 발견 가능성은 충분히 고려할 만하지만 앞으로 〈완전 원본〉이 발견될 것이라 기대하기란 사실 요원한 일이므로 이를 위해 '1번' 자리를 비워 놓은 결과 번호 단계가 매우 비생산적이 되었다는 것이다. 또한 〈완전 원본〉[1]과 〈낙장 원본〉[1.1]처럼 같은 원본을 다른 층위의 번호로 매기는 것은 같은 원본이 서로 다른 번호 층위를 갖게 되어 마치 판본이 다른 것처럼 오해할 여지가 있다는 것이다. 매우 설득력 있는 비판이지만 여기서의 번호 부여는 일반인들 교육 차원보다는 연구자들을 위한 또한 대학원생 수준 이상의 교육을 위해 계보를 정확히 보여주기 위함이다. 완전 원본을 설정하는 것은 상주본이 간송본 발견 68년 만에 발견되었듯이 낙장이 안 된 원본이 발견될 가능성을 열어 놓아야 하며 또한 현재의 원본이 낙장된 원본임을 알려주는 효과를 위해서 설정할 필요가 있다. 완전 원본 발견 가능성에 대해 단 0.001%라도 포기해서는 안 된다.

[표 4] 간송본과 상주본(정음해례 5ㄱㄴ)

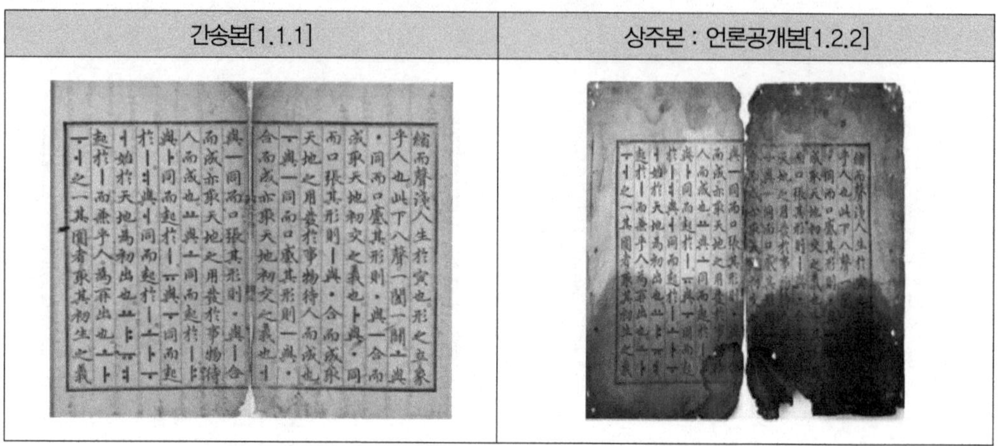

이상 살펴본 판본의 갈래를 정리하면 [표 5]와 같다.

[표 5] ≪훈민정음≫ 해례본 원본의 갈래

<table>
<tr><th colspan="3">갈래</th><th colspan="2">2차본</th><th>설 명</th></tr>
<tr><td rowspan="8">원본</td><td colspan="2">완전 세종원본[1]</td><td colspan="2">발견 안 됨[1.0]</td><td>1446년에 펴낸 초간본이 온전하게 보존된 책은 아직 발견되지 않았다. 그러나 세상 어딘가에 남아 있을 가능성은 있다.</td></tr>
<tr><td rowspan="7">낙장원본</td><td rowspan="5">간송본[1.1]</td><td rowspan="2">복간본</td><td>사진본[1.1.1]</td><td>간송본을 있는 그대로 현상 복제한 본</td></tr>
<tr><td>사진본[1.1.2]</td><td>간송(전형필)미술문화재단과 교보문고가 2015년에 현상 복제 방식으로 복간한 책, 뒷면과 앞면의 심한 낙서를 지운 본</td></tr>
<tr><td rowspan="3">영인본</td><td>사진본[1.1.3]</td><td>간송본을 흑백으로 복사한 본</td></tr>
<tr><td>다듬본[1.1.4]</td><td>간송본을 글자 이외 부분을 깨끗하게 만든 본</td></tr>
<tr><td>입체본[1.1.5]</td><td>사진본과 다듬본을 비교할 수 있게 대비시켜 만든 본</td></tr>
<tr><td rowspan="2">상주본[1.2]</td><td colspan="2">상주원본[1.2.1]</td><td>-소장자 (배익기) 미공개</td></tr>
<tr><td colspan="2">언론공개본[1.2.2]</td><td>-정음1ㄱ-4ㄴ 낙장, 나머지 낙장 부분은 확인 못함</td></tr>
</table>

원본 계열본들은 원본 강독용으로 다양하게 활용할 수 있다. 서지학적 접근뿐 아니라 해례본의 시대적, 역사적 맥락을 고려한 강독 교육에 필요하다.

이러한 원본 활용 교육은 단지 수준 높은 교육에서만 활용되지 않는다. 유물을 직접 보는 것과 사진으로 보는 것, 아예 보지 않는 것의 교육적 효과는 사뭇 다르기 때문이다. 필자는 2015년 복간본을 내면서 간송본(원본)을 직접 보는 행운을 얻었는데, 많은 기자들이 직접 본 느낌이 어떠냐고 물었다. 이런 물음에 대해 유명한 스타를 텔레비전과 사진으로만 보다가 직접 만나본 느낌이라고 답한 적이 있다. 활자본만을 보고 강독하는 것과 원본을 영인본으로라도 보고 하는 강독의 차이는 차원이 다른 맥락적 효과를 줄 수 있는 것이다. 이를테면 해례본은 나무에 새겨 인쇄한 목판본인데 목판본의 실체를 확인하는 데는 최소 영인본이 필요하고 복간본이라면 더욱 선명하게 확인하는 효용성이 있다.

3.2. 활자본과 필사본 계열

활자본과 필사본 계열에는 활자로 인쇄한 것과 필사본을 인쇄한 것이 있다. 활자본은 그야말로 현대 활자로 찍어내거나 디지털로 편집한 것을 말한다. 이는 단순하게 표기 방식만이 바뀐 것을 의미하지 않는다. 글꼴 변화 양상이 다음과 같이 다양하게 나타나기 때문이다. 이런 글꼴의 차이를 확인하는 것은 해례본 연구자가 반드시 확인해야 하는 기본중의 기본이다. 또한 해례본 강독 교육에서도 대학원 수준이라면 반드시 필요한 과정이다.

(1) 자형이 완전히 다른 글자
(2) 자형이 조금 다른 글자
(3) 기본 자형은 같지만 특정 부호가 있는 글자
(4) 현대 활자에는 없는 글자
(5) 음과 훈은 같은데 글자 모양이 다른 글자

[표 6] 현재 활자와 비교해 본 해례본 한자 유형 갈래

갈래	간송본	현대 활자	간송본 출처
자형이 완전히 다른 글자	㝡	最	[정음해례3ㄴ:4_8]
자형이 조금 다른 글자	陰	陰	[정음해례1ㄱ:3_6]
기본 자형은 같지만 특정 부호가 있는 글자	中	中	[정음3ㄱ:2_5]
현대 활자에 없는 글자	匜	匜	[정음해례26ㄱ:2_13]
음과 훈은 같은데 글자 모양이 다른 글자	鷄	鷄	[정음해례25ㄱ:5_7]
	雞	雞	[정음해례28ㄱ:7_13]

현대 활자본은 [2.1], 필사본은 [2.2]로 구분하기로 한다. 현대 활자본은 쪽별 구성본([2.1.1])이 있고, 쪽과 관계없이 내용과 문단을 고려한 문단별 구성본([2.1.2])이 있다. 쪽별 구성본은 행까지도 같게 설정해야 한다.

[표 7] 현대 활자본

쪽별 구성본[2.1.1]	문단별 구성본[2.1.2]
制字解 天地之道, 一陰陽五行而已. 坤復 之間爲太極, 而動靜之後爲陰陽. 凡有生類在天地之間者, 捨陰陽 而何之. 故人之聲音, 皆有陰陽之 理, 顧人不察耳. 今正音之作, 初非 智營而力索, 但因其聲音而極其 _정음해례 1ㄱ	制字解 天地之道, 一陰陽五行而已. 坤復之間爲太極, 而動靜之後爲陰陽. 凡有生類在天地之間者, 捨陰陽而何之. 故人之聲音, 皆有陰陽之理, 顧人不察耳. 今正音之作, 初非智營而力索, 但因其聲音而極其理而已. 理旣不二, 則何得不與天地鬼神同其用也. 正音二十八字, 各象其形而制之. 初聲凡十七字._정음해례 1ㄱㄴ

필사본은 필사자에 따라 다양한 필사본이 있을 수 있으므로 [2.2n]으로 설정한다. 최초의 필사본은 송석하 모사본(1940)으로 한국어연구회(2007)에서 영인한 바 있다.[사진 1]

訓民正音解例
制字解
天地之道一陰陽五行而已坤復
之間爲太極而動靜之後爲陰陽
凡有生類在天地之間者捨陰陽
而何之故人之聲音皆有陰陽之
理顧人不察耳今正音之作初非
智營而力索但因其聲音而極其

[사진 1] 간송본 · 송석하(1940) 필사 영인본

이러한 필사본 외 "오옥진 판각(2003). ≪訓民正音≫. 통문관. 박영덕 판각(2017). ≪訓民正音≫. 안동시유교문화보존회."처럼 특정 장인이 직접 판각하여 펴낸 본도 있다. 이를 [2.3]으로 하여 역시 판각자에 따라 다양한 판각본이 있을 수 있으므로 [2.3n]으로 표시하기로 한다.

이러한 활자본과 필사본은 원본을 통한 강독과 병행하는 교재로 쓰거나 원본에 준하는 고급 교육용으로 활용할 수 있다. 투명지를 통해 투사하여 필사한 것으로 보이는 송석하본(1940)은 원본 익히기 또는 습자를 통해 체험하기용으로 이용할 수 있다.

이상 활자본과 필사본 계열을 정리하면 [표 8]과 같다.

[표 8] ≪훈민정음≫ 해례본 활자본과 필사본의 갈래

갈래		2차본	설명
활자본, 필사본	현대 활자본 [2.1]	쪽별 구성본[2.1.1]	간송본을 현대 활자로 쪽별로 조판한 본
		문단별 구성본[2.1.2]	간송본을 쪽에 관계없이 재구성하여 조판한 본
	필사본[2.2]	[2.2n]	필사자에 따라 다양하게 나타날 수 있는 필사본
	판각본[2.3]	[2.3n]	오옥진 판각본처럼 특정 장인이 직접 판각하여 펴낸 본

3.3. 가공본

이 논문의 핵심은 가공본 구성에 있다. 가공본은 더 치밀한 교육 목적을 가지고 재구성한 것이기 때문이다. 먼저 코드 부여본이 있다. 원본의 복간본과 영인본 모든 글자에 코드를 부여한 본이다. [3.1]은 복간본 사진본의 모든 글자에 코드를 부여한 본이다. [사진 2]는 복간본 사진에 코드를 부여한 것이다.

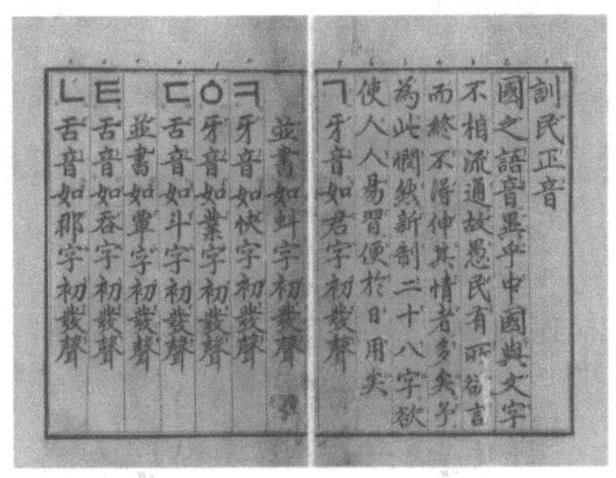

[사진 2] 정음1ㄱㄴ 글자 코드부여본[3.1]

이러한 코드 부여본은 원문 글자 하나하나에 대한 분석에 필요하다. 연구가 아니더라도 모든 글자를 정확히 가리킬 수 있기 때문에 고급 교육으로 매우 유용하다. "정음해례25ㄱ_5_4"라고 할 경우 정음해례 25ㄱ쪽에 5행 4번째 글자 '鷄'를 가리킨다.

음달기본 [3.2]는 다음과 같이 활자구성본의 한자에 음을 단 본이다.

制字解
제 자 해

天地之道, 一陰陽五行而已. 坤復之間爲太極, 而動靜之後爲陰陽.凡有生類在天地之間者,
천 지 지 도 일 음 양 오 행 이 이 곤 복 지 간 위 태 극 이 동 정 지 후 위 음 양 범 유 생 류 재 천 지 지 간 자

捨陰陽而何之. 故人之聲音, 皆有陰陽之理, 顧人不察耳.
사 음 양 이 하 지 고 인 지 성 음 개 유 음 양 지 리 고 인 불 찰 이

토달기본 [3.3]은 활자본에 토(구결)를 단 본이다. 음토달기본[3.4]는 활자 구성본에 토와 음을 단 본이다.

天地之道는 一陰陽五行而已니라. 坤復之間爲太極이오, 而動靜之後爲陰陽이니라. 凡有生類
천 지 지 도 일 음 양 오 행 이 이 곤 복 지 간 위 태 극 이 동 정 지 후 위 음 양 범 유 생 류

在天地之間者가 捨陰陽而何之리요. 故人之聲音도 皆有陰陽之理니 顧人不察耳니라.
재 천 지 지 간 자 사 음 양 이 하 지 고 인 지 성 음 개 유 음 양 지 리 고 인 불 찰 이

출처 표시본 [3.5]와 해석용가공본[3.6]은 김슬옹(2015가, 부록)에서 다음과 같이 제시하였다.

[38] 정음해례15ㄴ

鷩[ㅂ]漂[ㅍ]步[ㅃ]彌[ㅁ]則是脣 [정음해례15ㄴ:1_초성해결구]
별 표 보 미 즉 시 순

齒有即[ㅈ]侵[ㅊ]慈[ㅉ]戌[ㅅ]邪[ㅆ] [정음해례15ㄴ:2_초성해결구]
치 유 즉 침 자 술 사

挹[ㆆ]虛[ㅎ]洪[ㆅ]欲[ㅇ]迺喉聲 [정음해례15ㄴ:3_초성해결구]
읍 허 홍 욕 내 후 성

閭[ㄹ]爲半舌穰[ㅿ]半齒 [정음해례15ㄴ:4_초성해결구]
려 위 반 설 양 반 치

二十三字是爲母 [정음해례15ㄴ:5_초성해결구]
이 십 삼 자 시 위 모

萬聲生生皆自此 [정음해례15ㄴ:6_초성해결구]
만 성 생 생 개 자 차

한자 옆 대괄호 한글은 원문에 없는

것이다. 해례본은 한글 자모 표시를 두 가지 방식으로 하고 있다. 하나는 한글 자모를 그대로 표시한 경우이고, 다른 하나는 이 보기와 같이 운서(韻書)의 성모 표시 방법으로 나타낸 것이다. 이런 경우는 한문 석학이라도 전문 지식이 없으면 알 수 없는데, 초보자에게는 더 말할 나위 없이 중요한 것이다. 이런 식의 가공본을 통해 우리는 해례본 강독을 정확하게 교육할 수 있고 배울 수 있는 것이다.

음훈표시본 [3.7]은 활자본의 모든 한자에 음과 훈을 단 가공본으로서, 그야말로 초보자들의 해례본 강독을 위한 기본 자료이다.

[표 9] 정음해례 1ㄱ의 음훈 표시본

訓	民	正	音	解	例							
가르칠 훈	백성 민	바를 정	소리 음	풀 해	보기 례							
	制	字	解									
	만들 제	글자 자	풀 해									
天	地	之	道,	一	陰	陽	五	行	而	已.	坤	復
하늘 천	땅 지	어조사 지	이치 도	한 일	그늘 음	볕 양	다섯 오	갈 행	어조사 이	어조사 이	땅거듭 괘 곤	움틀괘 복
之	間	爲	太	極,	而	動	靜	之	後	爲	陰	陽.
어조사 지	사이 간	될 위	클 태	극진할 극	말이을 이	움직일 동	고요할 정	어조사 지	뒤 후	될 위	그늘 음	볕 양
凡	有	生	類	在	天	地	之	間	者,	捨	陰	陽
무릇 범	있을 유	날 생	무리 류	있을 재	하늘 천	땅 지	어조사 지	사이 간	것 자	버릴 사	그늘 음	볕 양
而	何	之.	故	人	之	聲	音,	皆	有	陰	陽	之
말이을 이	어찌 하	갈 지	연고 고	사람 인	어조사 지	소리 성	소리 음	다 개	있을 유	그늘 음	볕 양	어조사 지
理,	顧	人	不	察	耳.	今	正	音	之	作,	初	非
이치 리	돌아볼 고	사람 인	아니 불	살필 찰	따름 이	이제 금	바를 정	소리 음	어조사 지	지을 작	처음 초	아닐 비
智	營	而	力	索。,	但	因	其	聲	音	而	極	其
지혜 지	경영할 영	말이을 이	힘 력	찾을 색	다만 단	인할 인	그 기	소리 성	소리 음	말이을 이	극진할 극	그 기

강독 종합본 [3.8]은 활자 출처표시본과 음토달기본, 번역본을 문장 단위로 재구성한 것이다. 보기로 든 [예4]의 경우는 언해본이 있는 ‘정음편’ 예이고 [초결4]는 언해본이 없는 ‘정음해례편’의 보기다.

이러한 종합본은 해례본 접근이 어려운 초보자부터 고급 학습자에 이르기까지 두루 활용할 수 있다. 박동근(2016)에서 “교육 또는 연구 측면에서 네 가지 본이 존재해야 하는 이유를 알기 어렵다. 세분화된 가공본이 연구 또는 교육 목적에 따라 달리 선택적으로 사용될 수 있겠으나 다양한 가공본의 존재가 오히려 ≪훈민정음≫을 너무 복잡하게 인식하지 않을까 다소 우려된다.”라고 비판적 견해를 제시해 주었다. 일리 있는 지적이지만 여기서의 다양한 교재 구성은 가능한 모든 경우를 고려한 구성이므로 교육 상황에 따라 적절하게 선택하면 된다. 보통 경우는 [영역본]은 필요 없고 대학원생 수준이 아니라면 출처 표시본은 제시할 필요는 없을 것이다.

[8] **ㄷ. 舌音. 如斗字初發聲, 並書, 如覃字初發聲** [정음1ㄴ:4_어제예의]

- ♣ ㄷ[디]는 舌音(설음)이니 如斗(여두)[둫]字初發聲(자초발성)하니라.
- ♣ ㄷ·는 ·혀쏘·리·니 斗:둫병字쫑 ·처엄 ·펴·아 ·나는 소·리 ·ᄀᆞᄐᆞ·니 [정음5ㄱ:1-2_언해본]
- ♣ ㄷ[디]는 혓소리(설음) 글자이니, ‘둫(斗)’자의 처음 나는 소리와 같다.
- ♣ ㄷ/t/ Lingual sound(alveolar consonant), like the first sound of the character ‘둫(斗)’ /tu/.

[8]은 해례본 전체의 문장별 차례 번호이다. 이 책은 훈민정음 해례본 연구와 번역 역사에서 처음으로 366문장으로 정립하였다. 해례본〈정인지서〉 맨 뒤 서지정보 관련 두 문장을 제외하고 고대 역학에서의 1년 길이인 366에 맞춘 것으로 강독과 교육과 연구에 매우 편리한 짜임새이다(김슬옹; 2021).

이상의 가공본을 종합하면 [표 10]과 같다.

[표 10] ≪훈민정음≫ 해례본 가공본의 갈래

갈래	가공본	설명
가공본	코드 부여본[3.1]	복간본 또는 영인본 모든 글자에 코드를 부여한 본
	음달기본[3.2]	쪽별 구성본의 한자에 음을 단 본
	토달기본[3.3]	활자 구성본 한자에 토(구결)를 단 본
	음토달기본[3.4]	활자 구성본에 음과 토를 단 본
	출처 표시본[3.5]	김슬옹(2015가)에서 제시한 문장별 출처 표시본
	해석용가공본[3.6]	김슬옹(2015가)에서 제시한 문장별 해석용 가공본
	음훈표시본[3.7]	활자본의 모든 한자에 음과 훈을 단 가공본
	강독종합본[3.8]	출처 표시본과 음토달기본, 번역본을 결합한 종합본

4. 맺음말

≪훈민정음≫ 해례본은 언어학만이 아니라 융복합 학문으로 접근해야만 이해와 강독이 가능한 책이다. 학제적 연구와 통합 교육 차원에서 다양한 교재 구성이 필요한 책이기도 하다. 해례본 연구와 강독의 다중 효용성과 수월성을 위해 여러 교재 구성안을 제시해 보았다.

구체적인 교육 전략이나 교수법은 자세히 제시하지는 않았지만 분류 자체가 의미가 있다. 이런 분류와 그 결과물은 해례본 연구와 교육의 기본 자료를 제공하여 다양한 연구와 교육의 바탕이 되기도 한다. 이 글을 통해 분류하고 구성한 모든 본을 표 하나로 갈무리하는 것으로 결론을 대신하기로 한다. 고급 연구자들을 위해서는 임용기(1991)에서 정리한 대로 소장본에 따른 다양한 이본 검토가 필요하겠으나 그것은 다른 연구 과제로 남겨 둔다.

[표 11] ≪훈민정음≫ 해례본의 이본과 가공본의 갈래

<table>
<tr><th colspan="5">갈 래</th><th>설 명</th></tr>
<tr><td rowspan="9">원본
[1]</td><td colspan="4">완전 세종원본[1.0]
*발견 안 됨</td><td>1446년에 펴낸 초간본이 온전하게 보존된 책은 아직 발견되지 않았다. 그러나 세상 어딘가에 남아 있을 가능성은 있다.</td></tr>
<tr><td rowspan="8">낙장
원본</td><td rowspan="6">간송본
[1.1]</td><td rowspan="3">복
간
본</td><td>사진본[1.1.1]</td><td>간송본을 있는 그대로 현상 복제한 본</td></tr>
<tr><td rowspan="2">사진본[1.1.2]</td><td rowspan="2">간송미술문화재단과 교보문고가 2015년에 현상 복제 방식으로 복간한 책, 뒷면과 앞면의 심한 낙서를 지운 본</td></tr>
<tr></tr>
<tr><td rowspan="3">영
인
본</td><td>사진본[1.1.3]</td><td>간송본을 흑백으로 복사한 본</td></tr>
<tr><td>다듬본[1.1.4]</td><td>간송본을 글자 이외 부분을 깨끗하게 만든 본</td></tr>
<tr><td>입체본[1.1.5]</td><td>사진본과 다듬본을 비교할 수 있게 대비시켜 만든 본</td></tr>
<tr><td rowspan="2">상주본
[1.2]</td><td colspan="2">상주원본[1.2.1]</td><td>소장자 (배익기) 미공개</td></tr>
<tr><td colspan="2">언론공개본[1.2.2]</td><td>정음1ㄱ-4ㄴ 낙장, 나머지 낙장 부분은 확인 못함</td></tr>
<tr><td rowspan="4">활자본
,
필사본
판각본
[2]</td><td colspan="2" rowspan="2">현대 활자본
[2.1]</td><td colspan="2">쪽별 구성본[2.1.1]</td><td>간송본을 현대 활자로 쪽별로 조판한 본</td></tr>
<tr><td colspan="2">문단별 구성본[2.1.2]</td><td>간송본을 쪽에 관계없이 재구성하여 조판한 본</td></tr>
<tr><td colspan="2">필사본[2.2]</td><td colspan="2">[2.2n]</td><td>필사자에 따라 다양하게 나타날 수 있는 필사본</td></tr>
<tr><td colspan="2">판각본[2.3]</td><td colspan="2">[2.3n]</td><td>오옥진 판각본처럼 특정 장인이 직접 판각하여 펴낸 본</td></tr>
<tr><td rowspan="8">가공본
[3]</td><td colspan="4">코드 부여본[3.1]</td><td>복간본 또는 영인본 모든 글자에 코드를 부여한 본</td></tr>
<tr><td colspan="4">음달기본[3.2]</td><td>쪽별 구성본의 한자에 음을 단 본</td></tr>
<tr><td colspan="4">토달기본[3.3]</td><td>활자 구성본 한자에 토(구결)를 단 본</td></tr>
<tr><td colspan="4">음토달기본[3.4]</td><td>활자 구성본에 음과 토를 단 본</td></tr>
<tr><td colspan="4">출처 표시본[3.5]</td><td>김슬옹(2015가)에서 제시한 문장별 출처 표시본</td></tr>
<tr><td colspan="4">해석용가공본[3.6]</td><td>김슬옹(2015가)에서 제시한 문장별 해석용 가공본</td></tr>
<tr><td colspan="4">음훈표시본[3.7]</td><td>활자본의 모든 한자에 음과 훈을 단 가공본</td></tr>
<tr><td colspan="4">강독종합본[3.8]</td><td>출처 표시본과 음토달기본, 번역본을 결합한 종합본</td></tr>
</table>

참고문헌

*** 번역 관련 문헌은 앞의 일러두기 문헌으로 대체함.**

서울대학생을 위한 권장 고서 100선 http://book100.snu.ac.kr(검색: 2016.10.30.)
조선어학회 편(1946), ≪訓民正音≫, 보진재.
조선어학회 편(1948), ≪訓民正音≫, 보진재(정인승 해제본).
한글학회 편(1985), ≪訓民正音≫, 한글학회.
한글학회 편(1997), ≪訓民正音≫, 해성사.
국립국어원 편(2008), ≪알기 쉽게 풀어 쓴 훈민정음≫, 생각의나무.
간송미술문화재단 편(2015), ≪訓民正音≫(복간본), 교보문고.
한국어연구회(2007), ≪한국어연구≫ 4, 역락, 부록 영인본.
세종대왕기념사업회 편(2003), ≪훈민정음≫, 세종대왕기념사업회.

김부연(2012), ≪훈민정음≫ 사진 자료에 대한 비판적 고찰, ≪한국어학≫ 55, 한국어학회, 103-137쪽.
김슬옹 엮음(2015), ≪훈민정음(언문 · 한글) 논저 · 자료 문헌 목록≫, 역락.
김슬옹(2007), ≪28자로 이룬 문자혁명 훈민정음≫, 아이세움.
김슬옹(2008가), 訓民正音(해례본)의 고전 가치와 다중 읽기용 음토달기 텍스트 구성론, ≪한민족문화연구≫ 24, 한민족문화학회, 5-44쪽.
김슬옹(2008나), 세종과 소쉬르의 통합언어학적 비교 연구, ≪사회언어학≫ 16권 1호, 한국사회언어학회, 1-23쪽.
김슬옹(2010), 국어교육 내용으로서의 '맥락' 연구, 동국대학교 대학원 국어교육학과 박사학위 논문.
김슬옹(2011), ≪세종대왕과 훈민정음학(개정판)≫, 지식산업사. 404-439쪽.
김슬옹(2014), 세종과 들뢰즈의 언어관, ≪세계문자심포지아 2014: 문자생태계, 그 100년 후를 읽는다≫ 세계문자연구소 1회 국제학술대회(10.24-26)발표자료집, 세계문자연구소.
김슬옹(2015가), ≪훈민정음 해례본: 한글의 탄생과 역사(해제)≫, 교보문고.
김슬옹(2015나), ≪훈민정음≫해례본 간송본의 역사와 평가, ≪한말연구≫ 37호, 한말연구학회, 5-40쪽.
김슬옹(2017), ≪훈민정음≫해례본의 현대 활자 정본 구성론-한자를 중심으로, 2017년 한국언어학회 가을학술대회 별지 발표(서울대학교 인문대학 14동, 2017.11.25.).
김슬옹(2021), 숫자로 보는 ≪훈민정음≫ 해례본의 의미와 가치 확산 방안. ≪주제로 보는 한국의 세계기록 유산≫, 경상북도 한국국학진흥원, 9-41쪽.
김주원(2005), 훈민정음 해례본의 뒷면 글 내용과 그에 관련된 몇 문제, ≪국어학≫ 45, 국어학회, 177-212쪽.
김주원(2013), ≪훈민정음≫, 민음사.
남권희(2009), 새로 발견된 ≪訓民正音解例≫본과 일본판 石峯 ≪千字文≫ 소개, ≪훈민정음을 통한 외국어 표기≫(훈민정음학회 2009 전국 학술대회 발표논문집), 훈민정음학회, 별지 1-13쪽.
박동근(2016), '김슬옹, ≪훈민정음≫ 해례본 강독용 교재 구성론'에 대한 토론문, 61회 국어교육학회 전국학술대회에서 발표집, 국어교육학회.
박병천(2021), ≪훈민정음 서체 연구≫, 역락.
백두현(2009), ≪訓民正音≫ 해례본의 텍스트 구조 연구, ≪국어학≫ 54, 국어학회, 75-107쪽.
섭보매(2016), ≪훈민정음≫ 해례본의 권점(圈點) 체계에 대하여, ≪논문집≫ 17집 1호, 원광대학교 인문학연구소, 259-289쪽.
이상규(2008), 훈민정음 영인 이본의 권점(圈點) 분석, ≪어문학≫ 100, 형설출판사, 143-172쪽.
이상규(2012), 잔엽 상주본 ≪훈민정음≫ 분석, ≪한글≫ 298, 한글학회, 5-50쪽.
임용기(1991), 훈민정음의 이본과 언해본의 간행 시기에 대하여, ≪국어의 이해와 인식≫(갈음 김석득 교수 회갑 기념 논문집), 한국문화사, 673-696쪽.
정우영(2001), ≪訓民正音≫ 한문본의 낙장 복원에 대한 재론, ≪국어국문학≫ 129, 국어국문학회, 191-227쪽.
최현배(1942/1982 : 고친판), ≪한글갈≫, 정음문화사.
野間秀樹(2010), ≪ハングルの誕生-音から文字を創る≫, 平凡社. 노마 히데키/김진아 · 김기연 · 박수진 옮김(2011), ≪한글의 탄생 : '문자'라는 기적≫, 돌베개.
Margaret Thomas(2011), King Sejong the Great(1397-1450), *Fifty Key Thinkers on Language and Linguistics*, London and New YorK: Routledge, pp.49-55. *번역 김슬옹 번역(2016), 외국인이 본 언어와 언어학 분야의 50대 주요 사상가: 세종대왕(1397-1450), ≪영웅≫ 12호(10월호), 꼬레아우라, 50-58쪽.

* 셋째 마당 출처: 김슬옹(2017), ≪훈민정음≫ 해례본 연구와 강독용 교재 구성과 실제, ≪한말연구≫ 43호, 한말연구학회, 65-92쪽.

[부록] 〈훈민정음〉 해례본의 글자 수

훈민정음 해례본의 글자 수는 정우영의 "〈訓民正音〉 해례본(해설). 〈문화재 사랑〉 10. 문화재청, 2008년"에서 표지 제목과 판심 제목을 제외하고 모두 5337자로 최초로 보고된 바 있다. 백두현의 "〈訓民正音〉 해례본의 텍스트 구조 연구. 〈국어학〉 54. 국어학회. 2009년"에서도 문단별로 글자 수를 제시하였다. 여기서는 한자와 한글의 글자 수를 나눠서 제시해 보면 다음과 같다.

[표 1] 〈훈민정음〉 해례본 쪽별 글자 수 현황

쪽별	글자 총수	한자	한글
정음 1ㄱ	67	66	1
정음 1ㄴ	61	56	5
정음 2ㄱ	61	56	5
정음 2ㄴ	62	57	5
정음 3ㄱ	46	39	7
정음 3ㄴ	52	46	6
정음 4ㄱ	57	46	11
정음 4ㄴ			
정음 모두	406	366	40
정음해례 1ㄱ	87	87	0
정음해례 1ㄴ	104	86	18
정음해례 2ㄱ	104	96	8
정음해례 2ㄴ	104	104	0
정음해례 3ㄱ	104	104	0
정음해례 3ㄴ	104	72	32
정음해례 4ㄱ	104	99	5
정음해례 4ㄴ	104	97	7
정음해례 5ㄱ	104	91	13
정음해례 5ㄴ	104	76	28
정음해례 6ㄱ	104	87	17
정음해례 6ㄴ	104	94	10
정음해례 7ㄱ	104	99	5
정음해례 7ㄴ	104	104	0
정음해례 8ㄱ	104	104	0
정음해례 8ㄴ	104	104	0
정음해례 9ㄱ	86	86	0
정음해례 9ㄴ	56	56	0
정음해례 10ㄱ	56	56	0
정음해례 10ㄴ	56	56	0
정음해례 11ㄱ	56	56	0
정음해례 11ㄴ	56	56	0
정음해례 12ㄱ	56	56	0
정음해례 12ㄴ	56	56	0
정음해례 13ㄱ	56	56	0
정음해례 13ㄴ	56	56	0
정음해례 14ㄱ	56	56	0
정음해례 14ㄴ	70	66	4
정음해례 15ㄱ	85	73	12
정음해례 15ㄴ	58	58	0
정음해례 16ㄱ	104	76	28
정음해례 16ㄴ	104	84	20
정음해례 17ㄱ	52	52	0
정음해례 17ㄴ	88	80	8
정음해례 18ㄱ	104	82	22

쪽별	글자 총수	한자	한글	쪽별	글자 총수	한자	한글
정음해례 18ㄴ	104	78	26	정음해례 24ㄴ	88	57	31
정음해례 19ㄱ	79	74	5	정음해례 25ㄱ	104	60	44
정음해례 19ㄴ	56	56	0	정음해례 25ㄴ	104	59	45
정음해례 20ㄱ	56	56	0	정음해례 26ㄱ	104	65	39
정음해례 20ㄴ	88	71	17	정음해례 26ㄴ	98	85	13
정음해례 21ㄱ	104	83	21	정음해례 27ㄱ	96	96	0
정음해례 21ㄴ	104	92	12	정음해례 27ㄴ	93	93	0
정음해례 22ㄱ	104	96	8	정음해례 28ㄱ	94	94	0
정음해례 22ㄴ	104	98	6	정음해례 28ㄴ	96	96	0
정음해례 23ㄱ	69	66	3	정음해례 29ㄱ	90	90	0
정음해례 23ㄴ	56	56	0	정음해례 29ㄴ	33	33	0
정음해례 24ㄱ	49	49	0	정음해례 모두	4931	4424	507
				총합계	5337	4790	547

[표 2] 〈훈민정음〉 해례본 분야별 글자 수

분야별	글자 총수	한자	한글
권수제	4	4	0
어제 서문	54	54	0
예의	348	308	40
해례제목	6	6	0
제자해(제목포함)	2315	2172	143
초성해(제목포함)	169	153	16
중성해(제목포함)	283	235	48
종성해(제목포함)	487	426	61
합자해(제목포함)	678	611	67
용자례(제목포함)	431	259	172
정인지 서문	558	558	0
권미제	4	4	0
총합계	5337	4790	547

부록

《훈민정음》 해례본·언해본 입체영인본

일러두기 · 입체 영인본

일반적으로 원본을 사진이나 기타의 과학적 방법으로 복제한 인쇄물을 원본의 그림자 인쇄물이라는 의미로 '영인본'이라 부른다. 그러나 영인하는 방식에 따라 다양한 영인본이 있게 마련이다. 1차적으로 모든 영인본은 원본을 바탕으로 하는 것이므로 사진을 찍거나 스캔한 자료를 바탕으로 한다. 스캔한 것도 사진기가 아닌 스캐너라는 기기를 이용한 것일 뿐 결국 사진을 찍은 것이므로 이것도 일종의 사진본이라 할 수 있다. 다만 사진을 찍은 것을 있는 그대로 영인하는 실사본과 실사본을 고치거나 다듬는 다듬본(교정본)이 있다. 1957년 통문관에서 나온 영인본이 실사본의 대표 영인본이며, 1946년에 조선어학회, 1997년에 한글학회에서 나온 영인본이 다듬본의 대표적인 경우이다. 각각 장단점이 있으므로 어느 것이 더 좋은 방법이라고 할 수는 없지만 영인본 이용목적에 따라 달리 이용할 수 있다.

그런데 기존의 실사본은 최종 인쇄 단계에서 흑백 인쇄와 축소 인쇄를 하여 원본의 실체를 보여주는 데 한계가 있었다. 다듬본은 최초 원본에 가깝게 복원하거나 가독성을 높이는 의미는 있으나 실제 역사 자료로서의 흔적이 담긴 실제 원본의 실체를 드러내는 데 문제가 있었다. 복간본은 책 크기와 종이 상태 등은 첨단 사진을 통해 원본과 같도록 복제하는 것이다. 여기서는 2015년 복간본과 한글학회(1997) 다듬본을 '정음 4ㄱ' 기준 '226×161mm(세로×가로)'를 '86×61mm'로 축소하여 실었다.

교육자료용으로 이용할 수 있도록 판심 부분을 살린 사진을 장차별로 같이 보인다.

이러한 다양한 영인본을 입체적으로 보여주는 입체영인본은 필자가 "김슬옹(2010/개정판 : 2011), ≪세종대왕과 훈민정음학≫, 지식산업사, 부록"에서 최초로 제시한 방식이다.

입체영인 1: ≪훈민정음≫(1446, 세종 28년) 간송본(1940) 사진본과 복간본(2015) 함께 보기

이 자료는 ≪훈민정음≫ 해례본 간송본 소장자인 간송미술문화재단이 교보문고와 함께 2015년에 직접 펴낸 복간본과 1940년 발견 당시의 낙서를 지우지 않은 원본을 함께 실은 것이다. '정음4ㄴ'은 앞 면 전면 낙서이고 나머지는 뒷면 낙서가 배접으로 인해 배어나온 것이다. 자료를 제공해 주신 간송미술문화재단과 교보문고에 감사 드린다. 뒷면 일부 낙서본은 문화재청 누리집에 공개된 바 있고 이를 바탕으로 한 내용 규명은 "김주원(2005라), 훈민정음 해례본의 뒷면 글 내용과 그에 관련된 몇 문제, ≪국어학≫ 45, 국어학회"에서 이루어진 바 있다. 뒷면 낙서가 전체 모두 공개된 것은 흑백 영인본으로는 "이상백(1957), ≪한글의 起源≫, 통문관, 부록", "김민수(1957), ≪注解 訓民正音≫, 통문관, 부록", 칼라 영인본으로는 "김슬옹(2015), ≪훈민정음 해례본: 한글의 탄생과 역사(해제)≫, 교보문고" 부록 영인본을 통해서이다.

입체영인 2: ≪훈민정음≫ 해례본 간송본(1940) 복간본(2015) 바탕 누런색 제거본과 한글학회 영인본(1997) 수정본 함께 보기

이 자료는 1997년에 한글학회에서 펴낸 ≪훈민정음≫ 영인본 수정본(위)과 2015년 복간본을 바탕 누런색을 뺀 수정본(아래)을 함께 묶은 것이다. 두 수정본은 모두 필자가 처음 제시하는 것이다. 한글학회 영인본(1985, 허웅 해제본)은 "조선어학회 편(1946), ≪訓民正音≫, 보진재(방종현 해제본)"을 축쇄 영인하되, 판심을 복원한 것이고 이를 다시 수정하여 1997년의 영인본이 나왔다.

여기에 싣는 한글학회(1997, 해성사) 수정본은 보사 부분(정음1ㄱㄴ-2ㄱㄴ)을 이용하되 구두점 · 사성점 · 자모 배열은 "정우영(2017), ≪訓民正音≫ 해례본의 정본 제작에 관한 연구-'권두서명'과 '병서행 안배'문제를 중심으로, ≪국보 제70호 훈민정음 학술토론회: 낙장 복원 및 정본화≫(학술 발표 자료집), 문화재청, 92쪽"을 따른다. 다만, 보사 부분 한글 글꼴만 다음과 같이 정음해례에서 집자하여 진본 부분인 '정음3ㄱㄴ-4ㄱ'의 한글 글자 크기에 맞춰 확대하였다.

정음1ㄴ	〈 ㅋ, ㆁ, ㄷ, ㅌ, ㄴ 〉 제자해에서 따와서 116.5% 확대
정음2ㄱ	〈 ㅂ, ㅍ, ㅁ, ㅈ, ㅊ 〉 제자해에서 따와서 116.5% 확대
정음2ㄴ	〈 ㅅ, ㆆ, ㅎ, ㅇ, ㄹ 〉 제자해에서 따와서 116.5% 확대

입체영인 3: 서강대 ≪월인석보≫(1459) 언해본과 국어사학회 · 문화재청 재구 정본(2007) 함께 보기

《훈민정음》 해례본의 앞부분인, 세종 서문과 예의만을 다룬 언해본이 단행본으로 나왔을 가능성은 있으나, 아직까지 발견되지는 않았다. 세조 5년(1459)에 나온 《월인석보》 앞머리에 실린 것이 유일하다. 초간 원본인 서강대 소장본은 1972년에 영인, 출판되었다. 여기에 제시하는 정본 자료는 원본을 교정한 다듬본이다. 원본 그대로는 《번역하고 풀이한 훈민정음》(조규태, 한국문화사, 2007: 수정판)에 실려 있다.

국어사학회와 문화재청은 현존 최고(最古)의 언해본보다 앞서 제작된 최초의 언해본을 상정하여 재구(再構)한 원본인 '재구 정본(부록 2에서는 '정본'이라고 씀)'을 제작한 바 있다. 세조 때 나온 언해본 원본은 권두서명이 "世·솅宗종御·엉製·졩訓·훈民민正·졍音음"이고, 재구한 정본은 세종이 임금일 때 나왔을 것이므로, "訓·훈民민正·졍音음"이다. 자세한 비교 설명은 《훈민정음 언해본 이본 조사 및 정본 제작 연구》(문화재청, 2007)에 나와 있다.

부록 2에서는 《월인석보》(서강대 도서관 소장본) 언해본의 사진본과 《훈민정음 언해본 이본 조사 및 정본 제작 연구》의 재구 정본을 입체적으로 비교할 수 있도록 원본 크기의 약 25퍼센트(판면 기준)로 축소하여 함께 실었다. 수록을 허락한 문화재청과 국어사학회에 감드린다

입체영인 1: 《훈민정음》(1446, 세종 28년) 간송본(1940) 사진본과 복간본(2015) 함께 보기

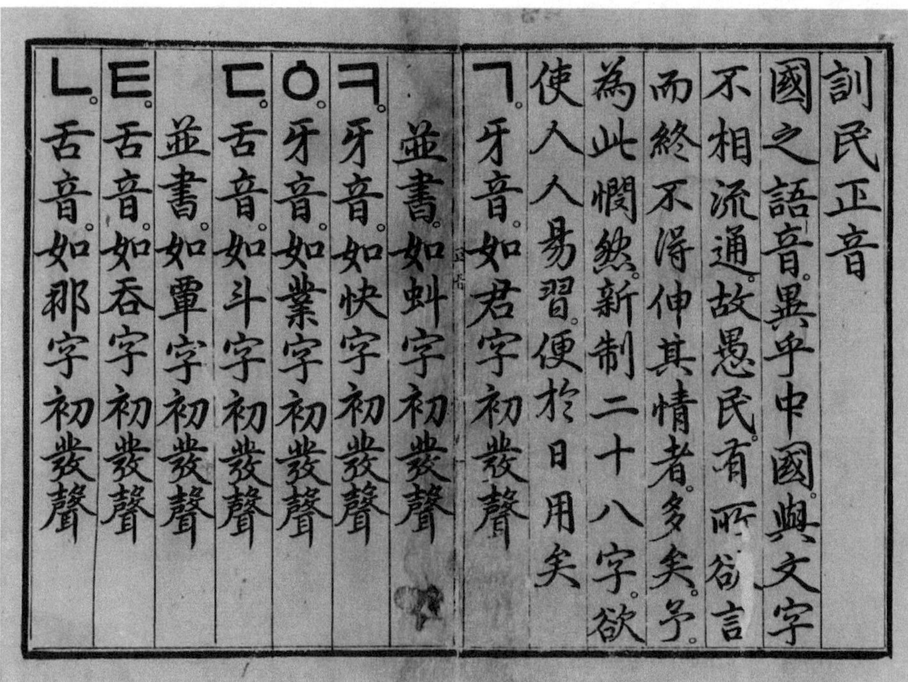

訓民正音

國之語音異乎中國與文字
不相流通故愚民有所欲言
而終不得伸其情者多矣予
爲此憫然新制二十八字欲
使人人易習便於日用矣

ㄱ。牙音。如君字初發聲
並書。如虯字初發聲
ㅋ。牙音。如快字初發聲
ㆁ。牙音。如業字初發聲
ㄷ。舌音。如斗字初發聲
並書。如覃字初發聲
ㅌ。舌音。如呑字初發聲
ㄴ。舌音。如那字初發聲

간송본 복간본(2015) – 정음 1ㄱㄴ

訓民正音

國之語音異乎中國與文字
不相流通故愚民有所欲言
而終不得伸其情者多矣予
爲此憫然新制二十八字欲
使人人易習便於日用矣

ㄱ。牙音。如君字初發聲
並書。如虯字初發聲
ㅋ。牙音。如快字初發聲
ㆁ。牙音。如業字初發聲
ㄷ。舌音。如斗字初發聲
並書。如覃字初發聲
ㅌ。舌音。如呑字初發聲
ㄴ。舌音。如那字初發聲

간송본(1940) 사진본 – 정음 1ㄱㄴ

ㅂ。脣音。如彆字初發聲
並書。如步字初發聲
ㅍ。脣音。如漂字初發聲
ㅁ。脣音。如彌字初發聲
ㅈ。齒音。如即字初發聲
並書。如慈字初發聲
ㅊ。齒音。如侵字初發聲
ㅅ。齒音。如戌字初發聲
並書。如邪字初發聲
ㆆ。喉音。如挹字初發聲
ㅎ。喉音。如虛字初發聲
並書。如洪字初發聲
ㅇ。喉音。如欲字初發聲
ㄹ。半舌。音如閭字初發聲

간송본 복간본(2015) – 정음 2ㄱㄴ

ㅂ。脣音。如彆字初發聲
並書。如步字初發聲
ㅍ。脣音。如漂字初發聲
ㅁ。脣音。如彌字初發聲
ㅈ。齒音。如即字初發聲
並書。如慈字初發聲
ㅊ。齒音。如侵字初發聲
ㅅ。齒音。如戌字初發聲
並書。如邪字初發聲
ㆆ。喉音。如挹字初發聲
ㅎ。喉音。如虛字初發聲
並書。如洪字初發聲
ㅇ。喉音。如欲字初發聲
ㄹ。半舌。音如閭字初發聲

간송본(1940) 사진본 – 정음 2ㄱㄴ

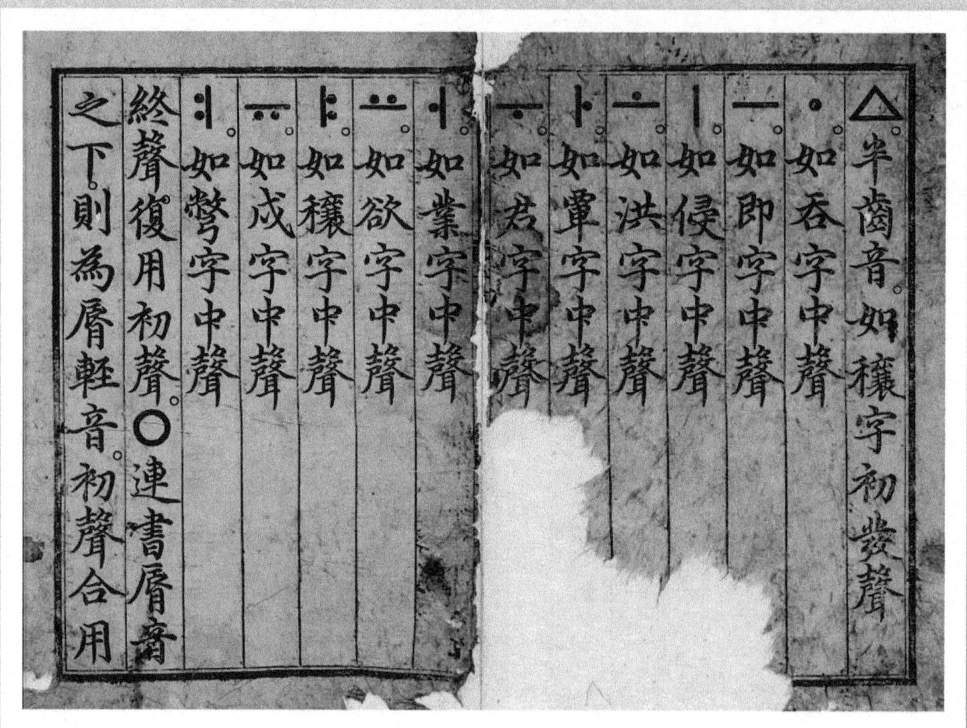

ㅿ 半齒音 如穰字初發聲
ㆍ 如呑字中聲
ㅡ 如即字中聲
ㅣ 如侵字中聲
ㅗ 如洪字中聲
ㅏ 如覃字中聲
ㅜ 如君字中聲
ㅓ 如業字中聲
ㅛ 如欲字中聲
ㅑ 如穰字中聲
ㅠ 如戌字中聲
ㅕ 如彆字中聲
終聲復用初聲 ㅇ連書脣音
之下則為脣輕音 初聲合用

간송본 복간본(2015) – 정음 3ㄱㄴ

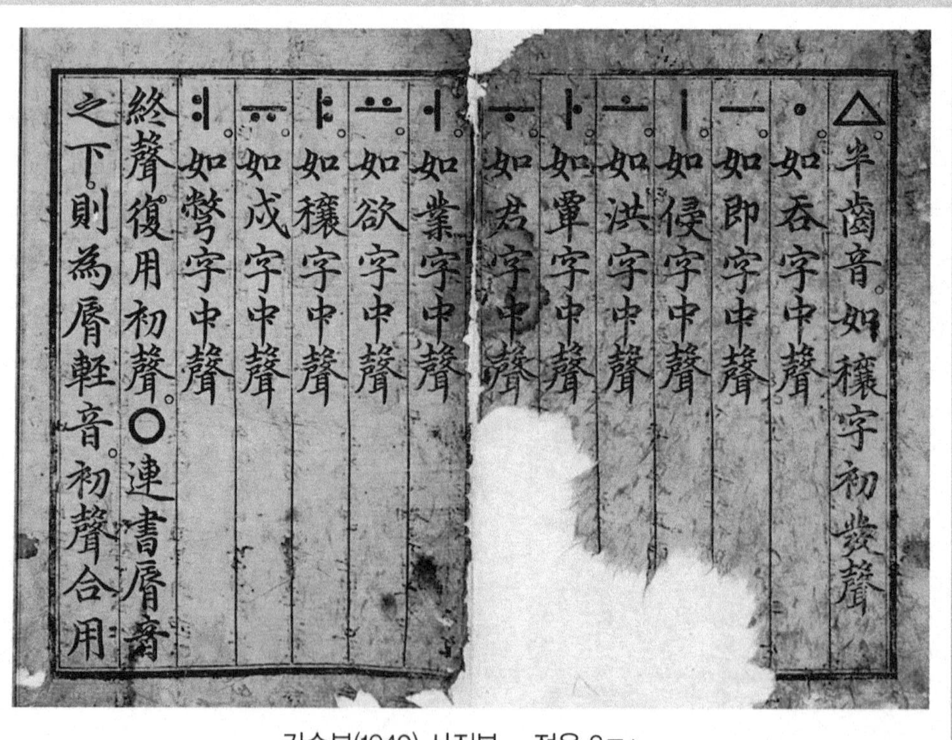

ㅿ 半齒音 如穰字初發聲
ㆍ 如呑字中聲
ㅡ 如即字中聲
ㅣ 如侵字中聲
ㅗ 如洪字中聲
ㅏ 如覃字中聲
ㅜ 如君字中聲
ㅓ 如業字中聲
ㅛ 如欲字中聲
ㅑ 如穰字中聲
ㅠ 如戌字中聲
ㅕ 如彆字中聲
終聲復用初聲 ㅇ連書脣音
之下則為脣輕音 初聲合用

간송본(1940) 사진본 – 정음 3ㄱㄴ

則並書終聲同。ㆍㅡㅗㅜㅛㅠ
附書初聲之下。ㅣㅏㅓㅑㅕ
附書於右。凡字必合而成
音。左加一點則去聲。二則上
聲。無則平聲。入聲加點同而
促急

간송본 복간본(2015) – 정음 4ㄱㄴ

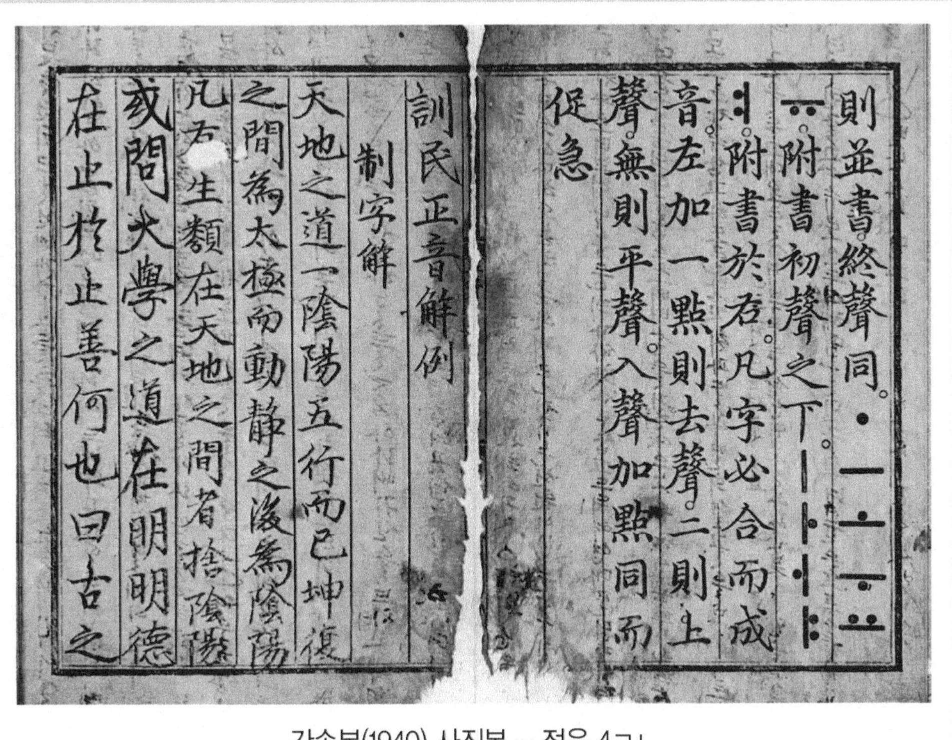

則並書終聲同。ㆍㅡㅗㅜㅛㅠ
附書初聲之下。ㅣㅏㅓㅑㅕ
附書於右。凡字必合而成
音。左加一點則去聲。二則上
聲。無則平聲。入聲加點同而
促急

訓民正音解例
制字解
天地之道一陰陽五行而已坤復
之間爲太極而動靜之後爲陰陽
凡有生類在天地之間者捨陰陽
或問大學之道在明明德
在止於止善何也曰古之

간송본(1940) 사진본 – 정음 4ㄱㄴ

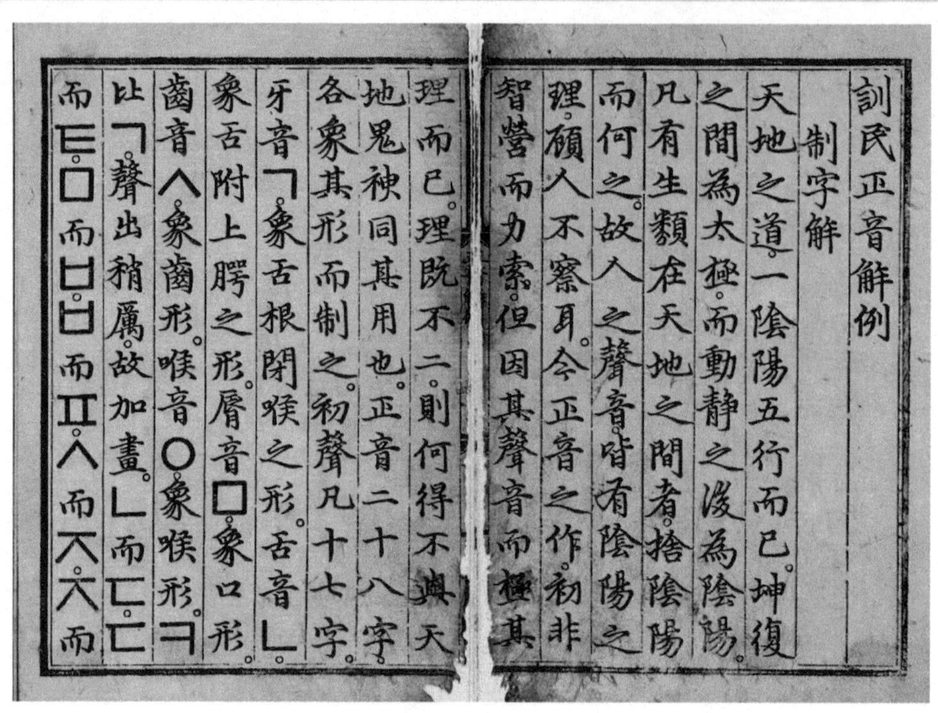

訓民正音解例

制字解

天地之道一陰陽五行而已坤復之間爲太極而動靜之後爲陰陽凡有生類在天地之間者捨陰陽而何之故人之聲音皆有陰陽之理顧人不察耳今正音之作初非智營而力索但因其聲音而極其理而已理旣不二則何得不與天地鬼神同其用也正音二十八字各象其形而制之初聲凡十七字牙音ㄱ象舌根閉喉之形舌音ㄴ象舌附上腭之形脣音ㅁ象口形齒音ㅅ象齒形喉音ㅇ象喉形ㅋ比ㄱ聲出稍厲故加畫ㄴ而ㄷㄷ而ㅌㅁ而ㅂㅂ而ㅍㅅ而ㅈㅊ而

간송본 복간본(2015) – 정음해례 1ㄱㄴ

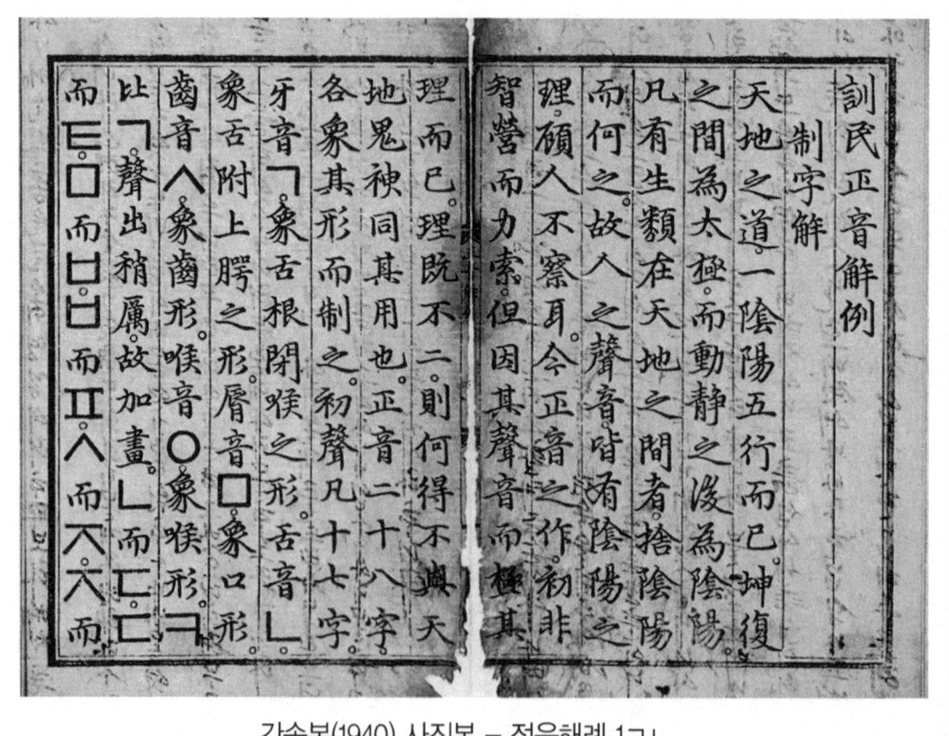

訓民正音解例

制字解

天地之道一陰陽五行而已坤復之間爲太極而動靜之後爲陰陽凡有生類在天地之間者捨陰陽而何之故人之聲音皆有陰陽之理顧人不察耳今正音之作初非智營而力索但因其聲音而極其理而已理旣不二則何得不與天地鬼神同其用也正音二十八字各象其形而制之初聲凡十七字牙音ㄱ象舌根閉喉之形舌音ㄴ象舌附上腭之形脣音ㅁ象口形齒音ㅅ象齒形喉音ㅇ象喉形ㅋ比ㄱ聲出稍厲故加畫ㄴ而ㄷㄷ而ㅌㅁ而ㅂㅂ而ㅍㅅ而ㅈㅊ而

간송본(1940) 사진본 – 정음해례 1ㄱㄴ

ㅊ ㆁ而ㆆ ㆆ而ㅎ其因聲加畫之
義皆同而唯ㆁ爲異半舌音ㄹ半
齒音ㅿ亦象舌齒之形而異其體
無加畫之義焉夫人之有聲本於
五行故合諸四時而不悖叶之五
音而不戾喉邃而潤水也聲虛而
通如水之虛明而流通也於時爲
冬於音爲羽牙錯而長木也聲似

喉而實如木之生於水而有形也
於時爲春於音爲角舌銳而動火
也聲轉而颺如火之轉展而揚揚
也於時爲夏於音爲徵齒剛而斷
金也聲屑而滯如金之屑瑣而鍛
成也於時爲秋於音爲商脣方而
合土也聲含而廣如土之含蓄萬
物而廣大也於時爲季夏於音爲

간송본 복간본(2015) – 정음해례 2ㄱㄴ

ㅊ ㆁ而ㆆ ㆆ而ㅎ其因聲加畫之
義皆同而唯ㆁ爲異半舌音ㄹ半
齒音ㅿ亦象舌齒之形而異其體
無加畫之義焉夫人之有聲本於
五行故合諸四時而不悖叶之五
音而不戾喉邃而潤水也聲虛而
通如水之虛明而流通也於時爲
冬於音爲羽牙錯而長木也聲似

喉而實如木之生於水而有形也
於時爲春於音爲角舌銳而動火
也聲轉而颺如火之轉展而揚揚
也於時爲夏於音爲徵齒剛而斷
金也聲屑而滯如金之屑瑣而鍛
成也於時爲秋於音爲商脣方而
合土也聲含而廣如土之含蓄萬
物而廣大也於時爲季夏於音爲

간송본(1940) 사진본 – 정음해례 2ㄱㄴ

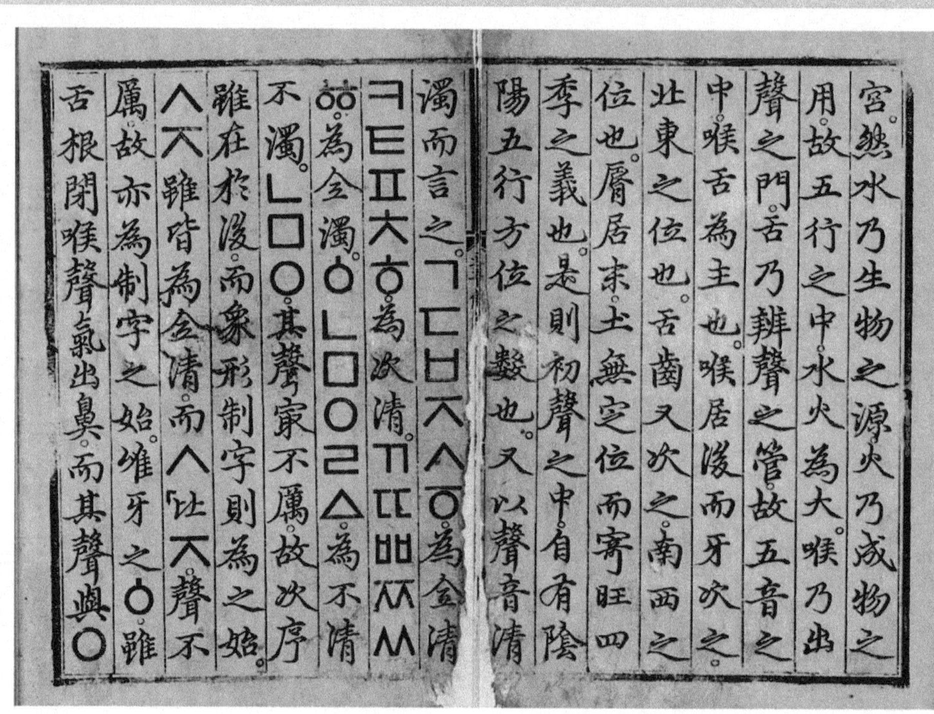
宮。然水乃生物之源。火乃成物之
用。故五行之中。水火為大。喉乃出
聲之門。舌乃辨聲之管。故五音之
中。喉舌為主也。喉居後而牙次之。
北東之位也。舌齒又次之。南西之
位也。脣居末。土無定位而寄旺四
季之義也。是則初聲之中。自有陰
陽五行方位之數也。又以聲音清
濁而言之。ㄱㄷㅂㅈㅅㆆ。為全清。
ㅋㅌㅍㅊㅎ。為次清。ㄲㄸㅃㅉㅆ
ㆅ。為全濁。ㆁㄴㅁㅇㄹㅿ。為不清
不濁。ㄴㅁㅇ。其聲冣不厲。故次序
雖在於後。而象形制字則為之始。
ㅅㅈ雖皆為全清。而ㅅ比ㅈ。聲不
厲。故亦為制字之始。唯牙之ㆁ。雖
舌根閉喉聲氣出鼻。而其聲與ㅇ

간송본 복간본(2015) – 정음해례 3ㄱㄴ

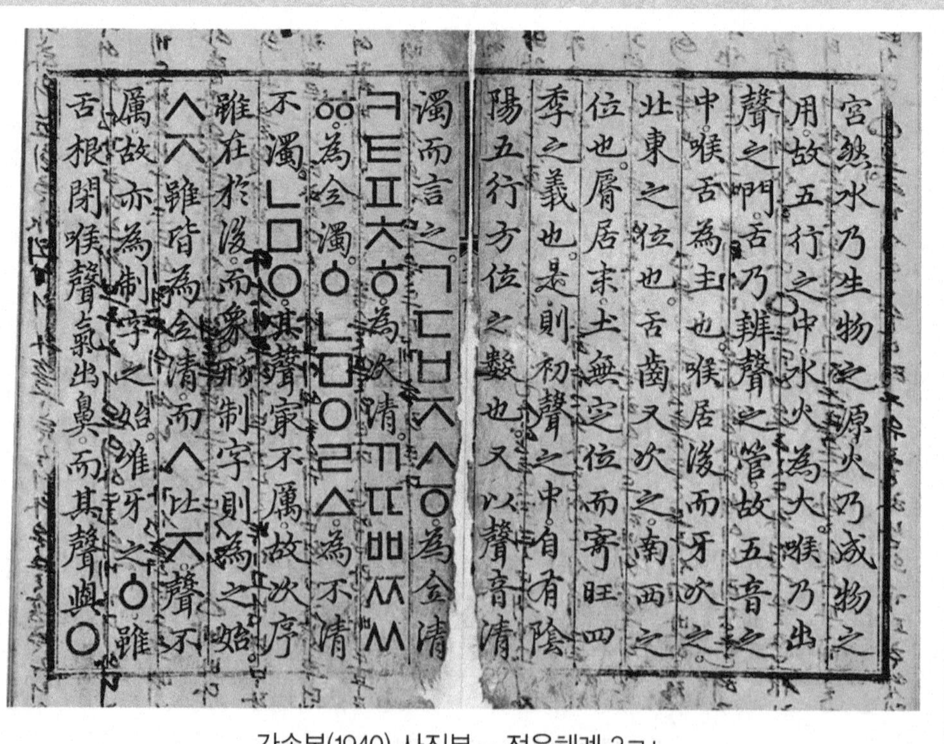
宮。然水乃生物之源。火乃成物之
用。故五行之中。水火為大。喉乃出
聲之門。舌乃辨聲之管。故五音之
中。喉舌為主也。喉居後而牙次之。
北東之位也。舌齒又次之。南西之
位也。脣居末。土無定位而寄旺四
季之義也。是則初聲之中。自有陰
陽五行方位之數也。又以聲音清
濁而言之。ㄱㄷㅂㅈㅅㆆ。為全清。
ㅋㅌㅍㅊㅎ。為次清。ㄲㄸㅃㅉㅆ
ㆅ。為全濁。ㆁㄴㅁㅇㄹㅿ。為不清
不濁。ㄴㅁㅇ。其聲冣不厲。故次序
雖在於後。而象形制字則為之始。
ㅅㅈ雖皆為全清。而ㅅ比ㅈ。聲不
厲。故亦為制字之始。唯牙之ㆁ。雖
舌根閉喉聲氣出鼻。而其聲與ㅇ

간송본(1940) 사진본 – 정음해례 3ㄱㄴ

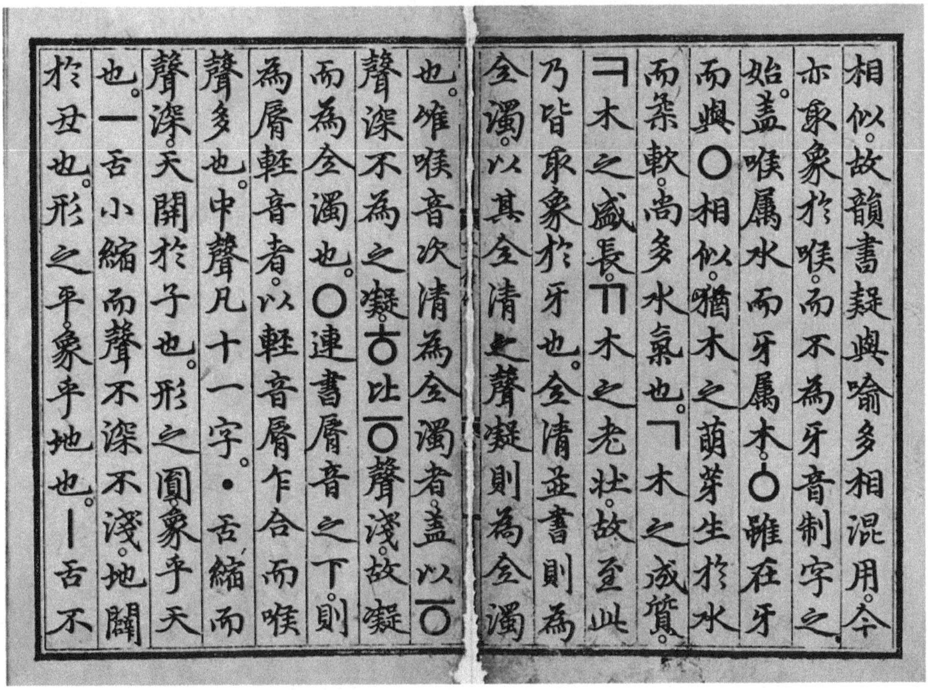

相似。故韻書疑與喩多相混用。今
亦取象於喉。而不爲牙音制字之
始。盖喉屬水而牙屬木。ㆁ雖在牙
而與ㅇ相似。猶木之萌芽生於水
而柔軟。尙多水氣也。ㄱ木之成質。
ㅋ木之盛長。ㄲ木之老壯。故至此
乃皆取象於牙也。全淸並書則爲
全濁。以其全淸之聲凝則爲全濁

也。唯喉音次淸爲全濁者。盖以ㆆ
聲深不爲之凝。ㅎ比ㆆ聲淺。故凝
而爲全濁也。ㅇ連書脣音之下。則
爲脣輕音者。以輕音脣乍合而喉
聲多也。中聲凡十一字。·舌縮而
聲深。天開於子也。形之圓。象乎天
也。ㅡ舌小縮而聲不深不淺。地闢
於丑也。形之平。象乎地也。ㅣ舌不

간송본 복간본(2015) – 정음해례 4ㄱㄴ

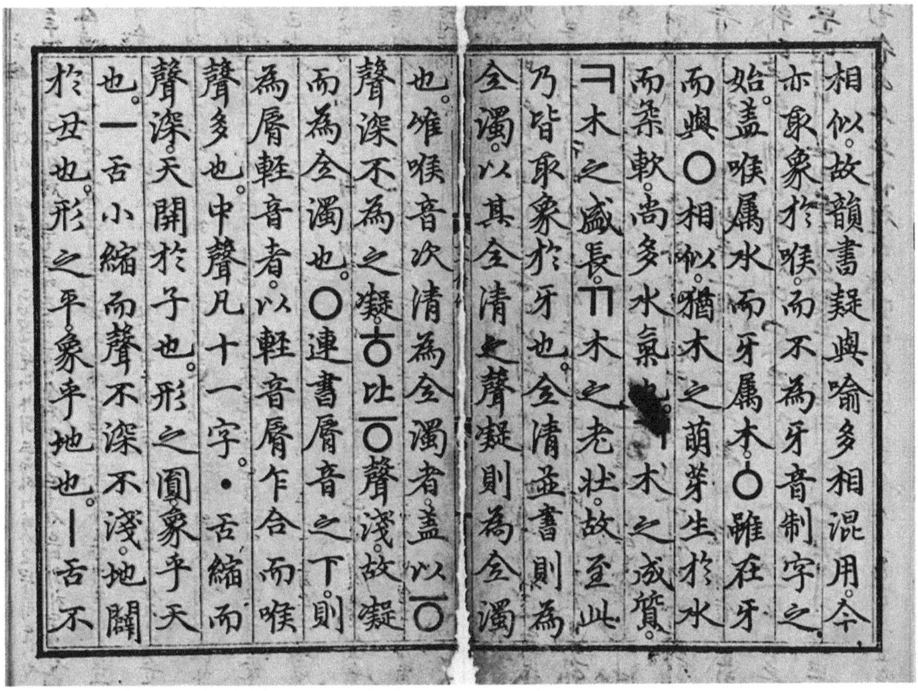

相似。故韻書疑與喩多相混用。今
亦取象於喉。而不爲牙音制字之
始。盖喉屬水而牙屬木。ㆁ雖在牙
而與ㅇ相似。猶木之萌芽生於水
而柔軟。尙多水氣也。ㄱ木之成質。
ㅋ木之盛長。ㄲ木之老壯。故至此
乃皆取象於牙也。全淸並書則爲
全濁。以其全淸之聲凝則爲全濁

也。唯喉音次淸爲全濁者。盖以ㆆ
聲深不爲之凝。ㅎ比ㆆ聲淺。故凝
而爲全濁也。ㅇ連書脣音之下。則
爲脣輕音者。以輕音脣乍合而喉
聲多也。中聲凡十一字。·舌縮而
聲深。天開於子也。形之圓。象乎天
也。ㅡ舌小縮而聲不深不淺。地闢
於丑也。形之平。象乎地也。ㅣ舌不

간송본(1940) 사진본 – 정음해례 4ㄱㄴ

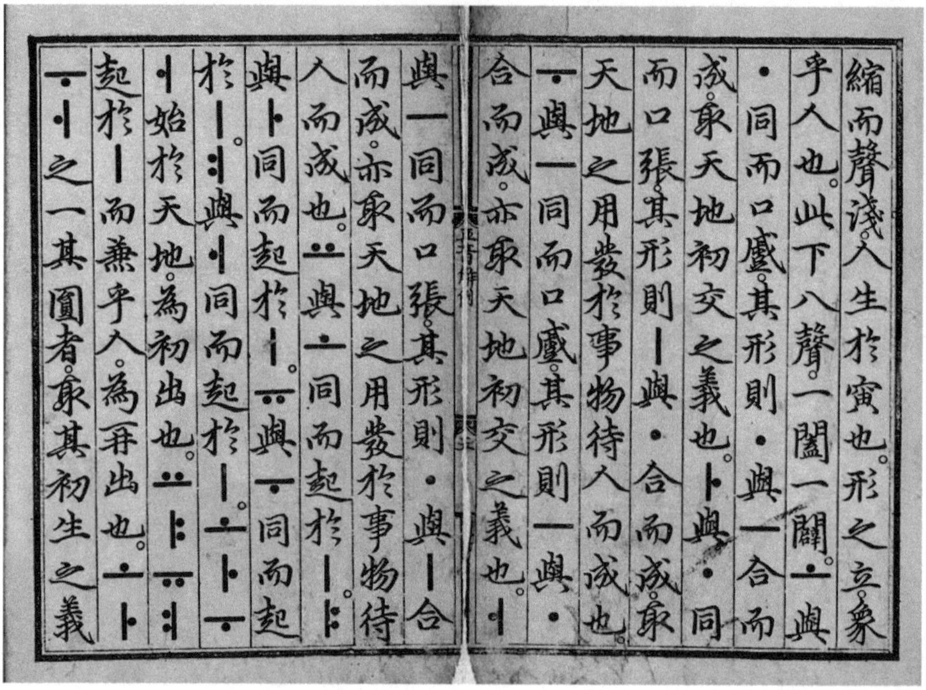

縮而聲淺。人生於寅也。形之立象
乎人也。此下八聲。一闔一闢。ㅗ與
ㆍ同而口蹙。其形則ㆍ與ㅡ合而
成。取天地初交之義也。ㅏ與ㆍ同
而口張。其形則ㅣ與ㆍ合而成。取
天地之用發於事物待人而成也。
ㅜ與ㅡ同而口蹙。其形則ㅡ與ㆍ
合而成。亦取天地初交之義也。ㅓ
與ㅡ同而口張。其形則ㆍ與ㅣ合
而成。亦取天地之用發於事物待
人而成也。ㅛ與ㅗ同而起於ㅣ。ㅑ
與ㅏ同而起於ㅣ。ㅠ與ㅜ同而起
於ㅣ。ㅕ與ㅓ同而起於ㅣ。ㅗㅏㅜㅓ
始於天地。為初出也。ㅛㅑㅠㅕ
起於ㅣ而兼乎人。為再出也。ㅗㅏ
ㅜㅓ之一其圓者。取其初生之義

간송본 복간본(2015) – 정음해례 5ㄱㄴ

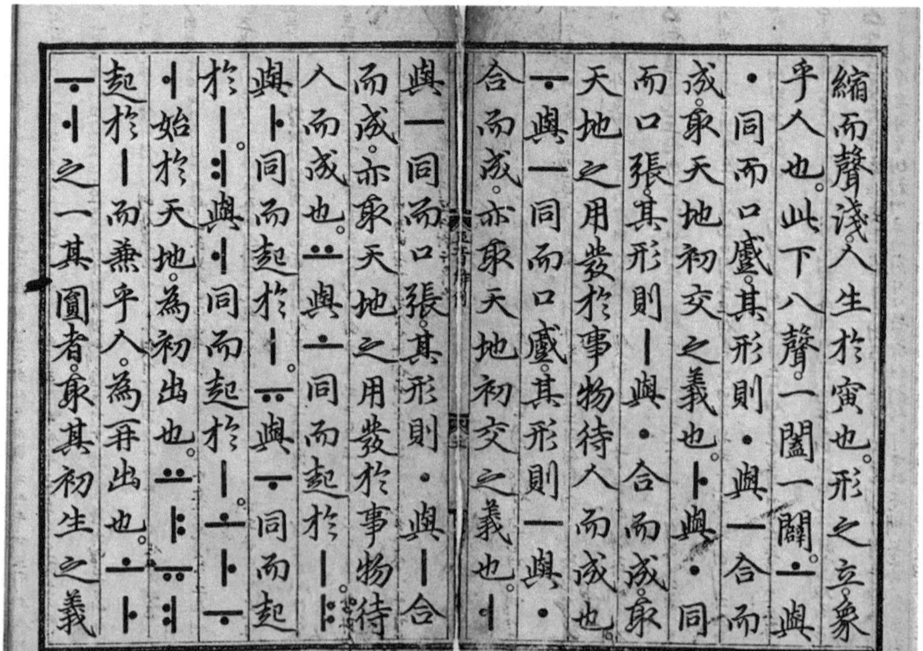

縮而聲淺。人生於寅也。形之立象
乎人也。此下八聲。一闔一闢。ㅗ與
ㆍ同而口蹙。其形則ㆍ與ㅡ合而
成。取天地初交之義也。ㅏ與ㆍ同
而口張。其形則ㅣ與ㆍ合而成。取
天地之用發於事物待人而成也。
ㅜ與ㅡ同而口蹙。其形則ㅡ與ㆍ
合而成。亦取天地初交之義也。ㅓ
與ㅡ同而口張。其形則ㆍ與ㅣ合
而成。亦取天地之用發於事物待
人而成也。ㅛ與ㅗ同而起於ㅣ。ㅑ
與ㅏ同而起於ㅣ。ㅠ與ㅜ同而起
於ㅣ。ㅕ與ㅓ同而起於ㅣ。ㅗㅏㅜㅓ
始於天地。為初出也。ㅛㅑㅠㅕ
起於ㅣ而兼乎人。為再出也。ㅗㅏ
ㅜㅓ之一其圓者。取其初生之義

간송본(1940) 사진본 – 정음해례 5ㄱㄴ

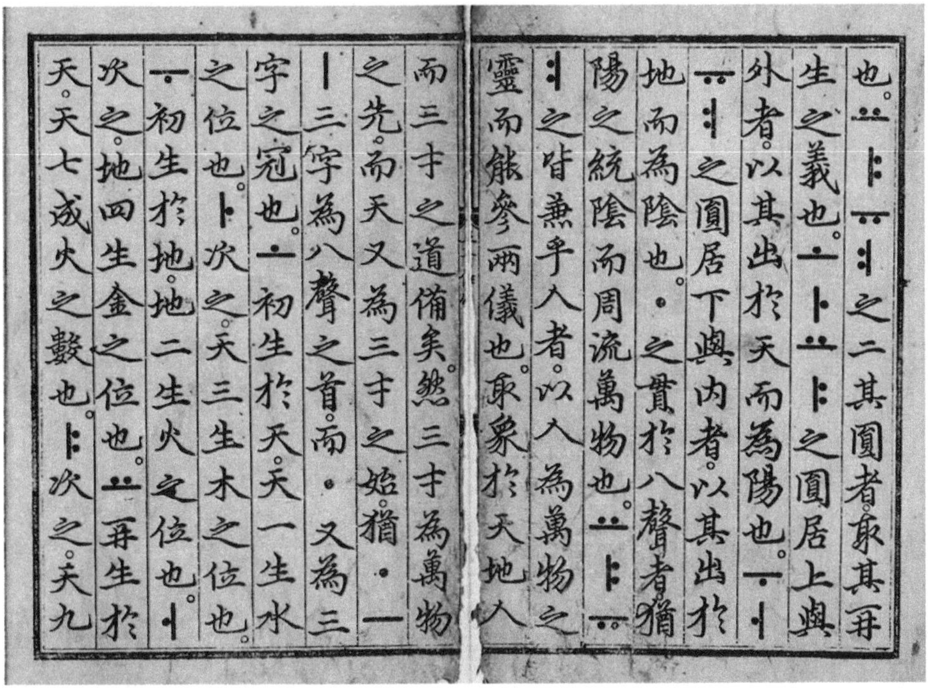

也。ㅛㅑㅠㅕ之二其圓者。取其再
生之義也。ㅗㅏㅛㅑ之圓居上與
外者。以其出於天而爲陽也。ㅜㅓ
ㅠㅕ之圓居下與內者。以其出於
地而爲陰也。ㆍ之貫於八聲者。猶
陽之統陰而周流萬物也。ㅛㅑㅠ
ㅕ之皆兼乎人者。以人爲萬物之
靈而能參兩儀也。取象於天地人
而三才之道備矣。然三才爲萬物
之先。而天又爲三才之始。猶ㆍㅡ
ㅣ三字爲八聲之首。而ㆍ又爲三
字之冠也。ㅗ初生於天。天一生水
之位也。ㅏ次之。天三生木之位也。
ㅜ初生於地。地二生火之位也。ㅓ
次之。地四生金之位也。ㅛ再生於
天。天七成火之數也。ㅑ次之。天九

간송본 복간본(2015) – 정음해례 6ㄱㄴ

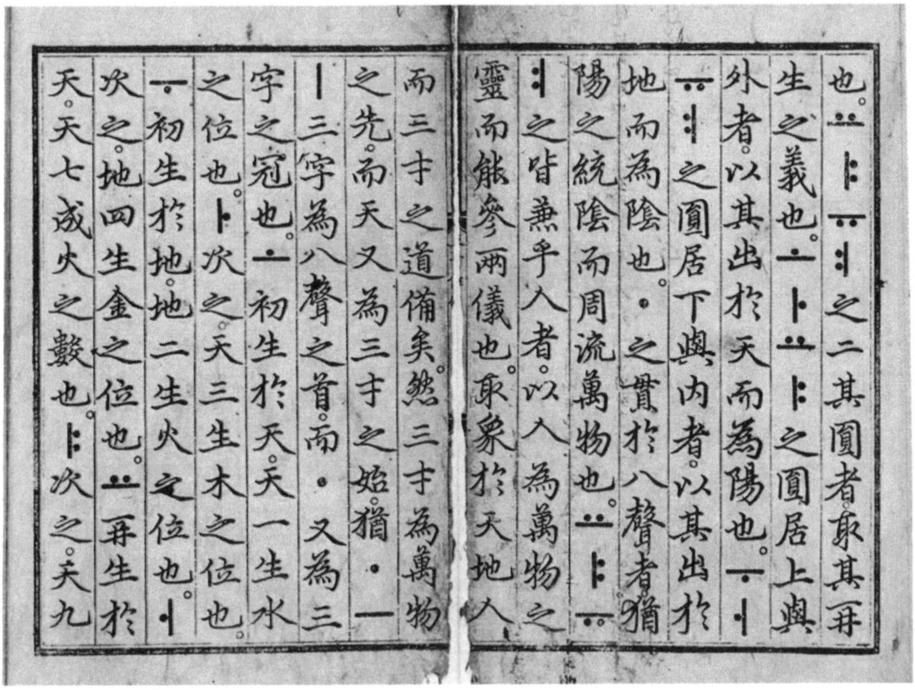

也。ㅛㅑㅠㅕ之二其圓者。取其再
生之義也。ㅗㅏㅛㅑ之圓居上與
外者。以其出於天而爲陽也。ㅜㅓ
ㅠㅕ之圓居下與內者。以其出於
地而爲陰也。ㆍ之貫於八聲者。猶
陽之統陰而周流萬物也。ㅛㅑㅠ
ㅕ之皆兼乎人者。以人爲萬物之
靈而能參兩儀也。取象於天地人
而三才之道備矣。然三才爲萬物
之先。而天又爲三才之始。猶ㆍㅡ
ㅣ三字爲八聲之首。而ㆍ又爲三
字之冠也。ㅗ初生於天。天一生水
之位也。ㅏ次之。天三生木之位也。
ㅜ初生於地。地二生火之位也。ㅓ
次之。地四生金之位也。ㅛ再生於
天。天七成火之數也。ㅑ次之。天九

간송본(1940) 사진본 – 정음해례 6ㄱㄴ

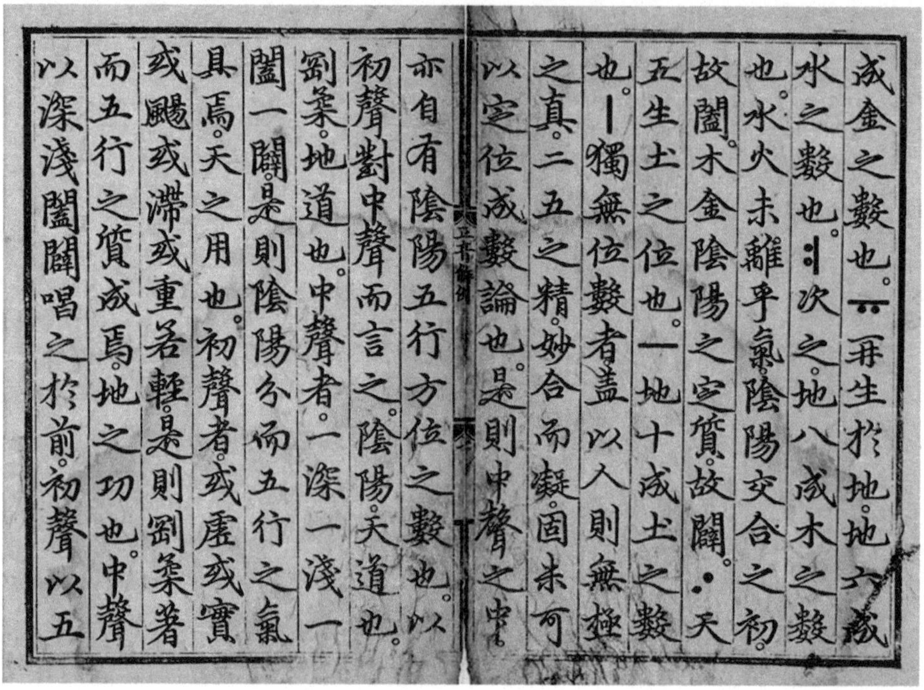

成金之數也。ㅠ再生於地。地六成
水之數也。ㅕ次之。地八成木之數
也。水火未離乎氣。陰陽交合之初。
故闔。木金陰陽之定質。故闢。ㆍ天
五生土之位也。ㅡ地十成土之數
也。ㅣ獨無位數者。蓋以人則無極
之眞。二五之精。妙合而凝。固未可
以定位成數論也。是則中聲之中。

亦自有陰陽五行方位之數也。以
初聲對中聲而言之。陰陽。天道也。
剛柔。地道也。中聲者。一深一淺一
闔一闢。是則陰陽分而五行之氣
具焉。天之用也。初聲者。或虛或實
或颺或滯或重若輕。是則剛柔著
而五行之質成焉。地之功也。中聲
以深淺闔闢唱之於前。初聲以五

간송본 복간본(2015) – 정음해례 7ㄱㄴ

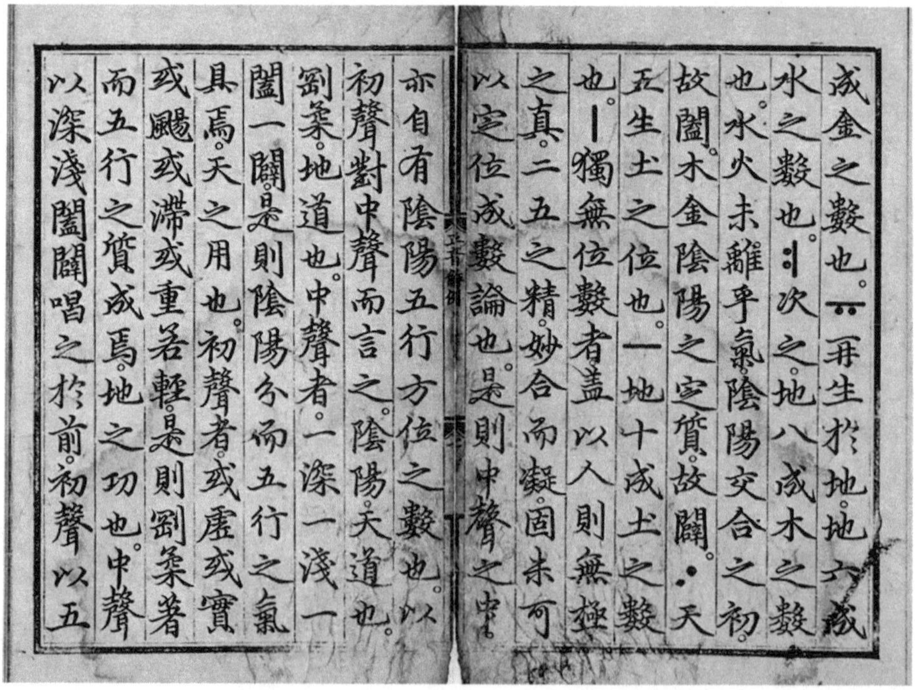

成金之數也。ㅠ再生於地。地六成
水之數也。ㅕ次之。地八成木之數
也。水火未離乎氣。陰陽交合之初。
故闔。木金陰陽之定質。故闢。ㆍ天
五生土之位也。ㅡ地十成土之數
也。ㅣ獨無位數者。蓋以人則無極
之眞。二五之精。妙合而凝。固未可
以定位成數論也。是則中聲之中。

亦自有陰陽五行方位之數也。以
初聲對中聲而言之。陰陽。天道也。
剛柔。地道也。中聲者。一深一淺一
闔一闢。是則陰陽分而五行之氣
具焉。天之用也。初聲者。或虛或實
或颺或滯或重若輕。是則剛柔著
而五行之質成焉。地之功也。中聲
以深淺闔闢唱之於前。初聲以五

간송본(1940) 사진본 – 정음해례 7ㄱㄴ

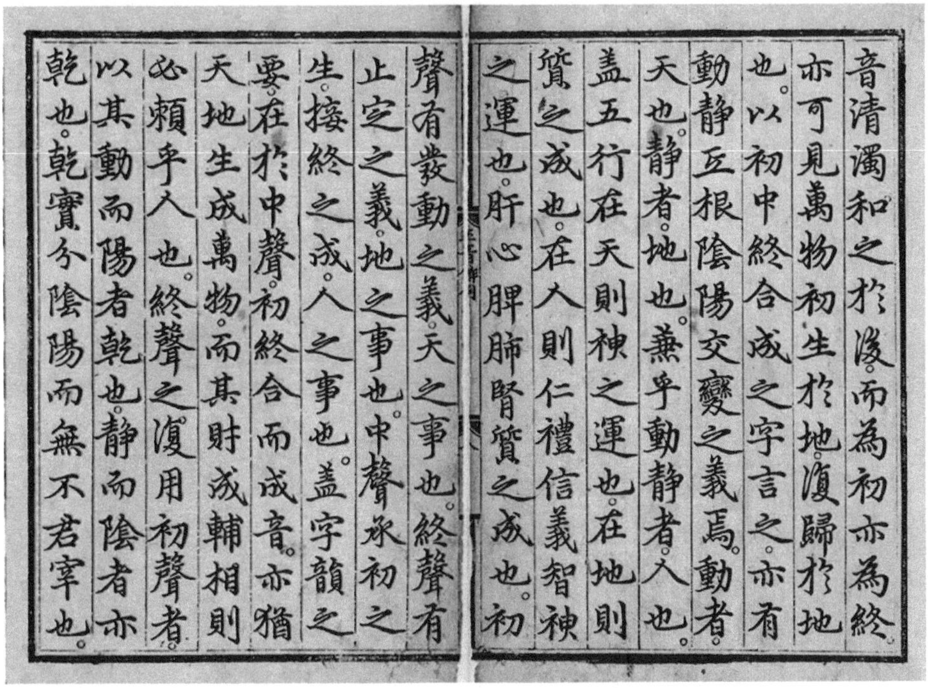

音清濁和之於後而爲初亦爲終
亦可見萬物初生於地復歸於地
也。以初中終合成之字言之。亦有
動靜互根陰陽交變之義焉。動者。
天也。靜者。地也。兼乎動靜者。人也。
蓋五行在天則神之運也。在地則
質之成也。在人則仁禮信義智神
之運也。肝心脾肺腎質之成也。初
聲有發動之義。天之事也。終聲有
止定之義。地之事也。中聲承初之
生。接終之成。人之事也。蓋字韻之
要在於中聲。初終合而成音。亦猶
天地生成萬物。而其財成輔相則
必賴乎人也。終聲之復用初聲者。
以其動而陽者乾也。靜而陰者亦
乾也。乾實分陰陽而無不君宰也。

간송본 복간본(2015) – 정음해례 8ㄱㄴ

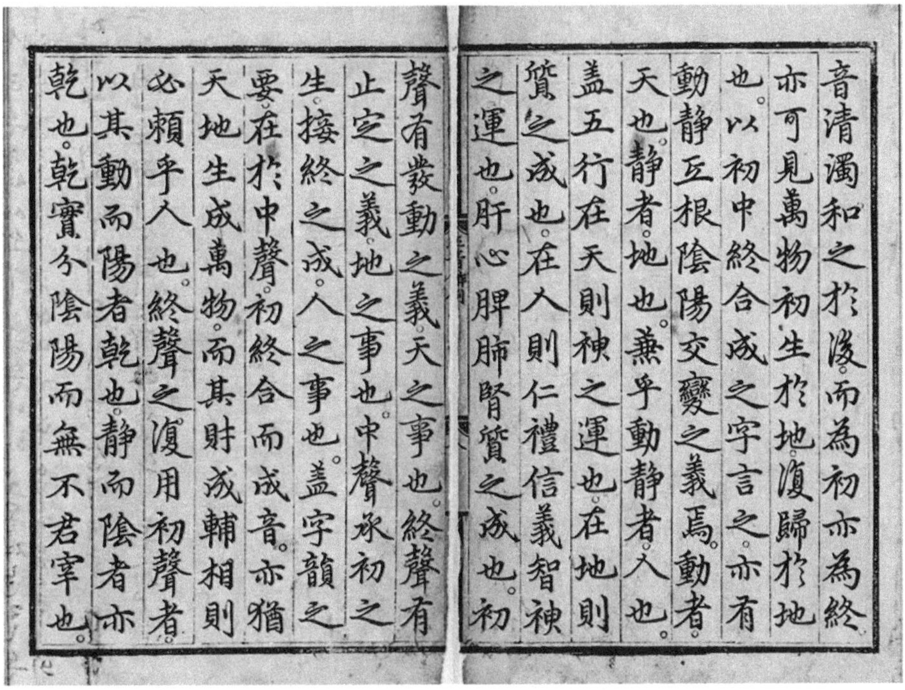

音清濁和之於後而爲初亦爲終
亦可見萬物初生於地復歸於地
也。以初中終合成之字言之。亦有
動靜互根陰陽交變之義焉。動者。
天也。靜者。地也。兼乎動靜者。人也。
蓋五行在天則神之運也。在地則
質之成也。在人則仁禮信義智神
之運也。肝心脾肺腎質之成也。初
聲有發動之義。天之事也。終聲有
止定之義。地之事也。中聲承初之
生。接終之成。人之事也。蓋字韻之
要在於中聲。初終合而成音。亦猶
天地生成萬物。而其財成輔相則
必賴乎人也。終聲之復用初聲者。
以其動而陽者乾也。靜而陰者亦
乾也。乾實分陰陽而無不君宰也。

간송본(1940) 사진본 – 정음해례 8ㄱㄴ

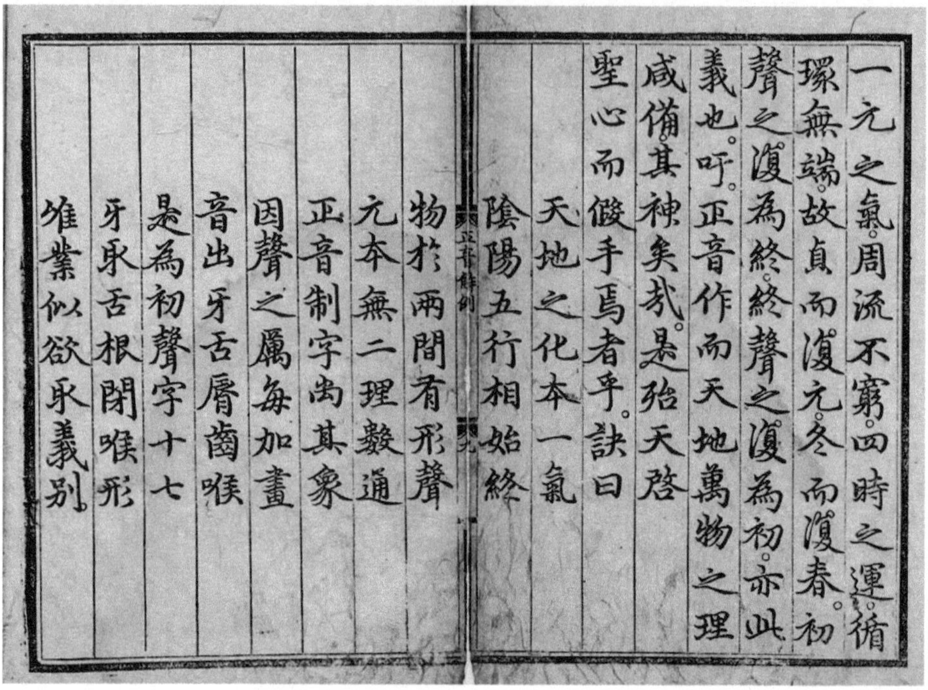

一元之氣。周流不窮。四時之運。循
環無端。故貞而復元。冬而復春。初
聲之復爲終。終聲之復爲初。亦此
義也。吁。正音作而天地萬物之理
咸備。其神矣哉。是殆天啓
聖心而假手焉者乎。訣曰
天地之化本一氣
陰陽五行相始終

正音解例 九

物於兩間有形聲
元本無二理數通
正音制字尙其象
因聲之厲每加畫
音出牙舌脣齒喉
是爲初聲字十七
牙取舌根閉喉形
唯業似欲取義別

간송본 복간본(2015) – 정음해례 9ㄱㄴ

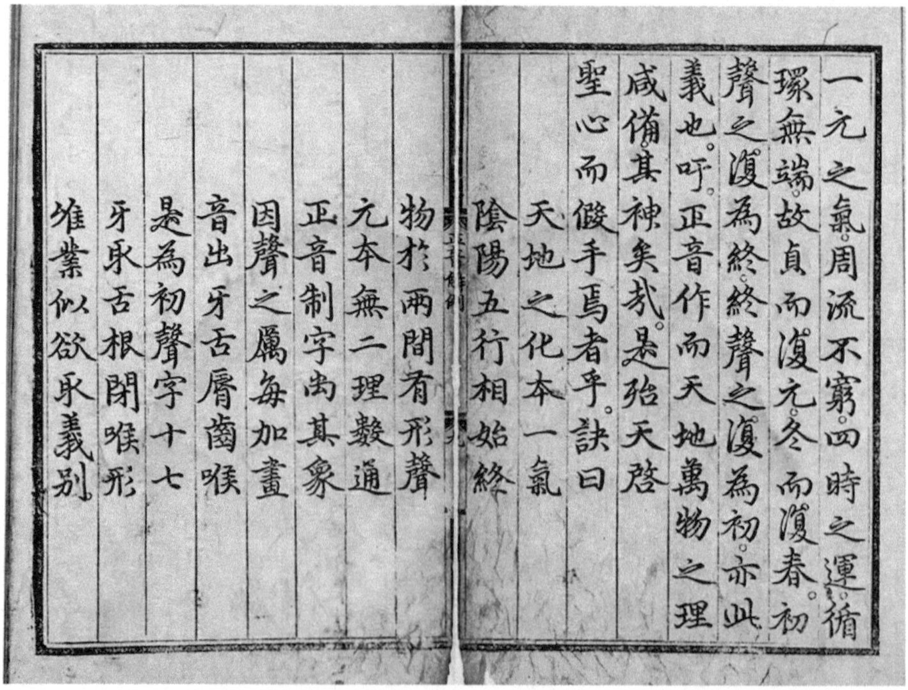

一元之氣。周流不窮。四時之運。循
環無端。故貞而復元。冬而復春。初
聲之復爲終。終聲之復爲初。亦此
義也。吁。正音作而天地萬物之理
咸備。其神矣哉。是殆天啓
聖心而假手焉者乎。訣曰
天地之化本一氣
陰陽五行相始終

正音解例 九

物於兩間有形聲
元本無二理數通
正音制字尙其象
因聲之厲每加畫
音出牙舌脣齒喉
是爲初聲字十七
牙取舌根閉喉形
唯業似欲取義別

간송본(1940) 사진본 – 정음해례 9ㄱㄴ

舌迺象舌附上腭
脣則實是取口形
齒喉直取齒喉象
知斯五義聲自明
又有半舌半齒音
取象同而體則異
那彌戍欲聲不厲
次序雖後象形始
配諸四時與冲氣
五行五音無不協
維喉為水冬與羽
牙迺春木其音角
徵音夏火是舌聲
齒則商秋又是金
脣於位數本無定
土而季夏為宮音

간송본 복간본(2015) – 정음해례 10ㄱㄴ

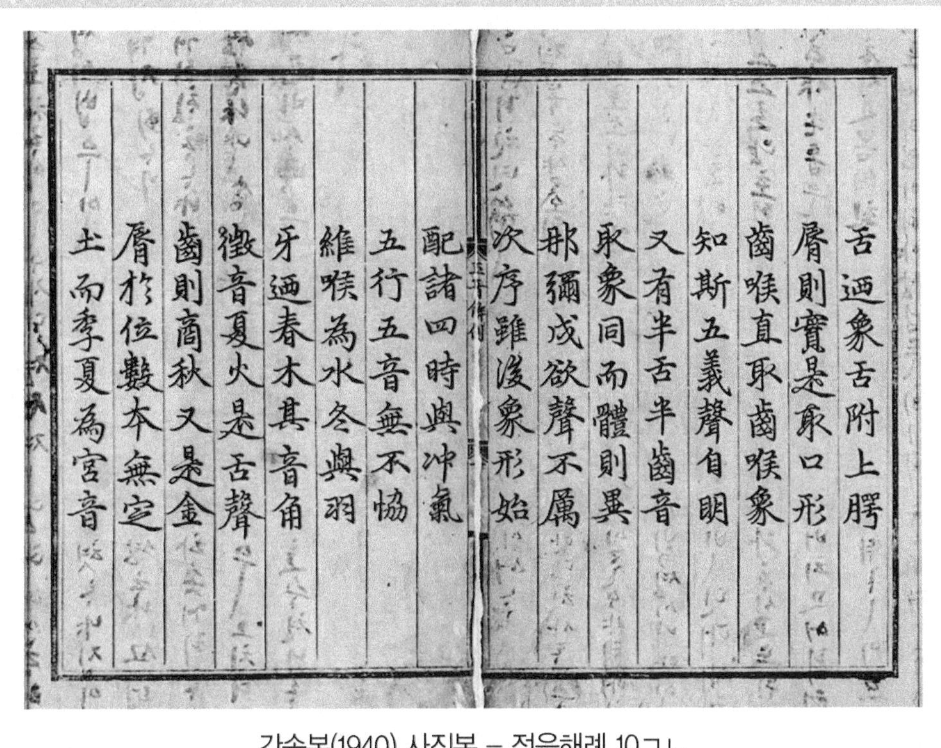
舌迺象舌附上腭
脣則實是取口形
齒喉直取齒喉象
知斯五義聲自明
又有半舌半齒音
取象同而體則異
那彌戍欲聲不厲
次序雖後象形始
配諸四時與冲氣
五行五音無不協
維喉為水冬與羽
牙迺春木其音角
徵音夏火是舌聲
齒則商秋又是金
脣於位數本無定
土而季夏為宮音

간송본(1940) 사진본 – 정음해례 10ㄱㄴ

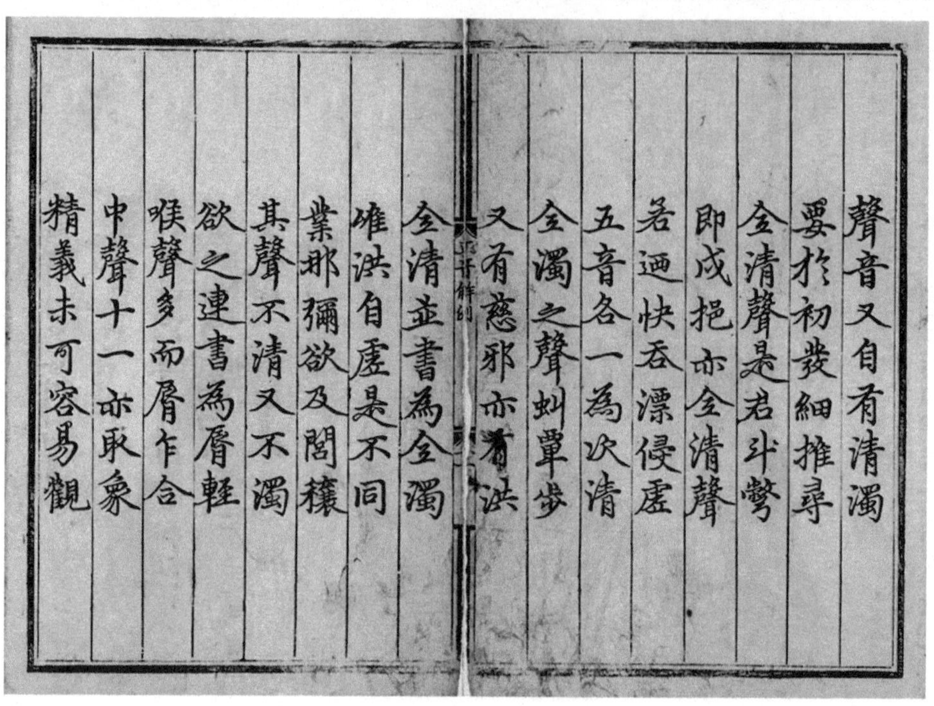

聲音又自有淸濁
要於初發細推尋
全淸聲是君斗彆
卽戌挹亦全淸聲
若迺快呑漂侵虛
五音各一爲次淸
全濁之聲虯覃步
又有慈邪亦有洪
全淸並書爲全濁
唯洪自虛是不同
業那彌欲及閭穰
其聲不淸又不濁
欲之連書爲脣輕
喉聲多而脣乍合
中聲十一亦取象
精義未可容易觀

간송본 복간본(2015) – 정음해례 11ㄱㄴ

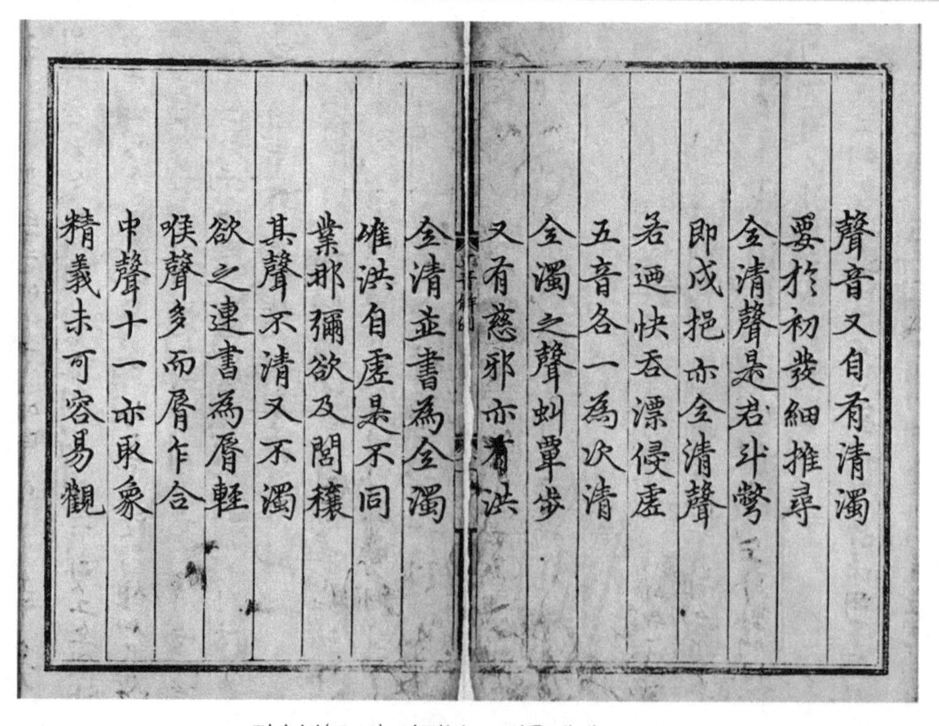

聲音又自有淸濁
要於初發細推尋
全淸聲是君斗彆
卽戌挹亦全淸聲
若迺快呑漂侵虛
五音各一爲次淸
全濁之聲虯覃步
又有慈邪亦有洪
全淸並書爲全濁
唯洪自虛是不同
業那彌欲及閭穰
其聲不淸又不濁
欲之連書爲脣輕
喉聲多而脣乍合
中聲十一亦取象
精義未可容易觀

간송본(1940) 사진본 – 정음해례 11ㄱㄴ

呑擬於天聲最深
所以圓形如彈丸
即聲不深又不淺
其形之平象乎地
侵象人立厥聲淺
三才之道斯爲備
洪出於天尙爲闔
象取天圓合地平
覃亦出天爲已闢
發於事物就人成
用初生義一其圓
出天爲陽在上外
欲穰兼人爲再出
二圓爲形見其義
君業戌彆出於地
據例自知何須評

간송본 복간본(2015) – 정음해례 12ㄱㄴ

呑擬於天聲最深
所以圓形如彈丸
即聲不深又不淺
其形之平象乎地
侵象人立厥聲淺
三才之道斯爲備
洪出於天尙爲闔
象取天圓合地平
覃亦出天爲已闢
發於事物就人成
用初生義一其圓
出天爲陽在上外
欲穰兼人爲再出
二圓爲形見其義
君業戌彆出於地
據例自知何須評

간송본(1940) 사진본 – 정음해례 12ㄱㄴ

吞之爲字貫八聲
維天之用徧流行
四聲兼人亦有由
人參天地爲最靈
且就三聲究至理
自有剛柔與陰陽
中是天用陰陽分
初迺地功剛柔彰

中聲唱之初聲和
天先乎地理自然
和者爲初亦爲終
物生復歸皆於坤
陰變爲陽陽變陰
一動一靜互爲根
初聲復有發生義
爲陽之動主於天

간송본 복간본(2015) – 정음해례 13ㄱㄴ

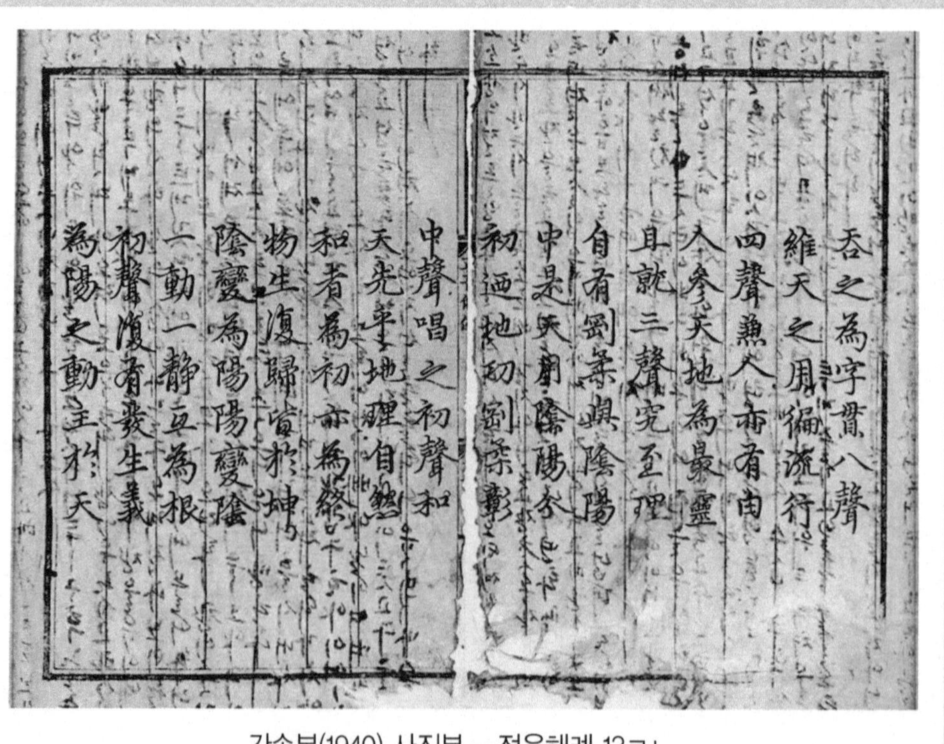

吞之爲字貫八聲
維天之用徧流行
四聲兼人亦有由
人參天地爲最靈
且就三聲究至理
自有剛柔與陰陽
中是天用陰陽分
初迺地功剛柔彰

中聲唱之初聲和
天先乎地理自然
和者爲初亦爲終
物生復歸皆於坤
陰變爲陽陽變陰
一動一靜互爲根
初聲復有發生義
爲陽之動主於天

간송본(1940) 사진본 – 정음해례 13ㄱㄴ

終聲比地陰之靜
字音於此止定焉
韻成要在中聲用
人能輔相天地宜
陽之爲用通於陰
至而伸則反而歸
初終雖云分兩儀
終用初聲義可知
正音之字只廿八
探賾錯綜窮深幾
指遠言近牖民易
天授何曾智巧爲

初聲解

正音初聲。卽韻書之字母也。聲音由此而生。故曰母。如牙音君字初聲是ㄱ。ㄱ與ᅟᅮᆫ而爲군。快字初聲

간송본 복간본(2015) – 정음해례 14ㄱㄴ

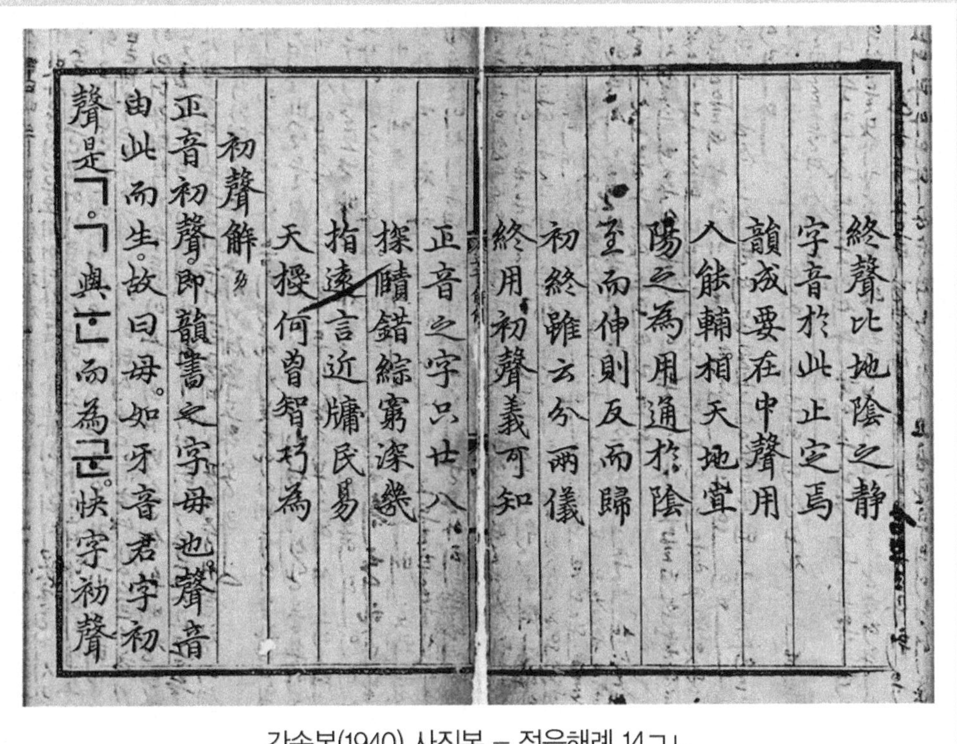
終聲比地陰之靜
字音於此止定焉
韻成要在中聲用
人能輔相天地宜
陽之爲用通於陰
至而伸則反而歸
初終雖云分兩儀
終用初聲義可知
正音之字只廿八
探賾錯綜窮深幾
指遠言近牖民易
天授何曾智巧爲

初聲解

正音初聲。卽韻書之字母也。聲音由此而生。故曰母。如牙音君字初聲是ㄱ。ㄱ與ᅟᅮᆫ而爲군。快字初聲

간송본(1940) 사진본 – 정음해례 14ㄱㄴ

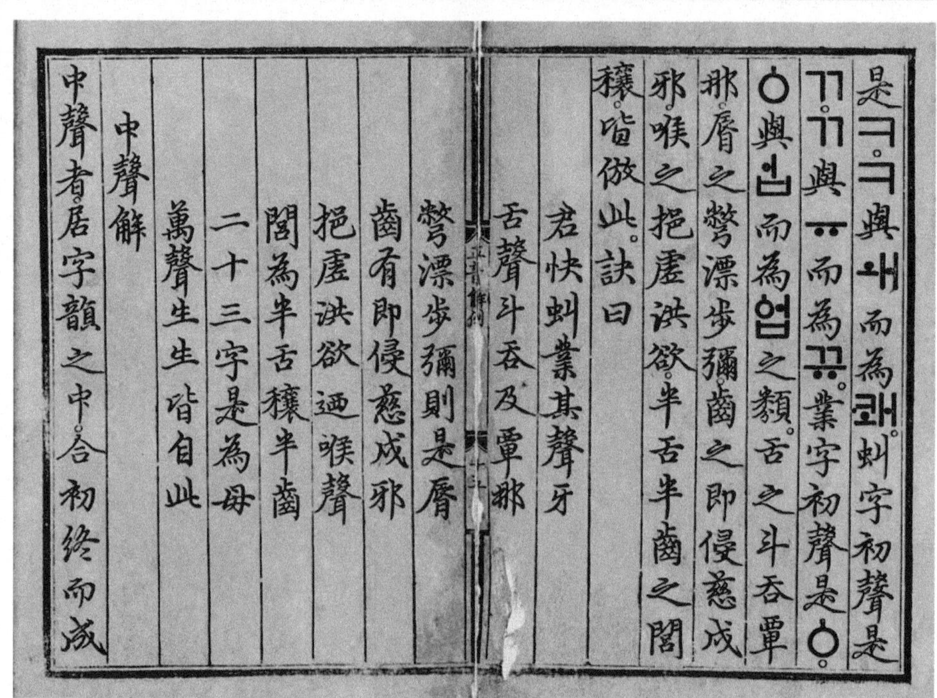
是ㅋ。ㅋ與ㅙ而爲쾌。虯字初聲是
ㄲ。ㄲ與ㅠ而爲뀨。業字初聲是ㆁ。
ㆁ與ㅓㅂ而爲업之類。舌之斗呑覃
那。脣之彆漂步彌。齒之卽侵慈戌
邪。喉之挹虛洪欲。半舌半齒之閭
穰。皆倣此。訣曰
君快虯業其聲牙
舌聲斗呑及覃那
彆漂步彌則是脣
齒有卽侵慈戌邪
挹虛洪欲迺喉聲
閭爲半舌穰半齒
二十三字是爲母
萬聲生生皆自此
中聲解
中聲者居字韻之中。合初終而成

간송본 복간본(2015) – 정음해례 15ㄱㄴ

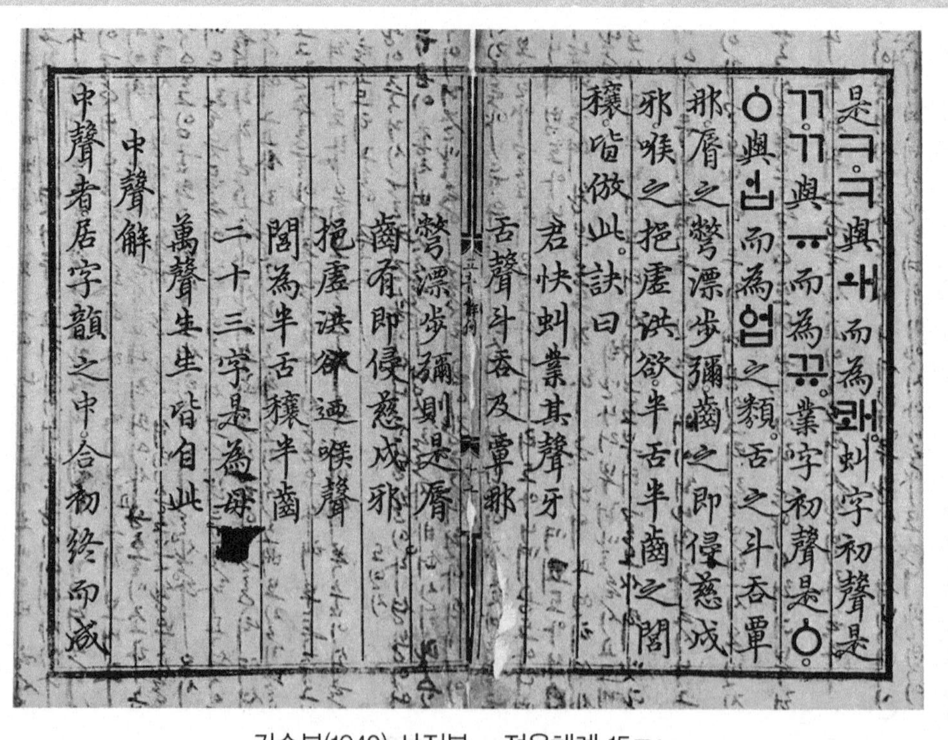
是ㅋ。ㅋ與ㅙ而爲쾌。虯字初聲是
ㄲ。ㄲ與ㅠ而爲뀨。業字初聲是ㆁ。
ㆁ與ㅓㅂ而爲업之類。舌之斗呑覃
那。脣之彆漂步彌。齒之卽侵慈戌
邪。喉之挹虛洪欲。半舌半齒之閭
穰。皆倣此。訣曰
君快虯業其聲牙
舌聲斗呑及覃那
彆漂步彌則是脣
齒有卽侵慈戌邪
挹虛洪欲迺喉聲
閭爲半舌穰半齒
二十三字是爲母
萬聲生生皆自此
中聲解
中聲者居字韻之中。合初終而成

간송본(1940) 사진본 – 정음해례 15ㄱㄴ

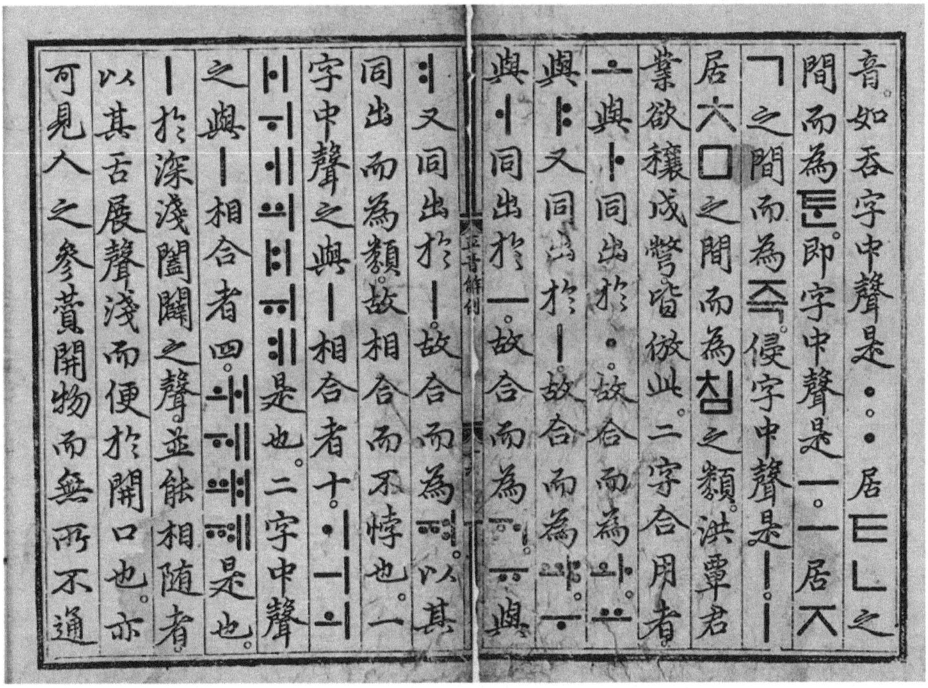

音如呑字中聲是ㆍ。ㆍ居ㅌㄴ之間而爲ᄐᆞᆫ。即字中聲是ㅡ。ㅡ居ㅈㄱ之間而爲즉。侵字中聲是ㅣ。ㅣ居ㅊㅁ之間而爲침之類。洪覃君業欲穰戌彆。皆倣此。二字合用者。ㅗ與ㅏ同出於ㆍ。故合而爲ㅘ。ㅛ與ㅑ又同出於ㅣ。故合而爲ㆇ。ㅜ與ㅓ同出於ㅡ。故合而爲ㅝ。ㅠ與ㅕ又同出於ㅣ。故合而爲ㆊ。以其同出而爲類。故相合而不悖也。一字中聲之與ㅣ相合者十。ㆎㅢㅚㅐㅟㅔㆉㅒㆌㅖ是也。二字中聲之與ㅣ相合者四。ㅙㅞㆈㆋ是也。ㅣ於深淺闔闢之聲。並能相隨者。以其舌展聲淺而便於開口也。亦可見人之參贊開物而無所不通

간송본 복간본(2015) – 정음해례 16ㄱㄴ

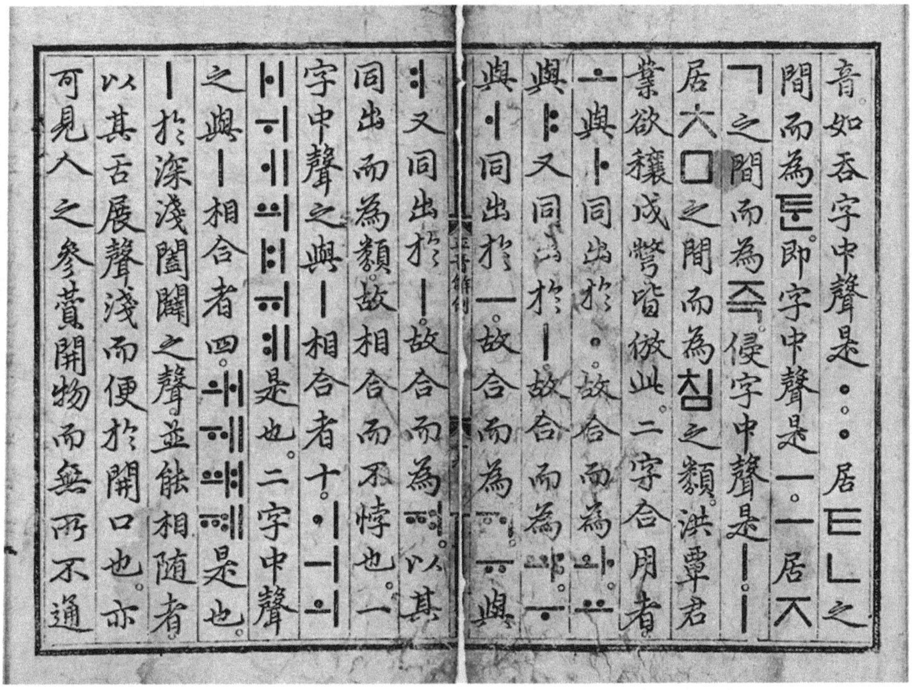

音如呑字中聲是ㆍ。ㆍ居ㅌㄴ之間而爲ᄐᆞᆫ。即字中聲是ㅡ。ㅡ居ㅈㄱ之間而爲즉。侵字中聲是ㅣ。ㅣ居ㅊㅁ之間而爲침之類。洪覃君業欲穰戌彆。皆倣此。二字合用者。ㅗ與ㅏ同出於ㆍ。故合而爲ㅘ。ㅛ與ㅑ又同出於ㅣ。故合而爲ㆇ。ㅜ與ㅓ同出於ㅡ。故合而爲ㅝ。ㅠ與ㅕ又同出於ㅣ。故合而爲ㆊ。以其同出而爲類。故相合而不悖也。一字中聲之與ㅣ相合者十。ㆎㅢㅚㅐㅟㅔㆉㅒㆌㅖ是也。二字中聲之與ㅣ相合者四。ㅙㅞㆈㆋ是也。ㅣ於深淺闔闢之聲。並能相隨者。以其舌展聲淺而便於開口也。亦可見人之參贊開物而無所不通

간송본(1940) 사진본 – 정음해례 16ㄱㄴ

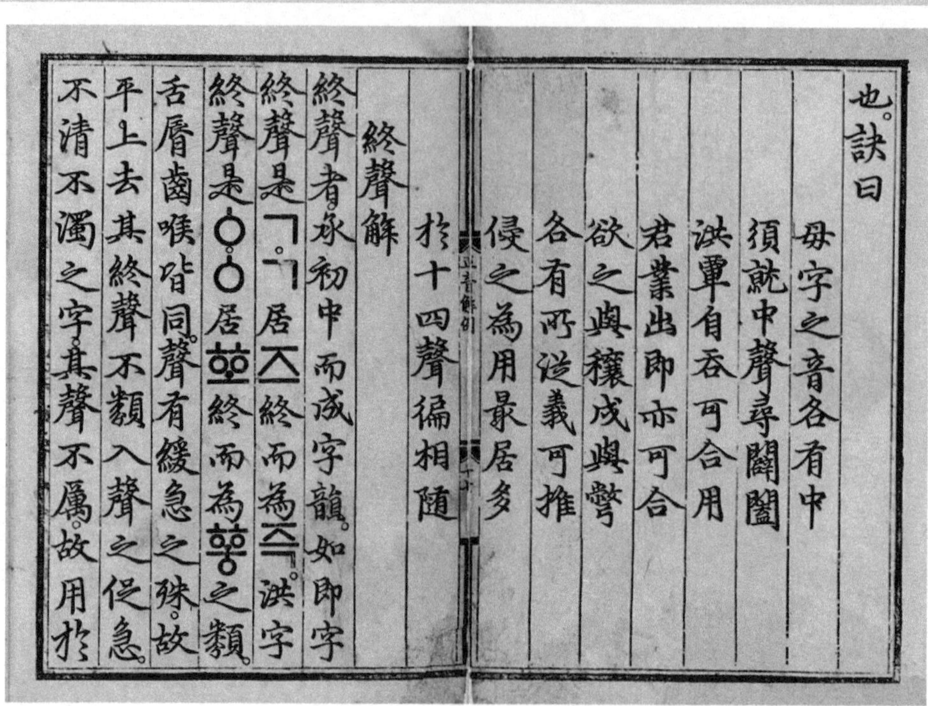

也。訣曰
母字之音各有中
須就中聲尋闢闔
洪覃自呑可合用
君業出卽亦可合
欲之與穰戍與彆
各有所從義可推
侵之爲用最居多
於十四聲徧相隨

終聲解

終聲者。承初中而成字韻。如卽字
終聲是ㄱ。ㄱ居ᄌᆞ終而爲ᄌᆞᆨ。洪字
終聲是ㆁ。ㆁ居ᅘᅩ終而爲ᅘᅩᆼ之類。
舌脣齒喉皆同。聲有緩急之殊。故
平上去其終聲不類入聲之促急。
不淸不濁之字。其聲不厲。故用於

간송본 복간본(2015) – 정음해례 17ㄱㄴ

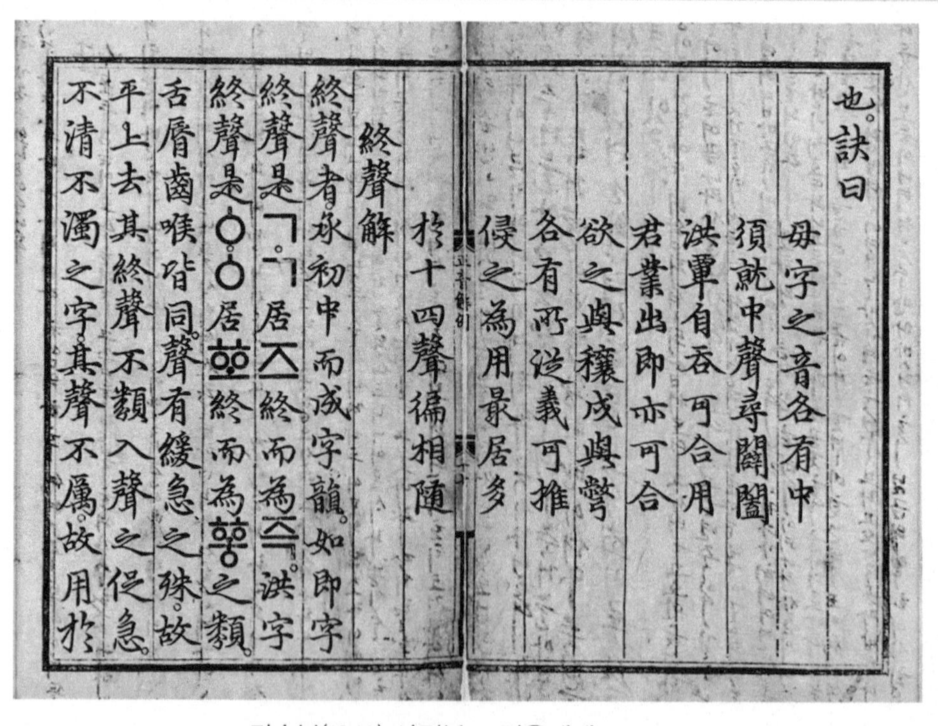

也。訣曰
母字之音各有中
須就中聲尋闢闔
洪覃自呑可合用
君業出卽亦可合
欲之與穰戍與彆
各有所從義可推
侵之爲用最居多
於十四聲徧相隨

終聲解

終聲者。承初中而成字韻。如卽字
終聲是ㄱ。ㄱ居ᄌᆞ終而爲ᄌᆞᆨ。洪字
終聲是ㆁ。ㆁ居ᅘᅩ終而爲ᅘᅩᆼ之類。
舌脣齒喉皆同。聲有緩急之殊。故
平上去其終聲不類入聲之促急。
不淸不濁之字。其聲不厲。故用於

간송본(1940) 사진본 – 정음해례 17ㄱㄴ

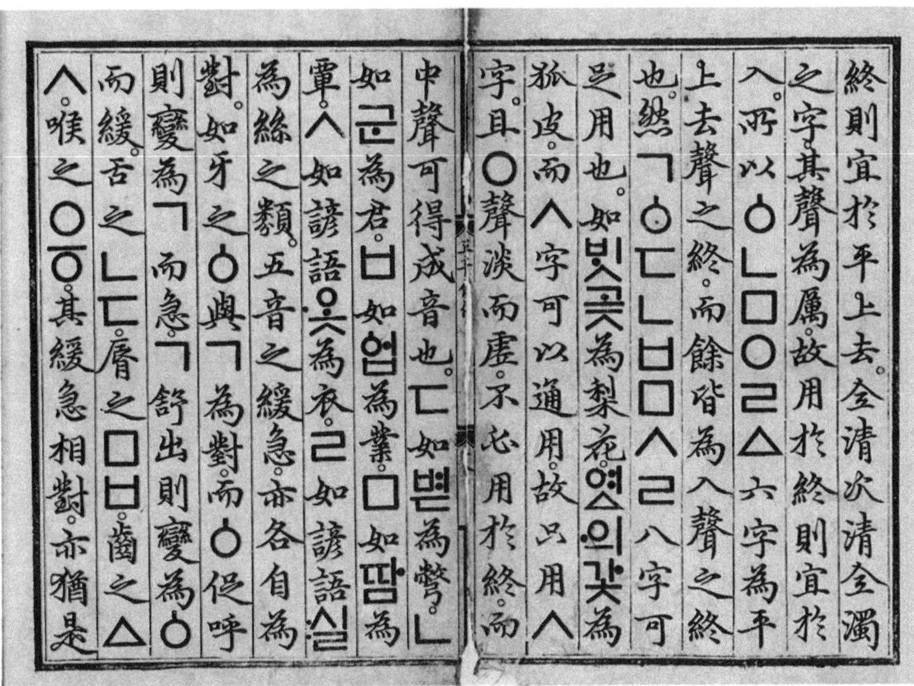

終則宜於平上去。全清次清全濁
之字其聲爲厲。故用於終則宜於
入。所以ㆁㄴㅁㅇㄹㅿ六字爲平
上去聲之終。而餘皆爲入聲之終
也。然ㄱㆁㄷㄴㅂㅁㅅㄹ八字可
足用也。如빗곶爲梨花。엿의갗爲
狐皮。而ㅅ字可以通用。故只用ㅅ
字。且ㅇ聲淡而虛。不必用於終。而
中聲可得成音也。ㄷ如볃爲彆。ㄴ
如군爲君。ㅂ如업爲業。ㅁ如땀爲
覃。ㅅ如諺語옷爲衣。ㄹ如諺語실
爲絲之類。五音之緩急。亦各自爲
對。如牙之ㆁ與ㄱ爲對。而ㆁ促呼
則變爲ㄱ而急。ㄱ舒出則變爲ㆁ
而緩。舌之ㄴㄷ。脣之ㅁㅂ。齒之ㅿ
ㅅ。喉之ㅇㆆ。其緩急相對。亦猶是

간송본 복간본(2015) – 정음해례 18ㄱㄴ

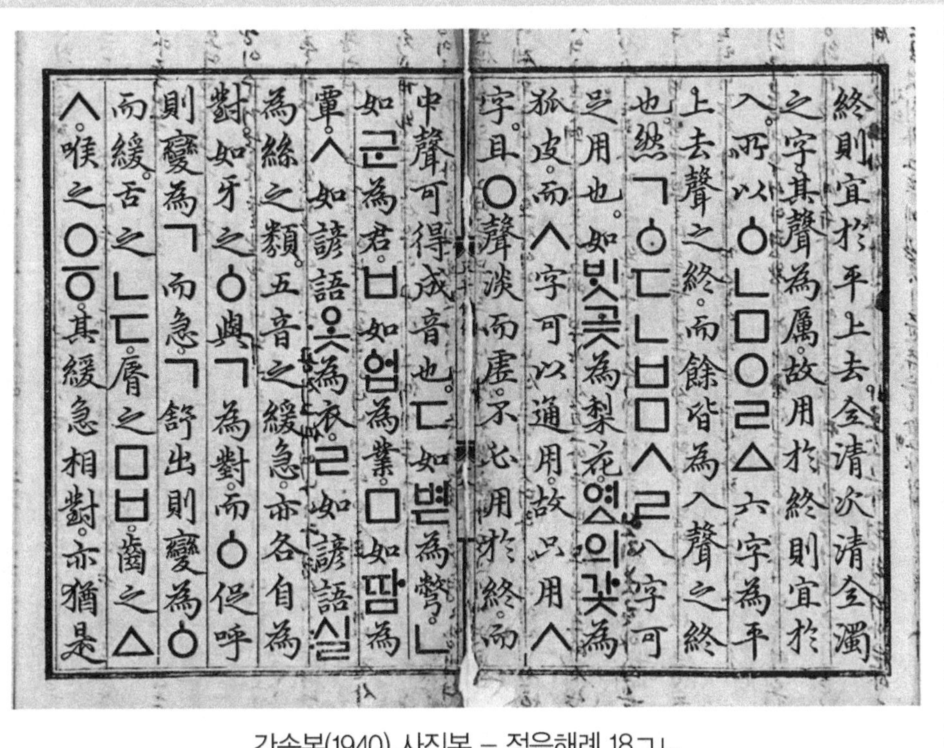

終則宜於平上去。全清次清全濁
之字其聲爲厲。故用於終則宜於
入。所以ㆁㄴㅁㅇㄹㅿ六字爲平
上去聲之終。而餘皆爲入聲之終
也。然ㄱㆁㄷㄴㅂㅁㅅㄹ八字可
足用也。如빗곶爲梨花。엿의갗爲
狐皮。而ㅅ字可以通用。故只用ㅅ
字。且ㅇ聲淡而虛。不必用於終。而
中聲可得成音也。ㄷ如볃爲彆。ㄴ
如군爲君。ㅂ如업爲業。ㅁ如땀爲
覃。ㅅ如諺語옷爲衣。ㄹ如諺語실
爲絲之類。五音之緩急。亦各自爲
對。如牙之ㆁ與ㄱ爲對。而ㆁ促呼
則變爲ㄱ而急。ㄱ舒出則變爲ㆁ
而緩。舌之ㄴㄷ。脣之ㅁㅂ。齒之ㅿ
ㅅ。喉之ㅇㆆ。其緩急相對。亦猶是

간송본(1940) 사진본 – 정음해례 18ㄱㄴ

也。且半舌之ㄹ。當用於諺。而不可
用於文。如入聲之彆字。終聲當用
ㄷ。而俗習讀爲ㄹ。蓋ㄷ變而爲輕
也。若用ㄹ爲彆之終。則其聲舒緩。
不爲入也。訣曰

不淸不濁用於終
爲平上去不爲入
全淸次淸及全濁
是皆爲入聲促急
初作終聲理固然
只將八字用不窮
唯有欲聲所當處
中聲成音亦可通
若書卽字終用君
洪彆亦以業斗終
君業覃終又何如

간송본 복간본(2015) – 정음해례 19ㄱㄴ

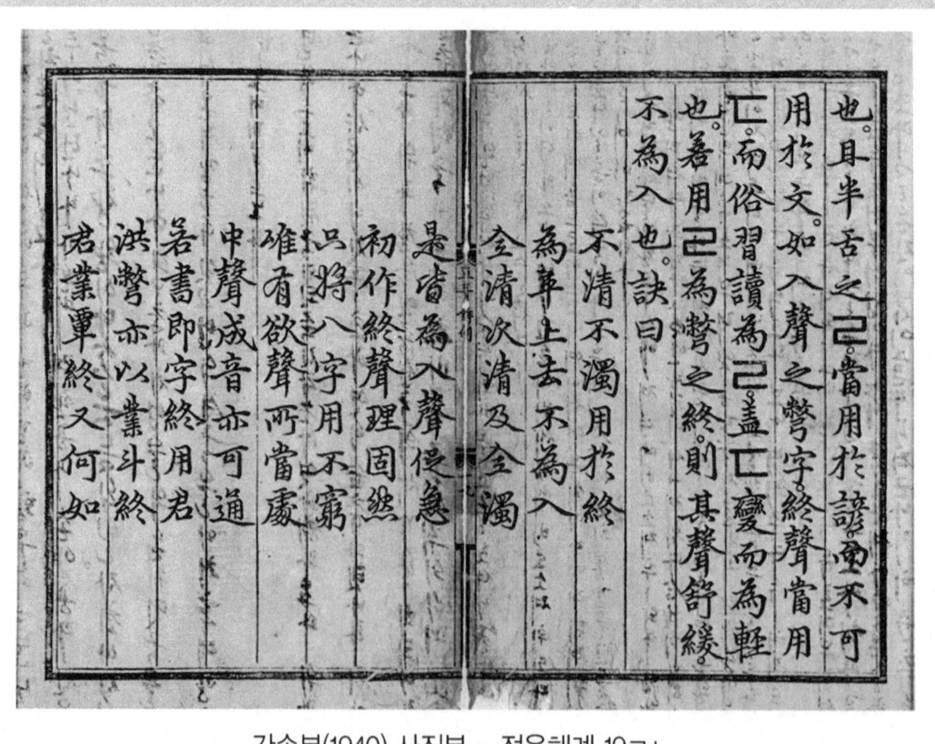

也。且半舌之ㄹ。當用於諺。而不可
用於文。如入聲之彆字。終聲當用
ㄷ。而俗習讀爲ㄹ。蓋ㄷ變而爲輕
也。若用ㄹ爲彆之終。則其聲舒緩。
不爲入也。訣曰

不淸不濁用於終
爲平上去不爲入
全淸次淸及全濁
是皆爲入聲促急
初作終聲理固然
只將八字用不窮
唯有欲聲所當處
中聲成音亦可通
若書卽字終用君
洪彆亦以業斗終
君業覃終又何如

간송본(1940) 사진본 – 정음해례 19ㄱㄴ

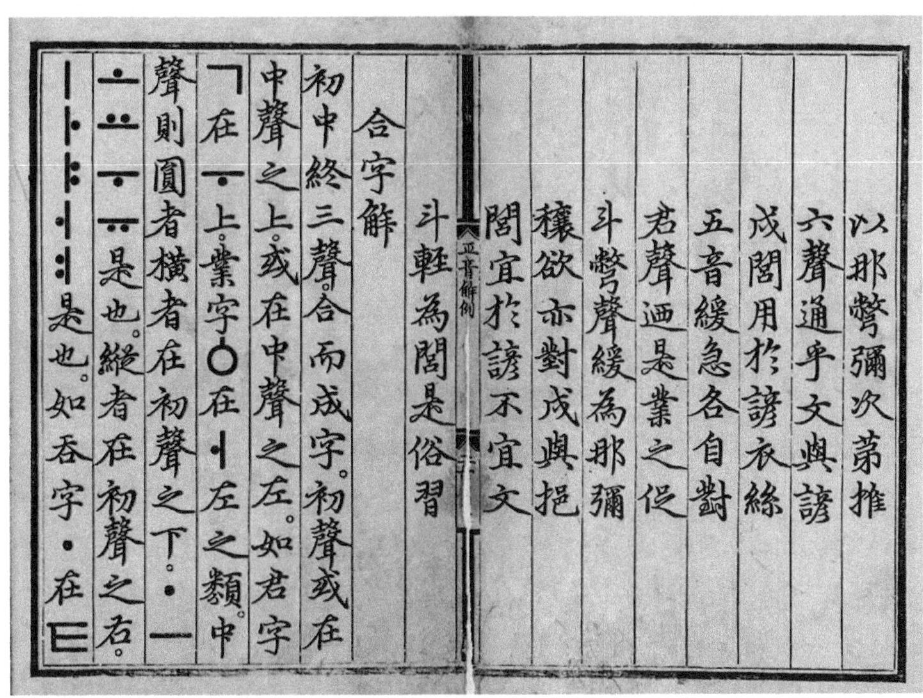

以那彆彌次第推
六聲通乎文與諺
戌閭用於諺衣絲
五音緩急各自對
君聲迺是業之促
斗彆聲緩為那彌
穰欲亦對戌與挹
閭宜於諺不宜文
斗輕為閭是俗習

正音解例

合字解

初中終三聲。合而成字。初聲或在中聲之上。或在中聲之左。如君字ㄱ在ㅜ上。業字ㆁ在ㅓ左之類。中聲則圓者橫者在初聲之下。ㆍㅡㅗㅛㅜㅠ是也。縱者在初聲之右。ㅣㅏㅑㅓㅕ是也。如呑字ㆍ在ㅌ

간송본 복간본(2015) – 정음해례 20ㄱㄴ

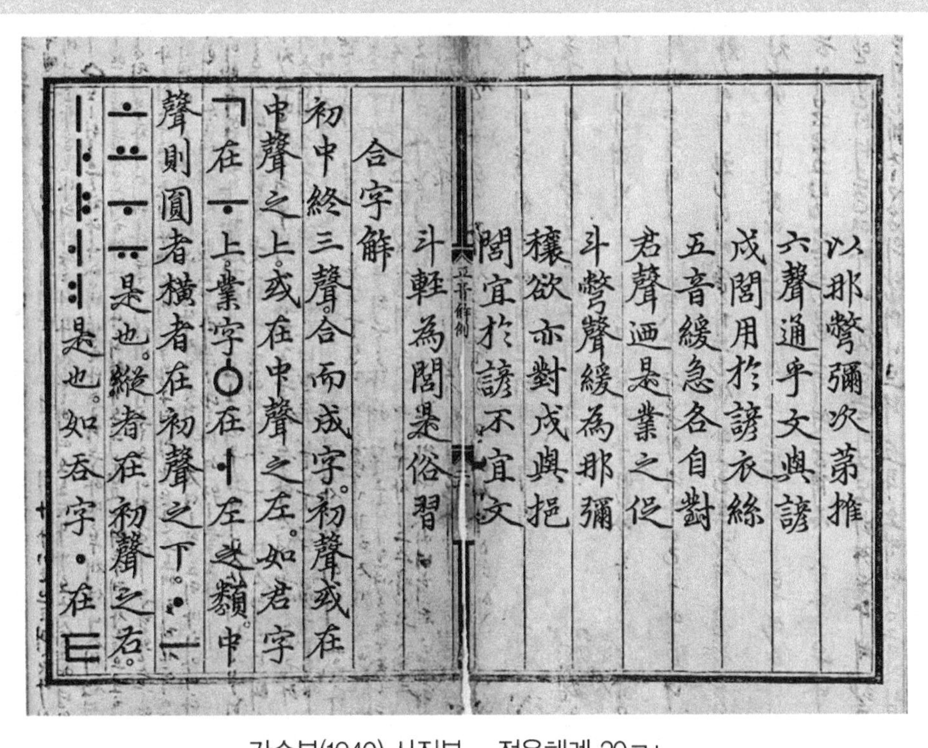

以那彆彌次第推
六聲通乎文與諺
戌閭用於諺衣絲
五音緩急各自對
君聲迺是業之促
斗彆聲緩為那彌
穰欲亦對戌與挹
閭宜於諺不宜文
斗輕為閭是俗習

正音解例

合字解

初中終三聲。合而成字。初聲或在中聲之上。或在中聲之左。如君字ㄱ在ㅜ上。業字ㆁ在ㅓ左之類。中聲則圓者橫者在初聲之下。ㆍㅡㅗㅛㅜㅠ是也。縱者在初聲之右。ㅣㅏㅑㅓㅕ是也。如呑字ㆍ在ㅌ

간송본(1940) 사진본 – 정음해례 20ㄱㄴ

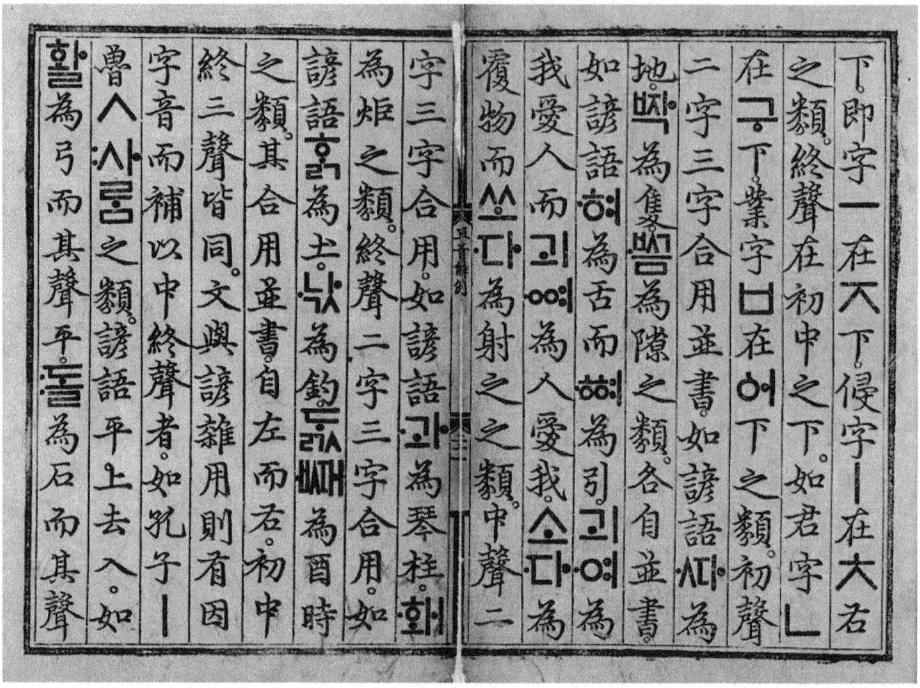

下。即字ㅡ在ㅈ下。侵字ㅣ在ㅊ右
之類。終聲在初中之下。如君字ㄴ
在구下。業字ㅂ在어下之類。初聲
二字三字合用並書。如諺語ᄯᅡ為
地。ᄧᅡᆨ為隻。ᄢᅳᆷ為隙之類。各自並書
如諺語혀為舌而ᅘᅧ為引。괴ᅇᅧ為
我愛人而괴여為人愛我。소다為
覆物而쏘다為射之之類。中聲二

字三字合用。如諺語과為琴柱。홰
為炬之類。終聲二字三字合用。如
諺語ᄒᆞᆰ為土。낛為釣。ᄃᆞᇌᄣᅢ為酉時
之類。其合用並書。自左而右。初中
終三聲皆同。文與諺雜用則有因
字音而補以中終聲者。如孔子ㅣ
魯ㅅ사ᄅᆞᆷ之類。諺語平上去入。如
활為弓而其聲平。돌為石而其聲

간송본 복간본(2015) – 정음해례 21ㄱㄴ

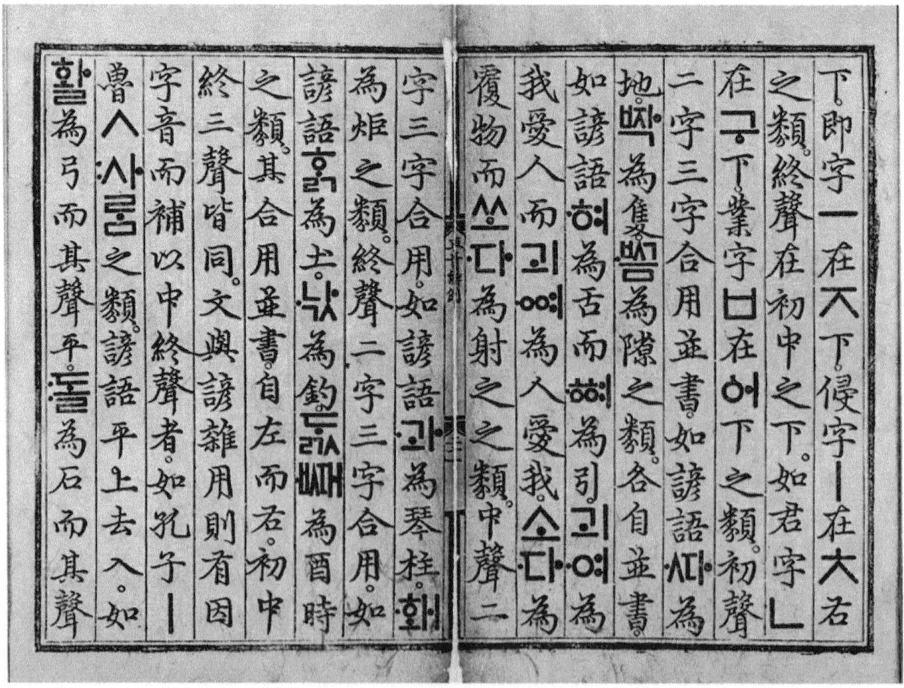

下。即字ㅡ在ㅈ下。侵字ㅣ在ㅊ右
之類。終聲在初中之下。如君字ㄴ
在구下。業字ㅂ在어下之類。初聲
二字三字合用並書。如諺語ᄯᅡ為
地。ᄧᅡᆨ為隻。ᄢᅳᆷ為隙之類。各自並書
如諺語혀為舌而ᅘᅧ為引。괴ᅇᅧ為
我愛人而괴여為人愛我。소다為
覆物而쏘다為射之之類。中聲二

字三字合用。如諺語과為琴柱。홰
為炬之類。終聲二字三字合用。如
諺語ᄒᆞᆰ為土。낛為釣。ᄃᆞᇌᄣᅢ為酉時
之類。其合用並書。自左而右。初中
終三聲皆同。文與諺雜用則有因
字音而補以中終聲者。如孔子ㅣ
魯ㅅ사ᄅᆞᆷ之類。諺語平上去入。如
활為弓而其聲平。돌為石而其聲

간송본(1940) 사진본 – 정음해례 21ㄱㄴ

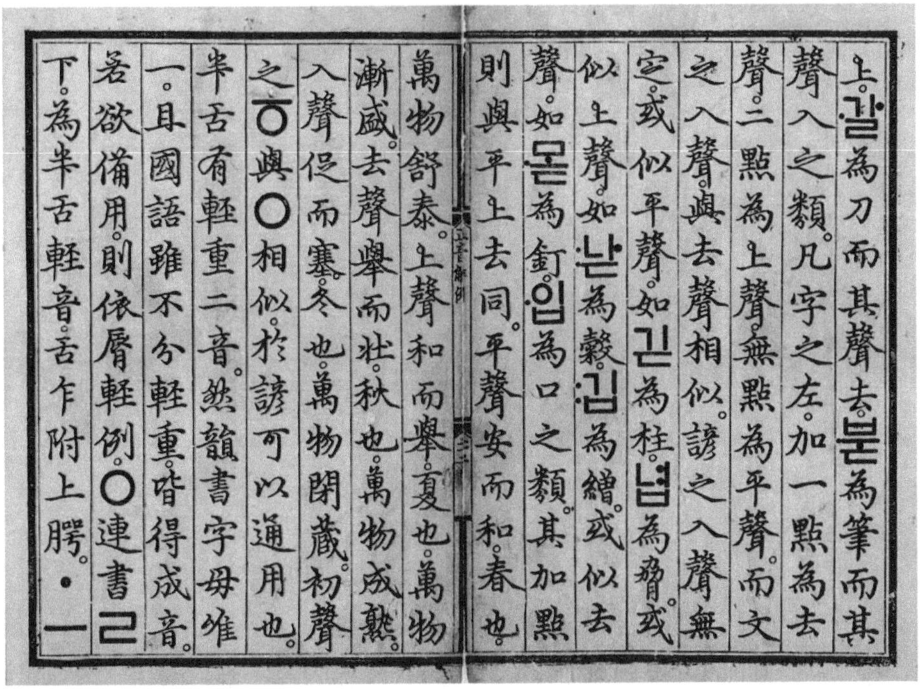

上。갈爲刀而其聲去。볻爲筆而其聲入之類。凡字之左。加一點爲去聲。二點爲上聲。無點爲平聲。而文之入聲。與去聲相似。諺之入聲無定。或似平聲。如긷爲柱。녑爲脅。或似上聲。如낟爲穀。깁爲繒。或似去聲。如몯爲釘。입爲口之類。其加點則與平上去同。平聲安而和。春也。萬物舒泰。上聲和而擧。夏也。萬物漸盛。去聲擧而壯。秋也。萬物成熟。入聲促而塞。冬也。萬物閉藏。初聲之ㆆ與ㅇ相似。於諺可以通用也。半舌有輕重二音。然韻書字母唯一。且國語雖不分輕重。皆得成音。若欲備用。則依脣輕例。ㅇ連書ㄹ下。爲半舌輕音。舌乍附上腭。ㆍㅡ

간송본 복간본(2015) – 정음해례 22ㄱㄴ

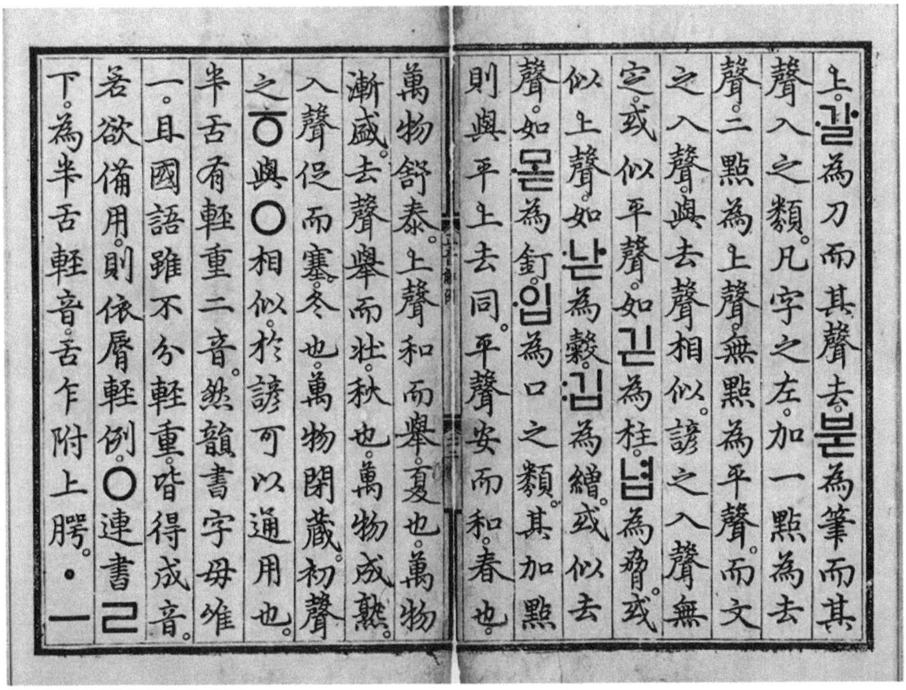

上。갈爲刀而其聲去。볻爲筆而其聲入之類。凡字之左。加一點爲去聲。二點爲上聲。無點爲平聲。而文之入聲。與去聲相似。諺之入聲無定。或似平聲。如긷爲柱。녑爲脅。或似上聲。如낟爲穀。깁爲繒。或似去聲。如몯爲釘。입爲口之類。其加點則與平上去同。平聲安而和。春也。萬物舒泰。上聲和而擧。夏也。萬物漸盛。去聲擧而壯。秋也。萬物成熟。入聲促而塞。冬也。萬物閉藏。初聲之ㆆ與ㅇ相似。於諺可以通用也。半舌有輕重二音。然韻書字母唯一。且國語雖不分輕重。皆得成音。若欲備用。則依脣輕例。ㅇ連書ㄹ下。爲半舌輕音。舌乍附上腭。ㆍㅡ

간송본(1940) 사진본 – 정음해례 22ㄱㄴ

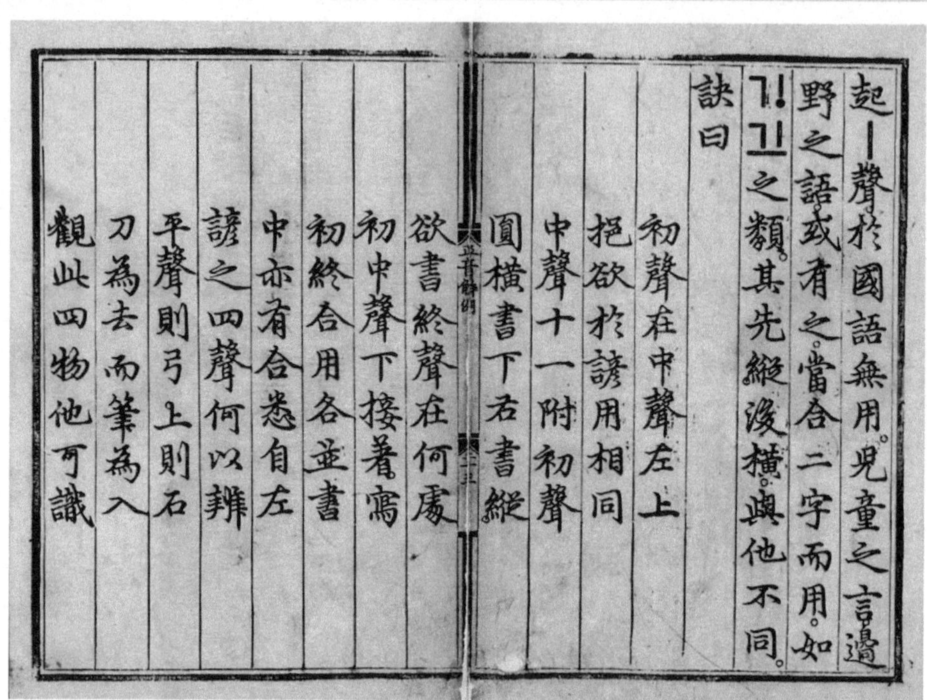

起ㅣ聲於國語無用。兒童之言邊野之語或有之。當合二字而用。如ᄀᆝᄀᆜ之類。其先縱後橫。與他不同。

訣曰

初聲在中聲左上
挹欲於諺用相同
中聲十一附初聲
圓橫書下右書縱
欲書終聲在何處
初中聲下接着寫
初終合用各並書
中亦有合悉自左
諺之四聲何以辨
平聲則弓上則石
刀爲去而筆爲入
觀此四物他可識

간송본 복간본(2015) – 정음해례 23ㄱㄴ

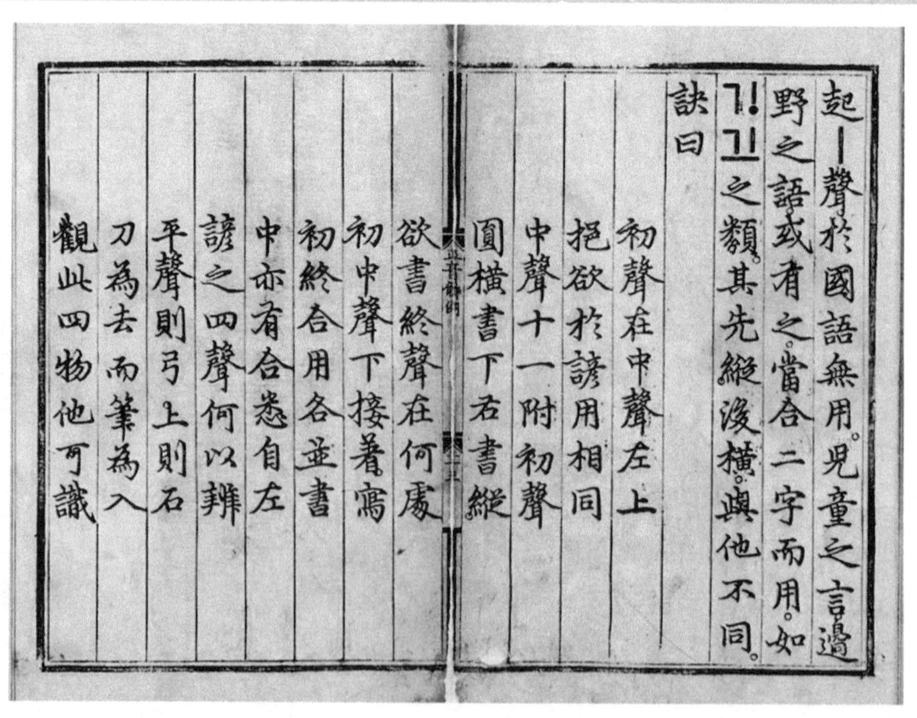

起ㅣ聲於國語無用。兒童之言邊野之語或有之。當合二字而用。如ᄀᆝᄀᆜ之類。其先縱後橫。與他不同。

訣曰

初聲在中聲左上
挹欲於諺用相同
中聲十一附初聲
圓橫書下右書縱
欲書終聲在何處
初中聲下接着寫
初終合用各並書
中亦有合悉自左
諺之四聲何以辨
平聲則弓上則石
刀爲去而筆爲入
觀此四物他可識

간송본(1940) 사진본 – 정음해례 23ㄱㄴ

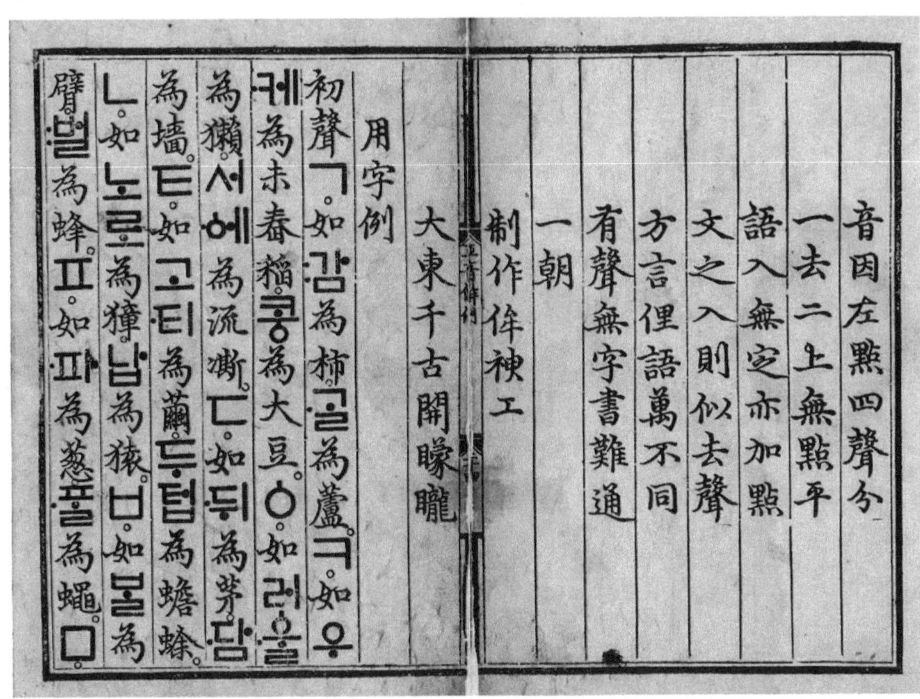

音因左點四聲分
一去二上無點平
語入無定亦加點
文之入則似去聲
方言俚語萬不同
有聲無字書難通
一朝
制作侔神工
大東千古開矇矓

用字例
初聲ㄱ。如감爲柹。골爲蘆。ㅋ。如우케爲未舂稻。콩爲大豆。ㆁ。如러ᅌᅮᆯ爲獺。서ᅌᅦ爲流凘。ㄷ。如뒤爲茅。담爲墻。ㅌ。如고티爲繭。두텁爲蟾蜍。ㄴ。如노로爲獐。ᄂᆞᆸ爲猿。ㅂ。如ᄇᆞᆯ爲臂。벌爲蜂。ㅍ。如ᄑᆞ爲葱。ᄑᆞᆯ爲蠅。ㅁ。

간송본 복간본(2015) – 정음해례 24ㄱㄴ

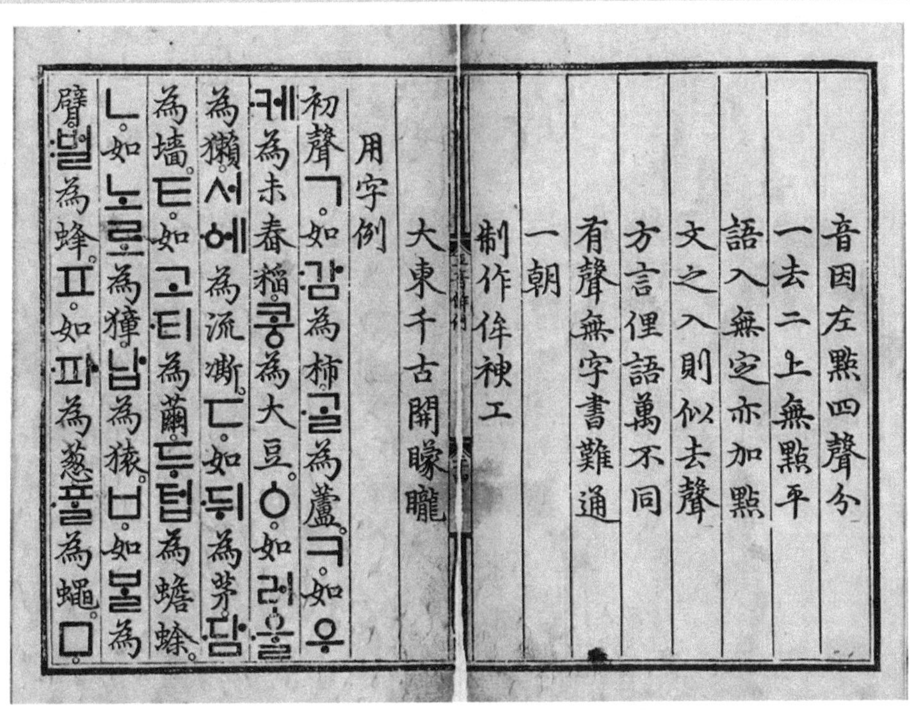

音因左點四聲分
一去二上無點平
語入無定亦加點
文之入則似去聲
方言俚語萬不同
有聲無字書難通
一朝
制作侔神工
大東千古開矇矓

用字例
初聲ㄱ。如감爲柹。골爲蘆。ㅋ。如우케爲未舂稻。콩爲大豆。ㆁ。如러ᅌᅮᆯ爲獺。서ᅌᅦ爲流凘。ㄷ。如뒤爲茅。담爲墻。ㅌ。如고티爲繭。두텁爲蟾蜍。ㄴ。如노로爲獐。ᄂᆞᆸ爲猿。ㅂ。如ᄇᆞᆯ爲臂。벌爲蜂。ㅍ。如ᄑᆞ爲葱。ᄑᆞᆯ爲蠅。ㅁ。

간송본(1940) 사진본 – 정음해례 24ㄱㄴ

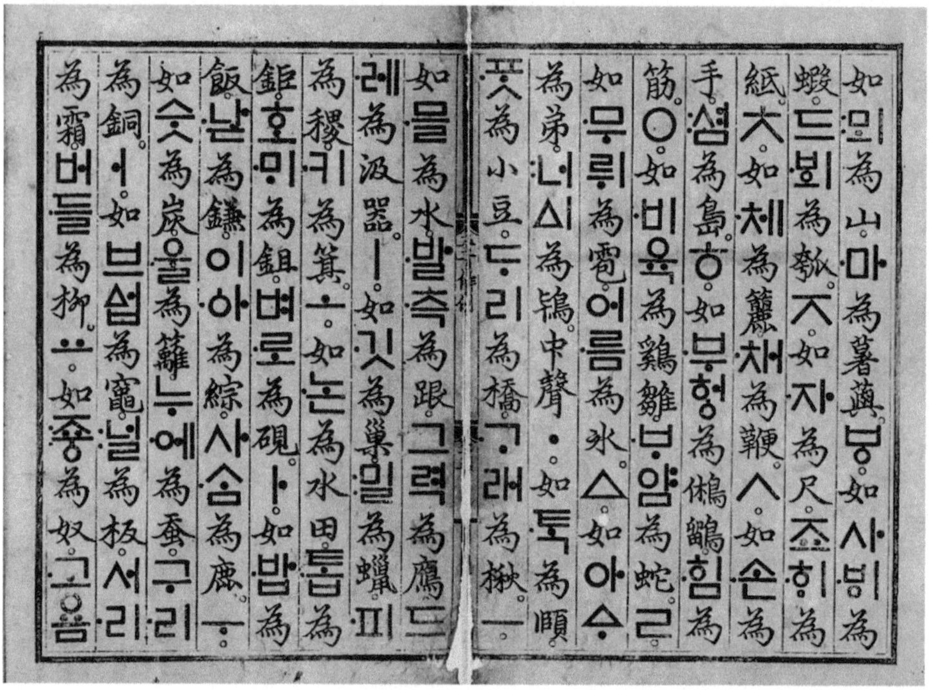

如뫼爲山마爲薯藇ㅸ如사ᄫᅵ爲
蝦드ᄫᅴ爲瓠ㅈ如자爲尺죠ᄒᆡ爲
紙ㅊ如체爲籭채爲鞭ㅅ如손爲
手셤爲島ㅎ如부헝爲鵂鶹힘爲
筋ㅇ如비육爲鷄雛ᄇᆞ얌爲蛇ㄹ
如무뤼爲雹어름爲氷ㅿ如아ᅀᆞ
爲弟너ᅀᅵ爲鴇中聲ㆍ如톡爲頤
ᄑᆞᆺ爲小豆ᄃᆞ리爲橋ᄀᆞ래爲楸ㅡ
如믈爲水발측爲跟그력爲鴈드
레爲汲器ㅣ如깃爲巢밀爲蠟피
爲稷키爲箕ㅗ如논爲水田톱爲
鉅호ᄆᆡ爲鉏벼로爲硯ㅏ如밥爲
飯낟爲鎌이아爲綜사ᄉᆞᆷ爲鹿ㅜ
如숫爲炭울爲籬누에爲蚕구리
爲銅ㅓ如브ᅀᅥᆸ爲竈널爲板서리
爲霜버들爲柳ㅛ如죵爲奴고욤

간송본 복간본(2015) – 정음해례 25ㄱㄴ

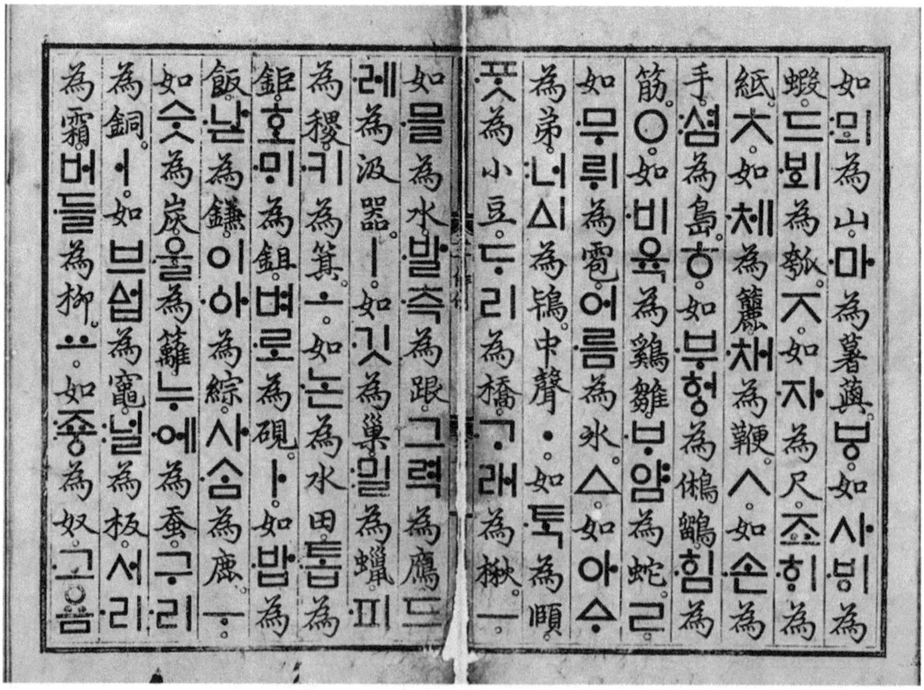

如뫼爲山마爲薯藇ㅸ如사ᄫᅵ爲
蝦드ᄫᅴ爲瓠ㅈ如자爲尺죠ᄒᆡ爲
紙ㅊ如체爲籭채爲鞭ㅅ如손爲
手셤爲島ㅎ如부헝爲鵂鶹힘爲
筋ㅇ如비육爲鷄雛ᄇᆞ얌爲蛇ㄹ
如무뤼爲雹어름爲氷ㅿ如아ᅀᆞ
爲弟너ᅀᅵ爲鴇中聲ㆍ如톡爲頤
ᄑᆞᆺ爲小豆ᄃᆞ리爲橋ᄀᆞ래爲楸ㅡ
如믈爲水발측爲跟그력爲鴈드
레爲汲器ㅣ如깃爲巢밀爲蠟피
爲稷키爲箕ㅗ如논爲水田톱爲
鉅호ᄆᆡ爲鉏벼로爲硯ㅏ如밥爲
飯낟爲鎌이아爲綜사ᄉᆞᆷ爲鹿ㅜ
如숫爲炭울爲籬누에爲蚕구리
爲銅ㅓ如브ᅀᅥᆸ爲竈널爲板서리
爲霜버들爲柳ㅛ如죵爲奴고욤

간송본(1940) 사진본 – 정음해례 25ㄱㄴ

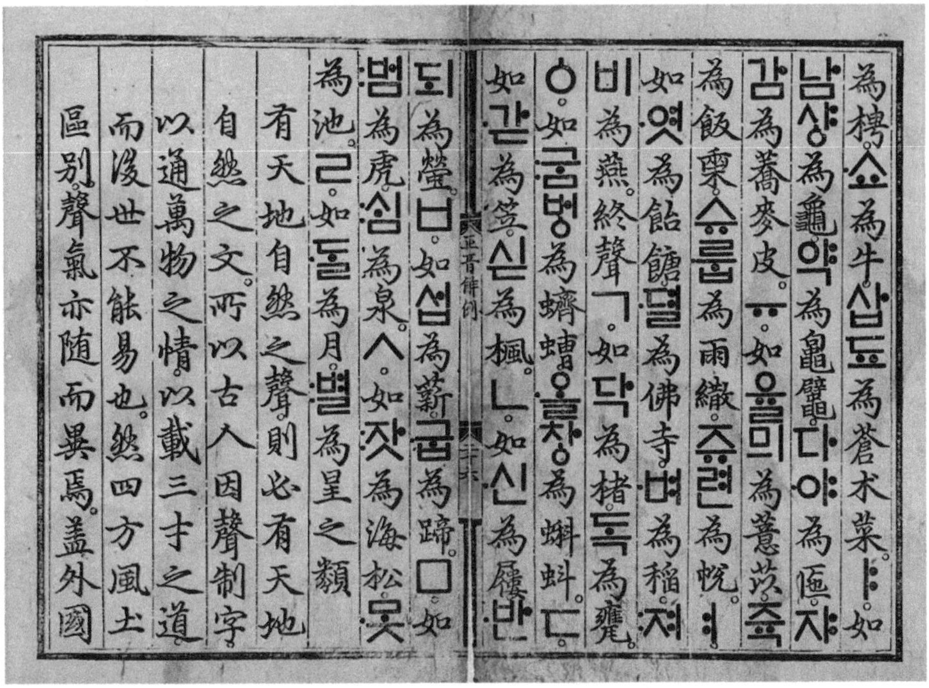

爲楔。쇼爲牛。삽됴爲蒼朮菜。ㅑ。如
남샹爲龜。약爲鼅鼊。다야爲匜。쟈
감爲蕎麥皮。ㅠ。如율믜爲薏苡。쥭
爲飯粟。슈룹爲雨繖。쥬련爲帨。ㅕ。
如엿爲飴餹。뎔爲佛寺。벼爲稻。져
비爲燕。終聲ㄱ。如닥爲楮。독爲甕。
ㆁ。如굼벵爲蠐螬。올창爲蝌蚪。ㄷ。
如갇爲笠。싣爲楓。ㄴ。如신爲屨。반

正音解例 二十六

되爲螢。ㅂ。如섭爲薪。굽爲蹄。ㅁ。如
범爲虎。심爲泉。ㅅ。如잣爲海松。못
爲池。ㄹ。如돌爲月。별爲星之類
有天地自然之聲。則必有天地
自然之文。所以古人因聲制字。
以通萬物之情。以載三才之道。
而後世不能易也。然四方風土
區別。聲氣亦隨而異焉。蓋外國

간송본 복간본(2015) – 정음해례 26ㄱㄴ

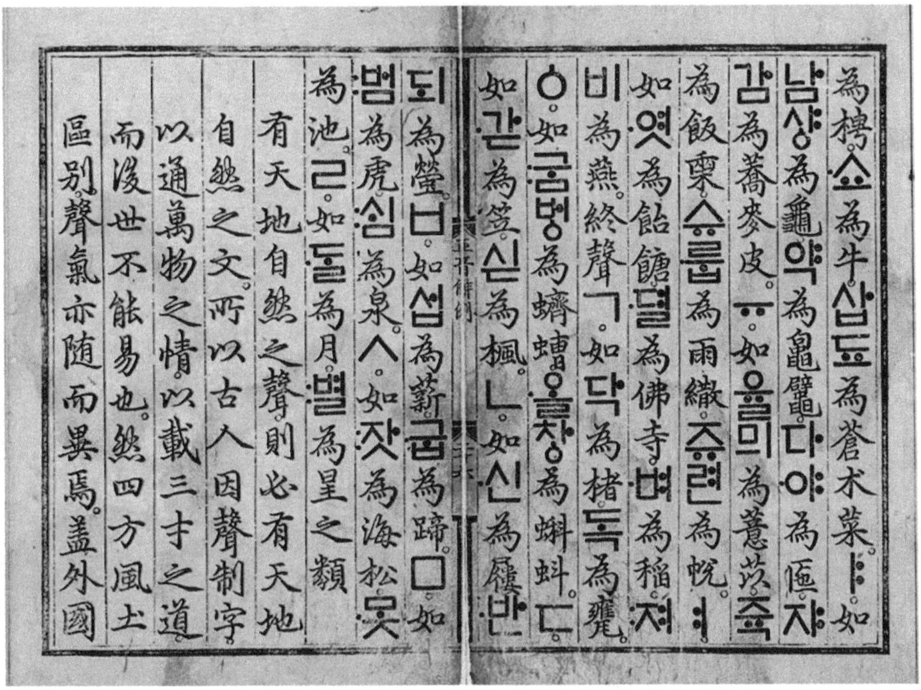

爲楔。쇼爲牛。삽됴爲蒼朮菜。ㅑ。如
남샹爲龜。약爲鼅鼊。다야爲匜。쟈
감爲蕎麥皮。ㅠ。如율믜爲薏苡。쥭
爲飯粟。슈룹爲雨繖。쥬련爲帨。ㅕ。
如엿爲飴餹。뎔爲佛寺。벼爲稻。져
비爲燕。終聲ㄱ。如닥爲楮。독爲甕。
ㆁ。如굼벵爲蠐螬。올창爲蝌蚪。ㄷ。
如갇爲笠。싣爲楓。ㄴ。如신爲屨。반

正音解例 二十六

되爲螢。ㅂ。如섭爲薪。굽爲蹄。ㅁ。如
범爲虎。심爲泉。ㅅ。如잣爲海松。못
爲池。ㄹ。如돌爲月。별爲星之類
有天地自然之聲。則必有天地
自然之文。所以古人因聲制字。
以通萬物之情。以載三才之道。
而後世不能易也。然四方風土
區別。聲氣亦隨而異焉。蓋外國

간송본(1940) 사진본 – 정음해례 26ㄱㄴ

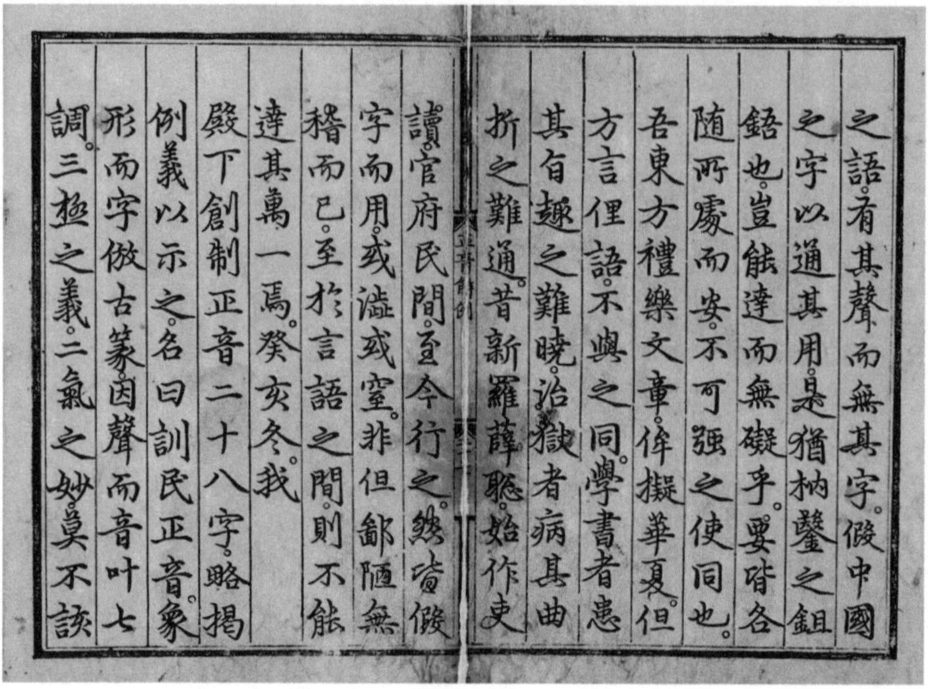

之語。有其聲而無其字。假中國
之字以通其用。是猶枘鑿之鉏
鋙也。豈能達而無礙乎。要皆各
隨所處而安。不可强之使同也。
吾東方禮樂文章。侔擬華夏。但
方言俚語。不與之同。學書者患
其旨趣之難曉。治獄者病其曲
折之難通。昔新羅薛聰。始作吏
讀。官府民間。至今行之。然皆假
字而用。或澁或窒。非但鄙陋無
稽而已。至於言語之間。則不能
達其萬一焉。癸亥冬。我
殿下創制正音二十八字。略揭
例義以示之。名曰訓民正音。象
形而字倣古篆。因聲而音叶七
調。三極之義。二氣之妙。莫不該

간송본 복간본(2015) – 정음해례 27ㄱㄴ

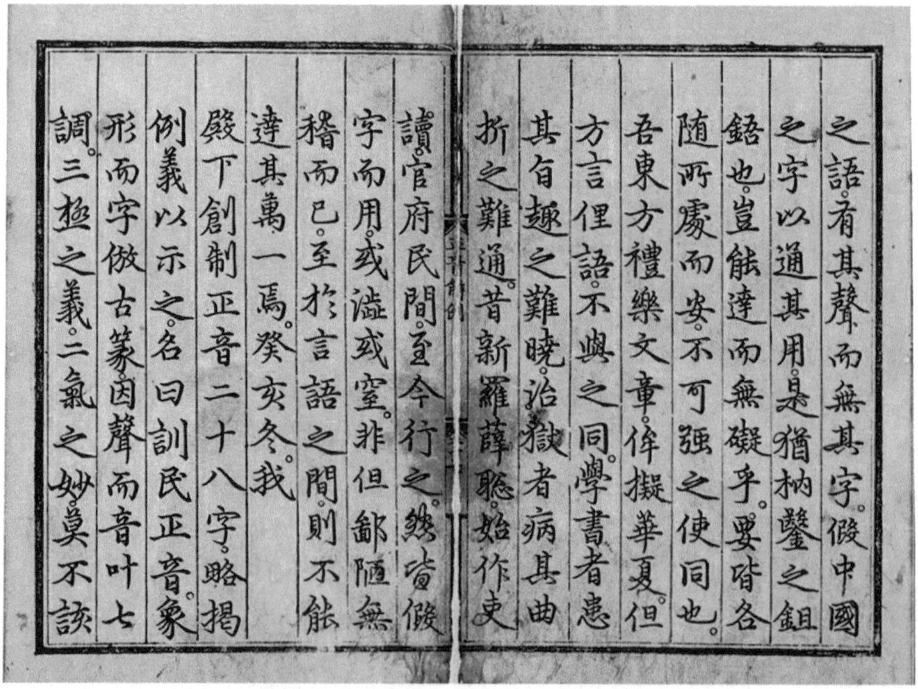

之語。有其聲而無其字。假中國
之字以通其用。是猶枘鑿之鉏
鋙也。豈能達而無礙乎。要皆各
隨所處而安。不可强之使同也。
吾東方禮樂文章。侔擬華夏。但
方言俚語。不與之同。學書者患
其旨趣之難曉。治獄者病其曲
折之難通。昔新羅薛聰。始作吏
讀。官府民間。至今行之。然皆假
字而用。或澁或窒。非但鄙陋無
稽而已。至於言語之間。則不能
達其萬一焉。癸亥冬。我
殿下創制正音二十八字。略揭
例義以示之。名曰訓民正音。象
形而字倣古篆。因聲而音叶七
調。三極之義。二氣之妙。莫不該

간송본(1940) 사진본 – 정음해례 27ㄱㄴ

括以二十八字而轉換無窮簡
而要精而通。故智者不終朝而
會愚者可浹旬而學。以是解書
可以知其義。以是聽訟。可以得
其情。字韻則淸濁之能辨。樂歌
則律呂之克諧。無所用而不備。
無所往而不達。雖風聲鶴唳。雞
鳴狗吠。皆可得而書矣。遂
命詳加解釋。以喩諸人。於是。臣
與集賢殿應敎臣崔恒。副校理
臣朴彭年。臣申叔舟。修撰臣成
三問。敦寧府注簿臣姜希顔。行
集賢殿副修撰臣李塏。臣李善
老等。謹作諸解及例。以敍其梗
槩。庶使觀者不師而自悟。若其
淵源精義之妙。則非臣等之所

간송본 복간본(2015) – 정음해례 28ㄱㄴ

括以二十八字而轉換無窮簡
而要精而通。故智者不終朝而
會愚者可浹旬而學。以是解書
可以知其義。以是聽訟。可以得
其情。字韻則淸濁之能辨。樂歌
則律呂之克諧。無所用而不備。
無所往而不達。雖風聲鶴唳。雞
鳴狗吠。皆可得而書矣。遂
命詳加解釋。以喩諸人。於是。臣
與集賢殿應敎臣崔恒。副校理
臣朴彭年。臣申叔舟。修撰臣成
三問。敦寧府注簿臣姜希顔。行
集賢殿副修撰臣李塏。臣李善
老等。謹作諸解及例。以敍其梗
槩。庶使觀者不師而自悟。若其
淵源精義之妙。則非臣等之所

간송본(1940) 사진본 – 정음해례 28ㄱㄴ

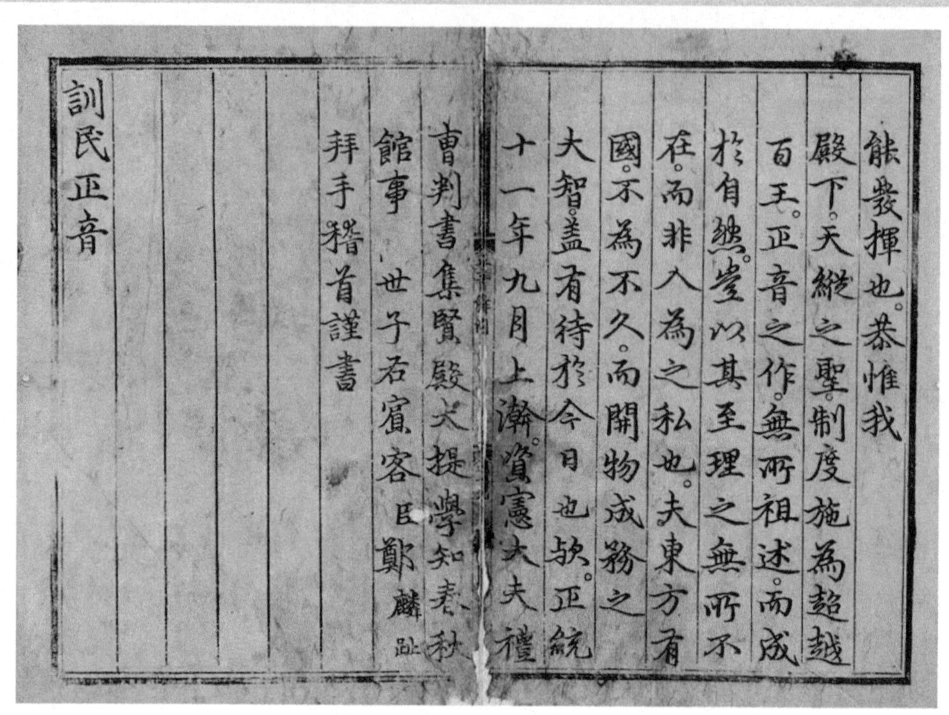

能發揮也。恭惟我
殿下。天縱之聖。制度施爲超越
百王。正音之作。無所祖述。而成
於自然。豈以其至理之無所不
在。而非人爲之私也。夫東方有
國。不爲不久。而開物成務之
大智。蓋有待於今日也歟。正統
十一年九月上澣。資憲大夫。禮
曹判書集賢殿大提學知春秋
館事 世子右賓客臣鄭麟趾
拜手稽首謹書

訓民正音

간송본 복간본(2015) – 정음해례 29ㄱㄴ

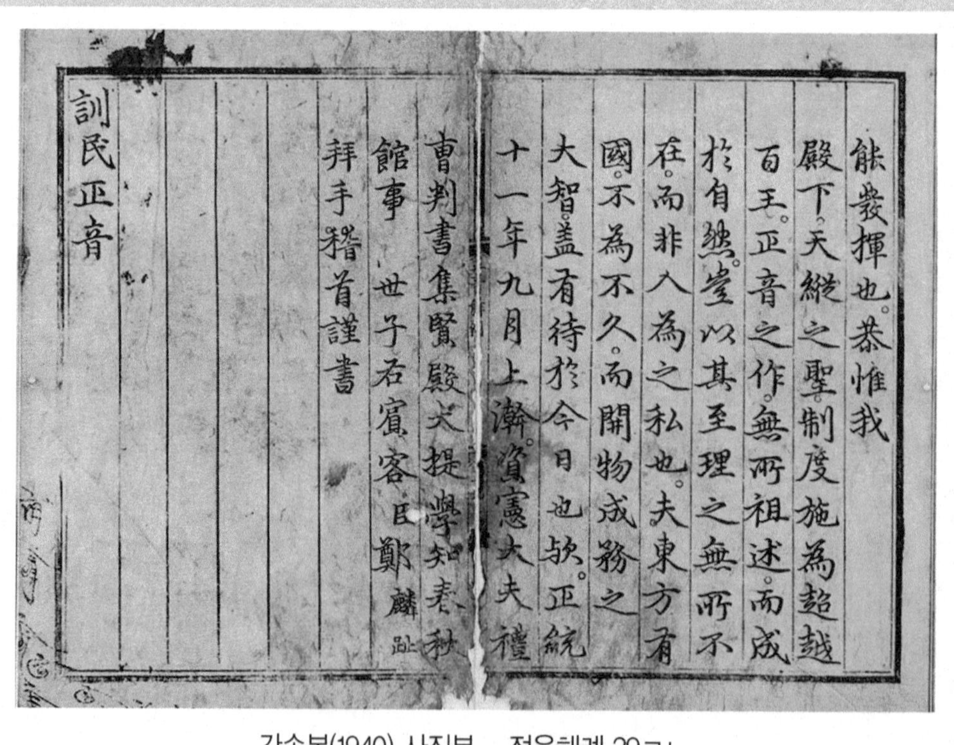

能發揮也。恭惟我
殿下。天縱之聖。制度施爲超越
百王。正音之作。無所祖述。而成
於自然。豈以其至理之無所不
在。而非人爲之私也。夫東方有
國。不爲不久。而開物成務之
大智。蓋有待於今日也歟。正統
十一年九月上澣。資憲大夫。禮
曹判書集賢殿大提學知春秋
館事 世子右賓客臣鄭麟趾
拜手稽首謹書

訓民正音

간송본(1940) 사진본 – 정음해례 29ㄱㄴ

입체영인 2: 《훈민정음》 해례본 간송본(1940) 복간본(2015) 바탕 누런색 제거본과 한글학회 영인본(1998) 수정본 함께 보기

訓民正音
國之語音異乎中國與文字
不相流通故愚民有所欲言
而終不得伸其情者多矣予
爲此憫然新制二十八字欲
使人人易習便於日用矣
ㄱ牙音如君字初發聲
並書如虯字初發聲
ㅋ牙音如快字初發聲
ㆁ牙音如業字初發聲
ㄷ舌音如斗字初發聲
並書如覃字初發聲
ㅌ舌音如呑字初發聲
ㄴ舌音如那字初發聲

간송본 복간본(2015) – 정음 1ㄱㄴ

訓民正音
國之語音異乎中國與文字
不相流通故愚民有所欲言
而終不得伸其情者多矣予
爲此憫然新制二十八字欲
使人人易習便於日用耳
ㄱ牙音如君字初發聲
正音 一
並書如虯字初發聲
ㅋ牙音如快字初發聲
ㆁ牙音如業字初發聲
ㄷ舌音如斗字初發聲
並書如覃字初發聲
ㅌ舌音如呑字初發聲
ㄴ舌音如那字初發聲

한글학회(1997) 수정본 – 정음 1ㄱㄴ

ㅂ。脣音。如彆字初發聲
並書。如步字初發聲
ㅍ。脣音。如漂字初發聲
ㅁ。脣音。如彌字初發聲
ㅈ。齒音。如即字初發聲
並書。如慈字初發聲
ㅊ。齒音。如侵字初發聲

ㅅ。齒音。如戌字初發聲
並書。如邪字初發聲
ㆆ。喉音。如挹字初發聲
ㅎ。喉音。如虛字初發聲
並書。如洪字初發聲
ㅇ。喉音。如欲字初發聲
ㄹ。半舌音。如閭字初發聲

간송본 복간본(2015) – 정음 2ㄱㄴ

ㅂ。脣音。如彆字初發聲
並書。如步字初發聲
ㅍ。脣音。如漂字初發聲
ㅁ。脣音。如彌字初發聲
ㅈ。齒音。如即字初發聲
並書。如慈字初發聲
ㅊ。齒音。如侵字初發聲

正音 二

ㅅ。齒音。如戌字初發聲
並書。如邪字初發聲
ㆆ。喉音。如挹字初發聲
ㅎ。喉音。如虛字初發聲
並書。如洪字初發聲
ㅇ。喉音。如欲字初發聲
ㄹ。半舌音。如閭字初發聲

한글학회(1997) 수정본 – 정음 2ㄱㄴ

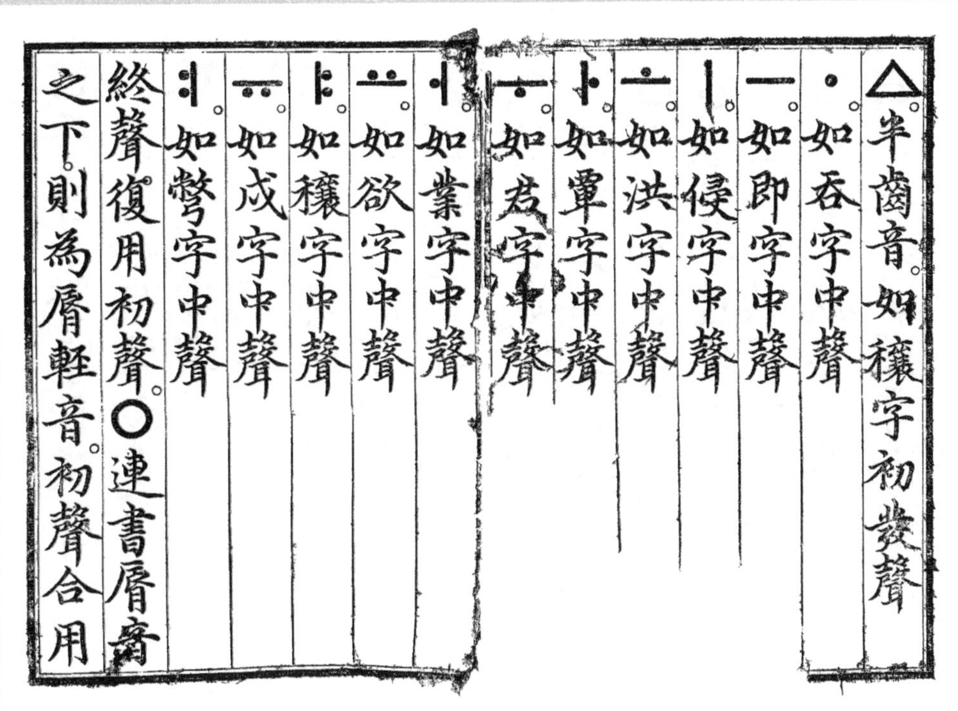

ㅿ 半齒音 如穰字初發聲
ㆍ 如呑字中聲
ㅡ 如即字中聲
ㅣ 如侵字中聲
ㅗ 如洪字中聲
ㅏ 如覃字中聲
ㅜ 如君字中聲
ㅓ 如業字中聲
ㅛ 如欲字中聲
ㅑ 如穰字中聲
ㅠ 如戌字中聲
ㅕ 如彆字中聲
終聲復用初聲 ○連書脣音
之下 則為脣輕音 初聲合用

간송본 복간본(2015) – 정음 3ㄱㄴ

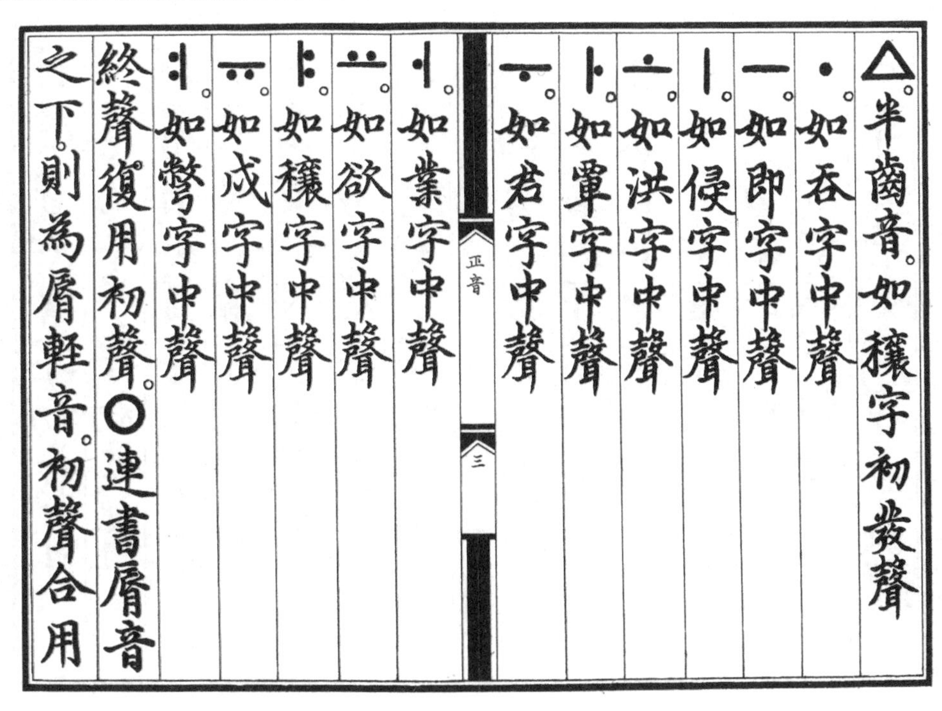

ㅿ 半齒音 如穰字初發聲
ㆍ 如呑字中聲
ㅡ 如即字中聲
ㅣ 如侵字中聲
ㅗ 如洪字中聲
ㅏ 如覃字中聲
ㅜ 如君字中聲
ㅓ 如業字中聲
ㅛ 如欲字中聲
ㅑ 如穰字中聲
ㅠ 如戌字中聲
ㅕ 如彆字中聲
終聲復用初聲 ○連書脣音
之下 則為脣輕音 初聲合用
正音
三

한글학회(1997) 수정본 – 정음 3ㄱㄴ

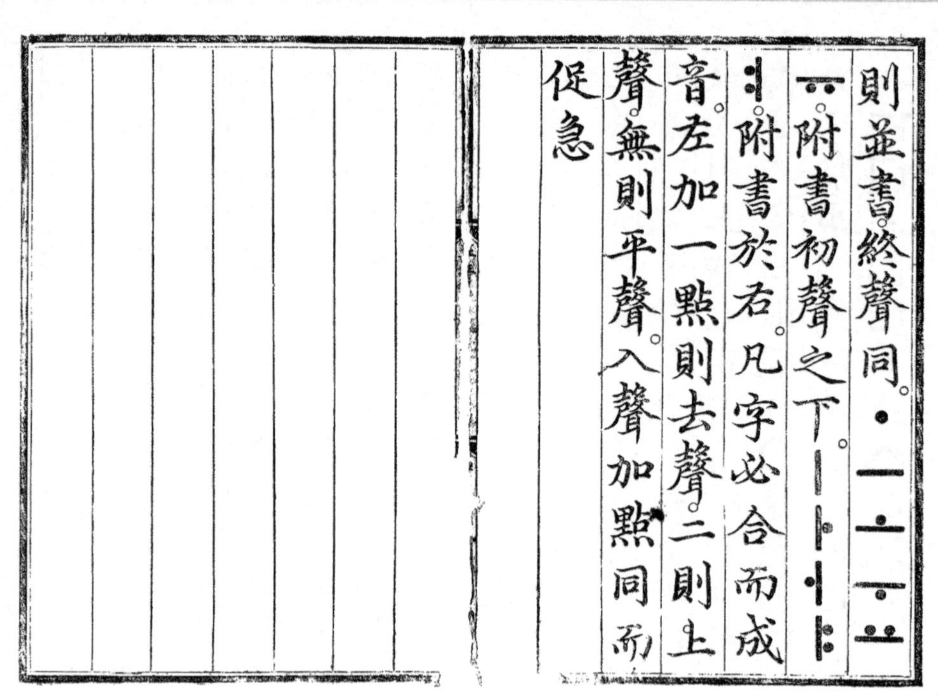

則並書終聲同。ㆍㅡㅗㅜㅛ
ㅠ附書初聲之下。ㅣㅏㅓㅑ
ㅕ附書於右。凡字必合而成
音。左加一點則去聲。二則上
聲。無則平聲。入聲加點同而
促急

간송본 복간본(2015) – 정음 4ㄱㄴ

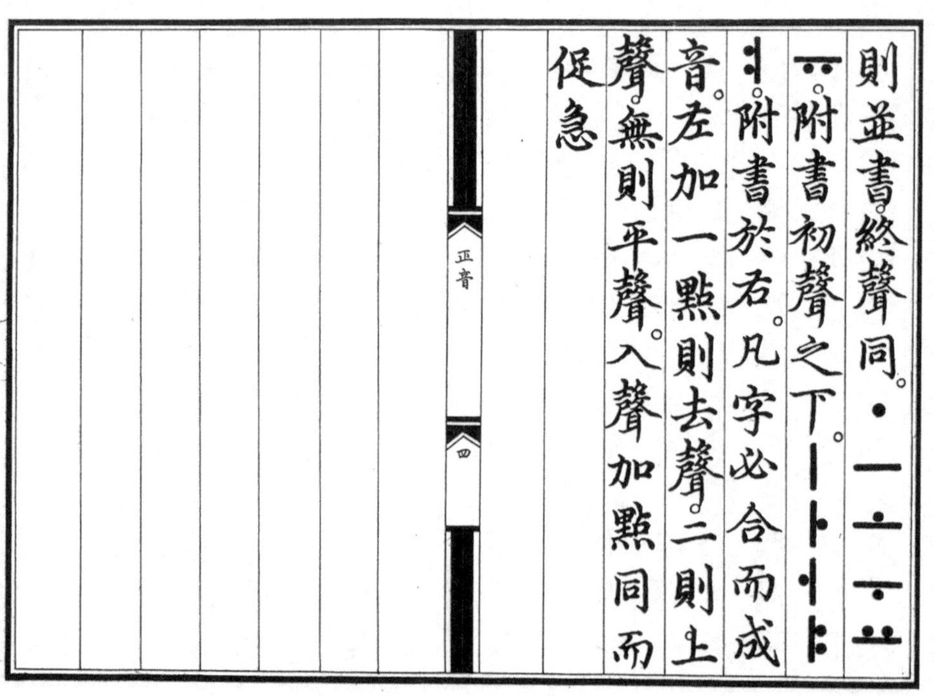

則並書終聲同。ㆍㅡㅗㅜㅛ
ㅠ附書初聲之下。ㅣㅏㅓㅑ
ㅕ附書於右。凡字必合而成
音。左加一點則去聲。二則上
聲。無則平聲。入聲加點同而
促急

正音

四

한글학회(1997) 수정본 – 정음 4ㄱㄴ

訓民正音解例

制字解

天地之道。一陰陽五行而已。坤復
之間為太極。而動靜之後為陰陽。
凡有生類在天地之間者。捨陰陽
而何之。故人之聲音。皆有陰陽之
理。顧人不察耳。今正音之作。初非
智營而力索。但因其聲音而極其
理而已。理既不二。則何得不與天
地鬼神同其用也。正音二十八字。
各象其形而制之。初聲凡十七字。
牙音ㄱ。象舌根閉喉之形。舌音ㄴ。
象舌附上腭之形。脣音ㅁ。象口形。
齒音ㅅ。象齒形。喉音ㅇ。象喉形。ㅋ
比ㄱ。聲出稍厲。故加畫。ㄴ而ㄷ。ㄷ
而ㅌ。ㅁ而ㅂ。ㅂ而ㅍ。ㅅ而ㅈ。ㅈ而

간송본 복간본(2015) – 정음해례 1ㄱㄴ

訓民正音解例

制字解

天地之道。一陰陽五行而已。坤復
之間為太極。而動靜之後為陰陽。
凡有生類在天地之間者。捨陰陽
而何之。故人之聲音。皆有陰陽之
理。顧人不察耳。今正音之作。初非
智營而力索。但因其聲音而極其

正音解例 一

理而已。理既不二。則何得不與天
地鬼神同其用也。正音二十八字。
各象其形而制之。初聲凡十七字。
牙音ㄱ。象舌根閉喉之形。舌音ㄴ。
象舌附上腭之形。脣音ㅁ。象口形。
齒音ㅅ。象齒形。喉音ㅇ。象喉形。ㅋ
比ㄱ。聲出稍厲。故加畫。ㄴ而ㄷ。ㄷ
而ㅌ。ㅁ而ㅂ。ㅂ而ㅍ。ㅅ而ㅈ。ㅈ而

한글학회(1997) 수정본 – 정음해례 1ㄱㄴ

ㅊㅇ而ㆆㆆ而ㅎ其因聲加畫之
義皆同而唯ㆁ爲異半舌音ㄹ半
齒音ㅿ亦象舌齒之形而異其體
無加畫之義焉夫人之有聲本扵
五行故合諸四時而不悖叶之五
音而不戻喉邃而潤水也聲虗而
通如水之虗明而流通也扵時爲
冬扵音爲羽牙錯而長木也聲似
喉而實如木之生扵水而有形也
扵時爲春扵音爲角舌銳而動火
也聲轉而颺如火之轉展而揚揚
也扵時爲夏扵音爲徵齒剛而斷
金也聲屑而滯如金之屑瑣而鍛
成也扵時爲秋扵音爲商脣方而
合土也聲含而廣如土之含蓄萬
物而廣大也扵時爲季夏扵音爲

간송본 복간본(2015) – 정음해례 2ㄱㄴ

ㅊㅇ而ㆆㆆ而ㅎ其因聲加畫之
義皆同而唯ㆁ爲異半舌音ㄹ半
齒音ㅿ亦象舌齒之形而異其體
無加畫之義焉夫人之有聲本扵
五行故合諸四時而不悖叶之五
音而不戻喉邃而潤水也聲虗而
通如水之虗明而流通也扵時爲
冬扵音爲羽牙錯而長木也聲似
喉而實如木之生扵水而有形也
扵時爲春扵音爲角舌銳而動火
也聲轉而颺如火之轉展而揚揚
也扵時爲夏扵音爲徵齒剛而斷
金也聲屑而滯如金之屑瑣而鍛
成也扵時爲秋扵音爲商脣方而
合土也聲含而廣如土之含蓄萬
物而廣大也扵時爲季夏扵音爲

正音解例 二

한글학회(1997) 수정본 – 정음해례 2ㄱㄴ

宮。然水乃生物之源。火乃成物之
用。故五行之中。水火為大。喉乃出
聲之門。舌乃辨聲之管。故五音之
中。喉舌為主也。喉居後而牙次之。
北東之位也。舌齒又次之。南西之
位也。脣居末。土無定位而寄旺四
季之義也。是則初聲之中。自有陰
陽五行方位之數也。又以聲音清
濁而言之。ㄱㄷㅂㅈㅅㆆ。為全清。
ㅋㅌㅍㅊㅎ。為次清。ㄲㄸㅃㅉㅆ
ㆅ。為全濁。ㆁㄴㅁㅇㄹㅿ。為不清
不濁。ㄴㅁㅇ。其聲㝡不厲。故次序
雖在於後。而象形制字則為之始。
ㅅㅈ雖皆為全清。而ㅅ比ㅈ。聲不
厲。故亦為制字之始。唯牙之ㆁ。雖
舌根閉喉聲氣出鼻。而其聲與ㅇ

간송본 복간본(2015) – 정음해례 3ㄱㄴ

宮。然水乃生物之源。火乃成物之
用。故五行之中。水火為大。喉乃出
聲之門。舌乃辨聲之管。故五音之
中。喉舌為主也。喉居後而牙次之。
北東之位也。舌齒又次之。南西之
位也。脣居末。土無定位而寄旺四
季之義也。是則初聲之中。自有陰
陽五行方位之數也。又以聲音清
濁而言之。ㄱㄷㅂㅈㅅㆆ。為全清。
ㅋㅌㅍㅊㅎ。為次清。ㄲㄸㅃㅉㅆ
ㆅ。為全濁。ㆁㄴㅁㅇㄹㅿ。為不清
不濁。ㄴㅁㅇ。其聲㝡不厲。故次序
雖在於後。而象形制字則為之始。
ㅅㅈ雖皆為全清。而ㅅ比ㅈ。聲不
厲。故亦為制字之始。唯牙之ㆁ。雖
舌根閉喉聲氣出鼻。而其聲與ㅇ

한글학회(1997) 수정본 – 정음해례 3ㄱㄴ

相似。故韻書疑與喻多相混用。今
亦取象於喉。而不爲牙音制字之
始。盖喉屬水而牙屬木。ㆁ雖在牙
而與ㅇ相似。猶木之萌芽生於水
而柔軟。尙多水氣也。ㄱ木之成質。
ㅋ木之盛長。ㄲ木之老壯。故至此
乃皆取象於牙也。全淸並書則爲
全濁。以其全淸之聲凝則爲全濁
也。唯喉音次淸爲全濁者。盖以ㆆ
聲深不爲之凝。ㅎ比ㆆ聲淺。故凝
而爲全濁也。ㅇ連書脣音之下。則
爲脣輕音者。以輕音脣乍合而喉
聲多也。中聲凡十一字。ㆍ舌縮而
聲深。天開於子也。形之圓。象乎天
也。ㅡ舌小縮而聲不深不淺。地闢
於丑也。形之平。象乎地也。ㅣ舌不

간송본 복간본(2015) – 정음해례 4ㄱㄴ

相似。故韻書疑與喻多相混用。今
亦取象於喉。而不爲牙音制字之
始。盖喉屬水而牙屬木。ㆁ雖在牙
而與ㅇ相似。猶木之萌芽生於水
而柔軟。尙多水氣也。ㄱ木之成質。
ㅋ木之盛長。ㄲ木之老壯。故至此
乃皆取象於牙也。全淸並書則爲
全濁。以其全淸之聲凝則爲全濁

正音解例 四

也。唯喉音次淸爲全濁者。盖以ㆆ
聲深不爲之凝。ㅎ比ㆆ聲淺。故凝
而爲全濁也。ㅇ連書脣音之下。則
爲脣輕音者。以輕音脣乍合而喉
聲多也。中聲凡十一字。ㆍ舌縮而
聲深。天開於子也。形之圓。象乎天
也。ㅡ舌小縮而聲不深不淺。地闢
於丑也。形之平。象乎地也。ㅣ舌不

한글학회(1997) 수정본 – 정음해례 4ㄱㄴ

縮而聲淺。人生於寅也。形之立象
乎人也。此下八聲。一闔一闢。ㅗ與
・同而口蹙。其形則・與ㅡ合而
成。取天地初交之義也。ㅏ與・同
而口張。其形則ㅣ與・合而成。取
天地之用發於事物待人而成也。
ㅜ與ㅡ同而口蹙。其形則ㅡ與・
合而成。亦取天地初交之義也。ㅓ
與ㅡ同而口張。其形則・與ㅣ合
而成。亦取天地之用發於事物待
人而成也。ㅛ與ㅗ同而起於ㅣ。ㅑ
與ㅏ同而起於ㅣ。ㅠ與ㅜ同而起
於ㅣ。ㅕ與ㅓ同而起於ㅣ。ㅗㅏㅜ
ㅓ始於天地。爲初出也。ㅛㅑㅠㅕ
起於ㅣ而兼乎人。爲再出也。ㅗㅏ
ㅜㅓ之一其圓者。取其初生之義

正音解例 五

간송본 복간본(2015) – 정음해례 5ㄱㄴ

縮而聲淺。人生於寅也。形之立象
乎人也。此下八聲。一闔一闢。ㅗ與
・同而口蹙。其形則・與ㅡ合而
成。取天地初交之義也。ㅏ與・同
而口張。其形則ㅣ與・合而成。取
天地之用發於事物待人而成也。
ㅜ與ㅡ同而口蹙。其形則ㅡ與・
合而成。亦取天地初交之義也。ㅓ
與ㅡ同而口張。其形則・與ㅣ合
而成。亦取天地之用發於事物待
人而成也。ㅛ與ㅗ同而起於ㅣ。ㅑ
與ㅏ同而起於ㅣ。ㅠ與ㅜ同而起
於ㅣ。ㅕ與ㅓ同而起於ㅣ。ㅗㅏㅜ
ㅓ始於天地。爲初出也。ㅛㅑㅠㅕ
起於ㅣ而兼乎人。爲再出也。ㅗㅏ
ㅜㅓ之一其圓者。取其初生之義

正音解例 五

한글학회(1997) 수정본 – 정음해례 5ㄱㄴ

也。ㅛㅑㅠㅕ之二其圓者。取其再
生之義也。ㅗㅏㅜㅓ之圓居上與
外者。以其出於天而爲陽也。ㅛㅑ
ㅠㅕ之圓居下與內者。以其出於
地而爲陰也。ㆍ之貫於八聲者。猶
陽之統陰而周流萬物也。ㅛㅑㅠ
ㅕ之皆兼乎人者。以人爲萬物之
靈而能參兩儀也。取象於天地人
而三才之道備矣。然三才爲萬物
之先。而天又爲三才之始。猶ㆍㅡ
ㅣ三字爲八聲之首。而ㆍ又爲三
字之冠也。ㅗ初生於天。天一生水
之位也。ㅏ次之。天三生木之位也。
ㅜ初生於地。地二生火之位也。ㅓ
次之。地四生金之位也。ㅛ再生於
天。天七成火之數也。ㅑ次之。天九

간송본 복간본(2015) – 정음해례 6ㄱㄴ

也。ㅛㅑㅠㅕ之二其圓者。取其再
生之義也。ㅗㅏㅜㅓ之圓居上與
外者。以其出於天而爲陽也。ㅛㅑ
ㅠㅕ之圓居下與內者。以其出於
地而爲陰也。ㆍ之貫於八聲者。猶
陽之統陰而周流萬物也。ㅛㅑㅠ
ㅕ之皆兼乎人者。以人爲萬物之
靈而能參兩儀也。取象於天地人

正音解例 六

而三才之道備矣。然三才爲萬物
之先。而天又爲三才之始。猶ㆍㅡ
ㅣ三字爲八聲之首。而ㆍ又爲三
字之冠也。ㅗ初生於天。天一生水
之位也。ㅏ次之。天三生木之位也。
ㅜ初生於地。地二生火之位也。ㅓ
次之。地四生金之位也。ㅛ再生於
天。天七成火之數也。ㅑ次之。天九

한글학회(1997) 수정본 – 정음해례 6ㄱㄴ

成金之數也。ㅠ再生於地。地六成
水之數也。ㅕ次之。地八成木之數
也。水火未離乎氣。陰陽交合之初。
故闔。木金陰陽之定質。故闢。ㆍ天
五生土之位也。ㅡ地十成土之數
也。ㅣ獨無位數者。盖以人則無極
之眞。二五之精。妙合而凝。固未可
以定位成數論也。是則中聲之中。

正音解例

亦自有陰陽五行方位之數也。以
初聲對中聲而言之。陰陽。天道也。
剛柔。地道也。中聲者。一深一淺一
闔一闢。是則陰陽分而五行之氣
具焉。天之用也。初聲者。或虛或實
或颺或滯或重若輕。是則剛柔著
而五行之質成焉。地之功也。中聲
以深淺闔闢唱之於前。初聲以五

간송본 복간본(2015) – 정음해례 7ㄱㄴ

成金之數也。ㅠ再生於地。地六成
水之數也。ㅕ次之。地八成木之數
也。水火未離乎氣。陰陽交合之初。
故闔。木金陰陽之定質。故闢。ㆍ天
五生土之位也。ㅡ地十成土之數
也。ㅣ獨無位數者。盖以人則無極
之眞。二五之精。妙合而凝。固未可
以定位成數論也。是則中聲之中。

正音解例 七

亦自有陰陽五行方位之數也。以
初聲對中聲而言之。陰陽。天道也。
剛柔。地道也。中聲者。一深一淺一
闔一闢。是則陰陽分而五行之氣
具焉。天之用也。初聲者。或虛或實
或颺或滯或重若輕。是則剛柔著
而五行之質成焉。地之功也。中聲
以深淺闔闢唱之於前。初聲以五

한글학회(1997) 수정본 – 정음해례 7ㄱㄴ

音清濁和之於後。而爲初亦爲終。
亦可見萬物初生於地。復歸於地
也。以初中終合成之字言之。亦有
動靜互根陰陽交變之義焉。動者。
天也。靜者。地也。兼乎動靜者。人也。
蓋五行在天則神之運也。在地則
質之成也。在人則仁禮信義智神
之運也。肝心脾肺腎質之成也。初
聲有發動之義。天之事也。終聲有
止定之義。地之事也。中聲承初之
生。接終之成。人之事也。蓋字韻之
要。在於中聲。初終合而成音。亦猶
天地生成萬物。而其財成輔相則
必賴乎人也。終聲之復用初聲者。
以其動而陽者乾也。靜而陰者亦
乾也。乾實分陰陽而無不君宰也。

간송본 복간본(2015) – 정음해례 8ㄱㄴ

音清濁和之於後。而爲初亦爲終。
亦可見萬物初生於地。復歸於地
也。以初中終合成之字言之。亦有
動靜互根陰陽交變之義焉。動者。
天也。靜者。地也。兼乎動靜者。人也。
蓋五行在天則神之運也。在地則
質之成也。在人則仁禮信義智神
之運也。肝心脾肺腎質之成也。初

正音解例 八

聲有發動之義。天之事也。終聲有
止定之義。地之事也。中聲承初之
生。接終之成。人之事也。蓋字韻之
要。在於中聲。初終合而成音。亦猶
天地生成萬物。而其財成輔相則
必賴乎人也。終聲之復用初聲者。
以其動而陽者乾也。靜而陰者亦
乾也。乾實分陰陽而無不君宰也。

한글학회(1997) 수정본 – 정음해례 8ㄱㄴ

一元之氣。周流不窮。四時之運。循
環無端。故貞而復元。冬而復春。初
聲之復爲終。終聲之復爲初。亦此
義也。吁。正音作而天地萬物之理
咸備。其神矣哉。是殆天啓
聖心而假手焉者乎。訣曰
天地之化本一氣
陰陽五行相始終

正音解例 九

物於兩間有形聲
元本無二理數通
正音制字尙其象
因聲之厲每加畫
音出牙舌脣齒喉
是爲初聲字十七
牙取舌根閉喉形
唯業似欲取義別

간송본 복간본(2015) – 정음해례 9ㄱㄴ

一元之氣。周流不窮。四時之運。循
環無端。故貞而復元。冬而復春。初
聲之復爲終。終聲之復爲初。亦此
義也。吁。正音作而天地萬物之理
咸備。其神矣哉。是殆天啓
聖心而假手焉者乎。訣曰
天地之化本一氣
陰陽五行相始終

正音解例 九

物於兩間有形聲
元本無二理數通
正音制字尙其象
因聲之厲每加畫
音出牙舌脣齒喉
是爲初聲字十七
牙取舌根閉喉形
唯業似欲取義別

한글학회(1997) 수정본 – 정음해례 9ㄱㄴ

舌迺象舌附上腭
脣則實是取口形
齒喉直取齒喉象
知斯五義聲自明
又有半舌半齒音
取象同而體則異
那彌戌欲聲不厲
次序雖後象形始

正音解例 十

配諸四時與沖氣
五行五音無不協
維喉為水冬與羽
牙迺春木其音角
徵音夏火是舌聲
齒則商秋又是金
脣於位數本無定
土而季夏為宮音

간송본 복간본(2015) – 정음해례 10ㄱㄴ

舌迺象舌附上腭
脣則實是取口形
齒喉直取齒喉象
知斯五義聲自明
又有半舌半齒音
取象同而體則異
那彌戌欲聲不厲
次序雖後象形始

正音解例 十

配諸四時與沖氣
五行五音無不協
維喉為水冬與羽
牙迺春木其音角
徵音夏火是舌聲
齒則商秋又是金
脣於位數本無定
土而季夏為宮音

한글학회(1997) 수정본 – 정음해례 10ㄱㄴ

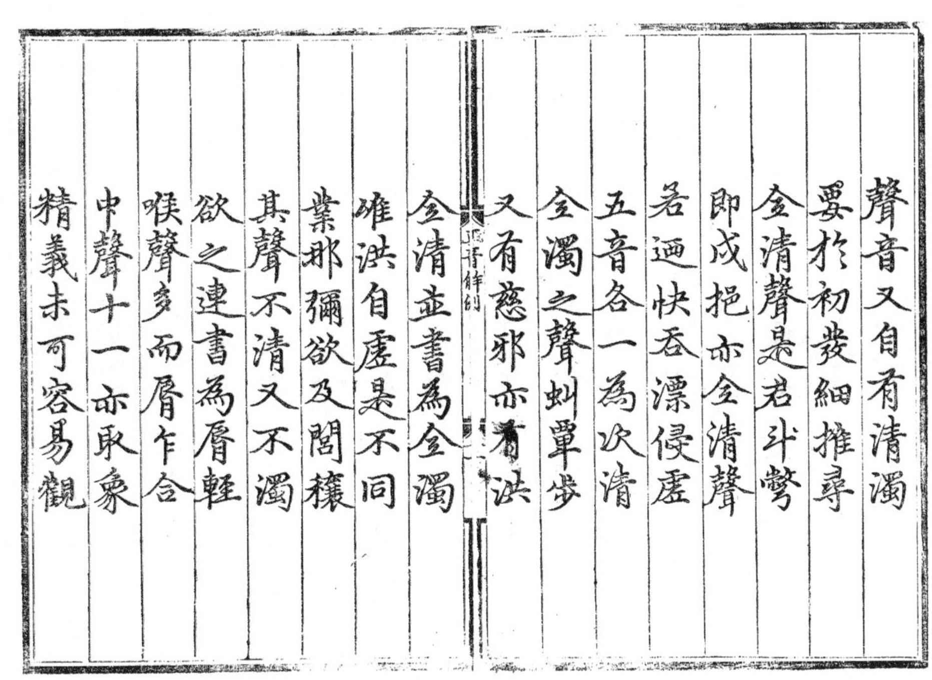

聲音又自有淸濁
要於初發細推尋
全淸聲是君斗彆
卽戌挹亦全淸聲
若迺快呑漂侵虛
五音各一爲次淸
全濁之聲虯覃步
又有慈邪亦有洪

正音解例 十一

全淸並書爲全濁
唯洪自虛是不同
業那彌欲及閭穰
其聲不淸又不濁
欲之連書爲脣輕
喉聲多而脣乍合
中聲十一亦取象
精義未可容易觀

간송본 복간본(2015) – 정음해례 11ㄱㄴ

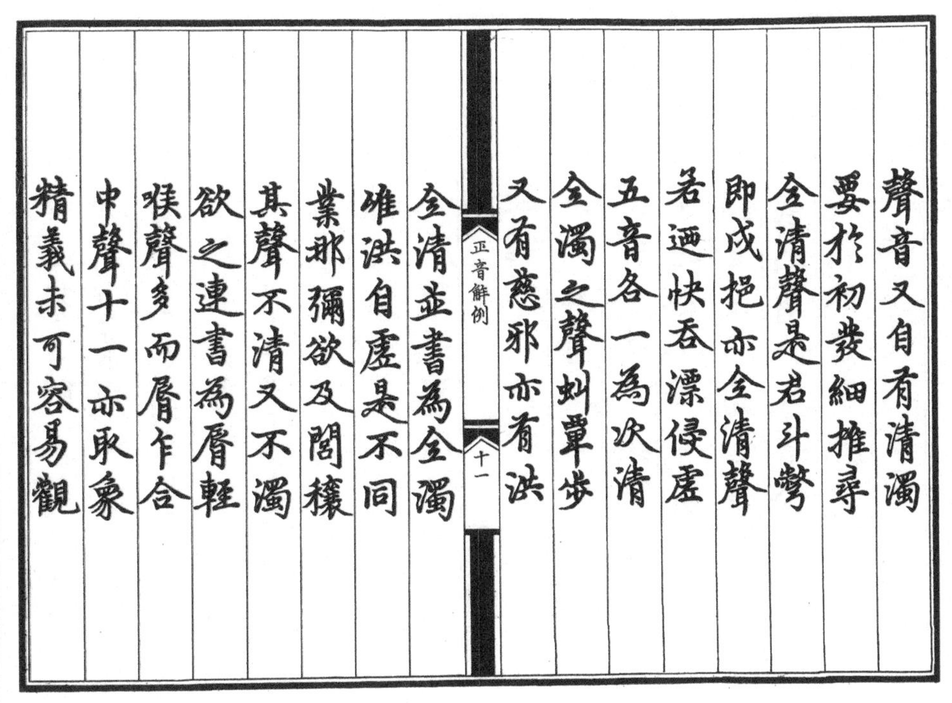

聲音又自有淸濁
要於初發細推尋
全淸聲是君斗彆
卽戌挹亦全淸聲
若迺快呑漂侵虛
五音各一爲次淸
全濁之聲虯覃步
又有慈邪亦有洪

正音解例 十一

全淸並書爲全濁
唯洪自虛是不同
業那彌欲及閭穰
其聲不淸又不濁
欲之連書爲脣輕
喉聲多而脣乍合
中聲十一亦取象
精義未可容易觀

한글학회(1997) 수정본 – 정음해례 11ㄱㄴ

呑擬於天聲最深
所以圓形如彈丸
即聲不深又不淺
其形之平象乎地
侵象人立厥聲淺
三才之道斯爲備
洪出於天尙爲闔
象取天圓合地平

正音解例 十二

覃亦出天爲已闢
發於事物就人成
用初生義一其圓
出天爲陽在上外
欲穰兼人爲再出
二圓爲形見其義
君業戌彆出於地
據例自知何須評

간송본 복간본(2015) – 정음해례 12ㄱㄴ

呑擬於天聲最深
所以圓形如彈丸
即聲不深又不淺
其形之平象乎地
侵象人立厥聲淺
三才之道斯爲備
洪出於天尙爲闔
象取天圓合地平

正音解例 十二

覃亦出天爲已闢
發於事物就人成
用初生義一其圓
出天爲陽在上外
欲穰兼人爲再出
二圓爲形見其義
君業戌彆出於地
據例自知何須評

한글학회(1997) 수정본 – 정음해례 12ㄱㄴ

呑之爲字貫八聲
維天之用徧流行
四聲兼人亦有由
人參天地爲最靈
且就三聲究至理
自有剛柔與陰陽
中是天用陰陽分
初迺地功剛柔彰
中聲唱之初聲和
天先乎地理自然
和者爲初亦爲終
物生復歸皆於坤
陰變爲陽陽變陰
一動一靜互爲根
初聲復有發生義
爲陽之動主於天

간송본 복간본(2015) – 정음해례 13ㄱㄴ

呑之爲字貫八聲
維天之用徧流行
四聲兼人亦有由
人參天地爲最靈
且就三聲究至理
自有剛柔與陰陽
中是天用陰陽分
初迺地功剛柔彰

正音解例 十三

中聲唱之初聲和
天先乎地理自然
和者爲初亦爲終
物生復歸皆於坤
陰變爲陽陽變陰
一動一靜互爲根
初聲復有發生義
爲陽之動主於天

한글학회(1997) 수정본 – 정음해례 13ㄱㄴ

終聲比地陰之靜
字音於此止定焉
韻成要在中聲用
人能輔相天地宜
陽之爲用通於陰
至而伸則反而歸
初終雖云分兩儀
終用初聲義可知
正音之字只廿八
探賾錯綜窮深幾
指遠言近牖民易
天授何曾智巧爲

初聲解

正音初聲。即韻書之字母也。聲音由此而生。故曰母。如牙音君字初聲是ㄱ。ㄱ與ᅟᅮᆫ而爲군。快字初聲

간송본 복간본(2015) – 정음해례 14ㄱㄴ

終聲比地陰之靜
字音於此止定焉
韻成要在中聲用
人能輔相天地宜
陽之爲用通於陰
至而伸則反而歸
初終雖云分兩儀
終用初聲義可知
正音之字只廿八
探賾錯綜窮深幾
指遠言近牖民易
天授何曾智巧爲

初聲解

正音初聲。即韻書之字母也。聲音由此而生。故曰母。如牙音君字初聲是ㄱ。ㄱ與ᅟᅮᆫ而爲군。快字初聲

正音解例 十四

한글학회(1997) 수정본 – 정음해례 14ㄱㄴ

是ㅋ。ㅋ與ᅫ而爲쾌。虯字初聲是
ㄲ。ㄲ與ᅲ而爲뀨。業字初聲是ㆁ。
ㆁ與ᅥᆸ而爲업之類。舌之斗呑覃
那。脣之彆漂步彌。齒之即侵慈戍
邪。喉之挹虛洪欲。半舌半齒之閭
穰。皆倣此。訣曰

君快虯業其聲牙
舌聲斗呑及覃那

正音解例 十五

彆漂步彌則是脣
齒有即侵慈戍邪
挹虛洪欲迺喉聲
閭爲半舌穰半齒
二十三字是爲母
萬聲生生皆自此

中聲解

中聲者。居字韻之中。合初終而成

간송본 복간본(2015) – 정음해례 15ㄱㄴ

是ㅋ。ㅋ與ᅫ而爲쾌。虯字初聲是
ㄲ。ㄲ與ᅲ而爲뀨。業字初聲是ㆁ。
ㆁ與ᅥᆸ而爲업之類。舌之斗呑覃
那。脣之彆漂步彌。齒之即侵慈戍
邪。喉之挹虛洪欲。半舌半齒之閭
穰。皆倣此。訣曰

君快虯業其聲牙
舌聲斗呑及覃那

正音解例 十五

彆漂步彌則是脣
齒有即侵慈戍邪
挹虛洪欲迺喉聲
閭爲半舌穰半齒
二十三字是爲母
萬聲生生皆自此

中聲解

中聲者。居字韻之中。合初終而成

한글학회(1997) 수정본 – 정음해례 15ㄱㄴ

音。如呑字中聲是ㆍ。ㆍ居ㅌㄴ之
間而爲ᄐᆞᆫ。即字中聲是ㅡ。ㅡ居ㅈ
ㄱ之間而爲즉。侵字中聲是ㅣ。ㅣ
居ㅊㅁ之間而爲침之類。洪覃君
業欲穰戌彆。皆倣此。二字合用者。
ㅗ與ㅏ同出於ㆍ。故合而爲ㅘ。ㅛ
與ㅑ又同出於ㅣ。故合而爲ㆇ。ㅜ
與ㅓ同出於ㅡ。故合而爲ㅝ。ㅠ與

正音解例

ㅕ又同出於ㅣ。故合而爲ㆊ。以其
同出而爲類。故相合而不悖也。一
字中聲之與ㅣ相合者十。ㆎㅢㅚ
ㅐㅟㅔㆉㅒㆌㅖ是也。二字中聲
之與ㅣ相合者四。ㅙㅞㆈㆋ是也。
ㅣ於深淺闔闢之聲。並能相隨者。
以其舌展聲淺而便於開口也。亦
可見人之參贊開物而無所不通

간송본 복간본(2015) – 정음해례 16ㄱㄴ

音。如呑字中聲是ㆍ。ㆍ居ㅌㄴ之
間而爲ᄐᆞᆫ。即字中聲是ㅡ。ㅡ居ㅈ
ㄱ之間而爲즉。侵字中聲是ㅣ。ㅣ
居ㅊㅁ之間而爲침之類。洪覃君
業欲穰戌彆。皆倣此。二字合用者。
ㅗ與ㅏ同出於ㆍ。故合而爲ㅘ。ㅛ
與ㅑ又同出於ㅣ。故合而爲ㆇ。ㅜ
與ㅓ同出於ㅡ。故合而爲ㅝ。ㅠ與

正音解例 十六

ㅕ又同出於ㅣ。故合而爲ㆊ。以其
同出而爲類。故相合而不悖也。一
字中聲之與ㅣ相合者十。ㆎㅢㅚ
ㅐㅟㅔㆉㅒㆌㅖ是也。二字中聲
之與ㅣ相合者四。ㅙㅞㆈㆋ是也。
ㅣ於深淺闔闢之聲。並能相隨者。
以其舌展聲淺而便於開口也。亦
可見人之參贊開物而無所不通

한글학회(1997) 수정본 – 정음해례 16ㄱㄴ

也。訣曰
母字之音各有中
須就中聲尋闢闔
洪覃自呑可合用
君業出即亦可合
欲之與穰戌與彆
各有所從義可推
侵之爲用最居多
於十四聲徧相隨

正音解例 十七

終聲解
終聲者。承初中而成字韻。如即字
終聲是ㄱ。ㄱ居즈終而爲즉。洪字
終聲是ㆁ。ㆁ居호終而爲호ᇰ之類。舌
脣齒喉皆同。聲有緩急之殊。故
平上去其終聲不類入聲之促急。
不清不濁之字。其聲不厲。故用於

간송본 복간본(2015) – 정음해례 17ㄱㄴ

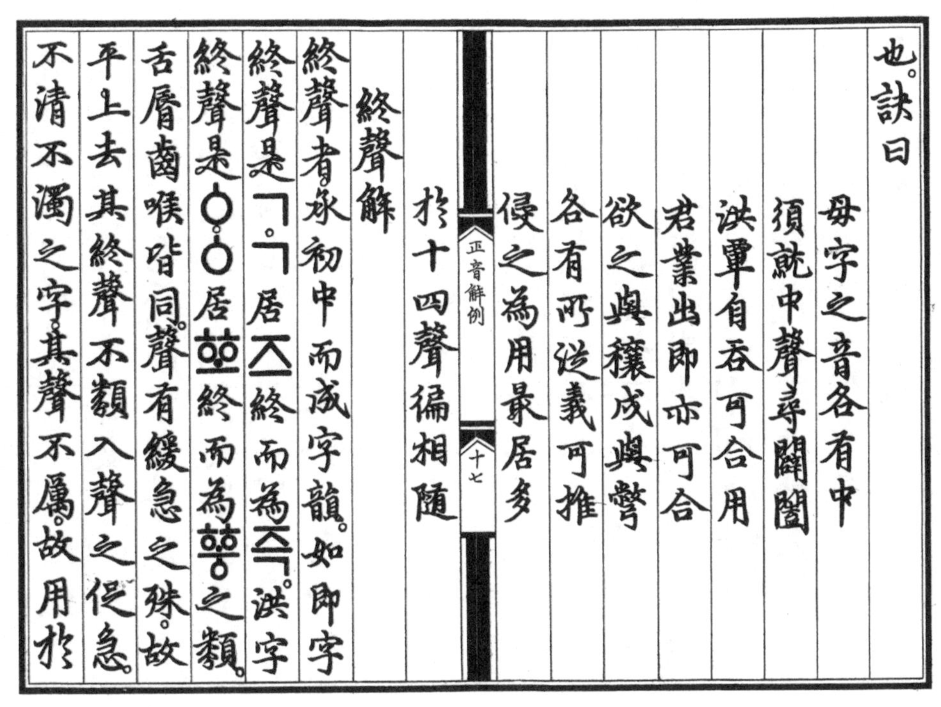
也。訣曰
母字之音各有中
須就中聲尋闢闔
洪覃自呑可合用
君業出即亦可合
欲之與穰戌與彆
各有所從義可推
侵之爲用最居多
於十四聲徧相隨

正音解例 十七

終聲解
終聲者。承初中而成字韻。如即字
終聲是ㄱ。ㄱ居즈終而爲즉。洪字
終聲是ㆁ。ㆁ居호終而爲호ᇰ之類。舌
脣齒喉皆同。聲有緩急之殊。故
平上去其終聲不類入聲之促急。
不清不濁之字。其聲不厲。故用於

한글학회(1997) 수정본 – 정음해례 17ㄱㄴ

終則宜於平上去。全清次清全濁
之字其聲爲厲。故用於終則宜於
入。所以ㆁㄴㅁㅇㄹㅿ六字爲平
上去聲之終。而餘皆爲入聲之終
也。然ㄱㆁㄷㄴㅂㅁㅅㄹ八字可
足用也。如빗곶爲梨花。여ᇫ의갗爲
狐皮。而ㅅ字可以通用。故只用ㅅ
字。且ㅇ聲淡而虛。不必用於終。而

正音解例

中聲可得成音也。ㄷ如볃爲彆。ㄴ
如군爲君。ㅂ如업爲業。ㅁ如땀爲
覃。ㅅ如諺語옷爲衣。ㄹ如諺語실
爲絲之類。五音之緩急。亦各自爲
對。如牙之ㆁ與ㄱ爲對。而ㆁ促呼
則變爲ㄱ而急。ㄱ舒出則變爲ㆁ
而緩。舌之ㄴㄷ。脣之ㅁㅂ。齒之ㅿ
ㅅ。喉之ㅇㆆ。其緩急相對。亦猶是

간송본 복간본(2015) – 정음해례 18ㄱㄴ

終則宜於平上去。全清次清全濁
之字其聲爲厲。故用於終則宜於
入。所以ㆁㄴㅁㅇㄹㅿ六字爲平
上去聲之終。而餘皆爲入聲之終
也。然ㄱㆁㄷㄴㅂㅁㅅㄹ八字可
足用也。如빗곶爲梨花。여ᇫ의갗爲
狐皮。而ㅅ字可以通用。故只用ㅅ
字。且ㅇ聲淡而虛。不必用於終。而

正音解例 十八

中聲可得成音也。ㄷ如볃爲彆。ㄴ
如군爲君。ㅂ如업爲業。ㅁ如땀爲
覃。ㅅ如諺語옷爲衣。ㄹ如諺語실
爲絲之類。五音之緩急。亦各自爲
對。如牙之ㆁ與ㄱ爲對。而ㆁ促呼
則變爲ㄱ而急。ㄱ舒出則變爲ㆁ
而緩。舌之ㄴㄷ。脣之ㅁㅂ。齒之ㅿ
ㅅ。喉之ㅇㆆ。其緩急相對。亦猶是

한글학회(1997) 수정본 – 정음해례 18ㄱㄴ

也。且半舌之ㄹ。當用於諺。而不可
用於文。如入聲之彆字。終聲當用
ㄷ。而俗習讀為ㄹ。盖ㄷ變而為輕
也。若用ㄹ為彆之終。則其聲舒緩
不為入也。訣曰
不清不濁用於終
為平上去不為入
全清次清及全濁
是皆為入聲促急

正音解例 十九

初作終聲理固然
只將八字用不窮
唯有欲聲所當處
中聲成音亦可通
若書即字終用君
洪彆亦以業斗終
君業覃終又何如

간송본 복간본(2015) – 정음해례 19ㄱㄴ

也。且半舌之ㄹ。當用於諺。而不可
用於文。如入聲之彆字。終聲當用
ㄷ。而俗習讀為ㄹ。盖ㄷ變而為輕
也。若用ㄹ為彆之終。則其聲舒緩
不為入也。訣曰
不清不濁用於終
為平上去不為入
全清次清及全濁
是皆為入聲促急

正音解例 十九

初作終聲理固然
只將八字用不窮
唯有欲聲所當處
中聲成音亦可通
若書即字終用君
洪彆亦以業斗終
君業覃終又何如

한글학회(1997) 수정본 – 정음해례 19ㄱㄴ

以那彆彌次第推
六聲通乎文與諺
戌閭用於諺衣絲
五音緩急各自對
君聲迺是業之促
斗彆聲緩爲那彌
穰欲亦對戌與挹
閭宜於諺不宜文
斗輕爲閭是俗習

正音解例

合字解

初中終三聲。合而成字。初聲或在中聲之上。或在中聲之左。如君字ㄱ在ㅜ上。業字ㆁ在ㅓ左之類。中聲則圓者橫者在初聲之下。ㆍㅡㅗㅛㅜㅠ是也。縱者在初聲之右。ㅣㅏㅑㅓㅕ是也。如呑字ㆍ在ㅌ

간송본 복간본(2015) – 정음해례 20ㄱㄴ

以那彆彌次第推
六聲通乎文與諺
戌閭用於諺衣絲
五音緩急各自對
君聲迺是業之促
斗彆聲緩爲那彌
穰欲亦對戌與挹
閭宜於諺不宜文
斗輕爲閭是俗習

正音解例 二十

合字解

初中終三聲。合而成字。初聲或在中聲之上。或在中聲之左。如君字ㄱ在ㅜ上。業字ㆁ在ㅓ左之類。中聲則圓者橫者在初聲之下。ㆍㅡㅗㅛㅜㅠ是也。縱者在初聲之右。ㅣㅏㅑㅓㅕ是也。如呑字ㆍ在ㅌ

한글학회(1997) 수정본 – 정음해례 20ㄱㄴ

正音解例 二十一

下。即字ㅡ在ㅈ下。侵字ㅣ在ㅊ右
之類。終聲在初中之下。如君字ㄴ
在구下。業字ㅂ在어下之類。初聲
二字三字合用並書。如諺語ᄯᅡ爲
地。ᄧᅡᆨ爲隻。ᄢᅳᆷ爲隙之類。各自並書。
如諺語혀爲舌而ᅘᅧ爲引。괴ᅇᅧ爲
我愛人而괴ᅇᅧ爲人愛我。소다爲
覆物而쏘다爲射之之類。中聲二
字三字合用。如諺語과爲琴柱。홰
爲炬之類。終聲二字三字合用。如
諺語ᄒᆞᆰ爲土。낛爲釣。ᄃᆞᇌᄣᅢ爲酉時
之類。其合用並書。自左而右。初中
終三聲皆同。文與諺雜用則有因
字音而補以中終聲者。如孔子ㅣ
魯ㅅ사ᄅᆞᆷ之類。諺語平上去入。如
활爲弓而其聲平。돌爲石而其聲

간송본 복간본(2015) – 정음해례 21ㄱㄴ

正音解例 二十一

下。即字ㅡ在ㅈ下。侵字ㅣ在ㅊ右
之類。終聲在初中之下。如君字ㄴ
在구下。業字ㅂ在어下之類。初聲
二字三字合用並書。如諺語ᄯᅡ爲
地。ᄧᅡᆨ爲隻。ᄢᅳᆷ爲隙之類。各自並書。
如諺語혀爲舌而ᅘᅧ爲引。괴ᅇᅧ爲
我愛人而괴ᅇᅧ爲人愛我。소다爲
覆物而쏘다爲射之之類。中聲二
字三字合用。如諺語과爲琴柱。홰
爲炬之類。終聲二字三字合用。如
諺語ᄒᆞᆰ爲土。낛爲釣。ᄃᆞᇌᄣᅢ爲酉時
之類。其合用並書。自左而右。初中
終三聲皆同。文與諺雜用則有因
字音而補以中終聲者。如孔子ㅣ
魯ㅅ사ᄅᆞᆷ之類。諺語平上去入。如
활爲弓而其聲平。돌爲石而其聲

한글학회(1997) 수정본 – 정음해례 21ㄱㄴ

上。갈為刀而其聲去。붇為筆而其
聲入之類。凡字之左。加一點為去
聲。二點為上聲。無點為平聲。而文
之入聲。與去聲相似。諺之入聲無
定。或似平聲。如긷為柱。녑為脅。或
似上聲。如낟為穀。깁為繒。或似去
聲。如몯為釘。입為口之類。其加點
則與平上去同。平聲安而和。春也。

正音解例 二十二

萬物舒泰。上聲和而擧。夏也。萬物
漸盛。去聲擧而壯。秋也。萬物成熟。
入聲促而塞。冬也。萬物閉藏。初聲
之ㆆ與ㅇ相似。於諺可以通用也。
半舌有輕重二音。然韻書字母唯
一。且國語雖不分輕重。皆得成音。
若欲備用。則依脣輕例。ㅇ連書ㄹ
下。為半舌輕音。舌乍附上腭。ㆍㅡ

간송본 복간본(2015) – 정음해례 22ㄱㄴ

上。갈為刀而其聲去。붇為筆而其
聲入之類。凡字之左。加一點為去
聲。二點為上聲。無點為平聲。而文
之入聲。與去聲相似。諺之入聲無
定。或似平聲。如긷為柱。녑為脅。或
似上聲。如낟為穀。깁為繒。或似去
聲。如몯為釘。입為口之類。其加點
則與平上去同。平聲安而和。春也。

正音解例 二十二

萬物舒泰。上聲和而擧。夏也。萬物
漸盛。去聲擧而壯。秋也。萬物成熟。
入聲促而塞。冬也。萬物閉藏。初聲
之ㆆ與ㅇ相似。於諺可以通用也。
半舌有輕重二音。然韻書字母唯
一。且國語雖不分輕重。皆得成音。
若欲備用。則依脣輕例。ㅇ連書ㄹ
下。為半舌輕音。舌乍附上腭。ㆍㅡ

한글학회(1997) 수정본 – 정음해례 22ㄱㄴ

起ㅣ聲於國語無用。兒童之言邊
野之語或有之。當合二字而用。如
ᄀᆝᄁᆝ之類。其先縱後橫。與他不同。
訣曰
初聲在中聲左上
挹欲於諺用相同
中聲十一附初聲
圓橫書下右書縱

正音解例 二十三

欲書終聲在何處
初中聲下接着寫
初終合用各並書
中亦有合悉自左
諺之四聲何以辨
平聲則弓上則石
刀爲去而筆爲入
觀此四物他可識

간송본 복간본(2015) – 정음해례 23ㄱㄴ

起ㅣ聲於國語無用。兒童之言邊
野之語或有之。當合二字而用。如
ᄀᆝᄁᆝ之類。其先縱後橫。與他不同。
訣曰
初聲在中聲左上
挹欲於諺用相同
中聲十一附初聲
圓橫書下右書縱

正音解例 二十三

欲書終聲在何處
初中聲下接着寫
初終合用各並書
中亦有合悉自左
諺之四聲何以辨
平聲則弓上則石
刀爲去而筆爲入
觀此四物他可識

한글학회(1997) 수정본 – 정음해례 23ㄱㄴ

音因左點四聲分
一去二上無點平
語入無定亦加點
文之入則似去聲
方言俚語萬不同
有聲無字書難通
一朝
制作侔神工
大東千古開朦朧

正音解例

用字例
初聲ㄱ。如감爲柿。골爲蘆。ㅋ。如우
케爲未舂稻。콩爲大豆。ㆁ。如러울
爲獺。서에爲流澌。ㄷ。如뒤爲茅。담
爲墻。ㅌ。如고티爲繭。두텁爲蟾蜍。
ㄴ。如노로爲獐。납爲猿。ㅂ。如볼爲
臂。벌爲蜂。ㅍ。如파爲葱。풀爲蠅。ㅁ。

간송본 복간본(2015) – 정음해례 24ㄱㄴ

音因左點四聲分
一去二上無點平
語入無定亦加點
文之入則似去聲
方言俚語萬不同
有聲無字書難通
一朝
制作侔神工
大東千古開朦朧

正音解例 二十四

用字例
初聲ㄱ。如감爲柿。골爲蘆。ㅋ。如우
케爲未舂稻。콩爲大豆。ㆁ。如러울
爲獺。서에爲流澌。ㄷ。如뒤爲茅。담
爲墻。ㅌ。如고티爲繭。두텁爲蟾蜍。
ㄴ。如노로爲獐。납爲猿。ㅂ。如볼爲
臂。벌爲蜂。ㅍ。如파爲葱。풀爲蠅。ㅁ。

한글학회(1997) 수정본 – 정음해례 24ㄱㄴ

如뫼爲山·마爲薯藇·ㅸ·如사ᄫᅵ爲
蝦·드ᄫᅴ爲瓠·ㅈ·如자爲尺·죠ᄒᆡ爲
紙·ㅊ·如체爲籭·채爲鞭·ㅅ·如손爲
手·셤爲島·ㆆ·如부헝爲鵂鶹·힘爲
筋·ㅇ·如비육爲鷄雛·ᄇᆞ얌爲蛇·ㄹ·
如무뤼爲雹·어름爲氷·ㅿ·如아ᅀᆞ
爲弟·너ᅀᅵ爲鴇·中聲·ㆍ·如ᄐᆞᆨ爲頤·
ᄑᆞᆺ爲小豆·ᄃᆞ리爲橋·ᄀᆞ래爲楸·ㅡ·

如믈爲水·발측爲跟·그력爲鴈·드
레爲汲器·ㅣ·如깃爲巢·밀爲蠟·피
爲稷·키爲箕·ㅗ·如논爲水田·톱爲
鉅·호ᄆᆡ爲鉏·벼로爲硯·ㅏ·如밥爲
飯·낟爲鎌·이아爲綜·사ᄉᆞᆷ爲鹿·ㅜ·
如숫爲炭·울爲籬·누에爲蚕·구리
爲銅·ㅓ·如브ᅀᅥᆸ爲竈·널爲板·서리
爲霜·버들爲柳·ㅛ·如죵爲奴·고욤

간송본 복간본(2015) – 정음해례 25ㄱㄴ

如뫼爲山·마爲薯藇·ㅸ·如사ᄫᅵ爲
蝦·드ᄫᅴ爲瓠·ㅈ·如자爲尺·죠ᄒᆡ爲
紙·ㅊ·如체爲籭·채爲鞭·ㅅ·如손爲
手·셤爲島·ㆆ·如부헝爲鵂鶹·힘爲
筋·ㅇ·如비육爲鷄雛·ᄇᆞ얌爲蛇·ㄹ·
如무뤼爲雹·어름爲氷·ㅿ·如아ᅀᆞ
爲弟·너ᅀᅵ爲鴇·中聲·ㆍ·如ᄐᆞᆨ爲頤·
ᄑᆞᆺ爲小豆·ᄃᆞ리爲橋·ᄀᆞ래爲楸·ㅡ·

正音解例 二十五

如믈爲水·발측爲跟·그력爲鴈·드
레爲汲器·ㅣ·如깃爲巢·밀爲蠟·피
爲稷·키爲箕·ㅗ·如논爲水田·톱爲
鉅·호ᄆᆡ爲鉏·벼로爲硯·ㅏ·如밥爲
飯·낟爲鎌·이아爲綜·사ᄉᆞᆷ爲鹿·ㅜ·
如숫爲炭·울爲籬·누에爲蚕·구리
爲銅·ㅓ·如브ᅀᅥᆸ爲竈·널爲板·서리
爲霜·버들爲柳·ㅛ·如죵爲奴·고욤

한글학회(1997) 수정본 – 정음해례 25ㄱㄴ

爲梬。쇼爲牛。삽됴爲蒼朮菜。ㅑ。如
남샹爲龜。약爲鼅鼊。다야爲匜。쟈
감爲蕎麥皮。ㅠ。如율믜爲薏苡。쥭
爲飯乘。슈룹爲雨繖。쥬련爲帨。ㅕ。
如엿爲飴餹。뎔爲佛寺。벼爲稻。져
비爲燕。終聲ㄱ。如닥爲楮。독爲甕。
ㆁ。如굼벙爲蠐螬。올창爲蝌蚪。ㄷ。
如갇爲笠。싣爲楓。ㄴ。如신爲屨。반
되爲螢。ㅂ。如섭爲薪。굽爲蹄。ㅁ。如
범爲虎。심爲泉。ㅅ。如잣爲海松。못
爲池。ㄹ。如돌爲月。별爲星之類

有天地自然之聲。則必有天地
自然之文。所以古人因聲制字
以通萬物之情。以載三才之道
而後世不能易也。然四方風土
區別。聲氣亦隨而異焉。蓋外國

正音解例 二十六

간송본 복간본(2015) – 정음해례 26ㄱㄴ

爲梬。쇼爲牛。삽됴爲蒼朮菜。ㅑ。如
남샹爲龜。약爲鼅鼊。다야爲匜。쟈
감爲蕎麥皮。ㅠ。如율믜爲薏苡。쥭
爲飯乘。슈룹爲雨繖。쥬련爲帨。ㅕ。
如엿爲飴餹。뎔爲佛寺。벼爲稻。져
비爲燕。終聲ㄱ。如닥爲楮。독爲甕。
ㆁ。如굼벙爲蠐螬。올창爲蝌蚪。ㄷ。
如갇爲笠。싣爲楓。ㄴ。如신爲屨。반
되爲螢。ㅂ。如섭爲薪。굽爲蹄。ㅁ。如
범爲虎。심爲泉。ㅅ。如잣爲海松。못
爲池。ㄹ。如돌爲月。별爲星之類

有天地自然之聲。則必有天地
自然之文。所以古人因聲制字
以通萬物之情。以載三才之道
而後世不能易也。然四方風土
區別。聲氣亦隨而異焉。蓋外國

正音解例 二十六

한글학회(1997) 수정본 – 정음해례 26ㄱㄴ

之語。有其聲而無其字。假中國
之字以通其用。是猶枘鑿之鉏
鋙也。豈能達而無礙乎。要皆各
隨所處而安。不可强之使同也。
吾東方禮樂文章。侔擬華夏。但
方言俚語。不與之同。學書者患
其旨趣之難曉。治獄者病其曲
折之難通。昔新羅薛聰。始作吏

正音解例 二十七

讀。官府民間。至今行之。然皆假
字而用。或澁或窒。非但鄙陋無
稽而已。至於言語之間。則不能
達其萬一焉。癸亥冬。我
殿下創制正音二十八字。略揭
例義以示之。名曰訓民正音。象
形而字倣古篆。因聲而音叶七
調。三極之義。二氣之妙。莫不該

간송본 복간본(2015) – 정음해례 27ㄱㄴ

之語。有其聲而無其字。假中國
之字以通其用。是猶枘鑿之鉏
鋙也。豈能達而無礙乎。要皆各
隨所處而安。不可强之使同也。
吾東方禮樂文章。侔擬華夏。但
方言俚語。不與之同。學書者患
其旨趣之難曉。治獄者病其曲
折之難通。昔新羅薛聰。始作吏

正音解例 二十七

讀。官府民間。至今行之。然皆假
字而用。或澁或窒。非但鄙陋無
稽而已。至於言語之間。則不能
達其萬一焉。癸亥冬。我
殿下創制正音二十八字。略揭
例義以示之。名曰訓民正音。象
形而字倣古篆。因聲而音叶七
調。三極之義。二氣之妙。莫不該

한글학회(1997) 수정본 – 정음해례 27ㄱㄴ

括以二十八字而轉換無窮簡
而要精而通故智者不終朝而
會愚者可浹旬而學以是解書
可以知其義以是聽訟可以得
其情字韻則清濁之能辨樂歌
則律呂之克諧無所用而不備
無所往而不達雖風聲鶴唳雞
鳴狗吠皆可得而書矣遂

正音解例 二十八

命詳加解釋以喻諸人於是臣
與集賢殿應教臣崔恒副校理
臣朴彭年臣申叔舟修撰臣成
三問敦寧府注簿臣姜希顔行
集賢殿副修撰臣李塏臣李善
老等謹作諸解及例以敘其梗
槩庶使觀者不師而自悟若其
淵源精義之妙則非臣等之所

간송본 복간본(2015) – 정음해례 28ㄱㄴ

括以二十八字而轉換無窮簡
而要精而通故智者不終朝而
會愚者可浹旬而學以是解書
可以知其義以是聽訟可以得
其情字韻則清濁之能辨樂歌
則律呂之克諧無所用而不備
無所往而不達雖風聲鶴唳雞
鳴狗吠皆可得而書矣遂

正音解例 二十八

命詳加解釋以喻諸人於是臣
與集賢殿應教臣崔恒副校理
臣朴彭年臣申叔舟修撰臣成
三問敦寧府注簿臣姜希顔行
集賢殿副修撰臣李塏臣李善
老等謹作諸解及例以敘其梗
槩庶使觀者不師而自悟若其
淵源精義之妙則非臣等之所

한글학회(1997) 수정본 – 정음해례 28ㄱㄴ

能發揮也。恭惟我
殿下。天縱之聖。制度施爲超越
百王。正音之作。無所祖述。而成
於自然。豈以其至理之無所不
在。而非人爲之私也。夫東方有
國。不爲不久。而開物成務之
大智。蓋有待於今日也歟。正統
十一年九月上澣。資憲大夫禮
曹判書集賢殿大提學知春秋
館事 世子右賓客 臣鄭麟趾
拜手稽首謹書

訓民正音

간송본 복간본(2015) – 정음해례 29ㄱㄴ

能發揮也。恭惟我
殿下。天縱之聖。制度施爲超越
百王。正音之作。無所祖述。而成
於自然。豈以其至理之無所不
在。而非人爲之私也。夫東方有
國。不爲不久。而開物成務之
大智。蓋有待於今日也歟。正統
十一年九月上澣。資憲大夫禮
曹判書集賢殿大提學知春秋
館事 世子右賓客 臣鄭麟趾
拜手稽首謹書

正音解例 二十九

訓民正音

한글학회(1997) 수정본 – 정음해례 29ㄱㄴ

입체영인 3: 서강대 《월인석보》(1459) 언해본과 국어사학회 · 문화재청 재구 정본(2007) 함께 보기

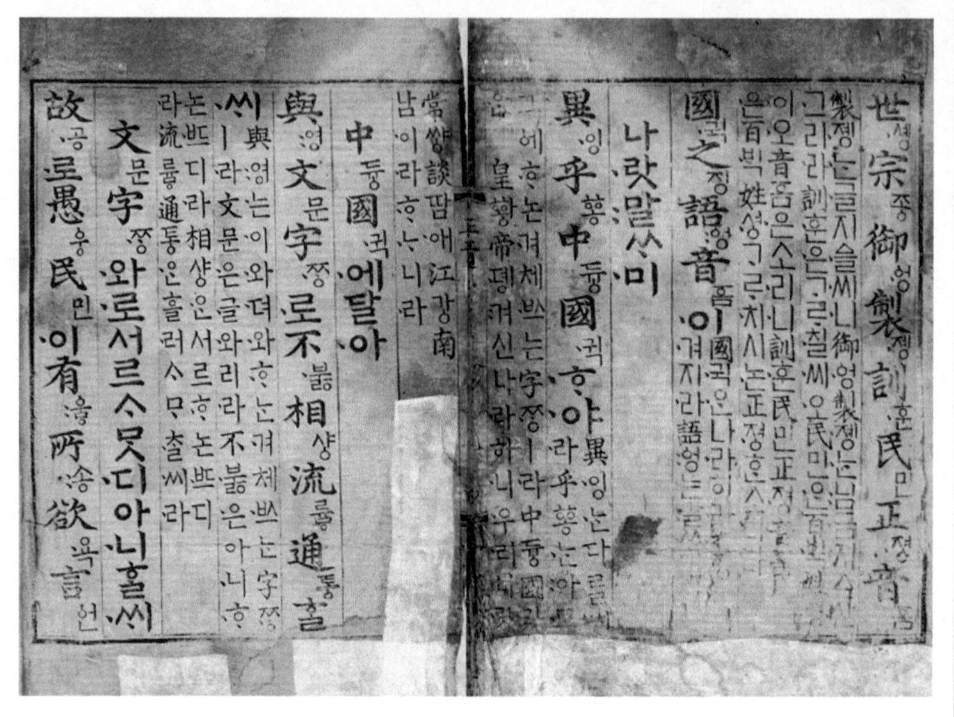

서강대 언해본 – 정음 언해 1ㄱㄴ

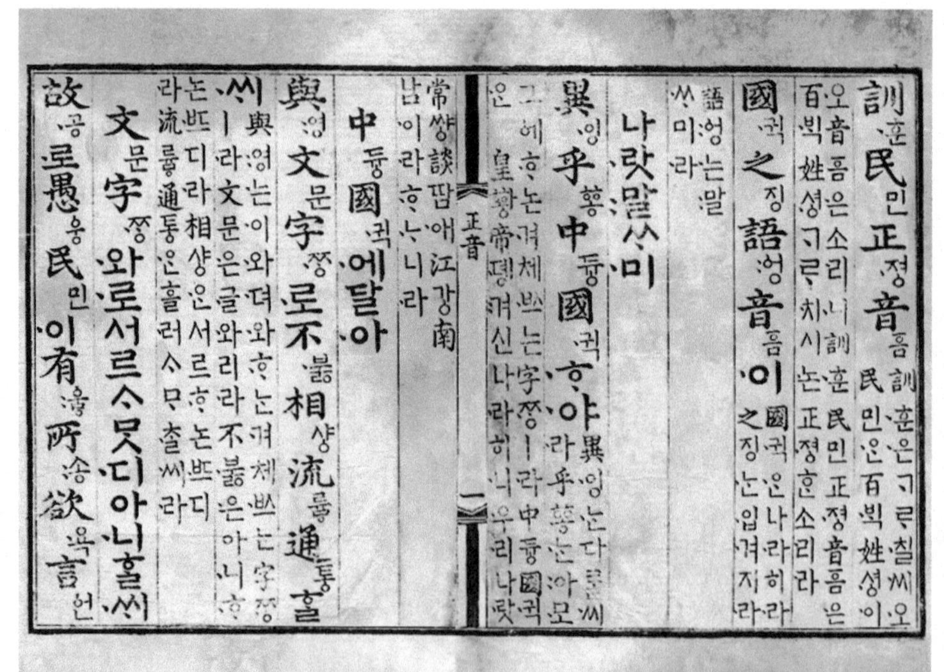

재구 정본 – 정음 언해 1ㄱㄴ

ᄒᆞ야도 故공ᄂᆞᆫ 젼ᄎᆞ라 愚웅ᄂᆞᆫ 어릴씨라 有웋ᄂᆞᆫ 이실씨라 所송ᄂᆞᆫ 배라 欲욕ᄋᆞᆫ ᄒᆞ고져 ᄒᆞᇙ 씨라 言언ᄋᆞᆫ 니ᄅᆞᆯ씨라

이런 젼ᄎᆞ로 어린 百ᄇᆡᆨ姓셩이 니르고져

ᄒᆞᇙ배 이셔도

而ᅀᅵᆼ終즁不붏得득伸신其끵情쪙者쟝

ㅣ 多당矣ᅌᅵᆼ라 而ᅀᅵᆼᄂᆞᆫ 입겨지라 終즁ᄋᆞᆫ ᄆᆞᄎᆞ미라 得득ᄋᆞᆫ 시를씨라 伸신ᄋᆞᆫ 펼씨라 其끵ᄂᆞᆫ 제라 情쪙ᄋᆞᆫ ᄠᅳ디라 者쟝ᄂᆞᆫ 노미라 多당ᄂᆞᆫ 할씨라

ᄂᆞᆫ 말 ᄆᆞᆺᄂᆞᆫ 입겨지라

ᄆᆞᄎᆞᆷ내 제 ᄠᅳ들 시러 펴디 몯ᄒᆞᇙ 노미 하

니라

予영ㅣ 爲윙此ᄎᆞᆼ憫민然션ᄒᆞ야 予영ᄂᆞᆫ 내 ᄒᆞᅀᆞᆸ시논 ᄠᅳ디시니라 此ᄎᆞᆼᄂᆞᆫ 이라 憫민然션ᄋᆞᆫ 어엿비 너기실씨라

내 이ᄅᆞᆯ 爲윙ᄒᆞ야 어엿비 너겨

新신制졩二ᅀᅵᆼ十씹八밣字ᄍᆞᆼᄒᆞ노니 新신

서강대 언해본 – 정음 언해 2ㄱㄴ

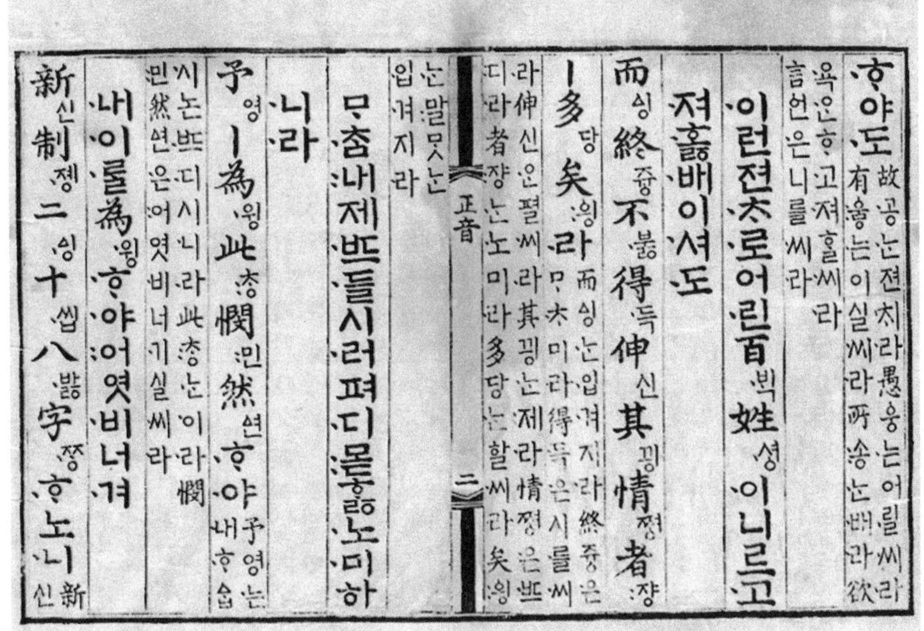

ᄒᆞ야도 故공ᄂᆞᆫ 젼ᄎᆞ라 愚웅ᄂᆞᆫ 어릴씨라 有웋ᄂᆞᆫ 이실씨라 所송ᄂᆞᆫ 배라 欲욕ᄋᆞᆫ ᄒᆞ고져 ᄒᆞᇙ 씨라 言언ᄋᆞᆫ 니ᄅᆞᆯ씨라

이런 젼ᄎᆞ로 어린 百ᄇᆡᆨ姓셩이 니르고져

ᄒᆞᇙ배 이셔도

而ᅀᅵᆼ終즁不붏得득伸신其끵情쪙者쟝

ㅣ 多당矣ᅌᅵᆼ라 而ᅀᅵᆼᄂᆞᆫ 입겨지라 終즁ᄋᆞᆫ ᄆᆞᄎᆞ미라 得득ᄋᆞᆫ 시를씨라 伸신ᄋᆞᆫ 펼씨라 其끵ᄂᆞᆫ 제라 情쪙ᄋᆞᆫ ᄠᅳ디라 者쟝ᄂᆞᆫ 노미라 多당ᄂᆞᆫ 할씨라 矣ᅌᅵᆼ

ᄂᆞᆫ 말 ᄆᆞᆺᄂᆞᆫ 입겨지라

ᄆᆞᄎᆞᆷ내 제 ᄠᅳ들 시러 펴디 몯ᄒᆞᇙ 노미 하

니라

予영ㅣ 爲윙此ᄎᆞᆼ憫민然션ᄒᆞ야 予영ᄂᆞᆫ 내 ᄒᆞᅀᆞᆸ시논 ᄠᅳ디시니라 此ᄎᆞᆼᄂᆞᆫ 이라 憫민然션ᄋᆞᆫ 어엿비 너기실씨라

내 이ᄅᆞᆯ 爲윙ᄒᆞ야 어엿비 너겨

新신制졩二ᅀᅵᆼ十씹八밣字ᄍᆞᆼᄒᆞ노니 新신

재구 정본 – 정음 언해 2ㄱㄴ

ᄋᆞᆫ 새라 制졩ᄂᆞᆫ 밍ᄀᆞᄅᆞ실 씨라 二ᅀᅵᆼ十씹八밣ᄋᆞᆫ ᄉᆞ믈여듧비라
새로 ᄉᆞ믈여듧 字ᄍᆞᆼ를 밍ᄀᆞ노니
欲욕使ᄉᆞᆼ人ᅀᅵᆫ人ᅀᅵᆫᄋᆞ로 易잉習씹ᄒᆞ야
便뼌於ᅙᅥᆼ日ᅀᅵᇙ用용耳ᅀᅵᆼ니라 使ᄉᆞᆼᄂᆞᆫ ᄒᆡᅇᅧ ᄒᆞ논 마리라 人ᅀᅵᆫᄋᆞᆫ 사ᄅᆞ미라 易잉ᄂᆞᆫ 쉬ᄫᆞᆯ 씨라 習씹ᄋᆞᆫ 니길 씨라 便뼌ᄋᆞᆫ 便뼌安한ᄒᆞᆯ 씨라 於ᅙᅥᆼᄂᆞᆫ 아모그에 ᄒᆞ논 겨체 ᄡᅳᄂᆞᆫ 字ᄍᆞᆼㅣ라 日ᅀᅵᇙᄋᆞᆫ 나리라 用용ᄋᆞᆫ ᄡᅳᆯ 씨라 耳ᅀᅵᆼᄂᆞᆫ ᄯᆞᄅᆞ미라 ᄒᆞ논 ᄠᅳ디라
正音 三
사ᄅᆞᆷ마다 ᄒᆡᅇᅧ 수ᄫᅵ 니겨 날로 ᄡᅮ메 便뼌安한킈 ᄒᆞ고져 ᄒᆞᇙ ᄯᆞᄅᆞ미니라
ㄱᄂᆞᆫ 牙앙音ᅙᅳᆷ이니 如ᅀᅧᆼ君군ㄷ字ᄍᆞᆼ 初총發벓聲셩ᄒᆞ니 並뼝書셩ᄒᆞ면 如ᅀᅧᆼ虯끃ᄫᅳᆼ字ᄍᆞᆼ初총發벓聲셩ᄒᆞ니라 牙앙ᄂᆞᆫ ᅌᅥ미라 如ᅀᅧᆼᄂᆞᆫ ᄀᆞᄐᆞᆯ 씨라 初총發벓聲셩ᄋᆞᆫ 처ᅀᅥᆷ 펴아 나ᄂᆞᆫ 소리라 並뼝書셩ᄂᆞᆫ ᄀᆞᆯ ᄫᅡ ᄡᅳᆯ 씨라

서강대 언해본 – 정음 언해 3ㄱㄴ

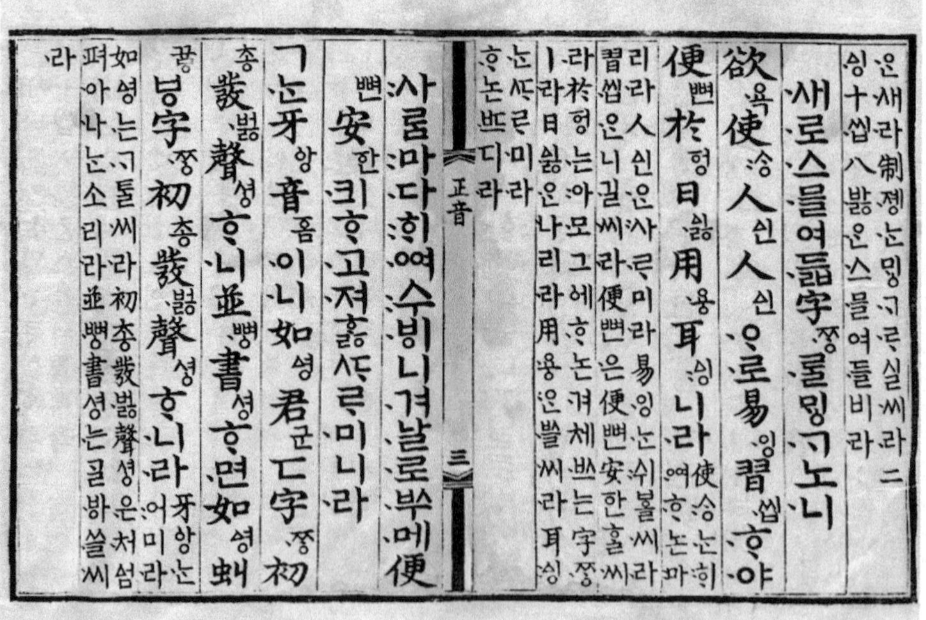

ᄋᆞᆫ 새라 制졩ᄂᆞᆫ 밍ᄀᆞᄅᆞ실 씨라 二ᅀᅵᆼ十씹八밣ᄋᆞᆫ ᄉᆞ믈여듧비라
새로 ᄉᆞ믈여듧 字ᄍᆞᆼ를 밍ᄀᆞ노니
欲욕使ᄉᆞᆼ人ᅀᅵᆫ人ᅀᅵᆫᄋᆞ로 易잉習씹ᄒᆞ야
便뼌於ᅙᅥᆼ日ᅀᅵᇙ用용耳ᅀᅵᆼ니라 使ᄉᆞᆼᄂᆞᆫ ᄒᆡᅇᅧ ᄒᆞ논 마리라 人ᅀᅵᆫᄋᆞᆫ 사ᄅᆞ미라 易잉ᄂᆞᆫ 쉬ᄫᆞᆯ 씨라 習씹ᄋᆞᆫ 니길 씨라 便뼌ᄋᆞᆫ 便뼌安한ᄒᆞᆯ 씨라 於ᅙᅥᆼᄂᆞᆫ 아모그에 ᄒᆞ논 겨체 ᄡᅳᄂᆞᆫ 字ᄍᆞᆼㅣ라 日ᅀᅵᇙᄋᆞᆫ 나리라 用용ᄋᆞᆫ ᄡᅳᆯ 씨라 耳ᅀᅵᆼᄂᆞᆫ ᄯᆞᄅᆞ미라 ᄒᆞ논 ᄠᅳ디라
正音 三
사ᄅᆞᆷ마다 ᄒᆡᅇᅧ 수ᄫᅵ 니겨 날로 ᄡᅮ메 便뼌安한킈 ᄒᆞ고져 ᄒᆞᇙ ᄯᆞᄅᆞ미니라
ㄱᄂᆞᆫ 牙앙音ᅙᅳᆷ이니 如ᅀᅧᆼ君군ㄷ字ᄍᆞᆼ 初총發벓聲셩ᄒᆞ니 並뼝書셩ᄒᆞ면 如ᅀᅧᆼ虯끃ᄫᅳᆼ字ᄍᆞᆼ初총發벓聲셩ᄒᆞ니라 牙앙ᄂᆞᆫ ᅌᅥ미라 如ᅀᅧᆼᄂᆞᆫ ᄀᆞᄐᆞᆯ 씨라 初총發벓聲셩ᄋᆞᆫ 처ᅀᅥᆷ 펴아 나ᄂᆞᆫ 소리라 並뼝書셩ᄂᆞᆫ ᄀᆞᆯ ᄫᅡ ᄡᅳᆯ 씨라

재구 정본 – 정음 언해 3ㄱㄴ

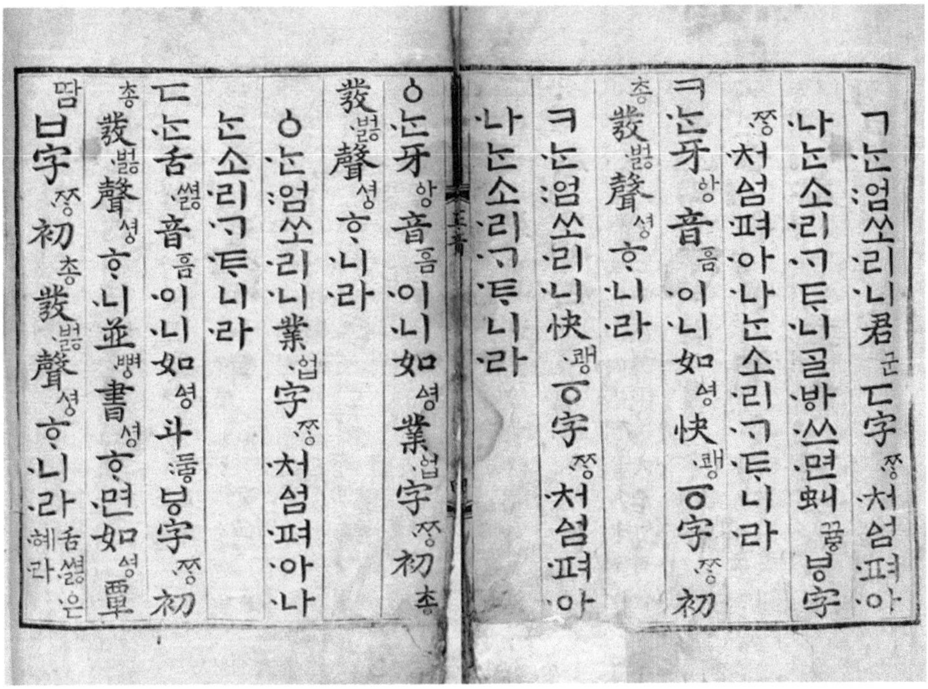

ㄱᄂᆞᆫ 엄쏘리니 君군ㄷ字ᄍᆞᆼ 처ᅀᅥᆷ펴아
나ᄂᆞᆫ 소리 ᄀᆞᄐᆞ니 ᄀᆞᆯᄫᅡ 쓰면 虯끃ㅸ字
ᄍᆞᆼ 처ᅀᅥᆷ펴아 나ᄂᆞᆫ 소리 ᄀᆞᄐᆞ니라
ㅋᄂᆞᆫ 牙ᅌᅡᆼ音ᅙᅳᆷ이니 如ᅀᅧᆼ快쾡ㆆ字ᄍᆞᆼ 初
총發벓聲셩ᄒᆞ니라
ㅋᄂᆞᆫ 엄쏘리니 快쾡ㆆ字ᄍᆞᆼ 처ᅀᅥᆷ펴아
나ᄂᆞᆫ 소리 ᄀᆞᄐᆞ니라

正音 四

ㆁᄂᆞᆫ 牙ᅌᅡᆼ音ᅙᅳᆷ이니 如ᅀᅧᆼ業ᅌᅥᆸ字ᄍᆞᆼ 初총
發벓聲셩ᄒᆞ니라
ㆁᄂᆞᆫ 엄쏘리니 業ᅌᅥᆸ字ᄍᆞᆼ 처ᅀᅥᆷ펴아 나
ᄂᆞᆫ 소리 ᄀᆞᄐᆞ니라
ㄷᄂᆞᆫ 舌쎠ᇙ音ᅙᅳᆷ이니 如ᅀᅧᆼ斗ᄃᆞᇢㅸ字ᄍᆞᆼ 初
총發벓聲셩ᄒᆞ니 並뼝書셩ᄒᆞ면 如ᅀᅧᆼ覃
땀ㅂ字ᄍᆞᆼ 初총發벓聲셩ᄒᆞ니라 舌쎠ᇙ은 혜라

서강대 언해본 – 정음 언해 4ㄱㄴ

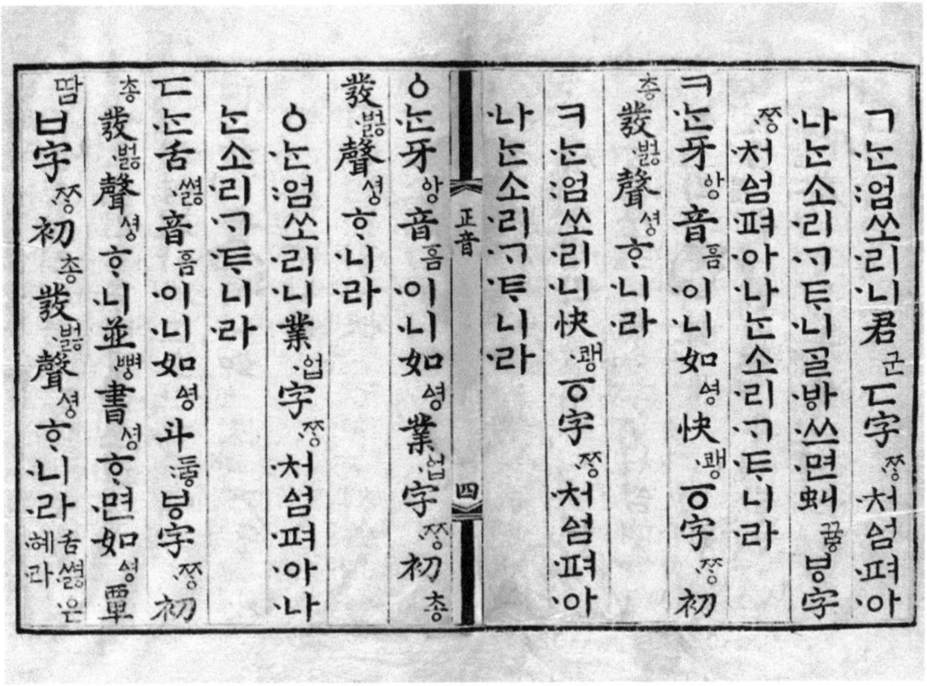

ㄱᄂᆞᆫ 엄쏘리니 君군ㄷ字ᄍᆞᆼ 처ᅀᅥᆷ펴아
나ᄂᆞᆫ 소리 ᄀᆞᄐᆞ니 ᄀᆞᆯᄫᅡ 쓰면 虯끃ㅸ字
ᄍᆞᆼ 처ᅀᅥᆷ펴아 나ᄂᆞᆫ 소리 ᄀᆞᄐᆞ니라
ㅋᄂᆞᆫ 牙ᅌᅡᆼ音ᅙᅳᆷ이니 如ᅀᅧᆼ快쾡ㆆ字ᄍᆞᆼ 初
총發벓聲셩ᄒᆞ니라
ㅋᄂᆞᆫ 엄쏘리니 快쾡ㆆ字ᄍᆞᆼ 처ᅀᅥᆷ펴아
나ᄂᆞᆫ 소리 ᄀᆞᄐᆞ니라

正音 四

ㆁᄂᆞᆫ 牙ᅌᅡᆼ音ᅙᅳᆷ이니 如ᅀᅧᆼ業ᅌᅥᆸ字ᄍᆞᆼ 初총
發벓聲셩ᄒᆞ니라
ㆁᄂᆞᆫ 엄쏘리니 業ᅌᅥᆸ字ᄍᆞᆼ 처ᅀᅥᆷ펴아 나
ᄂᆞᆫ 소리 ᄀᆞᄐᆞ니라
ㄷᄂᆞᆫ 舌쎠ᇙ音ᅙᅳᆷ이니 如ᅀᅧᆼ斗ᄃᆞᇢㅸ字ᄍᆞᆼ 初
총發벓聲셩ᄒᆞ니 並뼝書셩ᄒᆞ면 如ᅀᅧᆼ覃
땀ㅂ字ᄍᆞᆼ 初총發벓聲셩ᄒᆞ니라 舌쎠ᇙ은 혜라

재구 정본 – 정음 언해 4ㄱㄴ

ㄷ·ᄂᆞᆫ 혀쏘·리·니 斗ᇢ字·ᄍᆼ 처ᅀᅥᆷ 펴·아
·나ᄂᆞᆫ 소·리 ᄀᆞᄐᆞ·니 ᄀᆞᆯᄫᅡ 쓰·면 覃땀ㅂ字
·ᄍᆼ 처ᅀᅥᆷ 펴·아 ·나ᄂᆞᆫ 소·리 ᄀᆞᄐᆞ니·라
ㅌ·ᄂᆞᆫ 舌·써ᇙ音흠·이·니 如ᅀᅧᆼ呑ᄐᆞᆫ字·ᄍᆼ 初
총發·벓聲셩ᄒᆞ·니·라
ㅌ·ᄂᆞᆫ 혀쏘·리·니 呑ᄐᆞᆫ字·ᄍᆼ 처ᅀᅥᆷ 펴·아
·나ᄂᆞᆫ 소·리 ᄀᆞᄐᆞ니·라
ㄴ·ᄂᆞᆫ 舌·써ᇙ音흠·이·니 如ᅀᅧᆼ那낭ㆆ字·ᄍᆼ 初
총發·벓聲셩ᄒᆞ·니·라
ㄴ·ᄂᆞᆫ 혀쏘·리·니 那낭ㆆ字·ᄍᆼ 처ᅀᅥᆷ 펴·아
·나ᄂᆞᆫ 소·리 ᄀᆞᄐᆞ니·라
ㅂ·ᄂᆞᆫ 脣쑨音흠·이·니 如ᅀᅧᆼ彆·볋字·ᄍᆼ 初총
發·벓聲셩ᄒᆞ·니 並·뼝書셩ᄒᆞ·면 如ᅀᅧᆼ步·뽕
ㆆ字·ᄍᆼ 初총發·벓聲셩ᄒᆞ·니·라 脣쑨은 입시·우·리·라

서강대 언해본 – 정음 언해 5ㄱㄴ

ㄷ·ᄂᆞᆫ 혀쏘·리·니 斗ᇢ字·ᄍᆼ 처ᅀᅥᆷ 펴·아
·나ᄂᆞᆫ 소·리 ᄀᆞᄐᆞ·니 ᄀᆞᆯᄫᅡ 쓰·면 覃땀ㅂ字
·ᄍᆼ 처ᅀᅥᆷ 펴·아 ·나ᄂᆞᆫ 소·리 ᄀᆞᄐᆞ니·라
ㅌ·ᄂᆞᆫ 舌·써ᇙ音흠·이·니 如ᅀᅧᆼ呑ᄐᆞᆫ字·ᄍᆼ 初
총發·벓聲셩ᄒᆞ·니·라
ㅌ·ᄂᆞᆫ 혀쏘·리·니 呑ᄐᆞᆫ字·ᄍᆼ 처ᅀᅥᆷ 펴·아
·나ᄂᆞᆫ 소·리 ᄀᆞᄐᆞ니·라
正音 五
ㄴ·ᄂᆞᆫ 舌·써ᇙ音흠·이·니 如ᅀᅧᆼ那낭ㆆ字·ᄍᆼ 初
총發·벓聲셩ᄒᆞ·니·라
ㄴ·ᄂᆞᆫ 혀쏘·리·니 那낭ㆆ字·ᄍᆼ 처ᅀᅥᆷ 펴·아
·나ᄂᆞᆫ 소·리 ᄀᆞᄐᆞ니·라
ㅂ·ᄂᆞᆫ 脣쑨音흠·이·니 如ᅀᅧᆼ彆·볋字·ᄍᆼ 初총
發·벓聲셩ᄒᆞ·니 並·뼝書셩ᄒᆞ·면 如ᅀᅧᆼ步·뽕
ㆆ字·ᄍᆼ 初총發·벓聲셩ᄒᆞ·니·라 脣쑨은 입시·우·리·라

재구 정본 – 정음 언해 5ㄱㄴ

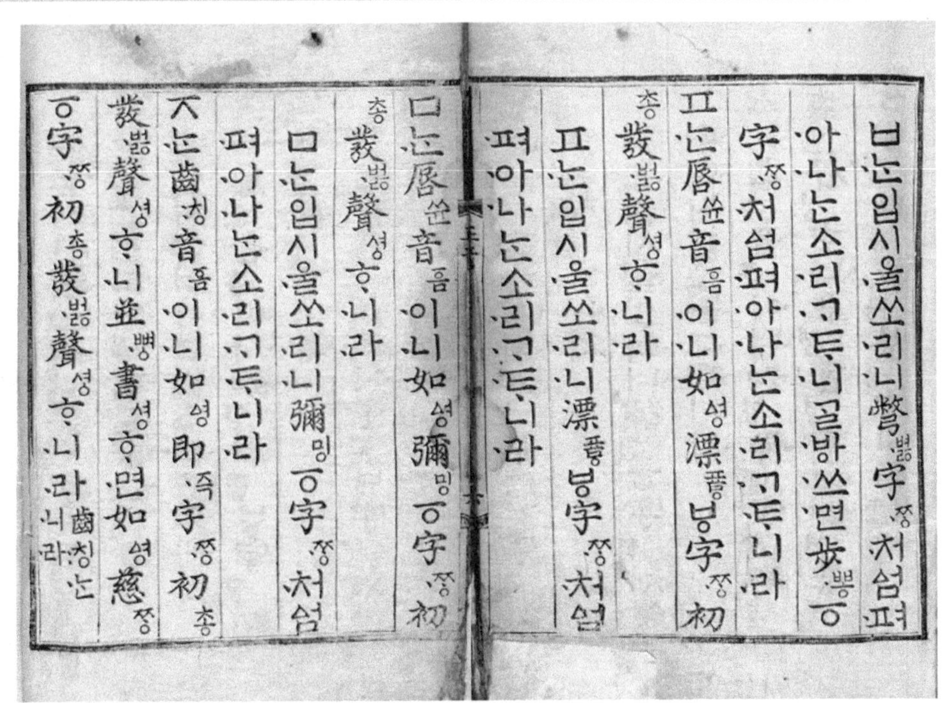

ㅂᄂᆞᆫ 입시울쏘리니 彆볋字쫑 처ᅀᅥᆷ펴아나ᄂᆞᆫ 소리 ᄀᆞᇀᄐᆞ니 ᄀᆞᆯᄫᅡ쓰면 步뽕ᅙ字쫑 처ᅀᅥᆷ펴아나ᄂᆞᆫ 소리 ᄀᆞᇀᄐᆞ니라

ㅍᄂᆞᆫ 脣쑨音흠이니 如셩漂푷ᅙ字쫑 初총發벓聲셩ᄒᆞ니라

ㅍᄂᆞᆫ 입시울쏘리니 漂푷ᅙ字쫑 처ᅀᅥᆷ펴아나ᄂᆞᆫ 소리 ᄀᆞᇀᄐᆞ니라

ㅁᄂᆞᆫ 脣쑨音흠이니 如셩彌밍ᅙ字쫑 初총發벓聲셩ᄒᆞ니라

ㅁᄂᆞᆫ 입시울쏘리니 彌밍ᅙ字쫑 처ᅀᅥᆷ펴아나ᄂᆞᆫ 소리 ᄀᆞᇀᄐᆞ니라

ㅈᄂᆞᆫ 齒칭音흠이니 如셩即즉字쫑 初총發벓聲셩ᄒᆞ니 並뼝書셩ᄒᆞ면 如셩慈쭝ᅙ字쫑 初총發벓聲셩ᄒᆞ니라 齒칭ᄂᆞᆫ 니라

서강대 언해본 – 정음 언해 6ㄱㄴ

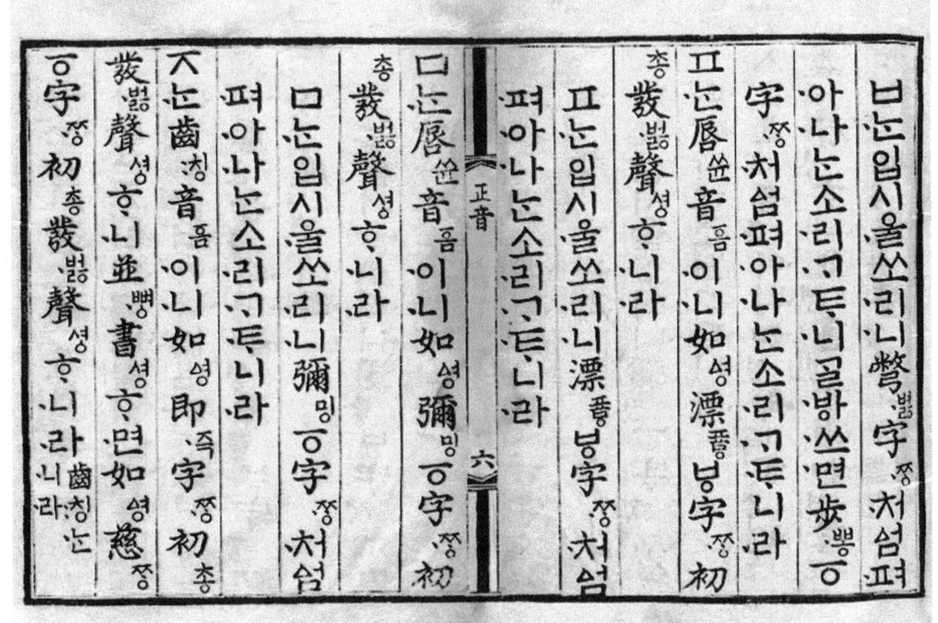

ㅂᄂᆞᆫ 입시울쏘리니 彆볋字쫑 처ᅀᅥᆷ펴아나ᄂᆞᆫ 소리 ᄀᆞᇀᄐᆞ니 ᄀᆞᆯᄫᅡ쓰면 步뽕ᅙ字쫑 처ᅀᅥᆷ펴아나ᄂᆞᆫ 소리 ᄀᆞᇀᄐᆞ니라

ㅍᄂᆞᆫ 脣쑨音흠이니 如셩漂푷ᅙ字쫑 初총發벓聲셩ᄒᆞ니라

ㅍᄂᆞᆫ 입시울쏘리니 漂푷ᅙ字쫑 처ᅀᅥᆷ펴아나ᄂᆞᆫ 소리 ᄀᆞᇀᄐᆞ니라

ㅁᄂᆞᆫ 脣쑨音흠이니 如셩彌밍ᅙ字쫑 初총發벓聲셩ᄒᆞ니라

ㅁᄂᆞᆫ 입시울쏘리니 彌밍ᅙ字쫑 처ᅀᅥᆷ펴아나ᄂᆞᆫ 소리 ᄀᆞᇀᄐᆞ니라

ㅈᄂᆞᆫ 齒칭音흠이니 如셩即즉字쫑 初총發벓聲셩ᄒᆞ니 並뼝書셩ᄒᆞ면 如셩慈쭝ᅙ字쫑 初총發벓聲셩ᄒᆞ니라 齒칭ᄂᆞᆫ 니라

正音 六

재구 정본 – 정음 언해 6ㄱㄴ

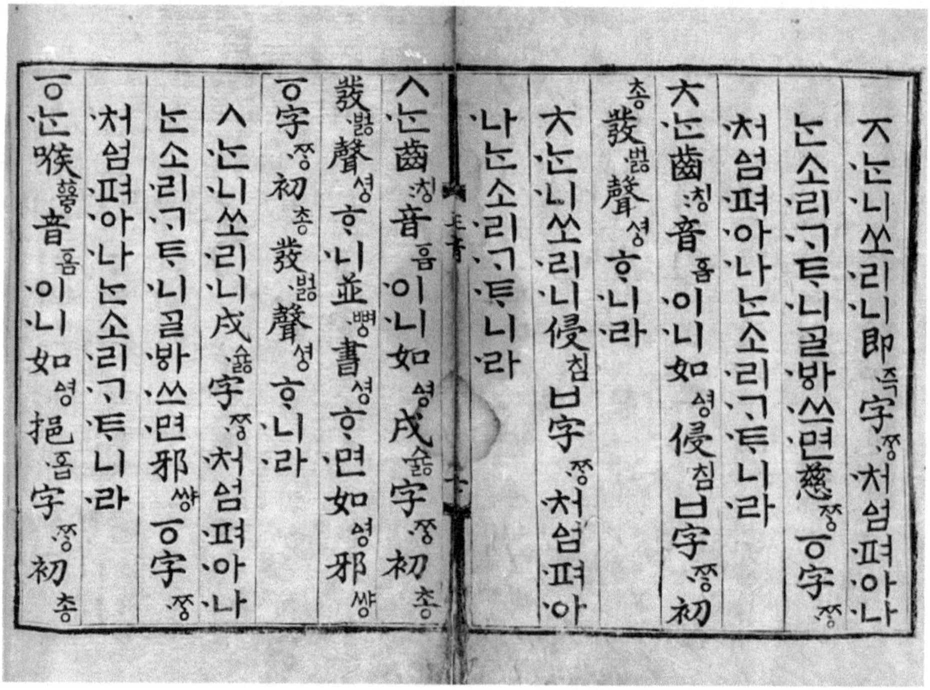

ᅎᄂᆞᆫ 니쏘리니 即즉字ᄍᆞᆼ 처ᅀᅥᆷ펴아나
ᄂᆞᆫ 소리ᄀᆞᄐᆞ니 ᄀᆞᆯᄫᅡ쓰면 慈ᄍᆞᆼㆆ字ᄍᆞᆼ
처ᅀᅥᆷ펴아나ᄂᆞᆫ 소리ᄀᆞᄐᆞ니라
ᅔᄂᆞᆫ 齒칭音ᅙᅳᆷ이니 如ᅀᅧᆼ 侵침ㅂ字ᄍᆞᆼ 初
총發벓聲셩ᄒᆞ니라
ᅔᄂᆞᆫ 니쏘리니 侵침ㅂ字ᄍᆞᆼ 처ᅀᅥᆷ펴아
나ᄂᆞᆫ 소리ᄀᆞᄐᆞ니라

ᄼᄂᆞᆫ 齒칭音ᅙᅳᆷ이니 如ᅀᅧᆼ 戌슗字ᄍᆞᆼ 初총
發벓聲셩ᄒᆞ니 並뼝書셩ᄒᆞ면 如ᅀᅧᆼ 邪썅
ㆆ字ᄍᆞᆼ 初총發벓聲셩ᄒᆞ니라
ᄼᄂᆞᆫ 니쏘리니 戌슗字ᄍᆞᆼ 처ᅀᅥᆷ펴아나
ᄂᆞᆫ 소리ᄀᆞᄐᆞ니 ᄀᆞᆯᄫᅡ쓰면 邪썅ㆆ字ᄍᆞᆼ
처ᅀᅥᆷ펴아나ᄂᆞᆫ 소리ᄀᆞᄐᆞ니라
ㆆᄂᆞᆫ 喉ᅘᅮᇢ音ᅙᅳᆷ이니 如ᅀᅧᆼ 挹ᅙᅳᆸ字ᄍᆞᆼ 初총

서강대 언해본 – 정음 언해 7ㄱㄴ

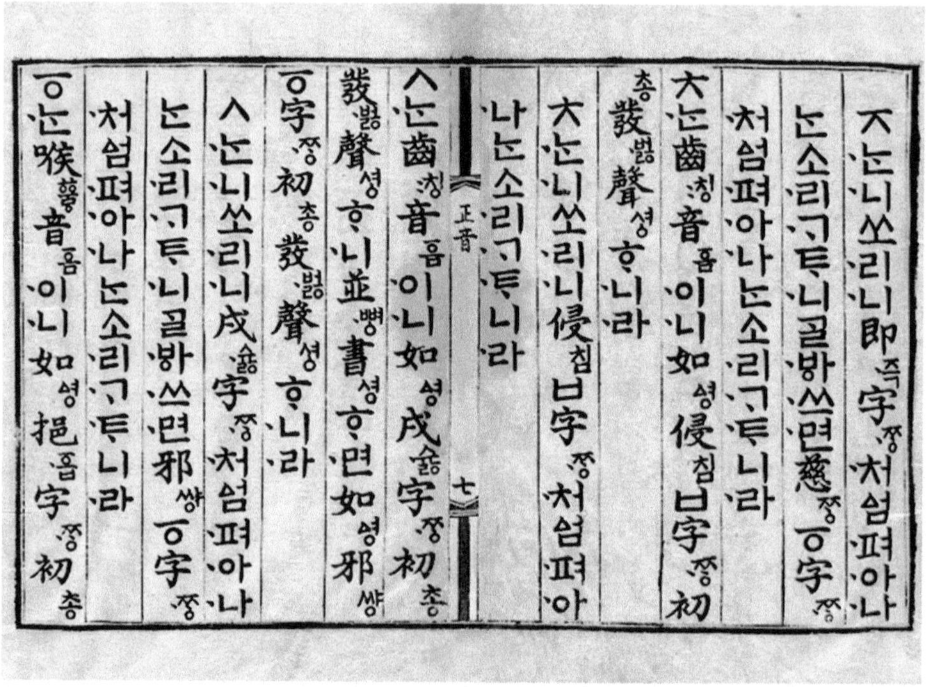

ᅎᄂᆞᆫ 니쏘리니 即즉字ᄍᆞᆼ 처ᅀᅥᆷ펴아나
ᄂᆞᆫ 소리ᄀᆞᄐᆞ니 ᄀᆞᆯᄫᅡ쓰면 慈ᄍᆞᆼㆆ字ᄍᆞᆼ
처ᅀᅥᆷ펴아나ᄂᆞᆫ 소리ᄀᆞᄐᆞ니라
ᅔᄂᆞᆫ 齒칭音ᅙᅳᆷ이니 如ᅀᅧᆼ 侵침ㅂ字ᄍᆞᆼ 初
총發벓聲셩ᄒᆞ니라
ᅔᄂᆞᆫ 니쏘리니 侵침ㅂ字ᄍᆞᆼ 처ᅀᅥᆷ펴아
나ᄂᆞᆫ 소리ᄀᆞᄐᆞ니라

ᄼᄂᆞᆫ 齒칭音ᅙᅳᆷ이니 如ᅀᅧᆼ 戌슗字ᄍᆞᆼ 初총
發벓聲셩ᄒᆞ니 並뼝書셩ᄒᆞ면 如ᅀᅧᆼ 邪썅
ㆆ字ᄍᆞᆼ 初총發벓聲셩ᄒᆞ니라
ᄼᄂᆞᆫ 니쏘리니 戌슗字ᄍᆞᆼ 처ᅀᅥᆷ펴아나
ᄂᆞᆫ 소리ᄀᆞᄐᆞ니 ᄀᆞᆯᄫᅡ쓰면 邪썅ㆆ字ᄍᆞᆼ
처ᅀᅥᆷ펴아나ᄂᆞᆫ 소리ᄀᆞᄐᆞ니라
ㆆᄂᆞᆫ 喉ᅘᅮᇢ音ᅙᅳᆷ이니 如ᅀᅧᆼ 挹ᅙᅳᆸ字ᄍᆞᆼ 初총

재구 정본 – 정음 언해 7ㄱㄴ

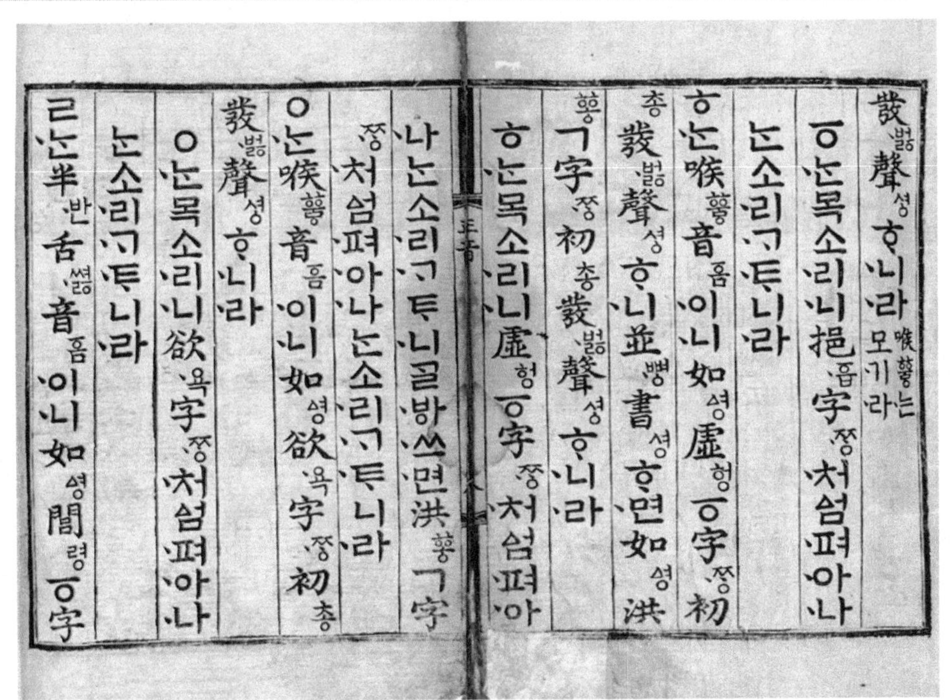
發벓聲셩ᄒᆞ니라 喉ᅘᅮᇰ는 모기라
ㆆᄂᆞᆫ 목소리니 挹ᅙᅳᆸ字ᄍᆞᆼ 처ᅀᅥᆷ 펴아나
ᄂᆞᆫ 소리 ᄀᆞᄐᆞ니라
ㅎᄂᆞᆫ 喉ᅘᅮᇰ音ᅙᅳᆷ이니 如ᅀᅧᆼ虛헝ㆆ字ᄍᆞᆼ初
총發벓聲셩ᄒᆞ니 並뼝書셩ᄒᆞ면 如ᅀᅧᆼ洪
ᅘᅩᇰㄱ字ᄍᆞᆼ初총發벓聲셩ᄒᆞ니라
ㅎᄂᆞᆫ 목소리니 虛헝ㆆ字ᄍᆞᆼ 처ᅀᅥᆷ 펴아
正音 八
나ᄂᆞᆫ 소리 ᄀᆞᄐᆞ니 ᄀᆞᆯᄫᅡ 쓰면 洪ᅘᅩᇰㄱ字
ᄍᆞᆼ 처ᅀᅥᆷ 펴아나ᄂᆞᆫ 소리 ᄀᆞᄐᆞ니라
ㅇᄂᆞᆫ 喉ᅘᅮᇰ音ᅙᅳᆷ이니 如ᅀᅧᆼ欲욕字ᄍᆞᆼ初총
發벓聲셩ᄒᆞ니라
ㅇᄂᆞᆫ 목소리니 欲욕字ᄍᆞᆼ 처ᅀᅥᆷ 펴아나
ᄂᆞᆫ 소리 ᄀᆞᄐᆞ니라
ㄹᄂᆞᆫ 半반舌쎯音ᅙᅳᆷ이니 如ᅀᅧᆼ閭령ㆆ字

서강대 언해본 – 정음 언해 8ㄱㄴ

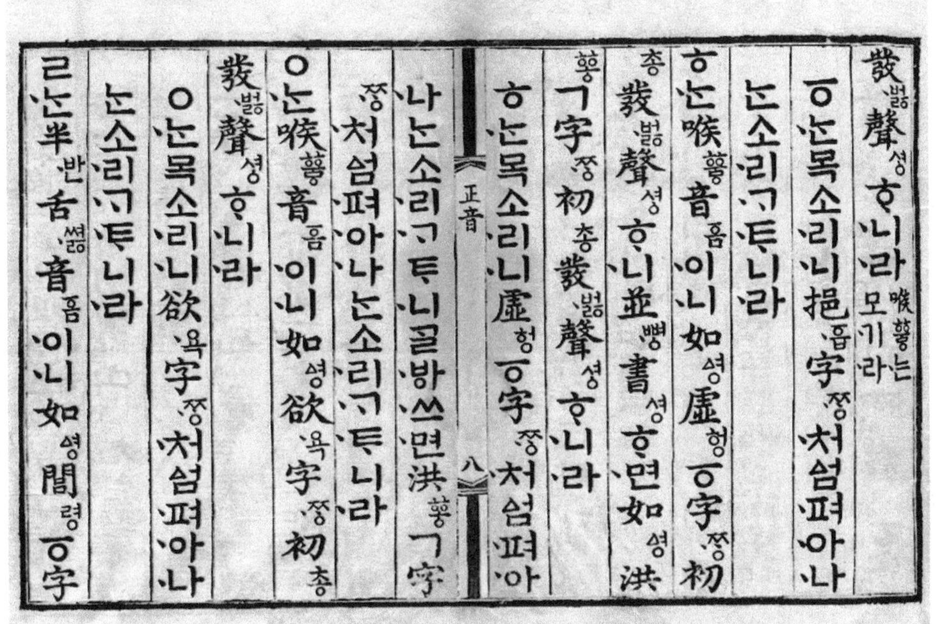
發벓聲셩ᄒᆞ니라 喉ᅘᅮᇰ는 모기라
ㆆᄂᆞᆫ 목소리니 挹ᅙᅳᆸ字ᄍᆞᆼ 처ᅀᅥᆷ 펴아나
ᄂᆞᆫ 소리 ᄀᆞᄐᆞ니라
ㅎᄂᆞᆫ 喉ᅘᅮᇰ音ᅙᅳᆷ이니 如ᅀᅧᆼ虛헝ㆆ字ᄍᆞᆼ初
총發벓聲셩ᄒᆞ니 並뼝書셩ᄒᆞ면 如ᅀᅧᆼ洪
ᅘᅩᇰㄱ字ᄍᆞᆼ初총發벓聲셩ᄒᆞ니라
ㅎᄂᆞᆫ 목소리니 虛헝ㆆ字ᄍᆞᆼ 처ᅀᅥᆷ 펴아
正音 八
나ᄂᆞᆫ 소리 ᄀᆞᄐᆞ니 ᄀᆞᆯᄫᅡ 쓰면 洪ᅘᅩᇰㄱ字
ᄍᆞᆼ 처ᅀᅥᆷ 펴아나ᄂᆞᆫ 소리 ᄀᆞᄐᆞ니라
ㅇᄂᆞᆫ 喉ᅘᅮᇰ音ᅙᅳᆷ이니 如ᅀᅧᆼ欲욕字ᄍᆞᆼ初총
發벓聲셩ᄒᆞ니라
ㅇᄂᆞᆫ 목소리니 欲욕字ᄍᆞᆼ 처ᅀᅥᆷ 펴아나
ᄂᆞᆫ 소리 ᄀᆞᄐᆞ니라
ㄹᄂᆞᆫ 半반舌쎯音ᅙᅳᆷ이니 如ᅀᅧᆼ閭령ㆆ字

재구 정본 – 정음 언해 8ㄱㄴ

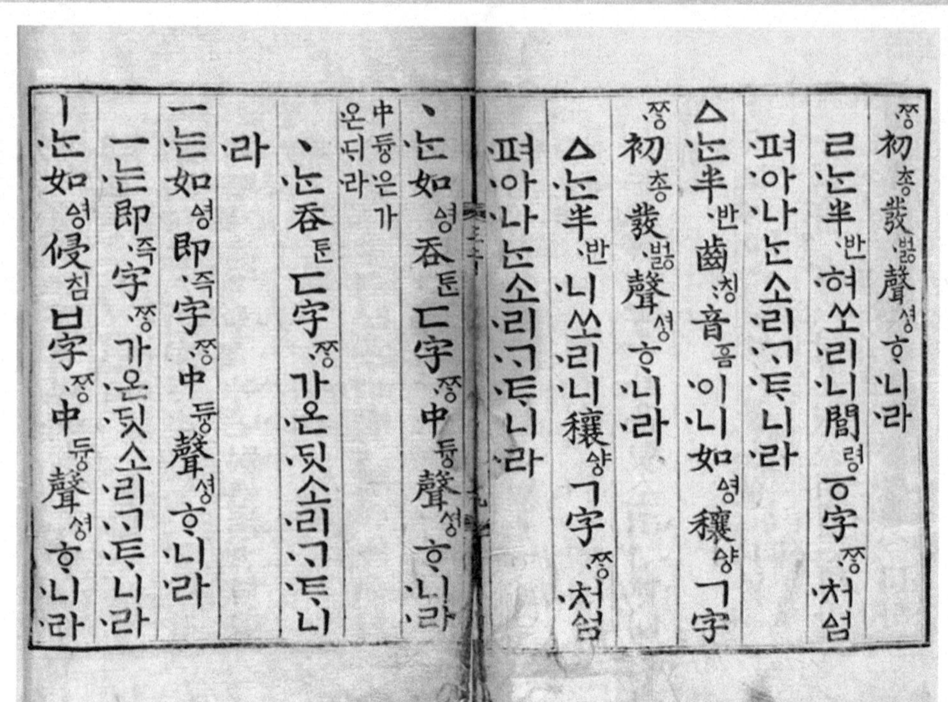

ᄍᆼ初총發벓聲셩ᄒᆞ니라

ㄹᄂᆞᆫ半반혀쏘리니閭령ᅙ字ᄍᆼ처ᅀᅥᆷ

펴아나ᄂᆞᆫ소리ᄀᆞᄐᆞ니라

ㅿᄂᆞᆫ半반齒칭音흠이니如ᅀᅧᆼ穰ᅀᅣᇰㄱ字

ᄍᆼ初총發벓聲셩ᄒᆞ니라

ㅿᄂᆞᆫ半반니쏘리니穰ᅀᅣᇰㄱ字ᄍᆼ처ᅀᅥᆷ

펴아나ᄂᆞᆫ소리ᄀᆞᄐᆞ니라

ㆍᄂᆞᆫ如ᅀᅧᆼ呑ᄐᆞᆫㄷ字ᄍᆼ中듕聲셩ᄒᆞ니라

中듕은가온ᄃᆡ라

ㆍᄂᆞᆫ呑ᄐᆞᆫㄷ字ᄍᆼ가온ᄃᆡᆺ소리ᄀᆞᄐᆞ니

라

ㅡᄂᆞᆫ如ᅀᅧᆼ即즉字ᄍᆼ中듕聲셩ᄒᆞ니라

ㅡᄂᆞᆫ即즉字ᄍᆼ가온ᄃᆡᆺ소리ᄀᆞᄐᆞ니라

ㅣᄂᆞᆫ如ᅀᅧᆼ侵침ㅂ字ᄍᆼ中듕聲셩ᄒᆞ니라

서강대 언해본 – 정음 언해 9ㄱㄴ

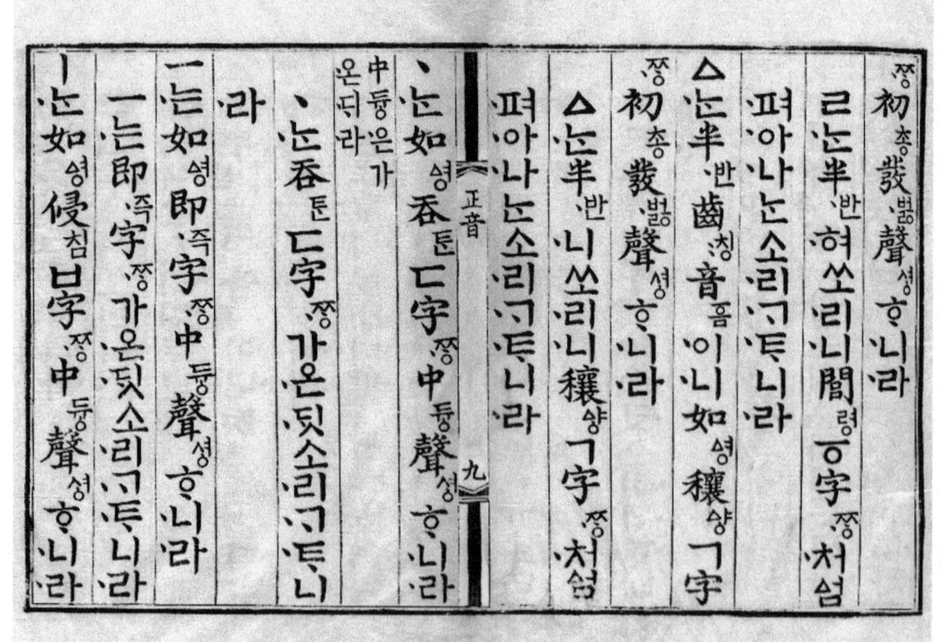

ᄍᆼ初총發벓聲셩ᄒᆞ니라

ㄹᄂᆞᆫ半반혀쏘리니閭령ᅙ字ᄍᆼ처ᅀᅥᆷ

펴아나ᄂᆞᆫ소리ᄀᆞᄐᆞ니라

ㅿᄂᆞᆫ半반齒칭音흠이니如ᅀᅧᆼ穰ᅀᅣᇰㄱ字

ᄍᆼ初총發벓聲셩ᄒᆞ니라

ㅿᄂᆞᆫ半반니쏘리니穰ᅀᅣᇰㄱ字ᄍᆼ처ᅀᅥᆷ

펴아나ᄂᆞᆫ소리ᄀᆞᄐᆞ니라

ㆍᄂᆞᆫ如ᅀᅧᆼ呑ᄐᆞᆫㄷ字ᄍᆼ中듕聲셩ᄒᆞ니라

中듕은가온ᄃᆡ라

ㆍᄂᆞᆫ呑ᄐᆞᆫㄷ字ᄍᆼ가온ᄃᆡᆺ소리ᄀᆞᄐᆞ니

라

ㅡᄂᆞᆫ如ᅀᅧᆼ即즉字ᄍᆼ中듕聲셩ᄒᆞ니라

ㅡᄂᆞᆫ即즉字ᄍᆼ가온ᄃᆡᆺ소리ᄀᆞᄐᆞ니라

ㅣᄂᆞᆫ如ᅀᅧᆼ侵침ㅂ字ᄍᆼ中듕聲셩ᄒᆞ니라

正音 九

재구 정본 – 정음 언해 9ㄱㄴ

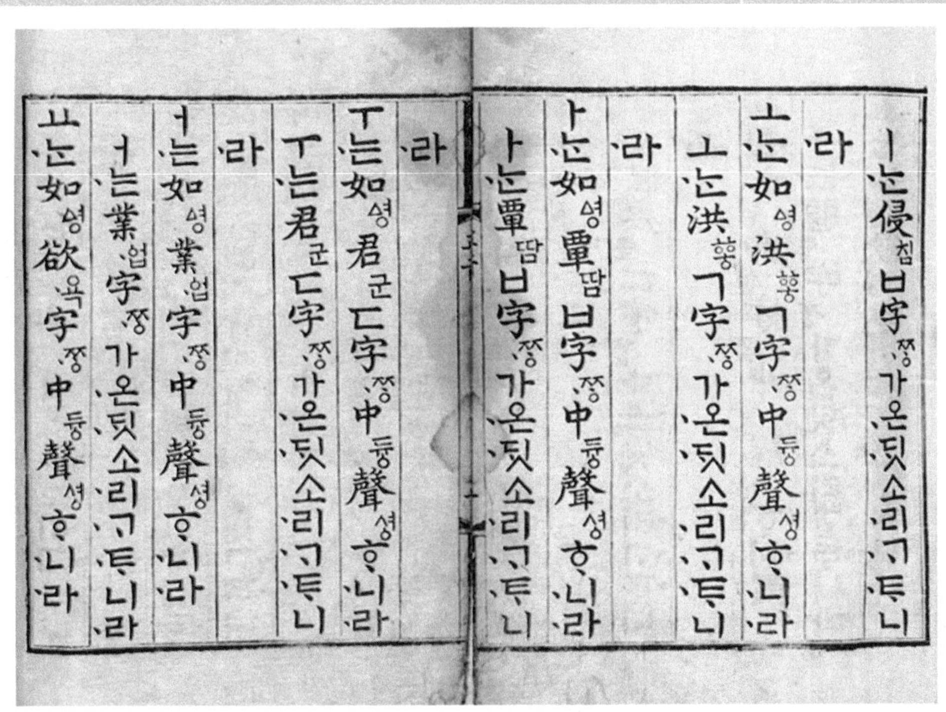

ㅣᄂᆞᆫ 侵침ㅂ字ᄍᆞᆼ 가온ᄃᆡᆺ소리ᄀᆞᄐᆞ니
라
ㅗᄂᆞᆫ 如ᅀᅧᆼ 洪ᅘᅩᆼㄱ字ᄍᆞᆼ 中듀ᇰ聲셔ᇰᄒᆞ니라
ㅗᄂᆞᆫ 洪ᅘᅩᆼㄱ字ᄍᆞᆼ 가온ᄃᆡᆺ소리ᄀᆞᄐᆞ니
라
ㅏᄂᆞᆫ 如ᅀᅧᆼ 覃땀ㅂ字ᄍᆞᆼ 中듀ᇰ聲셔ᇰᄒᆞ니라
ㅏᄂᆞᆫ 覃땀ㅂ字ᄍᆞᆼ 가온ᄃᆡᆺ소리ᄀᆞᄐᆞ니
라
ㅜ는 如ᅀᅧᆼ 君군ㄷ字ᄍᆞᆼ 中듀ᇰ聲셔ᇰᄒᆞ니라
ㅜ는 君군ㄷ字ᄍᆞᆼ 가온ᄃᆡᆺ소리ᄀᆞᄐᆞ니
라
ㅓ는 如ᅀᅧᆼ 業ᅌᅥᆸ字ᄍᆞᆼ 中듀ᇰ聲셔ᇰᄒᆞ니라
ㅓ는 業ᅌᅥᆸ字ᄍᆞᆼ 가온ᄃᆡᆺ소리ᄀᆞᄐᆞ니라
ㅛᄂᆞᆫ 如ᅀᅧᆼ 欲욕字ᄍᆞᆼ 中듀ᇰ聲셔ᇰᄒᆞ니라

서강대 언해본 – 정음 언해 10ㄱㄴ

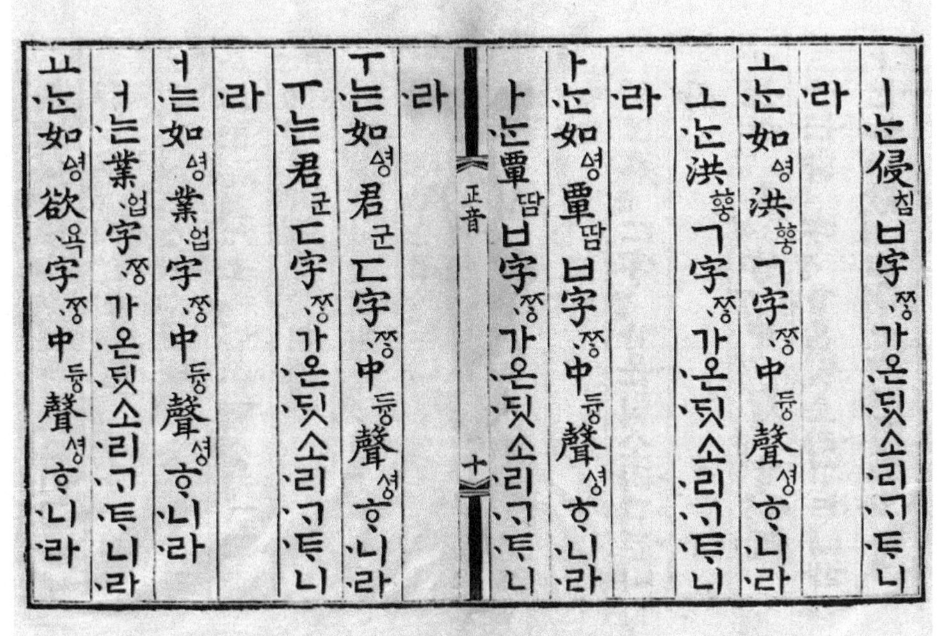

ㅣᄂᆞᆫ 侵침ㅂ字ᄍᆞᆼ 가온ᄃᆡᆺ소리ᄀᆞᄐᆞ니
라
ㅗᄂᆞᆫ 如ᅀᅧᆼ 洪ᅘᅩᆼㄱ字ᄍᆞᆼ 中듀ᇰ聲셔ᇰᄒᆞ니라
ㅗᄂᆞᆫ 洪ᅘᅩᆼㄱ字ᄍᆞᆼ 가온ᄃᆡᆺ소리ᄀᆞᄐᆞ니
라
ㅏᄂᆞᆫ 如ᅀᅧᆼ 覃땀ㅂ字ᄍᆞᆼ 中듀ᇰ聲셔ᇰᄒᆞ니라
ㅏᄂᆞᆫ 覃땀ㅂ字ᄍᆞᆼ 가온ᄃᆡᆺ소리ᄀᆞᄐᆞ니
正音 十
라
ㅜ는 如ᅀᅧᆼ 君군ㄷ字ᄍᆞᆼ 中듀ᇰ聲셔ᇰᄒᆞ니라
ㅜ는 君군ㄷ字ᄍᆞᆼ 가온ᄃᆡᆺ소리ᄀᆞᄐᆞ니
라
ㅓ는 如ᅀᅧᆼ 業ᅌᅥᆸ字ᄍᆞᆼ 中듀ᇰ聲셔ᇰᄒᆞ니라
ㅓ는 業ᅌᅥᆸ字ᄍᆞᆼ 가온ᄃᆡᆺ소리ᄀᆞᄐᆞ니라
ㅛᄂᆞᆫ 如ᅀᅧᆼ 欲욕字ᄍᆞᆼ 中듀ᇰ聲셔ᇰᄒᆞ니라

재구 정본 – 정음 언해 10ㄱㄴ

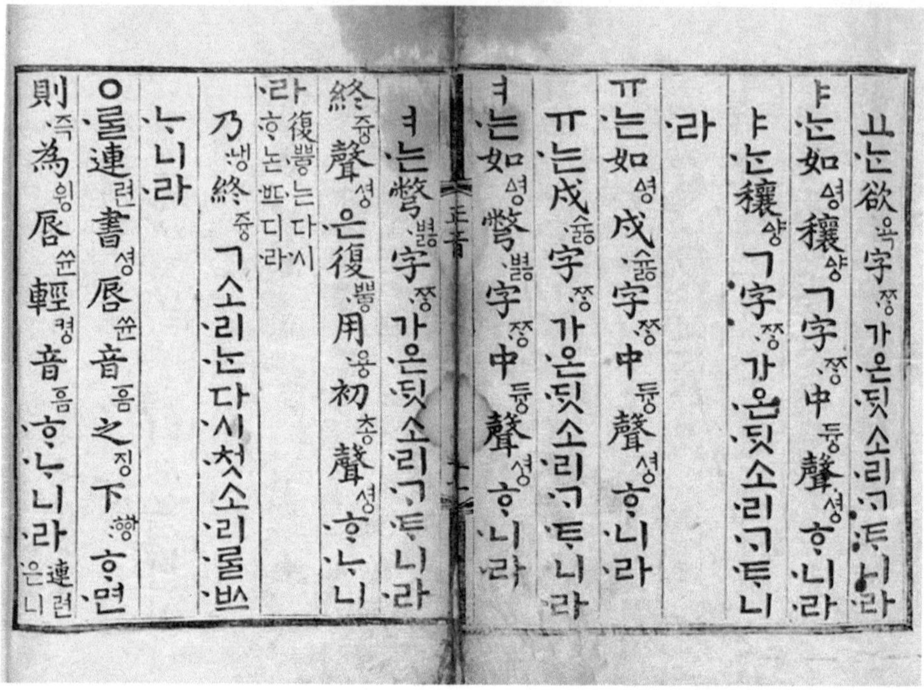

ㅛ는 欲욕字ᄍᆞᆼ 가온ᄃᆡᆺ소리 ᄀᆞᄐᆞ니라
ㅑ는 如ᅀᅧᆼ穰ᅀᅣᇰㄱ字ᄍᆞᆼ中듀ᇰ聲셩ᄒᆞ니라
ㅑ는 穰ᅀᅣᇰ字ᄍᆞᆼ 가온ᄃᆡᆺ소리 ᄀᆞᄐᆞ니라
ㅠ는 如ᅀᅧᆼ戌슗字ᄍᆞᆼ中듀ᇰ聲셩ᄒᆞ니라
ㅠ는 戌슗字ᄍᆞᆼ 가온ᄃᆡᆺ소리 ᄀᆞᄐᆞ니라
ㅕ는 如ᅀᅧᆼ彆볋字ᄍᆞᆼ中듀ᇰ聲셩ᄒᆞ니라
ㅕ는 彆볋字ᄍᆞᆼ 가온ᄃᆡᆺ소리 ᄀᆞᄐᆞ니라
終즁聲셩은 復뿧用용初총聲셩ᄒᆞᄂᆞ니 復뿧는 다시 ᄒᆞ논 ᄠᅳ디라
乃ᅌᅢᆼ終즁ㄱ소리ᄂᆞᆫ 다시 첫소리ᄅᆞᆯ ᄡᅳᄂᆞ니라
ㅇ連련書셔脣쓘音음之징下ᅘᅡᆼᄒᆞ면 則즉爲윙脣쓘輕켱音음ᄒᆞᄂᆞ니라 連련은 니ᅀᅳᆯ

서강대 언해본 – 정음 언해 11ㄱㄴ

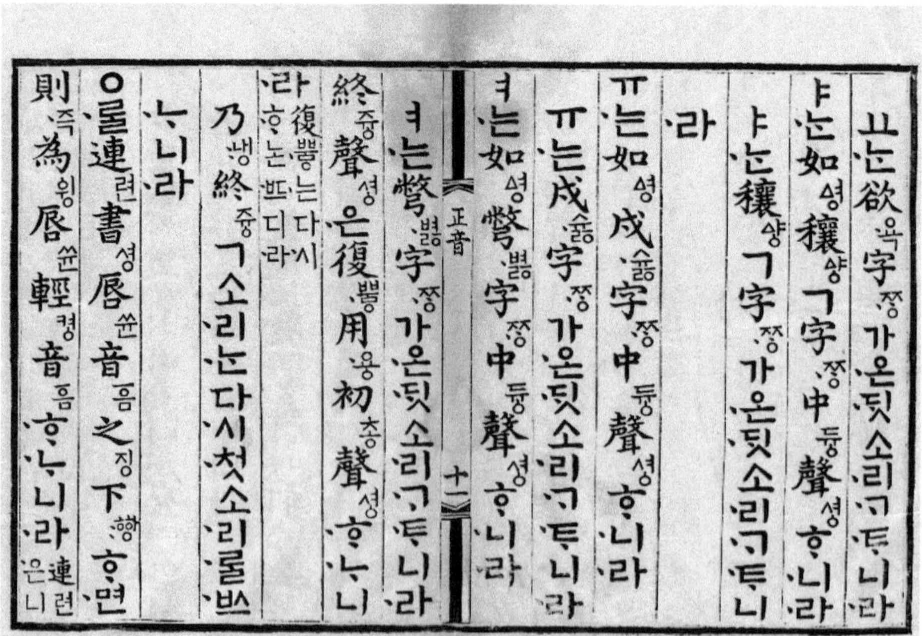

ㅛ는 欲욕字ᄍᆞᆼ 가온ᄃᆡᆺ소리 ᄀᆞᄐᆞ니라
ㅑ는 如ᅀᅧᆼ穰ᅀᅣᇰㄱ字ᄍᆞᆼ中듀ᇰ聲셩ᄒᆞ니라
ㅑ는 穰ᅀᅣᇰ字ᄍᆞᆼ 가온ᄃᆡᆺ소리 ᄀᆞᄐᆞ니라
ㅠ는 如ᅀᅧᆼ戌슗字ᄍᆞᆼ中듀ᇰ聲셩ᄒᆞ니라
ㅠ는 戌슗字ᄍᆞᆼ 가온ᄃᆡᆺ소리 ᄀᆞᄐᆞ니라
ㅕ는 如ᅀᅧᆼ彆볋字ᄍᆞᆼ中듀ᇰ聲셩ᄒᆞ니라
ㅕ는 彆볋字ᄍᆞᆼ 가온ᄃᆡᆺ소리 ᄀᆞᄐᆞ니라
終즁聲셩은 復뿧用용初총聲셩ᄒᆞᄂᆞ니 復뿧는 다시 ᄒᆞ논 ᄠᅳ디라
乃ᅌᅢᆼ終즁ㄱ소리ᄂᆞᆫ 다시 첫소리ᄅᆞᆯ ᄡᅳᄂᆞ니라
ㅇ連련書셔脣쓘音음之징下ᅘᅡᆼᄒᆞ면 則즉爲윙脣쓘輕켱音음ᄒᆞᄂᆞ니라 連련은 니ᅀᅳᆯ

재구 정본 – 정음 언해 11ㄱㄴ

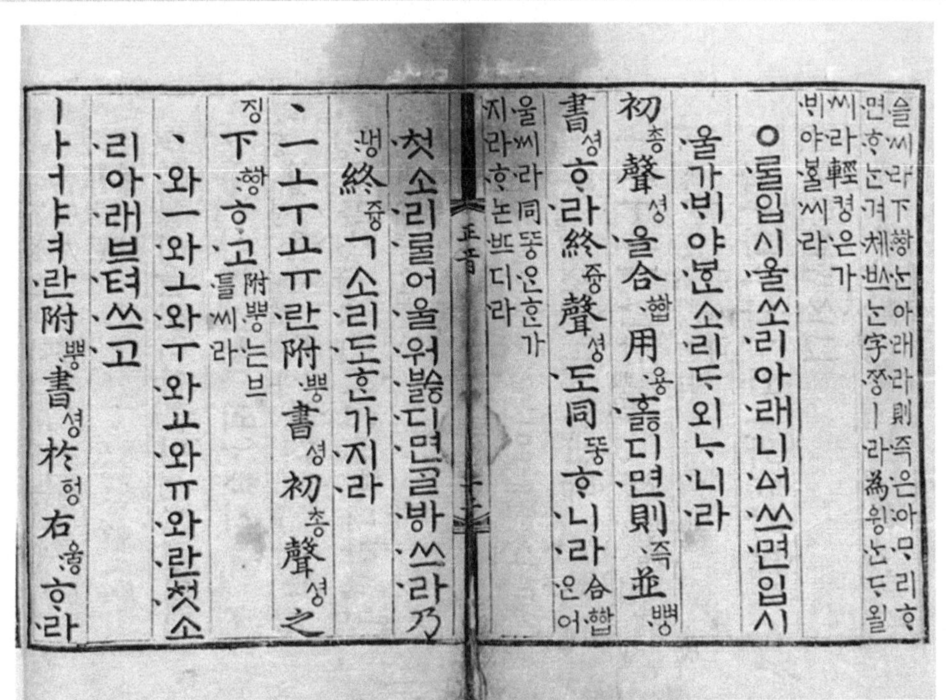

ᄋᆞᆯ 씨라 下ᅘᅘᆼ논 아래라 則즉은 아ᄆᆞ리ᄒᆞ면 ᄒᆞᄂᆞᆫ 겨체 ᄡᅳᄂᆞᆫ 字ᄍᆞᆼㅣ라 爲윙ᄂᆞᆫ ᄃᆞ욀 씨라 輕켱은 가ᄇᆡ야ᄫᆞᆯ 씨라

ㅇ를 입시울 쏘리 아래 니ᅀᅥ 쓰면 입시울 가ᄇᆡ야ᄫᆞᆫ 소리 ᄃᆞ외ᄂᆞ니라

初총聲셩을 合ᅘᅡᆸ用용ᄒᆞᇙ디면 則즉 並뼝書셩ᄒᆞ라 終즁聲셩도 同똥ᄒᆞ니라

合ᅘᅡᆸ은 어울 씨라 同똥은 ᄒᆞᆫ가지라 ᄒᆞᄂᆞᆫ 뜨디라

正音 十二

ᄎᆞᆺ소리를 어울워 ᄡᅮᇙ디면 ᄀᆞᆯᄫᅡ 쓰라 乃ᄂᆡᆼ終즁ㄱ 소리도 ᄒᆞᆫ가지라

ㆍㅡㅗㅜㅛㅠ란 附뿡書셩初총聲셩之징下ᅘᅘᆼᄒᆞ고

附뿡는 브틀 씨라

ㅣㅏㅓㅑㅕ란 附뿡書셩於헝右ᅌᅮᆼᄒᆞ라

ㆍ와 ㅡ와 ㅗ와 ㅜ와 ㅛ와 ㅠ와란 ᄎᆞᆺ소리 아래 브텨 쓰고

서강대 언해본 – 정음 언해 12ㄱㄴ

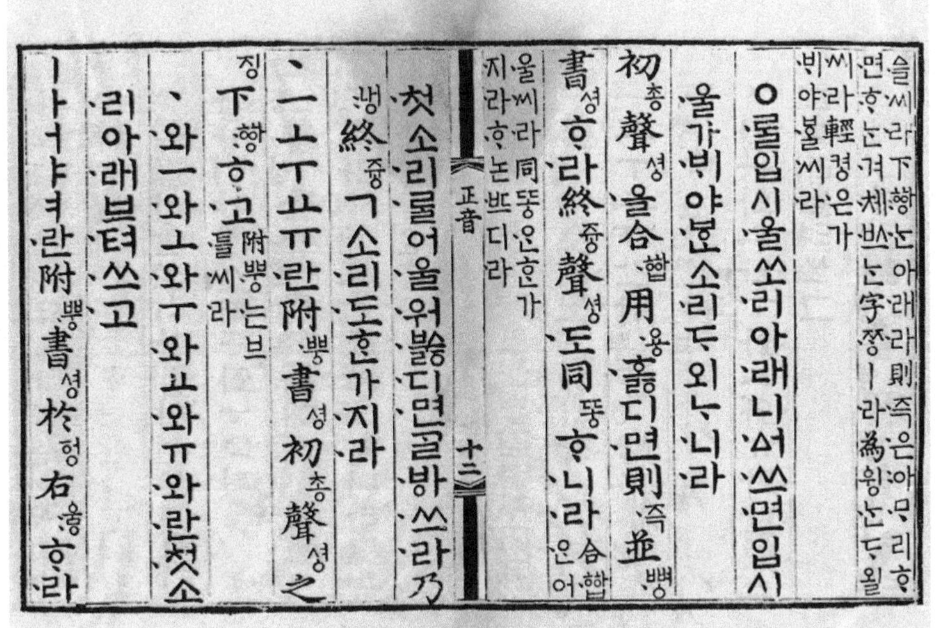

재구 정본 – 정음 언해 12ㄱㄴ

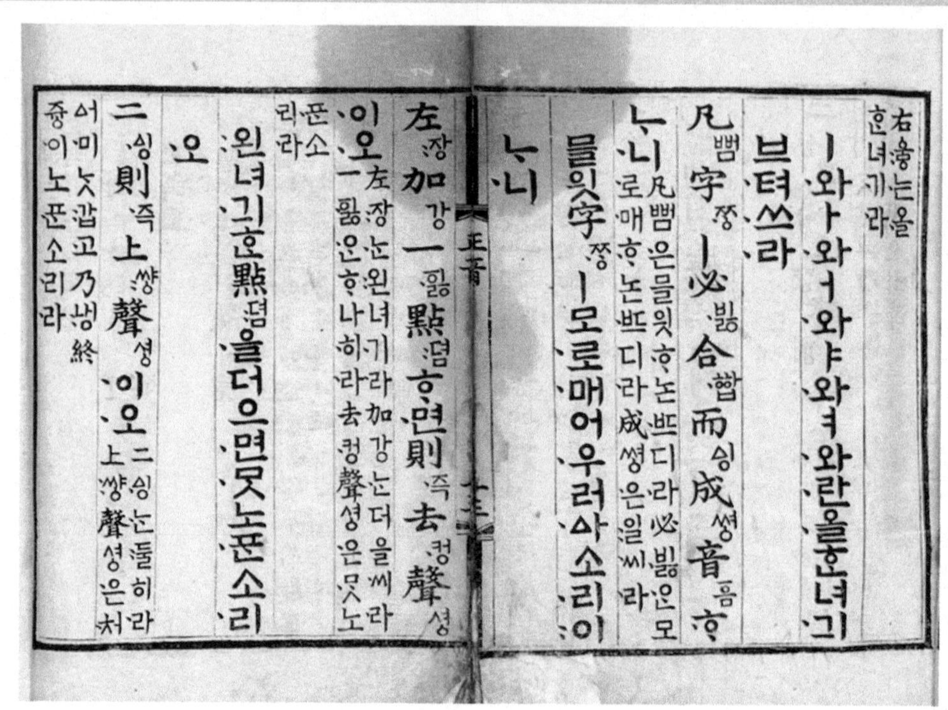

右ᅙᆞᆫ 올ᄒᆞᆫ 녀기라

ㅣ와 ㅏ와 ㅓ와 ㅑ와 ㅕ와란 올ᄒᆞᆫ녀긔 브텨 쓰라

凡뻠字ᄍᆞᆼㅣ必빓合ᅘᅡᆸ而ᅀᅵᆼ成쎵音ᅙᅳᆷᄒᆞᄂᆞ니

凡뻠은 믈읫ᄒᆞ논 ᄠᅳ디라 必빓은 모로매ᄒᆞ논 ᄠᅳ디라 成쎵은 일 씨라

믈읫 字ᄍᆞᆼㅣ 모로매 어우러ᅀᅡ 소리 이ᄂᆞ니

正音 十三

左장加강一ᅙᅵᇙ點뎜ᄒᆞ면則즉去컹聲셩이오

左장ᄂᆞᆫ 왼녀기라 加강ᄂᆞᆫ 더을 씨라 一ᅙᅵᇙ은 ᄒᆞ나히라 去컹聲셩은 ᄆᆞᆺ노ᄑᆞᆫ 소리라

왼녀긔 ᄒᆞᆫ 點뎜을 더으면 ᄆᆞᆺ노ᄑᆞᆫ 소리오

二ᅀᅵᆼ則즉上썅聲셩이오

二ᅀᅵᆼᄂᆞᆫ 둘히라 上썅聲셩은 처ᅀᅥ미 ᄂᆞᆽ갑고 乃냉終즁이 노ᄑᆞᆫ 소리라

서강대 언해본 – 정음 언해 13ㄱㄴ

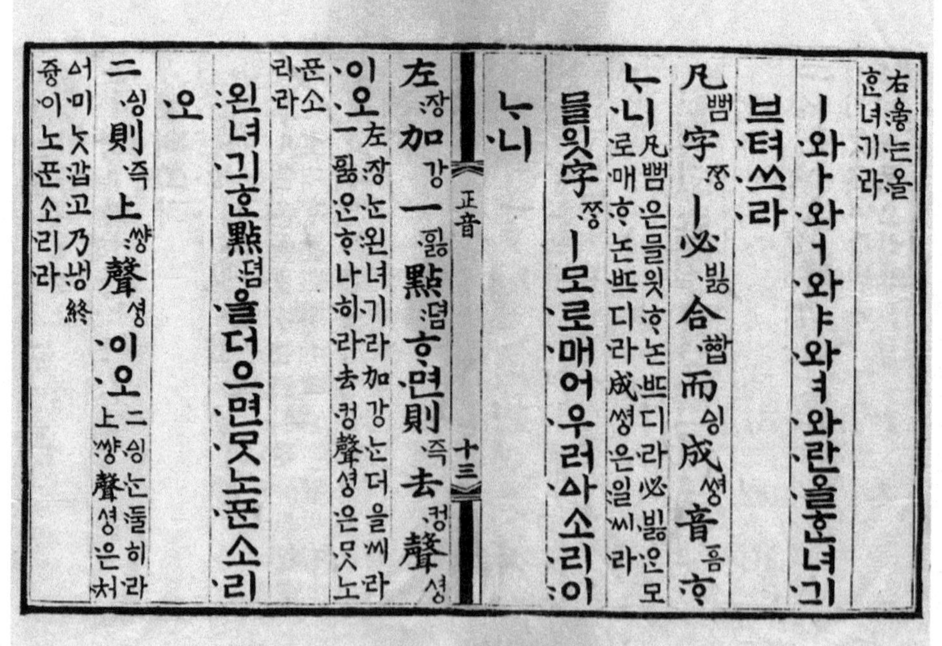

右ᅙᆞᆫ 올ᄒᆞᆫ 녀기라

ㅣ와 ㅏ와 ㅓ와 ㅑ와 ㅕ와란 올ᄒᆞᆫ녀긔 브텨 쓰라

凡뻠字ᄍᆞᆼㅣ必빓合ᅘᅡᆸ而ᅀᅵᆼ成쎵音ᅙᅳᆷᄒᆞᄂᆞ니

凡뻠은 믈읫ᄒᆞ논 ᄠᅳ디라 必빓은 모로매ᄒᆞ논 ᄠᅳ디라 成쎵은 일 씨라

믈읫 字ᄍᆞᆼㅣ 모로매 어우러ᅀᅡ 소리 이ᄂᆞ니

正音 十三

左장加강一ᅙᅵᇙ點뎜ᄒᆞ면則즉去컹聲셩이오

左장ᄂᆞᆫ 왼녀기라 加강ᄂᆞᆫ 더을 씨라 一ᅙᅵᇙ은 ᄒᆞ나히라 去컹聲셩은 ᄆᆞᆺ노ᄑᆞᆫ 소리라

왼녀긔 ᄒᆞᆫ 點뎜을 더으면 ᄆᆞᆺ노ᄑᆞᆫ 소리오

二ᅀᅵᆼ則즉上썅聲셩이오

二ᅀᅵᆼᄂᆞᆫ 둘히라 上썅聲셩은 처ᅀᅥ미 ᄂᆞᆽ갑고 乃냉終즁이 노ᄑᆞᆫ 소리라

재구 정본 – 정음 언해 13ㄱㄴ

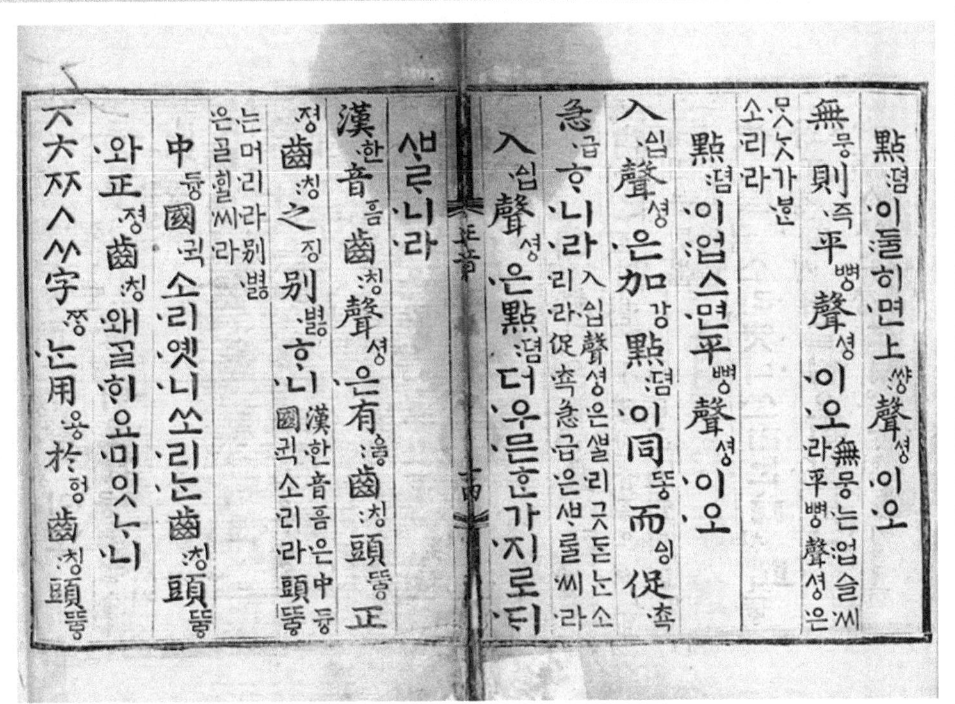

서강대 언해본 – 정음 언해 14ㄱㄴ

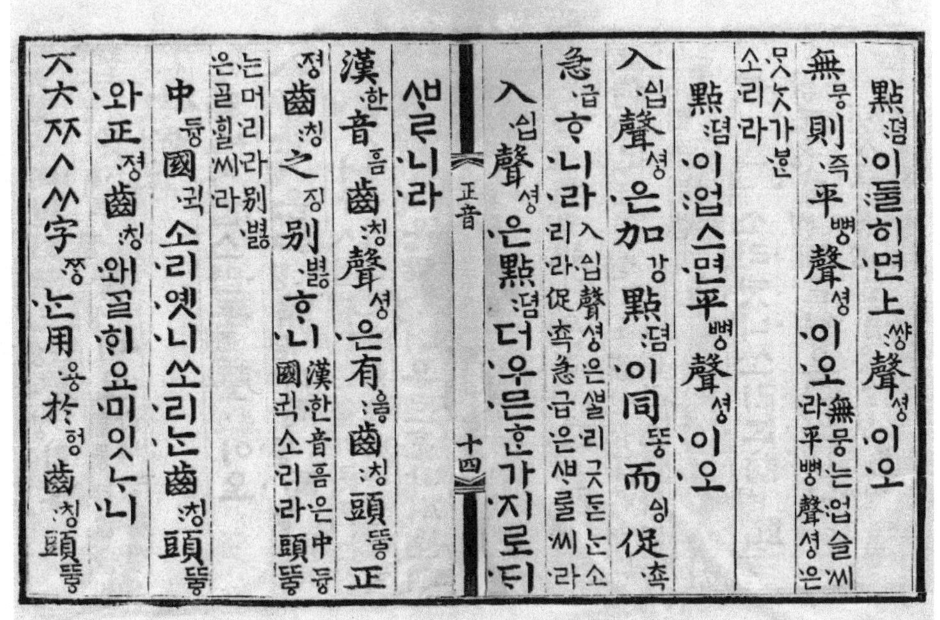

재구 정본 – 정음 언해 14ㄱㄴ

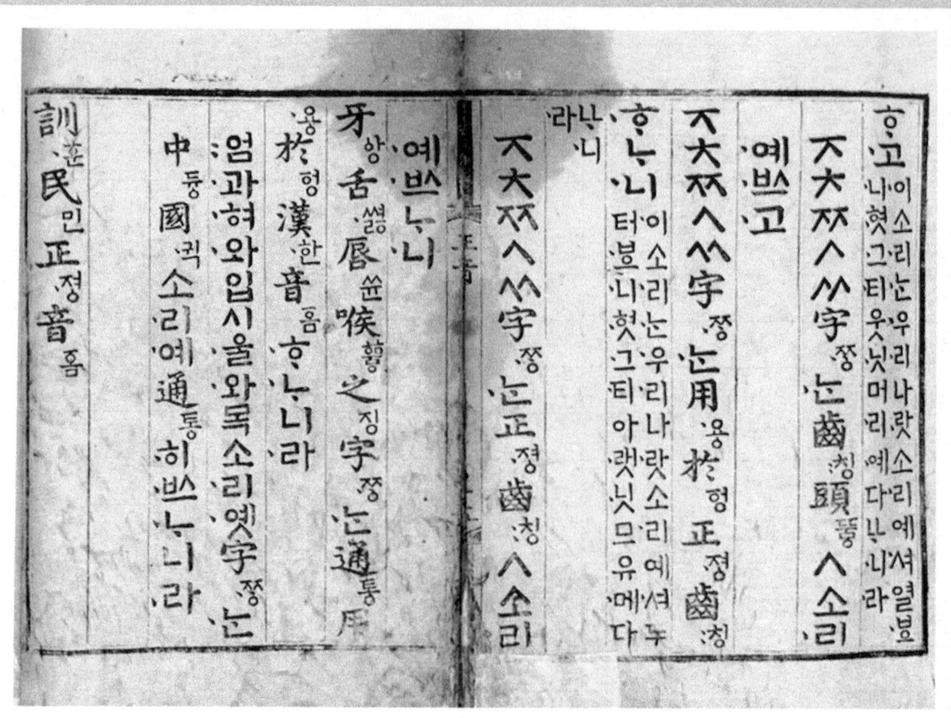

ᄒᆞ고 이소리ᄂᆞᆫ우리나랏소리예셔열ᄫᅳ니 혀ᇫ그티웃닛머리예다ᄂᆞ니라

ᅎᅔᅏᄼᄽ字ᄍᆼᄂᆞᆫ齒칭頭뚷ㅅ소리

예ᄡᅳ고

ᅐᅕᅑᅌᅍ字ᄍᆼᄂᆞᆫ用ᅌᅭᆼ於ᅙᅥ正졍齒칭

ᄒᆞᄂᆞ니 이소리ᄂᆞᆫ우리나랏소리예셔누터ᄫᅳ니혀ᇫ그티아랫닛므유메다ᄂᆞ니라

ᅐᅕᅑᅌᅍ字ᄍᆼᄂᆞᆫ正졍齒칭ㅅ소리

예ᄡᅳᄂᆞ니

牙앙舌써ᇙ脣쓘喉ᅘᅮᇢ之징字ᄍᆼᄂᆞᆫ通통用

於ᅙᅥ漢한音ᅙᅳᆷᄒᆞᄂᆞ니라

엄과혀와입시울와목소리옛字ᄍᆼᄂᆞᆫ

中듕國귁소리예通통히ᄡᅳᄂᆞ니라

訓훈民민正졍音ᅙᅳᆷ

서강대 언해본 – 정음 언해 15ㄱㄴ

ᄒᆞ고 이소리ᄂᆞᆫ우리나랏소리예셔열ᄫᅳ니 혀ᇫ그티웃닛머리예다ᄂᆞ니라

ᅎᅔᅏᄼᄽ字ᄍᆼᄂᆞᆫ齒칭頭뚷ㅅ소리

예ᄡᅳ고

ᅐᅕᅑᅌᅍ字ᄍᆼᄂᆞᆫ用ᅌᅭᆼ於ᅙᅥ正졍齒칭

ᄒᆞᄂᆞ니 이소리ᄂᆞᆫ우리나랏소리예셔두터ᄫᅳ니혀ᇫ그티아랫닛므유메다ᄂᆞ니라

ᅐᅕᅑᅌᅍ字ᄍᆼᄂᆞᆫ正졍齒칭ㅅ소리

正音 十五

예ᄡᅳᄂᆞ니

牙앙舌써ᇙ脣쓘喉ᅘᅮᇢ之징字ᄍᆼᄂᆞᆫ通통用

於ᅙᅥ漢한音ᅙᅳᆷᄒᆞᄂᆞ니라

엄과혀와입시울와목소리옛字ᄍᆼᄂᆞᆫ

中듕國귁소리예通통히ᄡᅳᄂᆞ니라

訓훈民민正졍音ᅙᅳᆷ

재구 정본 – 정음 언해 15ㄱㄴ